기초에서 응용까지
AutoCAD 2D

기초에서 응용까지
AutoCAD 2D

초판 1쇄 인쇄 2025년 7월 11일
초판 1쇄 발행 2025년 7월 21일

지은이 배찬우
펴낸이 한준희
펴낸곳 (주)아이콕스

책임편집 한준희
디자인 홍정현
영업 김남권, 조용훈, 문성빈
경영지원 김효선, 이정민

주소	(14556) 경기도 부천시 조마루로 385번길 122 삼보테크노타워 2002호
홈페이지	www.icoxpublish.com
쇼핑몰	www.baek2.kr (백두도서쇼핑몰)
이메일	icoxpub@naver.com
전화	032-674-5685
팩스	032-676-5685
등록	2015년 7월 9일 제 386-251002015000034호
ISBN	979-11-6426-268-7 (13000)

※ 정가는 뒤표지에 있습니다.
※ 잘못된 책은 구입하신 서점에서 교환해 드립니다.

이 책은 저작권법에 따라 보호받는 저작물이므로 무단전재 및 복제를 금하며, 책의 내용을 이용하려면 반드시 저작권자와 ㈜아이콕스의 서면동의를 받아야 합니다. 내용에 대한 의견이 있는 경우 홈페이지에 내용을 기재해 주시면 감사하겠습니다.

기초에서 응용까지

AutoCAD 2D

배찬우 지음

머 리 말

오늘날 산업 전반에서 설계와 도면 작업은 빠질 수 없는 중요한 요소입니다. 제조, 건축, 기계, 전기 등 다양한 분야에서 활용되는 AutoCAD는 그 중심에 있는 대표적인 설계 도구입니다. 본서는 그중에서도 AutoCAD 최신 버전의 2D 기능에 집중하여, 처음 시작하는 학습자부터 실무에 발을 들인 분들까지 기본기를 탄탄히 다질 수 있도록 구성하였습니다.

AutoCAD는 기능이 방대하고 버전마다 변화가 있기 때문에, 초심자들은 어디서부터 시작해야 할지 막막할 수 있습니다. 이에 본서는 복잡한 기능을 모두 담기보다는 실무에서 자주 쓰이고 이해를 바탕으로 응용할 수 있는 핵심 내용 위주로 정리하였습니다. 기본적인 명령어와 도면 작성의 흐름, 실습 중심의 설명을 통해 독자 스스로 기능을 체득할 수 있도록 돕고자 하였습니다.

책을 집필하면서 가장 중요하게 여긴 것은, AutoCAD를 단순히 "사용하는 법"이 아니라, "왜 이렇게 작동하는가"를 이해하고 응용하는 힘을 기르는 것이었습니다. 이는 일회성 학습이 아닌, 다양한 상황에서 스스로 문제를 해결하고 확장할 수 있는 기반이 됩니다. 그런 점에서 본서는 단기 학습용 교재보다는, 항상 책상 곁에 두고 필요할 때마다 참고할 수 있는 기본서를 지향하고 있습니다.

비록 AutoCAD의 모든 기능을 다 담지는 못한 아쉬움은 남아 있지만, 독자 여러분이 이 책을 통해 설계의 원리를 이해하고, AutoCAD의 핵심을 꿰뚫는 눈을 기를 수 있기를 진심으로 바랍니다. 아울러 책에서 다루지 않은 고급 기능이나 3D 작업 등은 이후의 학습 여정에서 이어가기를 기대합니다.

아울러 지속적으로 보완하여 증보판을 만들어 갈 것을 약속해봅니다. 끝으로 책을 출간할 수 있도록 긴 시간 좋은 의견을 아낌없이 주신 (주)아이콕스의 모든분들께 깊은 감사의 말씀을 드립니다.

저자 **배찬우**

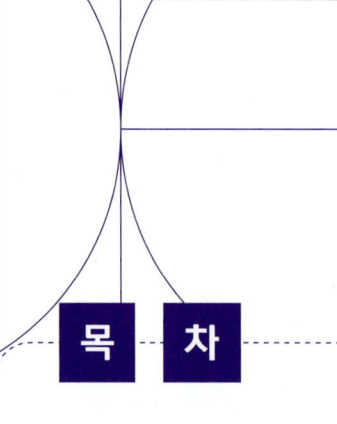

목 차

AutoCAD 개요 및 사용자 인터페이스
Chapter 1

- 01 | AutoCAD 개요 및 사용자 인터페이스 이해 — **014**

도면 생성 및 환경 설정
Chapter 2

- 01 | AutoCAD 도면 생성 및 저장 방법 — **038**
- 02 | UNITS 단위 및 LIMITS 한계 영역 설정 — **051**
- 03 | Grid 그리드, SNAPMODE 그리드 스냅 설정 — **057**

화면 제어 및 제도 설정
Chapter 3

- 01 | 화면 제어 — **066**
- 02 | 도면 재생성 — **077**
- 03 | 제도 보조 설정 직교 모드, 객체 스냅 및 동적 입력 — **081**

그리기 I — Chapter 4

- 01 | AutoCAD 좌표 시스템 — 098
- 02 | LINE 직선 그리기 — 105
- 03 | CIRCLE 원 그리기 — 114
- 04 | ARC 호 그리기 — 121
- 05 | ELLIPSE 타원 그리기 — 128
- 06 | RECTANG 사각형 그리기 — 134
- 07 | EXPLODE 개별 요소 분해 — 141
- 08 | POLYGON 정다각형 그리기 — 146
- 09 | XLINE Construction Line 구조선 — 152
- 10 | RAY 광선; 한 방향으로 무한선 — 155

Layer와 객체 특성 — Chapter 5

- 01 | 객체 특성 Entity Property — 162
- 02 | LAYER 도면층 개념 및 설정 — 172
- 03 | MATCHPROP 특성 일치 및 Layers 패널 도구 — 185

객체 선택하기 — Chapter 6

- 01 | 객체 선택하기 Select Objects — 194
- 02 | Options 대화상자의 Selection 선택 탭 — 199
- 03 | QSELECT 신속 선택 — 204
- 04 | Group 그룹 — 208

객체 수정하기 — Chapter 7

- 01 | OFFSET 간격 띄우기, 등간격 복사 — 216
- 02 | TRIM 자르기 — 223
- 03 | EXTEND 연장하기 — 233
- 04 | FILLET 모깎기 — 240
- 05 | CHAMFER 모따기 — 248
- 06 | LENGTHEN 길이 수정 — 257
- 07 | BREAK 부분 삭제 — 263
- 08 | JOIN 일반 결합 — 270
- 09 | COPY 복사 — 278

- 10 | MOVE 이동 — 285
- 11 | ROTATE 회전 — 294
- 12 | SCALE 축척/크기 조정 — 302
- 13 | MIRROR 대칭 — 308
- 14 | ARRAY 배열 — 319
- 15 | STRETCH 객체 늘이기 — 336

그리기 II — Chapter 8

- 01 | PLINE 폴리선 그리기 — 344
- 02 | PEDIT 폴리선 편집 — 356
- 03 | SPLINE 자유곡선 — 365
- 04 | SPLINEDIT 자유곡선 편집 — 370
- 05 | POINT 참조점 — 378
- 06 | DIVIDE 등간격 분할 — 382
- 07 | MEASURE 길이 분할 — 386
- 08 | ALIGN 정렬 — 392

- 09 | DRAWORDER 표시 순서 조정 — 405
- 10 | OVERKILL 중복 객체 삭제 — 408
- 11 | DONUT 도넛 — 411
- 12 | SKETCH 스케치 — 419
- 13 | REVCLOUD 구름형 리비전 — 421
- 14 | WIPEOUT 객체 가리기 — 425

문자 입력
[Chapter 9]

- 01 | 문자 개요 및 Style 문자 스타일 지정 — 436
- 02 | Single Line 단일행 문자, Multi Line 다중행 문자 — 443

해치
[Chapter 10]

- 01 | HATCH 해치 — 454

블록 정의
[Chapter 11]

- 01 | 블록 정의 Block Definitions　478

치수 도구 및 스타일
[Chapter 12]

- 01 | 치수 기입 I 일반 도구　500
- 02 | 치수 기입 II 특수 도구　530
- 03 | 치수 스타일 정의 Dimension Styles　546

기본 출력
[Chapter 13]

- 01 | 플롯 설정하기 PLOT　576

도면 관리 및 조회
[Chapter 14]

- 01 | 효율적인 도면 관리와 정확한 데이터 조회　604

AutoCAD 개요 및 사용자 인터페이스

CHAPTER 01

01 AutoCAD 개요 및 사용자 인터페이스 이해

- AutoCAD의 **주요 UI** 구성 요소와 기능을 이해하고 활용할 수 있다.
- **Model** 공간과 **Layout** 공간의 차이를 이해하고 적절히 사용할 수 있다.
- **명령어 구조**와 **UI 요소**를 익혀 AutoCAD 작업의 효율성을 높일 수 있다.

AutoCAD가 전 세계 설계 및 제도의 표준 도구로 사용되는 이유를 소개하고, 사용자 인터페이스(UI)의 주요 요소를 설명합니다. 시작 탭, 응용프로그램 메뉴, 신속 접근 도구막대, 리본 패널 등 다양한 UI 구성 요소를 다루며, Model 공간과 Layout 공간의 차이점을 설명합니다. 또한, 상태막대, ViewCube, 네비게이션 바, 명령행(Command Line) 등의 기능을 소개하여 효율적인 작업 환경 설정 방법을 안내합니다.

AutoCAD, 전 세계 설계와 제도의 표준

AutoCAD는 미국의 다국적 소프트웨어 기업 Autodesk, Inc.에서 개발한 대표적인 컴퓨터 지원 설계(CAD, Computer-Aided Design) 소프트웨어입니다. 1982년 처음 출시된 이후 지속적인 발전을 거듭하며 건축, 엔지니어링, 기계 설계, 전기 회로 설계, 토목 공학, 인테리어 디자인 등 다양한 산업 분야에서 필수적인 도구로 자리 잡았습니다.

AutoCAD는 2D 도면 작성과 3D 모델링 기능을 모두 지원하여 정밀한 설계 작업이 가능하며, 강력한 도면 편집 및 시각화 도구를 제공합니다. 또한, DWG(Drawing) 파일 형식을 표준화하여 설계 데이터를 효율적으로 저장하고 공유할 수 있도록 지원합니다.

■ AutoCAD의 주요 기능

❶ **정밀한 2D 도면 작성** : 직선, 원, 곡선 등 다양한 기하학적 요소를 활용하여 정교한 도면을 작성할 수 있습니다.

❷ **강력한 3D 모델링 기능** : 솔리드(Solid), 서페이스(Surface), 메시(Mesh) 모델링을 통해 복잡한 3D 설계를 수행할 수 있습니다.

❸ **레이어 및 블록 기능** : 체계적인 도면 관리를 위한 레이어 시스템과 반복적인 요소를 간편하게 삽입할 수 있는 블록 기능을 제공합니다.

❹ **자동화 및 스크립트 지원** : 반복 작업을 줄이기 위한 매크로 및 LISP, VBA, Python 등의 스크립트 기능을 지원합니다.

❺ **BIM 및 클라우드 연계** : Autodesk의 다른 BIM(Building Information Modeling) 소프트웨어인 Revit과 연동하여 보다 효율적인 설계 및 협업이 가능합니다.

❻ **협업 기능 강화** : 클라우드 기반 저장 및 공유 기능을 통해 팀원 간 도면 데이터를 실시간으로 교환할 수 있습니다.

■ 산업별 활용 분야

❶ **건축 및 인테리어** : 건물 평면도, 입면도, 단면도 작성 및 인테리어 디자인 작업에 활용

❷ **기계 설계** : 부품 모델링, 조립 도면 및 제조 도면 생성

❸ **전기 및 전자 회로 설계** : 전기 배선 및 PCB 설계

❹ **토목 및 플랜트 설계** : 도로, 교량, 상하수도 및 플랜트 설계

❺ **그래픽 및 시각화** : 3D 렌더링 및 애니메이션을 통한 디자인 시각화

■── AutoCAD의 미래와 발전

AutoCAD는 지속적인 업데이트를 통해 AI(인공지능) 기반 자동화 기능, 클라우드 통합, 모바일 및 웹 지원 강화 등 더욱 혁신적인 기능을 추가하고 있습니다. 이를 통해 설계자와 엔지니어들이 보다 효율적이고 정밀한 작업을 수행할 수 있도록 지원하며, 디지털 설계의 미래를 선도하고 있습니다. AutoCAD는 단순한 설계 소프트웨어를 넘어, 다양한 산업에서 창의적인 아이디어를 실현하는 필수적인 도구로 자리잡고 있습니다.

AutoCAD 실행과 화면 구성

■── 시작 탭 정보

프로그램 시작 시에 기본적으로 시작 탭이 표시되므로, 도면 템플릿 파일, 최근에 연 도면 및 시트 세트, 온라인 및 학습 옵션, 공지를 비롯하여 다양한 초기 작업에 쉽게 액세스할 수 있습니다. 버전에 따라 UI 환경은 조금씩 차이가 있을 수도 있지만 기본적인 사용법은 비슷합니다.

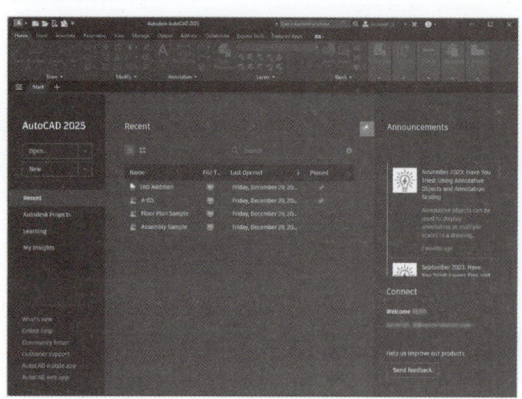 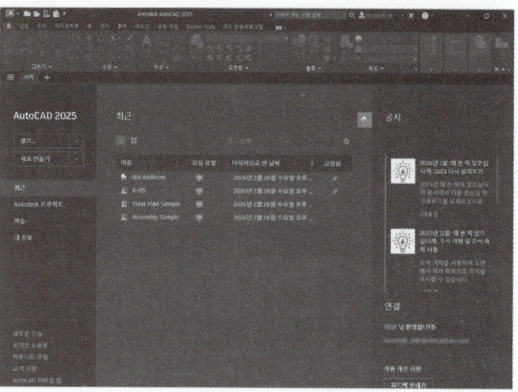

❶ **Open (열기)** : 이전에 저장한 도면 파일을 엽니다. 열기 드롭다운에는 다음 항목이 포함되어 있습니다.

- **Open files (파일 열기)** : 이전에 저장한 도면 파일을 엽니다.

- **Open a sheet set (시트 세트 열기)** : 이전에 저장한 시트 세트를 엽니다.

- **Explore sample drawings (샘플 도면 탐색)** : 설치된 샘플 파일에 액세스합니다.

❷ **New (새로 만들기)** : 기본 도면 템플릿 파일에서 새 도면을 작성합니다. 새로 만들기 드롭다운에는 다음 항목이 포함되어 있습니다.

- **Templates (템플릿)** : 최근 사용한 템플릿을 보거나, 사용 가능한 모든 도면 템플릿을 찾거나 온라인에서 추가 도면 템플릿을 다운로드합니다.

- **Sheet Sets (시트 세트)** : 시트 세트 작성 마법사가 표시되어 시트 세트를 작성합니다.

❸ **Recent (최근)** : AutoCAD LT가 아닌 AutoCAD의 활동 정보 팔레트를 사용하여 가장 최근에 사용한 문서와 활동을 볼 수 있습니다. 문서를 고정하여 나열된 상태로 유지할 수 있습니다. 고정된 문서는 잠금을 해제할 때까지 리스트 맨 위에 표시됩니다. 이미지 및 문자를 표시하는 옵션 또는 문자만 표시하는 옵션 중에서 선택할 수 있습니다.

❹ **Autodesk Projects (Autodesk 프로젝트)** : Autodesk 프로젝트를 사용하면 연결된 드라이브 및 관련 허브, 공유 프로젝트, 각 폴더 및 파일에 파일을 열고 저장할 수 있습니다. Autodesk Docs의 연결된 드라이브에 액세스하려면 Desktop Connector가 설치되어 있어야 합니다.

❺ **Learning (학습)** : 교육 페이지에서는 비디오, 팁 및 다른 관련 온라인 컨텐츠 또는 서비스(사용 가능한 경우)와 같은 교육 리소스에 액세스할 수 있습니다. 인터넷에 연결할 수 없는 경우 교육 페이지가 표시되지 않습니다.

❻ **My Insights (내 정보)** : 내 정보는 AutoCAD 사용을 기반으로 사용자에게 표시되는 정보입니다. 컨텐츠는 정보를 제공하고 실행할 수 있도록 설계되었습니다.

❼ **다른 온라인 리소스에 대한 링크** : 새로운 기능 등 여러 사이트를 직접 링크하고 있습니다.

❽ **Announcements (공지)** : 제품 업데이트, 설문 조사 등에 대한 알림을 표시합니다.

❾ **Connect (연결)** : Autodesk Account 계정에 로그인하여 온라인 서비스에 액세스합니다.

❿ **Send Feedback (피드백 보내기)** : 개선을 위한 피드백 및 제안 사항을 제공할 수 있는 온라인 양식을 엽니다.

Application Menu 응용프로그램 메뉴

응용프로그램 버튼 A을 클릭하면 다음을 수행할 수 있습니다.

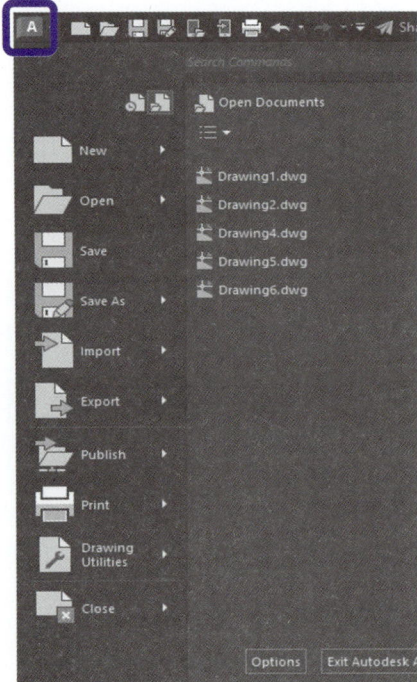

- Command Search field 명령 검색 필드(돋보기 상자)
- Recent Documents 최근 문서 리스트
- Open Documents 열린 문서 리스트
- **New** 새로 만들기
- **Open** 열기
- **Save** 저장
- **Save As** 다른 이름으로 저장
- Import 다양한 형식의 파일 가져오기(DWG 파일 데이터로 변환)
- Export 도면의 객체를 다른 파일 형식으로 저장
- Publish 파일 게시
- Print 파일 인쇄
- Drawing Utilities 파일 검사, 복구
- Close 응용프로그램 닫기
- **Options** 옵션 대화상자 액세스

Quick Access Toolbar 신속 접근 도구막대

신속 접근 도구막대(=빠른 액세스 도구모음, Quick Acess Toolbar)를 통해 자주 사용하는 도구를 표시합니다.

▶ 명령 취소 및 명령 복구 내역 보기

다른 프로그램에서와 마찬가지로 신속 접근 도구막대에서 작업에 대한 변경 사항을 명령 취소 및 명령 복구할 수 있는 옵션이 표시됩니다. 최근에 수행하지 않은 변경 사항을 명령 취소하거나 명령 복구하려면 명령 취소 또는 명령 복구 버튼 오른쪽의 드롭다운 버튼을 클릭합니다.

▶ 명령 및 컨트롤 추가

표시된 드롭다운 버튼을 클릭하고 드롭다운 메뉴에서 선택하여 일반적으로 사용하는 도구를 신속 접근 도구막대에 쉽게 추가할 수 있습니다.

신속 접근 도구막대에 리본 버튼을 빠르게 추가하려면 리본의 버튼을 마우스 오른쪽 버튼으로 클릭한 후 Add to Quick Access Toolbar(신속 접근 도구막대에 추가)를 클릭합니다. 그러면 해당 버튼이 신속 접근 도구막대의 기본 명령 오른쪽에 추가됩니다. 이러한 명령 중 하나를 제거하려면, CUI 편집기를 사용하여 [+] 신속 접근 도구막대 > [+] 신속 접근 도구막대 1을 엽니다. 여기에서 원하는 요소를 클릭하고 Delete 키를 누릅니다. 또한 요소를 끌어 도구막대에서 해당 순서를 변경할 수도 있습니다.

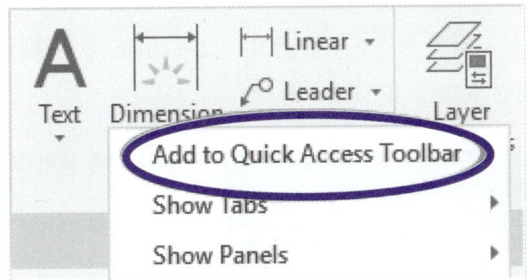 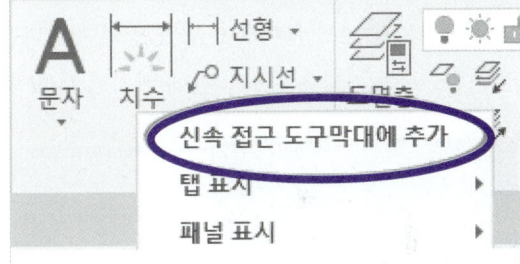

■── 리본 탭 및 패널

리본에서는 도면을 작성하거나 수정하는 데 필요한 모든 도구가 포함된 작은 팔레트가 제공됩니다. 리본은 일련의 탭으로 구성되며, 이러한 탭은 도구막대에서 사용 가능한 여러 도구 및 컨트롤이 포함된 패널로 구성됩니다.

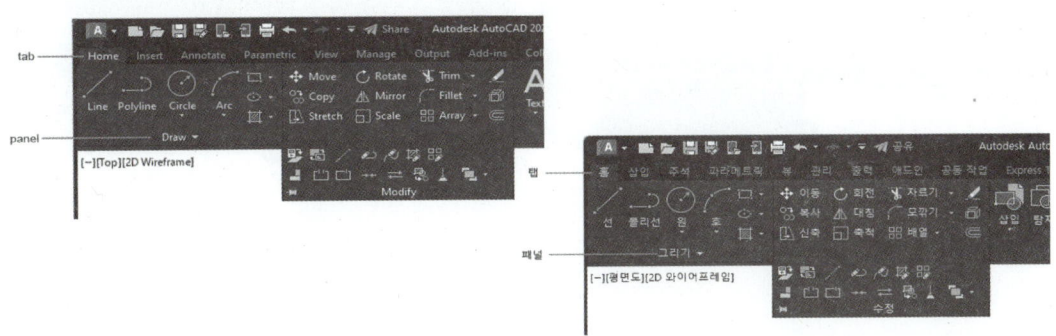

일부 리본 패널에서는 해당 패널과 관련된 대화상자에 액세스할 수 있습니다. 관련 대화상자를 표시하려면 패널의 오른쪽 아래 구석에 있는 대화상자 실행기(■)를 클릭합니다.

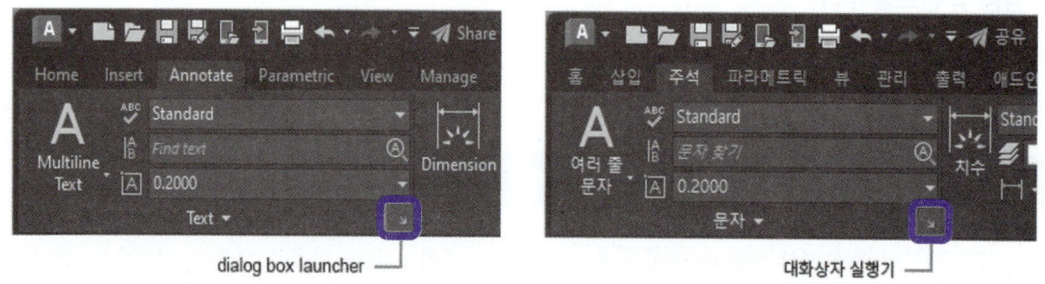

표시되는 리본 탭 및 패널을 조정할 수 있습니다. 리본을 마우스 오른쪽 버튼으로 클릭하고 바로 가기 메뉴에 나열되는 탭 또는 패널의 이름을 클릭하거나 선택을 취소합니다.

▶ 부동 패널 (Floating Panels)

패널을 리본 탭에서 끌어내어 도면 영역이나 다른 모니터에 놓을 수 있습니다. 리본 탭을 전환하는 경우에도 부동 패널은 다시 리본에 배치될 때까지 열린 상태로 유지됩니다.

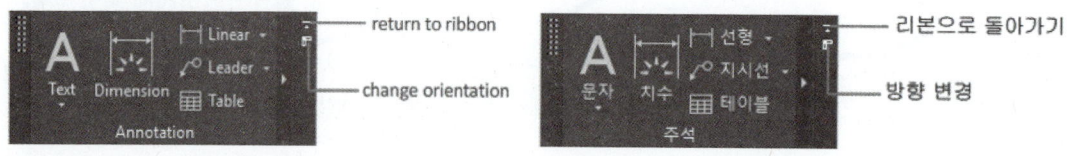

▶ 슬라이드 아웃 패널 (Slide-out Panels)

패널 제목 가운데에 있는 화살표(■)를 클릭하면 패널이 확장되어 추가 도구와 컨트롤이 표시됩니다. 슬라이드 아웃 패널은 기본적으로 다른 패널을 클릭하면 자동으로 닫힙니다. 패널을 확장 상태로 유지하려면 슬라이드 아웃 패널 왼쪽 하단 구석의 누름 핀을 클릭합니다.

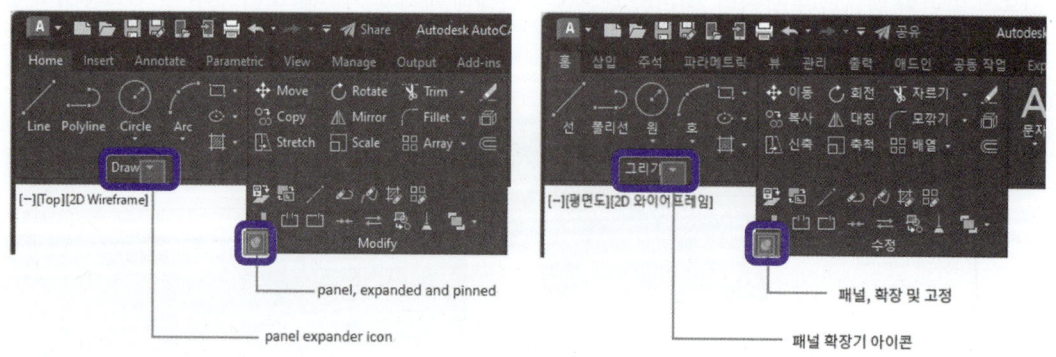

▶ 상황별 리본 탭 (Contextual Ribbon Tabs)

특정 객체 유형을 선택하거나 특정 명령을 시작하면 도구막대 또는 대화상자 대신 상황별 리본 탭이 표시됩니다. 상황별 탭은 명령을 종료하면 닫힙니다.

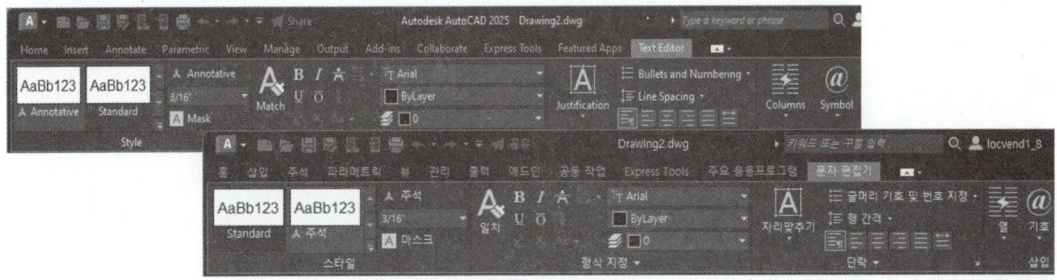

▶ 작업공간 및 리본 (Workspaces and the Ribbon)

Windows 운영 체제에서 실행되는 제품의 경우 작업공간은 작업 위주로 사용자화된 도면 환경을 제공하는 리본 탭, 패널, 메뉴, 도구막대 및 팔레트 세트입니다. 작업공간을 변경하여 다른 리본으로 변경할 수 있습니다. 상태막대에서 작업공간 전환을 클릭하고 사용할 작업공간을 선택합니다. 예를 들어 AutoCAD에서 사용 가능한 초기 작업공간은 다음과 같습니다.

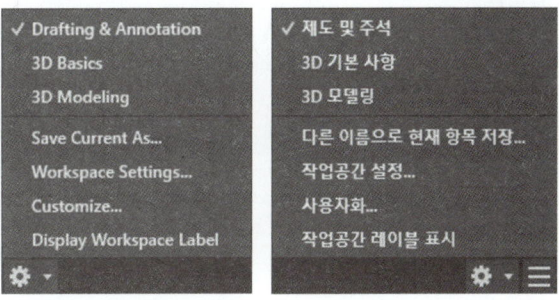

■── 리본을 고정하거나 고정 해제하기

▶ 리본 고정해제 Undock

리본 탭을 마우스 오른쪽 버튼으로 클릭하고 Undock(고정해제)를 선택합니다.

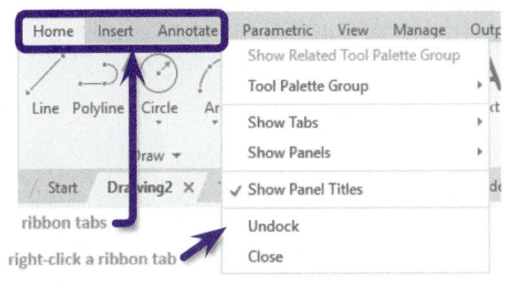
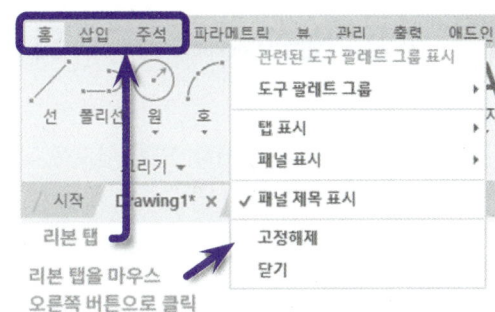

▶ **새 위치에서 리본을 고정하기 Dock**

❶ 리본이 고정되어 있으면 리본을 고정해제합니다.

❷ 제목 표시줄을 클릭하고 고정해제된 리본을 도면 영역의 왼쪽 모서리, 오른쪽 모서리 또는 맨 위로 끕니다.

❸ 윈도우의 윤곽선이 고정 영역에 나타나면 누르고 있던 버튼을 놓습니다.

❹ 리본을 이전 위치로 되돌리려면 제목 표시줄을 두 번 클릭합니다.

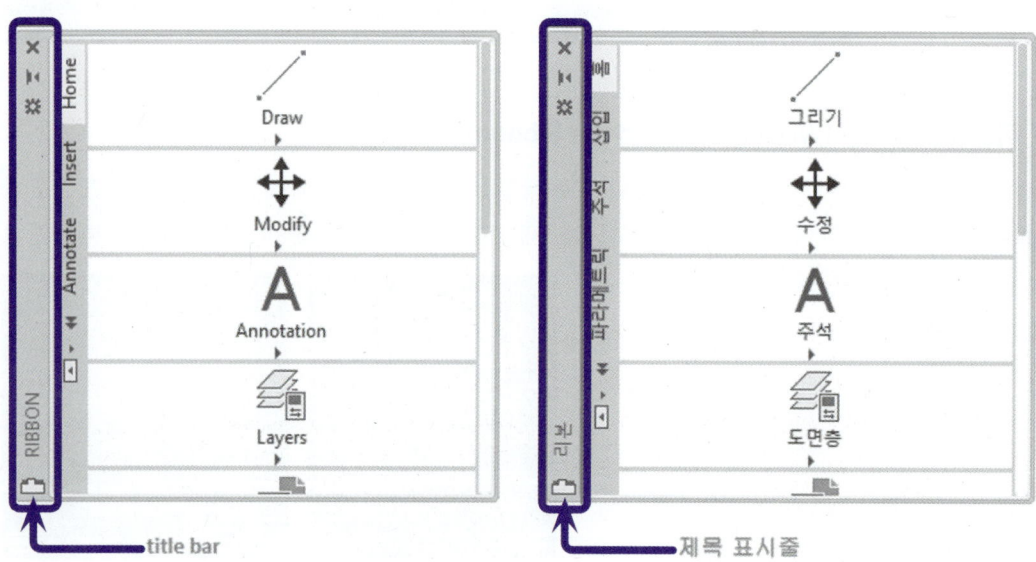

▶ **전체, 기본 및 최소화 리본 상태 전환**

리본에서 최소화 버튼(마지막 리본 탭 오른쪽에 있는 더 큰 위쪽 화살표 버튼)을 클릭합니다. 모두 순환 옵션이 활성화되어 있으면 최소화 버튼을 클릭할 때마다 리본의 화면표시 상태 또는 단계가 다음 최소화 상태로 전환됩니다.

■── 고정 가능한 Dockable 윈도우 및 팔레트의 동작 설정

리본, 특성 팔레트, 도구 팔레트, 명령 윈도우 및 DesignCenter 등의 윈도우를 고정, 앵커 또는 부동 상태로 만들 수 있습니다. 이 기능과 다른 옵션의 설정은 팔레트 또는 윈도우의 제목 표시줄을 마우스 오른쪽 버튼으로 클릭하여 사용할 수 있는 바로 가기 메뉴에서 변경할 수 있습니다.

- **Resize (크기 조정)** : 윈도우의 모서리를 끌어 해당 크기를 변경합니다. 윈도우에 창이 있을 경우 창 사이의 막대를 끌어 창의 크기를 조절합니다.

- **Allow Docking (고정 허용)** : 이 옵션은 고정 가능한 윈도우를 고정하거나 앵커하는 데 사용합니다. 고정 윈도우는 응용프로그램 윈도우의 한 면에 고정되어 도면 영역의 크기가 조정되도록 합니다.

- **Anchor (앵커)** : 고정 가능한 윈도우나 팔레트를 도면 영역의 왼쪽/오른쪽 면에 부착 또는 앵커합니다. 앵커 DesignCenter 윈도우는 커서의 이동에 따라 열리거나 닫힙니다. 앵커 윈도우가 열린 경우, 해당 내용이 도면 영역에 중첩됩니다. 앵커 윈도우는 계속 열려 있는 상태로 설정될 수 없습니다. 윈도우를 앵커하려면 먼저 고정 허용 옵션을 선택해야 합니다.

- **Auto-hide (자동 숨기기)** : 부동 윈도우는 커서가 이동함에 따라 롤오픈되고 닫힙니다. 이 옵션이 해제되면 윈도우는 열린 상태를 유지합니다. 자동 숨기기가 설정된 고정해제된 윈도우는 도면 영역 내에서 막대로 표시됩니다.

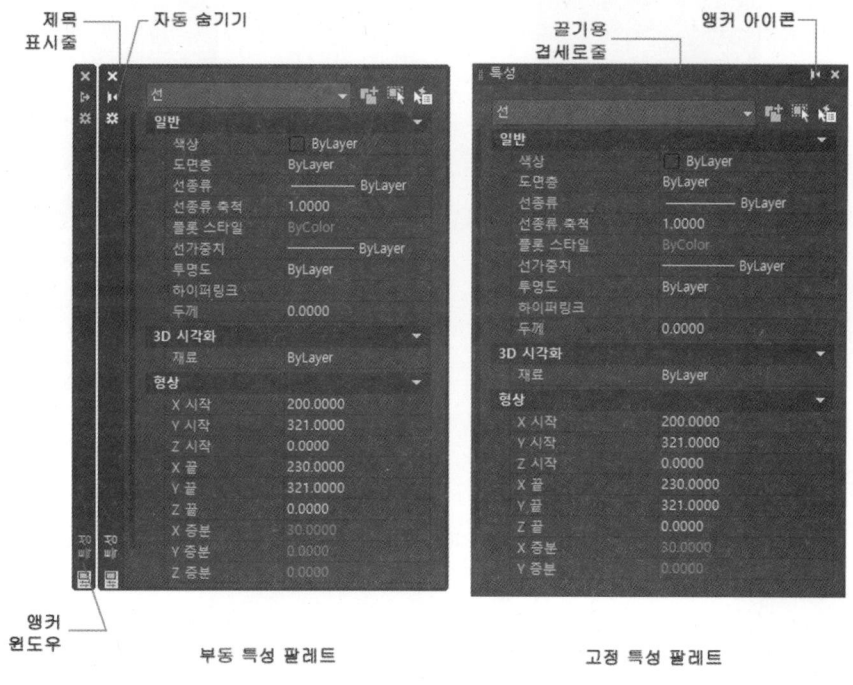

- **Transparency (투명도)** : 윈도우 투명도와 마우스를 놓았을 때의 투명도를 설정합니다. 윈도우는 아래의 객체를 가리지 않도록 투명하게 됩니다. 이 윈도우는 커서를 위에 놓으면 더 불투명해집니다. 이 옵션은 모든 윈도우에서 사용 가능한 것은 아닙니다.

- **도구막대 및 고정 윈도우의 위치 잠그기** : 도구막대 및 고정, 부동 또는 앵커 윈도우를 원하는 방식으로 배열하였으면 해당 위치를 잠글 수 있습니다. 잠긴 도구막대와 윈도우는 계속 사용하거나, 열거나, 닫을 수 있습니다. 임시로 고정을 해제하려면 Ctrl 키를 누르고 있으면 됩니다.

■─ 이전 버전의 메뉴 표시방법 및 도구막대 사용하기

메뉴 표시방법을 활용하여 자주 사용하는 치수 도구 등을 막대로 가져와 사용할 수 있습니다.

▶ 메뉴 표시 (Show Menu Bar)

메뉴를 표시하려면 신속 접근 도구막대 드롭다운 > Show Menu Bar(메뉴 막대 표시)를 클릭합니다.

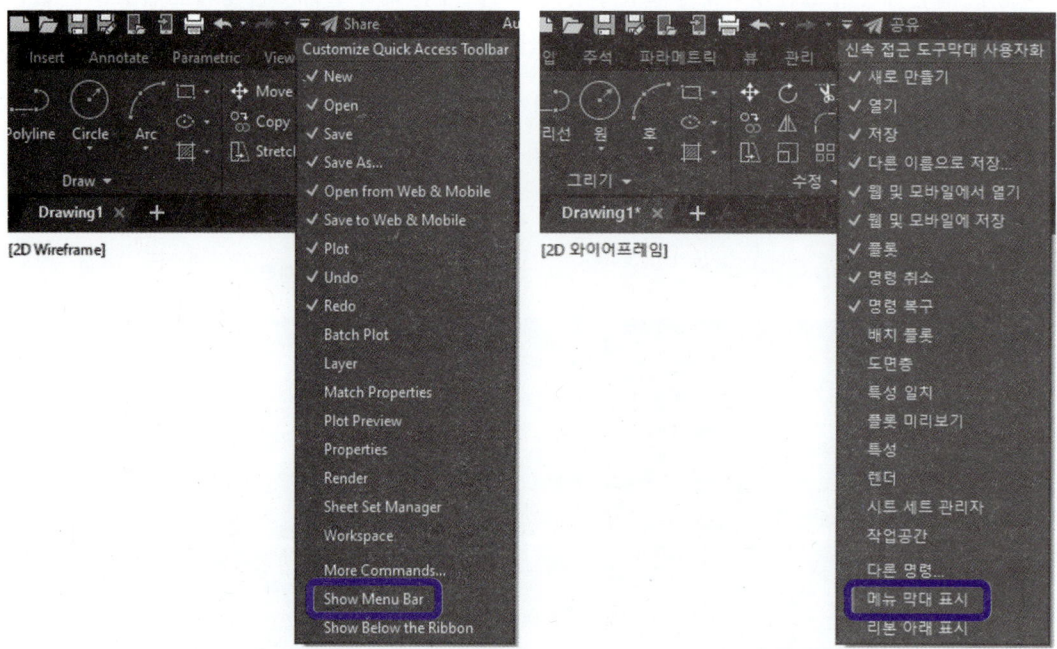

▶ Toolbars (도구막대) 표시

Tools (도구) 메뉴 > Toolbars (도구막대)를 클릭하고 AutoCAD에서 필요한 도구막대를 선택합니다.

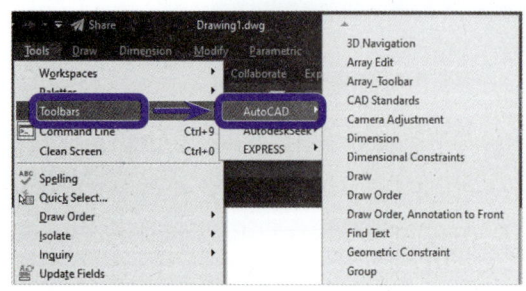
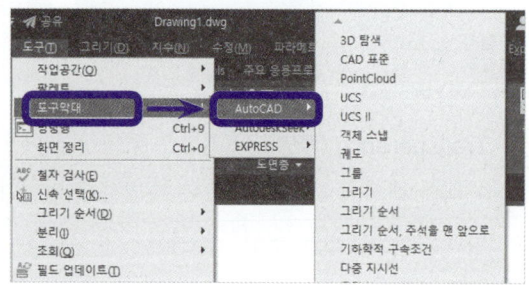

■ 작업 환경 Model 모형 공간 및 Layout 도면 공간

작업 환경에는 Model(모형) 공간과 Layout(도면) 공간의 두 가지가 있으며, 이 두 공간에서 도면의 객체로 작업을 할 수 있습니다.

기본적으로는 Model(모형) 공간이라는 제한 없는 3D 도면 영역에서 작업을 시작합니다. 먼저 한 단위가 나타내는 크기(1밀리미터, 1센티미터, 1인치, 1피트 또는 기타 편리한 단위)를 결정합니다. 그런 후에 1:1 축척으로 그리기를 진행합니다.

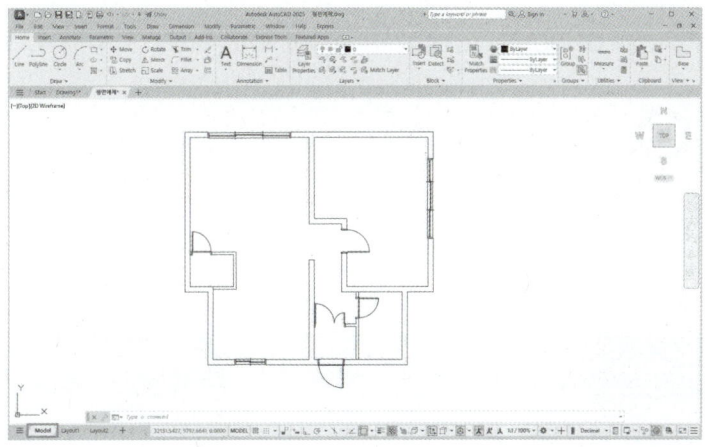

인쇄할 도면을 준비하려면 Layout(도면) 공간으로 전환합니다. 이 공간에서 제목 블록과 주를 사용하여 서로 다른 배치를 설정할 수 있으며, 각 배치에서는 서로 다른 모형 공간 뷰를 표시하는 배치 뷰포트를 작성할 수 있습니다. 배치 뷰포트에서는 도면 공간을 기준으로 모형 공간 뷰를 축척합니다. 도면 공간의 한 단위는 용지에서 실제 거리(페이지 설정을 구성한 방법에 따라 밀리미터 또는 인치)를 나타냅니다.

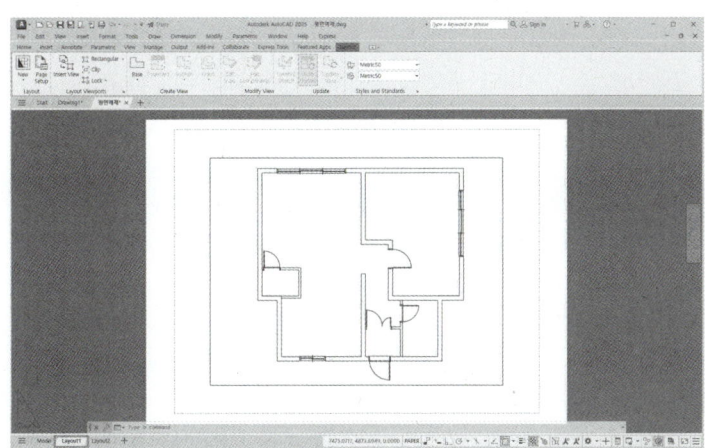

모형 공간은 Model(모형) 탭에서, 도면 공간은 Layout(배치) 탭에서 액세스할 수 있습니다.
Model(모형) 탭 및 Layout(배치) 탭 간의 전환은 다음과 같은 방법을 이용합니다.

❶ 모형 탭 및 여러 명명된 배치 탭은 기본적으로 도면 영역의 왼쪽 아래 구석에 표시됩니다.

❷ 탭이 보이지 않으면 명령 프롬프트에서 **OPTIONS**를 입력한 후 표시 탭에서 배치 및 모형 탭 표시를 선택합니다.

❸ 더하기(+) 아이콘을 클릭하여 배치 탭을 더 추가합니다.

❹ 배치 탭 메뉴를 클릭하여 다른 메뉴 옵션과 함께 배치 탭 리스트를 봅니다.

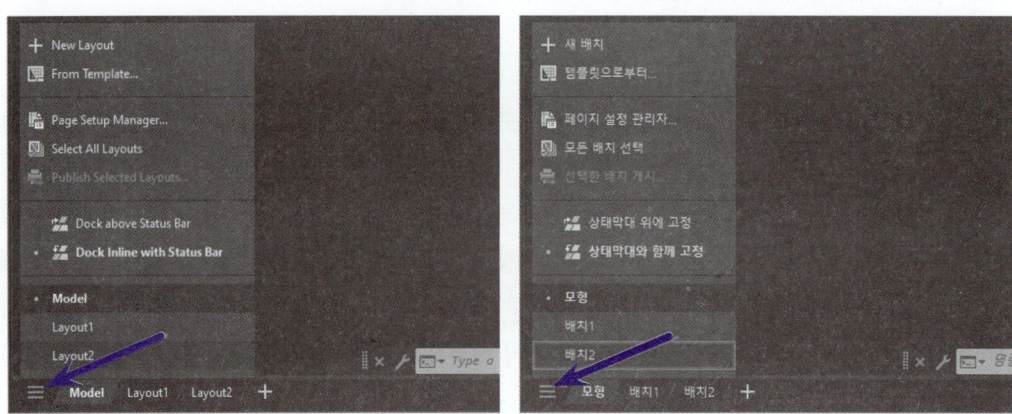

- 여러 배치 탭을 표시하기 위해 추가 공간을 확보하려는 경우 모형 또는 배치 탭을 마우스 오른쪽 버튼으로 클릭하고 상태막대 위에 고정을 선택할 수 있습니다. 모형 및 배치 탭은 상태막대 위에 별도의 행에 표시됩니다.

- 도면 영역의 공간을 최적화하려면 모형 또는 배치 탭을 마우스 오른쪽 버튼으로 클릭하고 상태막대와 함께 고정을 선택합니다. 모형 및 배치 탭이 상태막대에 인라인으로 표시됩니다.

- 고정 옵션은 배치 탭 메뉴에서도 사용할 수 있습니다.

■── Status Bar 상태막대

상태막대에서는 가장 자주 사용하는 몇 가지 도면 도구들에 빠르게 액세스할 수 있습니다. 상태막대는 응용프로그램 오른쪽 하단 구석에 표시되며, 기본 상태막대는 다음과 같습니다. 만약 상태막대가 표시되지 않았다면, 명령행에 **STATUSBAR**를 입력한 후 **1**을 입력합니다.

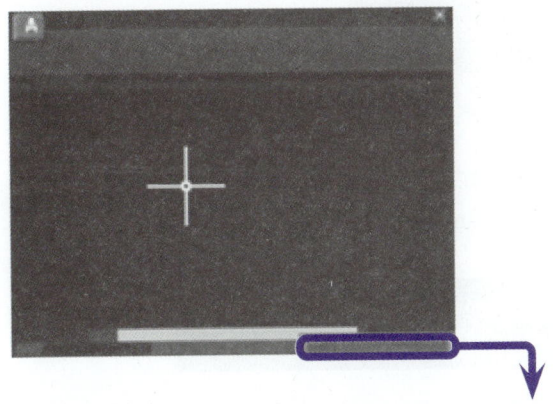

상태막대의 일부 컨트롤은 전환됩니다. 즉, 한 번 클릭하면 기능이 켜지거나 꺼집니다. 파란색 배경은 기능이 켜져 있음을 나타냅니다.

컨트롤 옆의 화살표(▼)를 클릭하거나 객체 스냅 아이콘의 아무 곳이나 마우스 오른쪽 버튼으로 클릭하여 관련 메뉴를 표시합니다

- 개별 객체 스냅 설정을 선택하거나 선택을 취소합니다.
- 객체 스냅 설정을 클릭하여 제도 설정 대화상자의 객체 스냅 탭을 엽니다.

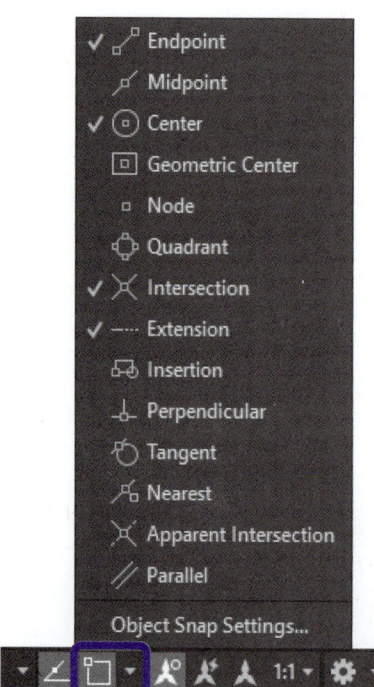

옵션 설정이 있는 도구의 경우, 마우스 오른쪽 버튼을 클릭하고 메뉴 옵션을 선택하여 도구에 대한 설정 대화상자를 표시합니다. 예를 들면 다음과 같습니다.

- 그리드 표시(#)를 마우스 오른쪽 버튼으로 클릭하고 그리드 설정을 선택하여 그리드 및 스냅 간격두기를 설정합니다.

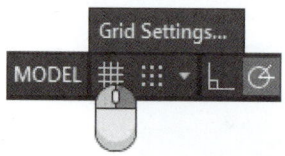

- 객체 스냅 추적(∠)을 마우스 오른쪽 버튼으로 클릭하고 설정 옵션을 선택하여 객체 스냅 추적을 설정합니다.

도구 위에 마우스를 놓고 F1 키를 눌러 해당 도구에 대한 도움말 항목을 엽니다. 예를 들면 다음과 같습니다.

- 직교 모드 위에 마우스를 놓고 F1 키를 누릅니다.
- 작업공간 전환 위에 마우스를 놓고 F1 키를 누릅니다.

상태막대에서 표시하거나 숨기려는 도구를 선택할 수 있습니다. 상태막대 맨 오른쪽 끝에 있는 사용자화(≡)를 클릭하고, 표시하거나 숨기려는 도구를 선택합니다. 예를 들면 다음과 같습니다.

- 선가중치를 표시하려면 선가중치(≡)를 선택합니다.
- 동적 입력을 숨기려면 동적 입력( ) 선택을 취소합니다.

상태막대에 커서 좌표를 표시할 수도 있습니다. 기본적으로 좌표 표시는 꺼져 있지만, 사용자화(≡)를 클릭한 다음 좌표를 선택합니다. 좌표 도구를 마우스 오른쪽 버튼으로 클릭하여 옵션의 메뉴를 표시할 수 있습니다.

키보드를 사용하려는 경우, 일부 기능 키는 상태막대의 컨트롤과 동일한 전환 동작을 수행합니다.

키	아이콘	기능	설명
F3		Object snap (객체 스냅)	객체 스냅을 켜거나 끕니다.
F4		3D object snap (3D 객체 스냅)	3D용 추가 객체 스냅을 켜거나 끕니다.
F7		Grid display (그리드 표시)	그리드 표시를 켜거나 끕니다.
F8		Ortho (직교)	커서 이동을 수평 또는 수직으로 잠급니다.
F9		Grid snap (그리드 스냅)	커서의 움직임을 지정된 그리드 간격으로 제한합니다.
F10		Polar tracking (극좌표 추적)	지정된 각도로 커서가 이동되도록 합니다.
F11		Object snap tracking (객체 스냅 추적)	객체 스냅 위치에서 수평 및 수직으로 커서를 추적합니다.

■── ViewCube 뷰큐브, Navigation Bar 탐색 막대

작업 화면 우측 상단에 있으며 리본 View 탭 → Viewport Tools 패널에서 ON/OFF 할 수 있습니다.

ViewCube 도구는 2D 모형 공간 또는 3D 비주얼 스타일에서 작업할 때 표시되는 탐색 도구입니다. ViewCube를 사용하여 표준 뷰와 등각투영 뷰 간에 전환할 수 있습니다.

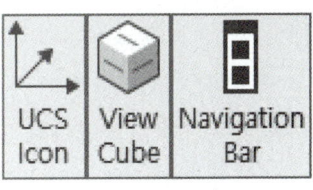

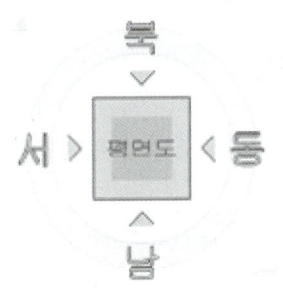

ViewCube는 비활성 또는 활성 상태 중 하나로 표시됩니다. ViewCube는 비활성 상태일 때 모형 뷰를 가리지 않도록 기본적으로 일부분이 투명하게 표시됩니다. 활성 상태일 때는 불투명하게 표시되어 모형의 현재 뷰에 있는 객체 뷰를 가릴 수 있습니다.

나침반은 ViewCube 아래에 표시되며 모형에 대해 북쪽으로 정의된 방향을 나타냅니다. 나침반의 주요 방향 문자를 클릭하여 모형을 회전하거나, 나침반의 원을 클릭한 다음 끌어 피벗점을 기준으로 모형을 대화식으로 회전할 수 있습니다.

통합 탐색 도구는 다양한 Autodesk 제품에서 제공되는 도구입니다. 제품 관련 탐색 도구는 제품마다 서로 다릅니다. Navigation Bar(탐색 막대)는 현재 도면 영역의 측면 중 하나를 따라 부동 상태로 표시됩니다.

탐색 막대의 버튼 중 하나를 클릭하거나 분할 버튼의 더 작은 부분을 클릭하면 표시되는 리스트에서 도구 중 하나를 선택하여 탐색 도구를 시작합니다.

■— UCSICON

UCS 아이콘의 가시성, 배치, 모양 및 선택 가능성을 조정합니다.

메뉴	View 메뉴 → Display → UCS ICON 클릭
리본	View 탭 → Coordinates 패널
명령 입력	명령창에 **UCSICON** 입력 후 Enter

UCS 아이콘은 현재 UCS의 위치 및 방향을 나타냅니다. UCS 원점 위치가 뷰포트에 표시되지 않는 경우, 그 대신 뷰포트의 왼쪽 아래 구석에 UCS 아이콘이 표시됩니다. 서로 다른 사용자 좌표계 아이콘이 도면 공간과 모형 공간에 표시됩니다. 모형 공간에서 2D 아이콘 표시 스타일과 3D 아이콘 표시 스타일 간에 선택할 수 있습니다.

- **2D** : UCS가 표준 좌표계(WCS)와 동일할 경우 아이콘의 Y 부분에 문자 W가 나타납니다. UCS를 회전시켜 Z축을 뷰 평면과 평행한 평면 안에 놓으면(즉, XY 평면에 뷰어에 대한 모서리가 생기면) 잘라진 연필 아이콘이 2D UCS 아이콘을 대치합니다.

- **3D** : 현재 UCS가 WCS와 동일한 경우 원점의 XY 평면에 사각형이 표시되고 위쪽에서(양의 Z 방향) UCS를 바라보게 됩니다. UCS를 아래쪽에서 바라보는 경우에는 사각형이 사라집니다. XY 평면의 위쪽에서 바라볼 때는 Z축이 실선으로 표시되고 XY 평면의 아래쪽에서 바라볼 때는 대시선으로 표시됩니다.

다음 예는 모형 공간에 표시되는 두 개의 3D UCS 아이콘과 도면 공간 배치에 표시되는 UCS 아이콘을 보여줍니다.

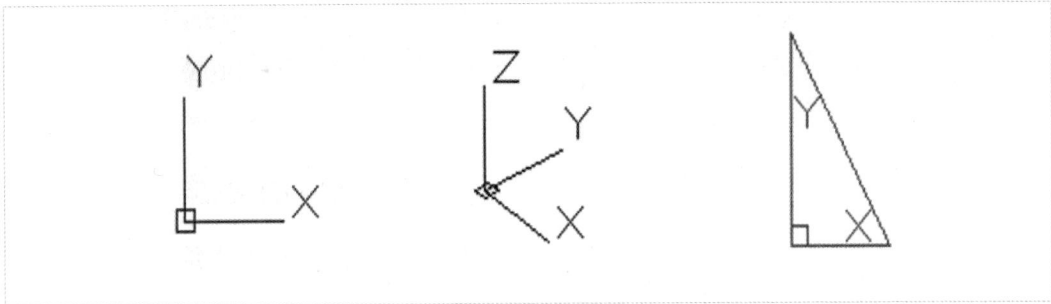

Command: **UCSICON**

Enter an option [ON/OFF/All/Noorigin/ORigin/Selectable/Properties] <ON>:

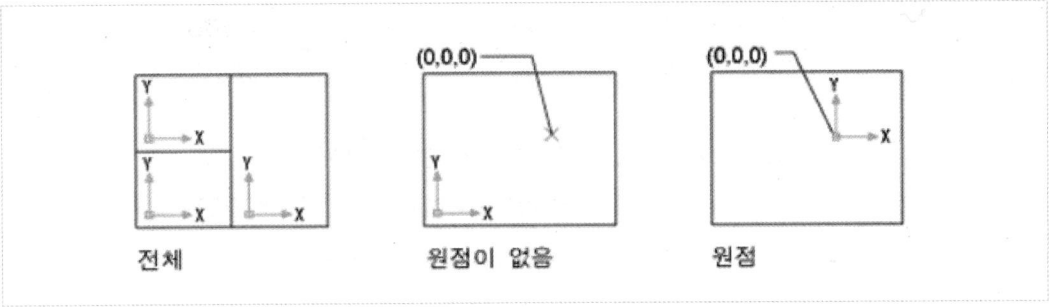

전체   원점이 없음   원점

옵션 살펴보기

- **On (켜기)** : UCS 아이콘을 표시합니다.

- **Off (끄기)** : UCS 아이콘의 표시를 끕니다.

- **All (전체)** : 변경 사항을 모든 활성 뷰포트의 아이콘에 적용합니다. 그렇지 않으면 UCSICON은 현재 뷰포트에만 영향을 줍니다.

- **No Origin (원점 없음)** : UCS 원점의 위치에 관계없이 아이콘을 뷰포트의 왼쪽 하단에 표시합니다.

- **Origin (원점)** : 아이콘을 현재 UCS의 원점(0,0,0)에 표시합니다. 원점이 뷰 외부에 있으면 뷰포트의 왼쪽 아래 구석에 표시됩니다.

- **Selectable (선택 가능)** : UCS 아이콘을 선택할 수 있는지 및 그립으로 조작할 수 있는지를 조정합니다.

- **Properties (특성)** : UCS 아이콘의 스타일, 가시성 및 위치를 조정할 수 있는 UCS 아이콘 대화상자를 표시합니다.

UCS 아이콘은 현재 뷰 방향에 대해 사용자 좌표계의 현재 방향을 시각화하는 데 도움이 됩니다. 여러 버전의 아이콘을 사용할 수 있으며 크기, 위치 및 색상을 변경할 수 있습니다. 아이콘의 2D 또는 3D 스타일을 선택하여 2D 환경에서 작업할 때 UCS를 표현할 수 있습니다.

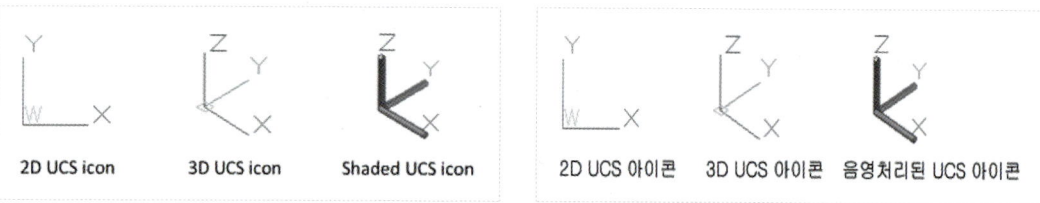

UCSICON 명령을 사용하여 해당 모양(해당 크기 및 색상 포함)을 변경할 수 있습니다.

- UCS 아이콘은 UCS 원점 또는 뷰포트의 왼쪽 아래 구석에 표시될 수 있습니다.
- 여러 뷰포트를 표시할 경우 각 뷰포트는 자체 UCS 아이콘을 표시합니다.
- 3D 비주얼 스타일을 사용하는 경우 음영처리된 UCS 아이콘이 표시됩니다.
- 또한 UCSICON 명령을 사용하여 UCS 아이콘을 끌 수 있습니다.

명령행과 명령어 구조의 이해

■── 명령행 Command Line

명령 윈도우 또는 동적 입력 상자에 명령의 처음 몇 글자를 입력하는 즉시 제안 명령 리스트가 표시됩니다. 기본적으로 리스트의 특성은 다음과 같습니다.

- 입력한 문자로 시작하는 가장 자주 사용하는 명령이 리스트의 맨 위에 표시됩니다. 이 리스트는 시간이 지나면서 가장 자주 사용하는 명령에 따라 우선 순위가 변경됩니다.
- 지속적으로 잘못된 철자를 입력한 다음 명령을 선택할 경우 잘못된 철자를 입력할 때마다 해당 명령을 표시하도록 변경됩니다.
- 제안 리스트에는 사용자가 입력한 문자가 포함된 명령과 이러한 문자로 시작하는 명령이 포함됩니다.

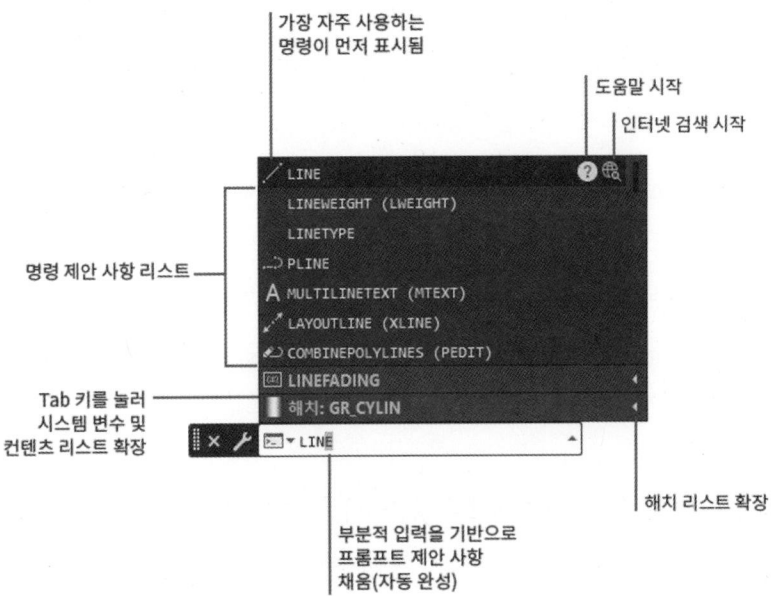

`Tab` 키를 누르면 시스템 변수 리스트에 액세스할 수 있습니다. 검색 막대를 클릭하면 웹에서 지정된 명령에 대한 정보를 찾아볼 수 있습니다.

■── 명령어 구조의 이해

기본적인 명령행 동작 구조는 대화형 형태입니다. 입력 받은 내용의 행동 결과로 반복해서 진행되며, 입력 후 나오는 구문에 따라 행동을 해야 동작이 이루어집니다. 그러므로 오토캐드에 익숙하지 않은 초보 사용자라면 명령행 Command Line을 보면서 동작 방식을 익혀야 합니다.

ZOOM 명령어를 예로 들겠습니다. 명령창에 **ZOOM**을 입력하고 `Enter` 키를 누르면 다음과 같은 명령행이 표시됩니다.

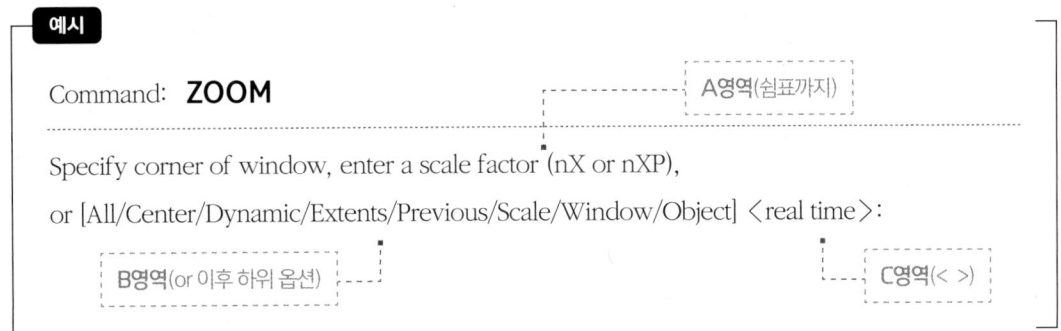

❶ 명령어 구조상 A영역 or B영역 단문 또는 [옵션] C영역 <값 또는 명령> 구조로 이루어집니다.

❷ A영역만 있는 경우는 반드시 진행해야 합니다.

- 예를 들어 Specify first point: 라고 나왔다면 첫 번째 위치점을 찍지 않으면 다음으로 진행되지 않습니다.

❸ A영역과 B영역으로 보이는 형태는 OR가 있으면 A를 하지 않는 경우 B를 선택해야 합니다.

- B영역의 [옵션]을 선택할 경우 대문자로 표시되는 부분이 단축키가 됩니다. 상위 버전에서는 마우스로 클릭이 가능합니다.

❹ C영역 < >안에 값이 있거나 명령어가 존재합니다. 앞에 나온 것을 어느 것도 하지 않고 `Enter` 또는 키를 입력하면 < > 내용이 적용됩니다.

- 예를 들어 Enter number of sides <4>: 라고 나왔다면 Enter를 입력하면 4가 적용됩니다. 바꾸고자 할 때는 직접 새로운 값을 입력해야 합니다.
- Enter an option [Inscribed in circle/Circumscribed about circle] <I>: `Enter` 를 입력하면 <I> 옵션이 적용됩니다

❺ 명령 입력 시 작업 공간에서 입력하면 자동으로 들어갑니다. 커서를 명령행에 위치시켜 입력하지 않도록 합니다.

❻ 명령어에 익숙해지기 전까지는 명령어 학습 시 명령행을 보면서 익혀 나가기를 권장합니다.

실행 화면 UI 인터페이스와 환경 리셋

■ 실행 화면 UI

앞서 기본적인 인터페이스를 소개하는 과정을 통해, 실행 화면 UI에 관련된 명칭은 이미 다루었습니다. 이 책에서도 앞으로 자주 등장하는 명칭으로 다시 한번 잘 익혀 두기 바랍니다.

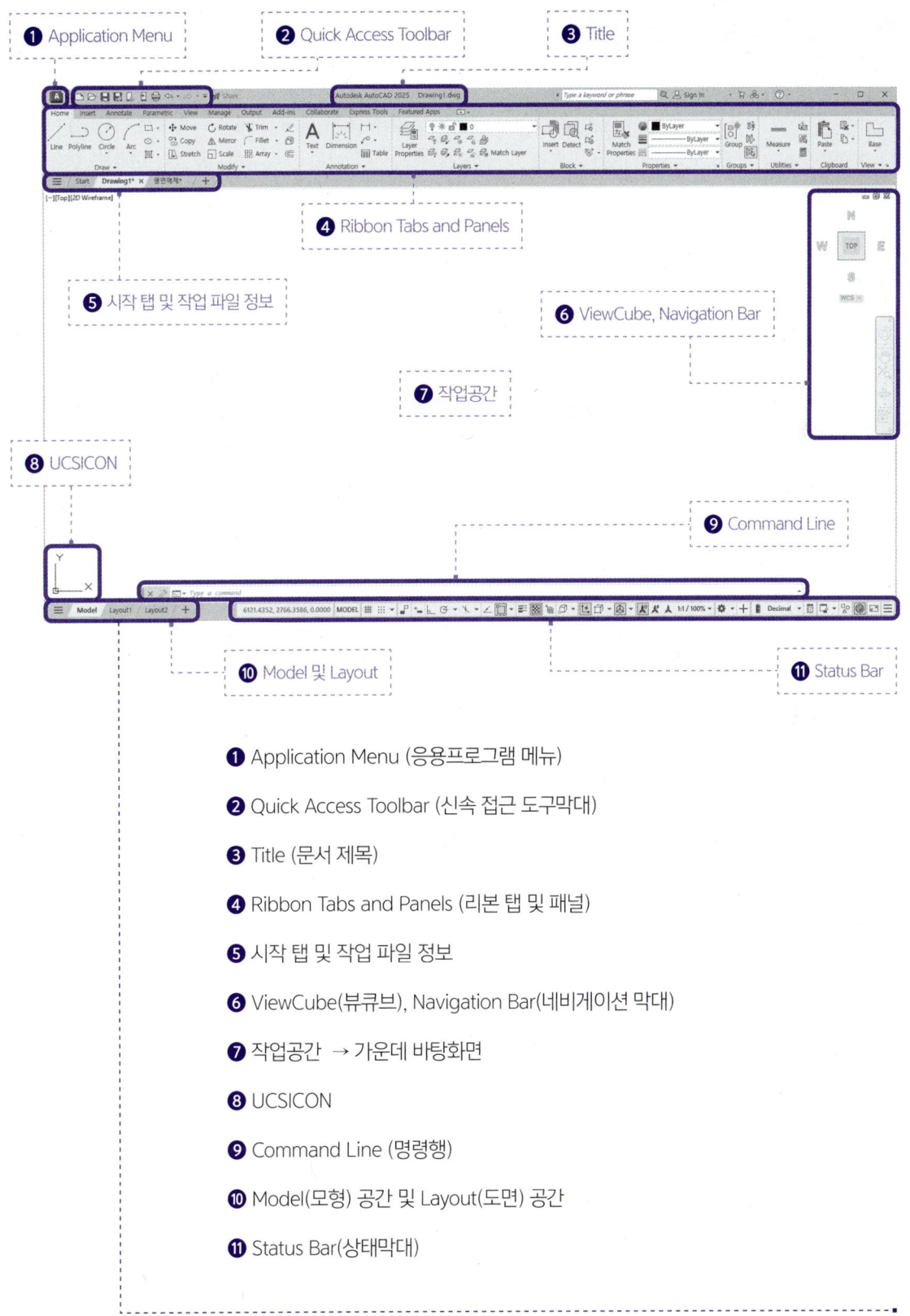

❶ Application Menu (응용프로그램 메뉴)

❷ Quick Access Toolbar (신속 접근 도구막대)

❸ Title (문서 제목)

❹ Ribbon Tabs and Panels (리본 탭 및 패널)

❺ 시작 탭 및 작업 파일 정보

❻ ViewCube(뷰큐브), Navigation Bar(네비게이션 막대)

❼ 작업공간 → 가운데 바탕화면

❽ UCSICON

❾ Command Line (명령행)

❿ Model(모형) 공간 및 Layout(도면) 공간

⓫ Status Bar(상태막대)

■ 인터페이스 환경 리셋

도구 및 환경에 대해 연습 하다가 인터페이스가 혼잡해진 경우 초기 설치 화면으로 리셋할 수 있습니다. 다만 단축 명령을 변경하여 pgp 파일로 저장한 것은 리셋이 되지 않습니다. 참고로 단축키 변경 및 사용자 설정은 관리 책임자가 회사에 맞게 셋팅한 값을 사용하는 것이 일반적이며, 개인이 별도로 바꾸어 작업하는 일이 없도록 주의를 권장합니다.

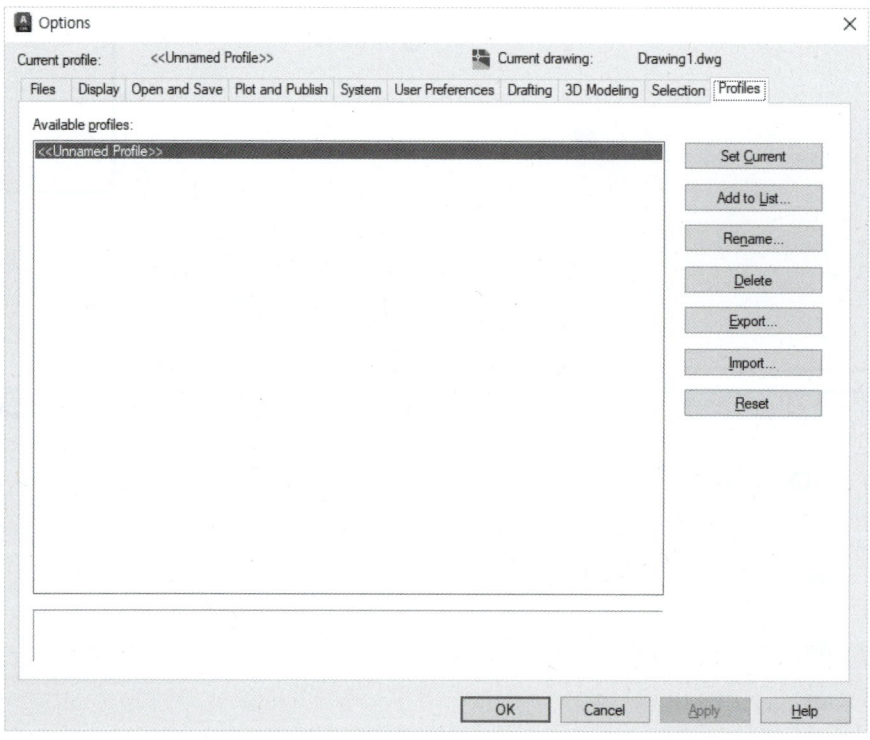

❶ 명령행의 명령창에 **OPTIONS** 입력 후 Enter 키, 단축 **OP**

❷ 옵션 설정창에서 **Profiles(프로파일)** 탭 클릭

❸ 우측 하단에 있는 **Reset(초기화)** 버튼 클릭

❹ 처음 상태의 인터페이스 화면으로 초기화

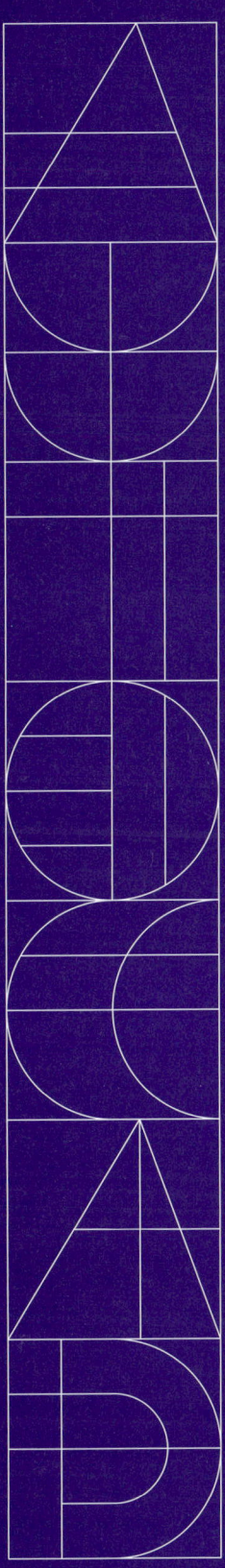

도면 생성 및
환경 설정

CHAPTER ———————— 02

01 AutoCAD 도면 생성 및 저장 방법

02 UNITS단위 및 LIMITS한계 영역 설정

03 Grid그리드, SNAPMODE그리드 스냅 설정

01 AutoCAD 도면 생성 및 저장 방법

- AutoCAD에서 새 도면을 생성하고 **템플릿 파일(.DWT)**의 개념을 이해할 수 있다.
- 도면 파일을 열고 **저장**하는 다양한 방법(QSAVE, SAVEAS, SAVE)을 익힐 수 있다.
- **환경설정 OPTIONS** 열기 및 저장 탭의 설정을 활용하여 도면 작업 환경을 최적화할 수 있다.

AutoCAD에서 새로운 도면을 생성하고 저장하는 방법에 대해 설명합니다. 도면 템플릿(.DWT)의 개요와 STARTUP 시스템 변수를 활용하는 방법을 다루며, 도면 파일을 열고 저장하는 다양한 명령어(QSAVE, SAVEAS, SAVE)를 소개합니다. 또한, 옵션 설정에서 "열기 및 저장" 탭의 주요 기능을 설명합니다.

도면 생성과 템플릿 파일

■── AutoCAD 실행 후 새 도면 만들기

❶ Start(시작) 탭에서 New(새로 만들기)를 클릭합니다.

- 이전 작업 이력이 있는 경우 사용한 템플릿 기준으로 새 도면이 열립니다. 새로 만들기 ▼ 드롭다운에서 해당 파일을 바로 선택할 수 있습니다.
- 작업 이력이 없거나 설치 후 처음 사용 시 도면 템플릿 파일을 선택할 수 있는 Select Template(템플릿 선택) 대화상자가 표시됩니다.

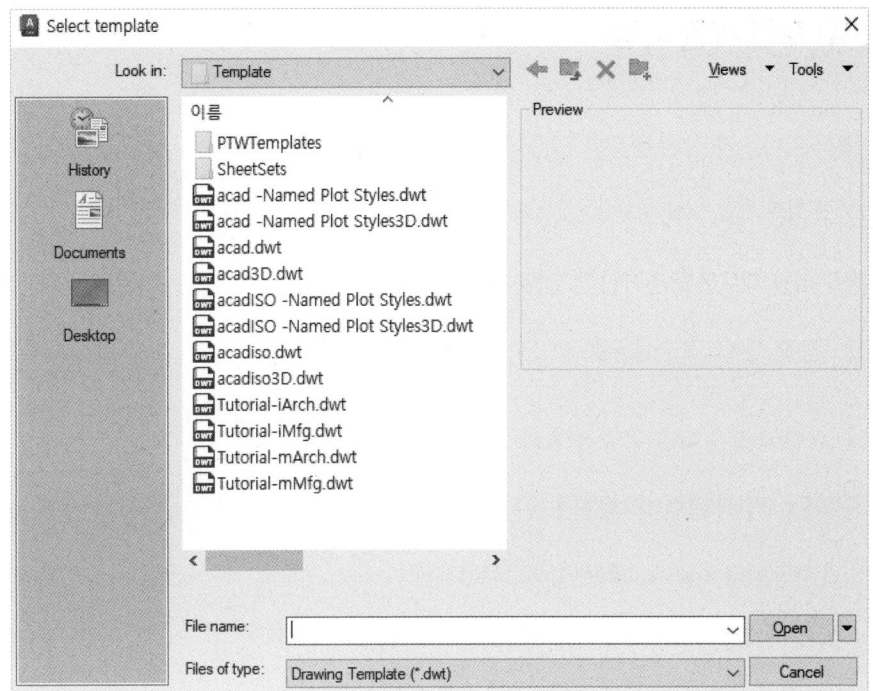

❷ Start(시작) 탭에서 마우스 우클릭 후 New를 선택해도 템플릿 선택 대화상자가 표시됩니다.

❸ 응용프로그램 도구 클릭 A → New(새로 만들기) → 템플릿 선택 대화상자가 표시됩니다.

❹ Quick Access toolbar(신속 접근 도구막대) → New(새로 만들기) → 템플릿 선택 대화상자가 표시됩니다.

■── 도면 작업 중 새 도면 만들기 NEW

❶ File(파일) 메뉴 → New(새로 만들기) 클릭

❷ Quick Access toolbar(신속 접근 도구막대) → New(새로 만들기) 선택

❸ 작도 중인 도면 탭 → 마우스 우클릭 후 New(새로 만들기) 선택

❹ 명령창에 NEW 입력 후 Enter, 단축키: N 입력 후 Enter, 바로가기 Ctrl + N

■── AutoCAD 도면 파일 유형

❶ 기본 도면 파일 형식은 다음과 같은 종류가 있습니다.
- **DWG** : AutoCAD의 기본 파일 형식, 2D 및 3D 설계 데이터를 저장.
- **DWT** : 도면 템플릿 파일, 새로운 도면 작성 시 일관성 유지를 위해 표준 설정, 레이아웃, 스타일 등을 포함
- **DXF** : CAD 프로그램 간 데이터 교환을 위한 ASCII 또는 바이너리 형식의 파일.

❷ 도면 관리 및 표준 관련 파일은 다음과 같은 종류가 있습니다.
- **DWS** : 도면 표준 파일, 도면의 일관성과 품질을 유지하기 위해 사용
- **BAK** : 도면 파일의 자동 백업 파일, 데이터 손실 시 복구 가능
- **SV$** : 자동 저장 파일, 예기치 않은 종료 시 작업을 복구하는 데 사용

❸ 특수 용도의 도면 파일은 다음과 같은 종류가 있습니다.
- **DXB(Drawing Exchange Binary)** : DXF와 유사하지만, 바이너리 형식으로 저장되어 파일 크기를 줄이고 처리 속도를 향상
- **DWF(Design Web Format)** : AutoCAD 도면을 압축하여 웹 및 모바일에서 보기 편하게 만든 파일 형식
- **DWFx** : DWF의 XML 기반 확장 버전으로, Windows XPS Viewer에서도 열람 가능

■── AutoCAD 원형 도면템플릿 파일.DWT 개요

❶ DWT 파일이란?

DWT(Drawing Template) 파일은 AutoCAD에서 새로운 도면을 만들 때 사용하는 템플릿 파일입니다. 일반적인 DWG 파일과 유사하지만 표준 설정을 포함하고 있어 반복 작업을 줄이고 일관된 도면을 작성하는 데 도움을 줍니다.

❷ DWT 파일의 주요 기능은 다음과 같습니다.
- **표준화된 설정 유지** : 선 종류(Linetype), 문자 스타일(Text Style), 치수 스타일(Dimension Style), 층(Layer) 등의 사전 설정 가능, 회사 또는 프로젝트별 표준을 적용하여 일관성 유지

- **도면 시작 시간 단축** : 설정을 매번 새로 할 필요 없이 미리 정의된 값으로 빠르게 도면 생성, 초기에 필요한 요소(**예**: 제목 블록, 표제란 등)를 포함하여 설계 효율 향상

- **다양한 도면 크기 지원** : A4, A3, A1 등 다양한 용지 크기에 맞는 템플릿을 제공하고 ISO, ANSI, JIS 등 국제 표준을 반영한 도면 작성 가능

- **사용자 지정 가능** : 프로젝트나 산업에 맞게 커스텀 DWT 파일 제작 가능, 새로운 템플릿을 저장하고 다른 팀원과 공유 가능

❸ AutoCAD 설치 시 기본으로 제공되는 템플릿의 종류는 다음과 같습니다.

- **acad.dwt** : 기본 템플릿(단위-인치)

- **acadiso.dwt** : 국제 표준(ISO) 템플릿(단위-밀리미터), 일반적으로 많이 사용합니다.

- **acad3D.dwt** : 3D 작업용 템플릿

- 사용자가 직접 DWT 파일을 만들고 사용자 설정을 추가하면 더 효율적으로 설계를 진행할 수 있습니다.

■ 시스템 변수 STARTUP 기본값 : 3

응용프로그램을 시작할 때나 새 도면을 열 때 표시되는 항목을 조정합니다. 새 도면이 NEW 또는 QNEW로 시작될 때 새 도면 작성 대화상자 여부를 조정합니다. 또한, 응용프로그램이 시작될 때 시작 대화상자 또는 시작 탭의 표시 여부도 조정합니다.

값	설명
0	정의된 설정 없이 도면을 시작합니다.
1	시작하기 또는 새 도면 작성 대화상자를 표시합니다.
2	시작 탭이 표시됩니다. 응용프로그램에서 사용 가능한 경우 사용자 대화상자를 표시합니다.
3	**(기본값) 새 도면을 열거나 작성하면 시작 탭이 표시되고 리본이 미리 로드됩니다.**

STARTUP 시스템 변수의 기본값을 그대로 사용하는 것을 권장 합니다. 참고로 **FILEDIA** 시스템 변수가 0으로 설정된 경우 파일 대화상자는 표시되지 않습니다. (기본값: 1)

■ Create New Drawing 새 도면 작성 대화상자

STARTUP 시스템 변수값을 1로 설정해야 Create New Drawing (새 도면 작성) 대화상자가 표시됩니다.

❶ Start from Scratch (처음부터 시작)

기본 영국식 또는 미터법 설정을 사용하여 빈 도면을 시작합니다. 시스템 변수를 사용하여 지정된 도면의 측정 시스템을 변경할 수 있습니다. 프로그램을 시작할 때 열리는 Drawing1.dwg는 처음 시작되는 도면입니다.

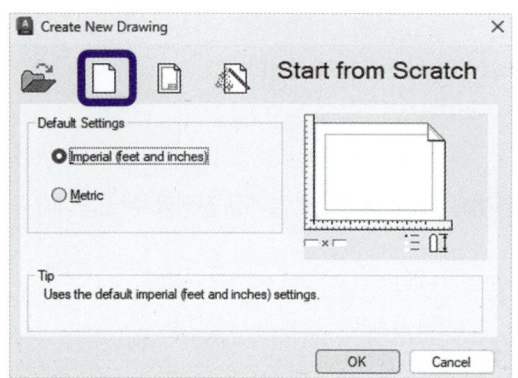 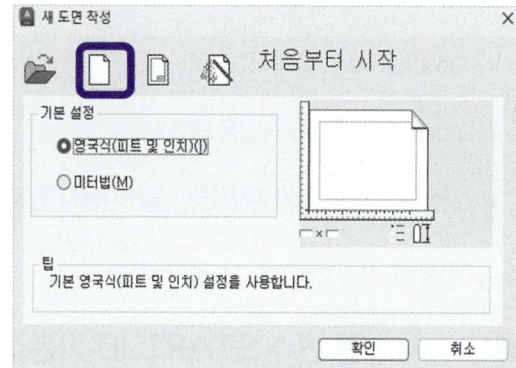

- **Imperial (영국식)** : 영국식 측정 시스템을 기반으로 새 도면을 시작합니다. 기본 도면 경계(그리드 한계)는 12× 9인치입니다.

- **Metric (미터법)** : 미터법 측정 시스템을 기반으로 새 도면을 작성합니다. 기본 도면 경계(그리드 한계)는 429×297밀리미터입니다.

- **Tip (팁)** : 선택한 측정 설정에 대한 설명을 표시합니다.

❷ Use a Template (템플릿 사용)

템플릿 파일을 기반으로 도면을 시작합니다. 템플릿 도면에는 도면의 모든 설정이 저장되어 있으며, 미리 정의된 도면층, 치수 스타일 및 뷰도 포함될 수 있습니다. 템플릿 도면은 파일 확장자 .dwt에 의해 다른 도면 파일과 구별되며, 일반적으로 템플릿 도면은 template 디렉토리에 보존됩니다.

도면을 도면 템플릿 파일로 저장하거나, 도면 파일 이름의 확장자를 .dwt로 변경해서 사용자 도면 템플릿 도면을 작성할 수도 있습니다.

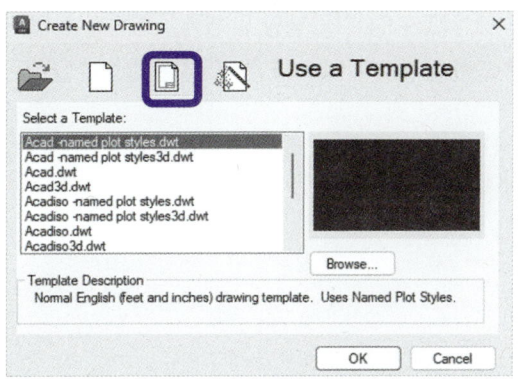 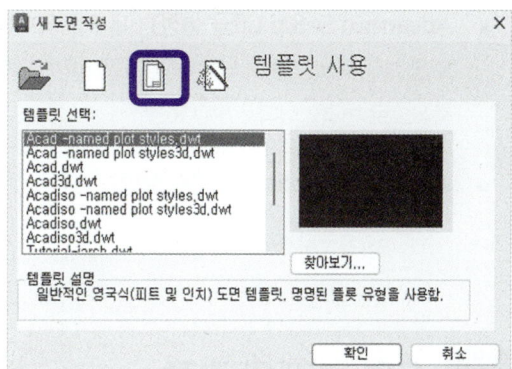

- **Select a Template (템플릿 선택)** : 옵션 대화상자에서 지정한 도면 템플릿 파일 위치에 현재 있는 DWT 파일을 모두 나열합니다. 새 도면의 출발점으로 사용할 파일을 선택합니다.

- **Preview (미리보기)** : 선택한 파일의 미리보기 이미지를 표시합니다.

- **Browse (찾아보기)** : 템플릿 선택 리스트에 나와 있지 않은 템플릿 파일에 액세스할 수 있는 템플릿 파일 선택 대화상자(표준 파일 선택 대화상자)를 표시합니다.

- **Template Description (템플릿 설명)** : 선택한 템플릿에 대한 설명을 표시합니다. 사용자 고유의 템플릿을 작성하는 경우 템플릿 옵션 대화상자를 사용하여 여기에 표시하려는 문자를 지정할 수 있습니다.

❸ Use a Wizard (마법사 사용)

단계별 안내를 통해 도면을 설정합니다. 두 가지 종류의 마법사, 즉 Quick Setup(신속 설정)과 Advanced Setup(고급 설정) 중에서 선택할 수 있습니다.

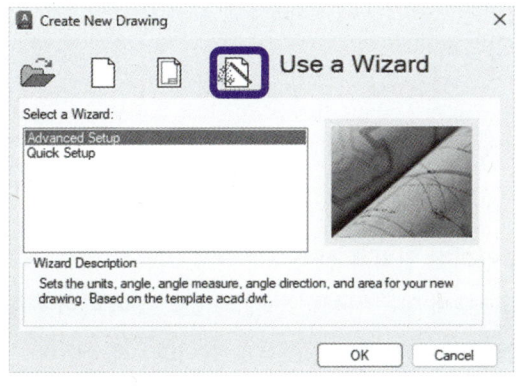 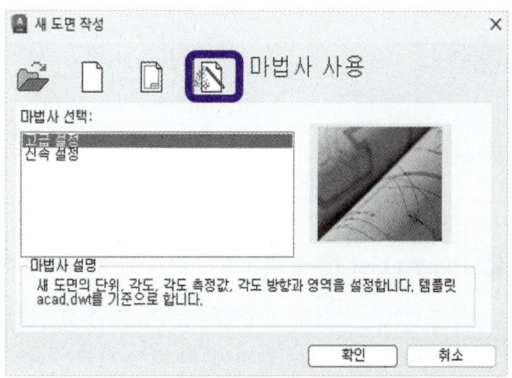

- **Quick Setup (신속 설정)** : 새 도면의 단위 및 영역을 지정할 수 있는 신속 설정 마법사를 표시합니다. 신속 설정 마법사는 또한 문자 높이 및 스냅 간격과 같은 설정을 알맞은 축척으로 변경합니다.

- **Advanced Setup (고급 설정)** : 새 도면의 단위, 각도, 각도 측정, 각도 방향 및 영역을 지정할 수 있는 고급 설정 마법사를 표시합니다. 고급 설정 마법사는 또한 문자 높이 및 스냅 간격과 같은 설정을 알맞은 축척으로 변경합니다.

- **Wizard Description (마법사 설명)** : 선택한 마법사에 대한 설명을 표시합니다.

도면 열기 및 저장

■── Select File 파일 선택 대화상자

몇몇 명령은 로컬 드라이브와 네트워크 드라이브를 탐색하거나 FTP 사이트와 웹 폴더에서 탐색하여 파일을 선택할 수 있는 Select File(파일 선택) 대화상자를 표시합니다. 상황에 따라 대화상자의 모양은 조금씩 다를 수 있습니다.

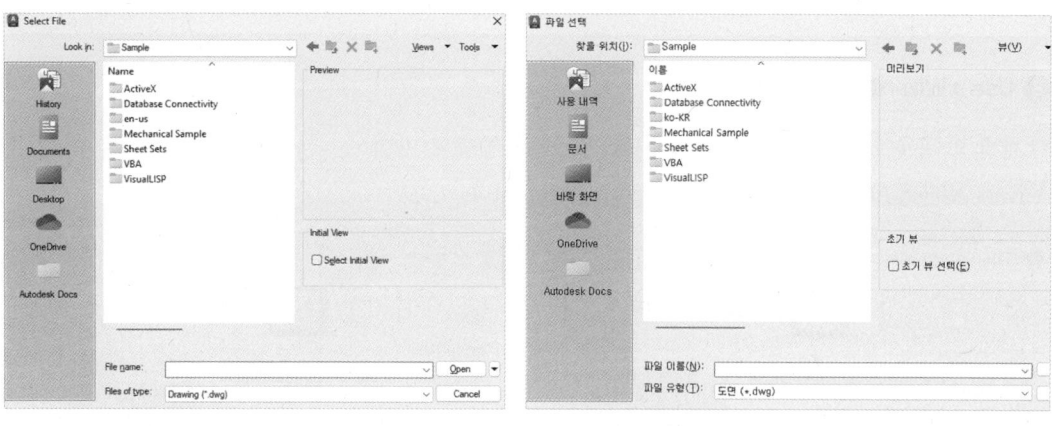

❶ **Places List (환경 리스트)** : 좌측에 보여지는 미리 정의된 위치에 신속하게 액세스할 수 있습니다(클라우드 저장소 공급자의 위치를 포함). 환경 리스트에 있는 아이콘을 새 위치로 끌어 아이콘을 다시 정렬합니다. 환경에 새 바로가기를 추가하려면 폴더를 환경 리스트로 끕니다. 제거할 폴더를 마우스 오른쪽 버튼으로 클릭하고 메뉴에서 제거를 클릭합니다. 환경 리스트에서 변경한 내용은 모든 파일 선택 대화상자에 영향을 줍니다.

- **History (사용 내역)** : 대화상자에서 가장 최근에 액세스한 파일에 대한 바로 가기 아이콘을 표시합니다. 불필요한 바로 가기를 주기적으로 사용 내역 리스트에서 제거하는 것이 좋습니다. 사용 내역을 선택한 다

음 파일 리스트에서 원치 않는 바로 가기를 선택하고 삭제를 클릭합니다. 바로 가기를 날짜별로 정렬하려면, 파일 리스트에서 수정한 날짜 열을 클릭합니다.

- **Documents/My Documents/Personal (문서/내 문서/개인)** : 현재 사용자 프로파일과 연관된 폴더의 내용을 표시합니다.

- **Desktop (바탕 화면)** : 사용자의 바탕 화면에 있는 내용을 표시합니다.

- **FTP** : 파일 선택 대화상자에서 검색이 가능한 FTP 사이트를 표시합니다. FTP 위치를 이 리스트에 추가하거나 기존 FTP 위치를 수정하려면, 대화상자에서 Tools(도구)-FTP 위치 추가/수정을 클릭합니다.

❷ **Look In (위치)** : 현재 폴더 또는 드라이브를 표시합니다. 화살표를 클릭하여 폴더 경로의 계층을 보거나 경로 트리의 위쪽으로 또는 다른 드라이브, 네트워크 연결, FTP 위치 또는 웹 폴더(사용하는 운영 체제 버전에 따라 웹 폴더 또는 네트워크 환경으로 표시됨)로 이동할 수 있습니다. 파일 탐색기에서 웹 폴더를 작성할 수 있습니다.

❸ **Back (뒤로)** : 이전 파일 위치로 돌아갑니다.

❹ **Up One Level (한 수준 위로)** : 현재 경로 트리에서 한 단계 위로 이동합니다.

❺ **Delete (삭제)** : 선택한 파일 또는 폴더를 삭제합니다.

❻ **Create New Folder (새 폴더 작성)** : 지정한 이름을 사용하여 현재 경로에 새 폴더를 작성합니다.

❼ **Views (뷰)** : 파일 리스트 또는 폴더 리스트의 모양을 조정하고, 파일 리스트의 경우 파일 선택 시 미리보기 이미지를 표시할지 여부를 지정합니다.

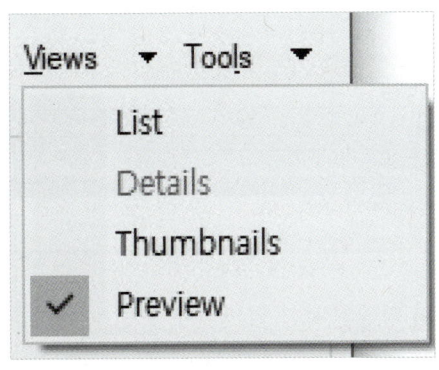

- **List (리스트)** : 다중 열 리스트를 표시합니다.
- **Details (상세 정보)** : 단일 열 리스트를 파일 상세 정보와 함께 표시합니다.
- **Thumbnail (썸네일)** : 각 파일을 썸네일 뷰로 표시합니다.
- **Preview (미리보기)** : 선택한 파일의 비트맵을 표시합니다. 도면 파일과 함께 비트맵을 저장하려면, 옵션 대화상자의 열기 및 저장 탭에서 썸네일 미리보기 이미지 저장 옵션을 사용합니다.

❽ **Tools (도구)** : 파일 선택 및 파일 선택 대화상자에서 사용할 수 있는 다른 동작에 대한 지원 도구를 제공합니다.

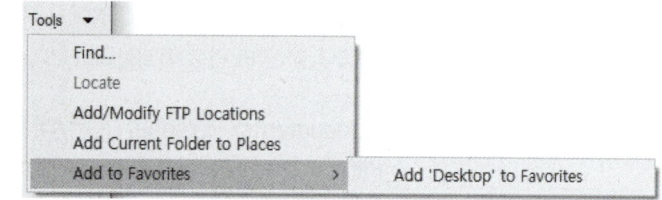

- **Find (찾기)** : 이름, 위치, 수정한 날짜 필터를 사용하여 파일을 검색할 수 있는 찾기 대화상자를 표시합니다.
- **Locate (위치)** : 기본 검색 경로를 사용하여 파일 이름에 지정된 파일의 위치를 검색합니다. 옵션 대화상자의 파일 탭에서 검색 경로를 설정합니다.
- **Add/Modify FTP Locations (FTP 위치 추가/수정)** : 검색 가능하도록 FTP 사이트를 지정할 수 있는 FTP 위치 추가/수정 대화상자를 표시합니다. 이 사이트를 검색하려면 환경 리스트에서 FTP를 선택합니다.
- **Add Current Folder to Places (환경에 현재 폴더 추가)** : 환경 리스트에 선택된 폴더의 아이콘을 추가함으로써, 모든 파일 선택 대화상자에서 해당 폴더로 신속히 액세스할 수 있게 합니다. 아이콘을 제거하려면 아이콘을 마우스 오른쪽 버튼으로 클릭하고 제거를 선택합니다.

❾ **Files List (파일 리스트)** : 현재 경로에 있는 선택한 파일 유형의 파일 및 폴더를 표시합니다. 리스트 뷰와 상세 정보 뷰 사이를 전환하려면 대화상자의 View(뷰) 메뉴를 사용합니다.

❿ **Preview (미리보기)** : 대화상자에서 View(보기)-Preview(미리보기)를 선택하면 선택한 파일의 비트맵이 표시됩니다. 도면 파일과 함께 비트맵을 저장하려면, 옵션 대화상자의 열기 및 저장 탭에서 썸네일 미리보기 이미지 저장 옵션을 사용합니다.

⓫ **File Name (파일 이름)** : 파일 리스트에서 선택한 파일의 이름을 표시합니다. 파일을 여러 개 선택하면 선택한 각각의 파일이 따옴표로 묶여 파일 이름에 표시됩니다. 파일 이름을 여러 개 입력할 때는 따옴표를 사용해야 합니다. 파일 리스트에 표시될 파일을 와일드카드 문자를 사용하여 필터링할 수 있습니다.

⓬ **Files of Type (파일 유형)** : 파일을 저장할 때는 파일 유형은 그 파일이 저장되는 형식을 지정합니다.

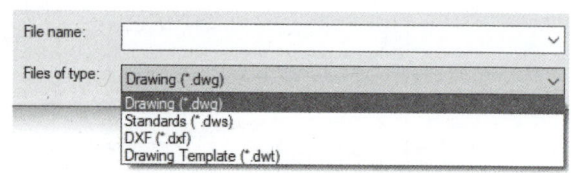

⓭ **Select Initial View (초기 뷰 선택)** : 도면에 두 개 이상의 명명된 뷰가 있는 경우 도면을 열 때 지정한 모형 공간 뷰를 표시합니다.

⓮ **Open (열기)** : 특정 파일 선택 대화상자를 사용하는 목적에 따라, 선택한 파일을 열거나 선택한 폴더의 경로를 이전 대화상자에 입력합니다. 특정 파일 선택 대화상자에는 열기 버튼 옆에 있는 화살표를 클릭하여 액세스할 수 있는 추가 옵션이 있습니다.

- **Open Read-Only (읽기 전용으로 열기)** : 읽기 전용 모드로 파일을 엽니다. 파일의 변경 사항을 원본 파일 이름을 사용하여 저장할 수 없습니다.

- **Partial Open (부분적 열기)** : 특정 뷰 또는 도면층에서의 형상 등 도면의 일부분을 열고 로드할 수 있습니다.

- **Partial Open Read-Only (읽기 전용 부분적 열기)** : 지정한 도면 부분을 읽기 전용 모드로 엽니다.

■── AutoCAD 실행 후 도면 열기

❶ Start(시작) 탭에서 Open(열기)을 클릭하면 파일 선택 대화 상자가 표시됩니다.
❷ Start(시작) 탭에서 마우스 우클릭 후 Open을 선택해도 파일 선택 대화상자가 표시됩니다.
❸ 응용프로그램 도구 클릭 ▣ → Open(열기) ▣ → 파일 선택 대화상자가 표시됩니다.
❹ Quick Access toolbar(신속 접근 도구막대) ▣ → Open(열기) ▣ → 파일 선택 대화상자가 표시됩니다.

■── 도면 작업 중 도면 열기 OPEN

❶ File(파일) 메뉴 → Open(열기) 클릭
❷ Quick Access toolbar(신속 접근 도구막대)→ Open(열기) ▣ 선택
❸ 작도 중인 도면 탭 → 마우스 우클릭 후 Open(열기) 선택
❹ 명령창에 OPEN 입력 후 [Enter], 바로가기 [Ctrl] + [O]

■ QSAVE 저장, SAVEAS 다른 이름 저장 및 SAVE 저장 명령

도면 작업을 할 때는 자주 도면을 저장하는 것이 좋습니다. 전원이 차단되거나 기타 예상치 않은 상황이 발생되어 작업한 내용을 잃을 수 있기 때문입니다. 도면 파일의 확장자는 .dwg이며, 옵션 대화상자에서 기본 파일 형식을 변경하지 않으면 도면은 최신 도면 파일 형식으로 저장됩니다.

기본적으로 저장할 때마다 이전 도면 폴더 버전의 백업 파일이 작성되므로 숙련된 사용자는 백업을 켠 상태로 두는 것이 좋습니다. 이전 버전으로 되돌리려면 도면과 같은 폴더에 있는 .bak 파일을 .dwg 파일 확장자와 다른 이름으로 바꿉니다.

❶ **QSAVE** : 현재 도면이 이미 한 번 이상 저장된 경우 프로그램에서 도면을 저장하고 새 파일 이름을 요청하지 않습니다. 현재 도면이 저장된 적이 없는 경우라면 다른 이름으로 도면 저장 대화상자가 표시됩니다. 사용자 인터페이스의 모든 저장 아이콘은 QSAVE 명령을 사용합니다. 즉, 응용 프로그램 버튼, 표준 도구막대, 신속 접근 도구막대 및 파일 메뉴의 저장 옵션은 QSAVE입니다.

- File(파일) 메뉴 → SAVE(저장) 클릭 (참고로 파일 메뉴의 저장 옵션은 QSAVE입니다.)
- 응용프로그램 도구 클릭 🅰 → QSAVE(저장) 💾
- Quick Access toolbar(신속 접근 도구막대) [아이콘] → QSAVE(저장) 💾
- 명령창에 **QSAVE** 입력 후 (Enter), 바로가기 (Ctrl) + (S)

❷ **SAVEAS** : 현재 도면의 사본을 새 파일 이름 또는 위치로 저장합니다. 새 파일 이름 또는 위치가 현재 도면의 이름 또는 위치가 되고 이전 도면은 변경 사항이 저장되지 않은 상태로 닫힙니다.

- File 메뉴 → SAVEAS(다른 이름 저장) 클릭 → 저장 대화상자가 표시됩니다.
- 응용프로그램 도구 클릭 🅰 → SAVEAS(저장) 💾 → 저장 대화상자가 표시됩니다.
- Quick Access toolbar(신속 접근 도구막대) [아이콘] → SAVEAS(다른 이름 저장) 💾 → 저장 대화상자가 표시됩니다.
- 명령창에 **SAVEAS** 입력 후 (Enter), 바로가기 (Ctrl) + (Shift) + (S)

❸ **SAVE** : AutoCAD에서 이전에 저장한 적이 있는 도면의 경우, 파일 이름 또는 위치를 지정하여 현재 도면 파일을 저장하지만 현재 도면을 변경하지 않고 그대로 둡니다. AutoCAD LT에서 SAVE

명령은 SAVEAS 명령과 동일합니다.

- 명령창에 **SAVE** 입력 후 Enter

기존 작업된 도면의 경로 변경이 발생하면, 예를 들어 특정 폴더 안에 있던 도면 파일을 바탕화면으로 가지고 와서 작업하는 경우 SAVE 명령을 쓰면 저장 대화상자가 표시됩니다. 원래 작업된 경로가 유지되어 있으면 표시되지 않습니다. 사용자 인터페이스의 모든 저장 아이콘은 QSAVE 명령을 사용하고 있어, 이경우에만 SAVE 명령과 차이가 발생합니다.

옵션 대화상자 설정하기

■── OPTIONS 옵션 대화상자 열기

① 명령창에 **OPTIONS** 입력 후 Enter , 단축키: **OP** 입력 후 Enter

② 응용프로그램 도구 클릭 → Options(옵션) 버튼 클릭

■── Open and Save 열기 및 저장 **탭**

OPTIONS (옵션) 대화상자의 Open and Save (열기 및 저장) 탭에 대해 살펴보겠습니다. 대화상자의 기본 설정은 그대로 둡니다. 여기서는 필요한 부분만 설명할텐데, 항상 옵션을 살펴볼 때는 큰 그룹을 보고 필요한 세부 내용을 확인하는 방식으로 학습합니다.

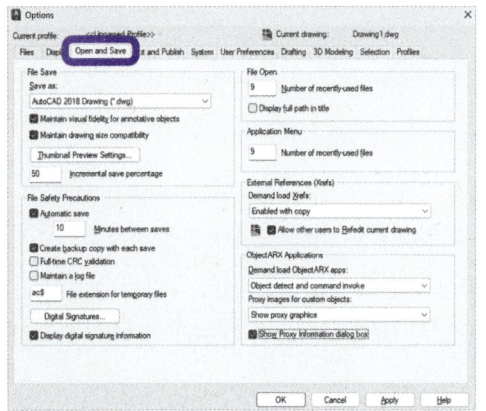 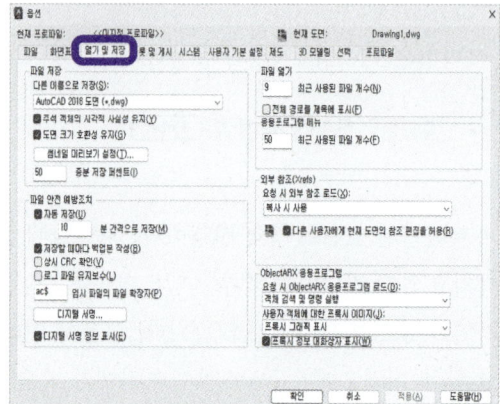

❶ **File Save (파일 저장)** : 파일 저장에 관련된 설정을 조정합니다.

- **Save As (다른 이름으로 저장)** : SAVE, SAVEAS, QSAVE 및 WBLOCK을 사용하여 파일을 저장할 때 사용되는 유효한 파일 형식을 표시합니다. 이 옵션에 대해 선택한 파일 형식이 도면을 저장하는 기본 형식이 됩니다.

❷ **File Safety Precautions (파일 안전 예방조치)** : 데이터 손실 방지와 오류 발견을 돕습니다.

- **Automatic Save (자동 저장)** : 지정한 간격으로 도면을 자동 저장합니다. 몇 분마다 한 번씩 저장할 것인지를 숫자로 지정합니다(SAVETIME 시스템 변수). 작업 여건에 따라 조정을 하면 되고, 연습이나 시험 중에는 5분 간격을 추천합니다. 업무 중에 예기치 않은 강제종료가 발생하면 복구 기능이 있지만 저장하지 않은 부분이 모두 복구되지는 않습니다. 수시로 저장하는 습관을 들이도록 합니다.

- **File Extension for Temporary Files (임시 파일에 대한 파일 확장자)** : 임시 저장 파일에 고유 확장자를 지정합니다. 기본 확장자는 .ac$입니다.

❸ **File Open (파일 열기)** : 최근 사용한 파일과 열었던 파일에 관련된 설정을 조정합니다.

- **Number of Recently Used Files (최근 사용된 파일 개수)** : 빠르게 액세스할 수 있도록 최근 사용된 파일 중 파일 메뉴에 나열될 개수를 조정합니다. 유효한 값은 0에서 9까지입니다.

❹ **Application Menu (응용프로그램 메뉴)** : 응용프로그램 메뉴의 최근 문서 빠른 메뉴에 나열되는 최근 사용된 파일의 개수를 조정합니다. 유효한 값은 0부터 50까지입니다.

❺ **External References (Xrefs) (외부 참조(Xrefs))** : 외부 참조 편집 및 로드에 관련된 설정을 조정합니다.

❻ **ObjectARX Applications (ObjectARX 응용프로그램)** : AutoCAD Runtime Extension 응용프로그램 및 프록시 그래픽에 관련된 설정을 조정합니다. (AutoCAD LT에서는 사용할 수 없음)

UNITS 단위 및 LIMITS 한계 영역 설정   02

- UNITS 및 LIMITS 명령을 활용하여 도면의 단위와 한계 영역을 설정할 수 있다.
- A계열 용지 크기와 스케일을 고려하여 적절한 작업 환경을 구성할 수 있다.

도면의 단위(좌표, 거리, 각도의 정밀도 및 표시 형식)와 한계 영역을 설정하는 방법을 설명합니다. acadiso.dwt 템플릿의 기본 설정값을 확인하고, A3 용지 크기(420×297mm)에서 1/40 스케일 작업을 위한 한계 영역 설정 방법을 다룹니다.

UNITS 단위 설정

UNITS 명령 실행하기

UNITS는 도면에서 사용하는 단위 설정(좌표, 거리, 각도의 정밀도 및 표시 형식)을 조정하는 명령어입니다. 이 명령어를 사용하면 길이, 각도, 삽입 단위 등을 설정할 수 있습니다.

- Format 메뉴 → Units 명령어 클릭
- 응용프로그램 도구 → Drawing Utilities → Units 클릭
- 명령창에 UNITS 입력 후 Enter

▰— Drawing Units 도면 단위 대화상자

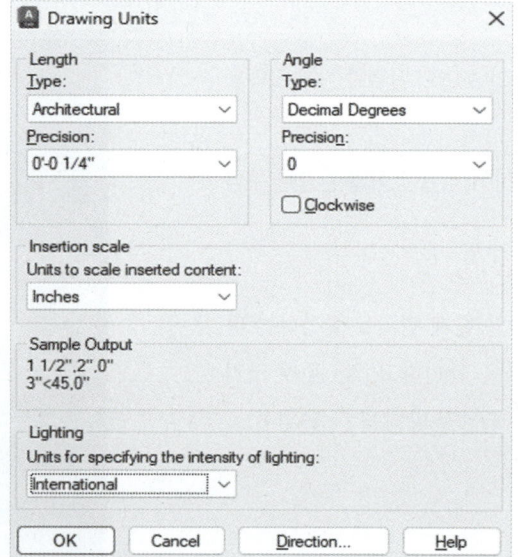
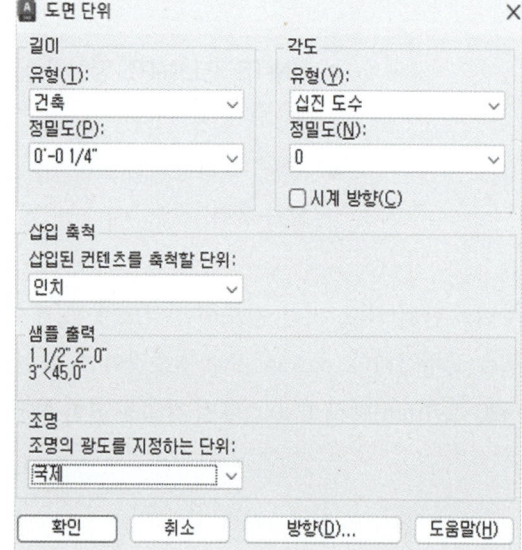

❶ Length (길이)

- **Type (유형)** : 측정 단위의 현재 표시 형식을 설정합니다. acadiso.dwt의 기본값 : Decimal(십진)

  ※ Architectural(건축), Decimal(십진), Engineering(엔지니어링), Fractional(분수), Scientific(과학)이 있습니다. 엔지니어링과 건축 형식을 사용하면 피트와 인치 단위로 표시되고, 각각의 도면 단위가 1인치로 간주됩니다. 나머지 형식은 실제 단위를 나타낼 수 있습니다.

- **Precision (정밀도)** : 단위 정밀도는 선형 측정값에 표시되는 소수 자릿수 또는 소수 부분의 크기를 지정합니다. acadiso.dwt의 기본값 : 0.0000

❷ Angle (각도) : 현재 각도 형식과 현재 각도 표시의 정밀도를 지정합니다.

- **Type (유형)** : 각도의 현재 표시 형식을 설정합니다. acadiso.dwt의 기본값 : Decimal degrees(십진 도수)

  ※ 다양한 각도 측정에 대해 다음 규칙이 사용됩니다.
  ① Decimal degrees (십진 도수) : 십진수를 사용합니다.
  ② Grads (그래드) : 소문자 g 꼬리말을 사용합니다.
  ③ Radians (라디안) : 소문자 r 꼬리말을 사용합니다.
  ④ Degrees/minutes/seconds (도/분/초) : 도에는 d, 분에는 ' 기호를, 초에는 " 기호를 사용합니다. (예 123d45'56.7")
  ⑤ Surveyor's units (측량사 단위) : 북쪽 또는 남쪽 베어링은 N 또는 S, 정북 또는 정남에서 동쪽 또는 서쪽으로 떨어진 거리는 도/분/초, 동쪽 또는 서쪽은 E 또는 W를 사용합니다.(예 45d0'0" E). 각도는 항상 90도보다 작으며 도/분/초 형식으로 표시됩니다. 각도가 정확하게 북, 남, 동, 서이면 나침반의 방위점을 나타내는 단일 글자만이 표시됩니다.

- **Precision (정밀도)** : 도에 대해 표시된 정밀도를 설정합니다. acadiso.dwt의 기본값 : 0 정수단위
- **Clockwise (시계 방향)** : 양의 각도가 시계 방향 또는 시계 반대 방향으로 측정되는지 조정합니다. 기본값 : 체크 해제(반시계 방향)

❸ **Insertion Scale (삽입 축척)** : 현재 도면에 삽입된 블록 및 도면의 축척을 조정합니다. 기본값 : Millimeters

현재 도면에서 사용되는 단위와 다른 단위로 작성된 블록이나 도면을 삽입하면 삽입 축척값에 따라 불일치 단위가 수정됩니다. 블록이나 도면을 축척하지 않으려면 단위 없음을 지정합니다.

※ 원본 블록이나 대상 도면에서 삽입 축척을 단위 없음으로 설정하면 원본 내용 단위 및 대상 도면 단위 설정을 참조하여 축척 비율이 결정됩니다.

❹ **Sample Output (샘플 출력)** : 현재 단위 및 각도 설정의 예를 표시합니다.

❺ **Lighting (조명)** : 현재 도면의 포토메트릭 웹 라이트 광도에 대한 측정 단위를 조정합니다. 포토메트릭 웹 라이트는 삽입 축척을 사용하여 렌더링에 사용되는 단위를 결정하므로 삽입 축척을 단위 없음이 아닌 단위 스타일로 설정해야 합니다.

❻ **Direction (방향) 버튼** : 방향 조정 대화상자를 표시합니다. 3시 방향이 기준(동쪽/East)이며, 0도를 나타내는 각도를 정의하고 각도가 측정되는 방향을 지정합니다.

 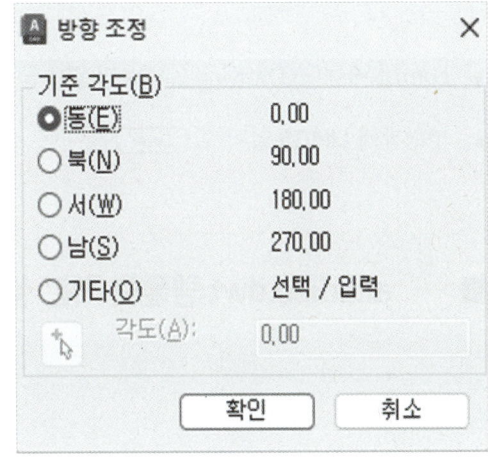

도면을 mm(밀리미터) 단위로 설정하는 경우	건축 피트-인치(Foot-Inch) 단위 사용
① 명령창에 **UNITS** 입력 후 `Enter`	① 명령창에 **UNITS** 입력 후 `Enter`
② Length Type : Decimal 선택	② Length Type : Architectural 선택
③ Length Precision : 0.00 선택 (소수점 2자리)	③ Length Precision : 1/16" (필요한 정밀도 선택)
④ Angle Type : Decimal Degrees 선택	④ Angle Type : Deg/Min/Sec 선택
⑤ Insertion Scale : Millimeters 선택	⑤ Insertion Scale : Inches 선택
⑥ OK 클릭	⑥ OK 클릭

LIMITS 도면 한계 영역 제어

■ LIMITS 명령 실행하기

LIMITS 명령은 도면 작업 영역(작업 가능한 범위)을 설정하는 기능입니다. 기본적으로는 Off 되어 제한하지 않지만, 사용자가 특정 크기의 작업 공간을 설정하여 해당 범위를 벗어난 곳에서는 객체를 그릴 수 없도록 제한할 수 있습니다. 점 위치를 클릭하거나 입력하여 그리드 표시 및 한계를 제한할 수 있는 보이지 않는 직사각형 경계를 도면 영역에 설정합니다.

- Format 메뉴 → Drawing Limits 명령어 클릭
- 명령창에 LIMITS 입력 후 `Enter`

■ acadiso.dwt 템플릿 기본 설정값 확인

Command: **LIMITS**
→ 명령창에 LIMITS 입력 후 ↵

Reset Model space limits: → 현재 공간 Model space 알림

Specify lower left corner or [ON/OFF] <0.0000,0.0000>: → 절대좌표 원점에서 시작을 권장
Specify upper right corner <420.0000,297.0000>:
→ A3 size에 해당하는 오른쪽 위 구석 절대좌표 420,297

옵션 살펴보기

- **Lower Left Corner (왼쪽 아래 구석)** : 도면 한계의 왼쪽 아래 구석을 지정합니다. 시스템 원점 (0,0) 사용을 권장
- **Upper Right Corner (오른쪽 위 구석)** : 도면 영역에서 직사각형 제한 경계의 반대쪽 구석을 나타내는 점을 지정합니다. 종이 size 감안한 좌표값 활용
- **On (켜기)** : 한계 검사 옵션을 켭니다. 한계 검사가 켜져 있으면, 한계 외부에 점을 입력할 수 없습니다. 한계 검사 옵션은 입력하는 점만 테스트하므로 원과 같은 객체 부분을 그리드 한계 바깥으로 확장할 수 있습니다.
- **Off (끄기)** : 한계 검사 옵션을 끄지만 다음에 한계 검사 옵션을 켤 때 대비해서 현재값을 유지합니다.

■── A3 용지 크기 420×297mm 1/40 스케일 작업 영역 설정 : 한계영역 제한함

한계 영역 작업 시 도면 출력 size의 스케일(40배 16800,11880)을 계산해서 작업할 수 있습니다.

Command: **LIMITS**
→ LIMITS 입력 후 ↵

Reset Model space limits:
Specify lower left corner or [ON/OFF] <0.0000,0.0000>: → 하단 좌표 절대값 0,0 입력 후 ↵
Specify upper right corner <420.0000,297.0000>: **16800,11880**
→ 상단 좌표 절대값 16800,11880 입력 후 ↵

Command: **LIMITS**

→ LIMITS 입력 후 ↵

Reset Model space limits:
Specify lower left corner or [ON/OFF] <0.0000,0.0000>: **ON** → ON 입력 후 ↵ (한계영역 제한함)

Command: **ZOOM**

→ 화면 확대 명령 ZOOM 입력 후 ↵

Specify corner of window, enter a scale factor (nX or nXP), or
[All/Center/Dynamic/Extents/Previous/Scale/Window/Object] <real time>: **A**

→ 옵션 A 입력 후 ↵

Regenerating model. → 한계영역을 화면에 재설정, 화면상 표시 안됨

※ 출력 옵션에서 영역선택을 Limits로 하고 정확한 용지를 설정하면 스케일 적용이 1/40으로 나타남

Tip

A계열 종이 Size

A계열 종이는 가장 널리 사용되는 종이 크기 체계로, 국제 표준(ISO 216)에 따른 종이 크기입니다. A0부터 A10까지 크기가 있으며, A0의 절반이 A1, A1의 절반이 A2, 이런 식으로 크기가 줄어듭니다. A0의 면적은 1제곱미터이며, A4는 가장 일반적으로 사용되는 문서 크기(프린트 용지)이고 A3~A0은 크기가 큰 문서(도면, 포스터, 설계도 등)에 사용됩니다.

크기	가로 × 세로 (mm)	가로 × 세로 (inch)
A0	841 × 1189	33.1 × 46.8
A1	594 × 841	23.4 × 33.1
A2	420 × 594	16.5 × 23.4
A3	297 × 420	11.7 × 16.5
A4	210 × 297	8.3 × 11.7
A5	148 × 210	5.8 × 8.3

Grid 그리드, SNAPMODE 그리드 스냅 설정   03

- 그리드 및 그리드 스냅 기능을 조정하여 정밀한 도면 작성이 가능하도록 설정할 수 있다.
- DSETTINGS 제도 설정 대화상자의 스냅 및 그리드 탭 설정 항목들을 이해한다.

그리드(Grid) 및 그리드 스냅(SNAPMODE)의 활용법, DSETTINGS 명령을 통한 제도 설정, 그리고 스냅 및 그리드 탭의 주요 기능을 다룹니다.

상태막대에서 그리드, 그리드 스냅 설정

상태막대에서는 도면 환경에 영향을 주는 여러 가지 도구에 빠르게 액세스할 수 있습니다. 파란색 배경으로 하이라이트되어 표시된 아이콘이 현재 ON(켜짐) 되어 있다는 의미입니다.

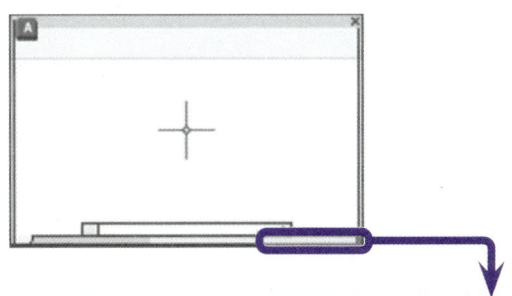

상태막대의 표시된 항목을 변경하려면 상태막대 맨 오른쪽 끝에 있는 사용자화 ≡ 를 클릭하고 표시하려는 항목을 선택합니다. 상태막대에 표시되는 항목에 확인 표시가 나타나고, 메뉴를 닫으려면 사용자화를 다시 클릭하거나 도면 영역을 클릭합니다.

■── Grid 그리드 : 바로가기 키 F7 ▦

❶ 거리 및 정렬을 시각화하는 데 도움을 주기 위해 UCS의 XY 평면 위에 표시되는 그리드 패턴(화면에 일정한 간격으로 점을 표시해서 모눈종이처럼 보이게 설정)을 표시합니다.

❷ 그리드 패턴은 현재 뷰포트 또는 배치에 적용됩니다.

❸ 이 버튼을 마우스 오른쪽 버튼으로 클릭하면 그리드 스타일, 간격 및 동작을 지정할 수 있는 Drafting Settings(제도 설정) 대화상자가 표시됩니다.

■── SNAPMODE 그리드 스냅 : 바로가기 키 F9 ▦

❶ 그리드 스냅과 극좌표 스냅 간에 선택하거나 그리드 및 스냅 설정에 액세스하려면 마우스 오른쪽 버튼을 클릭합니다.

❷ 그리드로 스냅을 켭니다. 그리드 스냅이 켜져 있으면 커서를 움직임에 따라 커서가 지정된 그리드 간격으로 스냅합니다.

❸ 극좌표 스냅이 켜져 있으면 커서는 지정된 극좌표 정렬 경로를 따라 지정된 거리로 스냅합니다.

■── 그리드 및 그리드 스냅 조정

도면 속도 및 효율을 향상시키기 위해 직사각형 그리드를 표시하고 스냅할 수 있습니다. 또한 간격, 각도 및 정렬을 조정할 수도 있습니다.

❶ 그리드는 사용자 좌표계(UCS)의 전체 XY 평면에 표시되는 선이나 점으로 된 직사각형 패턴입니다. 그리드를 사용하는 것은 도면 아래에 그리드 종이를 놓는 것과 비슷합니다.

❷ 그리드를 사용하면 객체를 정렬하고 객체 사이의 거리를 시각화할 수 있습니다. 그리드는 플롯되지 않습니다.

❸ 그리드 스냅에서는 정의하는 간격으로 십자선의 이동이 제한됩니다. 스냅을 켜면 객체를 작성하거나 수정할 때 커서가 보이지 않는 직사각형 그리드에 부착(스냅)되는 것처럼 표시됩니다.

❹ 그리드 스냅과 스냅이라는 용어는 같은 의미로 사용됩니다. 별개의 기능인 객체 스냅과 구분하려는 경우에는 그리드 스냅으로 지칭하면 유용합니다.

DSETTINGS 제도 설정의 스냅 및 그리드

DSETTINGS 제도 설정

Drafting Settings(제도 설정) 대화상자를 사용하여 그리드 및 스냅, 극좌표 및 객체 스냅 추적, 객체 스냅 모드, 동적 입력 및 빠른 특성을 설정할 수 있습니다.

- Tools 메뉴 → Drafting Settings 명령어 클릭
- 명령창에 **DSETTINGS** 또는 **DS** 입력 후 Enter

Drafting Settings(제도 설정) 대화상자는 다음과 같이 7개의 설정 탭으로 구성되어 있습니다.

- **Snap and Grid (스냅 및 그리드) 탭** : 스냅 및 그리드 설정을 지정합니다.
- **Polar Tracking (극좌표 추적) 탭** : 자동 추적 설정을 조정합니다.
- **Object Snap (객체 스냅) 탭** : 활성 객체 스냅 설정을 조정합니다.
- **3D Object Snap (3D 객체 스냅) 탭** : 3D 객체 및 점 구름 피쳐에 대한 활성 객체 스냅 설정을 조정합니다.
- **Dynamic Input (동적 입력) 탭** : 포인터 입력, 치수 입력, 동적 프롬프트 및 제도 툴팁의 모양을 조정합니다.
- **Quick Properties (빠른 특성) 탭** : 빠른 특성 팔레트 표시를 조정합니다.
- **Selection Cycling (선택 순환) 탭** : 겹치는 객체에서 선택 후보를 표시하는 설정을 변경합니다.

■── Snap and Grid 스냅 및 그리드 탭

여기에서는 스냅 및 그리드 설정을 지정할 수 있는 Drafting Settings(제도 설정) 대화상자의 Snap and Grid (스냅 및 그리드) 탭에 대해 살펴보겠습니다.

상태막대의 스냅 및 그리드 아이콘 위에서 마우스 우클릭한 다음 바로 가기 메뉴에서 Settings를 클릭하거나 드롭다운 메뉴에서 Settings를 선택하는 방법으로도 Drafting Settings(제도 설정) 대화상자를 표시할 수 있습니다.

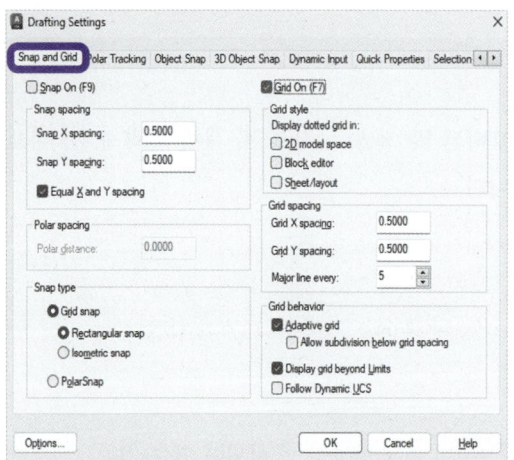
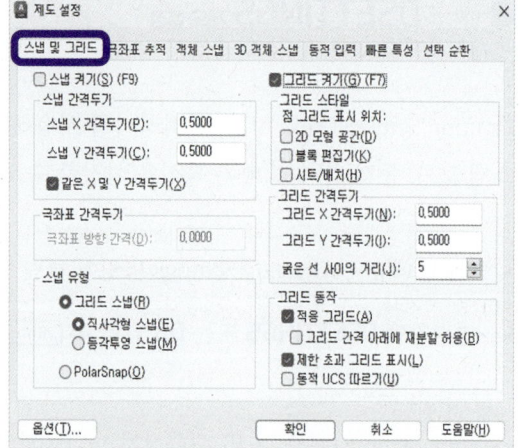

■── Snap On 스냅 켜기 : F9 키

스냅 모드를 켜거나 끕니다. 상태막대에서 스냅 모드를 클릭하거나 SNAPMODE 시스템 변수를 사용하여 스냅 모드를 켜거나 끌 수도 있습니다.

❶ **Snap Spacing (스냅 간격두기)** : 커서 움직임을 지정된 X 및 Y 간격으로 제한하는 보이지 않는 직사각형 스냅 위치의 그리드를 조정합니다.

- **Snap X Spacing (스냅 X 간격두기)** : X 방향의 스냅 간격을 지정합니다. (양의 실수로 지정)

- **Snap Y Spacing (스냅 Y 간격두기)** : Y 방향의 스냅 간격을 지정합니다. (양의 실수로 지정)

- **Equal X and Y Spacing (같은 X 및 Y 간격두기)** : 스냅 간격두기 및 그리드 간격두기에 대한 X 및 Y 간격을 강제로 동일하게 만듭니다. 스냅 간격두기의 간격은 그리드 간격두기의 간격과 다를 수 있습니다.

❷ **Polar Spacing (극좌표 간격두기)** : PolarSnap 증분 거리를 조정합니다.

- **Polar Distance (극좌표 방향 간격)** : 스냅 스타일 & 스타일 아래에 PolarSnap이 선택되어 있는 경우 스냅 증분 거리를 설정합니다. 이 값이 0이면 PolarSnap 거리를 스냅 X 간격두기의 값으로 가정합니다. 극좌표 거리 설정은 극좌표 추적이나 객체 스냅 추적과 함께 사용됩니다. 추적하기 기능이 작동되어 있지 않은 경우 극좌표 거리 설정은 아무런 영향을 주지 않습니다.

❸ **Snap Type (스냅 유형)** : 스냅 스타일과 스냅 유형을 설정합니다.

- **Grid Snap (그리드 스냅)** : 스냅 유형을 그리드로 설정합니다. 점을 지정하면 커서가 수직 또는 수평 그리드 점을 따라 스냅됩니다.

- **Rectangular Snap (직사각형 스냅)** : 스냅 스타일을 표준 직사각형 스냅 모드로 설정합니다. 스냅 유형이 그리드로 설정되어 있고 스냅 모드가 켜져 있으면 커서는 직사각형 스냅 그리드로 스냅됩니다.

- **Isometric Snap (등각투영 스냅)** : 스냅 스타일을 등각투영 스냅 모드로 설정합니다. 스냅 유형이 그리드로 설정되어 있고 스냅 모드가 켜져 있으면 커서는 등각투영 스냅 그리드로 스냅됩니다.

- **PolarSnap** : 스냅 유형을 극좌표로 설정합니다. 스냅 모드 상태에서 극좌표 추적 기능을 켜고 점을 지정하면, 시작 극좌표 추적점을 기준으로 극좌표 추적 탭에 설정된 극좌표 정렬 각도에 따라 커서가 스냅합니다. (SNAPTYPE 시스템 변수)

▰── **Grid On** 그리드 켜기 : F7 키

그리드를 켜거나 끕니다. 상태막대에서 그리드를 클릭하거나 GRIDMODE 시스템 변수를 사용하여 그리드 모드를 켜거나 끌 수도 있습니다.

❶ **Grid Style (그리드 스타일)** : 2D 컨텍스트에서 그리드 스타일을 설정합니다.

- **2D Model Space (2D 모형 공간)** : 2D 모형 공간에 대해 그리드 스타일을 점 그리드로 설정합니다.

- **Block Editor(블록 편집기)** : 블록 편집기에 대해 그리드 스타일을 점 그리드로 설정합니다.

- **Sheet/Layout(시트/배치)** : 시트 및 배치에 대해 그리드 스타일을 점 그리드로 설정합니다.

❷ **Grid Spacing (그리드 간격두기)** : 거리를 시각화하는 데 도움이 되는 그리드의 표시를 조정합니다. 그리드의 한계는 LIMITS 명령 및 GRIDDISPLAY 시스템 변수에 의해 조정됩니다.

- **Grid X Spacing (그리드 X 간격두기)** : X 방향의 그리드 간격을 지정합니다. 이 값이 0이면 그리드은 스냅 X 간격두기에 설정된 값을 사용합니다.

- **Grid Y Spacing (그리드 Y 간격두기)** : Y 방향의 그리드 간격을 지정합니다. 이 값이 0이면 그리드은 스냅 Y 간격두기에 설정된 값을 사용합니다.

- **Major Line Every (굵은 선 사이의 거리)** : 보조 그리드 선 대비 주 그리드 선의 빈도를 지정합니다.

❸ **Grid Behavior (그리드 동작)** : 그리드 선의 모양을 조정합니다. AutoCAD에서 GRIDSTYLE이 0으로 설정된 경우, 또는 AutoCAD LT에서 SHADEMODE가 숨김으로 설정된 경우에는 그리드 점이 아닌 그리드 선이 표시됩니다.

- **Adaptive Grid (적응 그리드)** : 줌이 축소되면 그리드의 밀도를 제한합니다.

- **Allow Subdivision Below Grid Spacing (그리드 간격 아래에 재분할 허용)** : 줌을 확대할 때, 추가적으로 보다 간격이 조밀한 그리드선을 생성합니다. 이러한 그리드선의 빈도는 주요 그리드선의 빈도에 따라 결정됩니다.

- **Display Grid Beyond Limits (제한 초과 그리드 표시)** : LIMITS 명령이 지정한 영역을 초과하여 그리드를 표시합니다.

- **Follow Dynamic UCS (동적 UCS 따르기)** : 동적 UCS의 XY 평면을 따르도록 그리드 평면을 변경합니다. AutoCAD LT에는 해당되지 않습니다.

> **Tip**
>
> **Major Grid Lines (주 그리드선)의 빈도 조정**
>
> - 그리드가 점이 아닌 선으로 표시되면, 주 그리드 선이라는 굵은 선이 때때로 표시됩니다.
>
> - 십진수 단위로 또는 피트나 인치로 작업하는 경우, 주 그리드선은 특히 거리를 신속하게 측정하는 데 유용합니다.
>
> - 제도 설정 대화상자에서 주 그리드 선의 빈도를 조정할 수 있습니다.

- 주 그리드선의 표시를 끄려면, 주 그리드선의 빈도를 1로 설정합니다.

- 그리드가 선으로 표시되고 그리드의 스냅 각도가 0이 아닌 값으로 설정된 경우 그리드는 표시되지 않습니다.

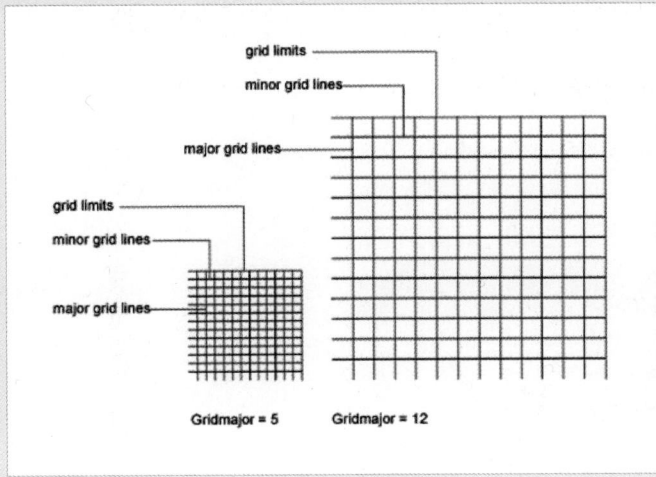

화면 제어 및 제도 설정

CHAPTER ———————— 03

01   화면 제어

02   도면 재생성

03   제도 보조 설정   직교 모드, 객체 스냅 및 동적 입력

01 화면 제어

- **ZOOM, PAN 및 탐색 도구**를 활용하여 도면을 효율적으로 조작하는 방법을 익힌다.
- Navigation Bar, 2D Wheel, Full Navigation Wheels 등 다양한 탐색 기능을 사용하여 작업 공간을 원활하게 탐색하는 능력을 습득한다.

도면 전체 또는 일부분을 화면에서 확대, 축소, 이동하면서 작업해야 합니다. 사용자가 작업 공간을 효율적으로 관리하고 도면을 쉽게 조작할 수 있도록 돕는 다양한 기능과 설정을 다룹니다. 주로 화면 이동, 확대/축소, 회전, 뷰 관리 등의 기능을 포함합니다.

ZOOM, PAN 활용하기

■ ZOOM 확대 및 축소

줌 확대 및 축소를 사용하여 뷰의 배율을 변경할 수 있으며 이것은 카메라로 줌 확대 및 줌 축소하는 것과 유사합니다. ZOOM을 사용하면 도면에 있는 객체의 절대 크기가 변하는 것은 아니며, 뷰의 배율만 변경됩니다.

2차원 형태에서 사용자가 바라보는 시점은 Z축 방향에서 X, Y 평면을 내려다보는 형태입니다. 상공에서 내려다보는 형태이므로 높은 곳에서 보면 축소, 낮은 곳에서 보면 확대의 원리가 적용됩니다.

- View 메뉴 → Zoom 명령어 클릭
- 명령창에 **ZOOM** 또는 **Z** 입력 후 Enter
- Navigation Bar(탐색막대)에서도 실행 가능

```
Command: ZOOM
Specify corner of window, enter a scale factor (nX or nXP), or
[All/Center/Dynamic/Extents/Previous/Scale/Window/Object] <real time>:
Press ESC or ENTER to exit, or right-click to display shortcut menu.
```

- **Corner of window (윈도우 구석)** : 줌 확대할 영역의 한쪽 구석을 지정합니다. (일반적으로 많이 사용하는 방식)
- **Opposite corner (반대 구석)** : 줌 영역의 반대 구석을 지정합니다.
- **All (전체)** : LIMITS 명령으로 설정된 한계영역과 도면에서 표시되는 모든 객체의 범위를 포함하여 볼 수 있도록 조절합니다. ZOOM All(전체)는 항상 도면을 재생성합니다.
- **Center (중심)** : 중심점과 배율값 또는 높이(두점사이)에 의해 정의된 뷰를 줌하여 표시합니다.

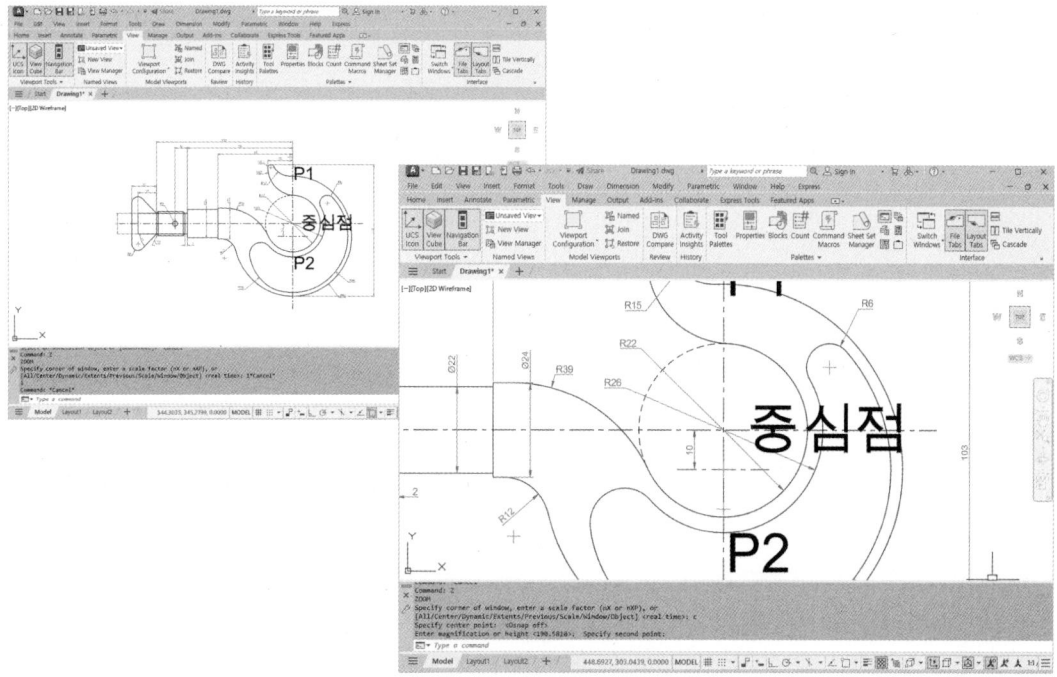

067
화면 제어

```
Command: ZOOM

Specify corner of window, enter a scale factor (nX or nXP), or
[All/Center/Dynamic/Extents/Previous/Scale/Window/Object] <real time>: C
→ 옵션 Center(중심) C 입력 후 ↵
Specify center point: → 확대해서 중심에 놓고자 하는 위치점 클릭(중심점)
Enter magnification or height <249.2505>: → P1 위치의 임의 점 클릭
Specify second point: → P2 위치의 임의점 클릭
```

- **Enter magnification or height** : 배율값 또는 높이(두 점 사이)에 의해 정의된 값, 고도를 정확히 알 수 없으므로 확대하고자 하는 부분의 가로 또는 세로 두 점을 입력하여 사용합니다.

- **Dynamic (동적)** : 직사각형 뷰 상자를 사용하여 초점 이동 및 줌 조정이 가능하며, 도면을 확대, 축소하거나 이동할 수 있습니다. 원하는 위치에서 검정색 뷰 상자를 클릭한 후 크기를 조정합니다. Enter 키 입력 시 뷰포트가 조정되며, 크기를 변경할 때는 클릭하여 조정한 후 다시 클릭하여 적용합니다. 이전 버전에서는 Aerial View 기능으로 제공되었습니다.

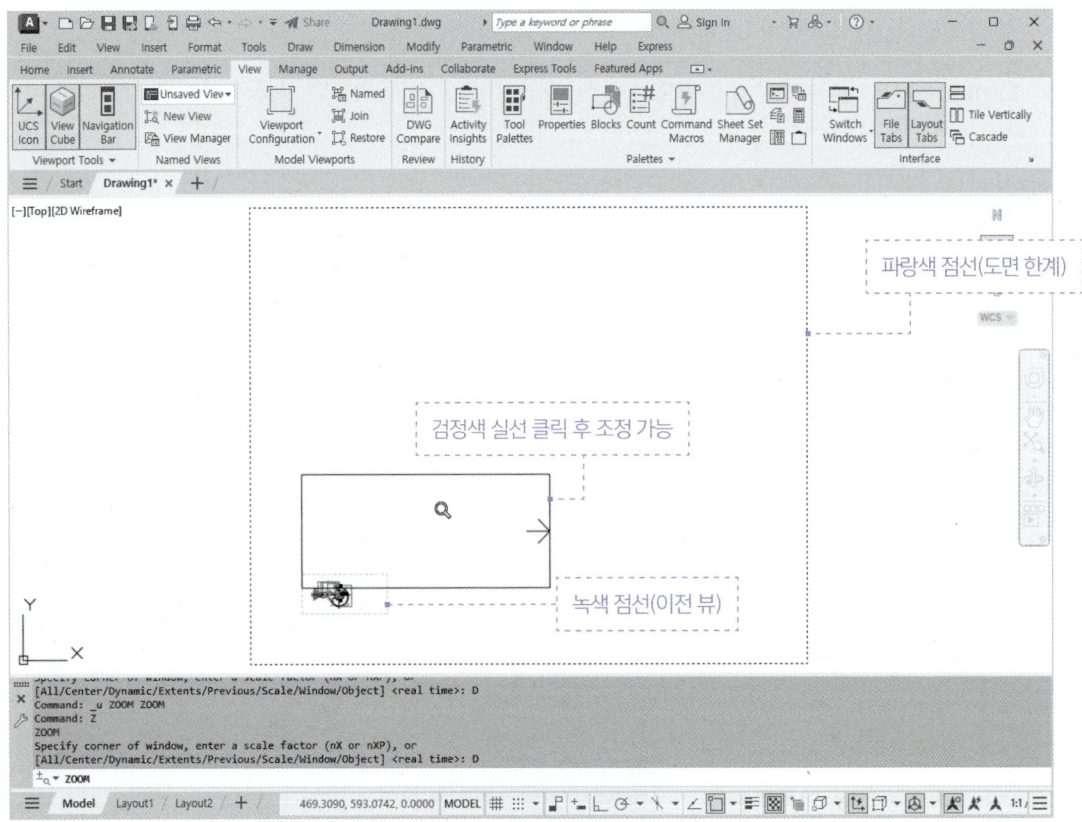

- **Extents (범위)** : All(전체) 옵션을 이용하는 경우 Limits영역과 모든 객체를 보여 줍니다. Limits 영역과 관계없이 모든 객체만을 화면으로 보이도록 조절할 수 있습니다. 모형의 각 객체 범위가 계산되어 모형이 윈도우를 채울 방법을 결정하는 데 사용됩니다.

- **Previous (이전)** : 이전 뷰를 줌하여 표시합니다. 이전 뷰를 10개까지 복원할 수 있습니다.

- **Scale / Scale factor (축척/축척 비율)** : 축척 비율에 따라 줌하여 뷰 배율을 변경합니다.

  ※ x 사용 : 현재 뷰 기준으로 축척을 변경 (예).5x → 크기 절반 축소)
     xp 사용 : 도면 공간 기준으로 축척을 변경 (예).5xp → 모형 공간을 도면 공간 축척의 절반으로 표시)

  ※ 각 뷰포트에서 객체를 다른 축척으로 표시할 수 있습니다.

- **Window (윈도우)** : 줌하여 직사각형 윈도우에 의해 지정된 영역을 표시합니다. 커서를 사용하여 전체 윈도우를 채울 모형 영역을 정의할 수 있습니다.

- **Object (객체)** : 선택한 하나 이상의 객체가 뷰의 중심에 최대한 크게 표시되도록 줌합니다. ZOOM 명령의 시작 전 또는 후에 객체를 선택할 수 있습니다.

- **Real Time (실시간)** : 대화식 줌을 사용하여 뷰 배율을 변경할 수 있으며, 커서는 Q+ Q- 아이콘으로 변합니다. 윈도우 중간에서 선택 버튼을 누른 채 위로 이동하면 확대되며, 아래로 이동하면 축소됩니다. 선택 버튼을 놓으면 줌이 멈추며 다른 위치에서 다시 선택 버튼을 눌러 연속 줌이 가능합니다. 줌을 종료하려면 (Enter)키 또는 (ESC)키를 누릅니다.

> **Tip**
>
> ZOOM 명령을 실행하지 않고 마우스 휠을 위아래로 돌리면 마우스의 위치를 중심으로 화면이 확대, 축소됩니다. 휠을 더블 클릭하면 Zoom(Extents)가 되어 도면 전체가 화면에 꽉 차게 보여집니다.
>
> 명령어 실행 중에 ZOOM을 사용하려면 ['z]를 입력하면 투영 명령어로 사용할 수 있습니다. 이 때 작은 따옴표를 꼭 붙여야만 합니다.

■ PAN 뷰 이동

뷰 방향이나 배율을 변경하지 않고 뷰를 이동합니다. 커서를 시작 위치에 놓고 마우스 왼쪽 버튼을 누른 다음 커서를 새로운 위치로 끕니다. 마우스 스크롤 휠이나 가운데 버튼을 누르고 커서를 끌어 초점 이동할 수도 있습니다.

- View 메뉴 → Pan 명령어 클릭
- 명령창에 **PAN** 입력 후 `Enter`
- Navigation Bar(탐색막대), 마우스 휠버튼 클릭 드래그

```
Command: PAN
Press ESC or ENTER to exit, or right-click to display shortcut menu.
```

🖐 ✋ : 명령을 실행시키면 화면에 보여지는 커서의 모습입니다. 왼쪽 모양일 때 버튼을 누르면 작아진 아이콘을 보며 커서를 새 위치로 끌면 뷰 이동이 이루어집니다. 언제든지 초점 이동을 중지하려면 `Enter` 키 또는 `ESC` 키를 누르며, PAN 동작 중 마우스 우클릭을 통한 빠른 메뉴 사용이 가능합니다.

논리적 범위(도면 공간의 모서리)에 이르면 해당 모서리에서 손 모양 커서에 막대가 표시됩니다. 논리적 범위가 맨 위, 맨 아래 또는 도면의 측면인가에 따라 막대가 수평(맨 위 또는 맨 아래)이나 수직(왼쪽 면 또는 오른쪽 면) 방향으로 표시됩니다. 막대가 표시되면 더 이상 뷰 이동이 되지 않습니다.

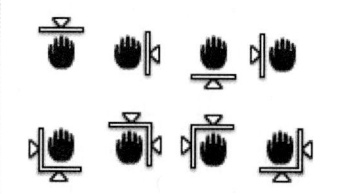

마우스 휠을 이용하여 화면을 이동할 수도 있는데, 마우스 휠을 누르면 화면에 손 모양 아이콘이 나옵니다. 다른 명령을 사용하는 도중에 화면을 이동시켜야 하는 경우 편리하게 사용할 수 있습니다.

마우스 휠을 눌렀을 때 PAN 명령 또는 Osnap 사용을 설정할 것이지를 설정하는 시스템 변수 명령은 Mbuttonpan입니다. 기본값 1은 (PAN), 값 0은 Osnap입니다.

■— UCSICON 켜기/끄기

UCSICON은 좌측 하단에 보여지는 원점 위치와 X, Y의 방향을 나타내고 있습니다. 해당 아이콘은 항상 원점을 따라다녀 작업이 불편한 경우가 있습니다.

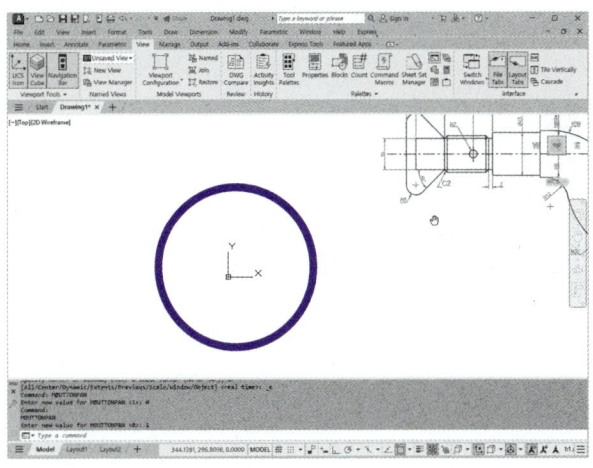
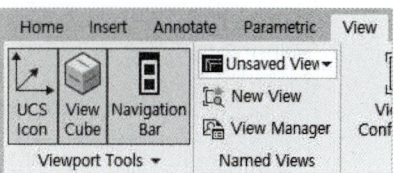

- View 탭 → Viewport Tools 패널 → UCSIcon 도구 클릭 (ON/OFF)

- 작업 영역의 우측에 있는 View Cube, Navigation Bar(탐색 막대) 아이콘을 클릭해도 On/Off 조정 가능

Command: **UCSICON**

Enter an option [ON/OFF/All/Noorigin/ORigin/Selectable/Properties] <ON>:
→ OFF 옵션을 이용하여 끌 수도 있음

Navigation Bar 탐색 막대 활용하기

통합 탐색 도구는 다양한 Autodesk 제품에서 제공되는 도구입니다. 제품 관련 탐색 도구는 제품마다 서로 다릅니다. 탐색 막대는 현재 도면 영역의 측면 중 하나를 따라 부동 상태로 표시됩니다.

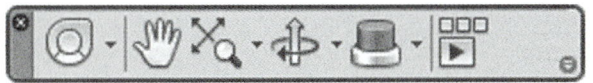

■── 탐색 막대에서 사용할 수 있는 통합 탐색 도구

탐색 막대에서 사용할 수 있는 통합 탐색 도구는 다음과 같습니다.

❶ **ViewCube** : 모형의 현재 방향을 나타내며 모형의 현재 뷰 방향을 다시 지정하는 데 사용됩니다.

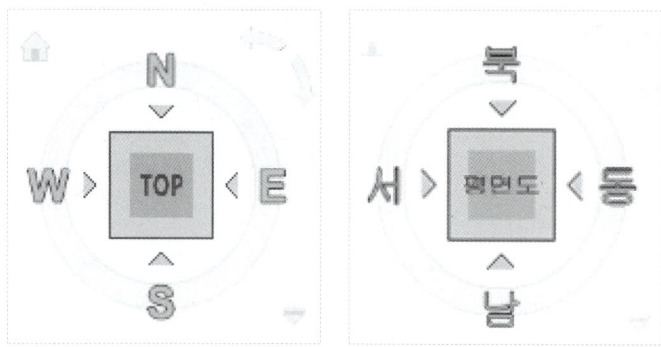

❷ **SteeringWheels (쐐기/휠)** : 특수 탐색 도구 간을 빠르게 전환하는 데 사용할 수 있는 휠 집합입니다. 다수의 일반 탐색 도구를 단일 인터페이스로 결합함으로써 사용자의 시간을 절약할 수 있습니다. 휠은 작업에 따라 다르게 표시되므로 서로 다른 뷰에서 모형을 탐색하고 방향을 조정할 수 있습니다.

❸ **ShowMotion** : 설계 검토, 프리젠테이션 및 북마크 스타일 탐색을 위한 작성/재생에 사용하도록 화면상 표시 기능을 제공하는 사용자 인터페이스 요소입니다.

❹ **3Dconnexion** : 3Dconnexion 3D 마우스로 모형의 현재 뷰 방향을 조정하는 데 사용되는 탐색 도구 세트입니다.

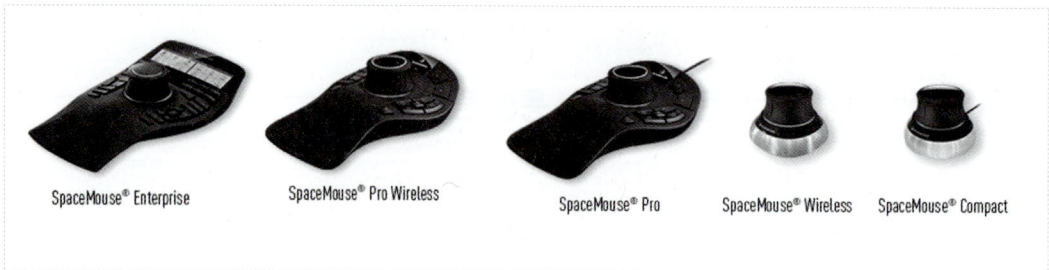

■ 탐색 막대에서 사용할 수 있는 제품 관련 탐색 도구

탐색 막대에서 사용할 수 있는 제품 관련 탐색 도구는 다음과 같습니다.

❶ **Pan (초점이동)** : 화면에 평행하게 뷰를 이동합니다.

❷ **Zoom tools (줌 도구)** : 모형의 현재 뷰 배율을 높이거나 낮추는 탐색 도구 세트입니다.

❸ **Orbit tools (궤도 도구)** : 모형의 현재 뷰를 회전하는 데 사용하는 탐색 도구 세트입니다.

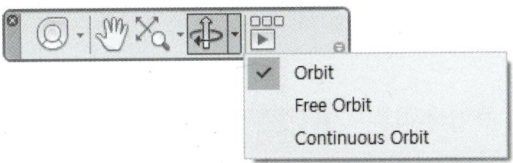
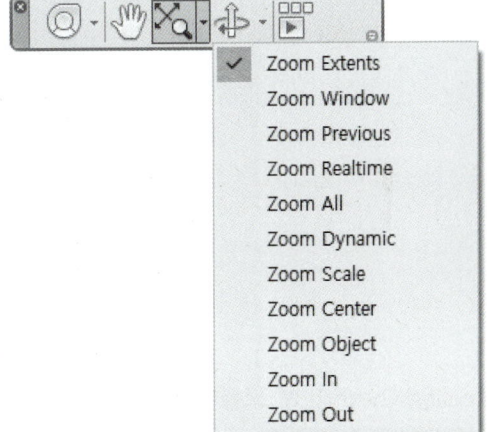

Tip

01. 도면 공간(Paper Space / Layout)에서 탐색 막대 사용하기

도면 공간에서는 2D SteeringWheels, 초점이동, 줌, 2D 모드 3Dconnexion 도구 등의 2D 탐색 도구에만 액세스할 수 있습니다.

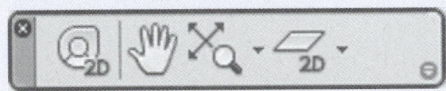

02. 탐색 막대 위치 재설정

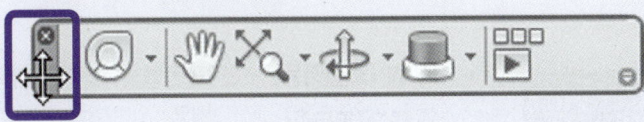

탐색 막대는 ViewCube 도구에 링크되면 ViewCube 위나 아래에 수직 방향으로 배치됩니다. ViewCube에 링크되지 않은 경우에는 도면 영역의 모서리 중 하나를 따라 탐색 막대를 자유롭게 정렬할 수 있습니다.

참고로, 탐색 막대를 독립적으로 배치하려면 ViewCube에서 링크를 해제해야 합니다.

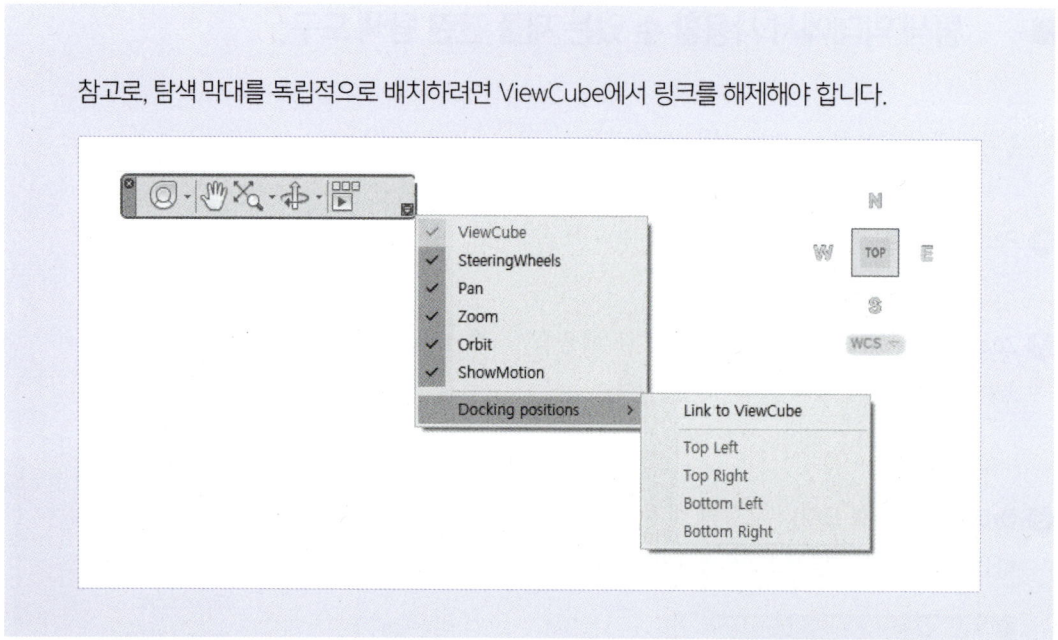

SteeringWheels의 ▼ 드롭다운 메뉴를 클릭하고 작업에 따른 휠을 선택하여 서로 다른 뷰에서 모형을 탐색하고 방향을 조정할 수 있습니다.

■ 2D Wheel 2D 탐색 휠

2D 탐색 휠은 2D 뷰의 기본 탐색을 위한 휠입니다. 이 휠을 사용하여 기본 2D 탐색 도구에 액세스할 수 있습니다. 이 휠은 스크롤 휠이 포함된 좌표 입력 장치를 사용하고 있지 않은 경우 특히 유용합니다.

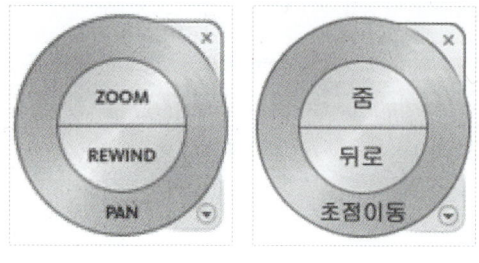

- **PAN (초점이동)** : 초점이동을 통해 현재 뷰의 위치를 재설정합니다.
- **ZOOM (줌)** : 현재 뷰의 배율을 조정합니다.
- **REWIND (뒤로)** : 가장 최근 뷰 방향을 복원합니다. 클릭 및 끌기를 통해 앞뒤로 이동할 수 있습니다.

■── Full Navigation Wheels 전체 탐색 휠 정보

전체 탐색 휠(표준 크기 및 작은 크기)에는 객체 보기와 빌딩 둘러보기에 모두 사용되는 일반 3D 탐색 도구가 포함되어 있습니다. 전체 탐색 휠은 숙련된 3D 사용자용으로 최적화되어 있습니다.

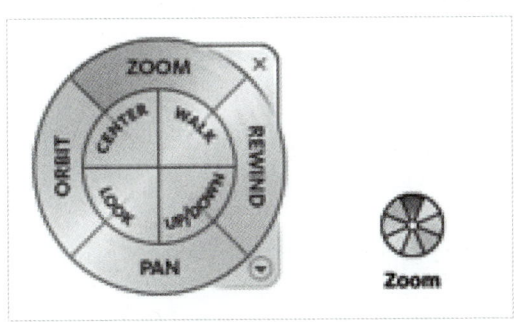 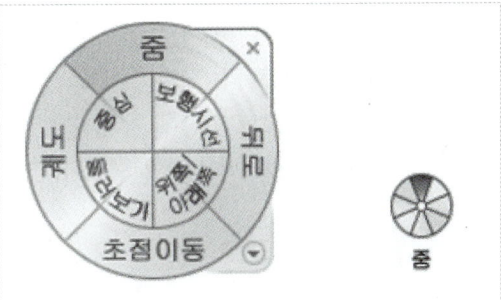

전체 탐색 휠 중 하나가 표시되어 있으면 가운데 마우스 버튼을 누른 상태로 초점 이동하고, 휠 버튼을 스크롤하여 줌 확대/축소하고, (Shift) 키를 누른 상태로 가운데 마우스 버튼을 눌러 모형을 궤도 이동할 수 있습니다.

■── 사용 가능한 여러 휠

■── 휠 사용법과 휠 모양

기본적으로 휠의 쐐기를 누르고 끄는 방법으로 상호 작용을 수행합니다. 휠이 표시되면 쐐기 중 하나를 클릭하고 좌표 입력 장치의 버튼을 눌러 탐색 도구를 활성화한 다음 끌어서 현재 뷰의 방향을 조정합니다. 버튼을 해제하면 휠로 돌아갑니다.

사용 가능한 여러 휠 스타일 간에 전환하거나 크기 및 불투명도를 조정하여 휠 모양을 조정할 수 있습니다. 휠(2D 탐색 휠 제외)은 대형 휠과 미니 휠의 두 가지 스타일로 사용할 수 있습니다. 휠의 크기에 따라 휠에 있는 쐐기와 레이블의 크기가 달라지며, 불투명도에 따라 휠 뒤의 모형에 있는 객체의 가시성이 조정됩니다.

■── 휠 툴팁, 도구 메시지 및 도구 커서 문자

휠의 각 버튼 위로 커서를 이동하면 해당 버튼에 대한 툴팁이 표시됩니다. 툴팁은 휠 아래에 나타나며 쐐기 또는 버튼을 클릭할 때 수행되는 작업을 안내합니다.

툴팁과 마찬가지로 도구 메시지와 커서 문자는 휠에서 탐색 도구 중 하나를 사용할 때 표시됩니다. 도구 메시지는 탐색 도구가 활성 상태일 때 표시되며, 도구 사용에 대한 기본 지침을 제공합니다. 도구 커서 문자는 커서 근처에 활성 탐색 도구의 이름을 표시합니다. 도구 메시지와 커서 문자를 사용하지 않도록 설정하면 미니 휠 또는 전체 탐색 휠(표준 크기)를 사용할 때 표시되는 메시지에만 영향을 줍니다.

도면 재생성   02

- **REGEN, REGENALL, REDRAW** 명령을 활용하여 도면을 효과적으로 새로고침하고 재생성할 수 있다.
- **QTEXTMODE** 및 **FILLMODE** 설정을 변경하여 문자 및 솔리드 채우기 표시 상태를 조절할 수 있다.

도면에서 표현되는 가시성의 재생성 기능으로 단순화된 객체를 표시하여 속도 개선을 목적으로 사용할 수 있습니다. 주로 문자, 솔리드 채우기 표시를 켜거나 끄고 난 후 필요한 명령입니다. 기본적인 명령 사용 시 도면 재생성이 필요한 경우 자동으로 재생성됩니다.

 도면 재생성과 새로고침

■ REGEN 재생성

현재 뷰포트에서 모든 객체의 위치 및 가시성을 다시 계산하여 도면을 재생성합니다. 최적의 화면 표시 및 객체 선택 성능을 위해 도면 데이터베이스를 다시 색인화하며, 현재 뷰포트에서 실시간 초점 이동 및 줌을 위해 사용 가능한 전체 영역을 재설정합니다.

- View 메뉴 → Regen 명령어 클릭
- 명령창에 **REGEN** 입력 후 Enter

■── REGENALL 전체 재생성

모든 객체의 위치 및 가시성을 다시 계산하여, 전체 도면을 재생성하고 모든 뷰포트를 새로고침합니다. 최적의 화면 표시 및 객체 선택 성능을 위해 도면 데이터베이스를 다시 색인화하며, 모든 뷰포트에서 실시간 초점 이동 및 줌 사용이 가능한 전체 영역을 재설정합니다.

- View 메뉴 → Regen All 명령어 클릭
- 명령창에 **REGENALL** 입력 후 `Enter`

■── REDRAW 새로고침

현재 뷰포트의 표시를 새로고침합니다.

- View 메뉴 → Redraw 명령어 클릭
- 명령창에 **REDRAW** 입력 후 `Enter`

VSLIDE로 현재 뷰포트에 이미지 슬라이드 파일을 표시하는 기능을 사용하거나, 음영 처리된 이미지의 슬라이드를 해당 슬라이드를 작성할 때 사용한 것보다 큰 윈도우나 더 높은 해상도에서 볼 경우 음영 처리된 이미지의 선 사이에 검은색 선이 군데군데 나타날 수 있습니다. 이렇게 VSLIDE에 의해 남겨진 임시 그래픽과 일부 작업을 현재 뷰포트에서 제거할 때 REDRAW 명령을 사용합니다. 스트레이 픽셀을 제거하려면 REGEN 명령을 사용합니다.

문자 및 솔리드 채우기 표시 상태 변경

■── 문자 표시 ON/OFF

 도면 영역을 마우스 오른쪽 버튼으로 클릭하고 Options(옵션)을 선택합니다.

❷ 옵션 대화상자에 있는 Display(표시) 탭의 Display Performance(성능 표시)에서 Show Text Boundary Frame Only(문자 경계 프레임만 표시)를 클릭하거나 지우고 확인을 클릭합니다.

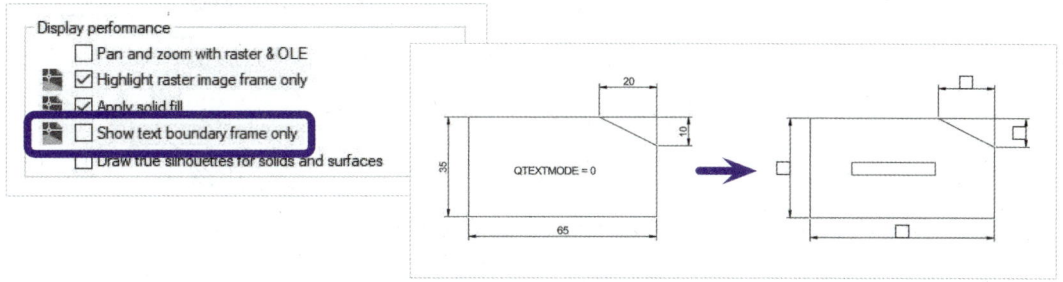

❸ 명령 프롬프트에서 REGEN을 입력하여 도면을 재생성하고 표시를 업데이트합니다.

❹ **QTEXTMODE** (신속 문자 모드) 시스템 변수로 문자 표시 방법을 설정할 수 있습니다.

- 값 0 → 신속 문자 모드를 끄고 문자를 표시합니다. (초기값)

- 값 1 → 신속 문자 모드를 켜서 문자 위치에 상자를 표시합니다.

■─ 솔리드 채우기 표시 ON/OFF

❶ View(뷰) 탭 → Interface(인터페이스) 패널에서 ⬊ 를 클릭하여 대화상자를 표시합니다. (Options 실행)

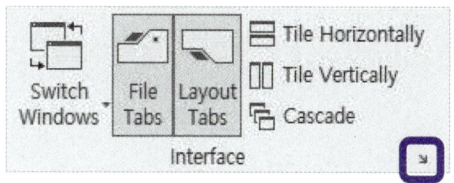

❷ 옵션 대화상자의 Display(표시) 탭에 있는 Display Performance(성능 표시)에서 Apply solid fill(솔리드 채우기 적용)을 클릭하거나 선택을 취소합니다. 기본값은 체크되어 있습니다.

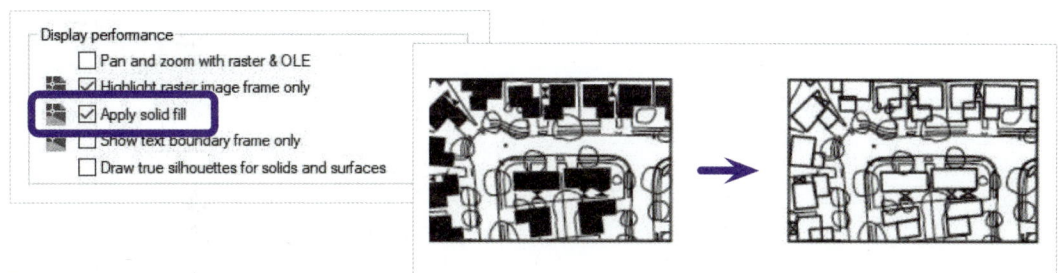

❸ 명령 프롬프트에서 REGEN을 입력하여 도면을 재생성하고 표시를 업데이트합니다.

❹ **FILLMODE** (솔리드 채우기 모드) 시스템 변수로 해치와 채우기, 2D 솔리드 및 굵은 폴리선을 채울지 여부를 지정할 수 있습니다.

- 값 0 → 객체를 채우지 않습니다.

- 값 1 → 객체를 채웁니다. (초기값)

제도 보조 설정

직교 모드, 객체 스냅 및 동적 입력

- **직교 모드**와 **극좌표 추적 기능**을 활용하여 정확한 선과 각도를 설정할 수 있다.
- **2D 객체 스냅** 및 객체 스냅 추적 기능을 사용하여 정밀한 도면 작도가 가능하다.
- **동적 입력 기능**을 통해 보다 직관적으로 명령을 입력하고 작업 효율을 향상할 수 있다.

정밀한 도면 작성을 돕는 제도 보조 기능에 대해 설명합니다. 직교 모드(F8)와 극좌표 추적(F10)의 개념과 활용법을 소개하며, 2D 객체 스냅(F3) 및 객체 스냅 추적(F11)을 통해 정확한 좌표 지정 방법을 다룹니다. 또한, 동적 입력(F12) 기능과 관련 설정을 설명하여 보다 직관적인 작업 환경을 구축하는 방법을 안내합니다.

 ## 직교 모드와 극좌표 추적

상태막대(Status Bar)에는 도면 환경에 영향을 주는 도구, 도면 도구 및 좌표가 표시됩니다. 상태막대의 맨 오른쪽 버튼인 ☰사용자화 메뉴를 통해 표시할 도구를 선택할 수 있습니다. 상태막대에 표시되는 도구는 현재 작업공간 및 현재 표시된 탭 Model tab(모형 탭) 또는 layout tab(배치 탭)에 따라 달라질 수 있습니다. 키보드의 기능 키(F1 ~ F12)를 이용하여 여러 가지 설정 중 일부를 ON/OFF 할 수도 있습니다.

■ 직교 모드 Orthomode : 바로가기 키 F8

① ORTHOMODE가 켜져 있으면 커서는 UCS 및 현재의 그리드 회전 각도를 기준으로 수평 또는 수직으로만 움직일 수 있습니다. (0도, 90도, 180도, 270도)

② 마우스 커서를 원하는 방향으로 두고 길이값을 입력하면 됩니다. (불필요한 경우는 끄고 하는 것을 권장)

③ REC 사각형 도구를 사용하는 경우 자동으로 직교 모드가 해제됩니다. (이전 버전에서는 안되는 경우가 있음)

④ LINE → 첫 점 클릭 → 마우스를 오른쪽(0° 방향)으로 이동 → 수평선 확인 → 100 입력 → Enter → 선 생성

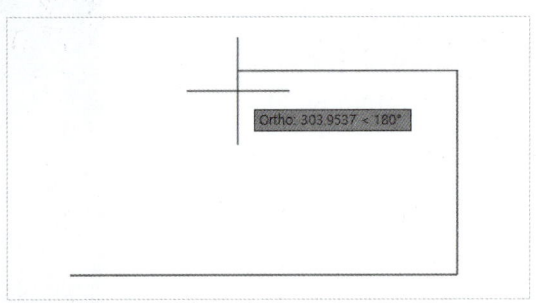

■ 극좌표 추적 Polar Tracking : 바로가기 키 F10

극좌표 추적(Polar Tracking)은 지정한 특정 각도(예 : 0°, 30°, 45°, 90° 등)로만 정확하게 선을 그릴 수 있도록 도와주는 기능입니다. 지정한 극좌표 각도를 따라 커서를 추적할 수 있으며, 이 기능을 활성화하면 마우스를 특정 방향으로 이동할 때 자동으로 가이드라인이 나타나 사용자가 정해진 각도로 쉽게 선을 그릴 수 있도록 해줍니다.

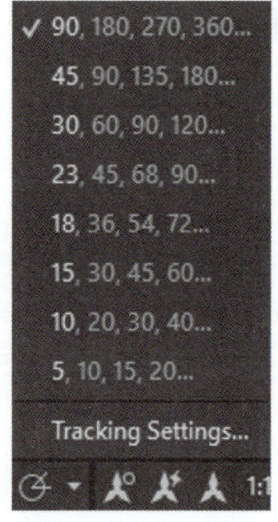

■── Drafting Settings 제도 설정 대화상자의 Polar Tracking 극좌표 추적 탭

Drafting Settings(제도 설정) 대화상자를 사용하여 자동 추적 설정을 조정합니다.

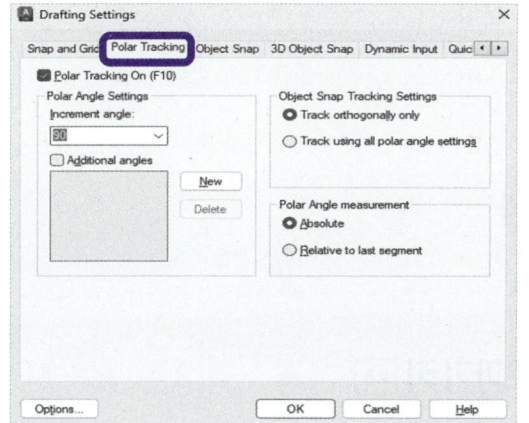 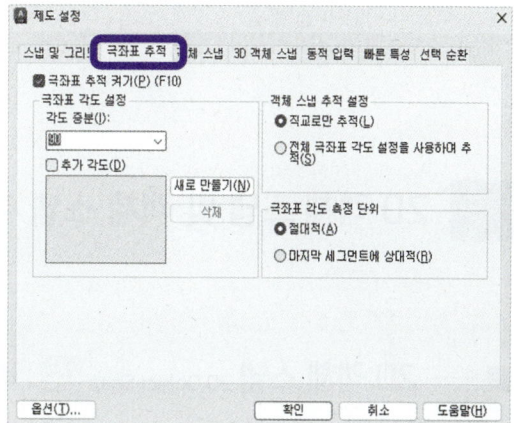

❶ Polar Tracking On (극좌표 추적 켜기) `F10` : 지정된 극좌표 각도로 커서가 이동되도록 제한합니다.

❷ Polar Angle Settings (극좌표 각도 설정) : 극좌표 추적을 위한 정렬 각도를 설정합니다.

- **Increment Angle (각도 증분)** : 극좌표 추적 정렬 경로를 표시하는 데 사용되는 극좌표 증분(입력 수치만큼 +) 각도를 설정합니다. 30을 입력하면 30도, 60도, 90도, 120도와 같이 30씩 증가되는 각도를 추적합니다. 임의 각도를 입력할 수 있으며, 리스트에서 90, 45, 30, 22.5, 18, 15, 10 또는 5도와 같은 일반 각을 선택할 수도 있습니다.

- **Additional Angles (추가 각도)** : 극좌표 추적에 사용할 수 있는 각도를 리스트에 추가로 만듭니다.

  ※ 추가 각도를 선택하면 사용 가능한 추가 각도가 표시됩니다. 새 각도를 추가하려면 새로 만들기를 클릭하고, 기존 각도를 제거하려면 삭제를 클릭합니다. 추가 각도는 절대값이며 증분되지 않습니다.

❸ Object Snap Tracking Settings (객체 스냅 추적 설정) : 객체 스냅 추적의 옵션을 설정합니다.

- **Track Orthogonally Only (직교로만 추적)** : 객체 스냅 추적이 켜져 있을 때 획득한 객체 스냅점을 위해 직교(수평/수직) 객체 스냅 추적 경로만을 표시합니다.

- **Track Using All Polar Angle Settings (전체 극좌표 각도 설정을 사용하여 추적)** : 극좌표 추적 설정을 객체 스냅 추적에 적용합니다. 객체 스냅 추적을 사용하면 커서가 지정된 객체 스냅 점에서 극좌표 할당 각도를 따라 추적합니다.

  ※ 상태막대에서 극좌표 및 객체 스냅 추적을 클릭하는 방법으로도 극좌표 추적 및 객체 스냅 추적을 켜고 끌 수 있습니다.

❹ **Polar Angle Measurement (극좌표 각도 측정)** : 극좌표 추적 정렬 각도가 측정되는 기준을 설정합니다.

- **Absolute (절대)** : 현재 사용자 좌표계(UCS)가 극좌표 추적 각도의 기반이 됩니다.
- **Relative to Last Segment (마지막 세그먼트를 기준으로)** : 마지막으로 그린 세그먼트가 극좌표 추적 각도의 기반이 됩니다.

2D 객체 스냅 및 객체 스냅 추적

■ 2D 객체 스냅 2D Object Snap : 바로가기 키 F3

좌표를 활용한 입력 방법에는 한계가 있습니다. 객체가 가지고 있는 위치점을 Osnap(객체 스냅) 방식을 통한 지정으로 정확하고 빠른 작업을 할 수 있습니다. 커서를 움직임에 따라 커서를 가장 가까운 2D 객체의 참조점으로 스냅합니다. 끝점, 원의 중심, 중간점 등을 예로 들 수 있습니다.

▶ **객체 스냅 지정하기**

객체 스냅은 명령 내에 점(Point)에 대한 메시지가 표시될 때마다 객체에 정확한 위치를 지정하는 방법을 제공합니다. 명령창에서 점에 대한 프롬프트가 나타날 때마다 객체 스냅을 지정할 수 있으며, 기본적으로 객체의 객체 스냅 위치로 커서를 이동하면 표식기 및 툴팁이 표시됩니다.

명령창에서 점에 대한 프롬프트에서 객체 스냅을 지정하기 위해 다음 중 하나를 수행할 수 있습니다.

- Shift 키를 누르고 마우스 오른쪽 버튼을 클릭하면 객체 스냅 바로 가기 메뉴가 표시됩니다. (1회성)
- 마우스 오른쪽 버튼을 클릭하고 Osnap Overrides(스냅 재지정) 하위 메뉴에서 객체 스냅을 선택합니다.
- 명령창에 객체 스냅의 이름을 입력합니다. 명령창에서 다음 위치점 지정에 대해 객체 스냅을 지정하면 해당 객체 스냅은 지정한 다음 점에 대해서만 적용됩니다. 객체 스냅은 점에 대한 프롬프트가 표시될 때만 작동합니다. (1회성 Osnap)

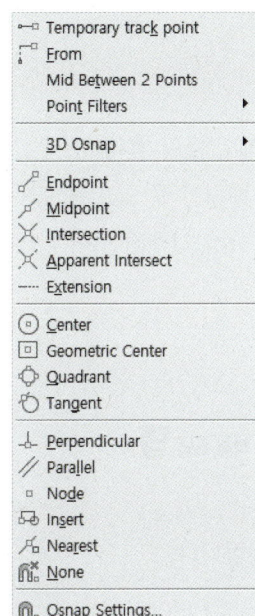 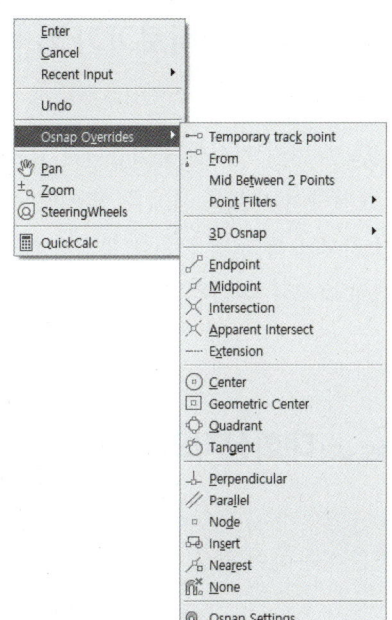

Tip.

01. 객체 스냅에서 해치 객체 무시

객체 스냅에서 해치 객체를 무시하도록 하려면 **OSOPTIONS** 시스템 변수를 사용합니다. 초기 값은 7이며, 해치 객체를 무시하려면 값 1을 입력합니다.

02. 활성 객체 스냅 사용

한 개 이상의 객체 스냅을 반복하여 사용해야 할 경우 활성 객체 스냅을 켜면 이후의 모든 명령에서 유지됩니다. 예를 들어 끝점, 중간점 및 중심을 활성 객체 스냅으로 설정할 수 있습니다.

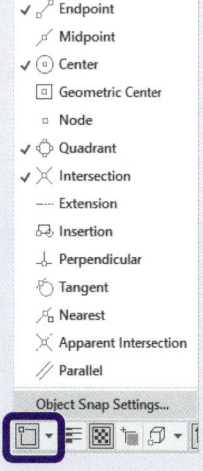

- 상태막대에서 객체 스냅 버튼을 클릭하거나 `F3` 키를 눌러 활성 객체 스냅을 켜고 끕니다.

- 상태막대에서 객체 스냅 버튼 옆에 있는 아래쪽 화살표를 클릭하고 지속할 객체 스냅을 클릭합니다.

- 여러 개의 활성 객체 스냅이 켜져 있으면 지정된 위치에서 둘 이상의 객체 스냅을 사용할 수도 있습니다. 점을 지정하기 전에 `Tab` 키를 눌러 가능한 객체 스냅을 순환할 수 있습니다.

■── 객체 스냅 추적 Object Snap Tracking : 바로가기 키 F11

객체 스냅 점에서 수직 및 수평 정렬 경로를 따라 커서를 추적합니다. 기존 객체의 특정 점(끝점, 중간점, 중심점 등)을 기준으로 추적선을 표시하여 새로운 객체를 정확한 위치에 배치할 수 있도록 도와주는 기능입니다. 이 기능을 사용하면 커서를 특정 점 근처에 두었을 때 점선 가이드(추적선)가 나타나며, 이를 활용해 정확한 위치를 손쉽게 지정할 수 있습니다.

■── Drafting Settings 제도 설정 대화상자의 Object Snap 객체 스냅 탭

Drafting Settings(제도 설정) 대화상자를 사용하여 활성 객체 스냅 설정을 조정합니다.

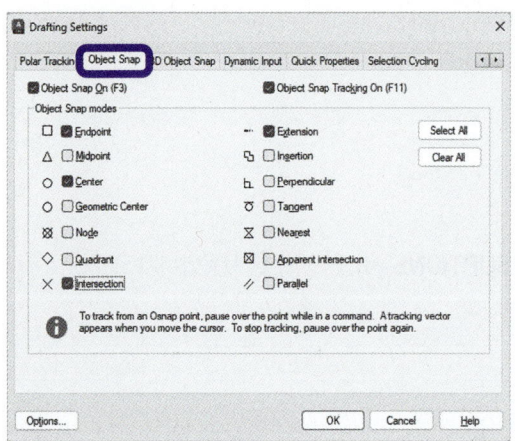 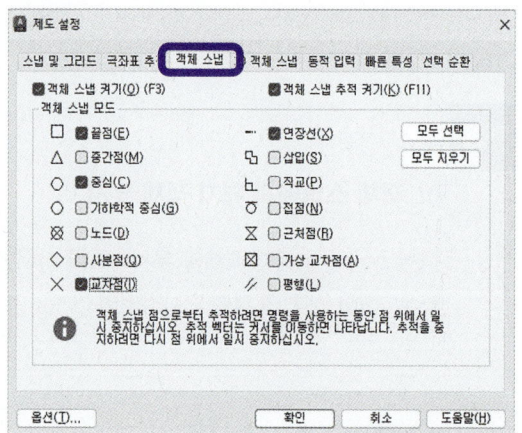

❶ **Object Snap On (객체 스냅 켜기)** F3 : 지정된 모든 객체 스냅 모드를 켤지 또는 끌지 조정합니다.

❷ **Object Snap Tracking On (객체 스냅 추적 켜기)** F11 : 객체 스냅 추적을 사용하여 현재 객체 스냅 모드를 기반으로 한 정렬 경로를 따라 추적할 수 있습니다.

❸ **Object Snap Modes (객체 스냅 모드)** : 실행 중인 객체가 스냅될 때 설정할 수 있는 객체 스냅을 나열합니다.

- **Endpoint (끝점) end** : 객체의 가장 가까운 끝점 또는 구석(폴리곤 객체)으로 스냅합니다.
- **Midpoint (중간점) mid** : 객체의 중간점으로 스냅합니다.

- **Center (중심) cen** : 호, 원, 타원 또는 타원형 호의 중심으로 스냅합니다.
- **Geometric Center (기하학적 중심) gcen** : 닫힌 폴리선 및 스플라인의 무게 중심으로 스냅합니다.

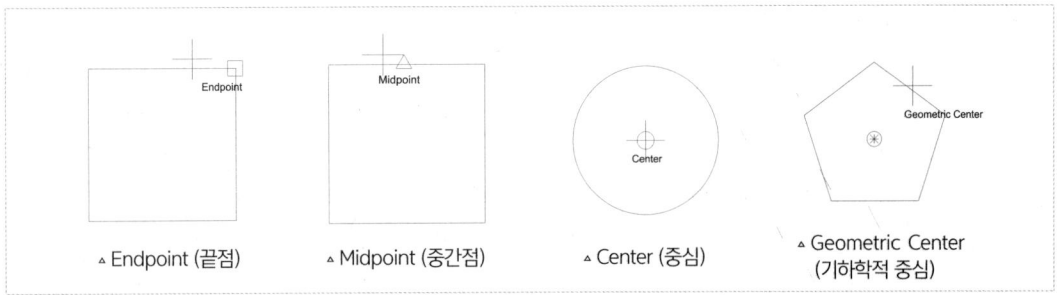

- **Node (노드) nod** : 점 객체(Point), 치수 정의점 또는 치수 문자 원점으로 스냅합니다.
- **Quadrant (사분점) qua** : 호, 원, 타원 또는 타원형 호의 사분점으로 스냅합니다.
  ※ 사분점이란 축선에서 가장 멀리 있는 점의 위치를 말함, 원의 X축을 기준으로 위쪽 12시, 아래쪽은 6시 방향
- **Intersection (교차점) int** : 객체와 객체사이의 서로 교차하는 점 또는 선위에 있는 점을 교차점으로 스냅합니다.

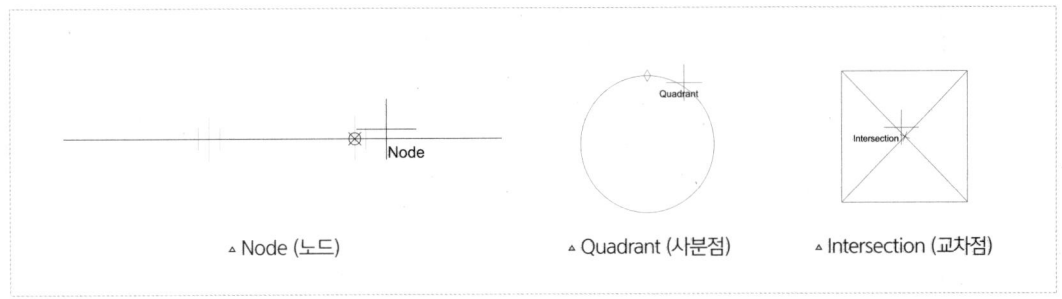

※ 오른쪽에 표시된 확장 교차점은 활성 객체 스냅이 아니라, 명령을 사용하는 동안 재지정으로만 사용할 수 있습니다. 경사선을 위 아래로 작도한후 Line 명령어로 첫 번째 위치점 P1을 지정하고 Shift + 마우스 우클릭하여 Intersection(교차점)을 선택하고 커서를 객체로 가져가면 표현됩니다.

※ 교차점 및 확장 교차점은 3D 솔리드의 모서리나 구석에서 작동하지 않습니다. 참고로, 교차점 및 가상 교차점 활성 객체 스냅이 모두 켜져 있으면 결과가 달라질 수 있습니다.

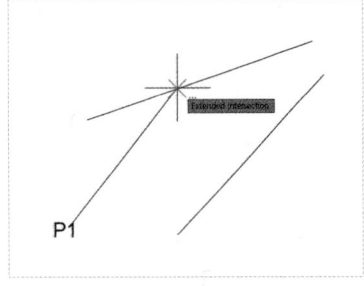

- **Extension (연장선) ext** : 객체의 끝점에 커서를 가져가면 임시 보조선 또는 호가 표시되어 치수보조선에 점을 지정할 수 있습니다. 단, 투시도에서 작업할 때 호 또는 타원 호의 치수보조선을 따라 추적할 수는 없습니다.

- **Insertion (삽입) ins** : 속성, 블록 또는 문자와 같은 객체의 삽입으로 스냅합니다.

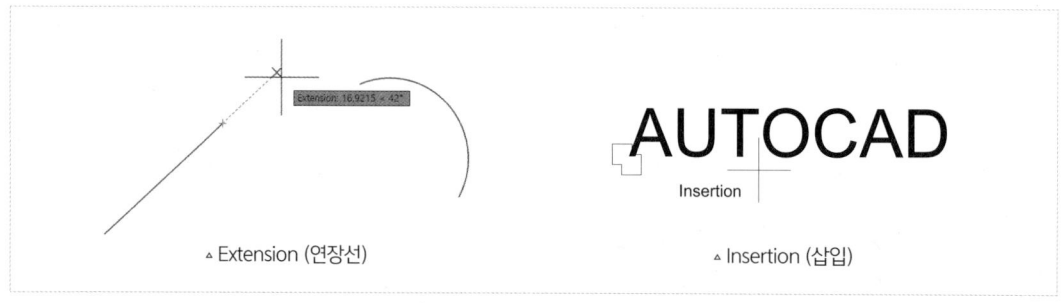

▲ Extension (연장선)　　　　　　▲ Insertion (삽입)

- **Perpendicular (직교) per** : 선택한 객체에 직교인 점으로 스냅합니다. 둘 이상의 직교 스냅을 완성해야 그릴 수 있는 객체인 경우, 지연된 직교점 스냅 모드가 자동으로 켜집니다. 선, 호, 원, 폴리선, 광선, X선, 여러 줄 또는 3D 솔리드 모서리와 같은 객체를 직교선 그리기를 시작할 객체로 사용할 수 있습니다. 지연된 직교점을 사용하여 이러한 객체 사이에 직교를 그릴 수 있습니다. 커서가 지연된 직교 스냅점 위로 지나가면 툴팁과 표식기가 표시됩니다.

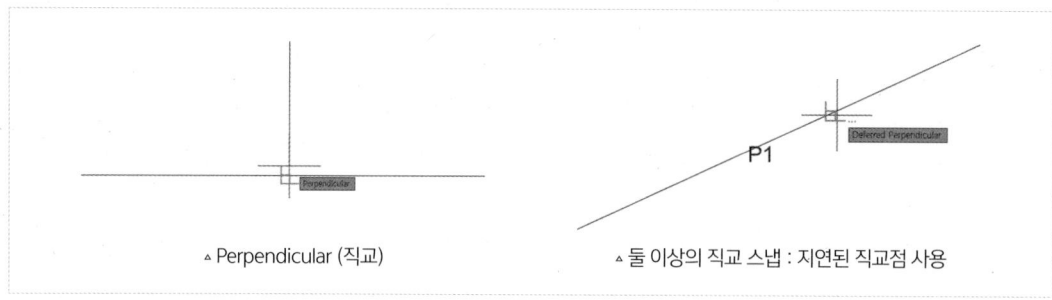

▲ Perpendicular (직교)　　　　　　▲ 둘 이상의 직교 스냅 : 지연된 직교점 사용

- **Tangent (접점) tan** : 호, 원, 타원, 타원형 호, 폴리선 호 또는 스플라인의 접점으로 스냅합니다. 그리고 있는 객체가 하나 이상의 접점 스냅을 완성할 것을 요구할 경우 지연된 접점 스냅 모드는 자동으로 켜집니다. 이 모드를 사용하여 호, 폴리선 호 또는 원에 접하는 선이나 X선을 그릴 수 있습니다. 커서가 지연된 접점 스냅점 위로 지나가면 표식기와 AutoSnap 툴팁이 표시됩니다.

- **Nearest (근처점) nea** : 호, 원, 타원, 타원형 호, 선, 점, 폴리선, 광선, 스플라인 또는 X선과 같은 객체의 가장 근처점으로 스냅합니다. 호 또는 원에 접합니다.

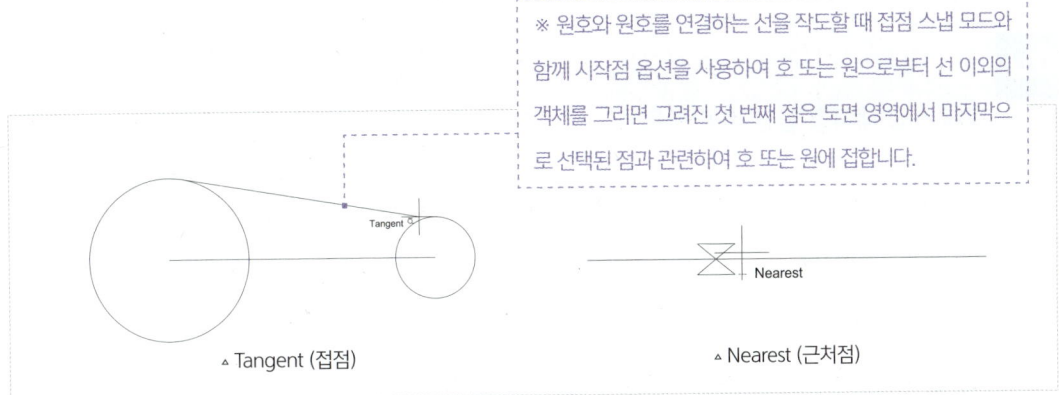

※ 원호와 원호를 연결하는 선을 작도할 때 접점 스냅 모드와 함께 시작점 옵션을 사용하여 호 또는 원으로부터 선 이외의 객체를 그리면 그려진 첫 번째 점은 도면 영역에서 마지막으로 선택된 점과 관련하여 호 또는 원에 접합니다.

△ Tangent (접점)　　　　　△ Nearest (근처점)

- **Apparent Intersection (가상 교차점) appint** : 3D 공간에서 교차하지 않는 두 객체의 가시적 교차점으로 스냅하지만 현재 뷰에서 교차하는 것으로 나타날 수 있습니다. (예 1층에 수평선 2층에 수직선 3층에서 내려다 보면 교차로 보이는 개념입니다.)

  ※ 확장 가상 교차점은 객체가 각자의 원래 경로를 따라 연장되면 교차하는 것처럼 보이게 되는 객체의 가상 교차점으로 스냅합니다. 가상 및 확장 가상 교차점은 3D 솔리드의 모서리 또는 구석에서 작동하지 않습니다. 교차점 및 가상 교차점 활성 객체 스냅이 모두 켜져 있으면 결과가 달라질 수 있습니다.

- **Parallel (평행) par** : 커서를 놓아 식별하는 기존 선형 객체와 평행이 되도록 새 선 세그먼트, 폴리선 세그먼트, 광선 또는 X선을 구속합니다. 해당 옵션 사용 보다는 수정 명령에 OFFSET 기능을 활용하는 것도 방법입니다.

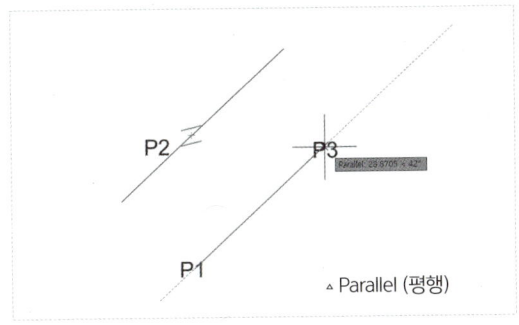

△ Parallel (평행)

선형 객체의 첫 번째 점을 지정한 후 평행 객체 스냅을 지정합니다. 다른 객체 스냅 모드와 달리, 커서를 이동한 후 각도가 확보될 때까지 다른 선형 객체 위에 머무릅니다. 그런 다음 커서를 작성 중인 객체로 다시 이동합니다. 객체의 경로가 이전 선형 객체와 평행하면 병렬 객체를 작성하는 데 사용할 수 있는 정렬 경로가 표시됩니다.

① P2에 해당하는 경사선을 먼저 작도한 후 LINE 명령으로 첫 번째 위치점 P1을 지정하고 `Shift` + **마우스 우클릭**하여 Parallel(평행)을 선택

② 커서를 P2 객체로 가져갑니다(클릭 X). Parallel 기호가 나타났을 때 P3로 커서를 이동하면 추적선이 나타납니다.

③ P1, P2, P3 위치를 가상의 선으로 생각하여 90도에 가깝게 위치해야 추적선이 바로 나옵니다.

※ 평행 객체 스냅을 사용하기 전에 ORTHO 모드를 끕니다. 객체 스냅 추적 및 PolarSnap은 평행 객체 스냅 작업 중에 자동으로 꺼집니다. 평행 객체 스냅을 사용하기 전에 선형 객체의 첫 번째 점을 지정해야 합니다.

> **Tip**
>
> **객체 스냅 재지정 옵션 추가 항목**
>
>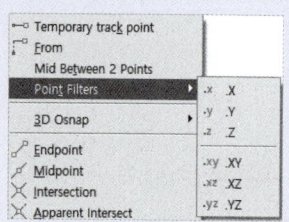
>
> - **Temporary track points** : 입력한 점에서 극좌표 추적
> - **From** : ~로부터, 점으로부터
> - **Mid Between 2 Points** : 입력한 2점 중간, 점과 점을 연결한 가상의 선 중간점
>
>   ※ 첫 번째 위치점과 두 번째 위치점을 가상으로 선(보이지는 않음)을 긋고 한가운데 위치를 찾아주는 스냅입니다. 2군데 위치점을 보고 지나가는 선을 생각하여 사용하면 쉽게 이해가 될 것입니다.
>
> - **Point Filters** : X, Y 좌표값 기준필터

동적 입력

■ **동적 입력 Dynamic Input** **: 바로가기 키 F12**

명령의 옵션과 거리 및 각도의 값을 지정하는 데 사용할 수 있는 툴팁을 커서 근처에 표시합니다.

❶ 동적 입력(Dynamic Input)을 켜고 명령을 입력하면 커서 아래에 입력되는 것이 표시되며, 유사 명령의 미리보기가 가능합니다. **LINE**을 입력하고 **Enter** 키를 눌러 실행합니다.

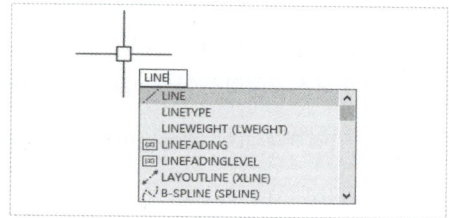

❷ 동적 입력에서 좌표를 입력할 때는 길이를 입력하고 (상대좌표 개념) 화면에 직접 입력되는 것이 보입니다. `Tab` 키를 눌러 다음 각도를 입력할 수 있습니다. 길이가 잠긴 것을 확인할 수 있습니다.

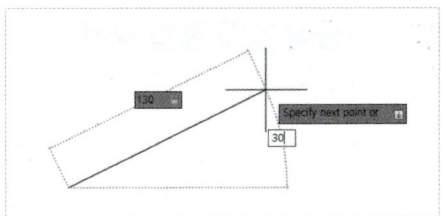

❸ 동적 입력에서 CIRCLE을 입력한 후 `Enter` 키를 눌러 실행합니다.

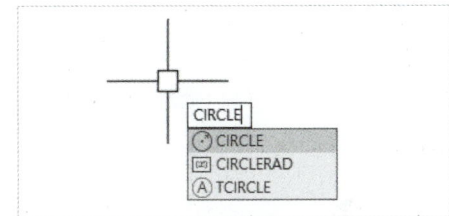

❹ 하위 옵션을 선택하기 위해서는 방향키 아래를 누르면 하위 옵션이 나열됩니다.

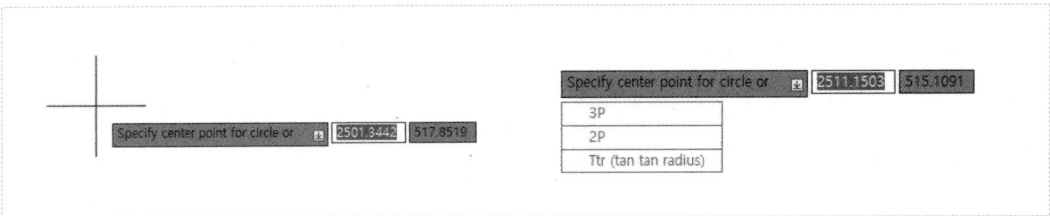

❺ 2P를 마우스로 클릭하고 첫 번째 위치점을 찍은 다음 지름에 해당하는 거리 및 각도를 순서대로 입력합니다.

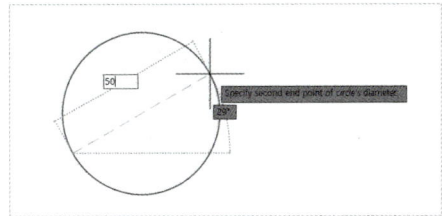

❻ 동적 입력 사용은 명령행을 사용하지 않고 마우스 툴팁을 활용한 입력 방식으로 고급 사용자 방식에 속합니다. 명령창을 Off 하려면 바로가기 `Ctrl` + `9` 키를 누릅니다. 다시 한번 더 누르면 On 됩니다.

> **Tip**
>
> CAD 도구를 처음 사용하는 사용자라면 명령창을 보며 작업하는 것이 바람직하므로, 동적 입력 (Dynamic Input) 방식은 명령어에 대해 익숙해진 다음에 사용할 것을 권장합니다.

■── 동적 입력 툴팁 사용

동적 입력은 도면 영역에서 커서 근처에 명령 인터페이스를 제공합니다. 동적 입력이 켜져 있으면 커서 근처에 툴팁이 표시되어 동적으로 업데이트된 정보를 표시합니다. 명령이 진행 중일 때는 툴팁 문자 상자에서 옵션과 값을 지정할 수 있습니다.

자동 완성 및 자동 수정 기능을 켜면 프로그램에서 자동으로 명령을 완성하고 명령행에 대해서와 마찬가지로 올바른 철자 제안 사항을 제공합니다. 한 가지 차이점은 커서 주변에 주의를 고정시킬 수 있다는 것입니다.

■── 포인터 입력

포인터(커서) 입력이 켜진 상태에서 명령이 진행 중이면 커서 근처의 툴팁 입력 상자에 십자선의 좌표 위치가 표시됩니다. 명령행 대신 툴팁에 좌표를 입력할 수 있습니다.

두 번째 점과 이후의 점에 대한 기본값은 상대 극좌표(RECTANG의 경우 상대 데카르트)입니다. @ 기호는 입력할 필요가 없으며, 절대 좌표를 사용하려는 경우 머리말로 # 기호를 사용합니다. 예를 들어 객체를 원점으로 이동하려면 두 번째 점 프롬프트에 대해 #0,0을 입력합니다.

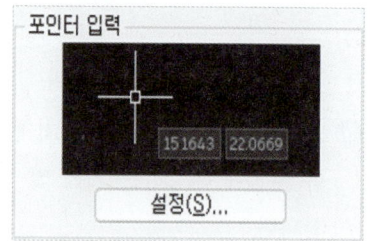

■── 동적 프롬프트

❶ 동적 프롬프트를 설정하면 커서 근처의 툴팁에 프롬프트가 표시됩니다.

❷ 명령행 대신 툴팁에 응답을 입력할 수 있습니다.

❸ ↓ 키를 눌러 옵션을 보고 선택합니다.

❹ ↑ 키를 눌러 최근 입력을 표시합니다.

❺ 동적 프롬프트 툴팁에서 문자 붙여넣기를 사용하려면 글자를 입력하고 Back Space 키를 눌러 삭제한 뒤 입력 항목을 붙여넣습니다. 그렇지 않으면 해당 입력이 도면에 문자로 붙여넣어집니다.

■── 포인터 입력 툴팁에서 입력 오류를 수정하려면

① 동적 입력 툴팁에 빨간색 오류 윤곽선이 표시되면 선택한 값을 다시 입력하여 대치합니다.
② →, ←, Back Space 및 Delete 키를 사용하여 항목을 수정할 수도 있습니다.
③ 정정 후 Tab, 쉼표 또는 < 키를 눌러 빨간색 윤곽선을 제거하고 해당 좌표를 완료합니다.

■── Drafting Settings 제도 설정 대화상자의 Dynamic Input 동적 입력 탭

Drafting Settings(제도 설정) 대화상자를 사용하여 포인터 입력, 치수 입력, 동적 프롬프트 및 제도 툴팁의 모양을 조정합니다.

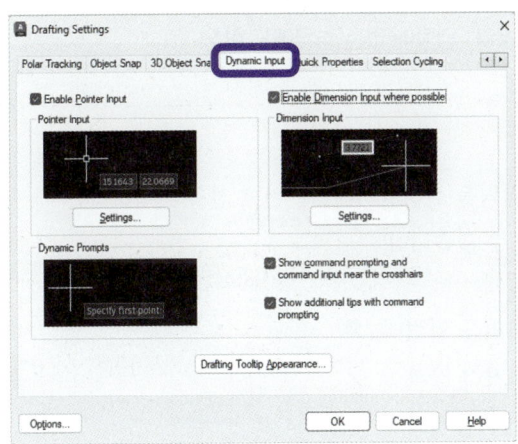
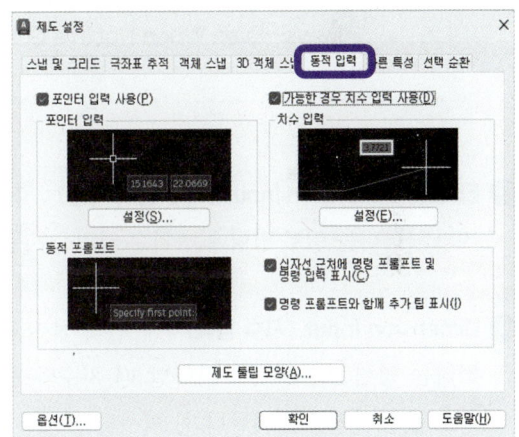

① **Enable Pointer Input (포인터 입력 사용)** : 포인터 입력을 켭니다. 포인터 입력 및 치수 입력을 모두 설정하면, 사용 가능한 경우 포인터 입력 대신 치수 입력이 사용됩니다.

② **Pointer Input (포인터 입력)** : 커서 근처의 툴팁에 십자선의 위치를 좌표값으로 표시합니다. 점을 입력하라는 명령 프롬프트가 나타나는 경우, 명령 창 대신 툴팁에 좌표값을 입력할 수 있습니다.

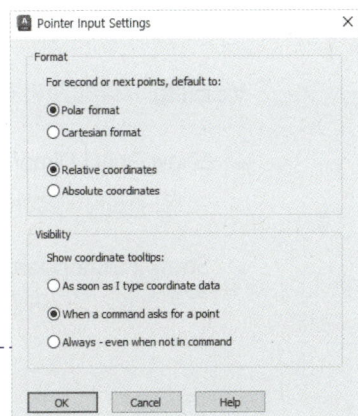

- **Settings (설정) 버튼** : 포인터 입력 설정 대화상자를 표시합니다.

Format : 포인터 입력이 설정되어 있을 때 표시되는 툴팁의 좌표 형식을 조정

- **Polar Format** : 극좌표 형식, 직교 형식으로 변경하려면 쉼표(,)를 입력
- **Cartesian Format** : 직교 형식, 극좌표 형식으로 변경하려면 각도 기호(<)를 입력
- **Relative Coordinates** : 상대 좌표 형식, 절대 형식으로 변경하려면 파운드 기호(#)를 입력
- **Absolute Coordinates** : 절대 좌표 형식, 상대 형식으로 변경하려면 앳 기호(@)를 입력

※ 이 옵션이 선택되어 있으면 직접 거리 방법을 사용할 수 없음

Visibility : 포인터 입력이 표시되는 시기를 조정 (DYNPIVIS 시스템 변수)

- **As Soon As I Type Coordinate Data** : 좌표 데이터를 입력하는 즉시
- **When a Command Asks for a Point** : 점 입력이 필요한 경우
- **Always—Even When Not in a Command** : 명령에 없는 경우에도 항상

❸ **Enable Dimension Input (치수 입력 사용)** : 치수 입력을 설정합니다. 두 번째 점을 지정하라는 메시지가 나타나는 일부 명령에는 치수 입력을 사용할 수 없습니다.

❹ **Dimension Input (치수 입력)** : 두 번째 점 또는 거리를 입력하라는 명령 프롬프트가 나타날 때 치수와 함께 거리 값과 각도 값의 툴팁을 표시합니다. 커서를 움직이면 치수 툴팁의 값이 변경됩니다. 명령행 대신 툴팁에 값을 입력할 수 있습니다.

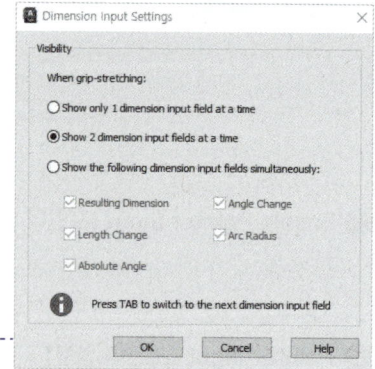

- **Settings (설정) 버튼** : 치수 입력 설정 대화상자를 표시합니다.

Visibility : 치수 입력이 켜져 있을 때 그립 신축하는 동안 표시할 툴팁을 조정

- **Show Only 1 Dimension Input Field at a Time** : 한 번에 하나의 치수 입력 필드만 표시 (예 : 그립 편집을 사용하여 객체를 신축하는 경우 길이 변경 치수 입력 툴팁만 표시)
- **Show 2 Dimension Input Fields at a Time** : 한 번에 두 개의 치수 입력 필드 표시 (예 : 그립 편집을 사용하여 객체를 신축하는 경우 길이 변경 및 결과 치수 입력 툴팁을 표시)

- **Show the Following Dimension Input Fields Simultaneously** : 선택한 치수 입력 필드 여러 개를 동시에 표시

  ※ Resulting Dimension(결과 치수), Length Change(길이 변경), Absolute Angle(절대 각도), Angle Change(각도 변경), Arc Radius(호 반지름)

❺ **Dynamic Prompts (동적 프롬프트)** : 명령을 완료하기 위해 필요한 경우 커서 근처에 프롬프트를 표시합니다. 명령행 대신 툴팁에 값을 입력할 수 있습니다.

- **Show Command Prompting and Command Input near the Crosshairs (십자선 근처에 명령 프롬프트 및 명령 입력 표시)** : 동적 입력 툴팁에 프롬프트를 표시합니다.

- **Show Additional Tips with Command Prompting (명령 프롬프트와 함께 추가 팁 표시)** : Shift 및 Ctrl을 사용하여 그립을 처리하는 팁을 표시할지 여부를 조정합니다.

❻ **Drafting Tooltip Appearance (제도 툴팁 모양) 버튼** : 툴팁 모양 대화상자를 표시합니다.

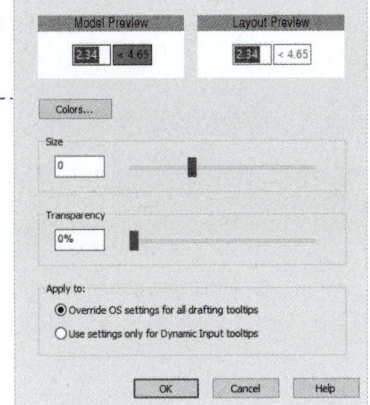

- **Previews (미리보기)** : 현재 툴팁 모양 설정의 예를 표시합니다.

- **Colors (색상)** : 도면 윈도우 색상 대화상자를 표시합니다. 여기에서 제도 툴팁의 색상 및 지정된 컨텍스트의 배경을 지정할 수 있습니다.

- **Size (크기)** : 툴팁 크기를 지정합니다. 기본 크기는 0입니다.

- **Transparency (투명도)** : 툴팁의 투명도를 조정합니다. 설정이 높을수록 툴팁이 투명해집니다.

- **Apply To (적용 대상)** : 설정이 모든 제도 툴팁에 적용되는지, 동적 입력 툴팁에만 적용되는지 지정합니다.

그리기 I

CHAPTER —————————————————— 04

01	AutoCAD 좌표 시스템	
02	LINE	직선 그리기
03	CIRCLE	원 그리기
04	ARC	호 그리기
05	ELLIPSE	타원 그리기
06	RECTANG	사각형 그리기
07	EXPLODE	개별 요소 분해
08	POLYGON	정다각형 그리기
09	XLINE Construction Line	구조선
10	RAY	광선; 한 방향으로 무한선

01 AutoCAD 좌표 시스템

- AutoCAD 좌표 시스템을 이해할 수 있다.
- UCSICON 명령, UCS 아이콘 대화상자의 구성과 내용을 이해할 수 있다.
- 절대좌표(Absolute Coordinates), 상대좌표(Relative Coordinates)의 형식과 사용방법을 적용할 수 있다.

AutoCAD 좌표 시스템

AutoCAD 좌표 시스템 Coordinate System, 좌표계

작업공간은 무한크기를 가지고 있습니다. 이러한 AutoCAD의 2D평면 3D공간에서 임의 위치를 표시하는 도구를 좌표계라고 하며, 절대좌표계(Absolute Coordinate System), 극좌표계(Polar Coordinate System), 구좌표계(Sphere Coordinate System) 등이 있습니다. 2D 작업공간 평면에서는 절대좌표계와 극좌표계를 사용하며, 3D 작업공간에서는 구좌표계를 사용합니다.

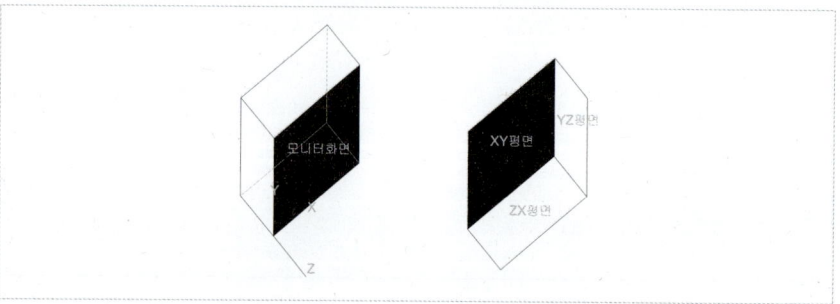

도면 작성을 위한 도형을 작도할 때, 정확한 좌표 입력을 위하여 절대좌표계와 극 좌표계를 사용합니다. 이러한 두 좌표계들은 절대좌표(Absolute) 혹은 상대좌표(Relative) 형식으로 입력해야 하며, 정확하고 정밀한 도면을 작도하기 위해 두 좌표계의 개념과 사용법을 알고 있어야 합니다.

■── UCSICON 명령 기본 값으로 두고 사용

Command: **UCSICON**
Enter an option [ON/OFF/All/Noorigin/ORigin/Selectable/Properties] <ON>:

- **On (켜기)** : UCS 아이콘을 표시
- **Off (끄기)** : UCS 아이콘의 표시를 끔
- **All (전체)** : 변경 사항을 모든 활성 뷰포트의 아이콘에 적용, 그렇지 않으면 UCSICON은 현재 뷰포트에만 영향
- **No Origin (원점 없음)** : UCS 원점의 위치에 관계없이 아이콘을 뷰포트의 왼쪽 하단에 표시
- **Origin (원점)** : 아이콘을 현재 UCS의 원점(0,0,0)에 표시, 원점이 뷰 외부에 있으면 뷰포트의 왼쪽 아래 구석에 표시
- **Selectable (선택가능)** : UCS 아이콘을 선택할 수 있는지 및 그립으로 조작할 수 있는지를 조정
- **Properties (특성 찾기)** : UCS 아이콘의 스타일, 가시성 및 위치를 조정할 수 있는 UCS 아이콘 대화상자를 표시

■── Properties 선택시 UCS Icon 대화상자 기본 값으로 두고 사용

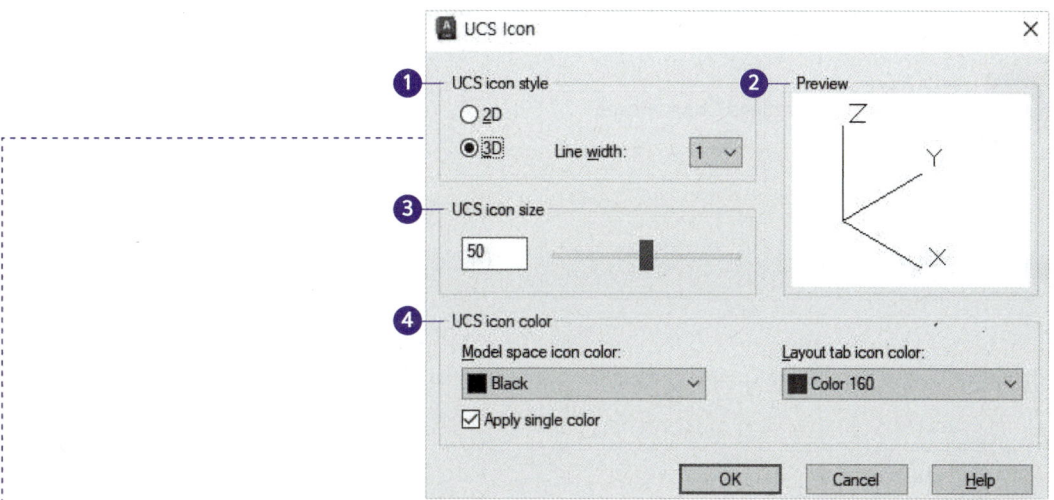

❶ **UCS Icon Style (UCS 아이콘 스타일)** : 2D 또는 3D UCS 아이콘의 표시와 그 모양을 지정

- **2D** : 2D 아이콘을 Z축 표현 없이 표시

  ※ 뷰 방향이 UCS의 XY 평면과 평행하는 경우 UCS 아이콘이 "잘라진 연필" 아이콘으로 변경. 이는 객체 스냅을 사용하지 않고 위치를 클릭하여 객체를 작성하면 원하지 않는 결과가 발생할 수 있음

- **3D** : 3D 아이콘을 표시
- **Line Width (선 폭)** : 3D UCS 아이콘을 선택한 경우 UCS 아이콘의 선 너비를 조정

❷ **Preview (미리보기)** : 모형 공간 UCS 아이콘의 미리보기를 표시

❸ **UCS Icon Size (UCS 아이콘 크기)** : UCS 아이콘의 크기를 뷰포트 크기의 백분율로 조정. 기본값은 50이며 유효한 값의 범위는 5~95. UCS 아이콘의 크기는 이 아이콘이 표시되는 뷰포트의 크기에 비례함

❹ **UCS Icon Color (UCS 아이콘 색상)** : 모형 공간 뷰포트 및 배치 탭 UCS 아이콘의 색상을 조정

- **Model Space Icon Color (모형 공간 아이콘 색상)** : 모형 공간 뷰포트 UCS 아이콘의 색상을 조정
- **Layout Tab Icon Color (배치 탭 아이콘 색상)** : 배치 탭의 UCS 아이콘 색상을 조정
- **Apply Single Color (단일 색상 적용)** : 선택한 모형 공간 아이콘을 2D UCS 아이콘의 모든 축에 적용

절대좌표 Absolute Coordinates

■── 개념

도면의 기준점(원점 → 0,0)을 기준으로 하는 좌표 체계이며, 시스템에 기본 설정되어 있는 자리입니다. 모눈종이에 X축, Y축 선을 교차하여 긋고 각각 눈금을 넣어 해당 위치점을 좌표로 읽어본 경험이 있을 것입니다.

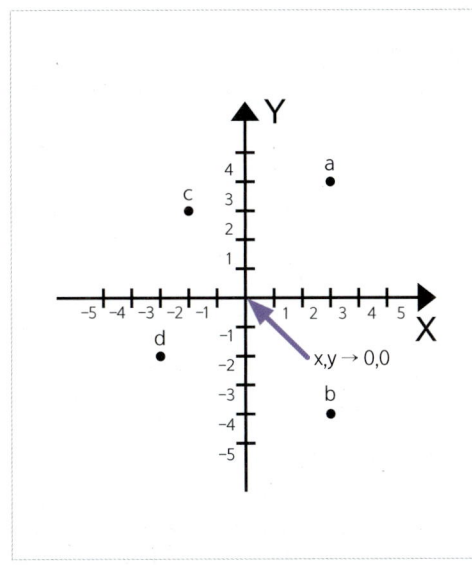

그림에서 a의 위치를 읽을 때는 'x축으로 3, y축으로 4에 위치한다'라고 하며 표기는 '점a는 3,4'라고 합니다. 가로선은 x축 세로선은 y축이라 하며 두선의 교차점을 원점(0,0)이라고 합니다. 원점을 기준으로 각 축의 오른쪽 방향 및 위쪽 방향은 양수로 하며, 원점에서 반대 방향은 음수로 합니다(시스템 약속 : 좌표를 읽거나 표시할 때 순서는 x→y의 순서임).

> **예**
> - **b점의 좌표값은?**
>   → x로 3, y로 -4, 표시 : 3,-4
> - **c점의 좌표값은?**
>   → x로 -2, y로 3, 표시 : -2,3
> - **d점의 좌표값은?**
>   → x로 -3, y로 -2, 표시 : -3,-2

■ 특징

- 좌표값이 항상 도면의 **고정된 원점(0,0)**을 기준으로 지정됩니다.
- 특정 위치를 정확히 지정할 때 유용합니다.

■ 표기법

X, Y 형식으로 입력합니다. 좌표를 읽을 때는 항상 x축부터 다음 y축의 자리값입니다.

> **예**
> - 50,30
>   → X축 방향으로 50, Y축 방향으로 30인 지점을 지정

상대좌표 Relative Coordinates

■── 개념

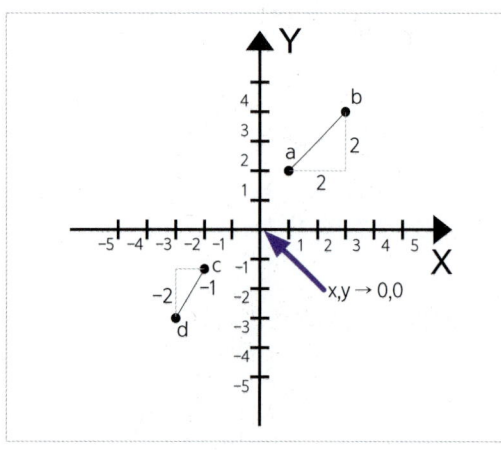

현재 점(시작점)을 기준으로 하는 좌표 체계입니다.

예시에서 점a 와 b를 있는 선을 LINE 명령을 이용하여 **절대좌표**로 표현하면 다음과 같습니다. 이후에 LINE 명령에 대해 다시 설명되므로, 여기에서는 가볍게 읽고 이해해 보세요.

Command: **LINE**
→ 선을 그리기 위해 LINE 명령어 입력
※ 눈금 간격이 작아 안보일 수 있으니 각 축의 눈금을 100단위로 바꾸어 지정하겠습니다.

Specify first point: **100,200** ↵ → 원점을 기준으로 절대좌표 100,200 위치 입력(시작점)
Specify next point or [Undo]: **300,400** ↵ → 원점을 기준으로 절대좌표 300,400 위치까지 선을 그림
Specify next point or [Undo]: ↵

절대좌표로 표현할 때 원점(0,0)에서 모든점의 위치를 계산해서 작업을 계속한다면, 계산도 번거로울 뿐 아니라 작업을 할 수 없는 경우도 발생합니다.

상대좌표란 현재 위치에서 상대적인 값을 활용하는 것입니다. 선을 작도할 때 화면에 보이는 곳 임의의 자리를 마우스로 클릭한 후, 여기를 a점이라 하면 방금 클릭한 a를 기준으로 b는 얼마만큼 떨어져 있는지를 값으로 지정합니다. 이 때 좀전 위치를 기준으로 상대좌표로 지정한다는 의미에서 기호표시 **@를 입력한 후 좌표값**을 넣습니다.

Command: **LINE**
→ 선을 그리기 위해 LINE 명령어 입력

Specify first point: **아무 곳이나 클릭** → 임의의 위치를 시작점으로 지정

Specify next point or [Undo]: **@200,200** ↵

→ 시작점을 기준으로 x축 200, y축 200 떨어진 위치까지 선을 그림

Specify next point or [Undo]: ↵

상대좌표의 대한 이해는 한변의 길이가 100인 정사각형을 원점에서 한번 절대좌표로 작도하고, 그 옆에 상대좌표로 작도하면 쉽게 이해가 될 것입니다. 중요한 것은 상대좌표의 기호는 **@을 사용**한다는 점만 주의해 주세요.

여러 가지 도구를 사용하면 직교모드, 객체 스냅, 편집 기능 등 좌표를 직접 입력하는 일은 많이 발생하지 않습니다. 그러나 좌표계의 이해는 매우 중요하며 캐드 프로그램의 모든 객체는 점으로 이루어져 있다는 사실을 이해해야 합니다.

■ 특징

- 이전에 입력한 점을 기준으로 좌표값이 지정됩니다.
- 연속적으로 선이나 도형을 그릴 때 유용합니다.

■ 표기법

@X, Y 형식으로 입력합니다.

- @30,20
  → 현재 위치에서 X축으로 30, Y축으로 20만큼 떨어진 지점을 지정.

상대 극좌표 Relative Polar Coordinates

■ 개념

이전 점을 기준으로 다음 점의 거리와 x축과의 각도로 표시하는 좌표 체계입니다. 기본적으로 직교(Ortho) 모드가 활성화되어 있을 경우 X, Y 좌표만 이용하여 점을 찍는 것이 일반적이지만, 특정 각도를 유지하면서 선을 그릴 때는 상대극좌표를 활용하면 보다 편리합니다.

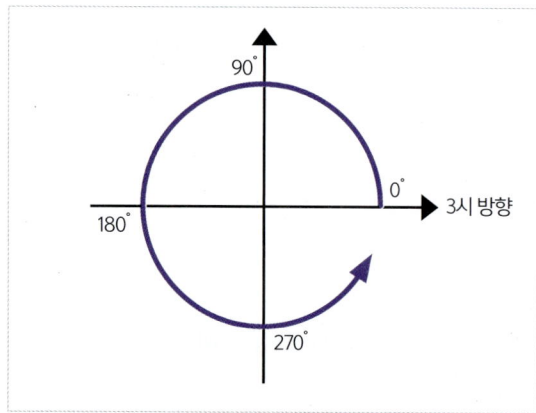

■ 특징

- 기준점에서 상대적으로 새로운 점을 지정합니다.
- 입력 방식은 **거리<각도** 형식으로, 거리(distance)와 각도(angle)를 함께 입력하여 위치를 결정합니다.
- 오른쪽(X축 양의 방향)이 0°이며, 위쪽(Y축 양의 방향)이 90°, 왼쪽(X축 음의 방향)이 180°, 아래쪽(Y축 음의 방향)이 270°입니다.

■ 표기법

@거리<각도 형식으로 입력합니다.

> **예**
> - @50<30 → 현재 위치에서 50의 길이로 30° 방향 위치점을 지정
>   선그리기에서 임의의 위치점을 클릭한 후 다음점의 위치를 길이 50, 각도 30° 방향으로 입력

> **Tip**
>
> **마지막 또는 최종 좌표 (@ : Last point)**
>
> 마지막에 지정한 위치점의 좌표값을 항상, 추적, 저장하는 것을 최종 좌표라 하며 이전 명령에 사용되었던 마지막 점을 지정하는 좌표값입니다. @ 로 표시합니다.

LINE

02

직선 그리기

- 도면에서 **선**을 사용하여 건물의 벽체, 기둥, 기계 부품의 외형 등 주요 형상을 정의한다.
- 도면 작업에서 가장 기본적이고 중요한 요소이며 일련의 연속되는 **선을 작성**한다.
- 건축 및 기계 설계에서 라인은 설계의 가장 기초적인 구성 요소이며, 대부분의 작업은 라인이다.

명령어 위치 및 호출 방법

메뉴	Draw 메뉴 → Line 명령어 클릭
도구막대	Draw 도구막대 → Line 버튼
리본	Home 탭 → Draw 패널 → Line 아이콘
명령 입력	명령창에 **LINE** 입력 후 Enter , 단축키: **L** 입력 후 Enter

기본 사용법

Command: **LINE**

① Specify first point: → 첫 번째 점 지정

② Specify next point or [Undo]: → 다음 점 지정 또는 작업취소(내부)

③ Specify next point or [Undo]: → 다음 점 지정 또는 작업취소(내부)

④ Specify next point or [Close/Undo]:
→ 다음 점 지정 또는 시작점으로 닫기 / 작업취소(내부)

*Specify : 지정하다, point : 점 또는 좌표

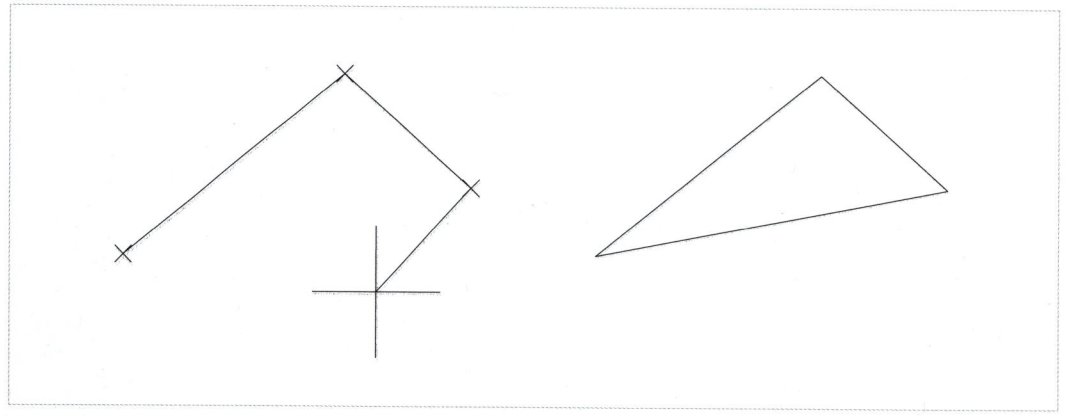

> **옵션 살펴보기**
>
> - **Undo** : 명령어 진행 중에 사용하면 바로 전 단계(명령행)로 되돌려 주는 기능입니다. Ctrl + Z 와 같은 기능입니다. 주의해야할 것은 명령어 실행을 종료한 상태에서 사용하면 명령어 전체를 되돌리게 됩니다. Undo 명령어가 별도로 사용되어지나 사용빈도는 매우 낮습니다(Ctrl + Z 로 대체 사용).
>
> - **Close** : 사용 조건에 충족해야 가능합니다. 면을 이루는 최소 단위인 3개의 점을 찍은 직후 사용하여야 첫 번째 점으로 자동으로 연결 가능(연속하지 않고 명령어가 종료되고 다시 한다고 적용 되지 않습니다.)

대부분의 작업에서는 객체 스냅 및 편집 기능을 함께 활용하여 작업이 이루어집니다. 절대좌표 또는 상대좌표를 사용한 선그리기는 자주 활용은 되지 않으나, 기본 개념을 반드시 이해하고 있어야 합니다.

동적 입력이 켜져 있는 경우 상대좌표가 기본값입니다. 꺼져 있는 경우 절대좌표가 기본값입니다. (동적 입력을 켜거나 끄려면 F12 키를 누릅니다.)

■— 절대좌표를 이용

- 동적 입력이 켜져 있는 경우 : 크로스해치 기호(#), X 값, 쉼표, Y 값을 차례로 입력합니다.
- 동적 입력이 꺼져 있는 경우 : X 값, 쉼표, Y 값을 차례로 입력합니다. (예 100,200)

■── 상대좌표를 이용

- 동적 입력이 켜져 있는 경우 : X 값, 쉼표, Y 값을 차례로 입력합니다.
- 동적 입력이 꺼져 있는 경우 : 앳 기호(@), X 값, 쉼표, Y 값을 차례로 입력합니다. (예 100,200)

■── Undo 명령

바로 전 단계의 작업을 취소하는 명령입니다. 독립된 명령어로 사용하는 경우와 명령 안에 옵션으로 사용하는 두 가지 경우가 있습니다. 명령행에 Undo를 입력하고 Enter 키를 누르면 바로 전 실행한 명령이 취소됩니다. 계속 실행하면 현재까지의 작업 과정을 거꾸로 모두 취소가 가능합니다.

주의

Undo 명령으로 취소한 내용은 마지막 하나만 복구가 가능하기 때문에 신중하게 사용해야 합니다.

- 명령을 실행하는 도중에는 옵션으로 **U**를 선택하면 작업한 내용이 한 단계 취소됩니다.
- Undo 명령을 실행하기 전에 도면 파일을 저장한 후 실행하여야 합니다.

```
Command: UNDO

Current settings: Auto = On, Control = All, Combine = Yes, Layer = Yes   → 현재 셋팅값 보기
Enter the number of operations to undo or [Auto/Control/BEgin/End/Mark/Back] <1>:
    → 기본값 1(한번취소)
```

■── Redo 명령

Undo 명령으로 취소한 내용을 복구하는 명령입니다. 마지막에 취소한 명령에서 한 개만 복구가 가능합니다.

- Undo 명령을 실행해야만 Redo 명령이 활성화되고 호출할 수 있습니다.

■— Mredo 명령

Undo 명령으로 지금까지 취소한 내용을 모두 복구하는 명령입니다. Undo 명령 이후에 다른 명령을 하나라도 실행했다면 Redo나 Mredo 명령은 사용할 수 없습니다. 해당 명령은 Undo 명령 이후 바로 사용해야 합니다.

```
Command: MREDO

Enter number of actions or [All/Last]: 3  → Undo 명령을 실행한 횟수 입력 후 ↵
LINE CIRCLE LINE  →  이전 취소된 명령 순차적으로 3가지를 보여줌
Everything has been redone
```

■— Erase 명령

객체를 마우스로 선택하여 지우는 명령입니다. 지워진 객체를 다시 복구하려면 Undo 명령을 사용하면 됩니다. 그러나 대부분의 작업에는 객체를 선택한 후 키보드의 (Delete) 키를 많이 사용합니다.

Erase 명령을 입력하고 **?** 를 입력하면 모든 선택 옵션을 프롬프트합니다.

객체들의 다양한 선택옵션

■ Window	■ Fence	■ Remove	■ SIngle
■ Last	■ WPolygon	■ Multiple	■ SUbobject
■ Crossing	■ CPolygon	■ Previous	■ Object
■ BOX	■ Group	■ Undo	
■ ALL	■ Add	■ AUto	

- 마지막으로 지운 객체를 복원하려면 명령어 **OOPS**를 사용합니다.

좌표와 LINE 기능 연습하기

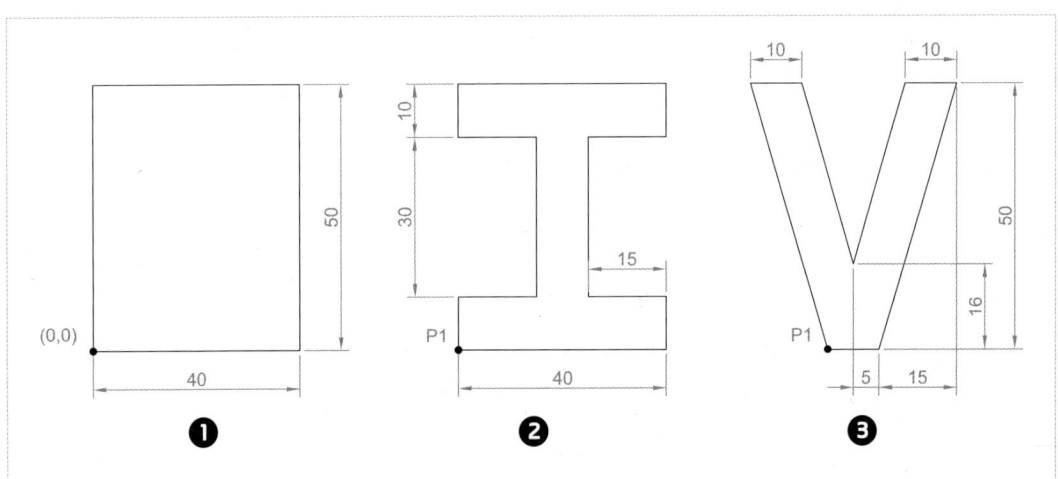

> **주의**
> 명령행은 상호 대화형 프로그램이므로 명령을 입력을 한 후에는 반드시 SpaceBar 또는 Enter 키를 누른 후 다음 명령행을 진행합니다.

Command: **LINE**

Specify first point: **0,0** → 절대좌표 0,0 (원점) 입력 후 ↵

Specify next point or [Undo]: **40,0** → 원점을 기준으로 절대좌표 x축방향 위치점 40 입력 후 ↵

Specify next point or [Undo]: **40,50**
→ 원점을 기준으로 절대좌표 x축방향 위치점 40, y축방향 위치점 50 입력 후 ↵

Specify next point or [Close/Undo]: **0,50**
→ 원점을 기준으로 절대좌표 x축방향 위치점 0, y축방향 위치점 50 입력 후 ↵

Specify next point or [Close/Undo]: **C** → 옵션 C 입력 후 ↵, 처음 시작한 점으로 선 연결 완료

❷ P1부터 우측방향으로 주어진 값으로 작도

Command: **LINE**

Specify first point: **임의의 위치점** → 화면에 보이는 임의의 위치점 클릭(P1)
Specify next point or [Undo]: **@40,0**
Specify next point or [Undo]: **@0,10**
Specify next point or [Close/Undo]: **@-15,0**
Specify next point or [Close/Undo]: **@0,30**
Specify next point or [Close/Undo]: **@15,0**
Specify next point or [Close/Undo]: **@0,10**
Specify next point or [Close/Undo]: **@-40,0**
Specify next point or [Close/Undo]: **@0,-10**
Specify next point or [Close/Undo]: **@15,0**
Specify next point or [Close/Undo]: **@0,-30**
Specify next point or [Close/Undo]: **@-15,0**
Specify next point or [Close/Undo]: **C** → C 옵션 입력 후 ↵

❸ P1부터 우측방향으로 주어진 값으로 작도

Command: **LINE**

Specify first point: **임의의 위치점** → 화면에 보이는 임의의 위치점 클릭(P1)
Specify next point or [Undo]: **@10,0**
Specify next point or [Undo]: **@15,50**
Specify next point or [Close/Undo]: **@-10,0**
Specify next point or [Close/Undo]: **@-10,-34**
Specify next point or [Close/Undo]: **@-10,34**
Specify next point or [Close/Undo]: **@-10,0**
Specify next point or [Close/Undo]: **@15,-50**
Specify next point or [Close/Undo]: → 완료(`Spacebar` or ↵)

Tip

01. 70mm 선긋기

Command: **LINE**

Specify first point: **임의의 위치점**
Specify next point or [Undo]: **@70,0**
Specify next point or [Undo]: → 완료(Spacebar or ↵)

02. 마지막 최종 좌표(@) 이동 확인

Command: **LINE**

Specify first point: **임의의 위치점**
Specify first point: **@** → 입력 후 ↵
Specify next point or [Undo]:
→ 마우스 포인터 마지막에 클릭한 위치로 시작점이 자동입력 확인 후 종료

03. 선그리기 작업중 임의각도 Angle Override 각도 고정 보조선으로 사용할 때 필요한 방법

Command: **LINE**

Specify first point: **임의의 위치점**
Specify next point or [Undo]: **<27** → 첫 번째 위치점에서 27도 방향으로 고정
Angle Override: 27 → 명령행에 표시됨
Specify next point or [Undo]: **100**
→ 선의 각도가 고정 원하는 곳으로 마우스 움직인 후 길이 100 입력 후 ↵
 (보조선 용도는 원하는 위치 마우스 클릭)
Specify next point or [Undo]: → 완료(Spacebar or ↵)

- 상대좌표, 상대극좌표, 객체스냅, 정다각형의 외곽의 합(360) 활용

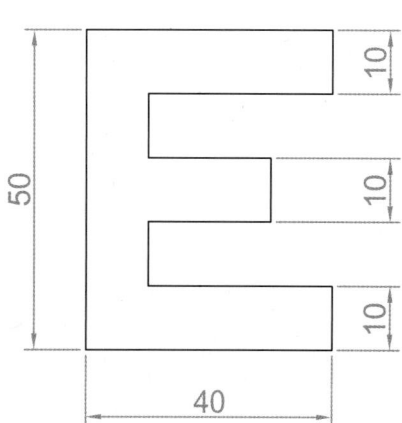
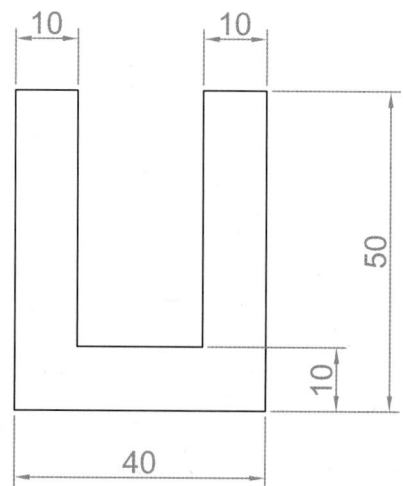
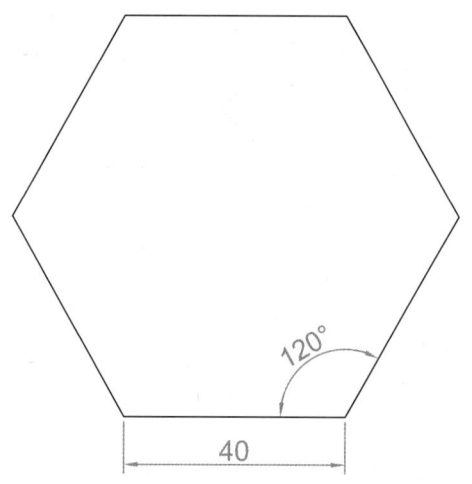
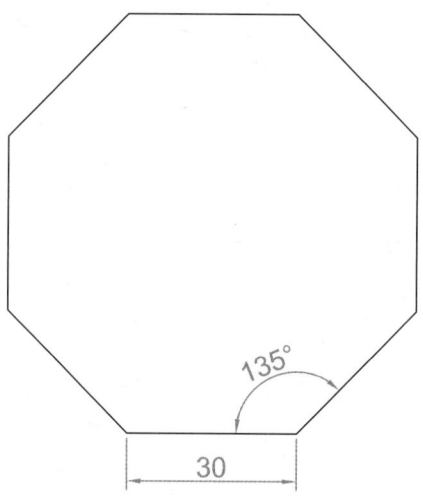

- 상대좌표, 상대극좌표, 객체스냅

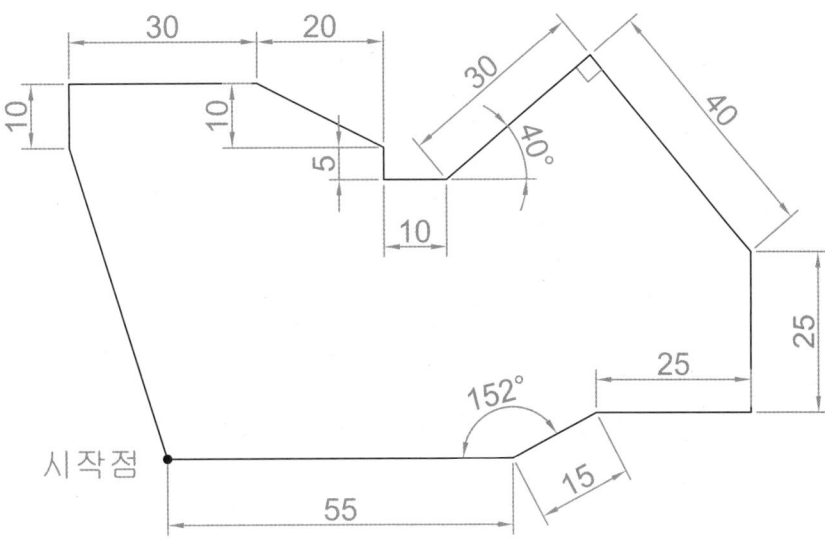

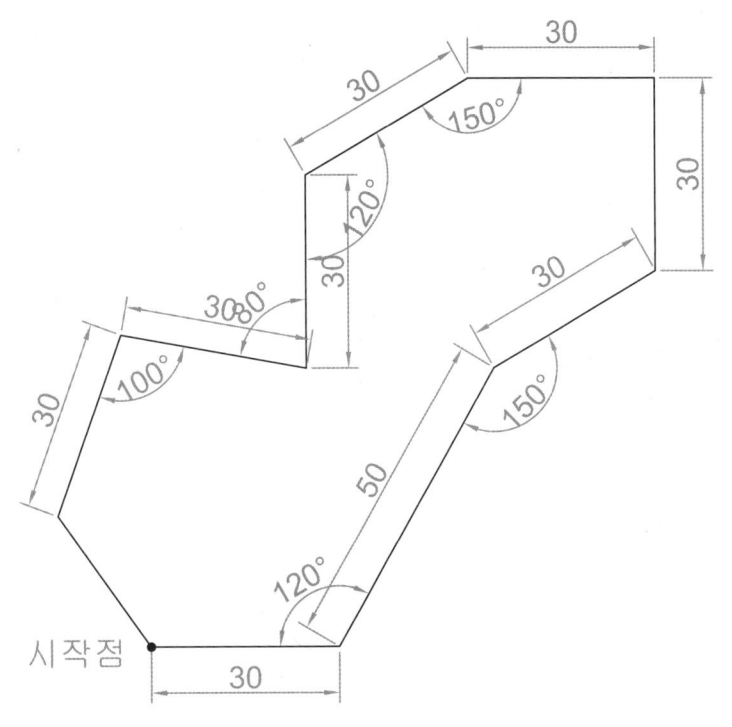

LINE (직선 그리기)

03 CIRCLE

원 그리기

- 도면에서 중심점 기반의 구성 요소나 대칭적인 도면 요소를 정확히 표현하는 방법을 학습한다.
- **Circle** 도구의 기본 사용법과 다양한 옵션을 익히고, 설계에서 원형 객체를 효율적으로 작성한다.

명령어 위치 및 호출 방법

메뉴	Draw 메뉴 → Circle 명령어 클릭
도구막대	Draw 도구막대 → Circle 버튼
리본	Home 탭 → Draw 패널 → Circle 아이콘
명령 입력	명령창에 **CIRCLE** 입력 후 Enter , 단축키: **C** 입력 후 Enter

기본 사용법

Command: **CIRCLE**

① Specify center point for circle or [3P/2P/Ttr (tan tan radius)]:
   → 원을 작도하기 위한 중심 위치점 클릭, 또는 옵션 입력

② Specify radius of circle or [Diameter]: **20** → 원의 반지름 20 입력

* **Specify** : 지정하다, **center point** : 원의 중심, **radius** : 반지름, **Diameter** : 지름

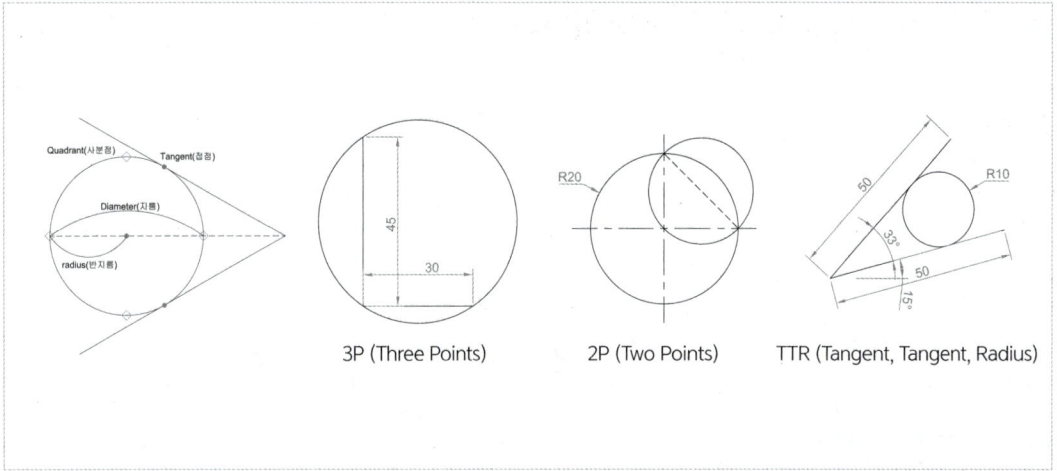

옵션 살펴보기

- **3P (Three Points)** : 세 점을 지정하여 원을 생성

- **2P (Two Points)** : 두 점을 지정하여 원을 생성(두점의 위치는 지름의 위치)

- **Ttr (Tangent, Tangent, Radius)** : 두 개의 접점과 반지름을 이용하여 원을 생성

    ※ 수학에서 Tangent는 원에 접하는 선을 의미합니다.

- **Diameter** : 원의 지름

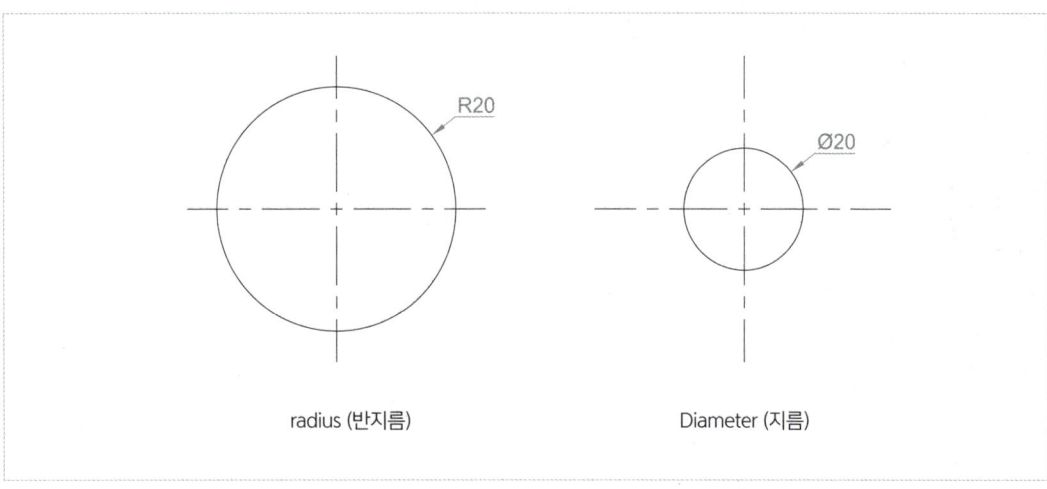

■── 기본 생성 방법 1 : 중심점과 반지름

Command: **CIRCLE**
→ 명령어 입력 후 ↵

Specify center point for circle or [3P/2P/Ttr (tan tan radius)]: → 중심의 위치를 클릭

Specify radius of circle or [Diameter]: **20** → 반지름 값(20) 입력 후 ↵

■── 기본 생성 방법 2 : 중심점과 지름

Command: **CIRCLE**
→ 명령어 입력 후 ↵

Specify center point for circle or [3P/2P/Ttr (tan tan radius)]: → 중심의 위치를 클릭

Specify radius of circle or [Diameter] <20.0000>: **D**

→ 지름 값을 이용하고자 할 때 옵션 [Diameter]의 단축 D 입력 후 ↵

Specify diameter of circle <40.0000>: **20** → 지름 값(20) 입력 후 ↵

◆ CIRCLE 기능 연습하기

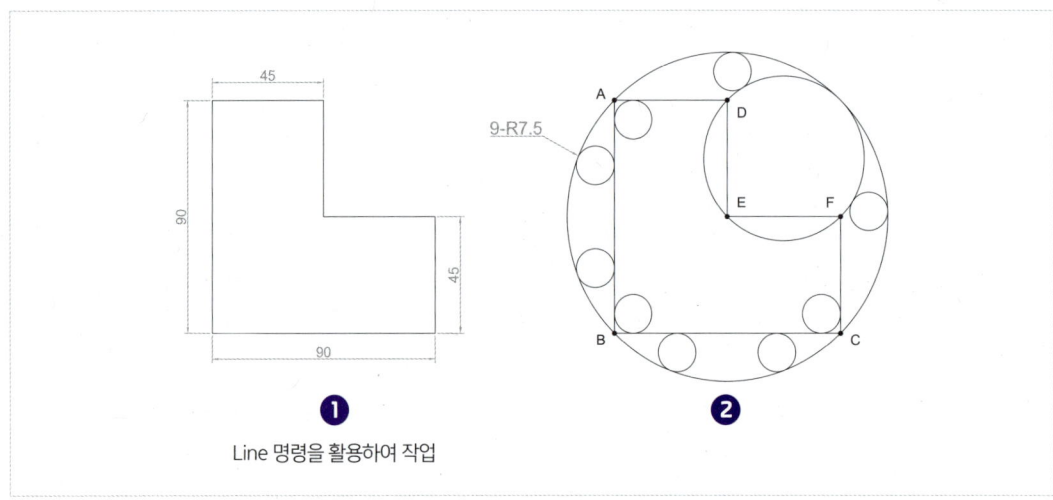

❶ Line 명령을 활용하여 작업

❷

❶

먼저 LINE 명령어를 활용하여 ❶ 을 작도합니다.

❷

① 점 ABC를 지나는 원호

Command: **CIRCLE**

Specify center point for circle or [3P/2P/Ttr (tan tan radius)]: **3P** → 옵션 3P를 입력 후 ↵
Specify first point on circle: → 위치점 A를 클릭
Specify second point on circle: → 위치점 B를 클릭
Specify third point on circle: → 위치점 C를 클릭

② 점 DEF를 지나는 원호

위와 같은 방식으로 DEF를 지나는 원을 그립니다.

③ 9-R7.5 (반지름 7.5 원을 9개 작도)

Command: **CIRCLE**

Specify center point for circle or [3P/2P/Ttr (tan tan radius)]: **T** → 옵션 Ttr의 단축 T 입력 후 ↵
Specify point on object for first tangent of circle: → 접하는 위치의 첫 번째 객체를 선택
Specify point on object for second tangent of circle: → 접하는 위치의 두 번째 객체를 선택
Specify radius of circle <31.8198>: **7.5** → 반지름 값 7.5를 입력 후 ↵

Tip.

01. CIRCLE(원), ARC(호) 각도

보는 시점에서 3시 방향을 0도로 약속하고, 반시계 방향으로(+각도) 작도하는 것을 원칙으로 합니다.

02. Tan, Tan, Tan, 도구

3군데 객체에 접한 경우 쓰는 도구로, 3P 옵션에 포함되는 내용이어서 명령어 옵션에는 보이지 않습니다. 작업시 3군데의 위치를 매번 1회성 스냅을 집적 입력하여 작업하는 번거로움을 줄이고자 도구를 별도로 두고 있습니다. 3군데 접하는 원을 자주 사용해야 하는 경우는 명령어보다 아래 도구를 사용하는 것을 권장합니다.

- 도구 위치 : Home 탭 → Draw 패널 → Circle 아이콘(드롭다운 아이콘 클릭)

03. 원호의 중심점(Cente) 객체 스냅

객체 스냅이란 해당 객체의 정확한 위치점을 뜻합니다. 원호의 중심점(Center) 객체 스냅을 찾을 때 가끔 나타나지 않는 경우 원호객체 테두리 쪽을 마우스 포인터를 스쳐 지나가면 나타납니다.

※ 접점(tangen)의 위치도 어떤 객체에 접하는지 정확한 객체 위치에 마우스를 가져가면 표시됩니다. 특히 원호 객체에서 작도할 때 방향이 맞지 않는 경우, 각각의 원호 객체의 사분점 자리를 기준으로 지나가는 방향을 파악하여 선택하면 잘못 작도하는 오류를 막을 수 있습니다.

04. Tan이란?

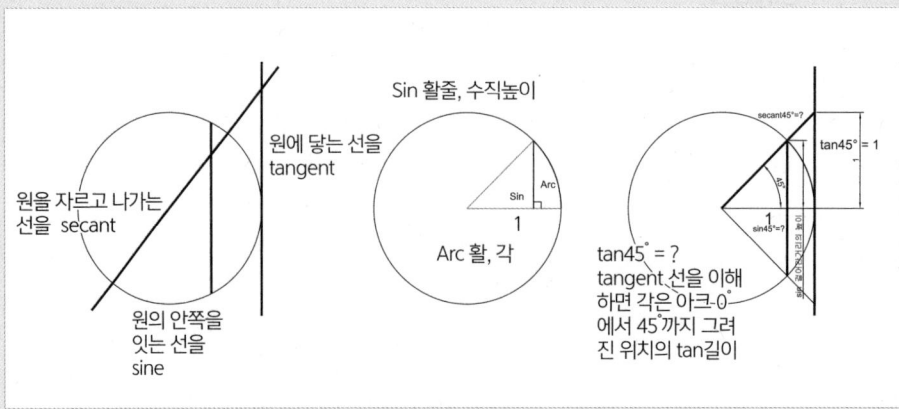

- Line, Circle, 객체스냅

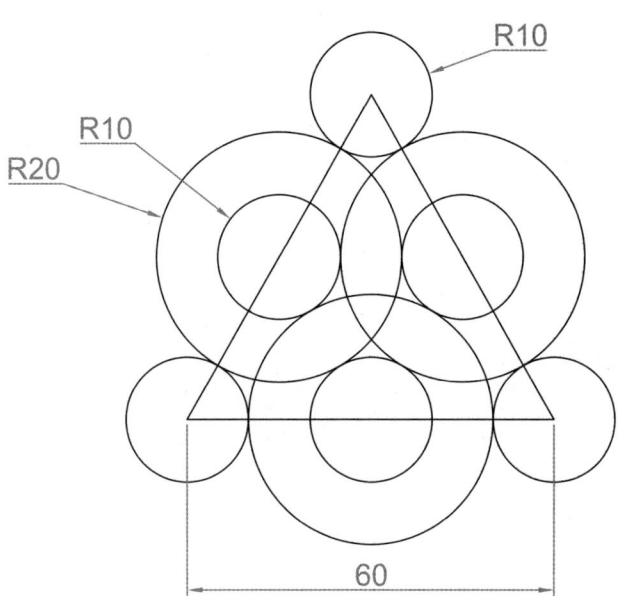

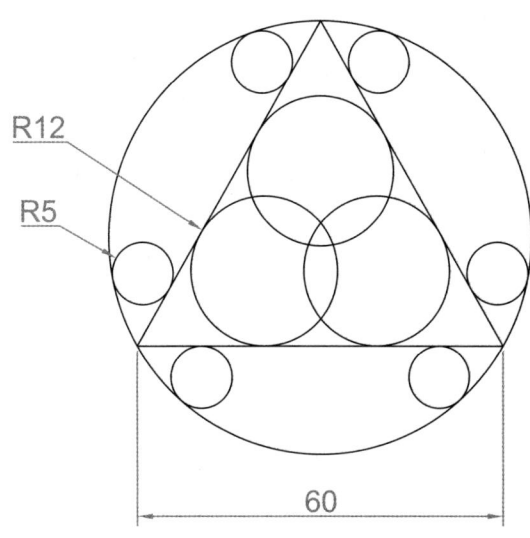

- Line, Circle, 객체스냅

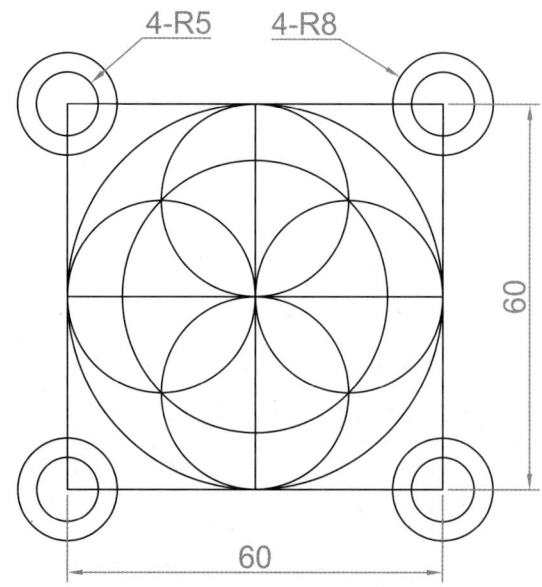

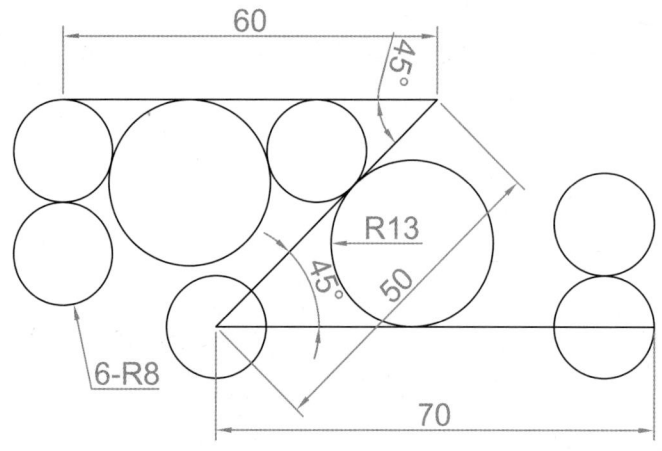

ARC

04 호 그리기

- ARC 명령어의 기본 사용법과 생성 방법을 이해한다.
- 옵션을 활용해 다양한 곡선을 효율적으로 작성한다.
- 설계 분야별 활용 사례를 통해 도면 작성 능력을 강화한다.

명령어 위치 및 호출 방법

메뉴	Draw 메뉴 → Arc 명령어 클릭
도구막대	Draw 도구막대 → Arc 버튼
리본	Home 탭 → Draw 패널 → Arc 아이콘
명령 입력	명령창에 **ARC** 입력 후 `Enter`, 단축키 **A** 입력 후 `Enter`

기본 사용법 시작점,끝점,반지름 / S,E,R

Command: **ARC**

① Specify start point of arc or [Center]: → 호의 시작 점 지정

② Specify second point of arc or [Center/End]: **E** → 옵션 END 끝점을 활용

③ Specify end point of arc: → 호의 끝나는 점 지정

④ Specify center point of arc (hold Ctrl to switch direction) or [Angle/Direction/Radius]: **R** → 옵션 R 반지름 활용

⑤ Specify radius of arc (hold Ctrl to switch direction): **40**
→ 반지름 값 40 입력

* Specify : 지정하다, point : 점 또는 좌표

호를 그리기 위해서 다음 그림과 같은 호의 구성요소를 알고 있어야 합니다. 원호는 반시계 방향(각도의 시작)으로 그려진다는 점에 주의해야 합니다. 오른손잡이라면 숫자 0이나 한글 이응(o)을 쓸 때 반시계 방향으로 쓴다는 점을 떠올리면 쉽게 기억할 수 있을 것입니다. 시작점과 끝점을 찾을 때 반시계 방향으로 찾아야 합니다.

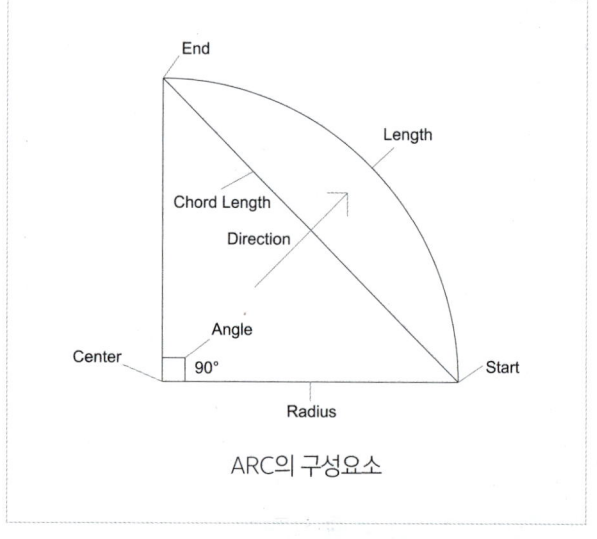

ARC의 구성요소

옵션 살펴보기

- **start** : 호의 시작점을 지정
- **end** : 호의 끝점을 지정
- **Radius** : 호의 반지름 값(해당 위치점) 지정
- **Direction** : 호 접선의 방향 지정
- **Chord Length** : 시작점과 끝점사이의 직선거리(현의 길이)
- **(hold Ctrl to switch direction)** : 호의 방향전환
- **second** : 호의 선상의 임의점 지정
- **Center** : 호의 중심점을 지정
- **Angle** : 호를 이루는 각도 지정
- **Length** : 호의 길이 값 지정

도구를 활용하여 작도하는 것보다 호의 시작점과 끝나는 점을 찾는 것이 우선입니다. 이때 원호의 객체는 반시계 방향으로 그려진다는 것을 기억하며(각도와 밀접한 관계가 있음), 명령어 구조를 이해한 후 필요한 옵션을 찾아서 작도합니다. 보통 원을 그린 후 잘라내기(Trim) 명령을 사용하는 방법이 많이 활용됩니다.

ARC 기능 연습하기

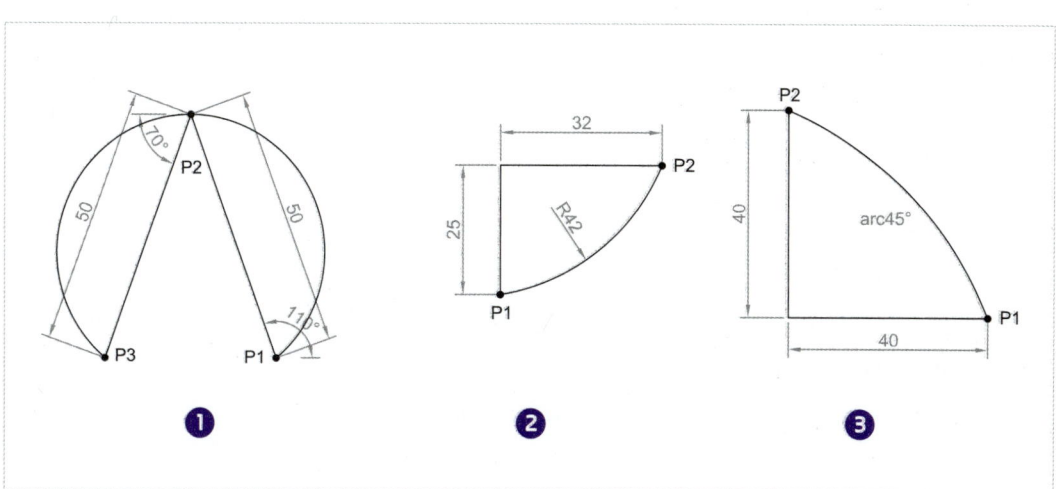

Command: **LINE**

Specify first point: **임의의 위치점**

Specify next point or [Undo]: **@50<110**

Specify next point or [Undo]: **@50<250**

Specify next point or [Close/Undo]: → 완료(Spacebar or ↵)

Command: **ARC**

Specify start point of arc or [Center]: → 호의 시작점 P1 클릭

Specify second point of arc or [Center/End]: → 호의 두 번째 점 P2 클릭

Specify end point of arc: → 호의 세 번째 점 P3 클릭

먼저 **LINE** 명령어를 활용하여 선을 작도합니다.

Command: **ARC**

Specify start point of arc or [Center]: → 위치점 P1 클릭
Specify second point of arc or [Center/End]: **E** → 끝점 옵션 E 입력 후 ↵
Specify end point of arc: → 위치점 P2 클릭
Specify center point of arc (hold Ctrl to switch direction) or [Angle/Direction/Radius]: **R** → 반지름 옵션 R 입력 후 ↵
Specify radius of arc (hold Ctrl to switch direction): **42** → 반지름 값 입력 후 ↵

먼저 **LINE** 명령어를 활용하여 선을 작도합니다.

Command: **ARC**

Specify start point of arc or [Center]: → 위치점 P1 클릭
Specify second point of arc or [Center/End]: **E** → 끝점 옵션 E 입력 후 ↵
Specify end point of arc:
Specify center point of arc (hold Ctrl to switch direction) or [Angle/Direction/Radius]: **A** → 각도 옵션 A 입력 후 ↵
Specify included angle (hold Ctrl to switch direction): **45** → 각도 값 입력 후 ↵

Tip

01. 호와 원의 관계

- CIRCLE 명령어로 작성된 원을 TRIM 명령어로 자르면 호로 변환됩니다. 이를 활용해 원을 분할하거나 특정 곡선을 얻을 수 있습니다.

- 방향은 기본적으로 반시계 방향이지만, 각도를 입력할 때 마이너스(-) 각도를 입력하면 시계 방향으로 작도됩니다.

- ARC(호)는 각을 의미합니다. 캐드에서 각도의 계산은 3시 방향을 0도로 약속하고 있습니다.

- ARC(호)를 그린다면 먼저 그려지는 방향을 보고 어떤 위치점을 활용해야 되는지 생각해야 합니다.

02. 기존 객체 활용

- ARC 명령어를 사용해 기존 객체를 기준으로 곡선을 작성하면 수정 작업이 용이합니다.

- 필요에 따라 Object Snap(객체 스냅) 기능을 활성화하여 정확한 점을 선택합니다.

- 작성된 호는 STRETCH 명령어로 길이나 각도를 쉽게 조정 가능합니다.

02. 호를 활용한 설계 작업

건축 설계	기계 설계	제품 설계
- 곡선형 벽체, 창문, 계단 설계 - 돔 형태 구조물 설계에서 곡선을 기본 요소로 사용 - 곡선형 도로, 산책로 작성	- 기어 톱니의 곡선 부분 작성 - 회전체 단면도에서 곡선 요소 생성 - 부품 설계 시 곡선 요소 활용	- 외형 디자인에서 곡선 요소 작성 - 곡선 패턴의 디자인 구현 - 몰드 설계 시 곡선 윤곽 생성

- Line, Circle, Arc, 객체스냅

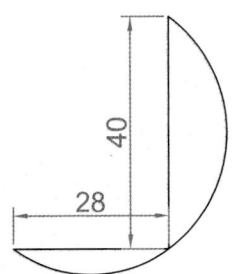
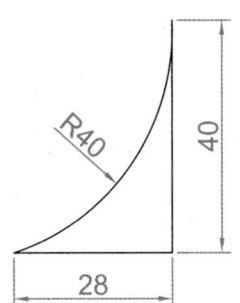
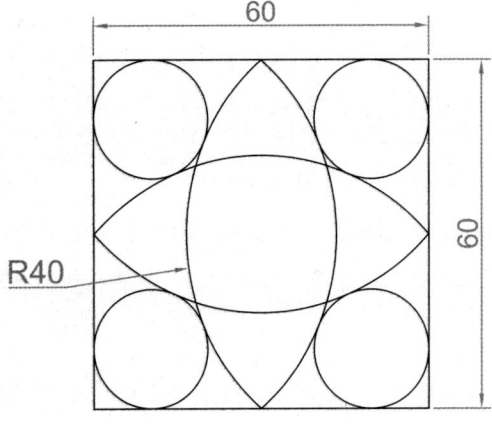
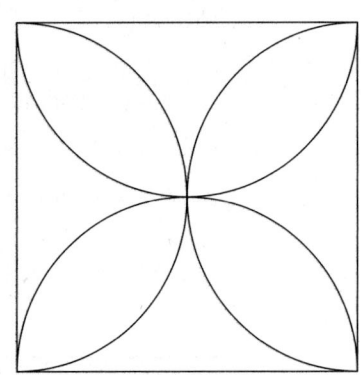
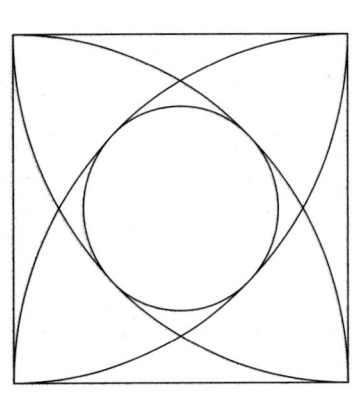
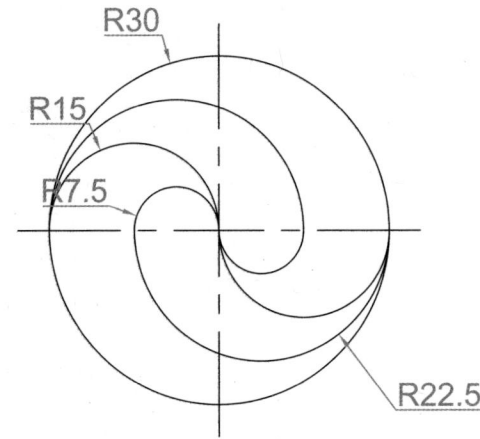

- Line, Circle, 객체스냅

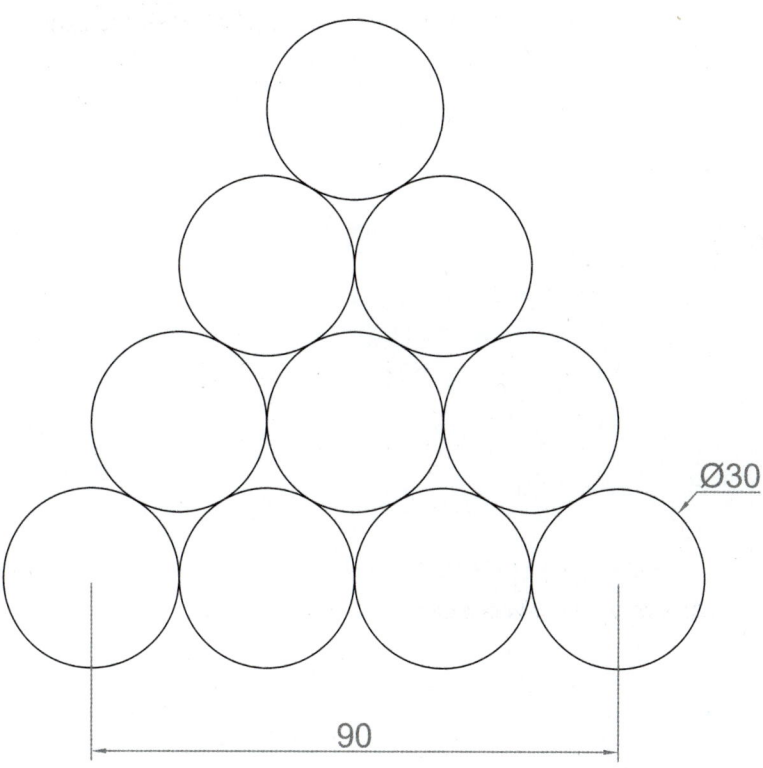

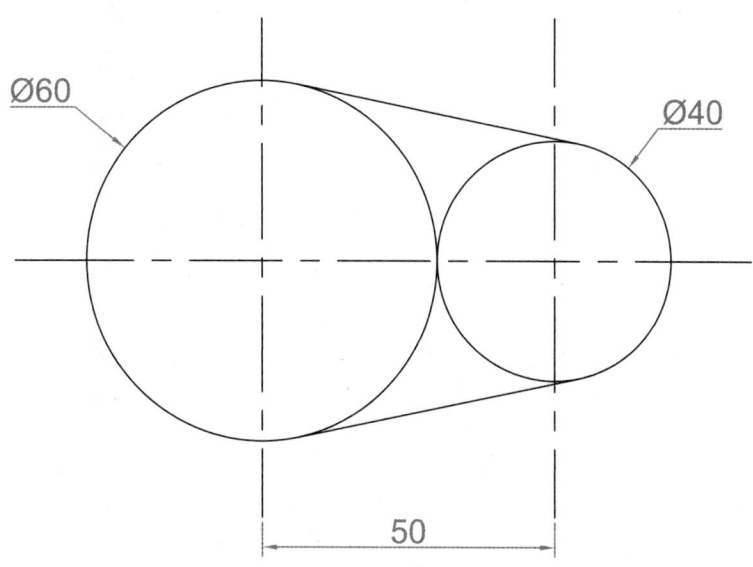

05 ELLIPSE ⊙

타원 그리기

- ELLIPSE 명령어를 사용하여 다양한 형태의 타원을 정확하게 작성할 수 있다.
- 타원의 기본 개념을 이해하고, 축과 초점을 활용한 그리기 방법을 익힌다.
- 다양한 옵션을 활용하여 타원을 효과적으로 수정하고 응용할 수 있다.

명령어 위치 및 호출 방법

메뉴	Draw 메뉴 → Ellipse 명령어 클릭
도구막대	Draw 도구막대 → Ellipse 버튼
리본	Home 탭 → Draw 패널 → Ellipse 아이콘
명령 입력	명령창에 ELLIPSE 입력 후 Enter , 단축키: EL 입력 후 Enter

기본 사용법 Axis, End (축과 끝점 방식 : 기본 방식)

Command: **EL**

① Specify axis endpoint of ellipse or [Arc/Center]:
   → 타원의 첫 번째 축 시작점을 클릭

② Specify other endpoint of axis: → 타원의 첫 번째 축 끝점을 클릭

③ Specify distance to other axis or [Rotation]: **50**
   → 두 번째 축의 길이를 입력 또는 위치 점 클릭

* axis : 축

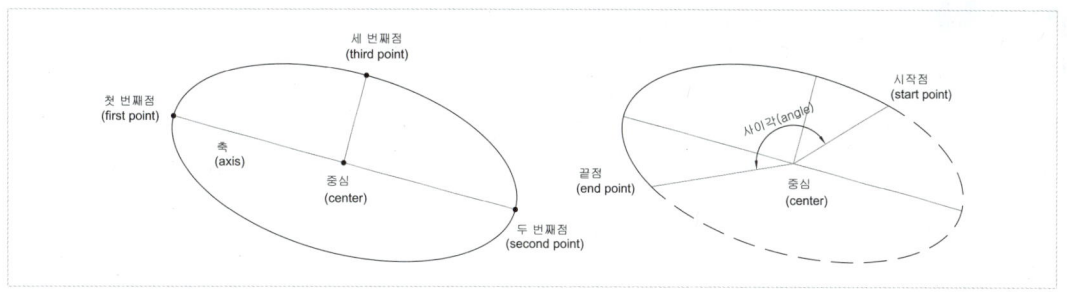

옵션 살펴보기

- **Center (중심)** : 중심점을 기준으로 타원을 그리는 방식(EL → C → 중심점 입력 → 반지름 입력)
- **Axes End (축 끝점)** : 두 축의 끝점을 지정하여 타원 생성(기본적으로 많이 사용)
- **Arc (호)** : 타원의 일부만 그릴 때 사용

타원은 장축과 단축의 위치점들을 지정해서 작도합니다. 일반적인 작도법은 먼저 중심점을 지정하고, 장축과 단축의 끝점을 지정하는 것입니다. 첫번째 축의 끝점을 지정하면 타원의 배치 방향이 결정되며, 장축과 단축을 정의하는 고정된 순서는 없습니다.

장축/단축의 기본 위치선을 정확히 그리고 작업을 하는 것이 원칙이며, 원의 회전된 모양으로 반지름/지름 표시가 없으며 축선의 위치값만 기입됩니다.

ELLIPSE 기능 연습하기

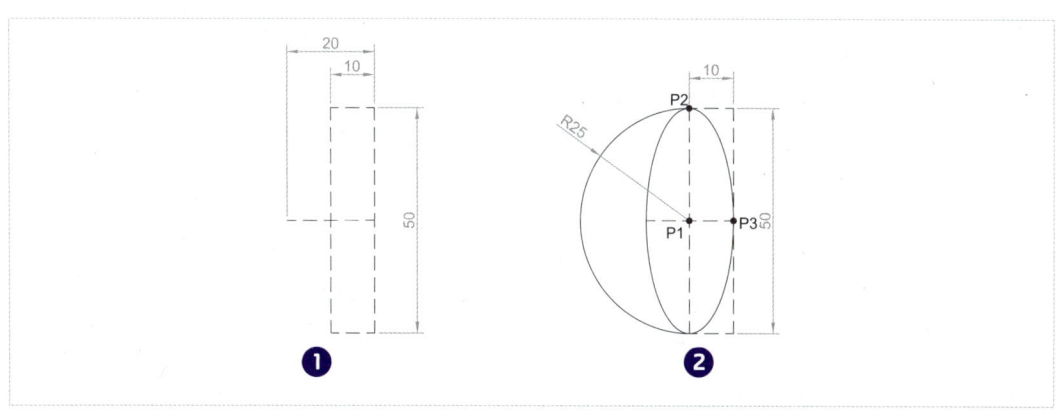

LINE 명령어를 사용하여 작도 (타원을 작도하는 경우 축선을 먼저 작도)

Command: **ELLIPSE**

Specify axis endpoint of ellipse or [Arc/Center]: **C** → 중심점 옵션 C 입력 후 ↵
Specify center of ellipse: → 중심점 P1 클릭
Specify endpoint of axis: → 기준축의 끝점 P2 클릭
Specify distance to other axis or [Rotation]: → 나머지 축의 위치점 P3 클릭

Command: **ARC**

Specify start point of arc or [Center]: → 호의 시작점 위치 클릭 (반시계 방향 작도)
Specify second point of arc or [Center/End]: **E** → 끝점 옵션 E 입력 후 ↵
Specify end point of arc: → 호의 끝점 위치 클릭
Specify center point of arc (hold Ctrl to switch direction) or [Angle/Direction/Radius]: **R** → 반지름 옵션 R 입력 후 ↵
Specify radius of arc (hold Ctrl to switch direction): **25** → 반지름 값 25 입력 후 ↵

Tip.

01. 정확한 비율로 타원 그리기

- ORTHO(F8) 키 또는 POLAR 스냅 기능을 활성화하여 정확한 방향으로 타원을 설정할 수 있습니다.
- GRID와 SNAP을 사용하여 정확한 위치에 배치할 수 있습니다.

02. 회전된 타원 그리기

- 타원 생성 방법중 Arc옵션 사용시 Rotation(회전)은 첫 번째 축을 기준으로 원을 회전시켜 타원의 장축과 단축 비율을 정의합니다. 0도에서 89.4도까지의 값이 클수록 장축에 대한 단축의 비율이 커집니다. 89.4도에서 90.6도 사이의 값은 타원이 직선으로 보이게 되므로 유효하지 않습니다. (작도X)

- 위 방법을 제외한 나머지 Rotation(회전)은 입력한 값이 클수록 타원의 이심률이 커집니다. 0(영)을 입력하면 원형 타원이 정의됩니다. 같은 회전 옵션이지만 Arc의 회전 옵션과는 다르다는 것을 주의하기 바랍니다.

※ 이심률: 타원이 원에 비해 얼마나 찌그러졌는지를 수치화한 양

03. 타원을 활용한 설계 작업

건축 설계	기계 설계	제품 설계
- 타원형 창문, 곡선형 천장, 실내 디자인 요소 등에 사용 - 원형 계단 설계 시 타원을 활용하여 부드러운 곡선 형태를 구현	- 기어 설계 시 타원형 프로파일 사용 - 캠(Cam) 설계에서 타원의 곡선을 이용한 기구적 운동 경로 생성 - 타원형 구멍 가공을 위한 기초 도면 작성	- 가전제품, 자동차 외관의 유선형 디자인 - 핸드폰, 리모컨, 마우스 등의 인체공학적 설계 - 타원형 로고 및 그래픽 디자인에서 부드러운 곡선 표현

- Line, Circle, Ellipse, 객체스냅

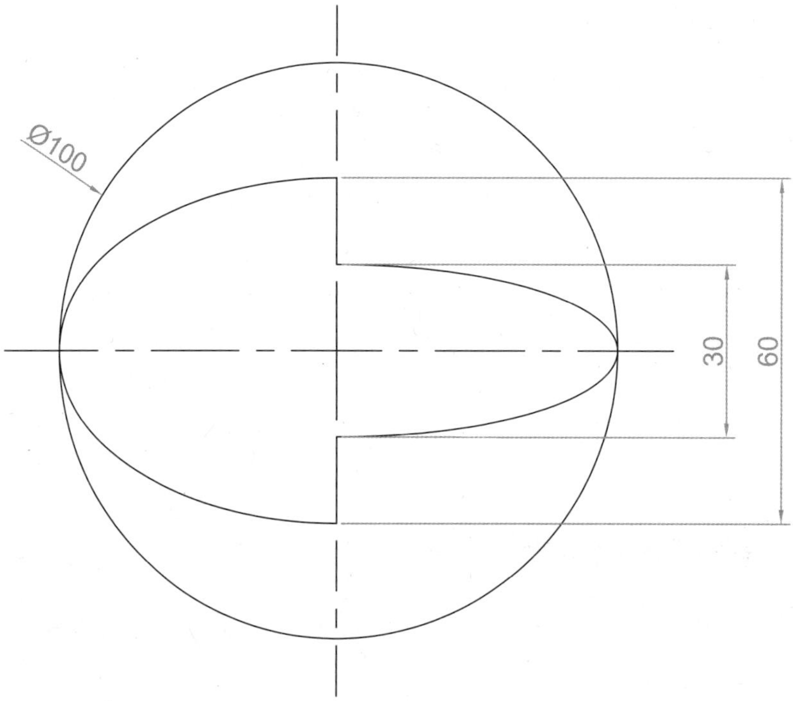

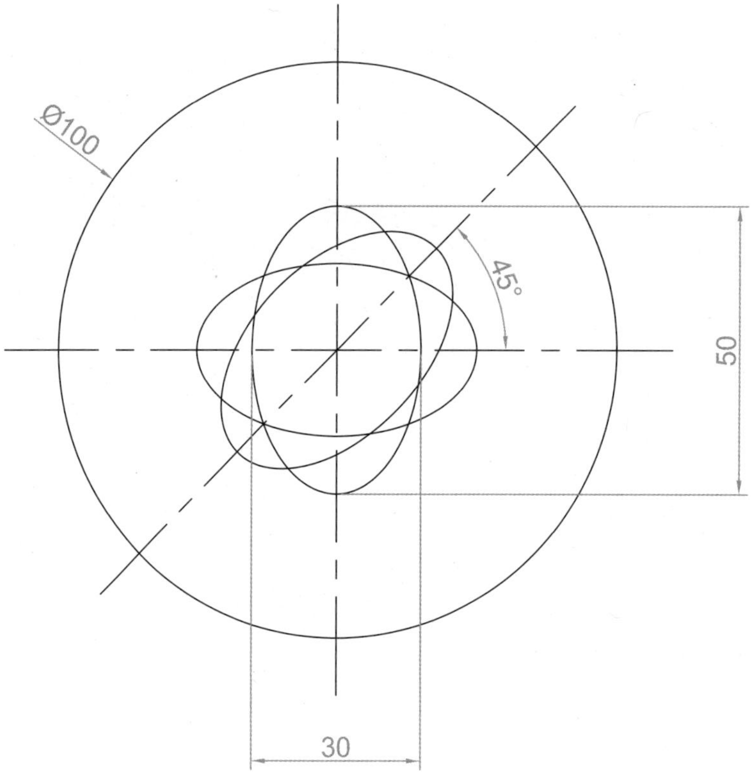

- 상대좌표, 상대극좌표, 객체스냅

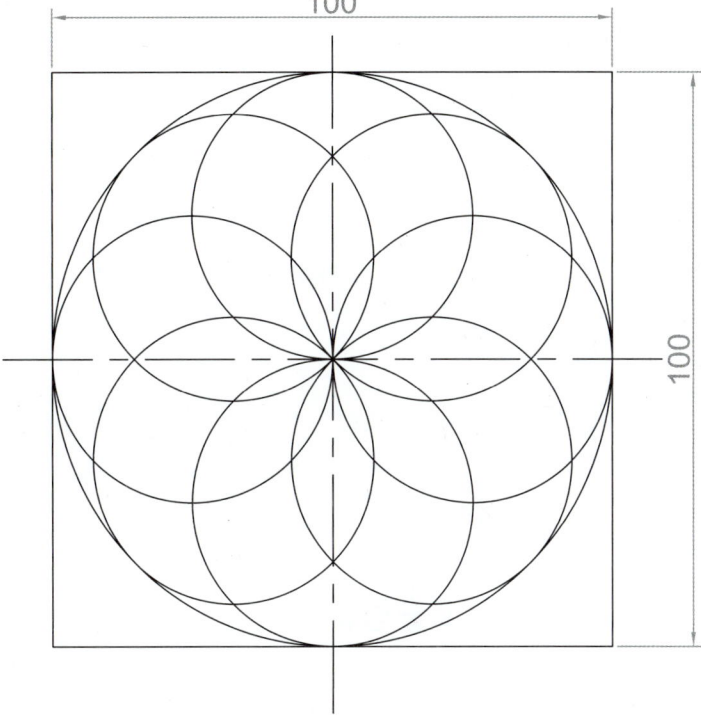

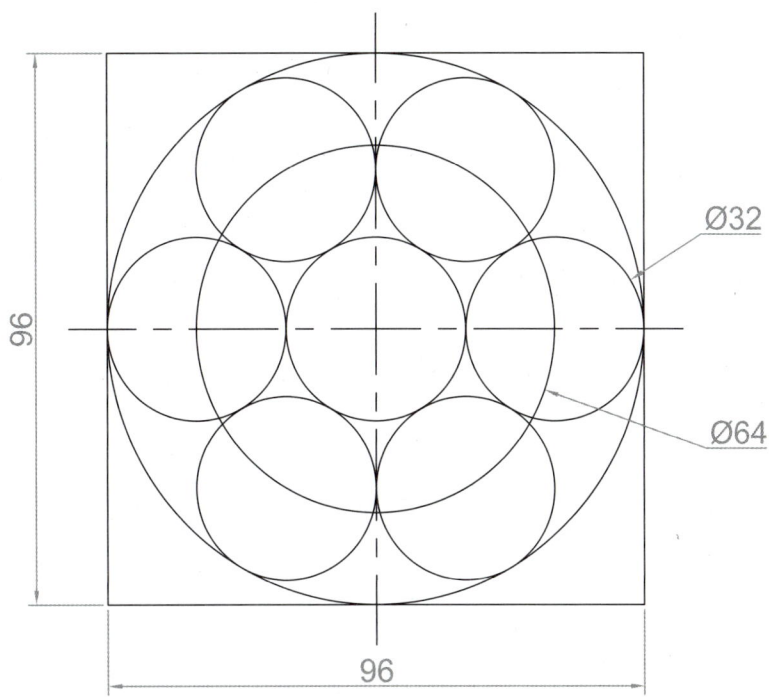

06 RECTANG ▭

사각형 그리기

- **RECTANG** 명령어를 사용하여 다양한 형태의 사각형을 효율적으로 작성할 수 있다.
- 명령어의 다양한 옵션을 이해하고 실무에 적용할 수 있다.
- 건축, 기계, 제품 설계 등에서 RECTANG 명령어의 활용 방법을 익힌다.

명령어 위치 및 호출 방법

메뉴	Draw 메뉴 → Rectangle 명령어 클릭
도구막대	Draw 도구막대 → Rectangle 버튼
리본	Home 탭 → Draw 패널 → Rectangle 아이콘
명령 입력	명령창에 **RECTANG** 입력 후 (Enter), 단축키: **REC** 입력 후 (Enter)

기본 사용법

```
Command: RECTANG
```

① Specify first corner point or [Chamfer/Elevation/Fillet/Thickness/Width]: → 좌측 하단 위치점 클릭

② Specify other corner point or [Area/Dimensions/Rotation]:
→ 대각선 우측 상단 위치점 클릭(길이, 폭)

※ first corner : 코너 모서리, other corner : 반대 대각선 방향 모서리

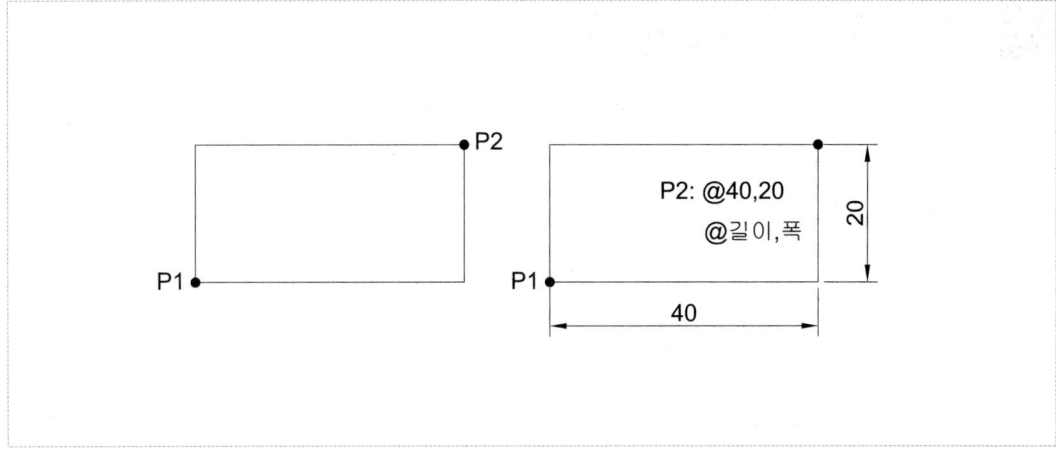

옵션 살펴보기

- **Chamfer(모따기)** : 직사각형의 모서리 부분 모따기 값을 지정

- **Elevation(고도)** : 3D전용, 직사각형의 높이 지정

- **Fillet(모깎기)** : 직사각형의 모서리 필렛(둥글게) 값을 지정

- **Thickness(두께)** : 3D전용, 직사각형의 두께 지정

- **Width(폭)** : 선 두께 설정(폴리선 객체 특성을 가지고 있음)

- **Area(영역)** : 면적 값을 입력 후 길이 또는 폭을 선택 사용하여 직사각형을 작성

- **Dimensions(치수)** : 길이 입력 후 폭 입력, 그 후 그려질 위치에 마우스로 클릭

- **Rotation(회전)** : 회전 각도를 설정하여 기울어진 직사각형을 작성(편집에서 배울 ROTATE 명령으로 대체 가능)

- **Current rectangle modes: Rotation = 15** : 기울기가 적용되면 나오는 내용, 각도 0도로 바꾸고 작도

대부분의 작업에서는 객체 스냅 및 편집기능을 같이 활용하여 작업이 이루어집니다. 직사각형 그리기에서는 상대좌표의 x (길이), y (폭)입니다. 작업을 할 때 왼쪽 하단에서 우측 상단으로 지정하며, 반대로 지정하는 경우 상대 좌표 입력 시 전부 마이너스 방향입니다.

RECTANG 기능 연습하기

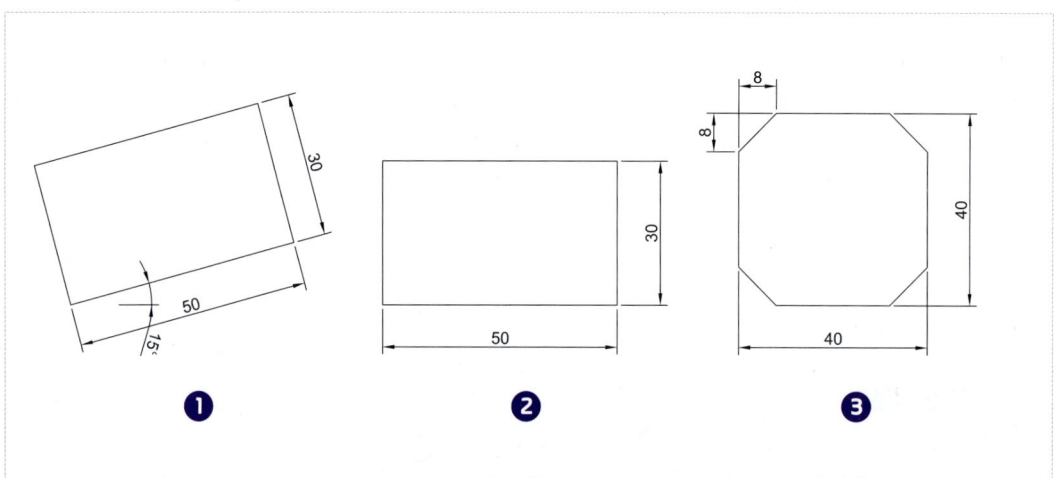

Command: **RECTANG**

→ 또는, 단축 명령어 REC 입력 후 ↵

Specify first corner point or [Chamfer/Elevation/Fillet/Thickness/Width]:

→ 왼쪽 하단 임의의 위치점 클릭

Specify other corner point or [Area/Dimensions/Rotation]: **R**

→ 회전 옵션 R 입력 후 ↵ (기울어진 사각형 작업)

Specify rotation angle or [Pick points] <0>: **15** → 각도 15도 입력

Specify other corner point or [Area/Dimensions/Rotation]: **D**

→ 치수 옵션 D 입력 후 ↵ (길이,폭으로 작도)

Specify length for rectangles <10.0000>: **50**

→ 길이 50 입력 후 ↵ 상대좌표 @길이,폭은 사용할 수 없음

Specify width for rectangles <10.0000>: **30** → 폭 30 입력 후 ↵

Specify other corner point or [Area/Dimensions/Rotation]: → 대각 코너 위치를 마우스 클릭

❷

Command: **REC**

Current rectangle modes: Rotation=15
→ 앞서 회전 옵션 R을 사용했으므로 명령행에 나타남(보이지 않으면 0도)

Specify first corner point or [Chamfer/Elevation/Fillet/Thickness/Width]:
→ 왼쪽 하단 임의의 위치점 클릭

Specify other corner point or [Area/Dimensions/Rotation]: **R**
→ 회전 옵션 R 입력 후 ↵ (0도로 되돌리기 위함)

Specify rotation angle or [Pick points] <15>: **0** → 각도 0도 입력 후 ↵

Specify other corner point or [Area/Dimensions/Rotation]: **@50,30**
→ 상대좌표 @길이,폭 입력 후 ↵

❸

Command: **REC**

Specify first corner point or [Chamfer/Elevation/Fillet/Thickness/Width]: **C**
→ 모깎기 옵션 C 입력 후 ↵

Specify first chamfer distance for rectangles <0.0000>: **8**
→ 모서리 점에서 첫 번째 객체 거리 값 입력 후 ↵

Specify second chamfer distance for rectangles <8.0000>:
→ 모서리 점에서 두 번째 객체 거리 값 입력 후 ↵, 같은 값인 경우 첫 번째 입력 값 <8> 상속받으므로 ↵만 누름(다른 경우 직접 값을 적용)

Specify first corner point or [Chamfer/Elevation/Fillet/Thickness/Width]:
→ 왼쪽 하단 임의의 위치점 클릭

Specify other corner point or [Area/Dimensions/Rotation]: **@40,40**
→ 상대좌표 @길이,폭 입력 후 ↵

Tip

01. 기능 활용

- **@** 기호를 사용하면 상대좌표로 사각형을 빠르게 생성할 수 있습니다.

    예 첫 점 클릭 후 @100,50 입력하면 가로 100, 세로 50의 사각형 생성

- **COPY** 명령어와 함께 사용하여 동일한 크기의 사각형을 빠르게 복제할 수 있습니다.
- **ARRAY** 명령어를 활용하면 일정 간격으로 여러 개의 사각형을 배치할 수 있습니다.

02. F8(직교)모드 강제 해제

F8(직교)모드를 사용하면 각도가 90도 간격(수평/수직)으로 고정되나 REC 모드에서는 자동 해제가 되며 작업이 완료 되면 직교모드가 유지됩니다. 이유는 하위 버전에서 직교가 켜진 상태로 작업을 하면 직사각형이 나오지 않는 것을 방지하기 위해 REC 입력이 되면 직교모드가 자동으로 해제되는 것입니다.

직사각형 객체는 폴리선 특징인 하나의 연결된 객체이므로 작업된 직사각형은 explode(분해) 단축키 X를 사용하여 단일(특성:라인) 객체로 만들어 줍니다.

03. Fillmode 명령

해치와 채우기, 2D 솔리드 및 굵은 폴리선을 채울지 여부를 지정합니다.

- 초기값 1 (객체를 채움) , 0 (객체를 채우지 않음)
- Fill 명령은 해치, 2D 솔리드, 굵은 폴리선과 같은 채워진 객체의 표시를 조정합니다. (ON/OFF)

04. 직사각형을 활용한 설계 작업

건축 설계	기계 설계	제품 설계
- 창문, 문, 기둥 등의 배치와 크기 설정 - 바닥 평면도에서 벽체 및 공간 구획 작업	- 부품의 기본 형상 작성 - 볼트 및 너트 배치 영역 생성	- 제품 외형 및 내부 공간 설계 - PCB(Printed Circuit Board) 기판 설계 시 영역 설정

- Rec, Line, 객체스냅, 정사각형 기호

□ 40

RECTANG (사각형 그리기)

- Rec, Circle, Line, Explode, Erase, 객체스냅

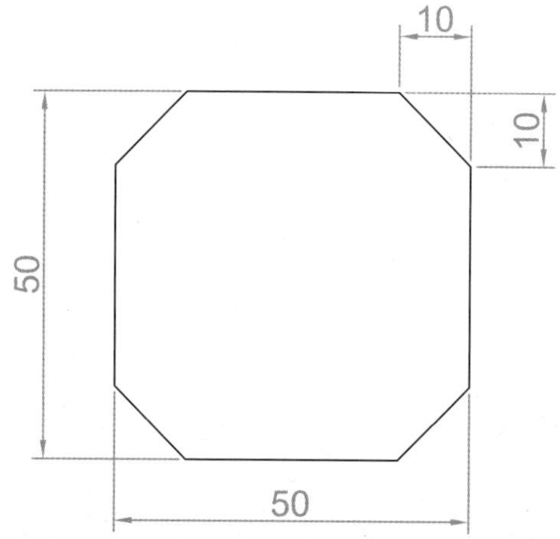

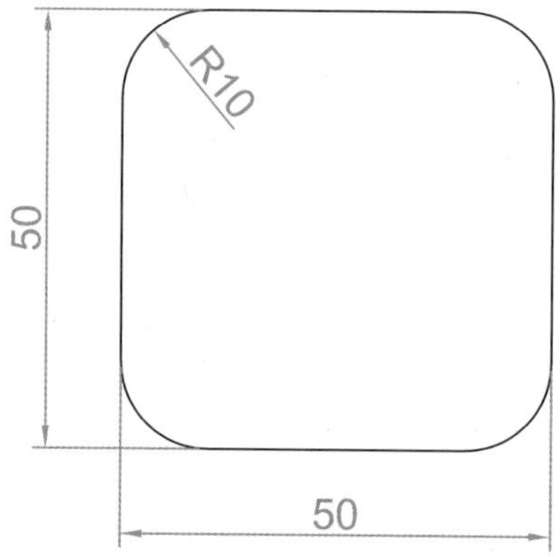

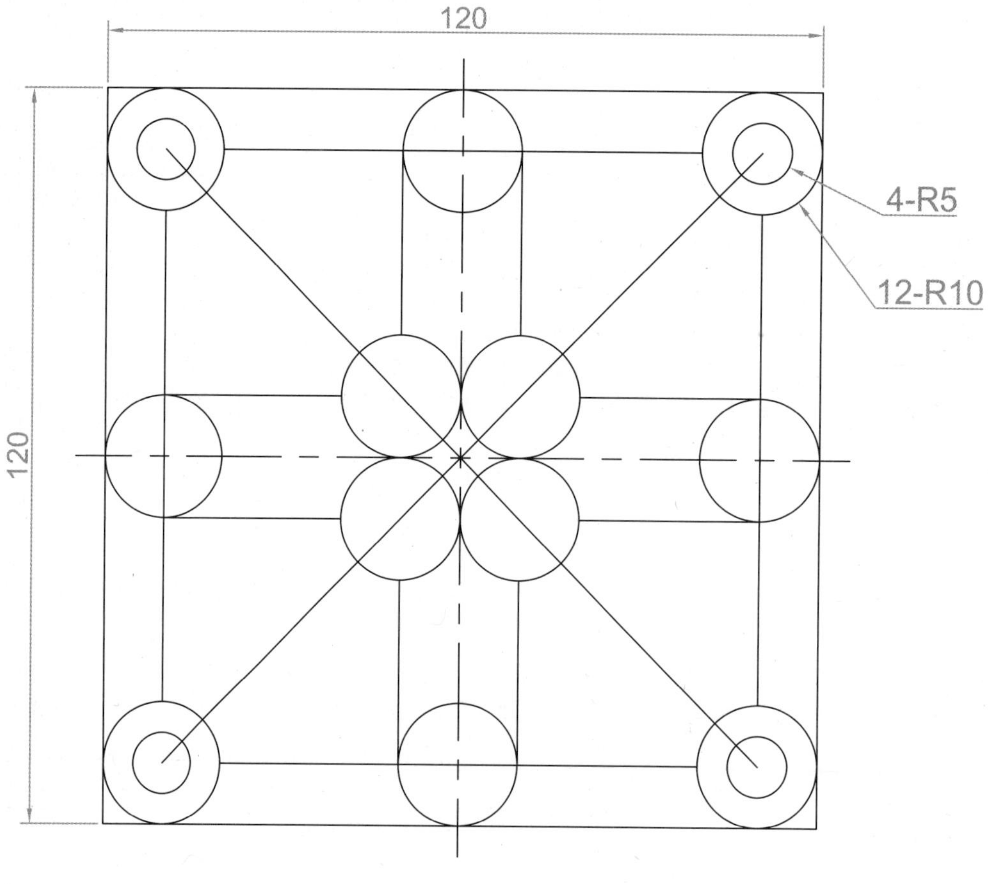

EXPLODE

07

개별 요소 분해

- **EXPLODE** 명령어를 사용하여 블록, 폴리라인, 해치 등을 개별 요소로 분해할 수 있다.
- EXPLODE가 적용되지 않는 특정 객체 유형을 이해하고 예외적인 상황에서 대처할 수 있다.
- 건축, 기계, 제품 설계에서 EXPLODE 기능을 효과적으로 활용할 수 있다.

명령어 위치 및 호출 방법

메뉴	Modify 메뉴 → Explode 명령어 클릭
도구막대	Modify 도구막대 → Explode 버튼
리본	Home 탭 → Modify 패널 → Explode 아이콘
명령 입력	명령창에 **EXPLODE** 입력 후 `Enter`, 단축키: **X** 입력 후 `Enter`

기본 사용법

Command: **EXPLODE**

① Select objects: 1 found → 분해할 객체를 선택

② Select objects: → 완료

일반적으로 분해할 객체를 선택한 후 명령행에 X를 입력하고 완료하면 선택한 객체가 개별 요소로 변환됩니다. EXPLODE 명령이 적용 가능한 객체 유형으로는 블록(Block), 폴리라인(Polyline), 특정 경우의 해치(Hatch), 기하학적 솔리드(2D 객체), 다중선(Multiline, MLINE) 등이며, EXPLODE 명령이 적용되지 않는 개체로는 문자, 3D 솔리드(별도의 변환 과정 필요), 그룹(Group)(별도의 해제 필요) 등이 있습니다.

> **Tip.**
>
> ### 01. 모든 선택 옵션을 프롬프트
>
> **EXPLODE** 명령을 입력하고 **?** 를 입력하면 모든 선택 옵션을 프롬프트합니다.
>
> **객체들의 다양한 선택옵션**
> - Window
> - Last
> - Crossing
> - BOX
> - ALL
> - Fence
> - WPolygon
> - CPolygon
> - Group
> - Add
> - Remove
> - Multiple
> - Previous
> - Undo
> - AUto
> - SIngle
> - SUbobject
> - Object
>
> ### 02. EXPLODE를 사용할 때 주의할 점
>
> - 블록을 EXPLODE하면 개별 객체로 분해되므로, 동일한 블록을 여러 개 사용 중이라면 블록 정의를 편집하는 것이 더 효율적일 수 있습니다.
> - 해치(Hatch)를 EXPLODE하면 개별 선(Segments)으로 나누어져 편집이 어려울 수 있습니다.
>
> ### 03. EXPLODE 대신 사용할 수 있는 명령어
>
> - **XCLIP** : 선택한 외부 참조 또는 블록 참조의 표시를 지정된 경계까지 잘라 표시할 때 유용합니다.
> - **REFEDIT** : 블록을 분해하지 않고 내부 요소를 수정할 때 사용합니다.
> - **BURST (Express Tools 필요)** : 속성 값을 유지하면서 블록을 분해할 때 사용합니다.

04. EXPLODE 후 다시 병합하기

- JOIN 또는 PEDIT 명령어를 사용하여 분해된 객체를 다시 병합할 수 있습니다.
- GROUP 명령어를 사용하여 여러 개의 개별 객체를 다시 하나의 그룹으로 지정할 수 있습니다.

05. EXPLODE를 활용한 설계 작업

건축 설계	기계 설계	제품 설계
- 블록화된 창문, 문, 가구 등을 개별 선 요소로 변환하여 세부 수정 가능 - 기존 폴리라인으로 그려진 벽체를 개별 선으로 분해하여 세부 조정	- 블록화된 부품을 분해하여 특정 요소만 수정 가능 - 다중선(MLINE)으로 작성된 배관이나 단면도를 개별 선으로 분해하여 수정 가능	- 제품 도면에서 불필요한 그룹화된 객체를 해제하여 편집 가능 - 3D 설계 시 메쉬(Mesh) 또는 면(Face) 단위로 객체를 변환하여 세부 수정 가능

- Line, Circle, 객체스냅(Tan)

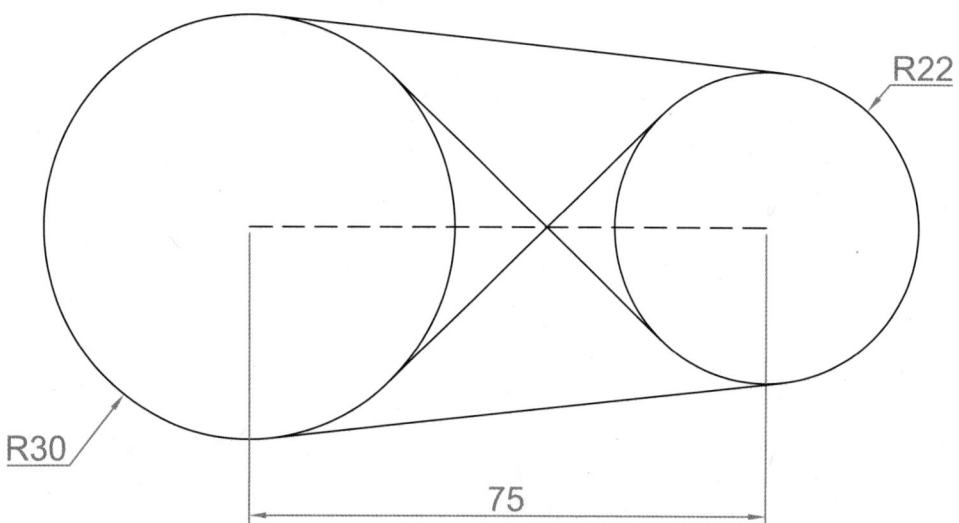

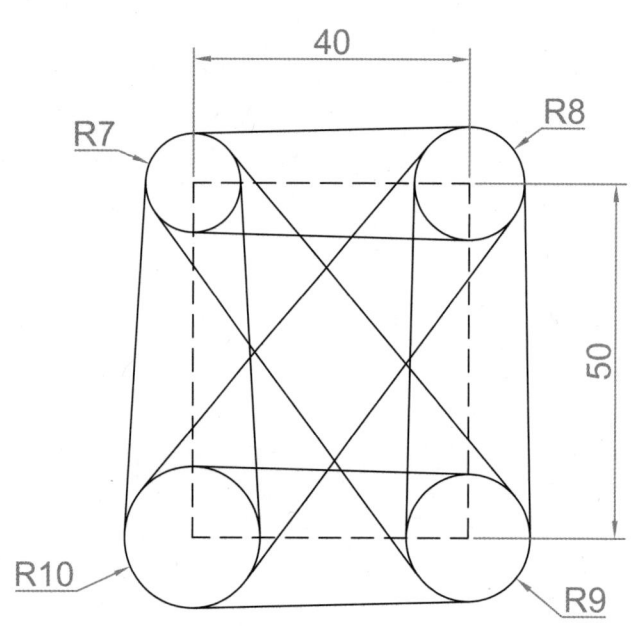

- Line, Circle, 객체스냅

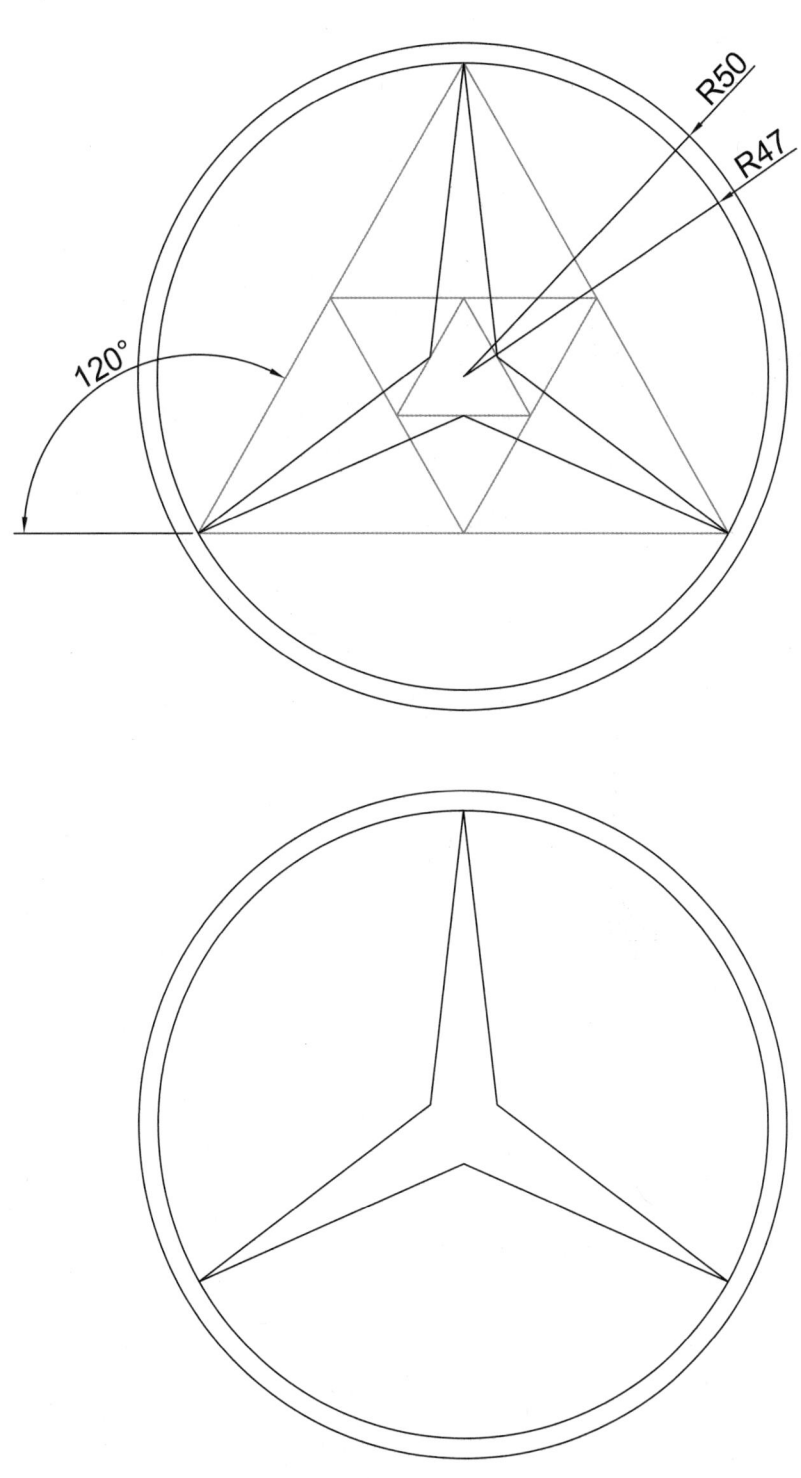

EXPLODE (개별 요소 분해)

08 POLYGON

정다각형 그리기

- **정다각형(폴리곤)**의 중심과 변의 길이 및 개수를 이해하고 생성하는 방법을 익힌다.
- 내접과 외접 방식의 차이를 이해하고, 설계 요구에 맞는 다각형을 생성할 수 있다.
- 설계 분야별 다각형을 활용하는 방법을 익혀 실무 적용 능력을 키운다.

명령어 위치 및 호출 방법

메뉴	Draw 메뉴 → Polygon 명령어 클릭
도구막대	Draw 도구막대 → Polygon 버튼
리본	Home 탭 → Draw 패널 → Polygon 아이콘
명령 입력	명령창에 **POLYGON** 입력 후 Enter, 단축키: **POL** 입력 후 Enter

기본 사용법

Command: **POLYGON**

① POLYGON Enter number of sides <5>: 5 → 변의 개수를 지정

② Specify center of polygon or [Edge]: → 다각형의 중심점 지정

③ Enter an option [Inscribed in circle/Circumscribed about circle] <I>: → 다각형이 내접 또는 외접 지정

④ Specify radius of circle: 30 → 반지름 또는 반지름 위치점 지정

* Inscribed : 내접, Circumscribed : 외접

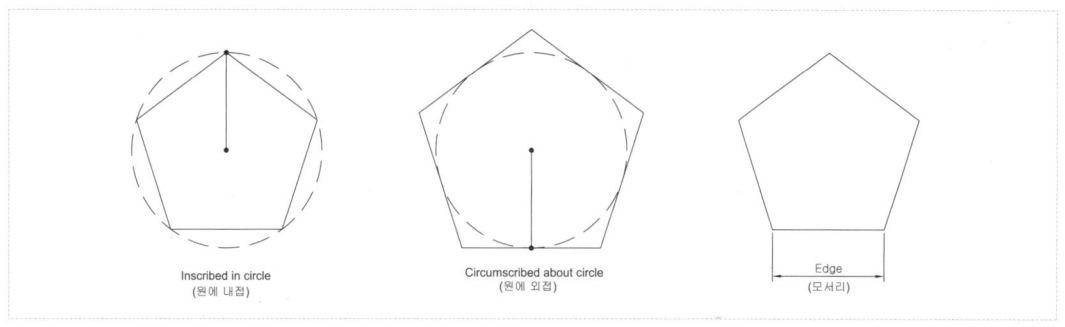

옵션 살펴보기

- **Number of sides (변의 수)** : 폴리곤의 변의 수를 지정(최소 3~최대 1024).

- **Center of polygon (폴리곤의 중심)** : 폴리곤의 중심 위치 지정

- **Inscribed in circle (원에 내접)** : 폴리곤의 모든 정점이 있는 원의 반지름을 지정
  ※ 좌표 입력 장치로 반지름을 지정하면 폴리곤의 회전과 크기가 결정됩니다(폴리곤의 꼭지점 결정).

- **Circumscribed about circle (원에 외접)** : 폴리곤의 중심에서 폴리곤 모서리의 중간점까지의 거리를 지정
  ※ 좌표 입력 장치로 반지름을 지정하면 폴리곤의 회전과 크기가 결정됩니다(폴리곤 변의 가운데 결정).

- **Edge (모서리)** : 첫 번째 모서리의 끝점을 지정하여 폴리곤을 정의(특정 길이의 변을 가진 다각형)

다각형을 구성하고 있는 선은 폴리라인 특성을 가지고 있습니다. 일반적으로는 한 변을 이용한 Edge 모드를 활용하여 작도를 많이 합니다.

POLYGON 기능 연습하기

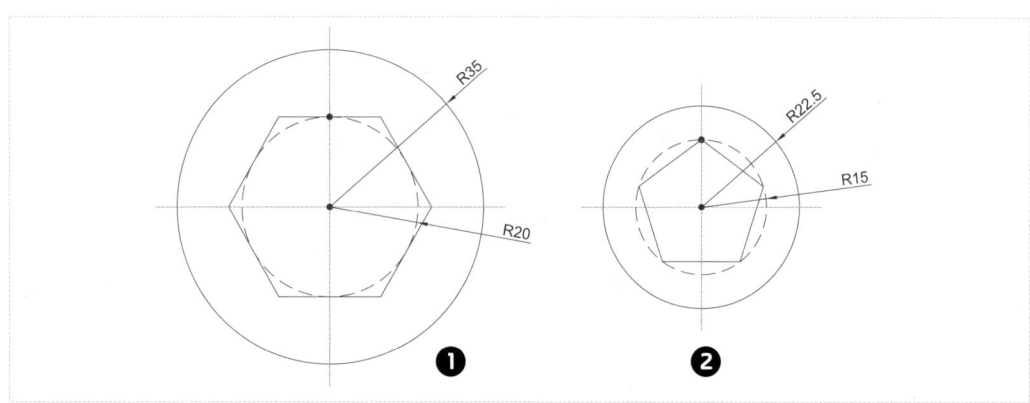

LINE 명령어로 원의 중심선 위치인 보조선을 작도한다.
CIRCLE 명령으로 같은 중심을 가지는 반지름 20, 35 두 개의 원을 작도한다.

Command: **POLYGON**

Enter number of sides <4>: **6** → 변의 개수 6 입력 후 ↵

Specify center of polygon or [Edge]: → 폴리곤의 중심 위치점을 클릭

Enter an option [Inscribed in circle/Circumscribed about circle] <I>: **C**
→ 옵션 C 입력 후 ↵ (원의 외접)

Specify radius of circle: → 상단 위치점 클릭(모서리 가운데 객체가 선택됨)

❷

LINE 명령어로 원의 중심선 위치인 보조선을 작도한다.
CIRCLE 명령으로 같은 중심을 가지는 반지름 15, 22.5 두 개의 원을 작도한다.

Command: **POLYGON**

Enter number of sides <6>: **5** → 변의 개수 5 입력 후 ↵

Specify center of polygon or [Edge]: → 폴리곤의 중심 위치점을 클릭

Enter an option [Inscribed in circle/Circumscribed about circle] <C>: **I**
→ 옵션 I 입력 후 ↵ (원의 내접)

Specify radius of circle: → 상단 위치점 클릭(모서리 꼭지점 선택됨)

Tip

01. 대칭 구조 활용

객체 스냅(Object Snap) 기능을 이용하면 다각형의 중심과 꼭짓점을 정밀하게 배치할 수 있습니다.

02. PEDIT 명령어 활용

PEDIT을 사용하면 다각형을 편집 가능한 폴리라인으로 변환할 수 있습니다.

03. 회전 및 ARRAY를 활용한 패턴 생성

- **ROTATE** 명령어를 사용하면 특정 각도로 회전하여 원하는 배치를 쉽게 적용할 수 있습니다.
- 다각형을 반복적으로 배치해야 할 경우 **ARRAY** 명령어를 사용하여 빠르게 복제할 수 있습니다.

04. 폴리곤을 활용한 설계 작업

건축 설계	기계 설계	제품 설계
- 원형 창문 디자인: 원 내부에 내접하는 정다각형을 기반으로 창문 형태 생성 - 기초 설계: 기둥, 원형 구조물의 기초 설계 시 사용 - 조경 설계: 정다각형 기반의 디자인 요소(화단, 분수대 등)	- 볼트 및 너트 설계: 육각형 또는 기타 다각형 단면 생성 - 기계 부품 설계: 정다각형 중심의 반복적인 패턴 요소 작성	- 패턴 디자인: 로고, 장식 요소에서 정다각형 활용 - 금형 설계: 금형 패턴이나 외형 설계 시 정다각형 적용 - 산업용 부품: 정다각형 기초 형상을 바탕으로 부품 도면 작성

- Line, Circle, Rec, Pol, 객체스냅

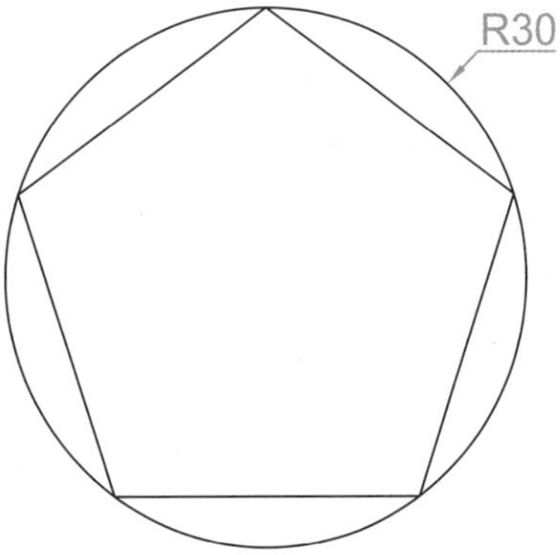

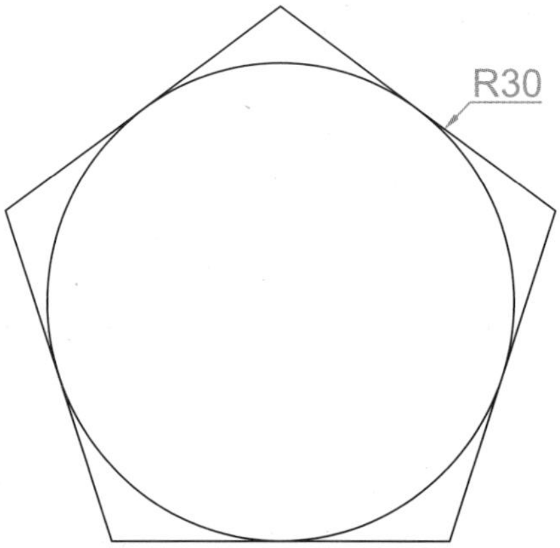

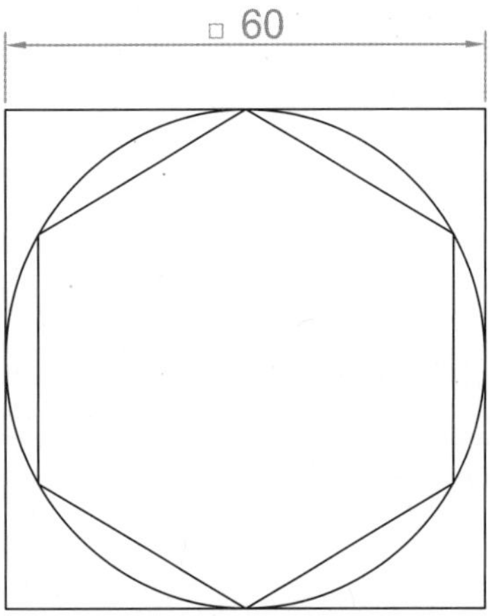

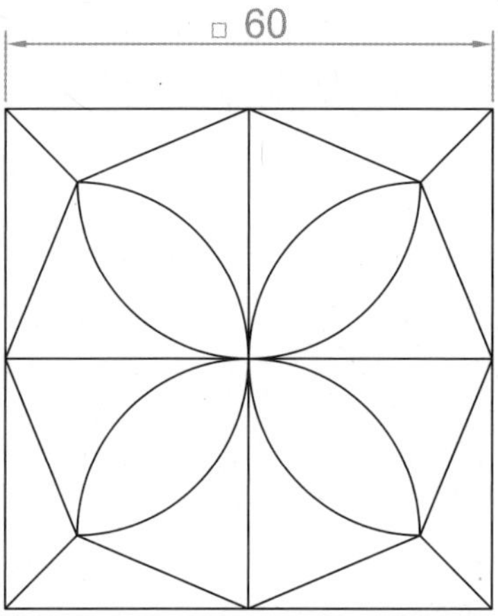

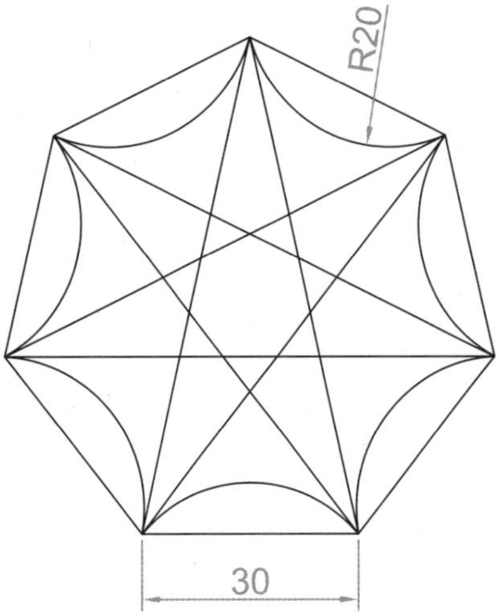

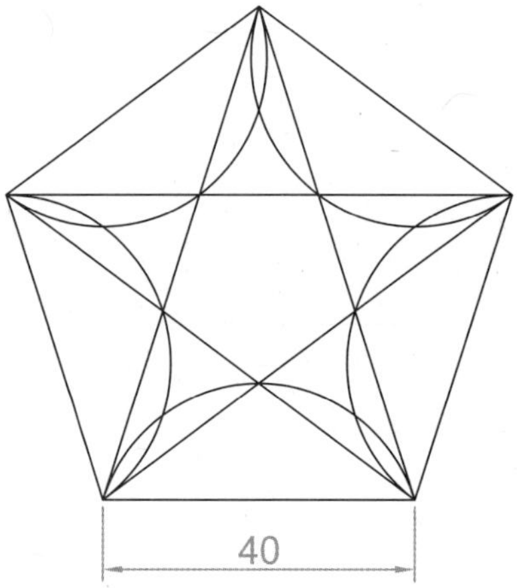

- Line, Circle, Rec, Pol, 객체스냅

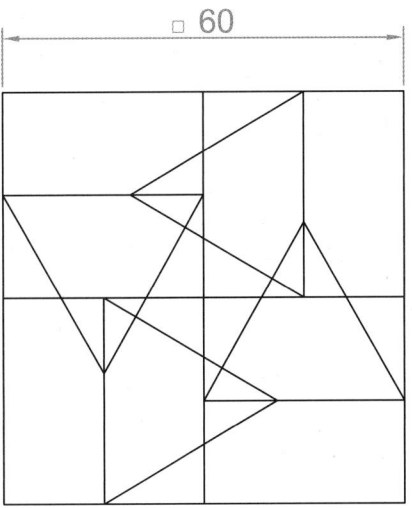

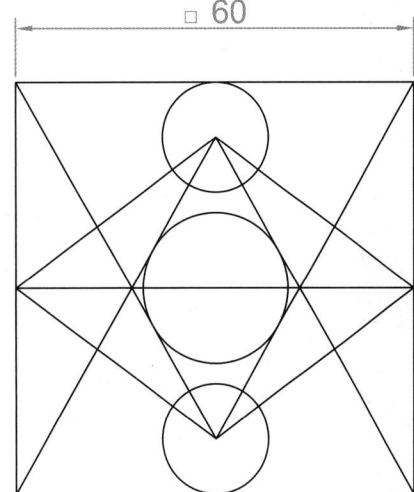

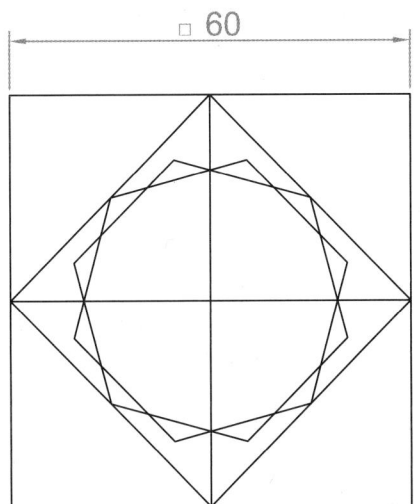

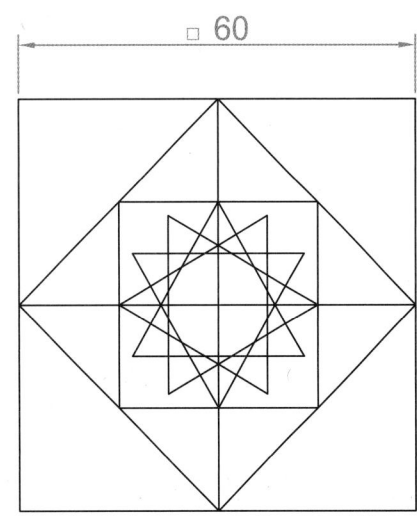

POLYGON (정다각형 그리기)

09 XLINE Construction Line

구조선

- XLINE 명령어를 사용하여 무한선을 생성하고 다양한 옵션을 적용할 수 있다.
- 특정 지점이나 각도를 기준으로 XLINE을 활용하여 정밀한 도면을 제작할 수 있다.
- 건축, 기계, 제품 설계에서 XLINE을 실용적으로 적용할 수 있다.

명령어 위치 및 호출 방법

메뉴	Draw 메뉴 → Construction Line (XLINE) 명령어 클릭
도구막대	Draw 도구막대 → Construction Line 버튼
리본	Home 탭 → Draw 패널 → Construction Line 아이콘
명령 입력	명령창에 **XLINE** 입력 후 Enter , 단축키: **XL** 입력 후 Enter

기본 사용법

Command: **XL**

① Specify a point or [Hor/Ver/Ang/Bisect/Offset]:
　→ 구조선의 루트를 정의하는 점을 지정

② Specify through point: → 구조선이 통과할 두 번째 점을 지정

③ Specify through point: → ↵ 키를 눌러 명령을 종료

* through : 통과하는

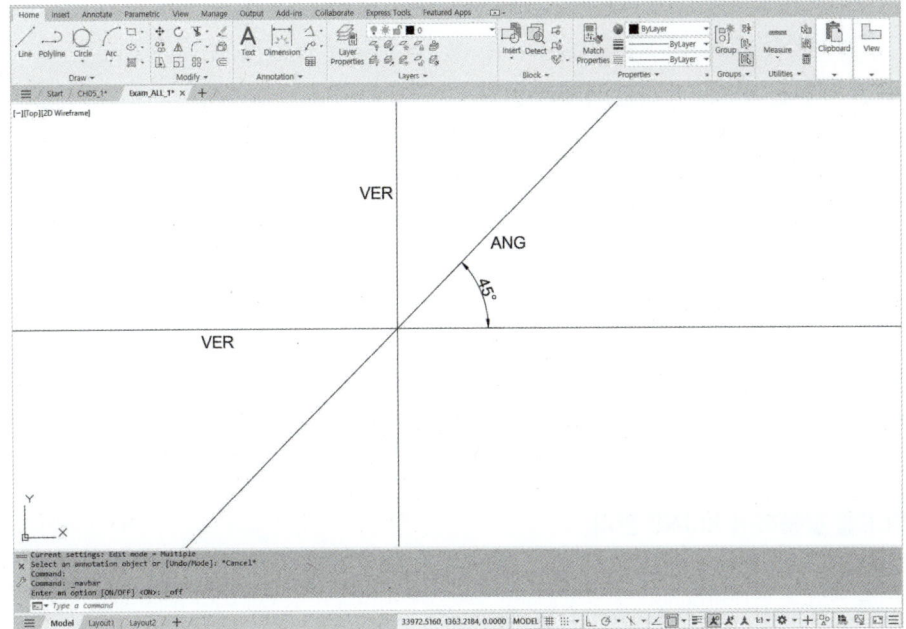

옵션 살펴보기

- **Hor (Horizontal, 수평선 생성)** : 기준점을 선택한 후 자동으로 수평선을 생성. 도면에서 기준선을 만들 때 유용

- **Ver (Vertical, 수직선 생성)** : 기준점을 선택한 후 자동으로 수직선을 생성. 기둥, 벽체 등 수직 기준선을 만들 때 사용

- **Ang (Angle, 특정 각도로 생성)** : 기준점을 선택한 후 원하는 각도를 입력하여 무한선을 생성. 대각선 기준선을 만들거나 기울어진 객체의 정렬 기준선을 만들 때 유용

- **Bisect (두 선의 각을 이등분)** : 두 개의 선을 선택하면 그 각을 이등분하는 XLINE을 생성. 대칭 구조 설계나 치수 기준선 설정 시 유용

- **Offset (등간격 복사)** : 기준선에서 일정 거리만큼 평행하게 XLINE 생성. 여러 개의 평행한 기준선을 만들 때 유용

XLINE 명령은 독립적으로 사용하기보다는 도면을 작성할 때 보조선의 역할을 하거나 Trim 명령 등으로 편집하여 사용합니다. TRIM, OFFSET, MIRROR, LAYERS 등을 함께 사용하면 더욱 효과적인 설계가 가능하며, 특히 3D 모델링 작업을 할 때 주로 참조하는 보조선으로 사용합니다.

Tip

01. XLINE은 무한선이므로 적절한 삭제가 필요

- TRIM 또는 EXTEND 명령어를 사용하여 특정 부분만 남기고 나머지는 제거할 수 있습니다.
- 필요 없는 XLINE을 ERASE 명령어로 삭제하여 도면을 정리하도록 합니다.

02. LAYOUT 작업 시 기준선으로 활용

- 건축 평면도나 기계 설계에서 주요 정렬선을 만들 때 활용하면 작업이 간편해집니다.
- 특정 기준점에서 여러 개의 XLINE을 생성한 후 교차점을 활용하면 좌표를 맞추는 데 유리합니다.

03. LAYER를 활용하여 XLINE 관리

- XLINE을 별도의 Construction 레이어에 배치하여 쉽게 구별하고 필요에 따라 숨길 수 있습니다.
- 나중에 도면을 정리할 때 LAYOFF 또는 FREEZE를 사용하여 불필요한 XLINE을 가릴 수 있습니다.

04. XLINE을 이용한 대칭 구조 설계

- XLINE을 중심선으로 설정한 후 MIRROR 명령어와 함께 사용하면 대칭 도면 제작이 쉬워집니다.
- 특히 제품 설계에서 좌우 대칭 구조를 제작할 때 매우 유용합니다.

05. XLINE을 활용한 설계 작업

건축 설계	기계 설계	제품 설계
평면도 작성 시 벽체, 기둥, 창문 등의 기준선 설정	부품 간 정렬을 위한 기준선 설정	제품의 정렬 기준선을 설정하여 정확한 위치에 부품을 배치
배치도를 작성할 때 기준선을 설정하여 가구 및 공간 배치 조정	특정 각도로 XLINE을 배치하여 경사면이나 대각선 정렬을 수행	대칭형 제품 설계 시 중심선을 기준으로 모델링 작업 진행
OFFSET과 함께 사용하여 벽체 간격을 조정하는 데 유용	B 옵션(이등분선) 활용하여 볼트 구멍이나 대칭 부품의 중심선 생성	XLINE을 활용하여 포장 디자인의 각 요소 간 간격을 균등하게 맞추는 데 사용

RAY

10

광선; 한 방향으로 무한선

- **RAY** 명령어를 사용하여 특정 지점에서 무한선(Ray)을 생성할 수 있다.
- XLINE과의 차이를 이해하고, 도면의 가이드선으로 활용할 수 있다.
- 건축, 기계, 제품 설계에서 RAY를 실용적으로 적용할 수 있다.

명령어 위치 및 호출 방법

메뉴	Draw 메뉴 → Ray 명령어 클릭
도구막대	Draw 도구막대 → Ray 버튼
리본	Home 탭 → Draw 패널 → Ray 아이콘
명령 입력	명령창에 **RAY** 입력 후 `Enter`

기본 사용법 RAY 명령어 실행 후 기준점을 선택하고, 원하는 방향을 클릭

Command: **RAY**

① Specify start point: → 광선의 시작점을 지정

② Specify through point:
→ 광선이 통과할 점을 지정, 계속해서 필요한 만큼의 점을 지정

③ Specify through point: → ⏎ 키를 눌러 명령을 종료

* **through** : 통과하는

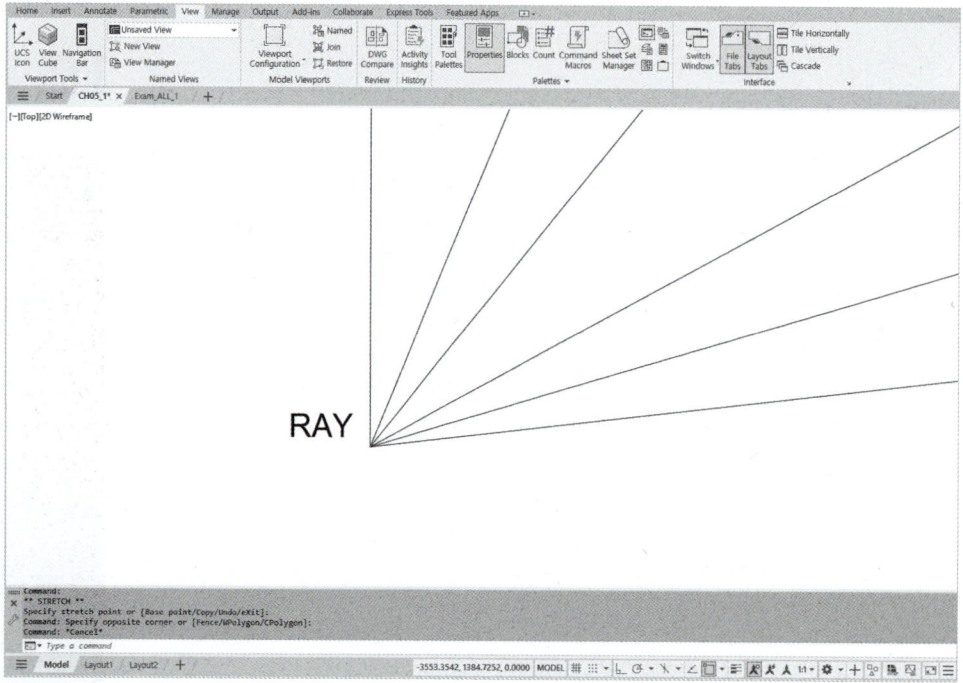

RAY는 한 방향으로 무한히 연장되는 선을 생성하는 명령어입니다. 특별한 옵션은 없으며, XLINE 명령과 다르게 한쪽 방향으로만 무한선이 생성된다는 차이점이 있습니다. 각도 제어는 ORTHO(직교 모드)나 POLAR(극좌표 추적 모드)를 활용하여 설정이 가능합니다. 직교 모드가 필요한 경우에 활용하는 것이 작도가 용이합니다.

> **Tip**
>
> ### 01. RAY와 XLINE의 차이점 이해
>
> RAY는 한 방향으로만 무한히 연장되지만, XLINE은 양방향으로 연장됩니다. 만약 특정 방향으로만 기준선을 만들고 싶다면 XLINE 명령보다 RAY가 더 적절합니다.
>
> ### 02. LAYERS 활용하여 보조선 관리
>
> - RAY를 별도의 레이어에 배치하여 작업 중에 숨기거나 활성화할 수 있습니다.
> - LAYOFF 또는 FREEZE 기능을 활용하면 도면 정리 시 유용합니다.

03. TRIM 또는 EXTEND 활용

- TRIM을 사용하면 RAY의 특정 부분을 제거할 수 있습니다.
- EXTEND와 함께 사용하여 특정 객체까지 연장하는 기준선으로 활용이 가능합니다.

04. 정확한 각도로 RAY 배치하기

- POLAR 스냅 기능을 활용하면 일정한 각도로 RAY를 배치할 수 있습니다.
- ORTHO(F8)를 활성화하면 정확히 수직 또는 수평으로만 배치할 수 있습니다.

05. RAY를 활용한 설계 작업

건축 설계	기계 설계	제품 설계
- 벽체, 기둥 등의 위치를 정할 때 보조선으로 활용 - 특정 지점을 기준으로 창문이나 문 배치 시 참고선으로 사용 - OFFSET과 함께 사용하여 일정 간격의 보조선 생성	- 특정 부품의 중심선을 표시하거나, 조립 시 부품 간 정렬을 위한 가이드선 역할 - XLINE보다 한쪽 방향으로만 확장된 기준선이 필요할 때 사용 - BISect(이등분선) 역할을 수행할 수도 있음	- 디자인 요소를 정렬하거나, 일정한 간격을 유지하는 데 활용 - RAY를 이용하여 대칭 기준선을 생성한 후 MIRROR와 함께 사용 가능 - 시각적 가이드라인을 만들고, 불필요한 부분은 TRIM으로 삭제

- Line, Circle, Arc(각도 옵션 180°), 객체스냅(Perpendicular)

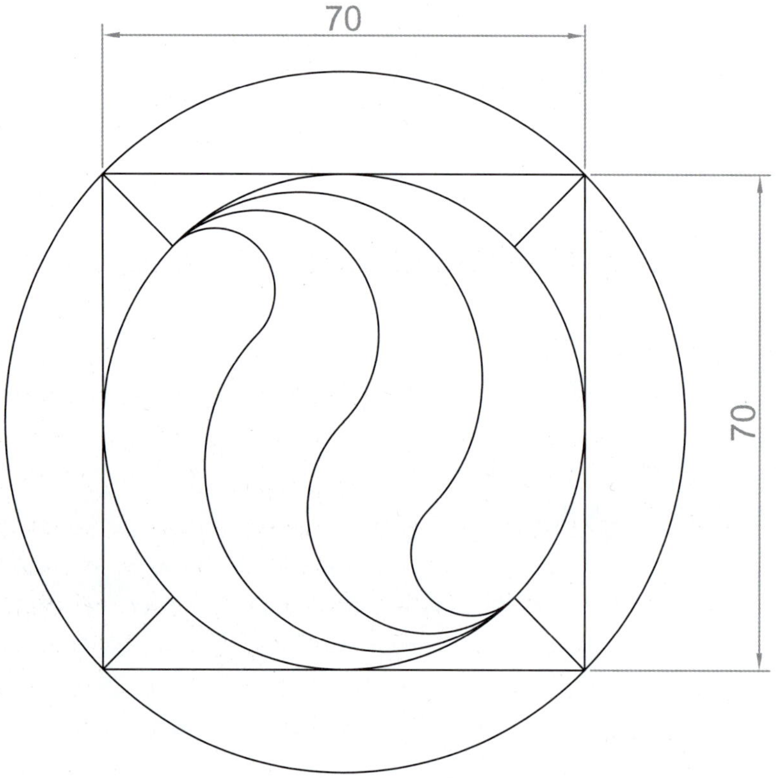

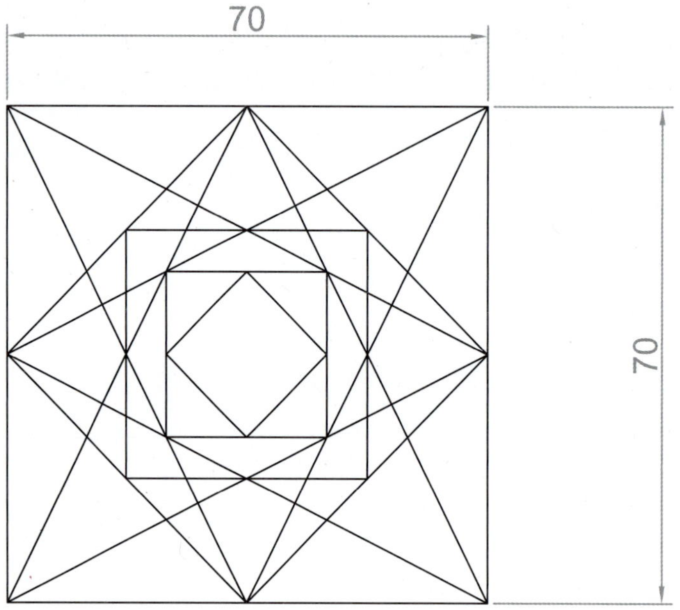

- Line, Circle, 객체스냅(Quadrant, Tangent)

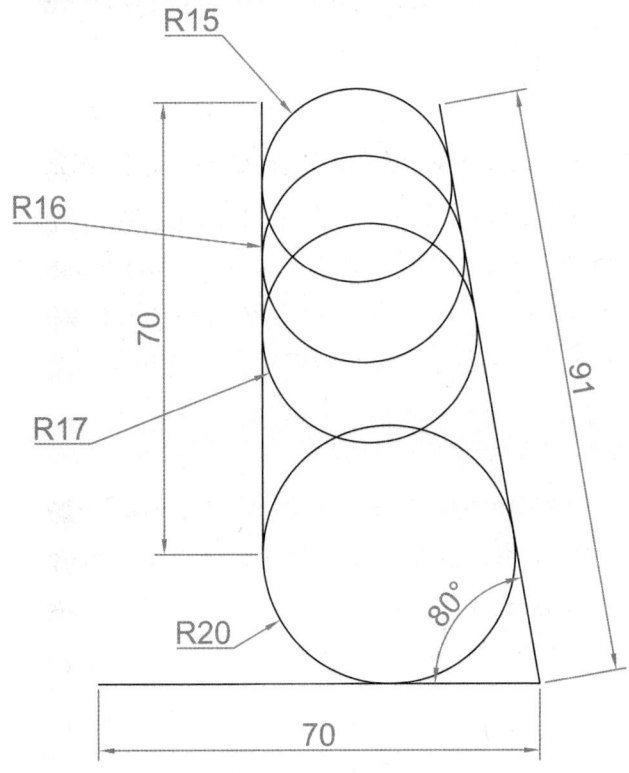

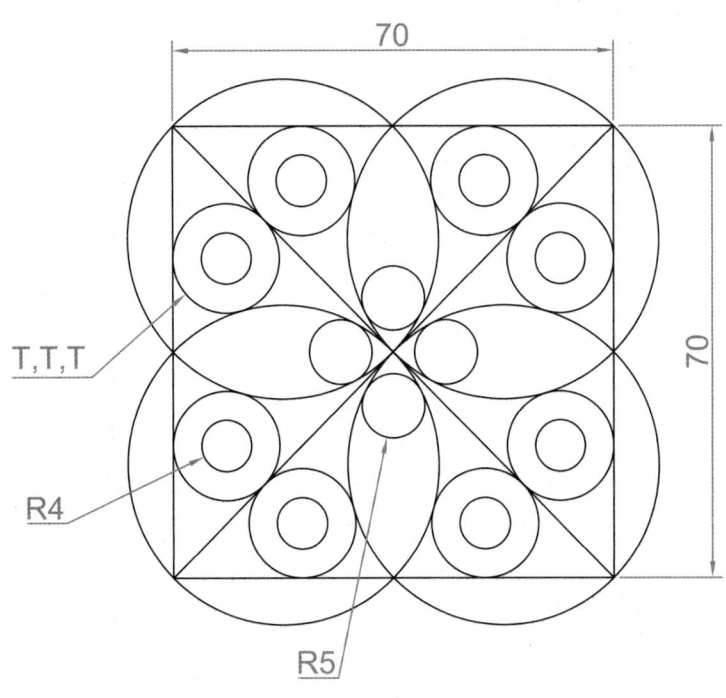

RAY (광선; 한 방향으로 무한선)

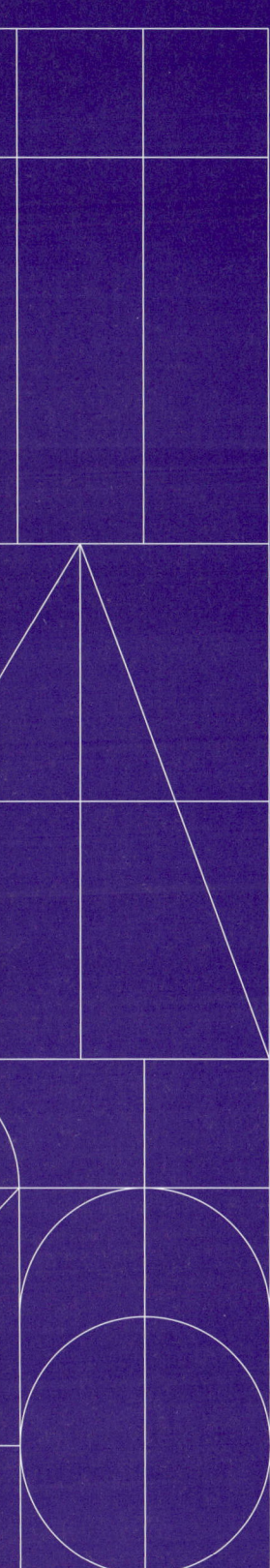

Layer와 객체 특성

CHAPTER ──────── 05

01　객체 특성 Entity Property

02　LAYER 도면층 개념 및 설정

03　MATCHPROP 특성 일치 및 Layers 패널 도구

01 객체 특성 Entity Property

- 객체 특성(Entity Property) 개념과 기능을 이해한다.
- DSETTINGS 대화상자 Quick Properties(빠른 특성) 탭 설정과 Linetype Manager(선종류 관리자) 기능을 이해한다.

객체 특성 Entity Property

CAD에서 작업된 객체는 Layer(도면층), Color(색상), Linetype(선종류) 등과 같은 객체 특성을 가지고 있습니다. 도면에 작도되는 객체의 색상, 선의 종류, 선 가중치 등을 공통된 도면층으로 그룹화하여 색상, 투명도 등을 여러 방법으로 조정할 수 있습니다.

도면 정보를 쉽게 관리하기 위하여 Layer(도면층)을 사용합니다. 모든 기본 객체는 공통된 특성뿐만 아니라 객체 고유의 특성을 가지고 있습니다. 예를 들어 선(Line) 객체는 시작점 좌표, 끝점 좌표, 길이, 각도 등의 특성을 가지며, 원(Circle) 객체는 중심점 좌표, 반지름, 지름, 원의 둘레, 면적 등의 특성을 가지고 있습니다. 여기에서는 객체 특성 중 자주 사용하는 Layer(도면층), Color(색상), Linetype(선종류) 등의 관계를 살펴 보겠습니다.

■── Layers 패널, Properties 패널

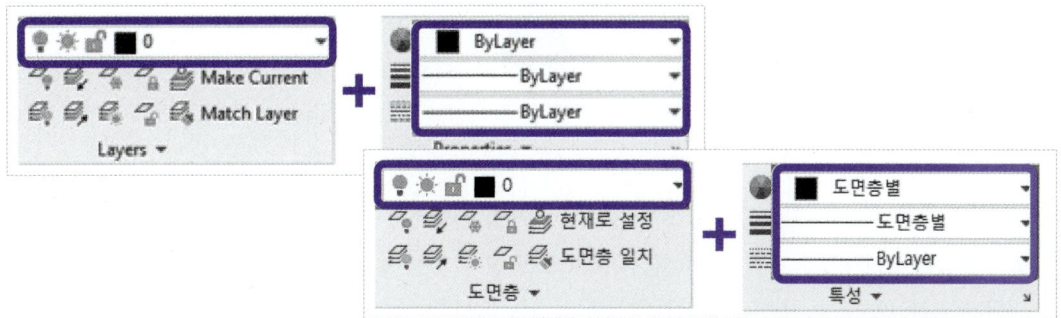

Layers 패널 상단에 보이는 도면층(Layer) 리스트를 볼수 있는 ▼ 드롭다운 버튼을 클릭하면 현재 만들어진 도면층을 볼 수 있습니다. 리스트에 보여지는 여러 도면층들 중 하나의 이름을 클릭하면 현재 사용하고자 하는 도면층으로 변경이 가능합니다. 도면층 특성 관리에서 생성하는 방법을 배우게 됩니다.

Properties 패널의 좌측을 보면 위에서부터 Color(색상), Lineweight(선가중치), Linetype(선종류)이라는 것을 이해할 수 있습니다. Lineweight(선가중치)는 출력에서 별도 설정이 가능해 여기서는 사용하지 않습니다.

객체가 선택되지 않은 경우 위에 강조된 드롭다운 리스트에 도면의 현재 설정이 표시됩니다. 객체를 선택하면 드롭다운 리스트에 해당 객체에 대한 특성 설정이 표시됩니다.

■── ByLayer, ByBlock의 의미 현재 작업하는 객체는 layer를 따른다는 의미

❶ **ByLayer** : 객체의 속성이 해당 객체가 속한 레이어(Layer)의 속성을 따릅니다. 예를 들어, 특정 레이어의 색상이 빨강(Red)으로 설정되어 있으면, 그 레이어에 있는 모든 ByLayer 속성이 적용된 객체는 자동으로 빨간색이 됩니다. 레이어를 변경하면 해당 레이어에 속한 ByLayer 속성의 모든 객체도 자동으로 변경됩니다. **주로 사용되는 기본 설정**으로, 도면을 체계적으로 관리할 때 유용합니다.

❷ **ByBlock**: 객체가 블록(Block) 내부에 있을 때만 적용되는 속성입니다. 블록을 삽입할 때 개별 객체의 색상이나 선 속성이 블록 자체의 속성에 의해 결정됩니다. 블록이 특정 색상으로 지정되어 있다면, 그 블록 내에서 ByBlock 속성을 가진 객체들은 블록 색상을 따라갑니다. 블록이 특정 색상

이 아니라면, ByBlock 속성을 가진 객체들은 개별적으로 색상을 변경할 수 있습니다. 주로 블록을 만들 때 기본 속성을 유지하면서 유연한 속성 변경을 가능하도록 하기 위해 사용됩니다.

>
>
> ByLayer를 사용하면 레이어를 변경할 때 전체 객체 속성을 한 번에 바꿀 수 있어서 효율적이며, ByBlock은 블록 내 객체의 속성을 유연하게 조정할 수 있도록 도와줍니다.
>
> 개별적으로 변경이 필요한 경우에는 **반드시 객체를 선택하고** Properties 패널 Color(색상), Lineweight(선가중치), Linetype(선종류) 리스트를 볼 수 있는 ▼ 드롭다운 버튼을 클릭 선택합니다. 변경하고자 하는 객체를 선택하지 않고서 ByLayer에서 특성을 임의로 변경하면 Layer 특성 설정을 따르지 않아 도면의 정보가 다르게 작업됩니다. 예를 들어 layer 0 에 색상을 Bylayer로 두지 않고 빨강으로 두면 layer 0 기본 색상 정보가 파랑으로 되어 있어도 빨강으로 선이 그려집니다. Bylayer 기본 설정을 무시하는 경우가 발생합니다.

■── Properties 객체 특성 표시 `Ctrl` + `1`

Home 탭 Properties 패널 하단 오른쪽에 있는 ↘를 클릭하면 특성 팔레트가 나타납니다(명령어 : Properties, 단축키 : `Ctrl` + `1`). 아래 그림에서는 객체 선택이 없어 대기 상태로 표시되지만, 각각 탭 형태로 상황에 맞게 표시됩니다.

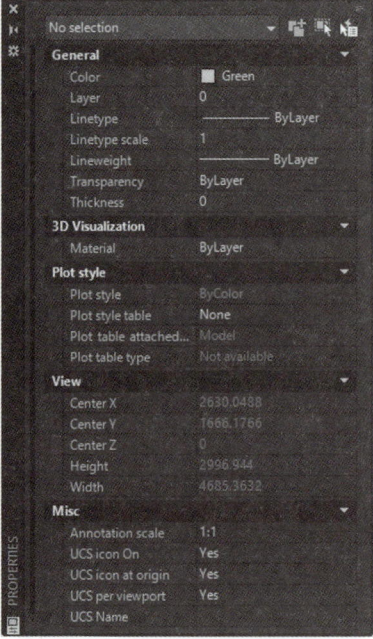
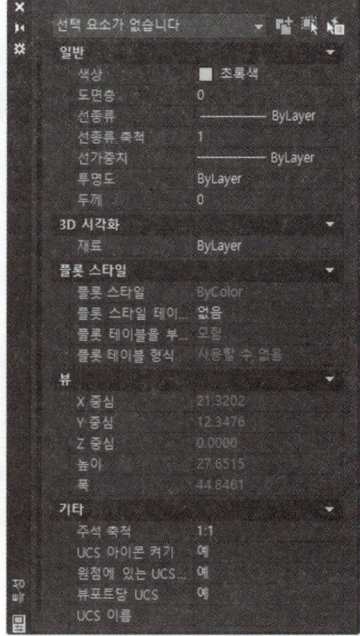

General(일반) 특성 항목으로 Color(색상), Linetype(선종류), Lineweight(선가중치) 등이 표시됩니다. 주의할 점은 선택된 객체가 없는 경우 색상, 선종류, 선가중치는 전부 ByLayer로 되어 있어야 합니다. Layers 패널, Properties 패널의 내용을 그대로 반영하는 곳입니다. 객체를 선택하지 않고 해당 특성 대화상자에서 변경을 하면 도면 전체에 영향을 미치게 되어 ByLayer 규칙을 어긴 것이 됩니다. 개별적으로 변경해야 하는 경우 반드시 객체를 선택한 후 변경하기 바랍니다.

- 선택한 객체가 없는 경우 모든 새 객체에 사용할 현재 특성을 보고 변경할 수 있습니다.
- 단일 객체가 선택되면 해당 객체의 특성을 보고 변경할 수 있습니다.
- 여러 객체가 선택된 경우에는 공통 특성을 보고 변경할 수 있습니다.

Layers 패널, Properties 패널의 리스트에서 ▼ 드롭다운 버튼을 클릭하여 특성을 지정할 수 있습니다.

▶ 선택한 객체의 색상을 변경하려면?

① 색상을 변경할 객체를 선택합니다.
② 도면 영역을 마우스 오른쪽 버튼으로 클릭한 다음 Properties(특성)을 선택합니다. (하단에서 두 번째 위치)
③ 특성 팔레트에서 Color(색상)을 클릭한 다음 아래쪽 화살표를 클릭합니다. 드롭다운 리스트에서 객체에 지정할 색상을 선택합니다(특성 팔레트 닫기 버튼 X 클릭).
④ 선택을 제거하려면 ESC 키를 누릅니다.

▶ 선택한 객체의 도면층을 변경하려면?

① 객체를 선택합니다.
② 도면 영역에서 마우스 오른쪽 버튼을 클릭하고 바로 가기 메뉴에서 특성을 선택합니다.
③ 특성 팔레트에서 Layer(도면층)을 클릭한 다음 아래쪽 화살표를 클릭합니다.
④ 드롭다운 리스트에서 객체에 지정할 도면층을 선택합니다. (특성 팔레트 닫기 버튼 X 클릭)
⑤ 선택을 제거하려면 ESC 키를 누릅니다.

■──── 빠른 특성 팔레트 사용

일반적으로 객체를 **두 번 클릭**하여 빠른 특성 팔레트를 열고 해당 특성을 변경할 수 있습니다.

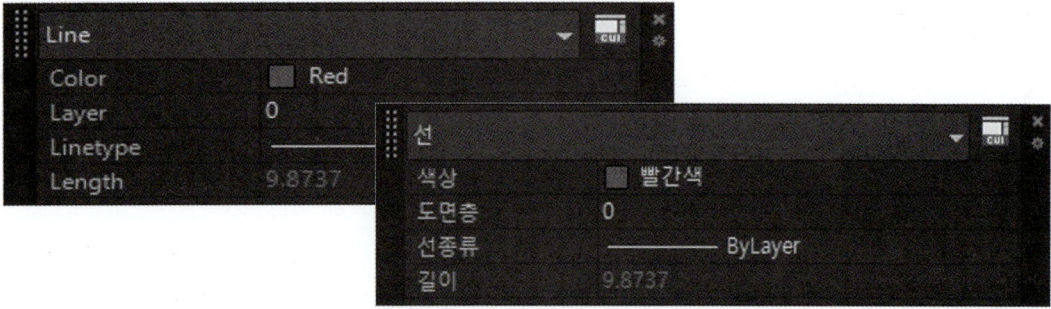

몇몇 객체 유형의 경우에는 두 번 클릭하면 빠른 특성 팔레트가 아닌 편집기가 열리거나 객체별 명령이 시작됩니다. 이러한 객체 유형으로는 블록, 폴리선, 스플라인 및 문자가 있습니다.

■──── DSETTINGS 대화상자 Quick Properties 빠른 특성 탭

- 명령행에 **DSETTINGS** 또는 단축 **DS**를 입력하고 완료하면 Drafting Settings 대화상자가 나타납니다.

- **Quick Properties(빠른 특성)** 탭을 선택합니다.

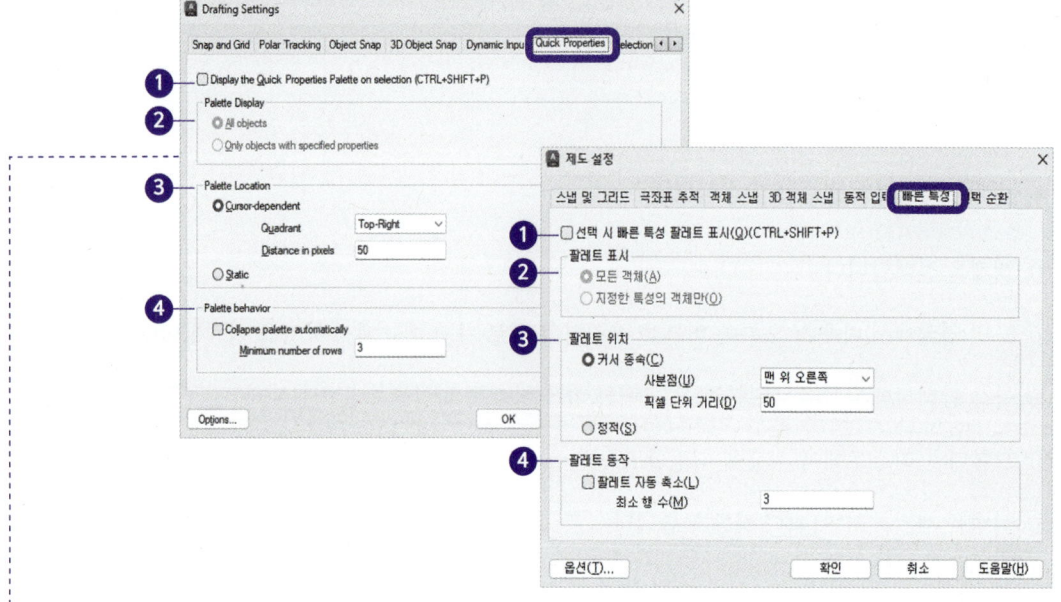

❶ **Display the Quick Properties Palette (빠른 특성 팔레트 표시)** : 객체 선택 시 객체 유형에 따른 빠른 특성 팔레트를 표시(기본값은 체크 해제)

※ 빠른 특성 팔레트를 표시하려면 PICKFIRST 시스템 변수를 켜야 합니다. 또는 QUICKPROPERTIES 명령을 입력하여 객체를 선택할 수 있습니다.

❷ **Palette Display (팔레트 표시)** : 빠른 특성 팔레트의 표시 설정을 지정

- **All Objects (모든 객체)** : CUI(사용자 인터페이스 사용자화) 편집기에서 특성을 표시하도록 지정된 객체 유형만이 아니라 모든 객체 선택 사항에 대해 빠른 특성 팔레트를 표시하도록 설정
- **Only Objects with Specified Properties (지정한 특성의 객체만)** : CUI(사용자 인터페이스 사용자화) 편집기에서 특성을 표시하도록 지정된 객체 유형만 표시하도록 빠른 특성 팔레트를 설정

❸ **Palette Location (팔레트 위치)** : 빠른 특성 팔레트가 표시되는 위치를 조정

- **Cursor-dependent (커서 종속)** : 빠른 특성 팔레트가 커서를 기준으로 한 상대 위치에 표시

※ Quadrant (사분점) 기준(기본 위치-오른쪽 위), 또는 Distance in Pixels (픽셀 단위 거리)로 지정 가능(0~400 사이)

- **Static (정적)** : 빠른 특성 팔레트를 고정된 위치에 표시

※ 팔레트를 끌어 새 위치를 지정할 수 있음

❹ **Palette Behavior (팔레트 동작)** : 빠른 특성 팔레트의 동작을 설정

- **Collapse Palette Automatically (팔레트 자동 축소)** : 빠른 특성 팔레트가 지정된 수의 특성만 표시.

※ 커서를 팔레트 위에서 굴리면 팔레트가 확장되며, Minimum Number of Rows(최소 행 수)에 축소되었을 때 표시하는 특성 수를 설정할 수 있음(1~30 사이)

■— Select Color 색상 선택 대화상자

명령행에 **COLOR** 입력 후 완료하면 **Select Color(색상 선택)** 대화상자가 나타납니다.

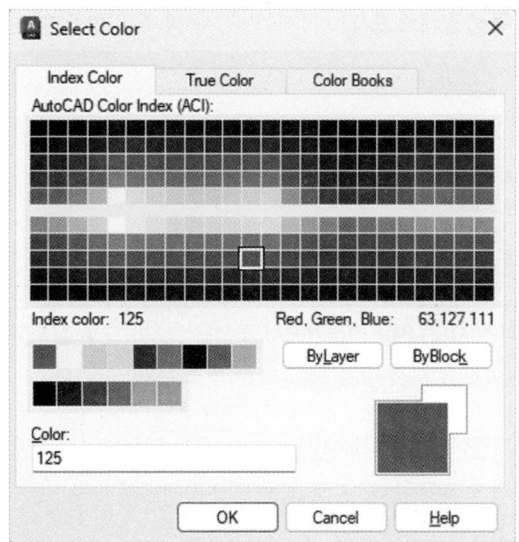 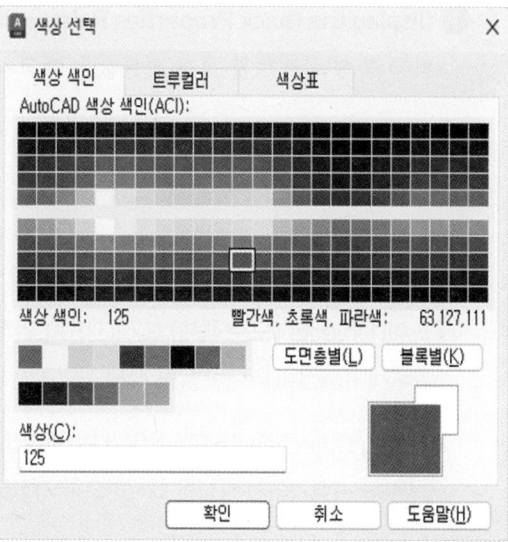

❶ **Index Color (색상 색인) 탭**: 색상 색인 팔레트에서 색상을 지정합니다. 색상 위로 마우스를 움직이면 해당 색상의 번호와 빨간색, 초록색, 파란색 값이 팔레트 아래에 표시됩니다. 색상을 클릭하여 선택하거나 색상 상자에 있는 색상 번호 또는 이름을 입력합니다.

- 큰 팔레트에는 10에서 249까지의 색상이 표시됩니다.

- 두 번째 팔레트에는 1에서 9까지의 색상이 표시되는데 이 색상에는 번호와 이름이 있습니다.
  빨강 1, 노랑 2, 녹색 3, 하늘색 4, 파랑 5, 분홍색 6, 검정색 7 : 기본색은 기억하도록 합니다.

- 세 번째 팔레트에는 250에서 255까지의 색상이 표시되는데 이 색상은 회색의 음영 처리를 나타냅니다.

❷ **True Color (트루컬러) 탭**: Hue(색조), Saturation(채도), Luminance(광도) HSL 색상 모델 또는 빨간색, 초록색, 파란색 RGB 색상 모델을 사용하여 트루컬러(24비트 색상)로 색상 설정을 지정합니다. 트루컬러 기능을 사용하게 되면 1,600만 가지 이상의 색상을 사용할 수 있습니다. 트루컬러 탭의 옵션은 HSL 또는 RGB 색상 모델 중 어떤 모델이 지정되었는지에 따라 다릅니다.

- **HSL 색상 모델**: 색조, 채도 및 광도는 색상의 특성입니다. 이런 특성 값을 조작하여 다양한 범위의 색상을 지정할 수 있습니다.

- **RGB 색상 모델**: 색상을 Red(빨간색), Green(초록색), Blue(파란색) 구성요소로 나눕니다. 각 구성요소에 지정된 값은 빨간색, 초록색, 파란색 구성요소의 농도를 나타냅니다. 이 값들의 조합을 조작하여 다양한 범위의 색상을 만들어 낼 수 있습니다.

❸ **Color Books (색상표) 탭** : 선택한 색상표의 페이지, 각 페이지의 색상과 색상 이름을 표시합니다. 최대 10개 색상을 포함하는 색상표가 지원됩니다. 색상표의 페이지를 번호 매기지 않았다면, 페이지당 7개의 색상을 포함하도록 구성됩니다. 색상표의 페이지를 보려면, 색상 슬라이더에 있는 영역을 선택하거나 위아래 화살표를 사용하여 찾아봅니다.

▬▬ Linetype Manager 선종류 관리자 대화상자 단축 : LT

명령행에 **LINETYPE** 입력 후 완료하면 **Linetype Manager(선종류 관리자)**가 표시되며 선종류를 로드하고 현재 선종류를 설정합니다. 주의 깊게 살펴봐야 할 내용은 다음 두 가지입니다.

- Load… (로드)

- Show Details(자세히)를 클릭해 표시되는 Global Scale Factor(전체 축척 비율)

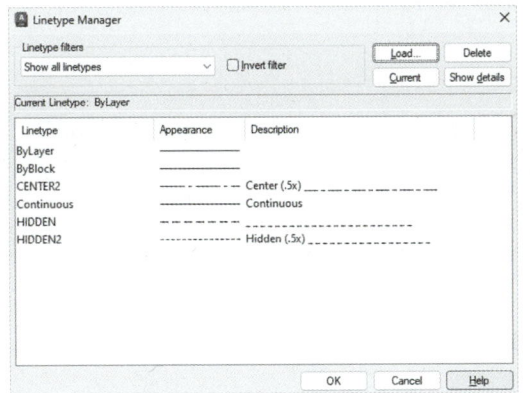
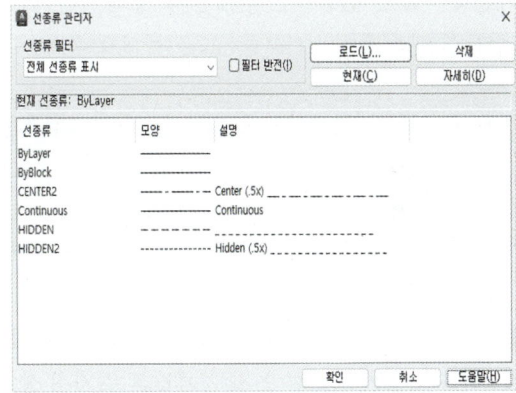

❶ **Load… (로드)** : 선종류 로드 대화상자를 표시

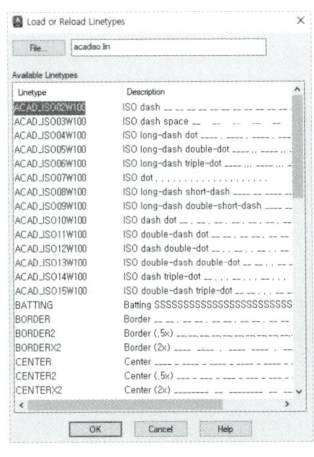

이 대화상자에서는 선종류 파일에서 선택한 선종류를 도면에 로드하고 선종류 리스트에 추가할 수 있습니다. 사용 가능한 선종류 정의 파일은 영국식 단위용 acad.lin 및 미터법 단위용 acadiso.lin의 두 개입니다.

> ✱ 축척을 올바르게 설정하려면 영국식 및 미터법 선종류를 동일한 도면에서 혼합하여 사용하지 마십시오.
>
> ✱ File… 에 대한 경로를 바꾸면 캐드작업에 문제가 발생합니다. 연습하실 때는 그냥 두시기 바랍니다.

- **Linetype**과 **Description**은 선종류와 설명을 뜻합니다. 한글 버전에서도 두가지 내용들은 전부 영어로 되어 있습니다. 선을 도면에 로드하고자 할 때 우선 선택하여 OK(확인) 버튼을 눌러 주면 됩니다.

- 자주 사용되는 선은 **CENTER(중심선)**, **HIDDEN(숨은선 또는 은선)**, **PHANTOM(가상선)**, **BATTING (건축에서 단열재 표현)** 등이 있습니다.

※ 선종류에 숫자가 붙은 형태 2 또는 X2 는 곱하기(X)가 붙은 것은 보여주는 스케일이 2배로 커진다는 의미이며 나머지 그냥 숫자는 보여주는 스케일이 1/2로 줄어든다는 의미입니다. 선 축척은 고도와 관련이 있으며, Linetype Scale에서 다루도록 하겠습니다.

❷ **Current (현재)** : 선택된 선종류를 현재 선종류가 되도록 설정

현재 선종류를 BYLAYER로 설정하는 것은 객체가 특정 도면층에 지정된 선종류를 사용함을 의미합니다. 선종류를 BYBLOCK으로 설정하는 것은 객체가 블록으로 그룹화될 때까지 CONTINUOUS 선종류를 사용함을 의미합니다. 블록을 삽입할 때마다 모든 객체는 블록의 선종류를 상속받습니다.

❸ **Delete (삭제)** : 도면에서 선택된 선종류를 삭제

사용하지 않은 선종류만 삭제할 수 있습니다. BYLAYER, BYBLOCK 및 CONTINUOUS 선종류는 삭제할 수 없습니다.

* 공유 프로젝트 내에서 도면 작업을 하는 경우 또는 도면층 표준 세트를 기준으로 하는 도면에서 작업하는 경우, 선종류를 삭제할 때 주의해야 합니다. 삭제된 선종류 정의는 선종류 정의 .lin 파일에 저장된 상태로 유지되며 다시 로드할 수 있습니다.

❹ **Show Details or Hide Details (상세 정보 표시 또는 상세 정보 숨기기)** : 선종류 관리자의 상세 섹션이 표시될지 여부를 조정(기본값은 숨겨짐 상태)

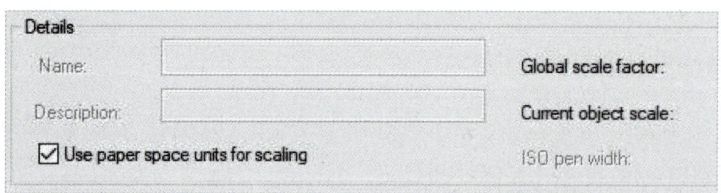

- **Use Paper Space Units for Scaling (축척을 위해 도면 공간 단위 사용)** : 도면 공간의 선종류와 모형 공간의 선종류를 동일하게 축척합니다. 다중 뷰포트를 사용하여 작업하는 경우 유용합니다.

- **Global Scale Factor (전체 축척 비율) 전역스케일** : 모든 선종류에 대한 전체 축척 비율을 표시합니다. (LTSCALE 시스템 변수)

- **Current Object Scale (현재 객체 축척)** : 새로 작성된 객체의 선종류 축척을 설정합니다. 결과적인 축척은 객체의 축척 비율에 전체 축척 비율을 곱한 값입니다.

■ LTSCALE 전역스케일 **전역 선종류 축척 비율을 설정** 단축 : LTS

Command: **LTSCALE**
→ 모든 선종류에 사용할 축척 비율을 지정

Enter new linetype scale factor <1.0000>:
→ 기본적으로 linetype scale factor(선종류 축척)은 1.00으로 설정

- 축척 비율이 작을수록 도면 단위당 생성되는 패턴 반복이 더 많습니다. 선종류 축척 비율을 변경하면 도면이 재생성됩니다. (하늘에서 도로를 내려다보면 차선의 점선이 촘촘하게 보이는 원리와 같습니다.)

- 건축과 같이 큰 작업 영역에서 작업할 때는 값을 키워야 합니다. 반대로 작은 작업 영역에서 정밀한 기계부품을 작도하는 경우는 값을 줄여서 변경합니다.

- LTSCALE로 전역스케일 변경 시 도면 객체에서 많이 쓰이는 선종류(일반적으로 중심선)에 대해 스케일을 추고 나머지 부분은 개별 특성에서 변경해 줍니다.

- Properties(특성) 일반 Linetype Scale 값은 최초 전역스케일로 변경하더라도 현상태를 1로 나타냅니다.

02 LAYER 도면층 개념 및 설정

- LAYER(도면층) 개념과 도면층 특성 관리자 창을 다룰 수 있다.
- 제도 통칙 기본을 이해하고, 시험(전산응용건축제도, 기계제도기능사)에서의 도면층 작업을 할 수 있다.

 ## LAYER 도면층 개념

Layer(도면층)은 시각디자인 분야의 포토샵, 일러스트, 영상 편집 등 많은 소프트웨어에서 사용되는 개념입니다.

투명한 셀로판지를 예로 설명하자면 첫째 장에 벽체, 둘째 장에는 창호, 셋째 장에는 가구를 각각 작도하여 합쳐서 보았을 때 하나의 완성된 도면이 됩니다. 만약 한장에 벽채, 창호, 가구를 전부 작도하였다면 필요에 따라 가구만 따로 출력하여야 하는 경우 어떻게 해야 할까요? 파일을 별도 복사하여 가구를 제외한 나머지 객체는 전부 삭제해야 출력이 가능할 것입니다.

도면층(Layer)을 통하여 관련있는 객체들의 작업을 구분해 놓으면 작업의 효율성이 높아지게 됩니다. 도면층(Layer)은 CAD의 중요한 구성 도구로 도면 구성 요소들을 선종류, 색상, 선가중치 등 표준을 강화하는데 이용됩니다. 새 도면층을 추가하거나 삭제할 수 있고, 작도를 위해 현재 도면층으로 지정할 수도 있습니다. 도면층에 특성 지정, 도면층 On/Off, 동결/동결해제, 잠금/잠금해제, 플롯 스타일 설정, 플롯의 On/Off 등의 작업을 할 수 있습니다.

■ Layer 도면층 특성 관리자 지정

리본	Home 탭 → Layers 패널 → Layer Properties 아이콘
명령 입력	명령창에 **LAYER** 입력 후 Enter, 단축키: **LA** 입력 후 Enter, 투영명령가능 **'LAYER** 입력

※ 명령어의 옵션은 기초 과정에서 별도로 설명하지 않고 도면 관리자 창에 대한 사용법을 설명하겠습니다.

사용중인 도면층 이름을 표시

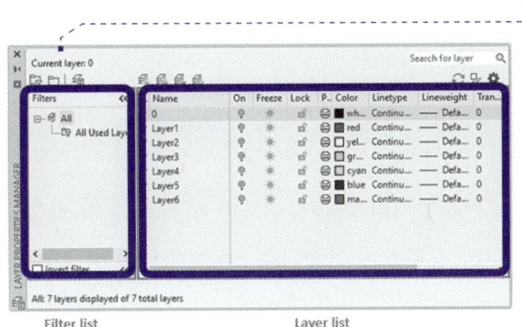
Filter list   Layer list

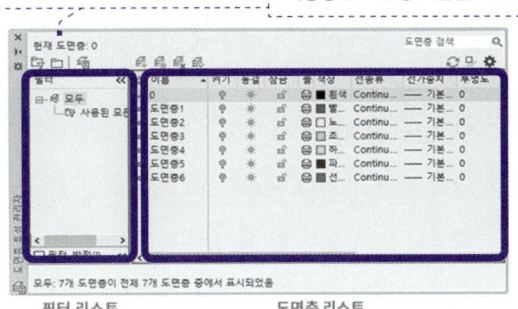
필터 리스트   도면층 리스트

❶ New Layer (새 도면층)

도면층을 작성하고 기본 이름을 즉시 변경할 수 있습니다. 새 도면층은 도면층 리스트에서 현재 선택한 도면층의 특성을 상속받습니다.

❷ New Layer Frozen VP In All Viewports (새 도면층 VP가 모든 뷰포트에서 동결됨)

도면층을 작성하고 기존의 모든 배치 뷰포트에서 동결합니다. 이 버튼은 모형 탭 또는 배치 탭에서 사용할 수 있습니다. (Layout 뷰포트 작업시 OFF)

❸ Delete Layer (도면층 삭제)

선택한 도면층을 삭제합니다. 다음 도면층은 삭제할 수 없습니다.

- 도면층 0 (기본 도면층) 및 정의점
- 블록 정의에 사용된 도면층
- 부분적으로 열린 도면의 도면층(AutoCAD LT에는 해당되지 않음)
- 현재 도면층 (사용중인)
- 외부 참조에서 사용되는 도면층

※ 공유 프로젝트 내에서 도면 작업을 하는 경우 또는 도면층 표준 세트를 기준으로 하는 도면에서 작업하는 경우 도면층을 삭제할 때 주의해야 합니다.

❹ Set Current (현재로 설정)

선택된 도면층을 현재 도면층으로 설정합니다. 현재 도면층에 새 객체가 자동으로 작성됩니다.

❺ Column (열)

| Status | Name | On | Freeze | Lock | Plot | Color | Linetype | Lineweight | Transparency | New VP Freeze | Description |

열을 리스트의 새 위치로 끌어 열 순서를 변경할 수도 있습니다. 기본적으로 Status(상태), Name(이름), On(켜기), Freeze(동결), Lock(잠금), Color(색상), Linetype(선종류), Lineweight(선가중치), Transparency(투명도), Plot Style(플롯 스타일), Plot(플롯), New VP Freeze(새 VP 동결), Description(설명) 등이 탭 형태로 구분되어 있습니다.

- **Status (상태)** ✔

  체크 표시가 있는 해당 도면층이 현재 사용중인 도면층입니다(더블클릭하면 도면층 변경 가능). 객체의 포함 유무 및 배치 뷰포트 특성 재지정 등 여러 경우를 보여줍니다. 이 책에서는 현재 사용중인 도면층 기호만 설명하겠습니다. 도면층에 객체가 없는 경우와 객체가 있는 경우 사각형 문서 기호의 색상이 변하게 됩니다.

- **Name (이름)**

  도면층 또는 필터의 이름을 표시합니다. F2 키를 눌러 새 이름을 입력합니다(새 레이어 작성 시 직접 입력 가능).

- **On (켜기)** 💡💡

  선택한 도면층을 켜거나 끕니다. 도면층이 켜져 있으면 도면층을 볼 수 있고 플로팅할 수 있습니다. 꺼져 있는 도면층은 보이지 않으며, 플롯 열의 설정이 켜져 있어도 플로팅되지 않습니다. (메모리 상주되어 단순한 On/Off)

- **Freeze (동결)** ☀ ❄

  선택한 도면층을 동결합니다. 복잡한 도면에서 도면층을 동결하여 성능을 향상시키고 재생성 시간을 줄일 수 있습니다. 동결된 도면층의 객체는 표시, 플롯 또는 재생성되지 않습니다. (메모리 상주되지 않아 큰 작업시 원활한 작업이 가능 단순한) 3D 모델링을 지원하는 도면에서는 동결된 도면층이 렌더링되지 않습니다.

  ※ 오랫동안 보이지 않게 하려는 도면층을 동결합니다. 가시성 설정을 자주 전환하려는 경우에는 도면이 재생성되지 않도록 켜기/끄기 설정을 사용합니다.

- **Lock (잠금)** 🔓 🔒

선택한 도면층을 잠그거나 잠금해제합니다. 잠금된 도면층의 객체는 수정할 수 없습니다. 잠긴 도면층의 객체는 페이드가 적용되어 나타나고, 객체 위에 마우스를 놓으면 작은 자물쇠 아이콘이 표시됩니다. (수정은 불가능 하지만 생성은 가능합니다.)

※ 잠긴 도면층에 대한 페이드 레벨을 설정하면 잠긴 도면층에 있는 객체를 확인할 수 있습니다.

- **Color (색상)** ■ □

선택한 도면층에 대한 색상을 지정할 수 있는 색상 선택 대화상자를 표시합니다. (객체 색상 지정)

- **Linetype (선종류)**

선택한 도면층에 대한 선종류를 지정할 수 있는 선종류 선택 대화상자를 표시합니다. 레이어 설정에서 작업 전 Linetype 명령어를 활용하여 먼저 작업을 합니다.

- **Lineweight (선가중치)**

선택한 도면층에 대한 선가중치를 지정할 수 있는 선가중치 대화상자를 표시합니다. 일반적으로는 출력 설정에서 색상별 굵기를 지정하는 CTB 방식을 많이 씁니다.

- **Transparency (투명도)**

선택한 도면층에 대한 투명도를 지정할 수 있는 투명도 대화상자를 표시합니다. 유효한 값 범위는 0에서 90까지입니다. 값이 클수록 객체는 더 투명하게 표시됩니다.

- **Plot Style (플롯 스타일)** ※ 기본적으로 열에 표시되지 않습니다.

선택한 도면층에 대한 플롯 스타일을 지정할 수 있는 플롯 스타일 선택 대화상자를 표시합니다. 색상 종속 플롯 스타일의 경우 도면층과 연관된 플롯 스타일을 변경할 수 없습니다.

- **Plot (플롯)** 🖨 🖨

도면층에 대한 플로팅(출력)을 끄는 경우에도 해당 도면층의 객체가 계속 표시됩니다. 꺼져 있거나 동결된 도면층은 플롯 설정에 관계없이 플로팅되지 않습니다.

- **New VP Freeze (새 VP 동결)**

새 배치 뷰포트에서 선택된 도면층을 동결합니다. 예를 들어 모든 새 뷰포트에서 치수 도면층을 동결하면 새로 작성하는 배치 뷰포트에서 치수 표시가 제한됩니다. 그러나 기존 뷰포트의 치수 도면층에는 영향을 주지 않습니다. 나중에 치수가 필요한 뷰포트를 작성할 경우, 현재 뷰포트 설정을 변경하여 기본 설정을 재지정할 수 있습니다.

- **Description (설명)**

    도면층 또는 도면층 필터에 대해 설명글을 직접 작성합니다.

Column(열) 탭에서 마우스 우클릭 상자 보기

Column(열) 탭을 마우스 오른쪽 버튼으로 클릭하면 그림과 같이 표시됩니다. 그림에 보여지는 부분은 Column(열) 탭에 나오는 부분이며 아래쪽 보이지 않는 부분에 대해 참고로 설명합니다. 기본값을 그대로 사용하기를 권장합니다.

- **Column Names (열 이름)**

    전체 열을 이름별로 나열합니다. 선택 표식은 열이 표시에 포함됨을 나타냅니다. 열 이름을 클릭하면 해당 열을 표시하거나 숨길 수 있습니다. VP 동결, VP 색상, VP 선종류, VP 선가중치 및 VP 플롯 스타일은 배치 뷰포트가 활성화된 경우에만 사용할 수 있습니다.

- **Customize (사용자화)**

    도면층 열 사용자화 대화상자를 표시합니다. 여기서 숨기거나 표시할 열을 지정하거나 열 순서를 변경할 수 있습니다.

- **Maximize All Columns (모든 열 최대화)**

    열 헤더와 데이터 내용에 맞게 모든 열의 폭을 변경합니다. 레이어 특성 관리 작업을 할 때 처음에 열의 내용이 잘 보이지 않으므로 해당 부분을 한번 클릭하고 작업하는 것을 권장합니다.

- **Maximize Column (열 최대화)**

    선택한 열의 열 헤더와 데이터 내용에 맞게 해당 열의 폭을 변경합니다.

- **Optimize all columns (모든 열 최적화)**

    각 열의 내용에 맞게 모든 열의 폭을 변경합니다.

- **Optimize column (열 최적화)**

  선택한 열의 내용에 맞게 해당 열의 폭을 변경합니다.

- **Freeze column (or Unfreeze column) (열 동결 또는 열 동결해제)**

  동결 시에는 동결한 열과 왼쪽에 있는 모든 열이 스크롤할 때 표시됩니다. 모든 열이 스크롤 되도록 하려면 열을 동결해제합니다.

- **Restore All Columns to Defaults (전체 열을 기본값으로 복원)**

  모든 열을 기본 표시 및 폭 설정으로 지정합니다.

제도 통칙에서 정하고 있는 선굵기의 비율

- **가는선 : 굵은선 : 아주 굵은선 → 1 : 2 : 4**

- **윤곽선** : 용지와 작업공간을 구분하는 선 (출력시 1mm Pline)

- **외형선(입면도에서)** : 건축물의 정면이나 측면, 배면에서 바라봤을 때 외관을 그린 도면에서 사용되는 선

- **단면선** : 건축물에서 내가 보여주고 싶은 부분을 잘랐을 때 잘린 부분을 그리는 선이자, 가장 먼저 보이는 부분을 그리는 선으로 도면이 담고 있는 가장 핵심 정보를 표현하는 선

- **입면선(단면도에서)** : 대상물의 입면부위를 나타내는데 사용합니다. 단면도 작업시 입면선은 중간 굵기의 선이 됩니다.

  ※ 단면도에서 단면선 입접한 곳에 입면선 표현은 되도록 피하는 것이 좋습니다.

- **마감선** : 최종적인 작업이 끝났을 경우에 만들어지는 표면 부분의 위치를 나타내는 선

LAYER 도면층 특성 관리 따라하기

* 도면층 특성 관리 부분만 연습하고 문자와 치수 부분은 다른 챕터에서 다룹니다.
* 각 시험용 설정을 참고하기 바랍니다.

■── 전산응용건축제도기능사 도면층 만들기

 요구사항 확인하기 선의 통일을 기하기 위하여 아래와 같이 선의 색을 정리하여 출력하시오.

흰색 – 0.3mm	녹색 – 0.2mm	노랑 – 0.4mm
하늘색 – 0.3mm	빨강 – 0.2mm	파랑 – 0.1mm

Layer 명칭	단면선	입면선	중심선	마감선	치수및문자	해칭선
Color	노랑	하늘색	빨강	녹색	흰색	파랑
Linetype	Continuous	Continuous	Center	Continuous	Continuous	Continuous
Lineweight	0.4	0.3	0.2	0.2	0.3	0.1

* 선의 굵기(출력설정 참고용으로 셋팅) 0.1은 없기 때문에 0.09 출력 설정에서 0.1로 지정 합니다.
* 굵은선, 중간굵기선, 가는선, 아주 가는선 순으로 용도별 굵기를 기억하세요. 색상을 외우는 것이 아닙니다.
* 요구사항에서 주어지기 때문에 용도를 잘 기억하기 바랍니다.

❶ AutoCAD 실행 후 새 문서 열기, acadiso.dwt 문서 클릭

❷ 화면의 그리드 상태바(Status bar)에서 켜져 있는 부분 클릭하여 OFF, 바로가기 키 F7

❸ 명령행에 Zoom 명령어 입력 후 완료

- 옵션 a 입력 후 완료 (화면 한계 영역이 꽉차게 들어옴. 눈에는 보이지 않습니다.)

❹ 명령행에 LineType(선종류 도면에 로드) (단축: LT) 입력 후 완료하여 대화상자 불러오기

- 우측 상단 Load... 버튼 클릭하여 Linetype 로드 상자 불러오기
- 로드 상자에서 BATTING, CENTER, HIDDEN 3가지를 선택하고 OK(확인) 버튼을 클릭
- LineType 설정창에 로드된 선을 확인하고 Show details 클릭하여 숨은보기를 확장
- Details 항목에 Global scale Factor 15 입력후 OK(확인) 버튼을 클릭하여 완료
- 간격과 모양을 가지는 선들은 좀더 촘촘하게 표현됩니다.

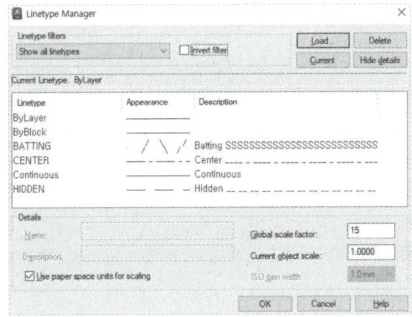

❺ 명령행에 LA 입력후 완료하여 도면층 특성 관리창 불러오기

- 새 도면층 만들기 아이콘을 마우스로 6번 클릭

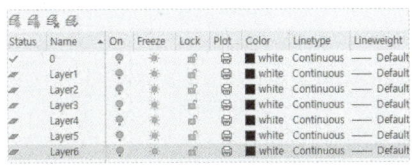

- 도면명칭 Layer1, Layer2 ...을 보고 숫자 1~6번까지 확인후 Color(색상)열 색상 아이콘을 Layer1부터 차례대로 클릭하여 색상번호를 Layer1 은 1, Layer2 는 2 등과 같이 색상을 변경합니다. 단 Layer6은 검정색 7번으로 변경합니다.
- Index color 중간에 있는 9개 색상을 앞에서부터 차례대로 마우스로 클릭하여도 되고 대화상자 열렸을 때 Color 박스안 텍스트 활성화 시 바로 숫자를 입력해도 됩니다.

❻ 도면층 이름 바꾸기

- Name 열에 Layer1을 클릭하고 F2키 입력 그리고 중심선(색상은 빨강) 으로 입력하고 확인

- 키보드 방향키 아래방향 클릭하면 Name 열에 박스가 아래로 한칸 내려갑니다.

- 다시 F2키를 입력 하고 단면선(색상은 노랑) 으로 입력하고 확인 후 키보드 방향키 아래방향 클릭

- 이런식으로 하여 녹색 도면층 이름은 마감선, 하늘색 도면층은 입면선, 파랑색 도면층은 해칭, 흰색 도면층은 치수및 문자로 변경하여 줍니다.

❼ Linetype 열에서 도면층 이름 중심선에 해당하는 Continuous 클릭

- Select Linetype 상자가 나오면 CENTER 선택후 하단 OK(확인) 버튼 클릭

- 중심선 도면층 Linetype 열 CENTER로 변경된 것을 확인

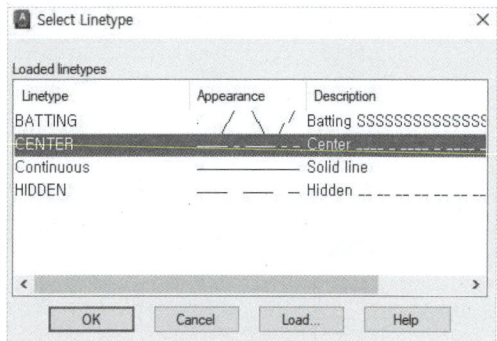

❼ 최종 확인 후 도면층 관리자 상자 닫기

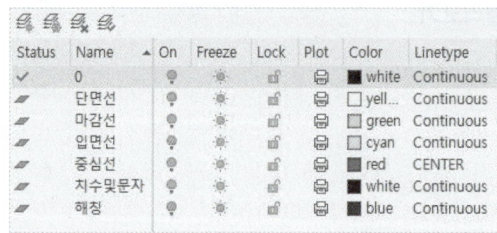

> **Tip.**
> - 앞의 마지막 그림을 보면서 연습하기 바랍니다.
> - Linetype은 텍스트로 보여 집니다. Lineweight(선가중치)의 선의 모양과 혼동하면 안됩니다.

- Lineweight(선가중치) 작업을 해도 되지만 출력시 출력설정에 색상에 대응하는 굵기를 별도로 정하므로 참고용으로 입력할 수 있습니다. 색깔에 대응하는 굵기를 선택하면 됩니다. 단 0.1에 대응하는 것은 없으므로 0.09를 선택하고 출력설정에서 파랑색을 0.9로 변경하면 됩니다. 시험에서는 Lineweight(선가중치)는 설정하지 않는 것을 권장합니다. 출력설정에서 잊지 말고 하면 해결됩니다.

- 자격시험에서 도면층 이름을 숫자로 1~7까지 붙여서 6번은 삭제 후 작업하는 경우도 있습니다. 도면층 이름을 채점하는 것이 아니고 용도에 따른 출력시 굵기를 보기에 그렇습니다.

- 숫자로 붙이고 색상(Color) 번호를 그대로 대응시키면 시험에서는 좀더 빠른 작업이 가능합니다. 단, 용도에 따른 굵기를 정확히 이해하고 있어야 요구 사항에 나오는 굵기별 도면층을 활용할 수 있습니다.

  ※ 실제 현장에서는 색상별 용도를 쓰지 않습니다. 색상은 회사 내부 설정에 따라 달라질 수 있습니다. 선 용도에 따른 굵기는 한국산업표준 규격에 정함에 따라 규칙을 준수해야 합니다. 색상으로 용도를 정하지 않는다는 것을 기억하기 바랍니다.

■── 건축 입면도 시험용 선의 굵기

- 콘크리트 구조 외형은 외형선-정면에서 볼때 바로 보이는 구조를 생각 (굵은선) **0.4**

- 계단/테라스 관련 선(논슬립X) (중간굵기) **0.3**

- 뒤에 보이는 지붕 슬래브 입면, 지붕상단 수키와 마지막선, 용머리기와, 개구부 표현(창호및문) (가는선) **0.2**

- 조경/재료의표현(벽돌/모르타르/유리코킹/계단논슬립/시멘트기와/암키와3켜) (아주 가는선) **0.1**

■ 건축 단면상세도 시험용 선의 굵기

- 구조체 단면선 (굵은선) **0.4**
- 잘리지 않고 보이는 외형선, 부재 입면선 (중간굵기선) **0.3**

    ※ 굵은선 옆에 바로 쓰는것은 지향(반자틀/반자돌림은 중간 굵기)
    ※ 입면도에서 작업하는 선이 아닙니다.

- 중심선 (가는선) **0.2**
- 최종적인 작업이 끝났을 경우에 만들어지는 표면 부분의 위치 마감선 (가는선) **0.2**
- 치수선, 치수보조선, 지시선관련, 치수문자, 문자 (중간굵기선) **0.3**
- 재료표현의 패턴 또는 해칭 (아주가는 선) **0.1**

■ 전산응용기계제도기능사 도면층 만들기

 선 굵기에 따른 색상은 다음과 같이 설정하시오.

선굵기	색상	용도
0.70 mm	하늘색(Cyan)	윤곽선, 중심마크
0.50 mm	초록색(Green)	외형선, 개별주서
0.35 mm	노란색(Yellow)	숨은선, 치수문자, 일반주서
0.25 mm	빨강(Red), 흰색(White)	치수선, 치수보조선, 중심선, 해칭선 등

* 위 표는 Autocad 프로그램 상에서 출력을 용이하게 위한 설정이므로 다른 프로그램을 사용할 경우 위 항목에 맞도록 문자, 숫자, 기호의 크기, 선 굵기를 지정하시기 바랍니다.

- 문자, 숫자, 기호의 높이는 7.0 mm, 5.0 mm, 3.5 mm, 2.5 mm 중 적절한 것을 사용하시오.

❶ **AutoCAD 실행 후 새 문서 열기, acadiso.dwt 문서 클릭**

❷ **화면의 그리드 상태바(Status bar)에서 켜져 있는 부분 클릭하여 OFF, 바로가기 키 F7**

❸ **명령행에 Zoom 명령어 입력 후 완료**

- 옵션 a 입력 후 완료 (화면 한계 영역이 꽉차게 들어옴. 눈에는 보이지 않습니다.)

❹ **명령행에 LineType(선종류 도면에 로드) (단축: LT) 입력 후 완료하여 대화상자 불러오기**

- 우측 상단 Load... 버튼 클릭하여 Linetype 로드 상자 불러오기
- 로드 상자에서 CENTER2(중심선2), HIDDEN2(숨은선2), PHANTOM2(가상선2) 3가지를 선택하고 OK(확인) 버튼을 클릭
- Details 항목은 기본값으로 놓아둠.
  ※ 기계 시험의 경우 1:1 실척으로 대부분 작도되어 개별 특성에 기본 Linetype Scale을 조정하기 때문

❺ **명령행에 LA 입력후 완료하여 도면층 특성 관리창 불러오기**

- 그림과 같이 설정합니다.

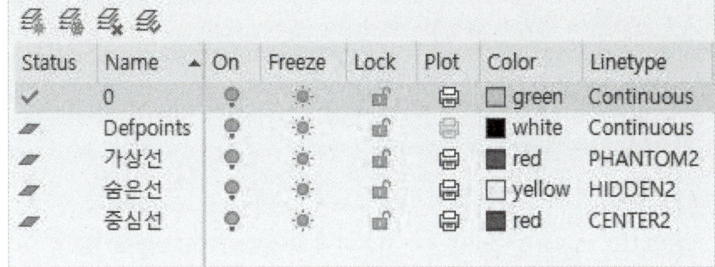

- 도면층 3개를 각각 가상선, 숨은선, 중심선으로 이름을 지정
- 색상의 경우 숨은선은 중간굵기인 노란색, 나머지 가상선과 중심선은 가는선인 빨간색, Layer 0(디폴트 레이어)의 색상은 굵은선 초록색을 지정
- Linetype 열은 중심선 Layer는 CENTER2, 숨은선 Layer는 HIDDEN2, 가상선 Layer는 PHANTOM2 각각 지정
- Layer 0(디폴트 레이어)은 기본값 실선으로 놓아둠
  ※ Defpoints 도면층은 치수기입을 한번이라도 하면 자동으로 생겨지는 기본 Layer임 (삭제 불가)

Tip

01. 시험에서의 선의 굵기에 따른 색상

- **윤곽선 – 하늘색** = 윤곽선: 용지와 작업공간을 구분하는 선, 중심마크

- **외형선 – 초록색** = 외형선(객체가 가지는), 개별주서(주서라는 두글자), 부품번호, 전체표면 거칠기기호(부품별 상단)

- **중간선 – 노란색** = 숨은선, 치수문자, 주서문장, 부품란, 표제란, 대칭기호, 요목표테두리선
  ※ 요목표테두리선 : 작품명과 품번란의 경계선을 의미, 표에서 좌측라인 전체 나머지 표선은 가는선으로

- **가는선 – 빨간색** = 중심선, 가상선, 나사피치선, 파단선, 해칭선, 치수선/치수보조선, 표면거칠기기호, 부분상세도테두리선, 부품번호표시원, 형상기하공차박스

- **가는선 – 흰색** = 중심선, 가상선, 나사피치선, 파단선, 해칭선, 치수선/치수보조선, 표면거칠기기호, 부분상세도테두리선, 부품번호표시원, 형상기하공차박스
  ※ 치수의 경우 치수스타일 설정에서 치수문자 : 노란색(중간), 치수선/치수보조선 : 빨간색

02. 시험에서의 문자 형식, 색상, 높이

- **문자 형식**
  - 영문체, 숫자 – romans, isocp, simplex
  - 한글(고딕체) – whgtxt (굴림체, 돋움체를 쓰는경우 문자스타일 별도 지정해야 함)

- **색상, 높이, 용도**
  - 노란색 – 3.15mm = 치수문자, 주서문장, 표제란, 부품란, 요목표, 기타표에 들어가는 글씨
  - 초록색 – 5mm = 개별 '주서', 부품번호, 상세도글씨, 단면도글씨, 요목표제목(작품명 등)
  - 빨간색 – 2.24mm = 일반공차, 표면거칠기

03. 기타 사항

- 기계제도 시험에서는 선의 종류를 레이어에 셋팅하지 않고 Linetype에서 로드만하여 개별 특성을 이용하여 선종류를 바꾸어 작도합니다.

- 가는선을 제외한 선의 용도는 명확하게 정해져 있기 때문에 윤곽선 작도 관련하여 굵은선, 중간굵기선 용도 5개를 제외한 나머지는 전부 가는선으로 기억하면 됩니다. 특수 용도에 대한 몇가지만 기억하면 용도별 굵기는 외우지 않아도 됩니다.

MATCHPROP 특성 일치 및 Layers 패널 도구

03

- 특성을 객체 간에 복사하는 개념과 기능을 이해한다.
- **MA 명령** 기본 사용과 **Property Settings (특성 설정)** 대화상자 기능을 이해한다.
- **Layers 패널 도구**의 기본 기능을 이해한다.

기본 사용법

리본	Home 탭 → Properties 패널 → Match Properties 아이콘
명령 입력	명령창에 **MATCHPROP** 입력 후 `Enter`, 단축키: **MA** 입력 후 `Enter` (단축키 활용 권장)

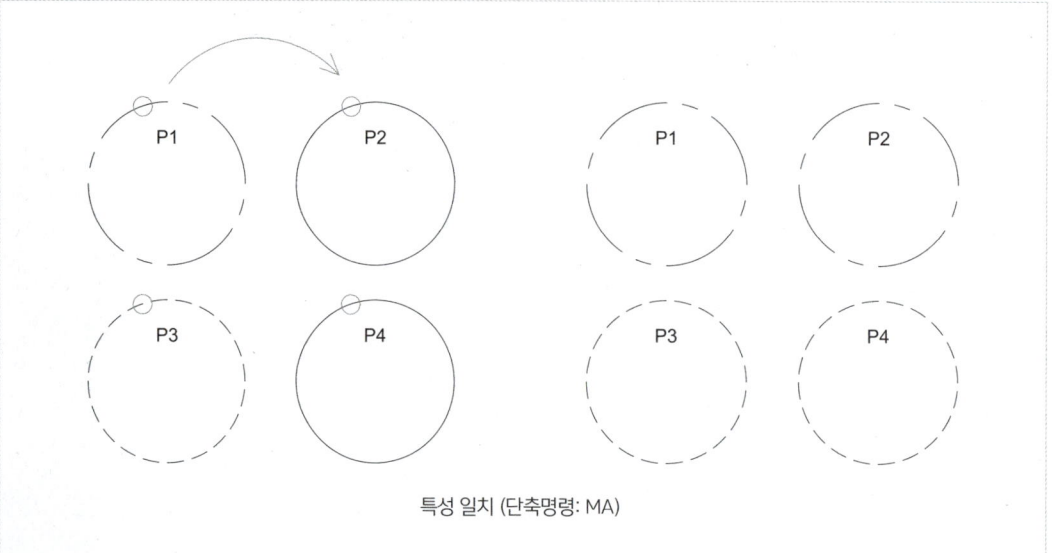

특성 일치 (단축명령: MA)

Command: **MA**
→ 명령행 MA 입력 후 ↵

Select source object: → 원본 객체 선택 (P1)

Current active settings: Color Layer Ltype Ltscale Lineweight Transparency Thickness PlotStyle Dim Text Hatch Polyline Viewport Table Material Multileader Center object
→ 복사 가능한 객체 특성 미리보기

Select destination object(s) or [Settings]: → 대상 객체 선택 (P2)

Select destination object(s) or [Settings]: → 완료(더이상 일치 시킬 객체가 없으면)

Command: **MA**
→ 명령행 MA 입력 후 ↵

Select source object: → 원본 객체 선택 (P3)

Current active settings: Color Layer Ltype Ltscale Lineweight Transparency Thickness PlotStyle Dim Text Hatch Polyline Viewport Table Material Multileader Center object
→ 복사 가능한 객체 특성 미리보기

Select destination object(s) or [Settings]: → 대상 객체 선택 (P4)

Select destination object(s) or [Settings]: → 완료(더이상 일치 시킬 객체가 없으면)

옵션 살펴보기

- **Select source object (원본 객체 선택)** : 특성을 복사할 객체를 지정
- **Select destination object(s) (대상 객체 선택)** : 원본 객체의 특성을 복사할 대상 객체를 지정
  ※ 다른 도면으로 전환하여 대상 객체를 선택할 수도 있습니다.
- **Settings (설정)** : 대상 객체에 복사할 객체 특성을 조정할 수 있는 특성 설정 대화상자를 표시. 기본적으로 복사를 위해 모든 객체 특성이 선택되어 있음.

▬ Property Settings 특성 설정 대화상자

Select destination object(s) or [Settings]: **S**

→ 옵션 s 입력 후 완료 (특성 설정 대화상자 표시)

특성 설정 대화상자에서 원본 객체에서 대상 객체로 복사할 기본 특성 및 특수한 특성을 지정합니다.
기본적으로 모든 특성이 다 체크 되어 있습니다.

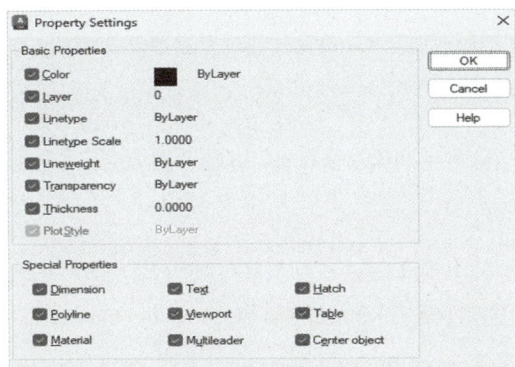
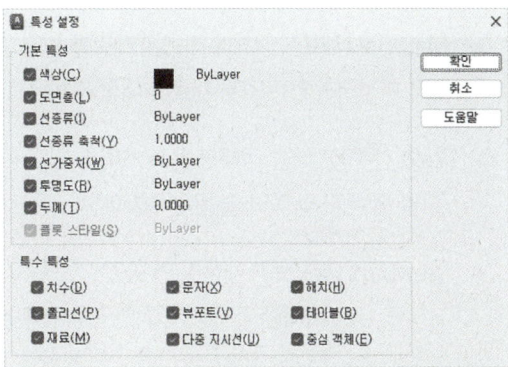

❶ Basic Properties (기본 특성)

- **Color (색상)** : 대상 객체의 색상을 원본 객체의 색상으로 변경 (모든 객체에 사용 가능)
- **Layer (도면층)** : 대상 객체의 도면층을 원본 객체의 도면층으로 변경 (모든 객체에 사용 가능)

- **Linetype (선종류)** : 대상 객체의 선종류를 원본 객체의 선종류로 변경 (속성, 해치, 여러 줄 문자, 점 및 뷰포트를 제외한 모든 객체에 사용 가능)

- **Linetype Scale (선종류 축척)** : 대상 객체의 선종류 축척 비율을 원본 객체의 선종류 축척 비율로 변경 (속성, 해치, 여러 줄 문자, 점 및 뷰포트를 제외한 모든 객체에 사용 가능)

- **Lineweight (선가중치)** : 대상 객체의 선가중치를 원본 객체의 선가중치로 변경 (모든 객체에 사용 가능)

- **Transparency (투명도)** : 대상 객체의 투명도를 원본 객체의 투명도로 변경 (모든 객체에 사용 가능)

- **Thickness (두께)** : 대상 객체의 두께를 원본 객체의 두께로 변경 (호, 속성, 원, 선, 점, 2D 폴리선, 영역 및 문자에만 사용 가능)

- **Plot Style (플롯 스타일)** : 대상 객체의 플롯 스타일을 원본 객체의 플롯 스타일로 변경 (색상 종속 플롯 스타일 모드에서 작업 중인 경우 이 옵션을 사용할 수 없음)

❷ Special Properties (특수 특성)

- **Dimension (치수)** : 대상 객체의 치수 스타일 및 주석 특성을 원본 객체의 치수 스타일 및 주석 특성으로 변경 (치수, 지시선 및 공차 객체에만 사용 가능)

- **Polyline (폴리선)** : 대상 폴리선의 폭 및 선종류생성 특성을 원본 폴리선의 폭 및 선종류생성 특성으로 변경 (원본 폴리선의 맞춤/부드러움 특성 및 고도는 대상 폴리선으로 전송되지 않음. 원본 폴리선이 가변 폭을 가지고 있는 경우, 폭 특성은 대상 폴리선으로 전송되지 않음)

- **Material (재료)** : 객체에 적용된 재료를 변경 (원본 객체에 재료가 지정되어 있지 않고 대상 객체에는 재료가 지정되어 있는 경우 재료가 대상 객체에서 제거됨)

- **Text (문자)** : 대상 객체의 문자 스타일 및 주석 특성을 원본 객체의 문자 스타일 및 주석 특성으로 변경 (단일 행 문자 및 여러 줄 문자 객체에만 사용 가능)

- **Viewport (뷰포트)** : 대상 도면 공간 뷰포트의 켜짐/꺼짐, 잠금, 표준 또는 사용자 축척, 음영 플롯, 스냅, 그리드, UCS 아이콘 가시성 및 위치 특성을 원본 뷰포트의 특성과 일치하도록 변경

  ※ 다음 뷰포트 설정은 전송되지 않습니다. 1) Clipping(자르기) 2) Freeze/thaw layer states(도면층 상태 동결/동결해제) 3) UCS per viewport(뷰포트당 UCS) : AutoCAD LT에는 해당되지 않음

- **Multileader (다중 지시선)** : 대상 객체의 다중 지시선 스타일 및 주석 특성을 원본 객체의 다중 지시선 스타일 및 주석 특성으로 변경 (다중 지시선 객체에만 사용 가능)

- **Hatch (해치)** : 대상 객체의 해치 특성(주석 특성 포함)을 원본 객체의 해치 특성으로 변경 (해치 원점을 일치시키려면 HATCH 또는 HATCHEDIT의 상속 특성을 사용합니다. 해치 객체에만 사용 가능)

- **Table (테이블)** : 대상 객체의 테이블 스타일을 원본 객체의 테이블 스타일로 변경 (테이블 객체에만 사용 가능)

- **Center object – Center Mark and Centerline objects (중심 객체 – 중심 표식 및 중심선 객체)** : 대상 객체의 연장 길이와 같은 기하학적 특성을 원본 객체의 특성으로 변경 (중심 표식 및 중심선 객체에만 사용 가능)

■ Layers 패널 도구 알아보기

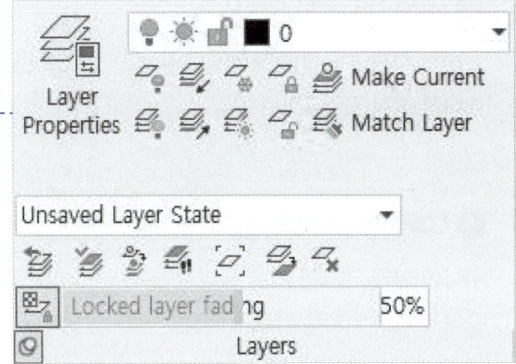

❶ Layer Properties Manager (도면층 특성 관리자)

도면층을 추가하거나 삭제하고 도면층의 이름을 바꿀 수 있습니다. 또한 특성을 변경하거나, 배치 뷰포트에서 특성 재지정을 설정하거나, 도면층 설명을 추가할 수도 있습니다.

❷ 비교

❸ LAYERSTATE (도면층 상태) `Unsaved Layer State`

도면층 상태라고 불리는 도면층 설정 세트를 저장하고, 복원하고, 관리합니다.
도면층 상태 관리자가 표시됩니다.

❹ LAYERP

도면층 설정에 대한 마지막 변경 사항을 취소합니다.

❺ LAYCUR

선택한 객체의 도면층 특성을 현재 도면층으로 변경합니다. 잘못된 도면층에서 작성된 객체가 발견되면 신속하게 현재 도면층으로 옮길 수 있습니다.

❻ COPYTOLAYER

하나 이상의 객체를 다른 도면층에 복사합니다. 선택한 객체의 중복 객체를 지정한 도면층에 작성합니다. 중복 객체의 위치를 다르게 지정할 수도 있습니다.

❼ LAYWALK

선택한 도면층의 객체를 표시하고 다른 모든 도면층의 객체를 숨깁니다. LayerWalk 대화상자가 표시되며 도면의 모든 도면층 리스트가 표시됩니다. 도면에 도면층 수가 많은 경우, 이 대화상자에 표시된 도면층 리스트를 필터링할 수 있습니다. 이 명령을 사용하여 각 도면층의 객체를 검토하고, 참조되지 않는 도면층은 소거합니다. 기본적으로 이 효과는 일시적이며 대화상자를 닫으면 도면층이 복원됩니다.

❽ LAYVPI

현재 뷰포트를 제외한 모든 도면층 뷰포트에서 선택한 도면층을 동결합니다. 현재 뷰포트만 제외한 모든 뷰포트에서 도면층을 동결하여 현재 뷰포트에서 선택한 객체의 도면층을 분리합니다. 모든 배치를 분리하거나 현재 배치만 분리하도록 선택할 수 있습니다. 이 명령은 도면층 특성 관리자에서 VP 동결 기능의 사용 프로세스를 자동화합니다. 다른 배치 뷰포트에서 동결할 각 도면층의 객체를 선택합니다.

※ LAYVPI는 TILEMODE가 0으로 설정되어 있으며 둘 이상의 도면 공간 뷰포트가 정의되어 있는 경우에만 작동합니다.

❾ LAYMRG

선택한 도면층을 대상 도면층에 병합하여 도면에서 제거합니다. 도면층을 결합하여 도면의 도면층 수를 줄일 수 있습니다. 병합된 도면층의 객체는 대상 도면층으로 옮겨지고, 원래 있던 도면층은 도면에서 소거됩니다.

❿ LAYDEL

도면층에서 모든 객체를 삭제하고 도면층을 소거합니다. 삭제될 도면층을 사용하는 블록 정의도 이 명령으로 변경됩니다. 해당 도면층의 객체도 모든 블록 정의에서 삭제되며 관련된 블록은 재정의됩니다.

⓫ LAYLOCKFADECTL (시스템 변수)

잠긴 도면층의 객체에 대한 페이드 양을 조정합니다.

객체 선택하기

CHAPTER ———————————— 06

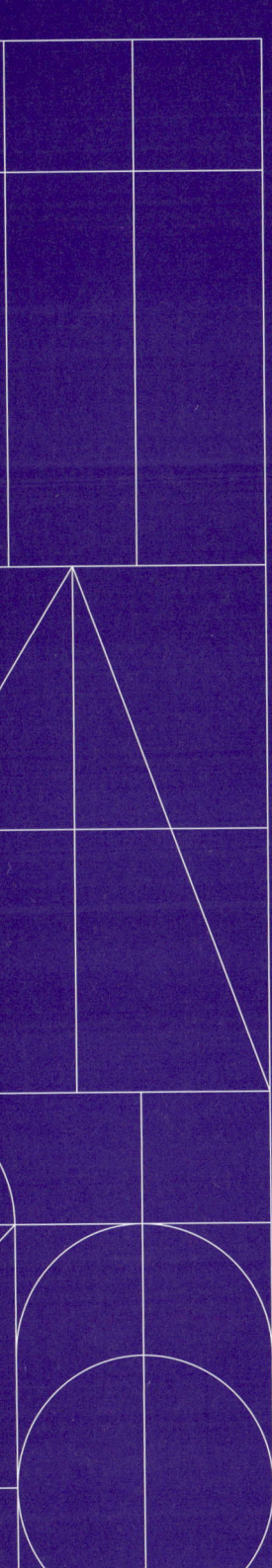

01 객체 선택하기 Select Objects

02 Options 대화상자의 Selection 선택 탭

03 QSELECT 신속 선택

04 GROUP 그룹

01 객체 선택하기 Select Objects

- 오토캐드에서 **객체 선택**의 다양한 방법과 원리를 이해한다.
- 기본적인 선택 방법과 다양한 옵션을 활용하여 원하는 객체를 빠르고 정확하게 선택하는 기술을 습득한다.

CAD 작업은 크게 그리기와 수정하기, 삭제하기로 구분됩니다. 그려져 있는 객체를 수정하거나 삭제하기 위해서는 대상 객체의 선택은 필수적입니다. 단순히 화면에 있는 객체를 선택할 수도 있고, 명령어 실행 중 **Select Objets**라는 행이 나오면 객체 선택이 필요한 경우입니다. 단일 객체를 클릭하여 선택하거나, 여러 개의 다중 객체를 마우스로 클릭&드래그하여 선택하는 것이 기본적인 방법입니다.

■── 마우스 포인터 기본 모양

대부분의 수정 명령어(MOVE, COPY, ERASE 등)를 실행하면 객체 선택 단계에서 다양한 선택 방법을 선택해 객체를 선택합니다. 사각형 박스(Pick Box) 명령을 실행한 다음 사각형 모양으로 바뀌면 원하는 객체를 마우스로 하나씩 선택합니다.

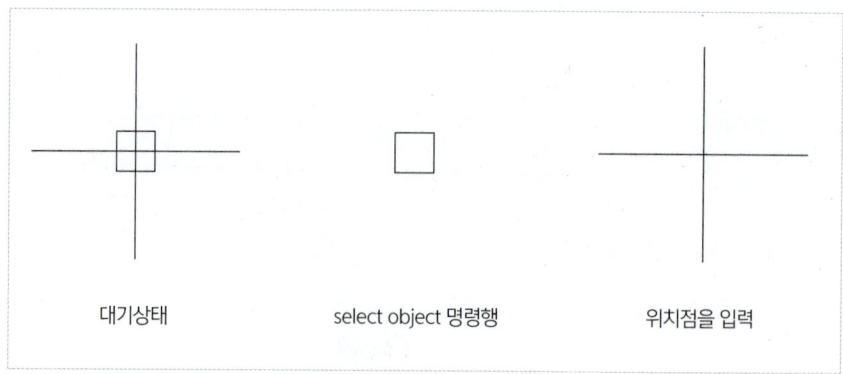

대기상태   select object 명령행   위치점을 입력

■ 선택 기본 방법 옵션 없이 마우스로 선택

❶ 객체를 클릭하거나 윈도우 또는 크로싱 방식을 사용하여 선택합니다.

- **개별 객체 선택** : 해당 객체를 클릭합니다. 선택 시 계속 추가됩니다. (기본 설정)
- **직사각형 선택 영역 지정** : 마우스 버튼을 클릭했다가 놓고 커서를 이동한 다음 다시 클릭합니다.
- **올가미(Lasso) 선택 영역 지정** : 마우스 버튼을 클릭하고 드래그한 다음 놓습니다. (옵션에서 해제하면 사용되지 않습니다.)

❷ 선택되어 있는 객체를 Shift 키를 누른 상태로 다시 선택하면 취소, 그냥 선택하면 선택 객체가 추가됩니다.

■ 직사각형 선택 영역 지정

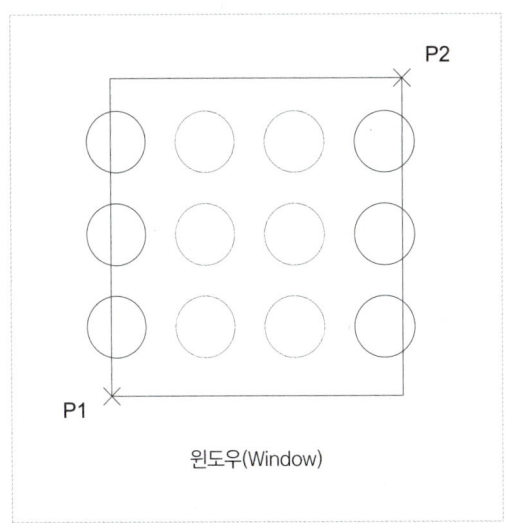

윈도우(Window)

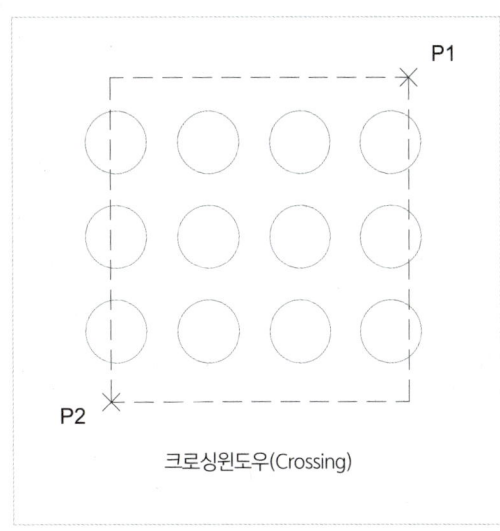

크로싱윈도우(Crossing)

△ **윈도우(Window) 방식**
- 왼쪽 하단(P1) 클릭 다시 오른쪽 상단 대각(P2) 클릭
- 사각형 안에 완전히 들어간 객체만 선택됩니다.

△ **크로싱윈도우(Crossing) 방식**
- 오른쪽 상단(P1) 클릭 다시 왼쪽 하단 대각(P2) 클릭
- 사각형 안에 완전히 들어간 객체뿐만 아니라 점선에 걸친 객체도 선택됩니다.

■ 올가미 Lasso 선택 영역 지정 자주 활용되지는 않으며 기본 설정 해제

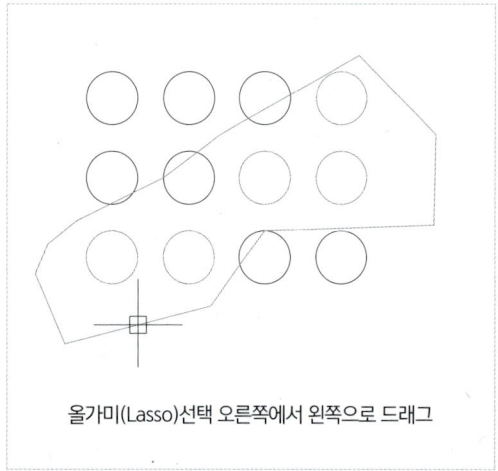

올가미(Lasso)선택 오른쪽에서 왼쪽으로 드래그

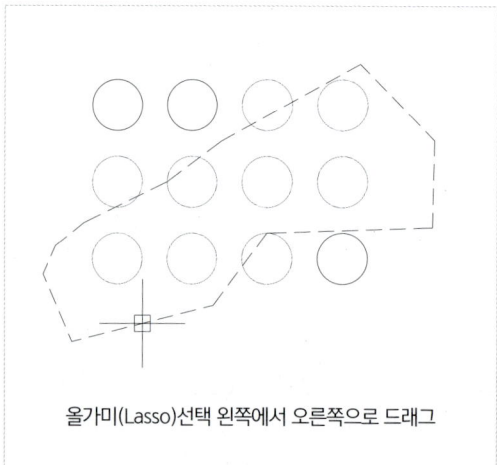

올가미(Lasso)선택 왼쪽에서 오른쪽으로 드래그

▲ 윈도우(Window) 방식
- 오른쪽에서 왼쪽으로 드래그
- 영역 안에 완전히 들어간 객체만 선택됩니다.

▲ 크로싱윈도우(Crossing) 방식
- 왼쪽에서 오른쪽으로 드래그
- 영역 안에 완전히 들어간 객체뿐만 아니라 점선에 걸친 객체도 선택됩니다.

※ 올가미 선택을 사용할 때는 스페이스바를 한 번씩 눌러 윈도우, 크로싱윈도우 방식을 전환할 수 있습니다.

■ 객체 선택 옵션 살펴보기

객체를 선택하는 가장 기본은 마우스로 객체를 하나씩 클릭하는 방법입니다. 그러나 이 방법은 개수가 많은 객체를 선택하는 경우 많은 시간이 소모되고 정확성이 떨어집니다. 다양한 객체 선택 옵션들을 이용하면 빠르고 편하고 정확한 객체를 선택하여 작업할 수 있습니다.

→ 화면 작업할 위치점 클릭

Select objects: ? → 명령어 실행 중 Select objets 라는 행이 나오면 ?를 입력 후 ↵
Expects a point or Window/Last/Crossing/BOX/ALL/Fence/WPolygon/CPolygon/Group/Add/Remove/Multiple/Previous/Undo/AUto/SIngle/SUbobject/Object
→ 많은 선택 옵션들이 나타납니다. 물음표를 입력하지 않아도 해당 단축 옵션을 필요한 부분만 기억하여 직접 단축 옵션을 입력하여 사용 합니다. 이러한 형태의 명령 옵션을 '투영 명령'이라고 합니다. 입력한 선택 모드는 현재 객체 선택 프롬프트에 대해서만 유효합니다.

> *** 한글 표시**
>
> 윈도우(W) / 최종(L) / 걸치기(C) / 상자(BOX) / 전체(ALL) / 울타리(F) / 윈도우폴리곤(WP) / 걸침폴리곤(CP) / 그룹(G) / 추가(A) / 제거(R) / 다중(M) / 이전(P) / 명령취소(U) / 자동(AU) / 단일(SI) / 하위 객체(SU) / 객체(O)

- **Select objects 선택 모드 (명령 수정자)** : 객체를 선택하기 위한 프롬프트에 SELECT 명령에 설명된 유효한 선택 모드 중 하나를 입력합니다.

- **객체 선택 (기본방식)** : 클릭하여 객체를 선택합니다.

- **Window (윈도우)** : 두 점을 대각으로 입력하여 사각형 영역 지정을 하여 여러 개의 객체를 선택할 수 있습니다. 마우스를 이용하여 화면에 한 점을 클릭하고 오른쪽 대각선(상단)으로 한 점을 클릭하면 실선으로 사각형이 만들어집니다. 이때 사각형 안에 완전히 들어간 객체만 선택됩니다. (객체를 구성하는 모든 점들이 완전히 포함되어야 함)

- **Crossing (걸치기, 크로싱윈도우)** : 윈도우와 같이 두 점을 대각으로 입력하여 사각형 영역 지정을 하여 여러 개의 객체를 선택할 수 있습니다. 마우스를 이용하여 화면에 한 점을 클릭하고 왼쪽 대각선(하단)으로 한 점을 클릭하면 점선으로 사각형이 만들어집니다. 이때 사각형 안에 완전히 들어간 객체뿐만 아니라 점선에 걸친 객체도 선택됩니다.

- **All (전체)** : 화면에 있는 모든 객체를 한 번에 선택합니다. = `Ctrl` + `A`

※ off 나 Lock 된 Layer에 지정되어 있는 객체들은 선택할 수 없습니다.

- **Fence (울타리, 펜스)** : 옵션 F를 입력하고 마우스를 이용하여 점을 찍어 나가면 점선으로 선이 그려집니다. Fence로 만들어진 선에 걸쳐지는 객체는 선택이 되며 영역으로는 선택이 되지 않습니다. TRIM, EXTEND 명령에 사용됩니다.

- **WPolygon(윈도우폴리곤)** : 옵션 WP를 입력하고 마우스를 이용하여 다각형을 만들면 Window와 같이 다각형에 완전히 포함된 객체만 선택됩니다. 복잡합 도면을 작업하는 경우 이 방법을 이용하면 객체를 정밀하게 선택할 수 있습니다.

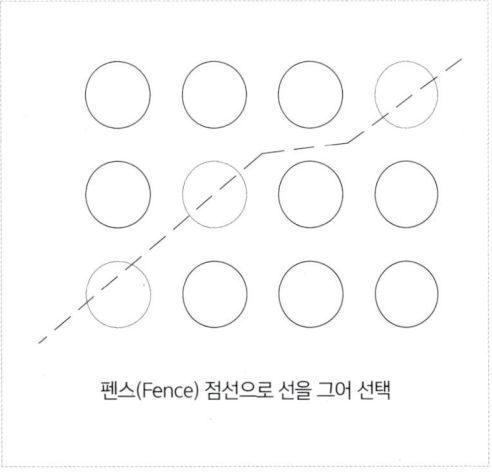

펜스(Fence) 점선으로 선을 그어 선택

- **CPolygon(Crossing Polygon, 걸침폴리곤)** : 옵션 CP를 입력하고 마우스를 이용하여 다각형을 만들면 Crossing과 같이 다각형에 완전히 포함된 객체와 걸쳐진 객체를 선택할 수 있습니다.

- **Remove/Add (제거/추가)** : 여러 개의 객체가 선택되어 있는 경우 Undo를 이용하면 선택한 순서와 반대로 하나씩 취소됩니다. Remove를 이용하면 선택된 순서와 상관없이 선택하여 객체를 취소할 수 있습니다. Select objets에 Remove 또는 R을 입력하여 사용합니다(Remove objects로 명령행 변경). Remove objects에서 Add 또는 A라고 입력하면 다시 Select Object 로 되돌아갑니다.

   ※ 선택되어 있는 객체를 Shift 키를 누른 상태로 다시 선택하면 취소, 그냥 선택하면 선택 객체가 추가됩니다. Remove와 Add를 사용하는 것보다 간편하게 객체를 선택하고 취소할 수 있습니다.

- **Previous (이전)** : 옵션 P를 입력하고 실행하면 가장 마지막에 선택하여 작업한 객체를(명령을 수행한 객체를 선택) 다시 선택할 수 있습니다. Trim을 예로 들면 자르는 기준선을 선택하고 대상의 잘릴 부분을 삭제합니다. 이 경우 기준선이 다시 선택됩니다.

- **Last (최종)** : 옵션 L을 입력하고 실행하면 현재 화면에 있는 객체들 중에 가장 마지막으로 생성된 객체가 선택됩니다. Previous와는 차이가 있습니다.

- **Box (상자)** : 2개의 점에 의해 지정된 영역 내에 포함되거나 교차하는 모든 객체를 선택합니다. 직사각형의 점이 오른쪽에서 왼쪽으로 지정되면 상자는 교차와 동일한 기능을 합니다. 그렇지 않을 경우에는 상자는 윈도우와 동일한 기능을 합니다.

- **Group (그룹)** : 하나 이상의 명명된 또는 명명되지 않은 그룹 내 모든 객체를 선택합니다. 명명되지 않은 그룹을 지정할 때는 이름에 별표(*)를 포함해야 합니다. 예를 들어, *a3과 같이 입력합니다. LIST 명령을 사용하여 그룹 이름을 표시할 수 있습니다.

- **Multiple (다중)** : 객체 선택 중에 객체를 강조하지 않고 개별적으로 선택합니다. 이렇게 하면 매우 복잡한 객체를 빠르게 선택할 수 있습니다.

- **Undo (명령취소)** : 가장 최근에 선택 세트에 추가된 객체의 선택을 취소합니다.

- **AUto (자동)** : 자동 선택으로 전환됩니다. 객체를 가리키면 객체를 선택하고, 객체 내부 또는 외부의 빈 영역을 가리키면 상자 방법에 의해 정의되는 상자의 첫 번째 구석이 형성됩니다. 자동과 추가가 기본 방법입니다.

- **SIngle (단일)** : 단일 방법으로 전환됩니다. 추가 선택에 대한 프롬프트를 표시하지 않고 첫 번째 객체 또는 지정된 객체 세트를 선택합니다.

- **SUbobject (하위 객체)** : AutoCAD LT에서는 사용할 수 없음, 복합 솔리드나 정점, 모서리 및 3D 솔리드의 면의 일부인 원래 개별 형식을 선택할 수 있습니다. 이러한 하위 객체 중 하나를 선택하거나 하나 이상의 하위 객체의 선택 세트를 작성할 수 있습니다. 선택 세트는 하나 이상의 하위 객체 유형을 포함할 수 있습니다. Ctrl 키를 누르고 있는 것은 SELECT 명령의 하위 객체 옵션을 선택하는 것과 같은 기능을 합니다.

- **Object (객체)** : AutoCAD LT에서는 사용할 수 없음, 하위 객체를 선택할 수 있는 기능을 종료합니다. 객체 선택 방법을 사용할 수 있습니다.

Options 대화상자의 Selection 선택 탭 02

- **OPTIONS** 명령을 실행하여 Selection(선택) 탭의 설정을 이해한다.
- Drafting Settings(제도 설정) 대화상자의 Selection Cycling(선택 순환) 탭을 이해한다.

Options 도구 실행하기

방법1 화면 상단 좌측 응용프로그램 버튼 클릭 → 하단 중앙에 있는 Options (옵션) 단추를 클릭합니다.

방법2 명령 행에 **OPTIONS** 또는 단축 **OP**를 입력하고 완료합니다.

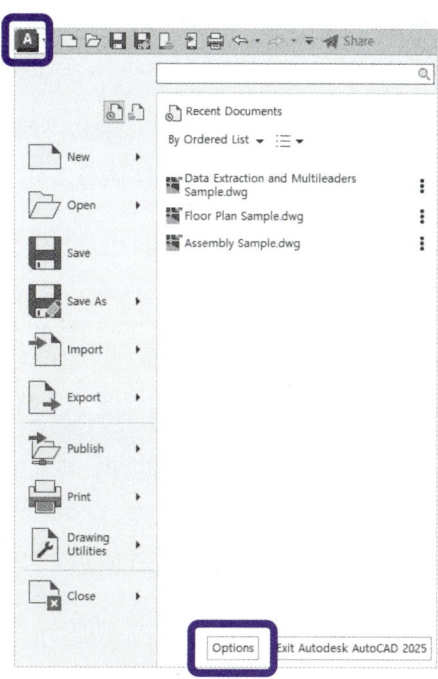

■ Options 대화상자 Selection 선택 탭

- 명령행에 **OPTIONS** 또는 단축 **OP**를 입력하고 완료하면 Options(옵션) 대화상자가 나타납니다.
- **Selection(선택)** 탭을 선택합니다.

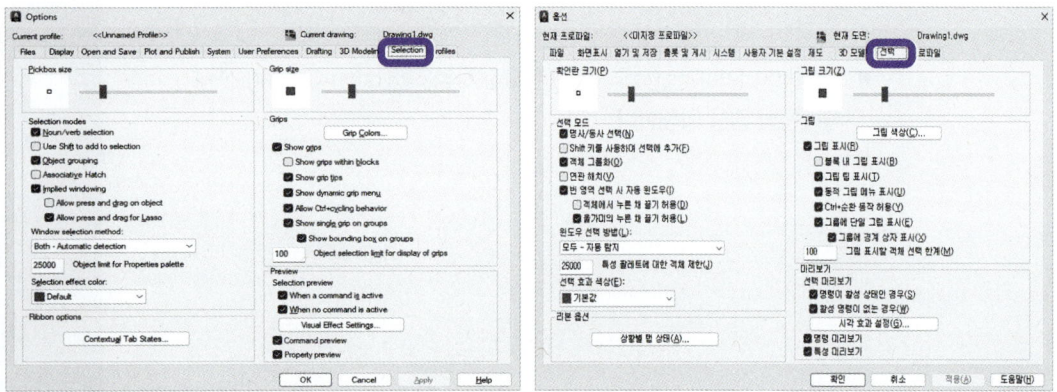

❶ **Pickbox Size (확인란 크기)** : 객체 선택 대상 크기를 독립적 픽셀 단위로 설정(좌측 미리 보기는 현재 화면에서 보여주는 크기임)

❷ **Selection Modes (선택 모드)** : 객체 선택 방법과 관련된 설정을 조정

- **Noun/Verb Selection (명사/동사 선택)** : 명령을 호출하기 전에(명사–동사 선택) 객체를 선택할지 또는 호출한 후에 선택할지 여부를 조정(PICKFIRST 시스템 변수), 기본 값은 체크되어 있음

- **Use Shift to Add to Selection (Shift 키를 사용하여 선택에 추가)** : 이후의 선택 사항이 현재 선택 세트를 대치할지 또는 현재 선택 세트에 추가될지 여부를 조정, 기본 값은 해제되어 있음

- **Object Grouping (객체 그룹화)** : 그룹 내에서 한 객체를 선택하는 경우 그 그룹의 모든 객체를 선택, GROUP을 사용하여 선택을 위해 객체 세트를 작성하고 명명할 수 있음, 기본 값은 체크되어 있음

- **Associative Hatch (연관 해치)** : 연관 해치를 선택하는 경우 선택되는 객체를 결정, 이 옵션을 선택한 경우 연관 해치를 선택하면 경계 객체도 선택됨, 기본 값은 해제되어 있음

- **Implied Windowing (빈 영역 선택 시 자동 윈도우)** : 객체 외부에 한 점을 선택하면 선택 윈도우가 그려지기 시작함. 선택 윈도우를 왼쪽에서 오른쪽으로 그리면 객체가 완전하게 이 윈도우의 경계 안쪽에 있는 객체가 선택됩니다. 오른쪽에서 왼쪽으로 그리면 이 윈도우의 경계 안쪽 및 경계에 걸쳐 있는 객체가 선택됩니다. 기본 값은 체크되어 있음

    ※ Allow Press and Drag on Object(객체에서 누른 채 끌기 허용) : 이 옵션을 선택하지 않은 경우에는 좌표 입력 장치로 두 점을 각각 클릭하여 선택 윈도우를 그릴 수 있습니다.

※ Allow Press and Drag for Lasso (올가미의 누른 채 끌기 허용) : 이 옵션을 선택하면 좌표 입력 장치를 클릭한 다음 끌어 선택 올가미를 그릴 수 있습니다.

- **Window Selection Method (윈도우 선택 방법)** : 드롭다운 리스트를 변경(기본값으로 두고 사용)

- **Object Limit for Properties Palette (특성 팔레트에 대한 객체 제한)** : 특성 및 빠른 특성 팔레트를 사용하여 한 번에 변경할 수 있는 객체 수의 제한을 결정

- **Selection Effect Color (선택 효과 색상)** : 선택 효과에 적용할 사용 가능한 색상 설정을 나열, 리스트에 있는 색상 중에서 하나를 선택하거나 색상 선택 대화상자에서 ACI(AutoCAD 색상 색인) 색상을 선택할 수 있음

❸ **Grip Size (그립 크기)** : 그립 상자의 크기를 장치 독립적 픽셀 단위로 설정

❹ **Grips (그립)** : 그립은 객체를 선택하면 객체에 표시되는 작은 사각형을 말함

- **Grip Colors (그립 색상)** : 서로 다른 그립 상태 및 요소에 대해 색상을 지정할 수 있는 그립 색상 대화상자를 표시

- **Show Grips (그립 표시)** : 선택한 객체에서 그립의 표시를 조정, 도면에 그립을 표시하면 성능이 현저하게 떨어집니다. 성능을 최적화하려면 이 옵션을 선택하지 말아야 합니다. (필요 부분만 표시)

  ※ Show Grips within Blocks (블록 내 그립 표시) : 블록의 그립 표시를 조정

  Show Grip Tips (그립 팁 표시) : 그립 팁을 지원하는 사용자 객체의 그립 주변을 커서가 맴돌면 그립 특정 팁을 표시 (AutoCAD 객체에는 영향을 주지 않음)

  Show Dynamic Grip Menu (동적 그립 메뉴 표시) : 다기능 그립 위에 마우스를 놓을 때 동적 메뉴 표시를 조정

  Allow Ctrl-cycling Behavior (Ctrl+순환 동작 허용) : 다기능 그립의 Ctrl +순환 동작을 허용

  Show Single Grip on Groups (그룹에 단일 그립 표시) : 객체 그룹에 대해 단일 그립을 표시

- **Object Selection Limit for Display of Grips (그립 표시할 객체 선택 제한)** : 선택 세트가 지정된 객체 수보다 많은 객체를 포함할 때 그립의 표시를 억제, 유효한 범위는 1에서 32,767까지이며 기본 설정은 100.

❺ **Preview (미리보기)** : 확인란 커서를 객체 위로 움직여 객체를 강조 표시

■ Selection Cycling 선택 순환

- 겹치는 객체에서 선택 후보를 표시하는 설정을 변경합니다.
- Allow Selection Cycling(선택 순환 허용)이 체크되어 있으면 활성화됩니다. 기본은 해제된 상태입니다.

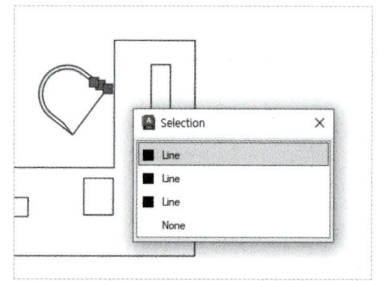

■ DSETTINGS 대화상자 Selection Cycling 선택 순환 탭

- 명령행에 **DSETTINGS** 또는 단축 **DS**를 입력하고 완료하면 Drafting Settings 대화상자가 나타납니다.
- **Selection Cycling(선택 순환)** 탭을 선택합니다.

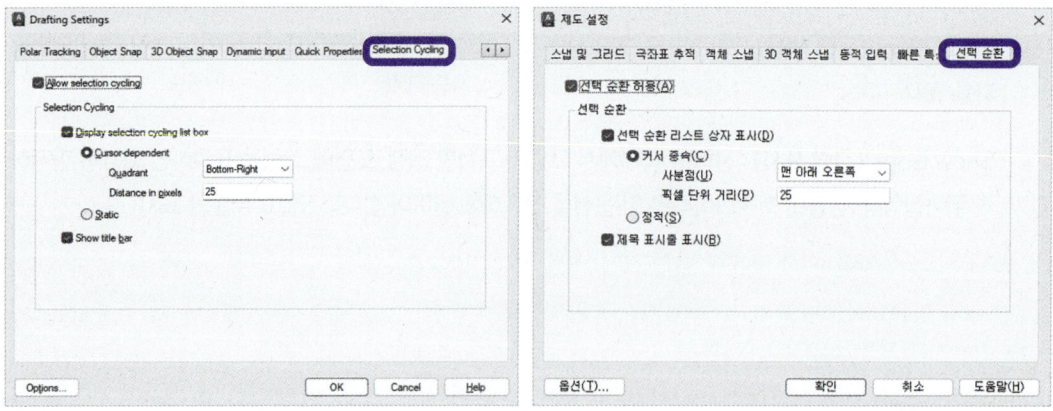

❶ **Allow Selection Cycling (선택 순환 허용)** : 선택 순환 기능을 켤지 여부를 조정(기본값은 체크 해제)

❷ **Display Selection Cycling List Box (선택 순환 리스트 상자 표시)** : 인란 커서의 현재 위치에서 선택할 수 있는 겹치는 모든 객체를 나열하는 선택 리스트 상자를 표시

- **Cursor Dependent (커서 종속)** : 커서를 기준으로 리스트 상자를 이동
  ※ Quadrant (사분점) 기준, 또는 Distance in Pixels (픽셀 단위 거리)로 커서와 리스트 상자의 거리 지정

- **Static (정적)** : 리스트 상자를 같은 위치에 유지, 리스트 상자 위치를 변경하려면 상자를 클릭하여 끌어놓습니다.

❸ **Show Title Bar (제목 표시줄 표시)** : 화면 공간을 확보하려면 선택 리스트 상자에서 제목 표시줄을 끕니다.

> **Tip**
>
> ### 01. 서로 겹치거나 가까이 있는 객체를 선택하려면
>
> - 선택 순환이 켜져 있는지 확인합니다.
> - 객체 위에서 커서를 굴리면 여러 객체를 선택할 수 있음을 나타내는 아이콘이 표시됩니다.
> - 클릭하여 사용 가능한 객체 리스트를 확인한 후에 리스트를 클릭하여 원하는 객체를 선택합니다.
> - 이중 삼각형 아이콘이 표시되면 `Shift` 키를 누른 상태로 `Space Bar` 를 눌러 선택 가능한 객체를 순환하는 방법으로 객체를 순환할 수도 있습니다. 필요한 객체가 강조되면 객체를 클릭하여 선택합니다.
>
> ### 02. 겹치는 객체에서 선택 후보를 표시하는 설정을 변경
>
> - 선택 순환은 `Shift` + `Space Bar` 키를 눌러 겹치는 객체를 선택할 수 있게 해줍니다.
> - 파란색 커서 아이콘이 겹치는 개체를 나타내도록 표시되는지 여부를 조정할 수 있으며, 선택 리스트 상자의 표시 설정을 구성할 수 있습니다.

QSELECT 신속 선택

- **Quick Select 대화상자**의 다양한 방법과 원리를 이해한다.
- 같은 색이나 선 모양, 선 두께 같은 이름의 도면층 등 같은 조건의 특성을 가지고 있는 객체들을 한 번에 선택하는 기술을 습득한다.

QSELECT는 객체 유형 및 특성을 기준으로 필터링하여 선택 세트를 작성합니다. 예를 들어, 도면에서 지정한 문자 스타일을 사용하는 여러 줄 문자 객체를 모두 선택할 수 있습니다. 객체 선택 프롬프트에서 이전 옵션을 사용하여 선택 세트에 액세스할 수 있습니다. 참고로 QSELECT 명령은 내포된 블록을 선택하거나 개수를 계산하지 않습니다.

> **Ref.**
>
> ### 선택 세트(Selection set)
>
> - **선택 세트(Selection set)** : 객체들을 수정하기 위해 Select Objects 명령행에서 옵션을 선택하면 선택된 객체의 DWG 데이터 정보가 메모리에 로드되는 것을 뜻합니다.
>
>   **예** 객체를 선택하고 Home 탭 → Properties 패널 하단 옆 ↘ 클릭하면 특성 팔레트에 표시된 내용들이 선택세트입니다.
>
> - **객체(Object)** : 물체를 도면 영역에 작도한 형상
>
> - **엔티티(Entity)** : 그리기 메뉴 명령이로 작도된 모든 도면 요소, 모든 엔티티는 고유한 특성(Properties)을 가지고 있습니다.

■── Quick Select 신속 선택 대화상자

- 명령행에 **QSELECT**를 입력하고 완료하면 Quick Select(신속 선택) 대화상자가 나타납니다.

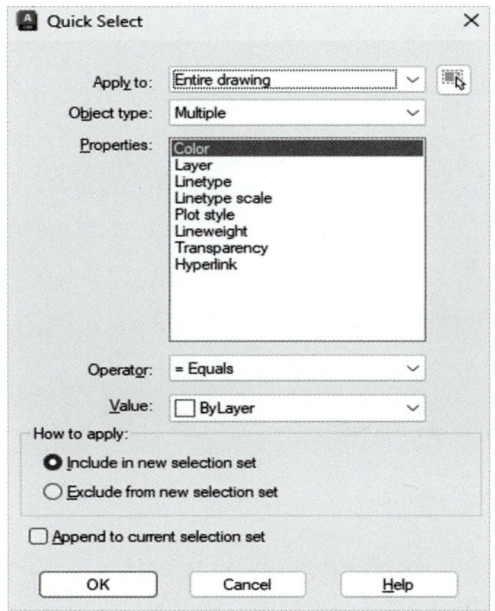 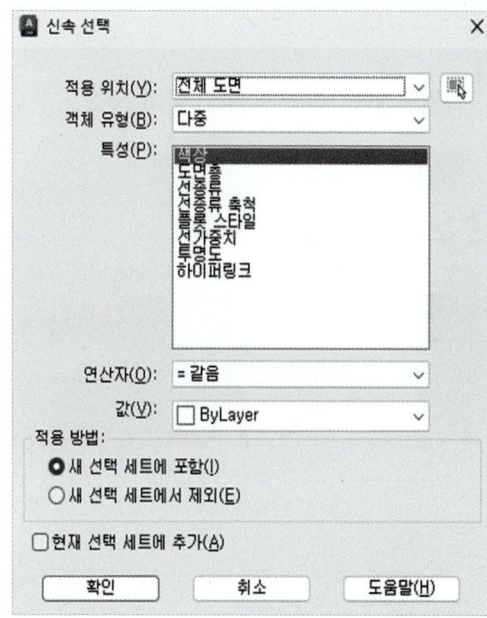

❶ **Apply To (적용 위치)** : 필터링 기준을 전체 도면 또는 현재 선택 세트(존재하는 경우)에 적용

- **Entire drawing (전체 도면)** : 현재 도면 전체에서 조건에 맞는 객체를 선택합니다.

- **Current selection (현재 선택 세트)** : 오른 쪽의 객체 선택 아이콘을 누르고 도면의 일부분을 선택하면, 선택된 객체들 중 조건에 맞는 객체를 선택합니다.

❷ **Select Objects (객체 선택)** : 필터 기준을 적용하려는 객체를 선택

❸ **Object Type (객체 유형)** : 필터링 기준에 포함할 객체 유형을 지정

  ※ 필터링 기준이 전체 도면에 적용 중이면 객체 유형 리스트에는 사용자 객체 유형을 포함한 모든 객체 유형이 포함됩니다. 필터링 기준이 전체 도면에 적용되지 않는 경우에는 선택한 객체의 객체 유형만 리스트에 포함됩니다.

❹ **Properties (특성)** : 지정한 객체 유형의 사용 가능한 특성, 이 중 하나를 선택하여 선택 필터로 사용

  ※ 특성을 필터링하지 않으려면 연산자 필드에서 모두 선택을 선택합니다.

❺ Operator (연산자) : 필터의 범위를 조정

※ 선택한 특성에 따라 같음, 같지 않음, 큼, 작음, *와일드카드 일치 등이 옵션에 포함될 수 있습니다. *와일드카드 일치는 편집 가능한 문자 필드에만 사용할 수 있습니다. 모든 특성 필터를 무시하려면 모두 선택 옵션을 사용합니다.

> **Tip**
>
> **와일드카드(Wild-Card) 문자 참조**
>
> | 문자 | 정의 |
> |---|---|
> | # 파운드 | 임의의 숫자와 일치 |
> | @ 앳 | 임의의 영문자와 일치 |
> | . 마침표 | 영숫자가 아닌 임의의 문자와 일치 |
> | * 별표 | 임의의 문자열과 일치하며 검색 문자열의 어느 곳에서나 사용 가능 |
> | ? 물음표 | 임의의 단일 문자에 해당 (예 ?BC는 ABC, 3BC 등과 일치) |
> | ~ 물결 기호 | 특정 패턴을 제외한 모든 문자열과 일치 (예 ~*AB*는 AB를 포함하지 않는 모든 문자열과 일치) |
> | [ ] | 괄호 안의 문자 중 하나와 일치 (예 [AB]C는 AC 및 BC와 일치) |
> | [~] | 괄호 안에 없는 임의의 문자와 일치 (예 [~AB]C는 XC와 일치하지만 AC와는 일치하지 않음) |
> | [-] | 단일 문자의 범위를 지정 (예 [A-G]C는 AC, BC에서 GC까지 해당하지만 HC는 해당하지 않음) |
> | ` 역따옴표 | 다음에 오는 문자를 문자 그대로 읽음 (예 `~AB는 ~AB와 일치) |

❻ Value (값) : 필터 처리할 특성값을 지정, 객체 특성에 선택되어 있는 조건에 따라서 다른 값이 나옴

※ 객체 특성이 도면층(Layer)으로 선택되어 있다면 현재 도면의 모든 도면층 이름이 나옵니다. 연산자를 같다(Equals)로 설정하고 도면층 이름을 선택하면, 해당 도면 층에 속해 있는 객체가 한 번에 선택됩니다.

❼ How to Apply (적용 방법) : 지정된 필터 기준과 일치하는 객체를 새 선택 세트에 포함(include)시킬 것인지 제외(Exclude)할 것인지를 지정

※ 필터링 기준에 일치하는 객체로만 구성된 새 선택 세트를 작성하려면 [새 선택 세트에 포함]을 선택합니다. 필터링 기준에 일치하지 않는 객체로만 구성된 새 선택 세트를 작성하려면 [새 선택 세트에서 제외]를 선택합니다.

❽ **Append to Current Selection Set (현재 선택 세트에 추가)** : QSELECT에 의해 작성된 선택 세트가 현재 선택 세트를 대치할 것인지 또는 현재 선택 세트에 추가할 것인지를 지정

※ QSELECT는 사용자 객체(다른 응용프로그램에서 작성한 객체) 및 해당 특성을 지원합니다. 사용자 객체가 표준 특성이 아닌 특성을 사용하는 경우 사용자 객체의 원본 응용프로그램이 실행 중이어야 응용프로그램 관련 특성을 QSELECT에서 사용할 수 있습니다.

> **Tip**
>
> **도면에서 객체 개수를 계산하려면?**
>
> 신속 선택을 사용하여 도면에서 지정한 객체의 개수를 계산합니다.
>
> ① 도면 영역을 마우스 오른쪽 버튼으로 클릭하고 신속 선택을 선택합니다.
> ② 객체 유형 리스트에서 개수를 셀 객체 유형을 선택합니다.
> ③ 원하는 경우 개수를 계산할 객체 유형에 대해 특성, 연산자 및 값을 설정하여 객체를 필터링합니다.
> ④ 확인을 클릭합니다.
> ⑤ 명령행에 객체 수가 표시됩니다. (화면에는 객체가 선택됩니다.)

04 GROUP 그룹

- 여러개의 **객체를 하나의 묶음**으로 만드는 방법과 원리를 이해한다.
- **Object Grouping(객체 그룹화)** 대화상자에서 그룹의 다양한 옵션을 활용하여 그룹화 하는 기술을 습득한다.

GROUP은 여러 개의 객체를 하나의 묶음으로 만드는 명령입니다. 그룹을 사용하면 단위별로 조작해야 하는 도면 객체를 쉽게 결합할 수 있습니다. 기본적으로 그룹 구성원을 선택하면 해당 그룹의 모든 객체가 선택되며, 개별 객체를 수정하는 것처럼 그룹을 수정하고 이동, 복사, 회전할 수 있습니다.

리본 : Home 탭 → Groups 패널

- 패널에 보이는 기본도구 : Group, Ungroup, GroupEdit, Group Selection On/Off
- 패널이름 Groups 옆 ▼ 클릭하면 표시되는 도구 : Group Manager, Group Bound Box On/Off

❶ **GROUP** : 단위별로 조작해야 하는 도면 객체를 하나로 결합

Command: _group Select objects or [Name/Description]:

- **Select Objects (객체 선택)** : 그룹화할 객체를 지정합니다.
- **Name (이름)** : 선택한 항목 그룹에 이름을 지정합니다.
- **Description (설명)** : 그룹의 설명을 추가합니다. 별표(*)를 사용하여 기존 그룹을 나열할 때 GROUPEDIT 또는 -GROUP 명령을 통해 설명을 표시합니다.

❷ UNGROUP : 그룹화된 객체에서 그룹 해제하여 객체로 분해

- **Select group (그룹 선택)** : 선택한 그룹을 해당 구성요소 객체로 분해합니다.
  ※ 도면에 있는 모든 그룹을 그룹 해제하려면 All을 입력합니다.
- **Name(이름)** : 선택 대신 이름으로 지정한 그룹을 분해합니다.
  ※ 도면에 있는 그룹 리스트를 표시하려면 ?를 입력합니다.
- **Object is a member of more than one group(객체가 두 개 이상 그룹의 구성원임)** : 그룹에 내포된 그룹이 포함되어 있는 경우 표시됩니다.
  ※ 각각의 그룹은 2개 이상의 객체를 가지고 있어야 합니다.
    - Accept(수락) : 선택한 그룹의 최상위 레벨을 분해합니다.
    - Next(다음) : 하위 그룹으로 분해할 수 있도록 내포된 그룹을 순환합니다.

❸ GROUPEDIT : 선택한 그룹에서 객체 추가 및 제거, 선택한 그룹의 이름 바꾸기

- **Add Objects (객체 추가)** : 현재 그룹에 추가할 객체를 선택합니다.
- **Remove Objects (객체 제거)** : 현재 그룹에서 제거할 객체 그룹을 선택합니다.
- **Rename (이름바꾸기)** : 현재 그룹의 이름을 지정하거나 이름을 바꿉니다.

❹ Group Selection On/Off : 그룹 선택의 사용을 조정

- **기본값 On** : 그룹으로 선택이 됩니다.
- **Off** : 그룹으로 작업된 객체가 그룹으로 선택이 안 되며 개별 객체로 선택됩니다.

❺ Groups ▼ - Group Manager : Object Grouping(객체 그룹화) 대화상자 표시
  ※ 명령어 방식으로 CLASSICGROUP 명령을 사용합니다.

❻ Groups ▼ - Group Bounding Box On/Off : 그룹화 객체에 테두리 박스 표시하기/끄기
  ※ 그룹화 된 객체들은 하나의 그룹으로 표현하기 위에 연한 테두리 박스가 나타납니다.

Object Grouping 객체 그룹화 대화상자 = Group Manager

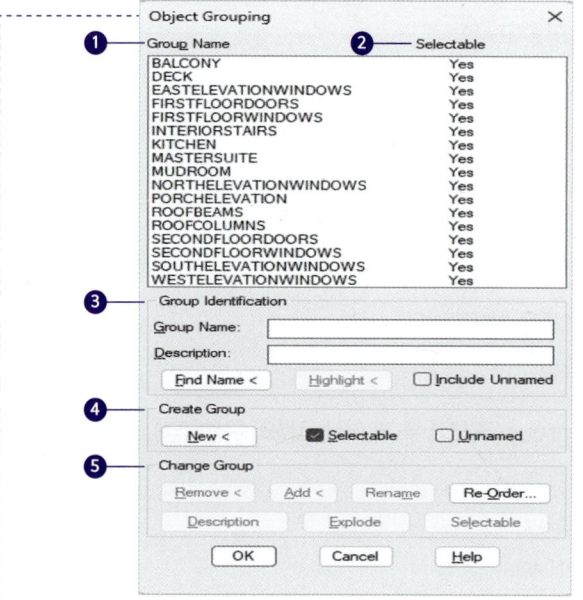
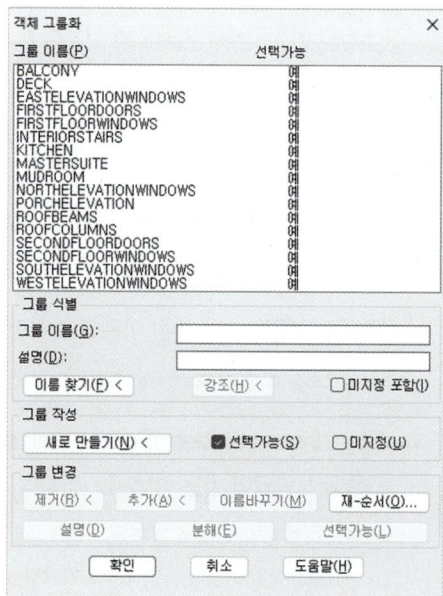

❶ Group Name (그룹 이름) : 기존 그룹의 이름을 표시

❷ Selectable (선택가능) : 그룹이 선택 가능한지 지정

※ 그룹을 선택할 수 있는 경우 그룹 내의 한 객체를 선택하면 전체 그룹이 선택됩니다. 잠겨 있거나 동결된 도면층 위에 있는 객체는 선택되지 않습니다. Group Selection On/Off 설정이 Off된 경우에는 그룹을 선택할 수 없습니다.

❸ Group Identification (그룹 식별)

- **Group Name(그룹 이름)** : 그룹의 이름을 지정합니다. 그룹 이름은 최대 31자까지의 문자를 사용할 수 있는데 문자, 숫자 및 특수 문자인 달러 기호($), 하이픈(-) 및 밑줄(_)을 포함할 수 있으며 공백은 포함할 수 없습니다. 이름이 대문자로 변환됩니다.

- **Description (설명)** : 선택된 그룹에 대한 설명이 있을 경우, 해당 설명을 표시합니다.

- **Find Name (이름 찾기)** : 객체가 속해 있는 그룹을 나열합니다. 그룹 구성원 리스트 대화상자가 나타나며 객체가 속해 있는 그룹이 표시됩니다.

- **Highlight (강조)** : 도면 영역에서 선택된 그룹이 구성원을 표시합니다.

- **Include Unnamed (미지정 포함)** : 명명되지 않은(이름이 없는) 그룹을 나열할지 지정합니다. 이 옵션을 선택 해제하면 명명된 그룹만 표시됩니다.

❹ Create Group (그룹 작성)

- **New (새로 만들기)** : 그룹 이름 및 설명 아래의 이름과 설명을 사용하여 선택된 객체에서 새 그룹을 작성합니다.

- **Selectable (선택 가능)** : 새 그룹을 선택할 수 있도록 지정합니다.

- **Unnamed (미지정)** : 이름을 따로 붙이지 않고 기본 이름인 *An이 지정됩니다. 여기서, n은 각각의 새 그룹이 작성될 때마다 증가되는 숫자입니다.

❺ Change Group (그룹 변경)

- **Remove (제거)** : 선택된 그룹에서 객체를 제거합니다. 이 옵션을 사용하려면 선택 가능 옵션을 해제해야 합니다. 그룹의 객체를 모두 제거해도 그룹은 정의된 상태를 유지합니다.

  ※ Explode(분해) 옵션을 사용하여 도면에서 그룹 정의를 제거할 수 있습니다.

  ※ 같은 그리기 세션 중에 그룹에서 객체를 제거한 다음 나중에 다시 추가할 경우, 객체는 그룹의 번호 순서에 따라 이전 위치로 복귀합니다.

- **Add (추가)** : 선택된 그룹에 객체를 추가합니다.

  ※ 그룹 이름은 알파벳 순서로 표시됩니다.

- **Rename (이름바꾸기)** : 선택된 그룹의 이름을 그룹 식별 아래의 그룹 이름 필드에 입력했던 이름으로 바꿉니다.

- **Re-Order (재-순서)** : 선택한 그룹 내의 객체 번호 순서를 변경할 수 있는 그룹 순서화 대화상자가 표시됩니다. 객체에는 그룹에 포함하기 위해 선택한 순서로 번호가 매겨집니다. 재정리하면 도구 경로를 작성할 때 유용합니다. 예를 들어, 도구 경로 패턴의 수평선 및 수직선을 자르는 순서를 변경할 수 있습니다.

  ※ 그룹 구성원의 범위 또는 각 구성원의 번호순 위치를 변경하거나 모든 구성원의 순서를 거꾸로 할 수 있습니다. 각 그룹의 첫 번째 객체의 번호는 1이 아니라 0입니다.

- **Description (설명)** : 선택한 그룹의 설명을 설명 필드에 입력했던 이름으로 업데이트합니다.

  ※ 설명 이름에는 최대 64자까지 사용할 수 있습니다.

- **Explode (분해)** : 선택된 그룹의 정의를 삭제합니다. 그룹의 객체는 도면에 남습니다.

- **Selectable (선택 가능)** : 그룹이 선택 가능한지 지정합니다.

GROUP 기능 연습하기

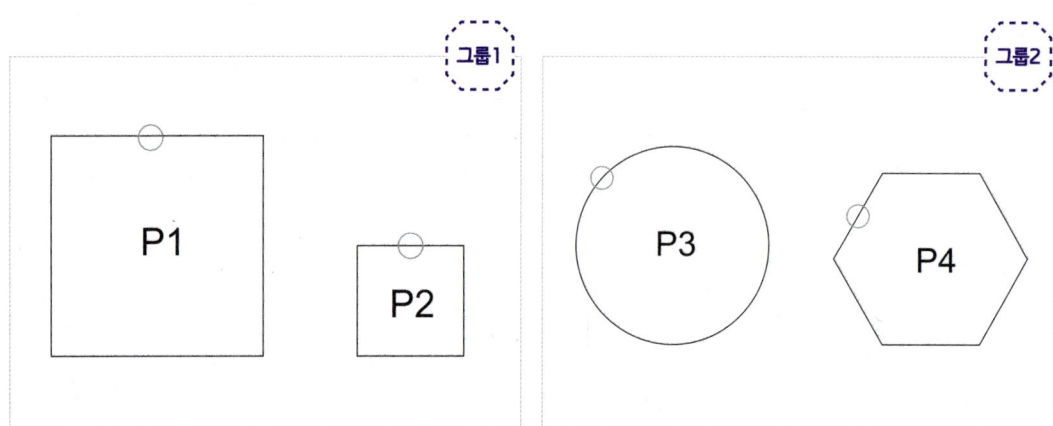

❶

명령어를 활용하여 기본 객체를 임의 치수로 작도(REC, CIRCLE, POL)

❷ 그룹1 만들기

Command: **GROUP**

Select objects or [Name/Description]: **N** → 옵션 N 입력 후 ↵ (그룹 이름)
Enter a group name or [?]: **1** → 그룹 이름 1 입력 후 ↵
Select objects or [Name/Description]: 1 found → 객체 P1 클릭
Select objects or [Name/Description]: 1 found, 2 total → 객체 P2 클릭 후 ↵
Select objects or [Name/Description]:
Group "1" has been created. → P1, P2 그룹의 이름이 "1"로 명명되었음을 보여줌

❸ 그룹2 만들기

Command: **GROUP**

Select objects or [Name/Description]: **N** → 옵션 N 입력 후 ↵ (그룹 이름)
Enter a group name or [?]: **2** → 그룹 이름 2 입력 후 ↵
Select objects or [Name/Description]: 1 found → 객체 P3 클릭
Select objects or [Name/Description]: 1 found, 2 total → 객체 P4 클릭 후 ↵
Select objects or [Name/Description]:
Group "2" has been created. → P3, P4 그룹의 이름이 "2"로 명명되었음을 보여줌

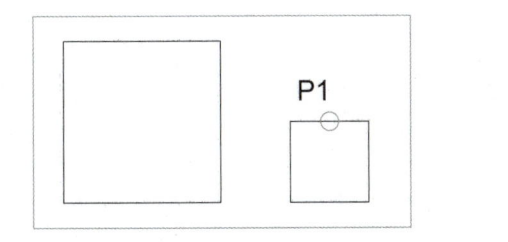
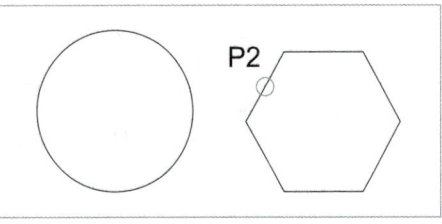

❹ 그룹과 그룹을 묶어 하나의 그룹 도형 으로 만들기

Command: **GROUP**

Select objects or [Name/Description]: **N** → 옵션 N 입력 후 ↵ (그룹 이름)
Enter a group name or [?]: 도형 → 그룹 이름 "도형" 입력 후 ↵
Select objects or [Name/Description]: 2 found, 1 group → 1 그룹객체 P1 클릭
Select objects or [Name/Description]: 2 found, 1 group, 4 total → 2 그룹객체 P2 클릭 후 ↵
Select objects or [Name/Description]:
Group "도형" has been created. → 1, 2 그룹의 이름이 "도형"으로 명명되었음을 보여줌

객체 수정하기

CHAPTER ——— 07

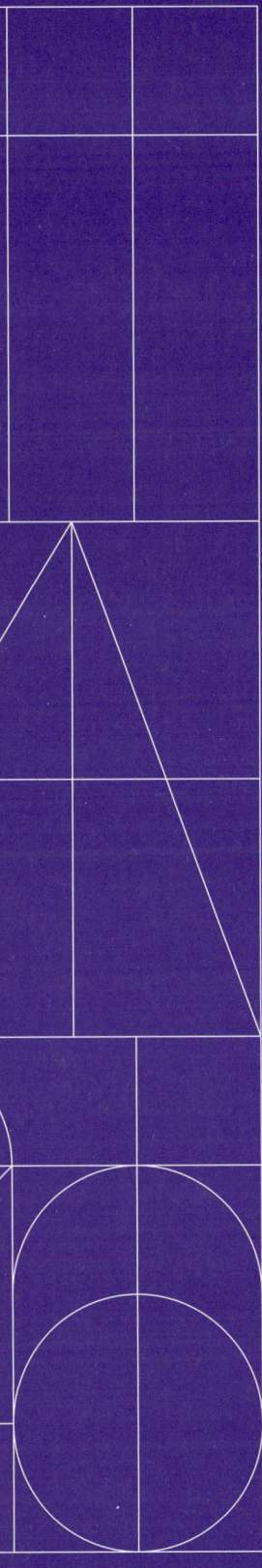

01	OFFSET	간격 띄우기, 등간격 복사
02	TRIM	자르기
03	EXTEND	연장하기
04	FILLET	모깎기
05	CHAMFER	모따기
06	LENGTHEN	길이 수정
07	BREAK	부분 삭제
08	JOIN	일반 결합
09	COPY	복사
10	MOVE	이동
11	ROTATE	회전
12	SCALE	축척/크기 조정
13	MIRROR	대칭
14	ARRAY	배열
15	STRETCH	객체 늘이기

01 OFFSET

간격 띄우기, 등간격 복사

- **OFFSET** 명령어를 활용하여 객체의 복사본을 일정한 간격으로 생성하는 방법을 익힌다.
- **OFFSET** 명령어의 다양한 옵션을 이해하고 실무에 적용할 수 있다.
- 다양한 설계 분야에서 **OFFSET** 명령어의 실무 활용도를 배운다.

명령어 위치 및 호출 방법

메뉴	Modify 메뉴 → Offset 명령어 클릭
도구막대	Modify 도구막대 → Offset 버튼
리본	Home 탭 → Modify 패널 → Offset 아이콘
명령 입력	명령창에 **OFFSET** 입력 후 Enter, 단축키: **O** 입력 후 Enter

기본 사용법

Command: **OFFSET**

Current settings: Erase source=No Layer=Source OFFSETGAPTYPE=0
→ 현재 상태

Specify offset distance or [Through/Erase/Layer] <100.0000>:
→ 거리 입력 또는 기준점 선택

Select object to offset or [Exit/Undo] <Exit>: → 복사할 기준이 되는 객체 선택

Specify point on side to offset or [Exit/Multiple/Undo] <Exit>:
→ 객체를 복사할 방향을 클릭

Select object to offset or [Exit/Undo] <Exit>: → ↵를 눌러 복사 완료

* **Current settings**: 현재 셋팅, **distance**: 거리, **Through**: 통과점

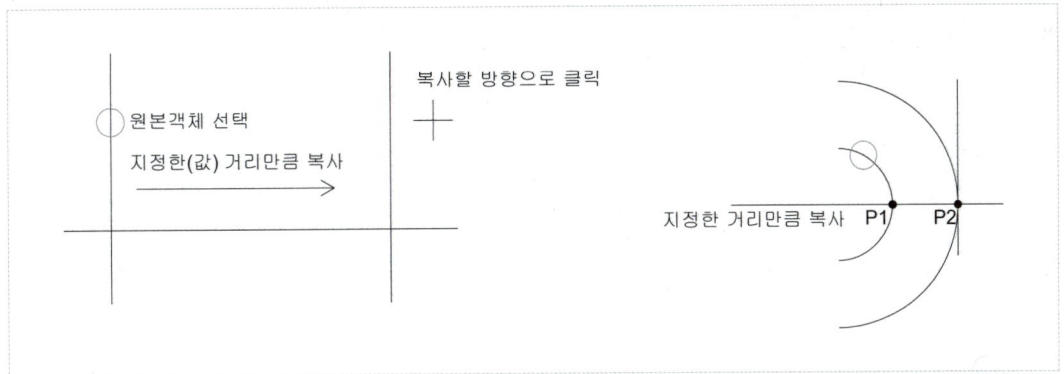

옵션 살펴보기

- **Offset Distance (간격띄우기 거리)** : 기존 객체에서 지정한 거리만큼 떨어진 위치에 새 객체를 작성

- **Multiple (다중)** : 다중 간격 띄우기 모드, 현재 간격 띄우기 거리를 사용하여 간격 띄우기 작업을 반복

- **Through (통과점)** : 지정한 점을 통과하는 객체를 작성
  ※ 폴리선을 구석에서 간격 띄우기 할 경우에 최고의 결과를 얻기 위해서는 구석의 근처가 아닌 선 세그먼트의 중간 근처에 통과점을 지정해야 합니다.

- **Erase (지우기)** : 원본 객체를 간격 띄우기 한 후 지움

- **Layer (도면층)** : 간격 띄우기 객체를 현재 도면층에서 생성할지 원본 객체의 도면층에서 생성할지 여부를 결정

- **Exit (종료)** : OFFSET 명령을 종료

- **Undo (명령 취소)** : 이전 간격 띄우기를 되돌림

■— 객체 간격 띄우기 정보

- 동심원, 평행선 및 평행 곡선을 작성합니다.

- 호를 간격 띄우기 하는 경우 간격 띄우기를 지정하는 측면에 따라 더 크거나 작은 원 또는 호가 작성됩니다.

- 폴리선을 간격 띄우기 하는 경우에는 원본과 평행한 폴리선이 작성됩니다.

■── **특수 사례**

- 스플라인과 폴리선을 간격 띄우기 하면 복잡한 결과가 생성될 수 있습니다.
- 간격 띄우기 거리가 수용할 수 있는 거리보다 길어지면 스플라인과 폴리선은 자동으로 잘립니다.
- 폴리선 세그먼트는 경우에 따라 잘리거나 삭제될 수도 있고, 간격을 메우기 위해 연장될 수도 있습니다.
- **OFFSETGAPTYPE** 시스템 변수는 연장된 구석이 선명하게 유지되는지 아니면 모깎기 또는 모따기 되는지를 조정합니다(기본값으로 사용하면 됩니다).

OFFSET 기능 연습하기

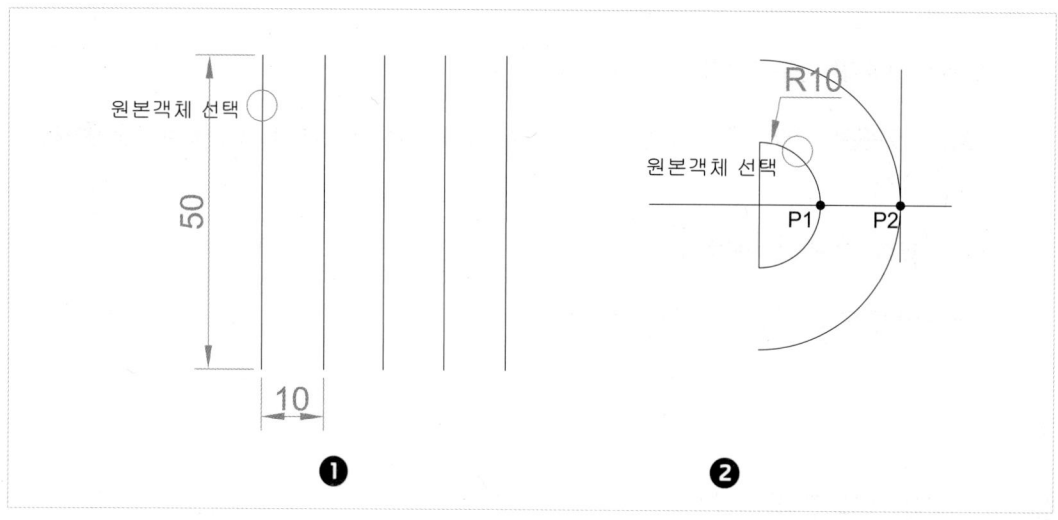

LINE 명령어를 이용하여 선을 작성한다.

Command: **OFFSET**

Current settings: Erase source=No Layer=Source OFFSETGAPTYPE=0 → 현재 상태
Specify offset distance or [Through/Erase/Layer] <10.0000>: **10** → 거리값 10 입력 후 ↵
Select object to offset or [Exit/Undo] <Exit>: → 기준이 되는 객체 선택
Specify point on side to offset or [Exit/Multiple/Undo] <Exit>:
→ 객체를 복사할 방향을 클릭하여 생성
Select object to offset or [Exit/Undo] <Exit>: → 생성된 객체 선택
Specify point on side to offset or [Exit/Multiple/Undo] <Exit>:
→ 객체를 복사할 방향을 클릭하여 생성
Select object to offset or [Exit/Undo] <Exit>: → 다시 생성된 객체 선택
Specify point on side to offset or [Exit/Multiple/Undo] <Exit>:
→ 객체를 복사할 방향을 클릭하여 생성
Select object to offset or [Exit/Undo] <Exit>: → 완료 ↵

LINE과 **ARC** 명령어를 이용하여 3개의 선과 반지름 10인 호 1개를 작성한다.

Command: **OFFSET**

Current settings: Erase source=No Layer=Source OFFSETGAPTYPE=0
Specify offset distance or [Through/Erase/Layer] <현재값>: → P1 위치점 클릭
Specify second point: → P2 위치점 클릭 (P1, P2의 좌표 값을 시스템이 계산하여 거리값을 가짐)
Select object to offset or [Exit/Undo] <Exit>: → 원본 객체 (반지름 10인 호) 선택
Specify point on side to offset or [Exit/Multiple/Undo] <Exit>:
→ 우측 방향으로 클릭하여 생성(멀리 지정)
Select object to offset or [Exit/Undo] <Exit>: → 완료 ↵

> **Tip**

01. 작업 속도 향상

- Multiple 옵션을 사용하면 연속적으로 생성이 가능합니다.
- COPY와 함께 사용하면 효율적인 배열 작업이 가능합니다.
- 도면 정리를 위해 TRIM이나 ERASE와 병행하여 사용합니다.

02. 정확도 향상

DIST 명령어로 간격을 정확히 측정하여 입력할 수 있습니다.

03. 레이어 활용

복사된 객체를 새로운 레이어로 이동하면 도면 구분이 명확해집니다.

04. 복잡한 도형 생성

- 곡선이나 다각형 작업에서 OFFSET을 활용하여 외곽선을 생성합니다.
- 원(Circle)은 동일한 중심을 유지한 채 반지름이 변하지만, 타원(Ellipse)은 형상이 일정하지 않을 수 있습니다.

05. OFFSET을 활용한 설계 작업

건축 설계	기계 설계	제품 설계
- 벽체 두께를 고려한 이중 벽 생성 - 창문과 문 위치를 기준으로 일정 간격으로 객체 배치 - 도면의 중심선 및 치수 보조선 작성	- 축 중심선을 기준으로 기어, 베어링 등의 반복적 패턴 생성 - 부품 간 간격을 유지한 도면 제작	- 일정한 두께의 플라스틱 몰드 디자인 - 제품 외곽선을 유지하면서 내측 및 외측 라인 작성

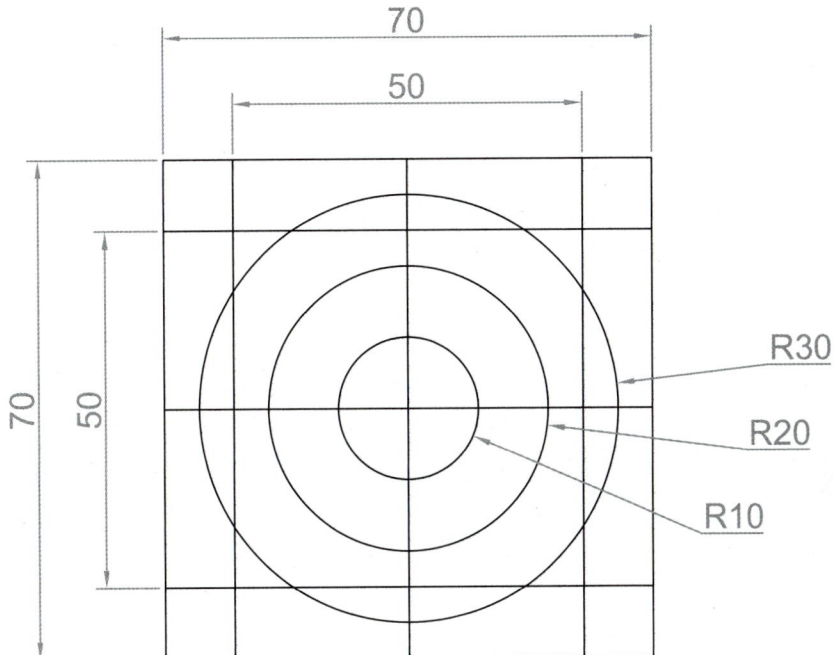

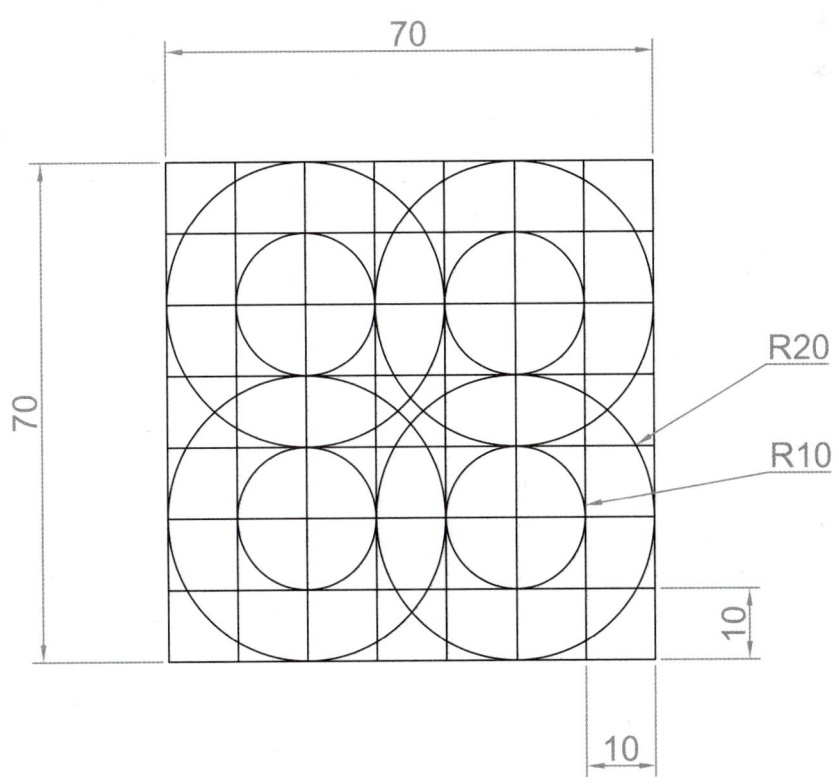

실습 예제

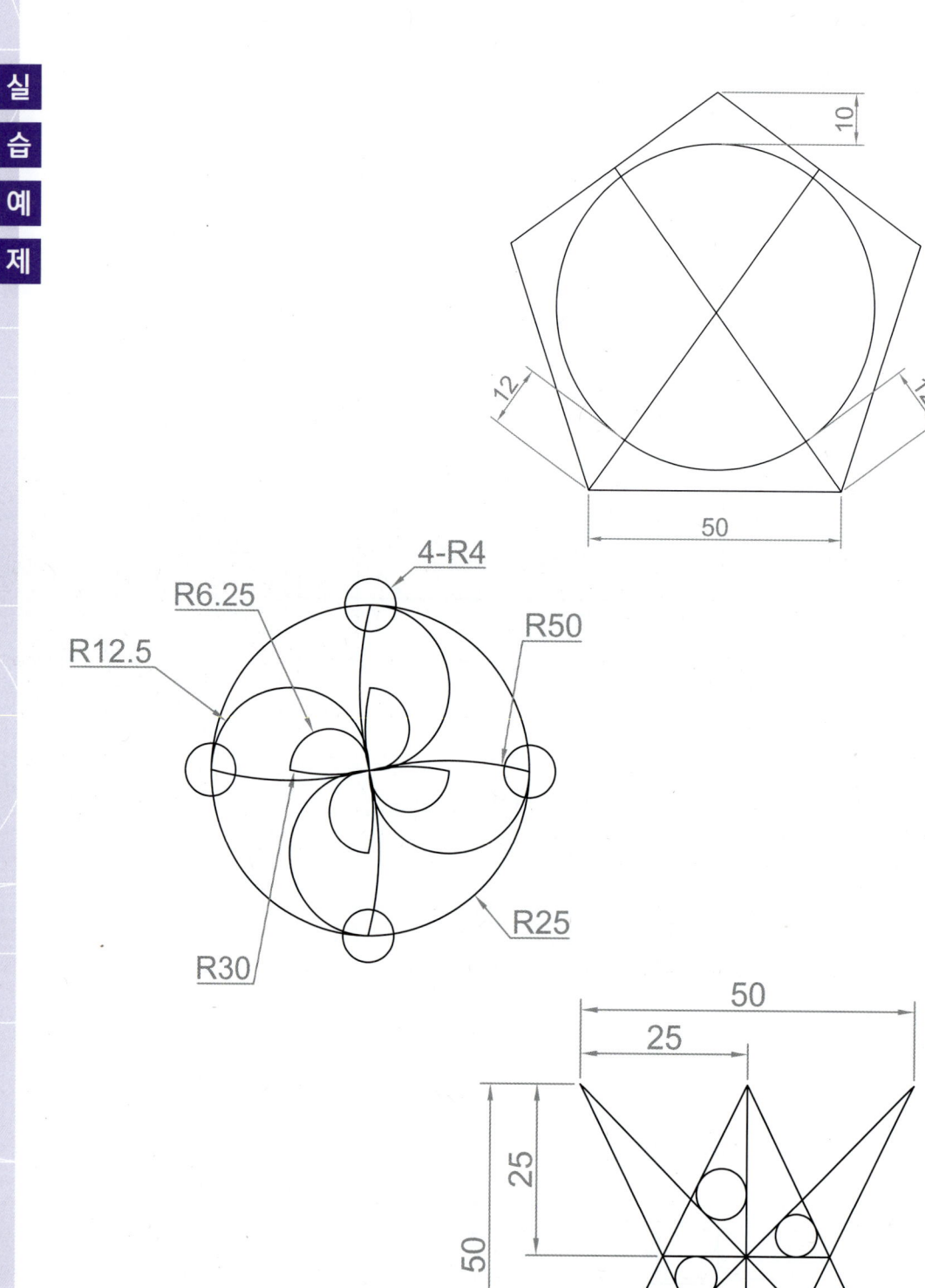

TRIM

02
자르기

- **TRIM** 명령어의 기본 사용법과 작업 흐름을 이해한다.
- 다양한 옵션을 활용하여 도면 수정 속도를 높인다.
- 설계 분야별 활용 사례를 통해 실무 능력을 강화한다.

명령어 위치 및 호출 방법

메뉴	Modify 메뉴 → Trim 명령어 클릭
도구막대	Modify 도구막대 → Trim 버튼
리본	Home 탭 → Modify 패널 → Trim 아이콘
명령 입력	명령창에 **TRIM** 입력 후 `Enter`, 단축키: **TR** 입력 후 `Enter`

기본 사용법

Command: **TRIM**

Current settings: Projection=UCS, Edge=None, Mode=Quick → 현재 상태

Select object to trim or shift-select to extend or [cuTting edges/Crossing/mOde/Project/eRase]:

→ 절단 경계를 선택하지 않고, 자르고 싶은 객체를 선택하여 삭제

Select object to trim or shift-select to extend or [cuTting edges/Crossing/mOde/Project/eRase/Undo]:

→ `↵` 또는 `ESC` 를 눌러 명령 종료

* **Mode=Quick** : AutoCAD 2021부터 기본적으로 빠른 TRIM 모드가 활성화

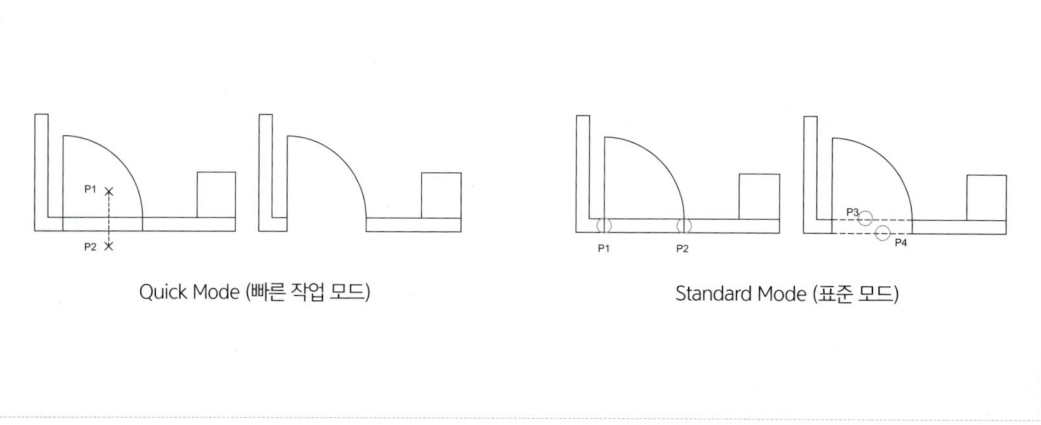

Quick Mode (빠른 작업 모드)   Standard Mode (표준 모드)

빠른 작업 모드 또는 표준 모드에서 옵션 살펴보기

- **Select cutting edges... (절단 모서리 선택...)** : 자르기 경계로 사용할 객체를 하나 이상 지정. TRIM은 자를 모서리와 자를 객체를 현재 UCS(사용자 좌표계)의 XY 평면에 투영합니다. 빠른 작업 모드에서 경계를 교차하지 않는 객체를 선택하면 대신 객체가 삭제됩니다.

    ※ 블록을 포함하는 절단 모서리를 선택하려는 경우 단일 선택, 걸치기, 울타리 및 모두 선택 옵션만 사용할 수 있습니다.

- **Select object to trim or shift-select to extend... (자를 객체를 선택하거나 Shift 키를 누른 채 선택하여 연장)** : 개별적으로 자를 객체의 부분을 지정. 선택한 객체를 자르는 대신 Shift 키를 누른 채 선택하여 연장합니다. 이 옵션은 자르기 및 연장 간에 전환할 수 있는 간단한 방법을 제공합니다.

- **Select all (모두 선택)** : 도면의 모든 객체가 자르기 경계로 사용될 수 있도록 지정(Mode=Standard)

- **Object to trim (자를 객체)** : 자를 객체를 지정. 자르기 결과가 여러 개일 수 있는 경우 첫 번째 선택 점의 위치에 따라 결과가 결정됩니다.

- **Cutting edges (절단 모서리)** : 선택된 추가 객체를 사용하여 객체를 자르려는 경계 모서리를 정의

- **Fence (울타리)** : 선택 울타리를 교차하는 모든 객체를 선택. 선택 울타리는 둘 이상의 울타리 점을 사용하여 지정되는 일련의 임시 선 세그먼트입니다. 선택 울타리는 닫힌 루프를 만들지 않습니다.

- **Crossing (걸치기)** : 2개의 점에 의해 정의된 직사각형 영역 내에 포함되거나 이 영역을 교차하는 객체를 선택

    ※ 자르기 위한 객체의 일부 걸침 선택 항목이 모호합니다. TRIM은 직사각형 걸침 윈도우를 따라 첫 번째 점부터 발견되는 첫 번째 객체까지 시계 방향으로 선택 항목을 해석합니다.

- **Mode (모드)** : 기본 자르기 모드를 모든 객체를 잠재적 절단 모서리로 사용하는 빠른 작업 모드 또는 절단 모서리를 선택하라는 프롬프트가 표시되는 표준으로 설정

- **Project (투영)** : 객체를 자를 때 사용하는 투영 방법을 지정

- **None (없음)** : 투영 없음으로 지정. 이 명령은 3D 공간에서 자를 모서리와 교차하는 객체만을 자릅니다.

- **UCS** : 현재 UCS의 XY 평면에 투영을 지정. 이 명령은 3D 공간에서 자를 모서리와 교차하지 않는 객체를 자릅니다.

- **View (뷰)** : 현재 뷰 방향을 따라 투영하도록 지정. 이 명령은 현재 뷰의 경계와 교차하는 객체를 자릅니다.

- **Edge (모서리)** : 3D 공간에서 객체를 다른 객체의 외삽 모서리에서 자를지 아니면 교차하는 객체에 대해서만 자를지 결정

- **Extend (연장)** : 3D 공간에서 자를 모서리를 객체와 교차하도록 원래 경로를 따라 연장
  ※ 선택한 객체를 절단 모서리의 가상 연장선으로 자르는 것이 기본값이 되도록 EDGEMODE 시스템 변수를 1로 설정합니다.

- **No Extend (연장 안함)** : 객체를 3D 공간에서 교차하는 자를 모서리에서만 자르도록 지정
  ※ 연장선 없이 선택한 절단 모서리를 사용하는 것이 기본값이 되도록 EDGEMODE 시스템 변수를 0으로 설정합니다.

- **Erase (지우기)** : 선택한 객체를 삭제. 이 옵션은 TRIM 명령을 종료하지 않고 불필요한 객체를 지우기 위한 편리한 방법을 제공합니다.

- **Undo (명령 취소)** : TRIM으로 변경된 가장 최근 내용을 되돌림

■ Quick Mode 빠른 작업 모드

객체를 자르려면 개별적으로 자를 객체를 선택하고, 누른 다음 끌어 자유형 선택 경로를 시작하거나, 빈 위치 두 개를 선택하여 교차 울타리를 지정합니다. 모든 객체는 자동으로 절단 모서리로 작동합니다. 선택한 객체를 자를 수 없으면 대신 삭제됩니다.

■── Quick mode options 빠른 작업 모드 옵션

- Cutting edges (절단 모서리)
- Fence (울타리)
- Crossing (걸치기)
- Mode (모드)
- Project (투영)
- Erase (지우기)

※ 옵션으로 나열되지 않음

■── Standard Mode 표준 모드

객체를 자르려면 먼저 경계를 선택하고 Enter 키를 누른 후 자를 객체를 선택합니다. 모든 객체를 경계로 사용하려면 첫 번째 객체 선택 프롬프트에서 Enter 키를 누릅니다.

■── Standard mode options 표준 모드 옵션

- Select cutting edges... (절단 모서리 선택...)
- Cutting edges (절단 모서리)
- Fence (울타리)
- Crossing (걸치기)
- Mode (모드)
- Project (투영)
- Edge (모서리)
- Erase (지우기)
- Undo (명령 취소)

■── TRIMEXTENDMODE 시스템 변수

TRIM 명령의 기본값을 빠른 작업 모드로 지정할지 또는 표준 모드로 지정할지를 조정합니다.

■── Object does not intersect an edge

절단 기준선 선택시 교차가 아닌 선위에 접점으로 있는 경우 보여지는 행 절단은 가능합니다.

TRIM 기능 연습하기

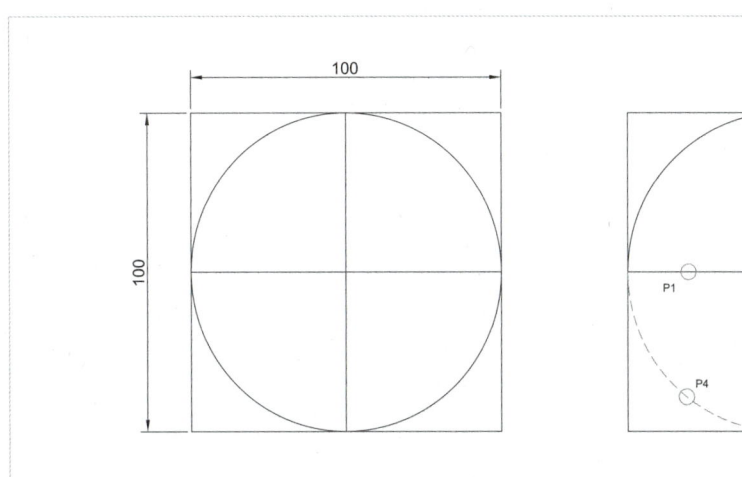

1 ── 기본 형태 RECTANG, LINE, CIRCLE 명령어로 작업하기

2 ── Quick Mode 빠른 작업 모드 에서 Standard Mode 표준 모드 로 변경하기

Command: **TRIM**

Current settings: Projection=UCS, Edge=None, Mode=Quick
→ 작업 모드 상태 Quick 확인(기본값), Standard로 되어 있으면 모드 변경할 필요 없음
Select object to trim or shift-select to extend or [cuTting edges/Crossing/mOde/Project/eRase]: **O** → 작업 모드 옵션 O 입력 후 ⏎
Enter a trim mode option [Quick/Standard] <Quick>: **S**
→ 옵션 S 입력 후 ⏎, Standard Mode(표준 모드)로 변경
Select object to trim or shift-select to extend or [cuTting edges/Fence/Crossing/mOde/Project/Edge/eRase/Undo]:*Cancel* → ESC 키 입력 완료

2 Standard Mode 표준 모드에서 작도하기

Command: **TRIM**

Current settings: Projection=UCS, Edge=None, Mode=Standard → 작업 모드 상태 Standard 확인

Select cutting edges … → 자르기 기준 선택하라는 프롬프트

Select objects or [mOde] <select all>: 1 found → 자르기 기준 P1 선택

Select objects: 1 found, 2 total → 자르기 기준 P2 선택

Select objects: → 선택 완료 ↵

Select object to trim or shift-select to extend or [cuTting edges/Fence/Crossing/mOde/Project/Edge/eRase]: → 자를 객체 P3 선택

Select object to trim or shift-select to extend or [cuTting edges/Fence/Crossing/mOde/Project/Edge/eRase/Undo]: → 자를 객체 P4 선택

Select object to trim or shift-select to extend or [cuTting edges/Fence/Crossing/mOde/Project/Edge/eRase/Undo]: → 완료 ↵

Tip

01. AutoCAD 2021 이전 버전에서 빠른 TRIM 사용법

TRIM 실행 후 Enter 키를 한 번 더 누르면 모든 객체가 자동으로 경계선이 됩니다. 이후 자를 객체를 클릭하면 경계를 선택하지 않고 빠른 TRIM 적용이 가능합니다.

02. 경계선 자동 선택

아무 객체도 선택하지 않고 Enter 키를 누르면 도면 내 모든 객체가 경계선으로 자동 지정됩니다.

03. 작업 속도 향상

자주 사용하는 단축키 **TR**를 활용하면 빠른 작업이 가능하며, 다중 객체 선택 시 드래그 선택을 활용하여 작업 속도를 향상시킬 수 있습니다.

04. Undo 기능, Extend와 병행 활용

작업 중 잘못 삭제한 경우 **Ctrl** + **Z** 키, 또는 명령창에서 U를 입력하여 바로 되돌릴 수 있습니다. 선분을 잘라내고 남은 선분은 **EXTEND** 명령어로 연장하여 깔끔한 도면을 유지할 수 있습니다.

05. TRIM을 활용한 설계 작업

건축 설계	기계 설계	제품 설계
벽체 교차 부분을 정리하여 깨끗한 도면을 유지	기어, 베어링, 샤프트 등의 불필요한 라인 정리	제품 디자인 시 불필요한 보조선 삭제
창문과 문 개구부를 위한 불필요한 벽체 제거	구멍 및 절삭 가공 도면의 내부 선 제거	사출 금형 설계에서 내부 코어 제거 및 정리
치수선 및 단면선 정리	대칭 및 반복 패턴을 수정할 때 유용	곡선 패턴이 많은 디자인 도면 정리

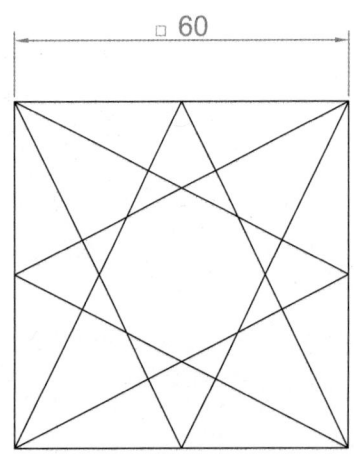
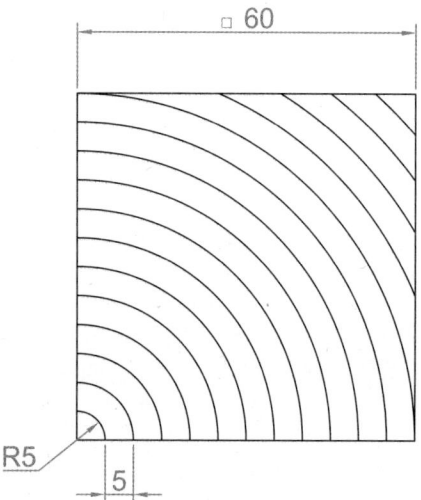
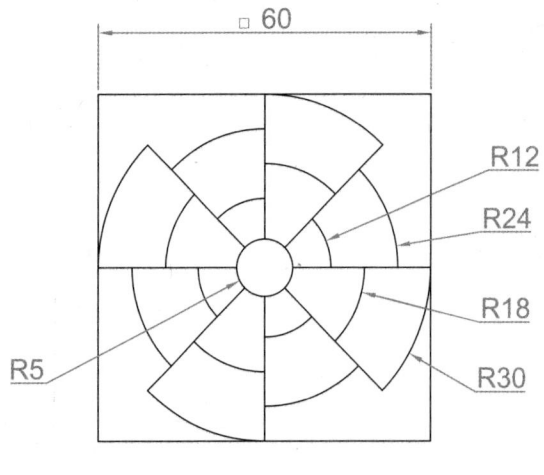
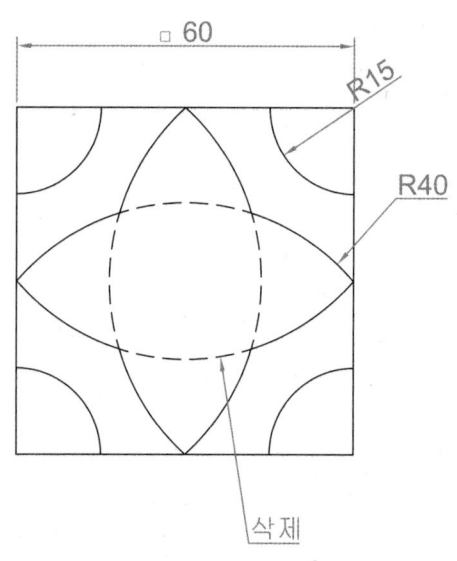

- Rec, Offset, Trim

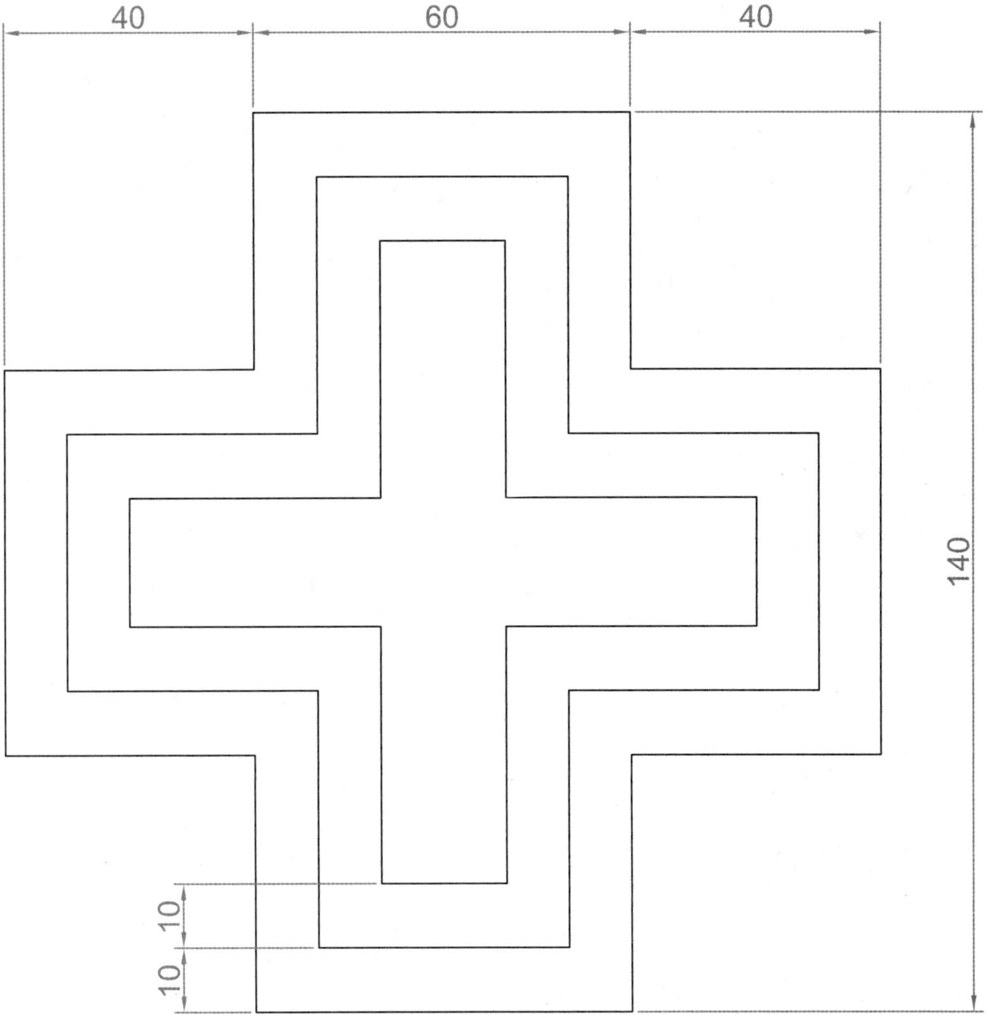

□ 150

12

R12

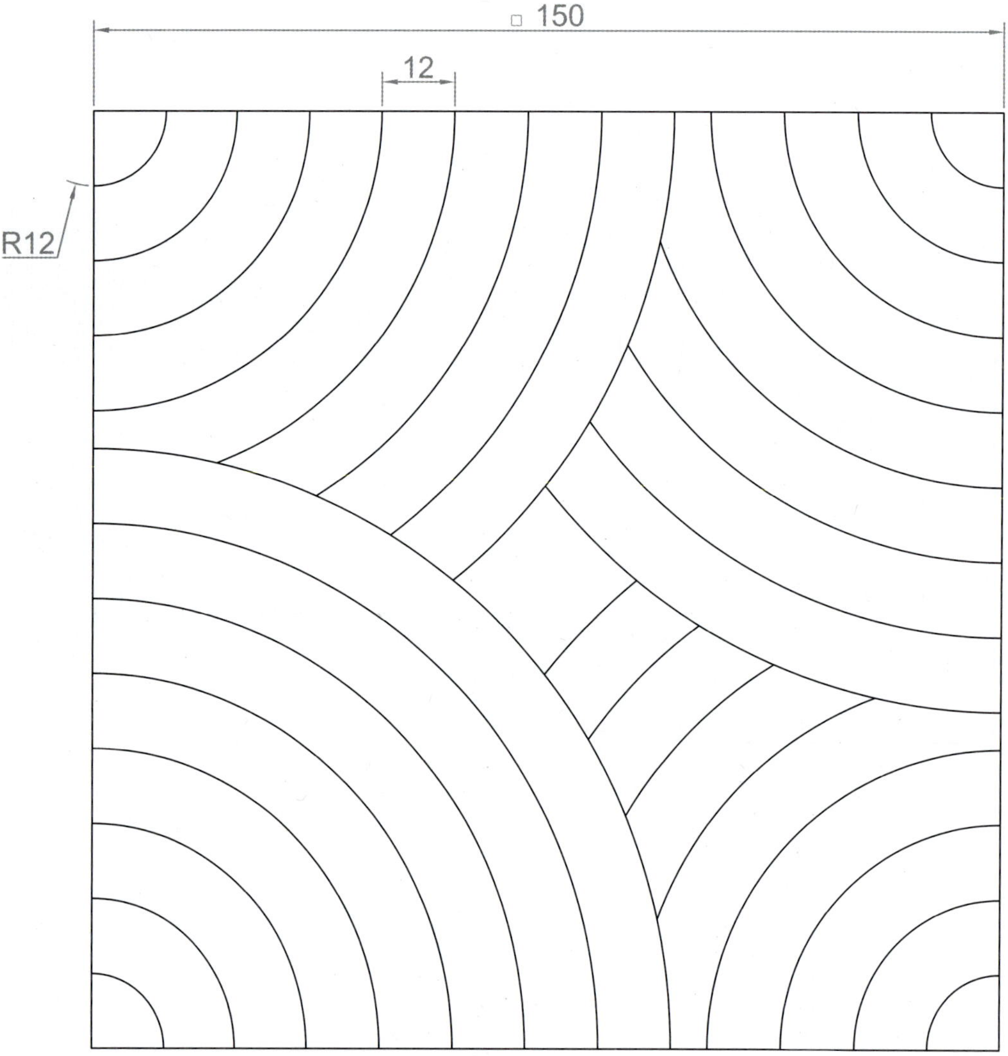

EXTEND

03 연장하기

- **EXTEND** 명령어의 기본 사용법을 이해하고 실무에 적용한다.
- 옵션을 활용하여 복잡한 도면 수정 작업을 효율적으로 수행한다.
- 설계 분야별 활용 사례를 통해 도면 작성 능력을 강화한다.

명령어 위치 및 호출 방법

메뉴	Modify 메뉴 → Extend 명령어 클릭
도구막대	Modify 도구막대 → Extend 버튼
리본	Home 탭 → Modify 패널 → Extend 아이콘
명령 입력	명령창에 **EXTEND** 입력 후 `Enter`, 단축키: **EX** 입력 후 `Enter`

기본 사용법

Command: **EXTEND**

Current settings: Projection=UCS, Edge=None, Mode=Quick → 현재 상태

Select object to extend or shift-select to trim or [Boundary edges/Crossing/mOde/Project]: → 연장할 객체를 선택하여 지정된 경계선까지 연장

Select object to extend or shift-select to trim or [Boundary edges/Crossing/mOde/Project/Undo]: → `↵` 또는 `ESC` 를 눌러 명령 종료

* **Mode=Quick** : AutoCAD 2021부터 기본적으로 빠른 EXTEND 모드가 활성화

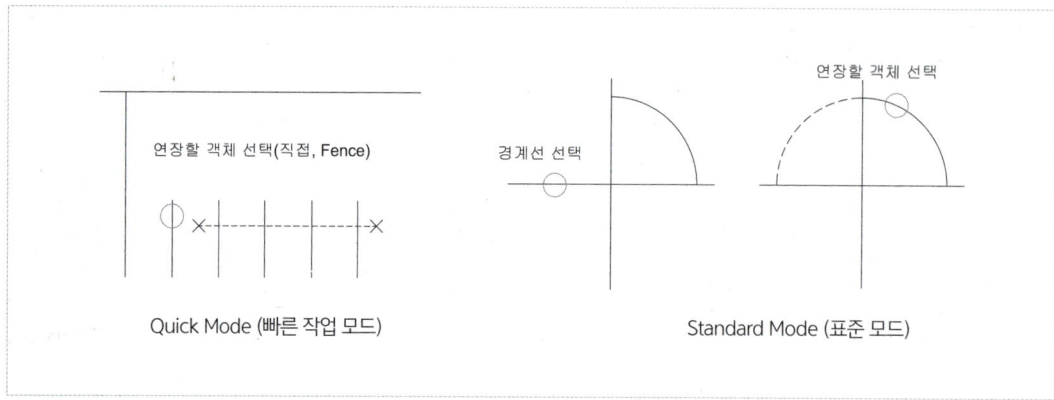

빠른 작업 모드 또는 표준 모드에서 옵션 살펴보기

- **Select boundary edges... (경계 모서리 선택...)** : 선택된 객체를 사용하여 객체를 연장하려는 경계 모서리를 정의

- **Select object to extend... (연장할 객체 선택...)** : 연장할 객체를 지정. Enter 키를 눌러 명령을 종료합니다.

- **Shift-select to trim (Shift 키를 누른 채 선택하여 자르기)** : 선택된 객체를 연장하는 대신 가장 가까운 경계까지 자름. 이것은 자르기와 연장을 쉽게 전환할 수 있는 방법입니다.

- **Cutting edges (절단 모서리)** : 선택된 추가 객체를 사용하여 객체를 연장하려는 경계 모서리를 정의

- **Fence (울타리)** : 선택 울타리를 교차하는 모든 객체를 선택. 선택 울타리는 둘 이상의 울타리 점을 사용하여 지정되는 일련의 임시 선 세그먼트입니다. 선택 울타리는 닫힌 루프를 만들지 않습니다.

- **Crossing (걸치기)** : 2개의 점에 의해 정의된 직사각형 영역 내에 포함되거나 이 영역을 교차하는 객체를 선택

  ※ 연장될 객체의 일부 교차 선택은 명확하지 않습니다. EXTEND는 첫 번째 점에서부터 마주치는 첫 번째 객체까지 시계 방향의 직사각형 걸침 윈도우를 기준으로 선택을 분석합니다.

- **Mode (모드)** : 기본 연장 모드를 모든 객체를 잠재적 경계 모서리로 사용하는 빠른 작업 모드 또는 경계 모서리를 선택하라는 프롬프트가 표시되는 표준 모드로 설정

- **Project (투영)** : 객체를 연장할 때 사용된 투영 방법을 지정

- **None (없음)** : 투영 없음으로 지정. 3D 공간에서 경계 모서리와 교차하는 객체만 연장됩니다.

- **UCS** : 현재 사용자 좌표계(UCS)의 XY 평면으로 투영되도록 지정. 3D 공간에서 경계 객체와 교차하지 않는 객체는 연장됩니다.

- **View (뷰)** : 현재 뷰 방향을 기준으로 투영하도록 지정
- **Edge (모서리)** : 객체를 다른 객체의 가상 모서리까지 연장하거나 3D 공간에서 실제로 교차하는 객체까지만 연장
- **Extend (연장)** : 3D 공간에서의 다른 객체 또는 해당 객체의 가상 모서리에 교차하는 객체 본래의 경로를 기준으로 경계 객체를 연장
   - ※ 선택한 객체를 경계 모서리의 가상 연장선까지 연장하는 것이 기본값이 되도록 EDGEMODE 시스템 변수를 1로 설정합니다.
- **No Extend (연장 안함)** : 객체를 3D 공간에서 해당 객체와 실제로 교차하는 경계 객체까지만 연장되도록 지정
   - ※ 연장선 없이 선택한 경계 모서리를 사용하는 것이 기본값이 되도록 EDGEMODE 시스템 변수를 0으로 설정합니다.
- **Undo (명령 취소)** : EXTEND를 사용하여 변경된 가장 최근의 내용을 취소함

▰— Quick Mode 빠른 작업 모드

객체를 연장하려면 개별적으로 연장할 객체를 선택하고, 누른 다음 끌어 자유형 선택 경로를 시작하거나, 빈 위치 두 개를 선택하여 교차 울타리를 지정합니다. 모든 객체는 자동으로 경계 모서리로 작동합니다.

▰— Quick mode options 빠른 작업 모드 옵션

- Cutting edges (절단 모서리)
- Fence (울타리)
- Crossing (걸치기)
- Mode (모드)
- Project (투영)

※ 옵션으로 나열되지 않음

▰— Standard Mode 표준 모드

객체를 연장하려면 먼저 경계를 선택하고 Enter 키를 누른 후 연장할 객체를 선택합니다. 모든 객체를 경계로 사용하려면 첫 번째 객체 선택 프롬프트에서 Enter 키를 누릅니다.

■ Standard mode options 표준 모드 옵션

- Select boundary edges... (경계 모서리 선택...)
- Cutting edges (절단 모서리)
- Fence (울타리)
- Crossing (걸치기)
- Mode (모드)
- Project (투영)
- Edge (모서리)

■ TRIMEXTENDMODE 시스템 변수

EXTEND 명령의 기본값을 빠른 작업 모드로 지정할지 또는 표준 모드로 지정할지를 조정합니다.

EXTEND 기능 연습하기

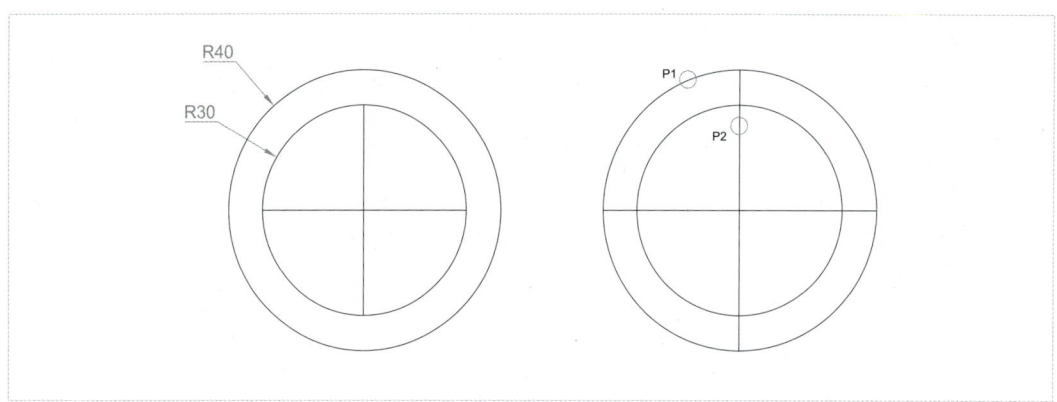

1 기본 형태 LINE, CIRCLE 명령어로 작업하기

2 Standard Mode 표준 모드에서 작도하기

Command: **EXTEND**

Current settings: Projection=UCS, Edge=None, Mode=Standard

→ 작업 모드 상태 확인, 만약 Quick으로 되어 있다면 모드 변경 필요

Select boundary edges ...   → 경계 기준 선택하라는 프롬프트

Select objects or [mOde] <select all>: **1 found**   → 경계 기준 P1 선택

Select objects: →⏎ 선택 완료

Select object to extend or shift-select to trim or [Boundary edges/Fence/Crossing/mOde/Project/Edge]: Cannot EXTEND this object.   (원 객체의 경계를 선택하면 보여짐)

Select object to extend or shift-select to trim or [Boundary edges/Fence/Crossing/mOde/Project/Edge]:   → 연장할 객체 P2 선택

Select object to extend or shift-select to trim or [Boundary edges/Fence/Crossing/mOde/Project/Edge/Undo]:   → 완료 ⏎ (나머지 부분도 선택하고 완료)

Tip.

01. AutoCAD 2021 이전 버전에서 빠른 EXTEND 사용법

EXTEND 실행 후 `Enter` 키를 한 번 더 누르면 모든 객체가 자동으로 경계선이 됩니다. 이후 연장할 객체를 클릭하면 경계를 선택하지 않고 빠른 EXTEND 적용이 가능합니다.

02. EXTEND & TRIM 조합 사용

- `Shift` 키를 누르면 EXTEND와 TRIM(자르기) 기능을 전환하여 사용할 수 있습니다.
- EXTEND 실행 중 `Shift` 키를 누르면 TRIM, TRIM 실행 중 `Shift` 키를 누르면 EXTEND

03. EXTEND를 활용한 설계 작업

건축 설계	기계 설계	제품 설계
벽체 라인 연장하여 다른 벽체와 정확하게 맞추기	축(shaft) 및 회전체 부품을 기준으로 선을 연장	제품 디자인 시 외곽선 및 곡선 연장
창문 및 문 개구부를 위한 벽체 정리	구멍 및 가공 라인을 연장하여 정확한 치수 적용	사출 금형 설계에서 내부 코어 부분 정리
치수선 및 단면선 정리	대칭 패턴 수정 및 연결 부위 정리	불완전한 스케치 라인 정리

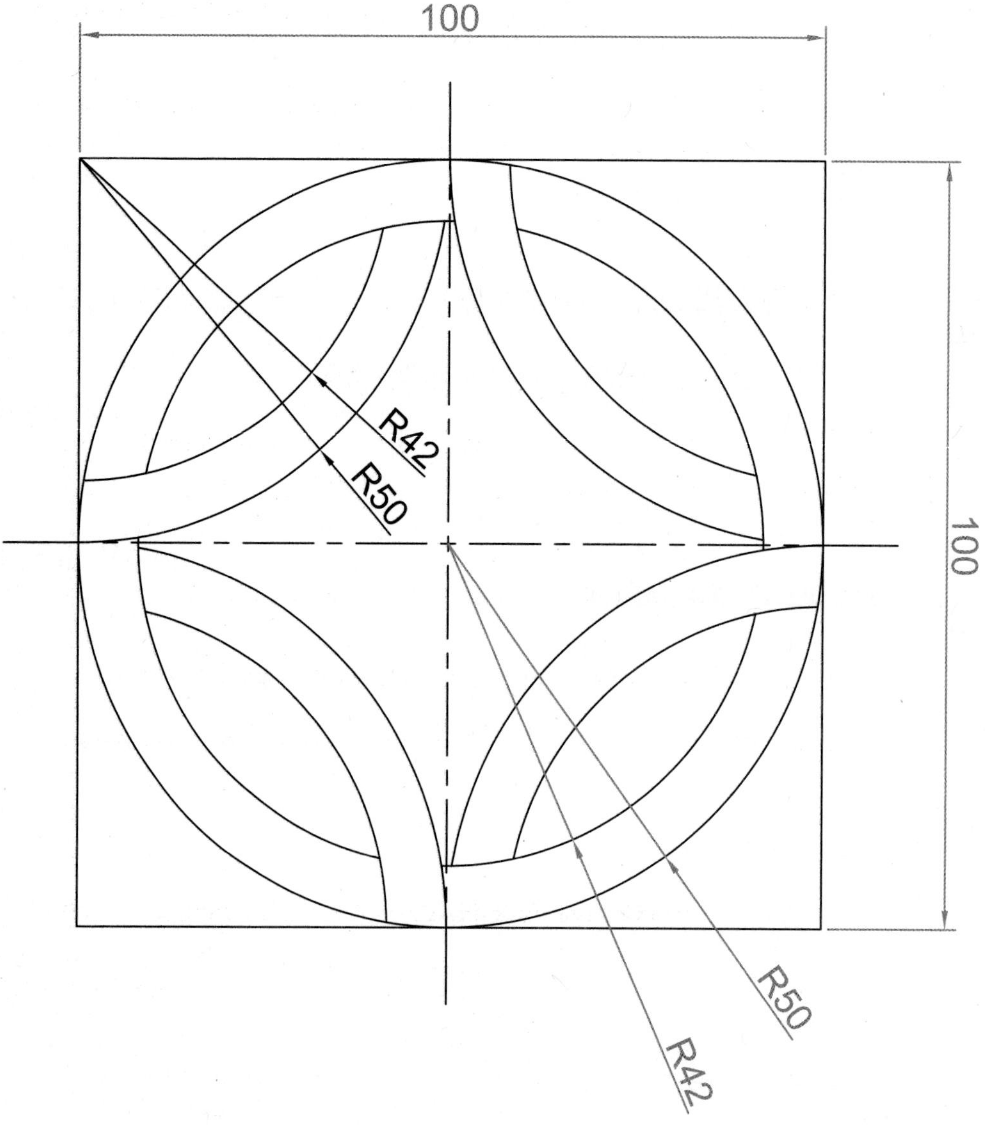

- Arc(P1-P2_r), Circle 작도-중심점, Tan(접점)

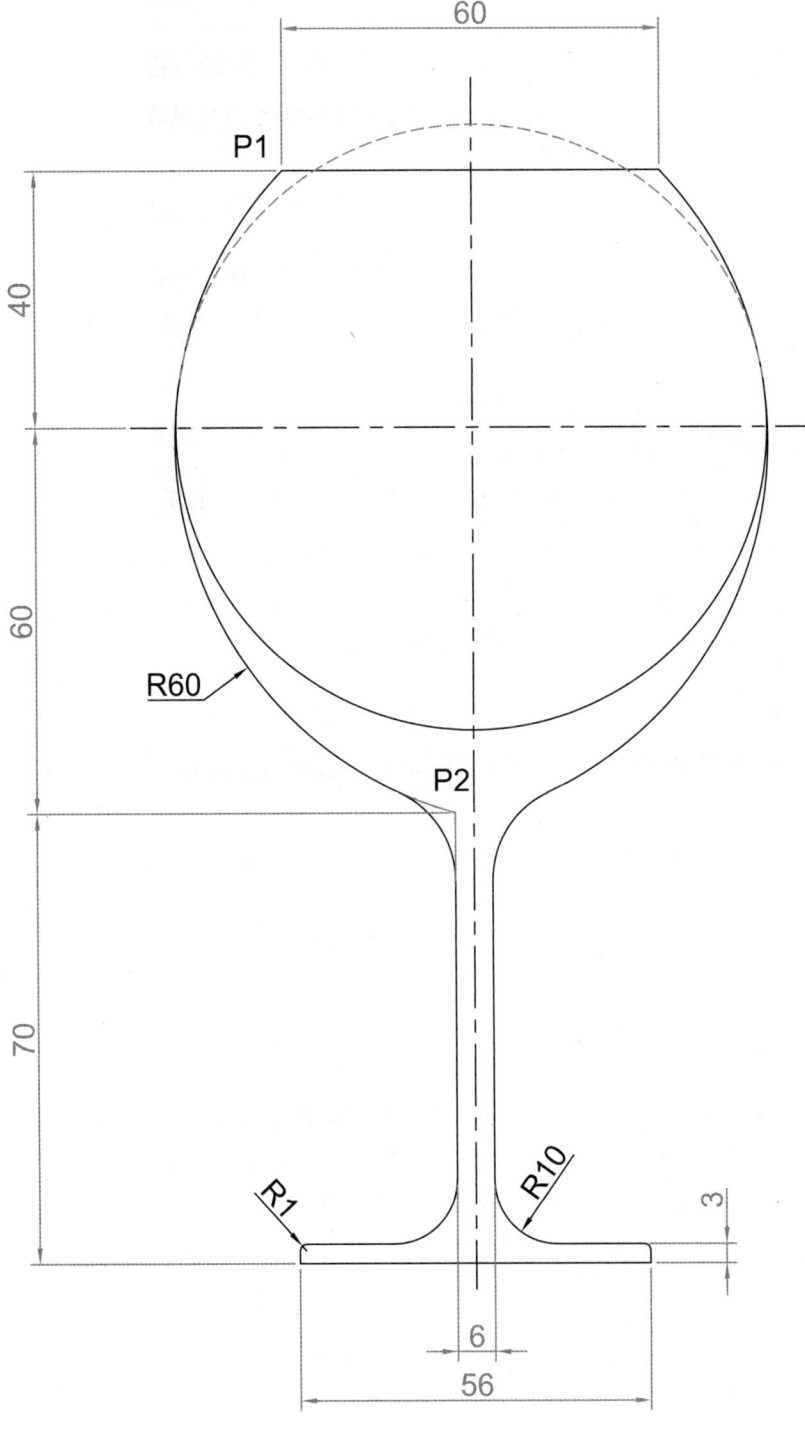

04 FILLET ⌒

모깎기

- FILLET 명령어를 사용하여 두 개의 객체(선, 폴리선, 원, 호 등) 사이에 호를 적용할 수 있다.
- 필렛 반지름을 설정하고, 다양한 옵션을 활용하는 방법을 익힌다.
- FILLET 명령어를 통해 도면을 정리하고 최적화하는 방법을 이해한다.

명령어 위치 및 호출 방법

메뉴	Modify 메뉴 → Fillet 명령어 클릭
도구막대	Modify 도구막대 → Fillet 버튼
리본	Home 탭 → Modify 패널 → Fillet 아이콘
명령 입력	명령창에 **FILLET** 입력 후 `Enter`, 단축키: **F** 입력 후 `Enter`

기본 사용법

Command: **FILLET**

Current settings: Mode = TRIM, Radius = 0.0000 → 현재 상태

Select first object or [Undo/Polyline/Radius/Trim/Multiple]: **R**

→ 모깎기 할 반지름 옵션 R 입력 후 완료

Specify fillet radius <0.0000>: **10** → 조건에 맞는 반지름 값을 입력 후 ↵

Select first object or [Undo/Polyline/Radius/Trim/Multiple]:

→ 첫 번째 모서리 객체 선택

Select second object or shift-select to apply corner or [Radius]:

→ 두 번째 모서리 객체 선택(자동 완료됨)

＊**Current settings**: 수정 명령어 사용 시 명령창에서 보여주는 현재 상태를 나타냄. 주의 깊게 보아야 함

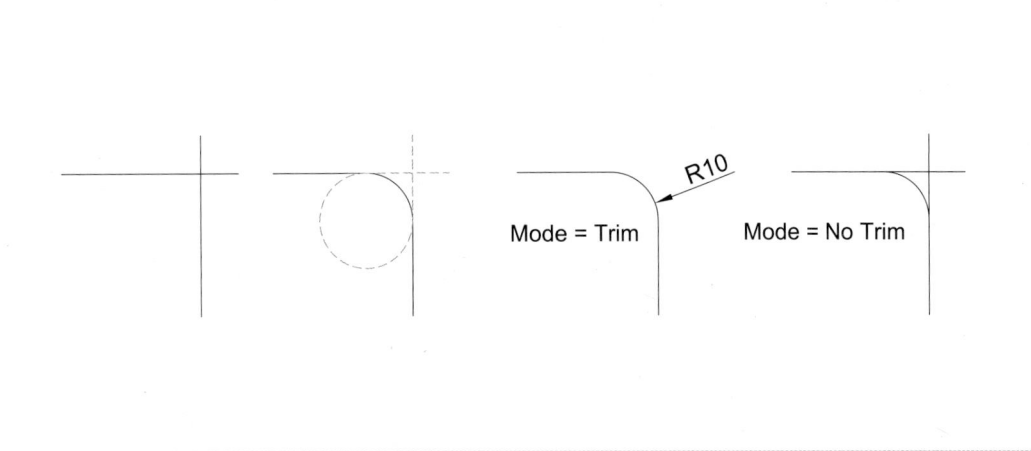

옵션 살펴보기

- **2D 모깎기 작성**

  객체 유형이 같거나 다른 두 객체(2D 폴리선, 호, 원, 타원, 타원형 호, 선, 광선, 스플라인, X선) 간에 둥글게 깎기 또는 모깎기를 작성. 선택한 두 객체가 동일한 도면층에 있는 경우 정의된 호는 해당 도면층에 작성됩니다. 그렇지 않으면 호는 현재 도면층에 작성됩니다. 도면층은 색상 및 선종류 등의 객체 특성에 영향을 줍니다.

  - **First Object (첫 번째 객체)** : 두 객체 중 첫 번째 객체를 선택하거나 2D 폴리선의 첫 번째 선 세그먼트를 선택하여 모깎기를 정의
  - **Second object or shift-select to apply corner (두 번째 객체 선택 또는 Shift 키를 누른 채 선택하여 구석 적용)** : 두 번째 객체 또는 2D 폴리선의 선 세그먼트를 선택하여 모깎기를 정의. `Shift` 키를 누른 상태로 두 번째 객체 또는 2D 폴리선의 선 세그먼트를 선택하여 선택한 객체를 연장하거나 자르면 선명한 구석을 만들 수도 있습니다. `Shift` 키를 누르고 있으면 임시 값 0이 현재 모깎기 반지름 값에 지정됩니다. 원 선택 시에는 원이 잘리지 않으며 모깎기가 원과 일치하도록 부드럽게 그려집니다.

    ※ 개별 객체를 사용하여 정의된 해치 경계에 모깎기 또는 둥글게 깎기를 추가하면 해치 연관성이 제거됩니다. 폴리선에서 해치 경계를 정의했다면 연관성이 유지됩니다.

  - **Undo (명령 취소)** : 명령의 이전 동작을 전환함

- **폴리선**

  두 직선 세그먼트가 만나는 2D 폴리선의 각 정점에 모깎기를 삽입. 자르기 옵션이 자르지 않기로 설정된 경우가 아니면 모깎기는 폴리선의 새 세그먼트가 됩니다.

- **Select 2D polyline (2D 폴리선 선택) :** 각 정점에 모깎기를 삽입하려면 2D 폴리선을 선택합니다. 호 세그먼트가 두 직선 세그먼트를 분리하는 경우에는 해당 호 세그먼트가 제거되고 모깎기로 대치됩니다.

  ※ 너무 짧아 모깎기 반지름을 포함할 수 없는 선 세그먼트는 수정되지 않습니다.

- **Radius (반지름) :** 후속 모깎기의 반지름을 설정. 이 값을 변경해도 기존 모깎기에는 영향을 주지 않습니다.

  ※ 반지름 값 0을 사용하면 선명한 구석을 작성할 수 있습니다. 반지름이 0인 2D 폴리선의 두 선, 광선, X선 또는 선 세그먼트를 모깎기하면 객체가 교차하도록 잘리거나 연장됩니다.

- **Trim (자르기) :** 선택한 객체가 모깎기의 끝점과 만나도록 잘리는지 여부를 조정. 현재 값은 TRIMMODE 시스템 변수에 저장됩니다.

  ※ Trim (자르기) : 선택한 객체 또는 선 세그먼트가 모깎기의 끝점과 만나도록 잘립니다.
   No Trim (자르지 않기) : 선택한 객체 또는 선 세그먼트는 모깎기가 추가되기 전에 잘리지 않습니다.

- **Multiple (다중) :** 객체 세트 두 개 이상을 둥글게 깎을 수 있음

■ 모서리 접기

Mode = TRIM, Radius = 0 , (shift-select to apply corner)

- FILLET 명령의 설정값이 **Mode = TRIM, Radius = 0** 으로 되어 있을 경우에 교차하거나 떨어져 있는 객체를 선택하면 Trim 또는 Extend 명령을 사용하지 않고서 모서리 부분을 수정할 수 있습니다.

- **Shift-select to apply corner 방법** : 반지름이 설정 되어 있는 경우 `Shift` 키를 누르고 모서리를 만들 위치의 객체를 객체를 선택하면 됩니다. 이 경우 Mode = TRIM 으로 설정되어 있어야 합니다.

FILLET 기능 연습하기

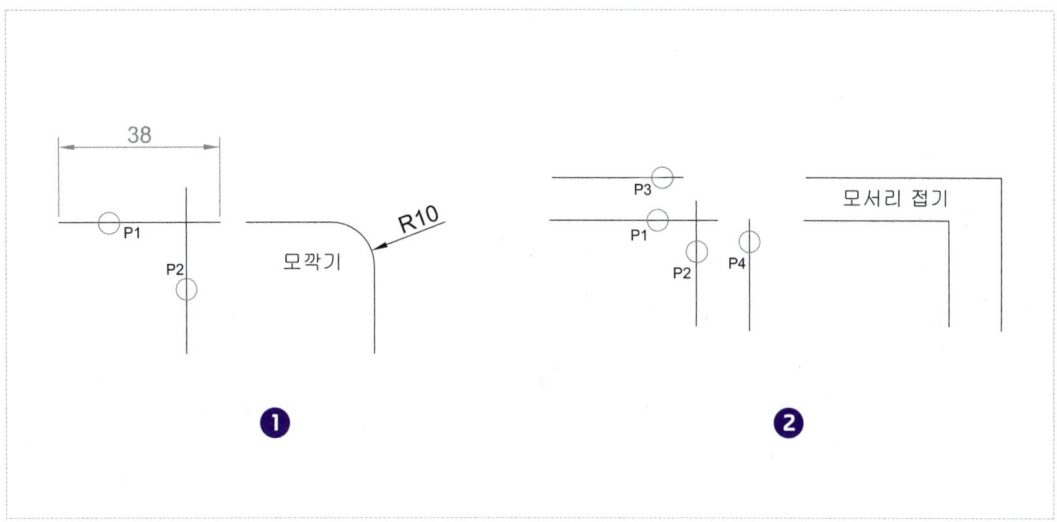

LINE 명령어로 주어진 선 객체 작도하기

Command: **FILLET**

Current settings: Mode = TRIM, Radius = 0.0000 → 현재 상태

Select first object or [Undo/Polyline/Radius/Trim/Multiple]: **R**

→ 모깎기 할 반지름 옵션 R 입력 후 ↵

Specify fillet radius <0.0000>: **10** → 반지름 10 입력 후 ↵

Select first object or [Undo/Polyline/Radius/Trim/Multiple]: → P1 객체 선택

Select second object or shift-select to apply corner or [Radius]: → P2 객체 선택(종료됨)

❷

LINE 명령어로 주어진 주어진 선 객체 작도하기

모서리 접기(Shift + 객체 선택) : 모서리 부분 확인 후 객체 선택, 연속하는 경우 Multiple 활용

Command: **FILLET**

Current settings: Mode = NOTRIM, Radius = 10.0000
Select first object or [Undo/Polyline/Radius/Trim/Multiple]: → Shift 키를 누르고 P1 객체 선택
Select second object or shift-select to apply corner or [Radius]:
→ Shift 키를 누르고 P2 객체 선택

Command: **FILLET**
→ 명령어 재입력 또는 ↵ 키 입력(이전 사용 명령어 재사용)

Current settings: Mode = NOTRIM, Radius = 10.0000
Select first object or [Undo/Polyline/Radius/Trim/Multiple]: → Shift 키를 누르고 P3 객체 선택
Select second object or shift-select to apply corner or [Radius]:
→ Shift 키를 누르고 P4 객체 선택

Tip

01. 반경이 0일 경우 연결만 수행

- R 값을 0으로 설정하면 곡선 없이 두 선이 연결됩니다.
- 빠르게 교차점을 정리할 때 유용합니다.

02. Trim 옵션 활용

- Trim을 **No Trim**으로 설정하면 원래 선이 유지되고 곡선만 추가됩니다.
- 기존 객체를 보존하면서 필렛을 적용할 때 유용합니다.

03. 폴리선에 일괄 적용

- **P(Polyline)** 옵션을 사용하면 폴리선의 모든 교차점에 자동으로 필렛이 적용됩니다.
- 도면 작업 시간을 줄이는 데 효과적입니다.

04. CHAMFER(모따기)와 비교

- **FILLET**은 곡선으로 연결하는 기능이고, **CHAMFER**는 직선으로 모따기하는 기능입니다.
- 디자인 요구 사항에 따라 적절한 명령어 선택이 필요합니다.

05. FILLET을 활용한 설계 작업

건축 설계	기계 설계	제품 설계
- 건축 평면도에서 모서리를 곡선으로 처리하여 부드러운 연결 생성 - 벽체 모서리의 곡선 처리하여 실제 시공 시 부드러운 디자인 적용 - 창호 및 가구 배치 시 곡선 연결을 통해 공간감을 조절	- 기계 부품의 모서리를 곡선 처리하여 응력 집중 방지 - 부품 간 접합 부위를 자연스럽게 연결하여 설계 완성도 향상 - CNC 가공 시 필렛 적용을 통해 공정 최적화 가능	- 제품 외관 디자인에서 날카로운 모서리를 제거하여 부드러운 형태 구현 - 인간공학적 디자인을 적용하여 안전한 제품 설계 가능 - 사출 성형 시 필렛 처리를 통해 제작 시 수축 및 균열 방지

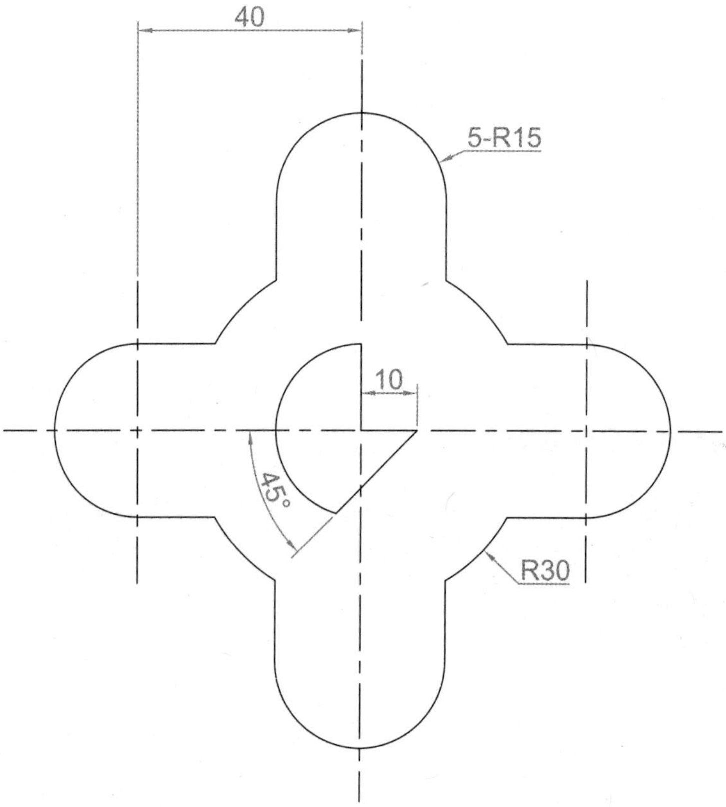
40
5-R15
10
45°
R30

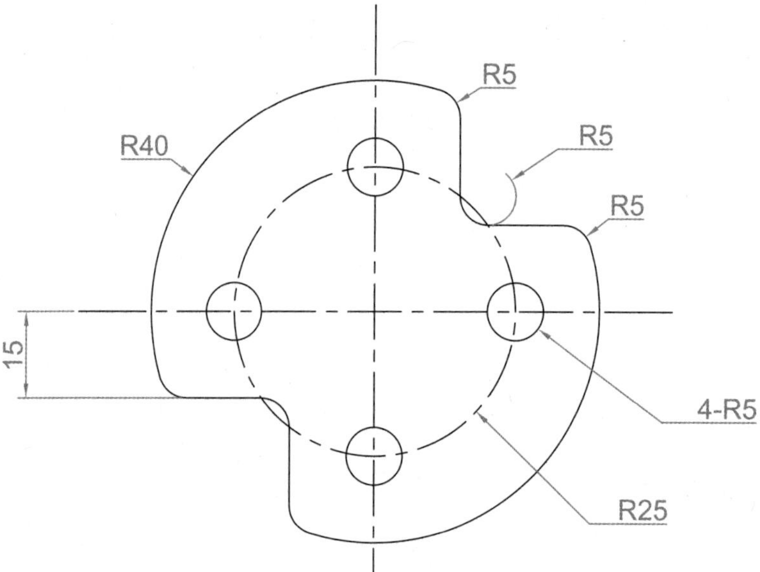
R5
R5
R5
R40
15
4-R5
R25

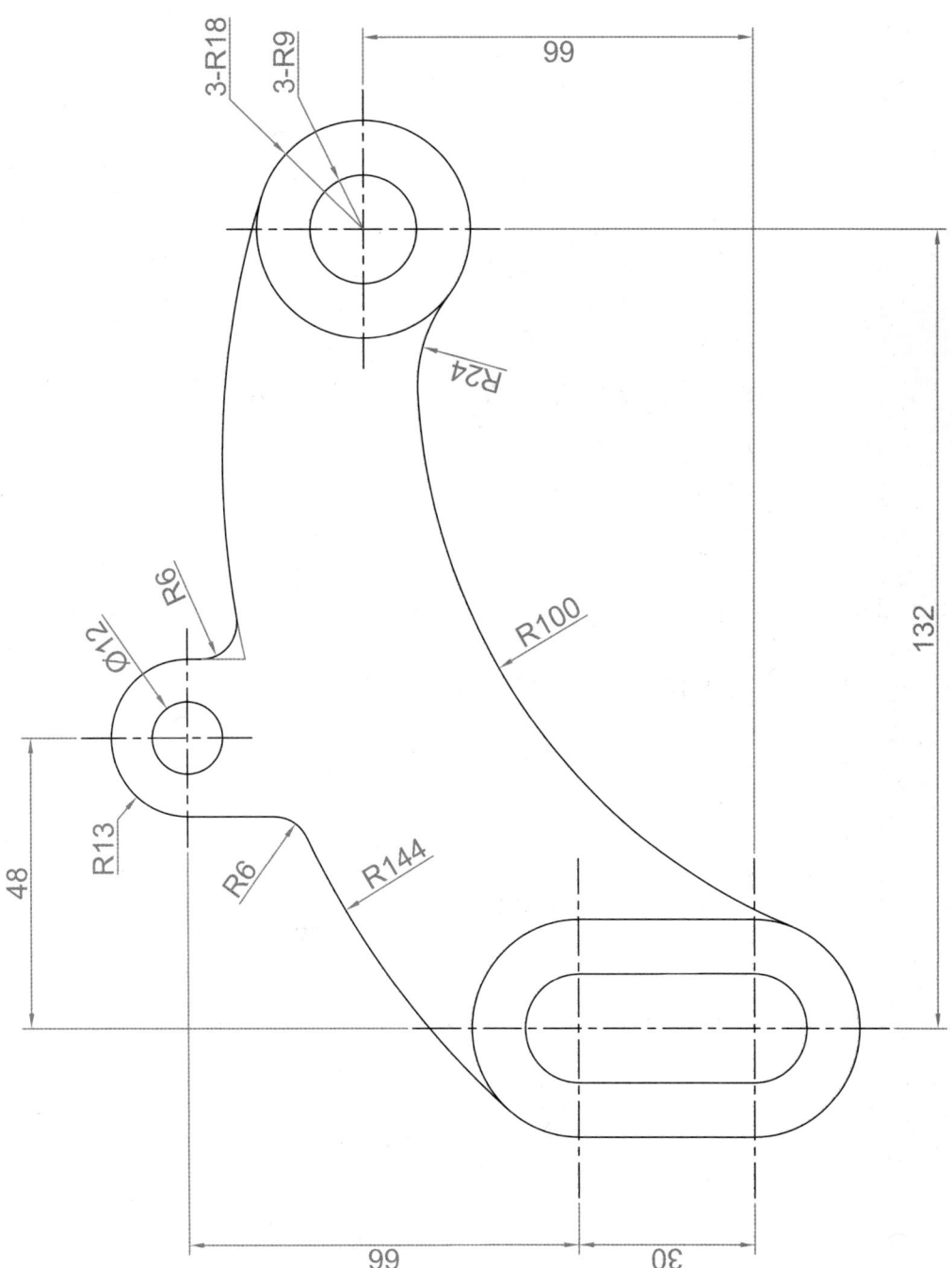

05 CHAMFER

모따기

- **CHAMFER** 명령어를 사용하여 두 개의 선 사이에 경사 모서리를 생성할 수 있다.
- **CHAMFER** 명령어의 거리 및 각도 옵션을 설정하는 방법을 익힌다.
- 건축, 기계, 제품 설계에서 Chamfer 기능을 적용하여 설계의 완성도를 높이는 방법을 학습한다.

명령어 위치 및 호출 방법

메뉴	Modify 메뉴 → Chamfer 명령어 클릭
도구막대	Modify 도구막대 → Chamfer 버튼
리본	Home 탭 → Modify 패널 → Chamfer 아이콘
명령 입력	명령창에 **CHAMFER** 입력 후 `Enter`, 단축키: **CHA** 입력 후 `Enter`

기본 사용법

Command: **CHAMFER**

(TRIM mode) Current chamfer Dist1 = 0.0000, Dist2 = 0.0000 → 현재 상태

Select first line or [Undo/Polyline/Distance/Angle/Trim/mEthod/Multiple]: **D** → 거리값 지정을 위한 D 옵션 입력 후 ↵

Specify first chamfer distance <0.0000>: **20** → 첫 번째 거리값 지정

Specify second chamfer distance <20.0000>: **10** → 두 번째 거리값 지정

Select first line or [Undo/Polyline/Distance/Angle/Trim/mEthod/Multiple]:
→ 모서리부터 첫 번째 거리를 가지는 객체 선택

Select second line or shift-select to apply corner or [Distance/Angle/Method]:
→ 모서리부터 두 번째 거리를 가지는 객체 선택

* **Current settings** : 수정 명령어 사용 시 명령창에서 보여주는 현재 상태를 나타냄, 주의 깊게 보아야 함

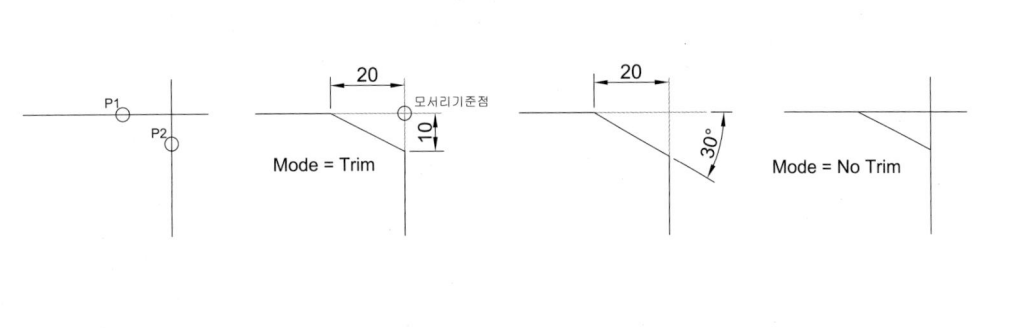

옵션 살펴보기

- **2D 모따기 작성**

    객체 유형이 같거나 다른 두 객체(선, 폴리선, 광선, X선)를 선택하여 베벨 또는 모따기를 정의. 선택한 두 객체가 동일한 도면층에 있는 경우 정의된 선은 해당 도면층에 작성됩니다. 그렇지 않으면 선은 현재 도면층에 작성됩니다. 도면층은 색상 및 선종류 등의 객체 특성에 영향을 줍니다.

    - **First Line (첫 번째 선)** : 두 객체 중 첫 번째 객체를 선택하거나 2D 폴리선의 첫 번째 선 세그먼트를 선택하여 모따기를 정의

    - **Second line or shift-select to apply corner(두 번째 선 선택 또는 Shift 키를 누른 채 선택하여 구석 적용)** : 두 번째 객체 또는 2D 폴리선의 선 세그먼트를 선택하여 모따기를 정의. `Shift` 키를 누른 상태로 두 번째 객체 또는 2D 폴리선의 선 세그먼트를 선택하여 선택한 객체를 연장하거나 자르면 선명한 구석을 만들 수도 있습니다. `Shift` 키를 누르고 있으면 임시 값 0이 현재 모따기 거리 및 각도 값에 지정됩니다. 선택한 객체가 2D 폴리선의 직선 세그먼트인 경우에는 선 세그먼트가 서로 인접할 수도 있고 다른 세그먼트 하나에 의해 분리될 수도 있습니다. 선택한 세그먼트가 다른 세그먼트에 의해 분리되는 경우 이러한 세그먼트를 분리하는 세그먼트가 제거되고 모따기로 대치됩니다.

        ※ 개별 객체를 사용하여 정의된 해치 경계에 모따기 또는 베벨을 추가하면 해치 연관성이 제거됩니다. 폴리선에서 해치 경계를 정의했다면 연관성이 유지됩니다.

    - **Undo (명령 취소)** : 명령의 이전 동작을 전환함

- **폴리선**

    두 직선 세그먼트가 만나는 2D 폴리선의 각 정점에 모따기 선을 삽입. 자르기 옵션이 자르지 않기로 설정된 경우가 아니면 모따기 선은 폴리선의 새 세그먼트가 됩니다.

    ※ 너무 짧아 모따기 거리를 포함할 수 없는 선 세그먼트는 수정되지 않습니다.

- **Distance (거리) :** 첫 번째 객체와 두 번째 객체의 교차점에서부터 모따기 거리를 설정. 두 거리를 모두 0으로 설정하면 선택한 객체 또는 선 세그먼트가 서로 교차하도록 연장되거나 잘립니다.
- **Angle (각도) :** 선 세그먼트 또는 첫 번째 객체로부터의 XY 각도와 선택한 객체 교차점으로부터의 모따기 거리를 설정. 두 값을 모두 0으로 설정하면 선택한 객체 또는 선 세그먼트가 서로 교차하도록 연장되거나 잘립니다.
- **Trim (자르기) :** 선택한 객체가 모따기 선의 끝점과 만나도록 잘리는지 여부를 조정. 현재 값은 TRIMMODE 시스템 변수에 저장됩니다.
  - ※ Trim (자르기) : 선택한 객체 또는 선 세그먼트가 모따기 선의 끝점과 만나도록 잘립니다. 선택한 객체 또는 선 세그먼트는 모따기 선과 교차하지 않는 경우 모따기 선을 추가하기 전에 연장되거나 잘립니다.
  - No Trim (자르지 않기) : 모따기 선을 추가하기 전에 선택한 객체 또는 선 세그먼트가 잘리지 않습니다.
- **Method (방법) :** 선택한 객체 또는 선 세그먼트의 교차점에서 모따기 선을 계산하는 방법을 조정. 현재 값은 CHAMMODE 시스템 변수에 저장됩니다.
  - ※ Distance (거리) : 두 거리로 모따기 선을 정의합니다.
    Angle (각도) : 거리 하나와 각도 하나로 모따기 선을 정의합니다.
- **Multiple (다중) :** 객체 세트 두 개 이상을 베벨 처리할 수 있음

■── Dist1, Dist2

- 처음 입력한 거리값(Dist1)이 모서리부터 첫 번째 선택한 객체에 적용된다는 것에 유의해야 합니다.
- 거리와 각도의 경우에는 모서리로부터 기입될 치수의 위치를 보고 선택하여야 합니다.

■── TRIM mode 상호 교환

- FILLET 명령과 CHAMFER 명령의 TRIM mode 는 한쪽이 바뀌면 나머지도 똑같이 설정됩니다.
- AutoCAD의 시스템 변수 TRIMMODE를 이용하면 초기 설정값을 변경할 수 있습니다.
  변수 : 0 → NOTRIM , 1 → TRIM

CHAMFER 기능 연습하기

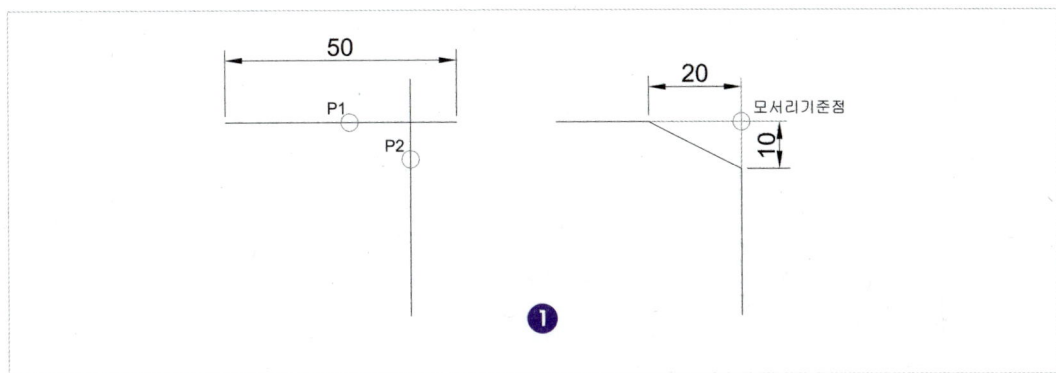

❶ Distance 거리 옵션 이용하기

LINE 명령어로 주어진 선 객체 작도하기

Command: **CHAMFER**

(TRIM mode) Current chamfer Dist1 = 0.0000, Dist2 = 0.0000 → 현재 상태

Select first line or [Undo/Polyline/Distance/Angle/Trim/mEthod/Multiple]: **D**

→ 옵션 D 입력 후 ⏎

Specify first chamfer distance <0.0000>: **20**

→ 모서리점 기준으로 해당 객체의 거리값 20 입력 후 ⏎

Specify second chamfer distance <20.0000>: **10**

→ 모서리점 기준으로 해당 객체의 거리값 10 입력 후 ⏎

Select first line or [Undo/Polyline/Distance/Angle/Trim/mEthod/Multiple]:

→ P1 객체 선택 (첫 번째 입력값 20 적용)

Select second line or shift-select to apply corner or [Distance/Angle/Method]:

→ P2 객체 선택 (두 번째 입력값 10 적용)

※ 모서리를 기준으로 기입된 치수를 확인하여 첫 번째 기준 값을 적용해야 합니다.

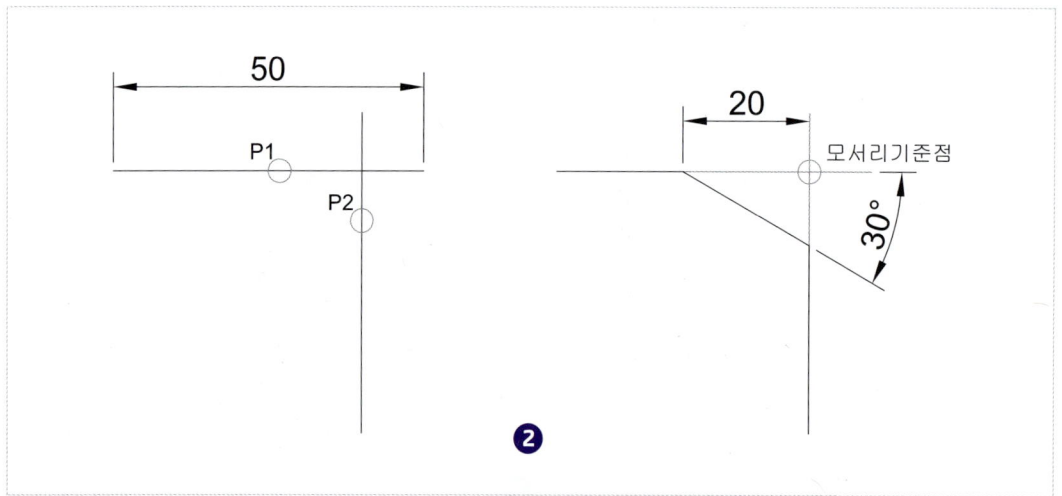

❷ Angle 각도 옵션 이용하기

LINE 명령어로 주어진 선 객체 작도하기

Command: **CHAMFER**

(TRIM mode) Current chamfer Dist1 = 20.0000, Dist2 = 10.0000 → 현재 상태

Select first line or [Undo/Polyline/Distance/Angle/Trim/mEthod/Multiple]: **A**

→ 옵션 A 입력 후 ↵

Specify chamfer length on the first line <0.0000>: **20**

→ 모서리점 기준으로 해당 객체의 거리값 20 입력 후 ↵

Specify chamfer angle from the first line <0>: **30**

→ 첫 번째 객체의 각을 보고 30도 입력 후 ↵

Select first line or [Undo/Polyline/Distance/Angle/Trim/mEthod/Multiple]:

→ P1 객체 선택 (첫번째 입력값 20 적용)

Select second line or shift-select to apply corner or [Distance/Angle/Method]:

→ P2 객체 선택 (각도 적용)

※ 길이와 각이 적용 되어지는 형태는 먼저 길이부터 찾고 그다음 해당각을 적용(순서 중요)

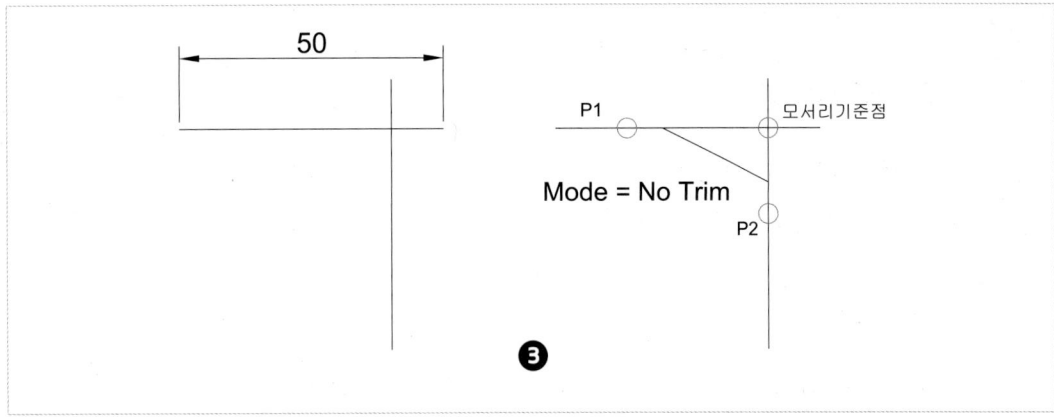

❸

■─❸ No Trim 옵션 이용하기

LINE 명령어로 주어진 선 객체 작도하기

Command: **CHAMFER**

(TRIM mode) Current chamfer Dist1 = 20.0000, Dist2 = 10.0000

Select first line or [Undo/Polyline/Distance/Angle/Trim/mEthod/Multiple]: **T**

→ 옵션 T 입력 후 ⏎

Enter Trim mode option [Trim/No trim] <Trim>: **N** → 옵션 N 입력 후 ⏎ (Trim 모드 변경 옵션)

Select first line or [Undo/Polyline/Distance/Angle/Trim/mEthod/Multiple]: **D**

→ 옵션 D 입력 후 ⏎

Specify first chamfer distance <20.0000>: → 모서리점 기준으로 해당 객체의 거리값 20 확인 ⏎

Specify second chamfer distance <10.0000>:

→ 모서리점 기준으로 해당 객체의 거리값 10 확인 ⏎

Select first line or [Undo/Polyline/Distance/Angle/Trim/mEthod/Multiple]:

→ P1 객체 선택 (첫 번째 입력값 20 적용)

Select second line or shift-select to apply corner or [Distance/Angle/Method]:

→ P2 객체 선택 (두 번째 입력값 10 적용)

※ 기본적으로 Trim 모드를 사용합니다.

Tip

01. FILLET(필렛, 모깎기)과의 차이점

- **CHAMFER**는 두 객체를 직선으로 연결하는 반면, FILLET은 곡선으로 연결합니다.
- 기하학적 설계에서 어떤 형태가 적절한지 판단하여 선택할 필요가 있습니다.

02. Trim 옵션 활용

- Trim을 **No Trim**으로 설정하면 원래 선이 유지되면서 모따기가 추가됩니다.
- 기존 객체를 보존하면서 Chamfer를 적용할 때 유용합니다.

03. 폴리선에 일괄 적용

- P(Polyline) 옵션을 사용하면 폴리선의 모든 교차점에 자동으로 Chamfer를 적용합니다.
- 복잡한 형상의 폴리선 편집 시 유용합니다.

04. CHAMFER를 이용한 빠른 도면 정리

- 거리(Distance) 값을 0으로 설정하면 모서리를 단순히 자르는 효과를 냅니다.
- 불필요한 교차선을 정리할 때 활용 가능합니다.

05. CHAMFER를 활용한 설계 작업

건축 설계	기계 설계	제품 설계
도면에서 벽체 모서리를 일정한 각도로 정리하여 현실적인 시공 도면 작성	부품의 날카로운 모서리를 제거하여 안전한 디자인 구현	제품의 엣지를 다듬어 미적 완성도를 높이는 데 사용
건축 평면도에서 문과 창호 부분을 정리할 때 사용	기계 가공에서 CNC 절삭 가공을 고려한 설계 시 활용	플라스틱 사출 성형 시 성형 공정을 최적화하기 위해 Chamfer 적용
계단 및 난간의 끝부분을 Chamfer 처리하여 보다 현실적인 표현 가능	조립 부품 간 간섭을 줄이기 위해 경사진 모서리를 만들 때 사용	3D 모델링에서 직선적인 Chamfer를 적용하여 현실적인 형상 제작

- 치수 C10 (chamfer dist1 10 - dist2 10)

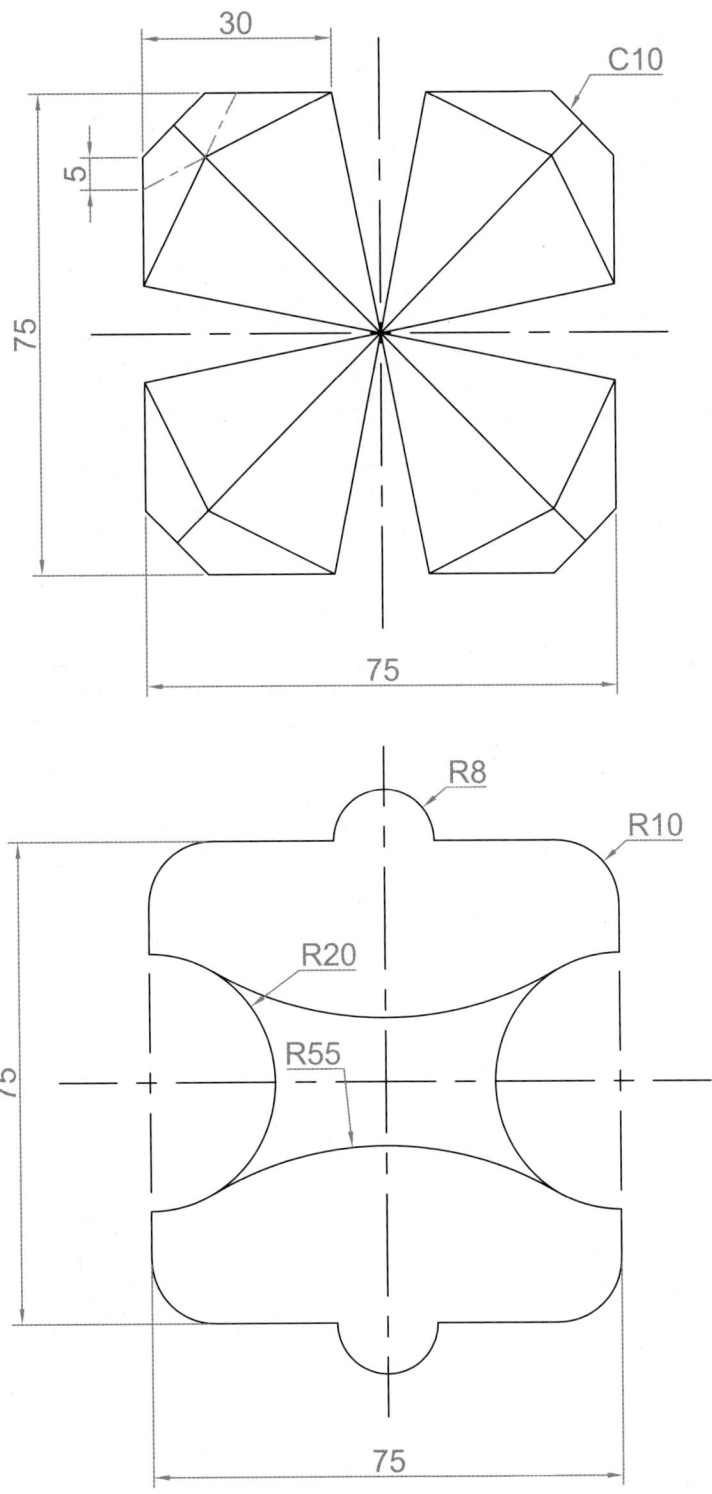

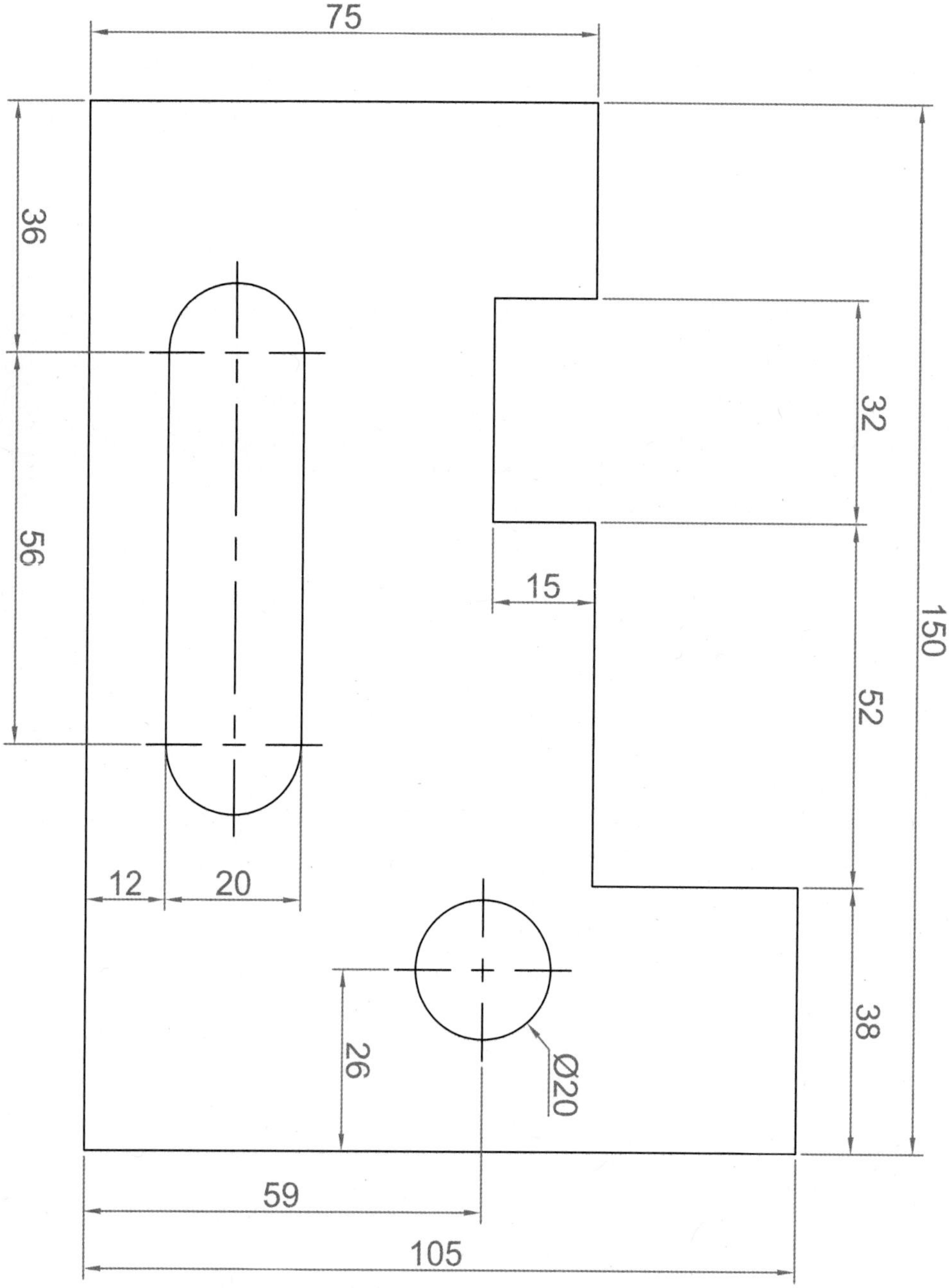

LENGTHEN

길이 수정

- **LENGTHEN** 명령어를 사용하여 객체의 길이를 조정할 수 있다.
- 다양한 옵션을 활용하여 원하는 방식으로 선을 연장 또는 단축할 수 있다.

명령어 위치 및 호출 방법

메뉴	Modify 메뉴 → Lengthen 명령어 클릭
도구막대	Modify 도구막대 → Lengthen 버튼
리본	Home 탭 → Modify 패널 → Lengthen 아이콘
명령 입력	명령창에 **LENGTHEN** 입력 후 Enter , 단축키: **LEN** 입력 후 Enter

기본 사용법 DElta 옵션

```
Command: LENGTHEN

Select an object to measure or [DElta/Percent/Total/DYnamic] <DElta>:
DE → 증분 옵션 DE 입력 후 ↵

Enter delta length or [Angle] <0.0000>: 20 → 증분 길이값 20 입력 후 ↵

Select an object to change or [Undo]: → 길이를 변경하고자 하는 위치 클릭

Select an object to change or [Undo]: → 다시 늘리거나 ESC 종료
```

* measure : 길이

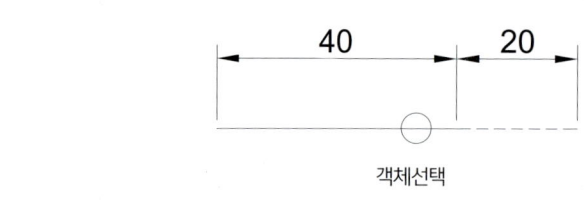

객체선택

옵션 살펴보기

- **Object Selection (객체 선택)** : 객체의 길이와 사이각(적용 가능할 경우)을 표시.

    ※ LENGTHEN은 닫힌 객체에는 영향을 주지 않습니다. 선택한 객체의 돌출 방향은 현재 사용자 좌표계(UCS)의 Z 축에 평행일 필요가 없습니다.

- **Delta (증분)** : 선택점에 가장 가까운 끝점으로부터 측정된 지정된 증분값만큼 객체의 길이를 변경

    ※ 증분 옵션은 선택점에 가장 가까운 끝점으로부터 측정된 지정된 증분값만큼 호의 각도도 변경합니다. 양수 값이면 객체가 확대되고 음수 값이면 객체가 잘립니다.

    ※ Delta Length (증분 길이) : 지정된 증분값만큼 객체의 길이를 변경
    Angle (각도) : 선택된 호의 사이각을 지정된 각도만큼 변경

- **Percent (퍼센트)** : 객체의 길이를 전체 길이에 대해 지정된 퍼센트로 설정

- **Total (전체)** : 고정된 끝점으로부터의 전체 절대 길이를 지정하여 선택된 객체의 길이를 설정.

    ※ 전체 옵션은 지정된 전체 각도에 의해 선택된 호의 사이각도 설정합니다.

    ※ Total Length (전체 길이) : 선택점에 가장 가까운 끝점으로부터 지정된 값으로 객체의 길이를 조정
    Angle (각도) : 선택된 호의 사이각을 설정

- **Dynamic (동적)** : 동적 끌기 모드를 켬. 선택된 객체의 끝점 중 하나를 끌어 객체 길이를 변경할 수 있습니다. 다른 끝점은 고정된 채로 있습니다.

▶ Select an object to measure 의미

Command: **LENGTHEN**

Select an object to measure or [DElta/Percent/Total/DYnamic] <DElta>:

옵션을 사용하지 않고 바로 객체를 선택하면 길이를 가지는 객체의 현재 길이값을 확인할 수 있습니다.

■ 길이를 변경할 수 있는 객체

- 열려 있는 Line, Arc, Pline, 타원형 호 등에 적용이 가능합니다.
- Circle, Ellipse, Rectangle, Polygon 등 닫힌 객체에는 사용할 수 없습니다.

■ 길이 증가의 위치

- 길이를 가지는 객체는 기본적으로 양쪽에 끝점과 길이의 가운데 위치점이 시스템적으로 표시됩니다.
- 가운데를 기준으로 길이값을 변경하고자 하는 끝점에 가깝게 마우스를 클릭하면 됩니다.

LENGTHEN 기능 연습하기

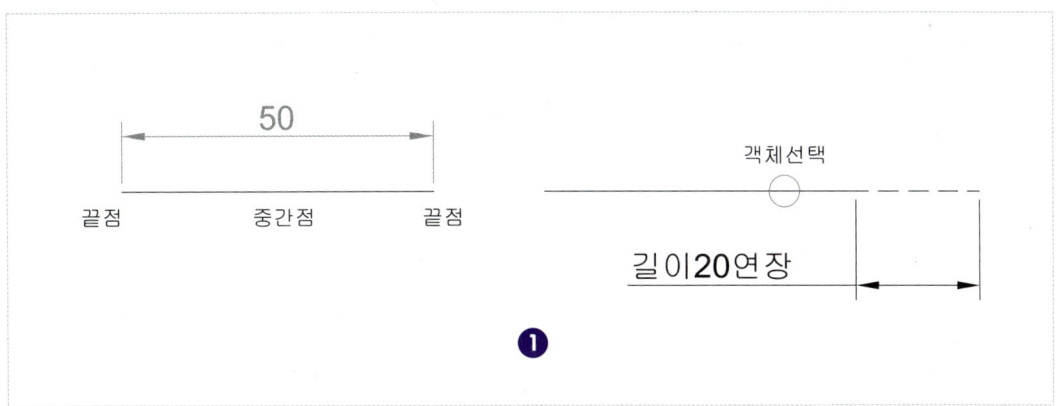

LINE 명령어로 주어진 선 객체 작도하기

Command: **LENGTHEN**

Select an object to measure or [DElta/Percent/Total/DYnamic] <DElta>: **DE**
→ 증분 옵션 DE 입력 후 ↵

Enter delta length or [Angle] <20.0000>: **20** → 증분 길이값 20 입력 후 ↵

Select an object to change or [Undo]: → 길이를 늘이고자 하는 끝점 근처 위치 선택

Select an object to change or [Undo]: → 완료 ↵

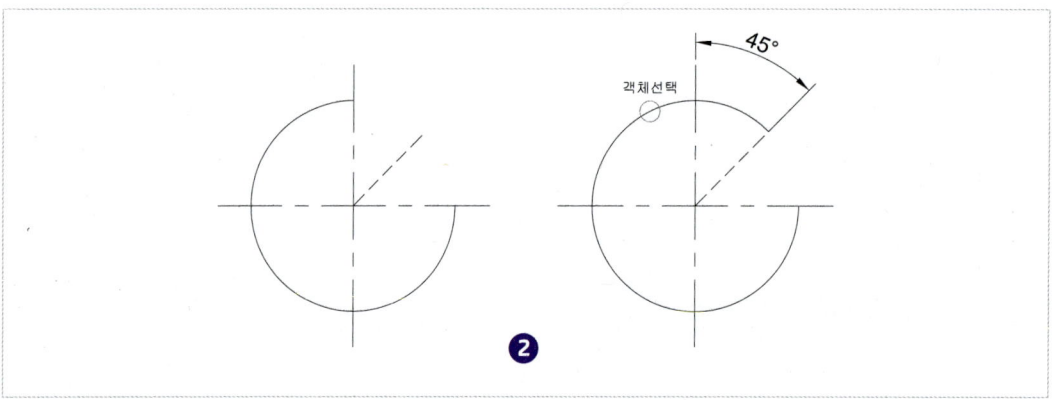

 LINE, CIRCLE 명령어로 주어진 임의 치수 객체 작도하기

Command: **LENGTHEN**

Select an object to measure or [DElta/Percent/Total/DYnamic] <DElta>: **DE** → 증분 옵션 DE 입력 후 ↵

Enter delta length or [Angle] <20.0000>: **A** → 각도 옵션 A 입력 후 Enter (사이각이라는 표현을 씀)

Enter delta angle <45>: **45** → 각도 45 입력 후 ↵

Select an object to change or [Undo]: → 각도에 해당하는 길이를 늘이고자 하는 끝점 근처 위치 선택

Select an object to change or [Undo]: → 완료 ↵

Tip

01. 연장 방향을 제어하는 방법

- **LENGTHEN** 명령어는 객체의 끝점을 기준으로 길이를 변경하므로, 원하는 방향으로 조정하려면 위치를 확인해야 합니다.

02. 기존 객체의 길이를 유지하며 새로운 길이 적용

- Total 옵션을 활용하면 기존 길이에 영향을 받지 않고 원하는 길이(전체)로 정확하게 변경할 수 있습니다.

03. LENGTHEN과 EXTEND, TRIM 비교

- **LENGTHEN**은 객체의 길이를 특정한 값이나 백분율로 조정할 때 사용합니다.
- **EXTEND**는 다른 객체를 기준으로 선을 연장할 때 사용합니다.
- **TRIM**은 불필요한 부분을 잘라낼 때 사용합니다.

04. LENGTHEN을 활용한 설계 작업

건축 설계	기계 설계	제품 설계
- 도면 작업 중 벽체, 창문, 문 등의 길이를 세밀하게 조정할 때 유용 - 특정 간격을 유지하면서 선을 연장하거나 단축하는 데 활용 - OFFSET과 함께 사용하여 정확한 간격을 설정	- 부품 간 거리 조정을 위해 선의 길이를 세밀하게 수정할 때 사용 - Total 옵션을 이용하여 부품의 특정 크기 유지 - Dynamic 모드를 활용하여 도면상에서 실시간 길이 조정	- 디자인 작업 시 객체의 크기를 정밀하게 조정 - Percent 옵션을 사용하여 비율에 맞게 크기 조절 가능 - Delta 옵션을 활용하여 작은 길이 변경을 반복 적용 가능

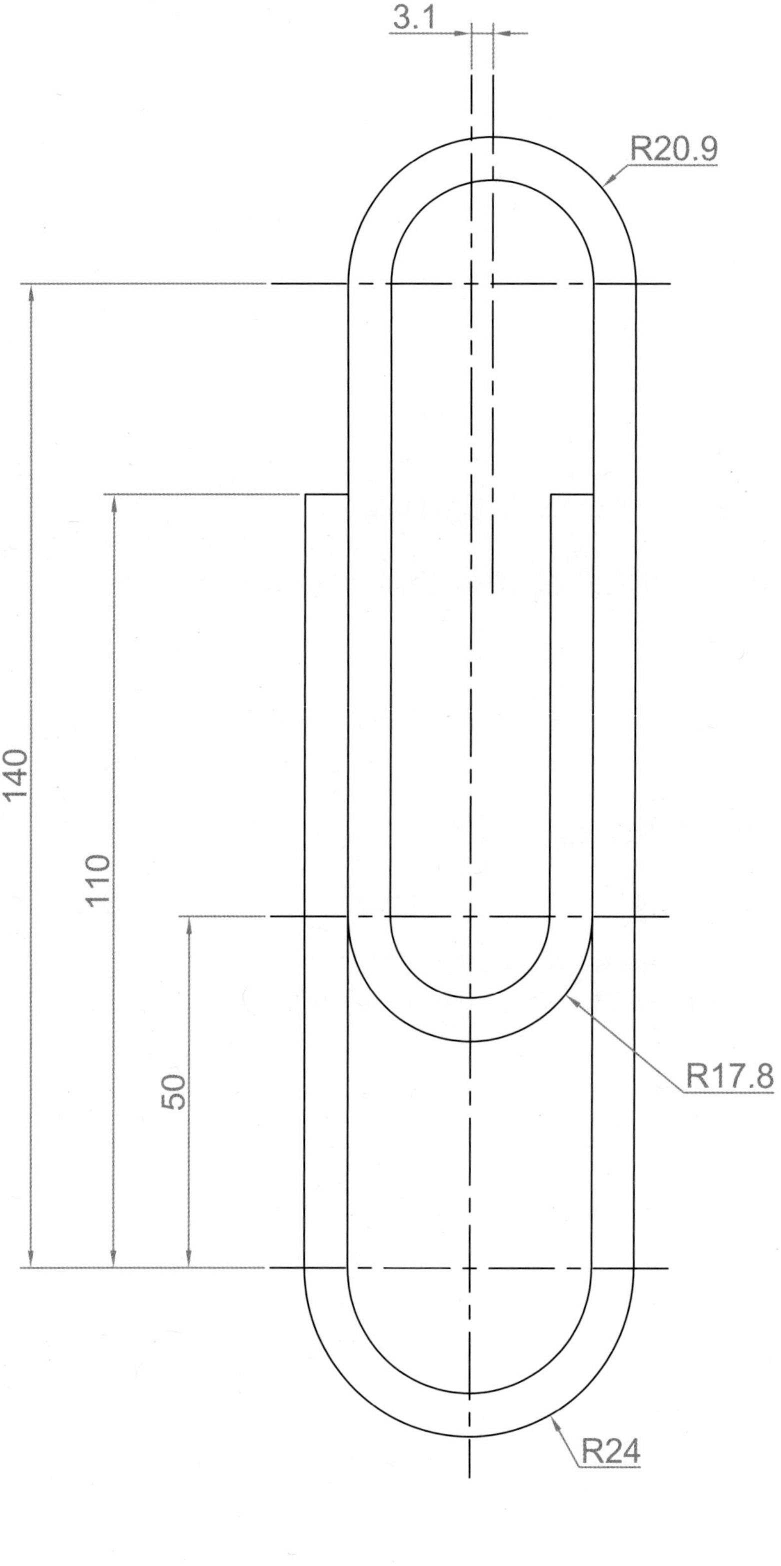
3.1
R20.9
140
110
50
R17.8
R24

BREAK

07

부분 삭제

- BREAK 명령어를 사용하여 객체를 특정 지점에서 나눌 수 있다.
- 다양한 옵션을 활용하여 원하는 방식으로 객체를 절단할 수 있다.

명령어 위치 및 호출 방법

메뉴	Modify 메뉴 → Break 명령어 클릭
도구막대	Modify 도구막대 → Break 버튼
리본	Home 탭 → Modify 패널 → Break 아이콘
명령 입력	명령창에 **BREAK** 입력 후 Enter, 단축키: **BR** 입력 후 Enter

기본 사용법

Command: **BREAK**

Select object: → 분할할 객체 선택 (해당 위치가 자동으로 첫 번째 기준점 설정)
Specify second break point or [First point]:
→ 두 번째 지점을 클릭하여 절단 영역 지정.

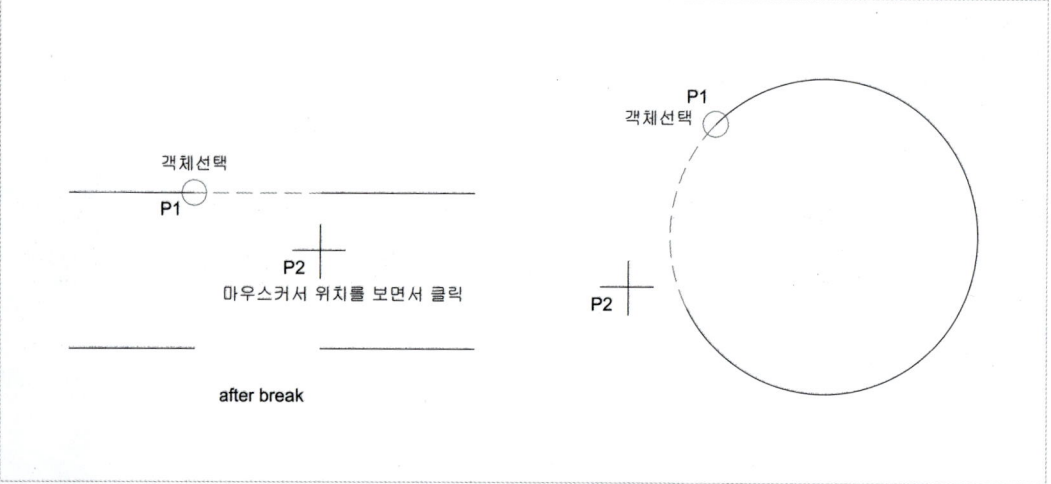

옵션 살펴보기

- **First point(첫 번째 점)** : 객체를 선택한 원래 첫 번째 점을 사용자가 지정한 새 점으로 재지정

- **Second point(두 번째 점)** : 두 번째 점을 지정. AutoCAD는 지정한 두 점 사이의 객체 부분을 지웁니다.

  ※ 두 번째 점이 객체상에 없는 경우 AutoCAD는 가장 가까운 점을 객체에서 선택합니다.

  ※ 선, 호 또는 폴리선의 한쪽 끝을 끊으려면 제거될 끝점을 지나는 두 번째 점을 지정합니다. 선, 호, 원, 폴리선, 타원, 스플라인, 도넛 및 기타 여러 객체 유형을 두 개의 객체로 분할하거나 한쪽 끝을 제거할 수 있습니다.

  ※ AutoCAD는 첫 번째 점에서 두 번째 점으로 시계 반대 방향으로 시작하여 원의 일부를 제거하는 방법으로 원을 호로 변환합니다.

- **@ (엣)** : 첫 번째 선택 지점을 기준으로 자동으로 두 번째 점을 지정할 수 있음

  ※ 선택한 객체를 한 점에서 나누려면 BREAKATPOINT 명령을 사용합니다.

■── 기본 사용시 Select

- BREAK 명령에서는 객체를 선택할 때 클릭된 점이 첫 번째 점으로 자동 입력됩니다.

- 첫 번째 점을 정확하게 입력하고 싶다면 다음 명령행에 나오는 **First point** 옵션을 사용합니다.

BREAK 기능 연습하기

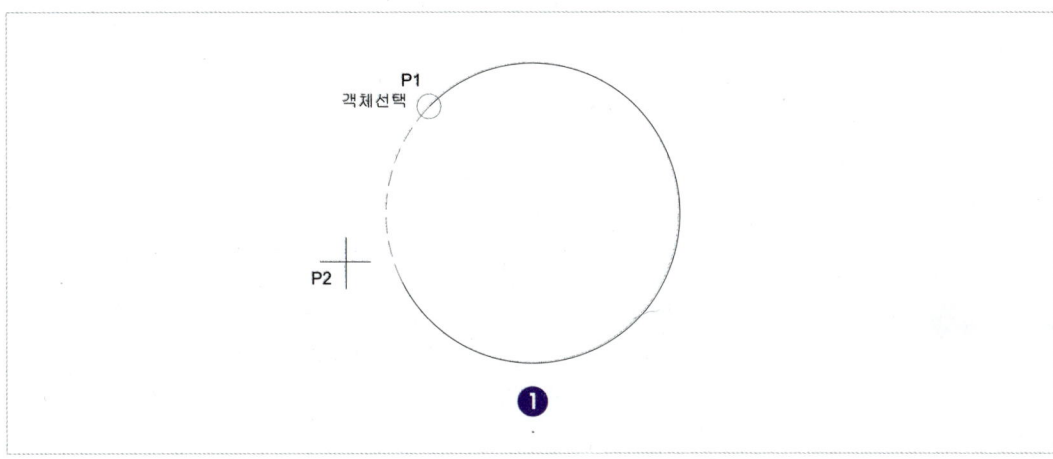

❶

CIRCLE 명령어로 주어진 임의 원 객체 작도하기

Command: **BREAK**

Select object: → P1 선택 (객체 선택 시 잘려지는 위치를 생각하며 해당 위치를 첫 번째 점으로 인식)
Specify second break point or [First point]: → P2 선택

※ 정확한 값으로 하는 경우에는 다른 수정 명령을 활용

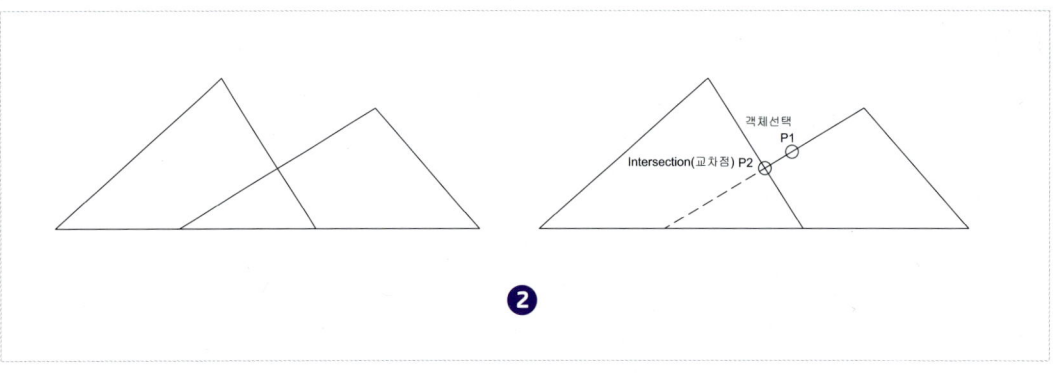

LINE 명령어로 주어진 임의 삼각형 객체 작도하기

Command: **BREAK**

Select object: → P1 선택 (객체 선택)
Specify second break point or [First point]: **F** → 옵션 F 입력 후 ↵
Specify first break point: → P2 교차점 선택
Specify second break point: **@** → 이전 위치점 @ 입력 또는 P2 교차점 재선택

BREAKATPOINT 명령 한 점 끊기

Command: **BREAKATPOINT**

Select object: → P1 선택 (객체 선택)
Specify break point: → P2 교차점 선택 (해당 위치점 분리)

Tip

01. 선의 한점 끊기/분리

- BREAK 명령으로 동일한 위치점을 두 번 입력하여 객체를 분리할 때, 첫 번째 점 재지정 후 두 번째 점을 입력하는 방법에서 명령창에 좌표지정을 @(엣) 기호만 입력하여 활용합니다.

- 원과 타원은 한점 끊기가 되지 않습니다. 그 이유는 ARC 명령어는 360도를 지원하지 않기 때문입니다.

02. 곡선 삭제

- 곡선의 일부분을 삭제하는 경우 첫 번째 점과 두 번째 점을 입력할 때 시계 반대방향 순서로(각의 특성) 입력합니다.

- 시계 방향으로 입력하게 되면 반대편이 삭제됩니다.

03. 도면의 정리 활용

도면에서 객체의 보조선 및 중심선 길이를 맞추고자 할 때, 모서리 접기 등을 할 때 사전 작업으로 많이 활용합니다.

04. BREAK를 활용한 설계 작업

건축 설계	기계 설계	제품 설계
• 벽체, 창문, 문 등의 특정 부분을 나누어 작업할 때 유용	• 부품 도면에서 특정 영역을 제거하거나 분할할 때 유용	• 제품 디자인에서 특정 부분을 나누어 개별적으로 편집 가능
• 배관 도면에서 파이프 연결을 끊고 새로운 연결을 삽입할 때 활용	• 샤프트나 기어 등의 특정 부위를 나누어 가공할 때 적용 가능	• STRETCH, MOVE 등의 명령어와 결합하여 세부 디자인을 조정할 때 유용
• OFFSET과 함께 사용하여 도면을 정리하고 세밀하게 조정 가능	• FILLET과 결합하여 부드러운 곡선을 만들기 전 직선 부분을 나누는 데 활용	• BREAKATPOINT를 사용하여 특정 지점에서 개별 요소로 분리 후 추가 작업 가능

- 중심 5각형 활용

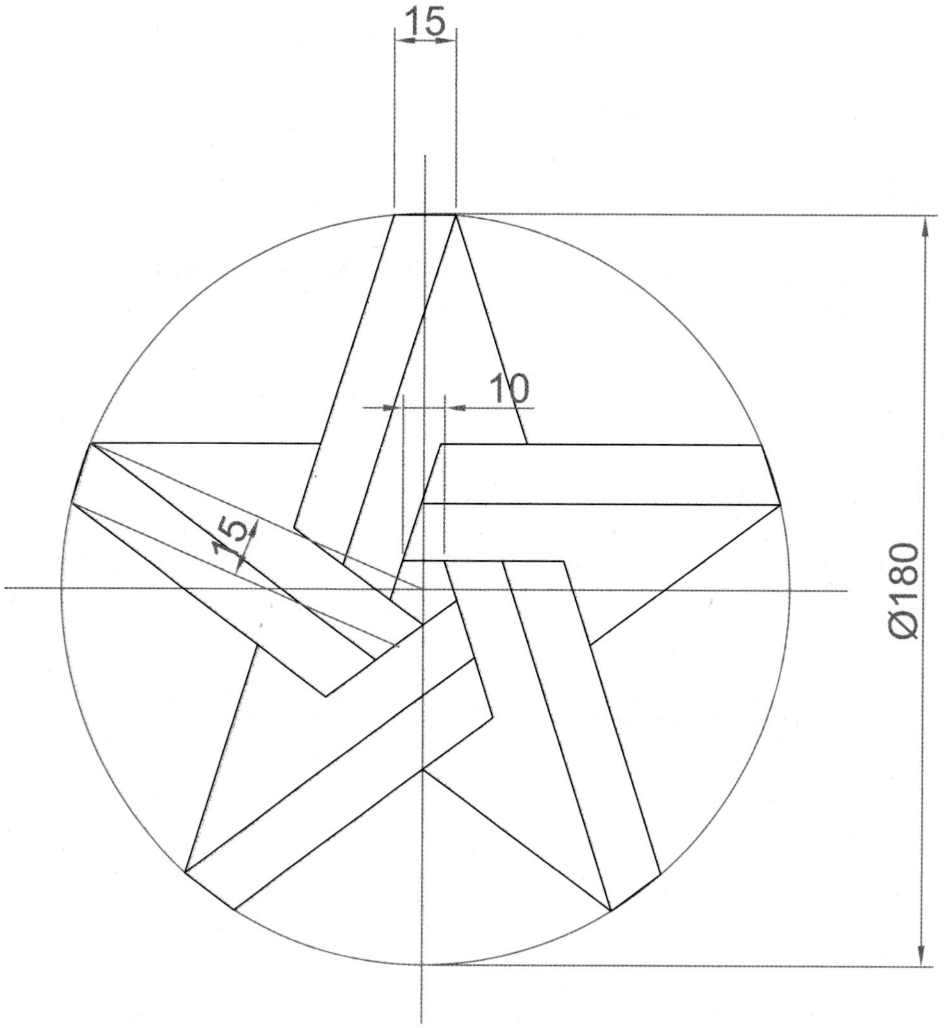

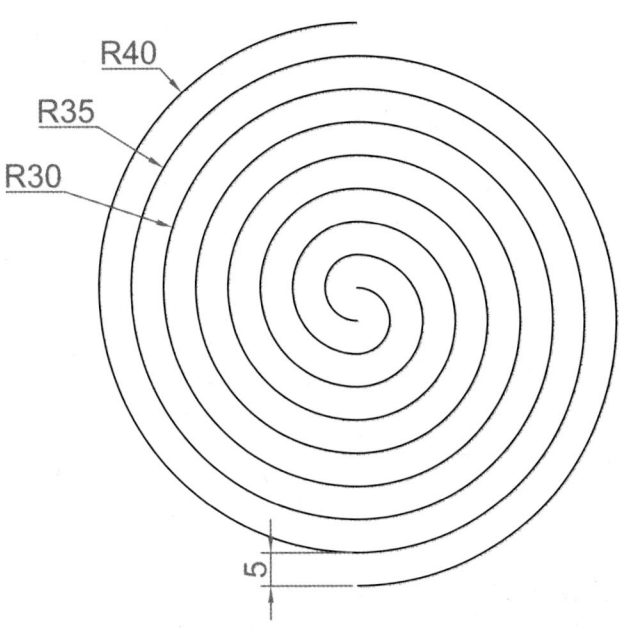

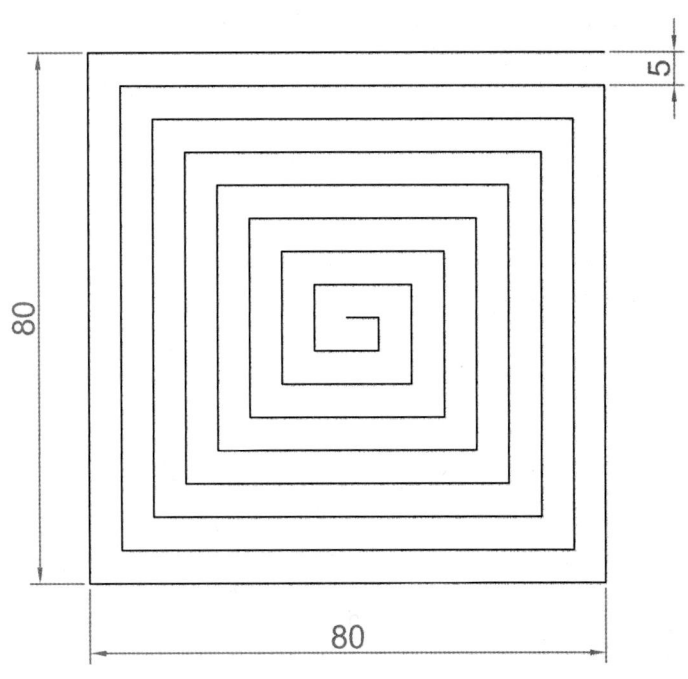

08 JOIN

일반 결합

- JOIN 명령어를 사용하여 하나의 연속된 객체로 병합할 수 있다.
- 다양한 객체 유형을 병합할 수 있는 조건과 제한을 이해한다.

명령어 위치 및 호출 방법

메뉴	Modify 메뉴 → Join 명령어 클릭
도구막대	Modify 도구막대 → Join 버튼
리본	Home 탭 → Modify 패널 → Join 아이콘
명령 입력	명령창에 JOIN 입력 후 Enter, 단축키: J 입력 후 Enter

기본 사용법

Command: **JOIN**

Select source object or multiple objects to join at once: 1 found
→ 결합할 객체 선택

Select objects to join: 1 found, 2 total → 두 번째 연결된 객체 선택

Select objects to join: → ↵ 를 눌러 객체 선택 완료

2 lines joined into 1 line → 작업 결과 확인

* 2 lines joined into 1 line : 동일 선상의 2개의 선이 1개의 선으로 결합됨

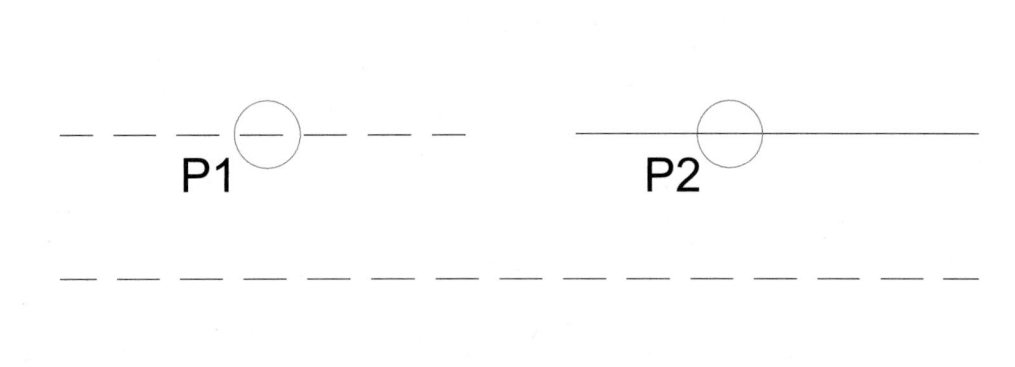

옵션 살펴보기

- **Source object (원본 객체)** : 다른 객체를 결합할 수 있는 단일 원본 객체를 지정합니다. 원본 객체를 선택한 후에 Enter 키를 눌러 결합할 객체 선택을 시작합니다. 각 원본 객체 유형에 대해 다음 규칙이 적용됩니다.

Line (선)	원본 선에는 선 객체만 결합할 수 있습니다. 선 객체는 동일 선상에 있어야 하지만 객체 사이에 간격을 둘 수 있습니다.
Polyline (폴리선)	선, 폴리선 및 호를 원본 폴리선에 결합할 수 있습니다. 모든 객체는 연속해야 하며 동일 평면상에 있어야 합니다. 결과로 단일 폴리선이 작성됩니다.
3D Polyline (3D 폴리선)	선형 또는 곡선 객체를 원본 3D 폴리선에 결합할 수 있습니다. 모든 객체는 연속해야 하지만 동일 평면상에 있지 않아도 됩니다. 그 결과로 생성된 객체는 각각 선형 객체에 결합하는지 곡선 객체에 결합하는지에 따라 단일 3D 폴리선 또는 단일 스플라인이 작성됩니다.
Arc (호)	원본 호에는 호만 결합할 수 있습니다. 모든 호 객체의 반지름과 중심점은 같아야 하지만 객체 사이에 간격이 있을 수는 있습니다. 호는 원본 호부터 시작하여 시계 반대 방향으로 결합됩니다. 닫기 옵션은 원본 호를 원으로 변환합니다.
Elliptical Arc (타원형 호)	원본 타원형 호에는 타원형 호만 결합할 수 있습니다. 타원형 호는 동일 평면상에 있어야 하며 장축과 단축이 같아야 하지만 호 사이에 간격이 있을 수는 있습니다. 타원형 호는 원본 타원형 호부터 시작하여 시계 반대 방향으로 결합됩니다. 닫기 옵션은 원본 타원형 호를 타원으로 변환합니다.

Helix (나선)	선형 또는 곡선 객체를 원본 나선에 결합할 수 있습니다. 모든 객체는 연속해야 하지만 동일 평면상에 있지 않아도 됩니다. 결과로 단일 스플라인 객체가 작성됩니다.
Spline (스플라인)	선형 또는 곡선 객체를 원본 스플라인에 결합할 수 있습니다. 모든 객체는 연속해야 하지만 동일 평면상에 있지 않아도 됩니다. 결과로 단일 스플라인 객체가 작성됩니다.

■── 명령어 특성

- 선형 및 곡선형 객체의 끝점을 결합하여 단일 객체를 작성합니다.
- 생성되는 객체의 유형은 선택한 객체의 유형, 처음 선택한 객체의 유형 및 객체가 동일평면상에 있는지 여부에 따라 달라집니다.
- 구조선(Xline), 광선(Ray) 및 닫힌 객체는 결합할 수 없습니다.

■── 객체 속성 전환

- JOIN 명령은 첫 번째 선택한 객체의 속성(색, 선 종류, 도면층)으로 변경됩니다.
- 예를 들어 은선(Hidden)과 실선을 순차로 선택하여 연결하는 경우 객체는 Hidden선으로 변경됩니다.
- 색, 도면층(Layer) 등도 먼저 선택한 객체와 같은 속성으로 전환됩니다.

JOIN 기능 연습하기

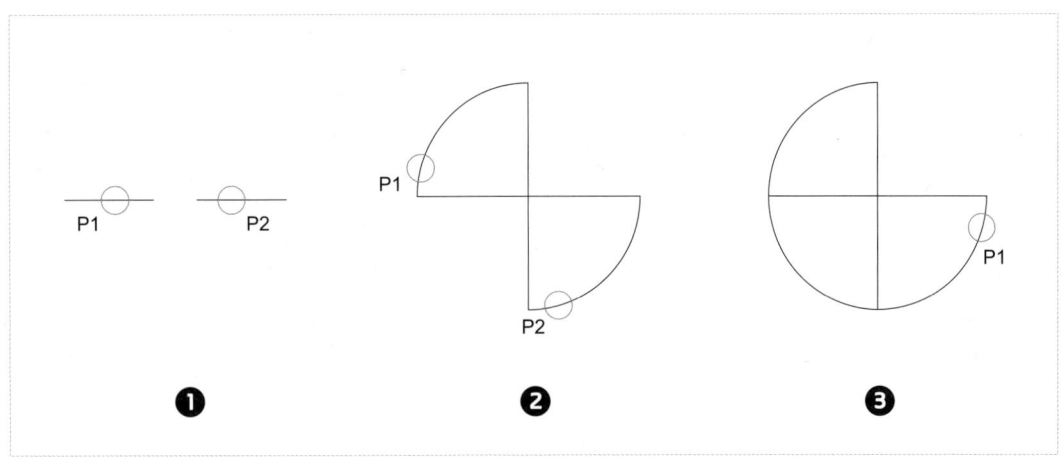

❶

LINE 명령어로 직선 작도 후 BREAK 명령어로 임의 가운데 자르기 하여 작도하기

Command: **JOIN**

Select source object or multiple objects to join at once: 1 found → 첫 번째 객체 P1 선택
Select objects to join: 1 found, 2 total → 두 번째 객체 P2 선택(동일 선상)
Select objects to join: → 완료 ↵
2 lines joined into 1 line → 작업 결과 확인

❷

LINE, CIRCLE, TRIM 명령어로 임의 객체 작도하기

Command: **JOIN**

Select source object or multiple objects to join at once: 1 found → 첫 번째 객체 P1 선택
Select objects to join: 1 found, 2 total → 두 번째 객체 P2 선택(동심원, 동일 지름값)
Select objects to join: → 완료 ↵
2 arcs joined into 1 arc → 작업 결과 확인

LINE, CIRCLE, TRIM 명령어로 임의 객체 작도하기

Command: **JOIN**

Select source object or multiple objects to join at once: 1 found → 첫 번째 객체 P1 선택
Select objects to join: → 완료 ↵
Select arcs to join to source or [cLose]: **L** → 옵션 L 입력 (닫힌 원호 객체 지정)
Arc converted to a circle. → 작업 결과 확인 (원으로 변경되었음)

> **Tip.**
>
> *01.* **Combined arc segments form a circle. Convert to circle? [Yes/No] <Yes>:**
>
> - 한 점으로 분리된 2개의 호를 연결하는 경우 선택하는 순서에 따라 1개의 호로 만들어질 수도 있고 원으로 만들어질 수도 있습니다.
>
> - 첫 번째 호와 두 번째 호를 반시계 방향으로 순차 선택이면 1개의 호로 결합되며, 시계 방향이면 원으로 변경할 것인지 물어봅니다. 이 경우 YES를 선택하면 원으로 변경됩니다.

02. PEDIT 명령의 JOIN 옵션

서로 다른 위치에 그려져 있는 경우 직선이나 중심점, 반지름의 크기가 다른 곡선은 일반 JOIN 명령어로 하나의 객체로 변경할 수 없습니다. 이런 경우에는 PEDIT 명령의 JOIN 옵션을 사용하여 하나의 폴리 선(Pline)으로 변경할 수 있습니다.

03. Multiple objects to join at once (한 번에 결합할 여러 객체)

원본 객체를 지정하지 않고 여러 객체를 결합합니다. 이 경우에 적용되는 규칙 및 결과 객체 유형은 다음과 같습니다.

- 동일 선상의 선을 결합하면 선 객체가 작성됩니다. 선의 끝점 사이에 간격이 있을 수 있습니다.

- 중심점과 반지름이 같은 동일 평면상의 호를 결합하면 호나 원 객체가 작성됩니다. 호의 끝점 사이에 간격이 있을 수 있습니다. 늘이기는 시계 반대 방향으로 수행됩니다. 결합된 호가 완전한 원을 형성하면 원 객체가 작성됩니다.

- 스플라인, 타원 호 또는 나선을 함께 결합하거나 다른 객체에 결합하면 스플라인 객체가 작성됩니다. 객체는 동일 평면상에 있지 않아도 됩니다.

- 동일 평면상의 선, 호, 폴리선 또는 3D 폴리선을 결합하면 폴리선 객체가 작성됩니다.

- 동일 평면상에 있지 않은 곡선 객체 외의 다른 객체를 결합하면 3D 폴리선이 작성됩니다.

04. JOIN 명령의 활용도는 높지 않습니다

PEDIT 명령어와 비교하여 상황에 맞게 사용하면 더욱 효과적입니다.

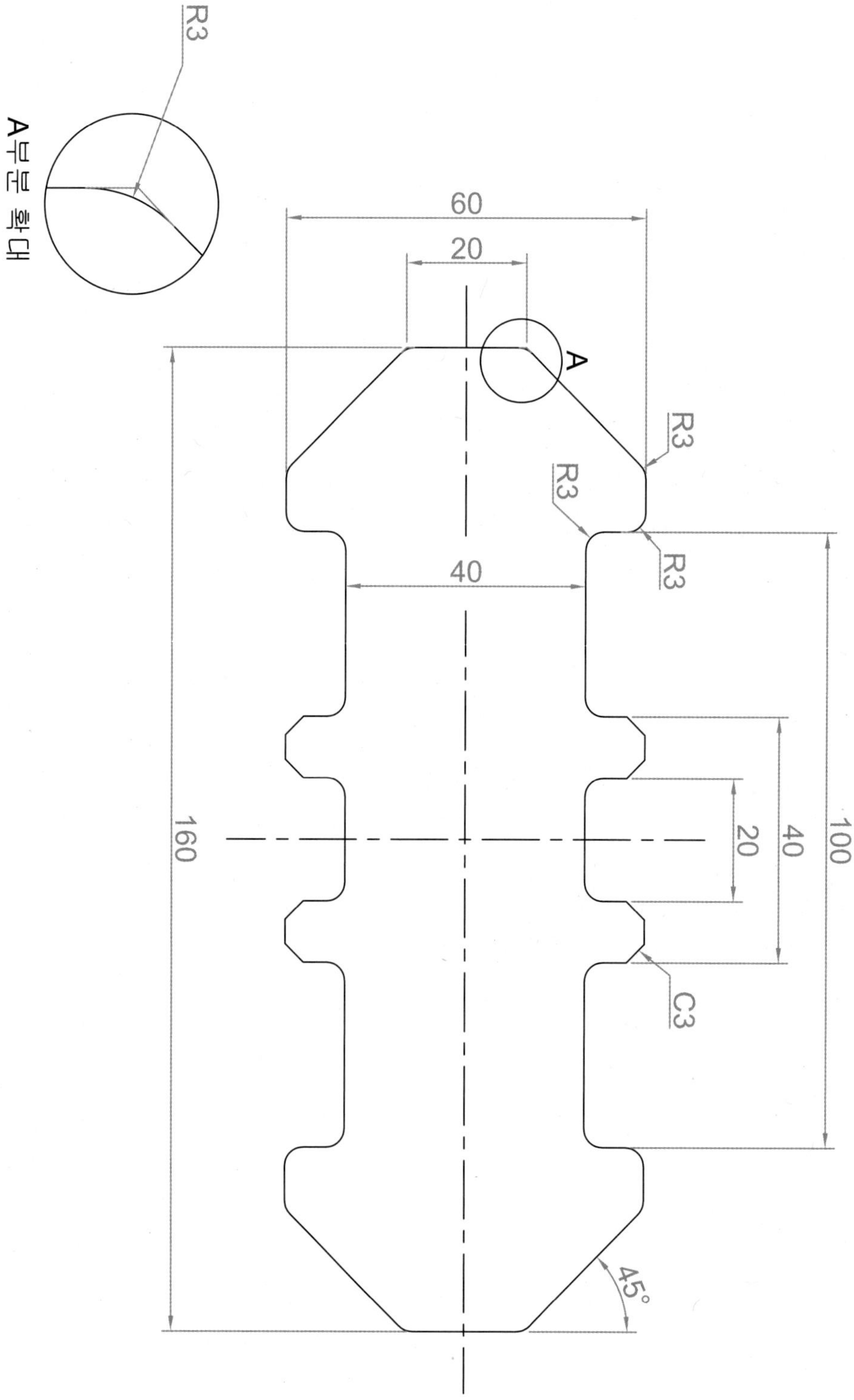

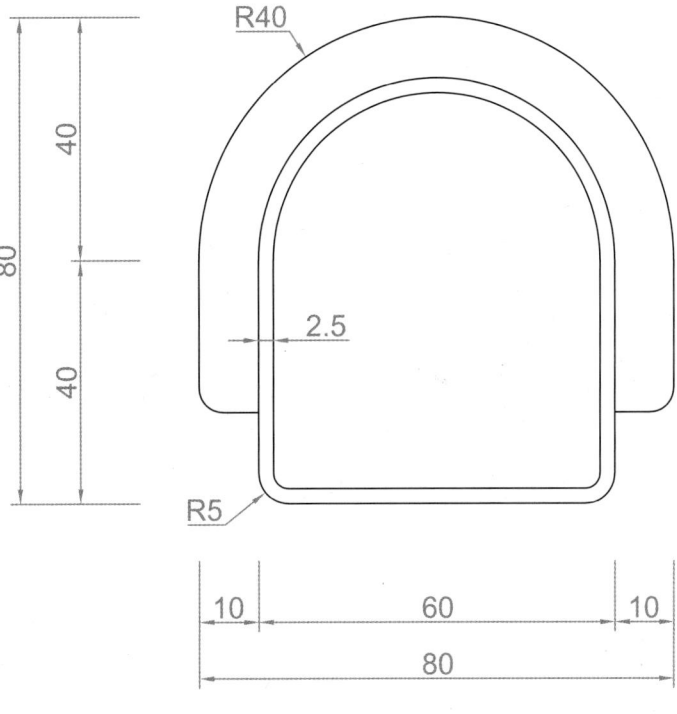
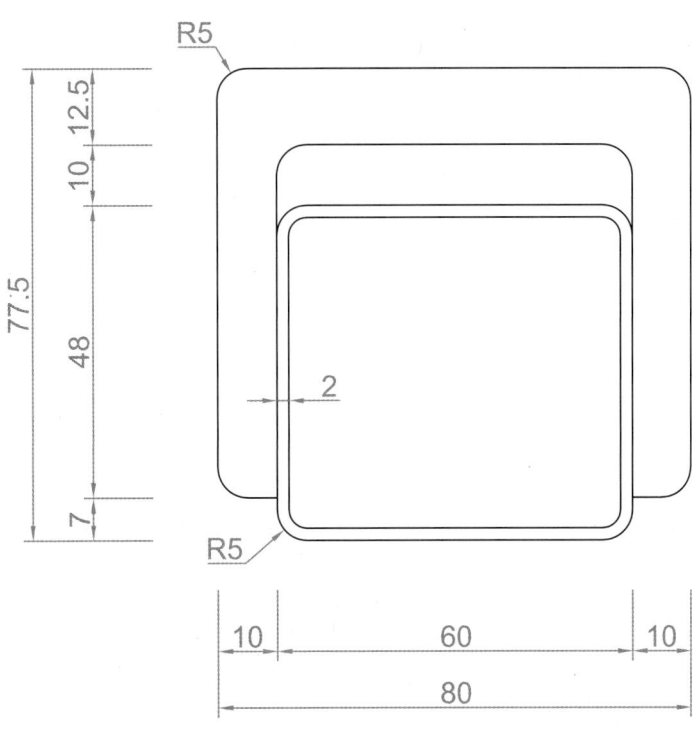

09 COPY

복사

- **COPY** 명령어를 사용하여 객체를 동일한 도면 내에서 복제할 수 있다.
- 기준점을 활용하여 원하는 위치에 정확하게 복사할 수 있다.
- Multiple(다중 복사) 등 옵션을 활용하여 작업 속도를 향상할 수 있다.

명령어 위치 및 호출 방법

메뉴	Modify 메뉴 → Copy 명령어 클릭
도구막대	Modify 도구막대 → Copy 버튼
리본	Home 탭 → Modify 패널 → Copy 아이콘
명령 입력	명령창에 **COPY** 입력 후 Enter, 단축키: **CO** 또는 **CP** 입력 후 Enter

기본 사용법

Command: **COPY**

Select objects: 1 found → 복사할 객체 선택

Select objects: → ↵를 눌러 객체 선택 완료

Current settings: Copy mode = Multiple → 현재 상태(기본값 확인)

Specify base point or [Displacement/mOde] <Displacement>:
→ 기준점(Base Point) 선택

Specify second point or [Array] <use first point as displacement>:
→ 복사본을 배치할 위치 선택

Specify second point or [Array/Exit/Undo] <Exit>: → 종료하려면 ↵

* **Current settings**: 수정 명령어 사용 시 명령창에서 보여주는 현재 상태를 나타냄, 주의 깊게 보아야 함

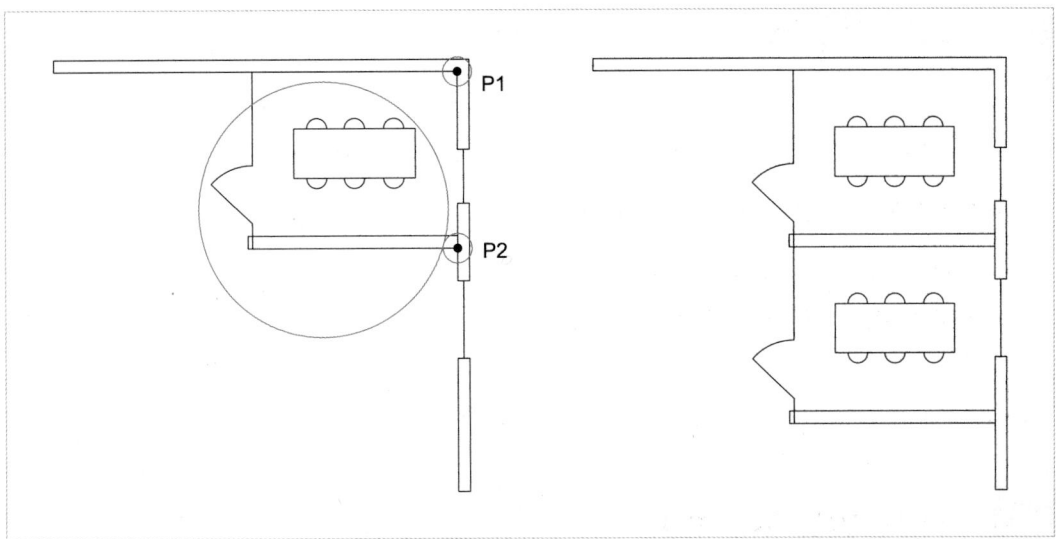

원 안의 대상물을 다중 선택하여 기준점 P1을 지정, 대상의 복사할 위치점 P2를 지정하여 작업합니다. 기준점과 다음 위치점의 상관 관계를 이해해야 합니다.

옵션 살펴보기

- **Base Point (기준점)** : 선택한 객체의 기준점을 지정

- **Second Point (복사할 위치점)** : 기준점을 기준으로 배열의 거리 및 방향을 결정

- **Displacement (변위)** : 좌표를 사용하여 상대 거리 및 방향을 지정, 기준점 없이 특정 거리와 방향으로 복사합니다.

    ※ 지정한 두 점은 복사한 객체를 배치할 위치의 원본으로부터의 거리 및 방향을 나타내는 벡터를 정의합니다.

    ※ 두 번째 점 지정 프롬프트에서 Enter 키를 누르면 첫 번째 점이 상대 X,Y,Z 변위로 해석됩니다. 예를 들어 기준점으로 2,3을 지정하고 다음 프롬프트에서 Enter 키를 누르면 객체가 현재 위치에서 X 방향으로 2단위, Y 방향으로 3단위 떨어진 곳에 복사됩니다.

- **Mode (모드)** : 명령을 자동으로 반복할지 조정(COPYMODE 시스템 변수)

    ※ Single (단일) : 선택한 객체의 단일 사본을 작성하고 명령을 종료합니다.
    Multiple (다중) : 단일 모드 설정을 재지정합니다. COPY 명령은 명령이 실행되는 동안 자동 반복하도록 설정됩니다.

- **Array (배열)** : 선형 배열에 지정한 수의 사본을 정렬, Array 배열 명령을 사용하는 것을 권장합니다.

    ※ Number of Items to Array : 배열할 항목의 수
    Second Point : 두 번째 점, Fit 맞춤

COPYMODE

- 시스템 변수를 사용하여 다중 사본의 자동 작성 여부를 조정할 수 있습니다.
- COPY 명령의 자동 반복 여부를 조정합니다.
  - 0 (초기값) : 명령이 자동 반복되도록 설정
  - 1 : 하나의 사본을 작성하도록 COPY 명령을 설정

COPY 기능 연습하기

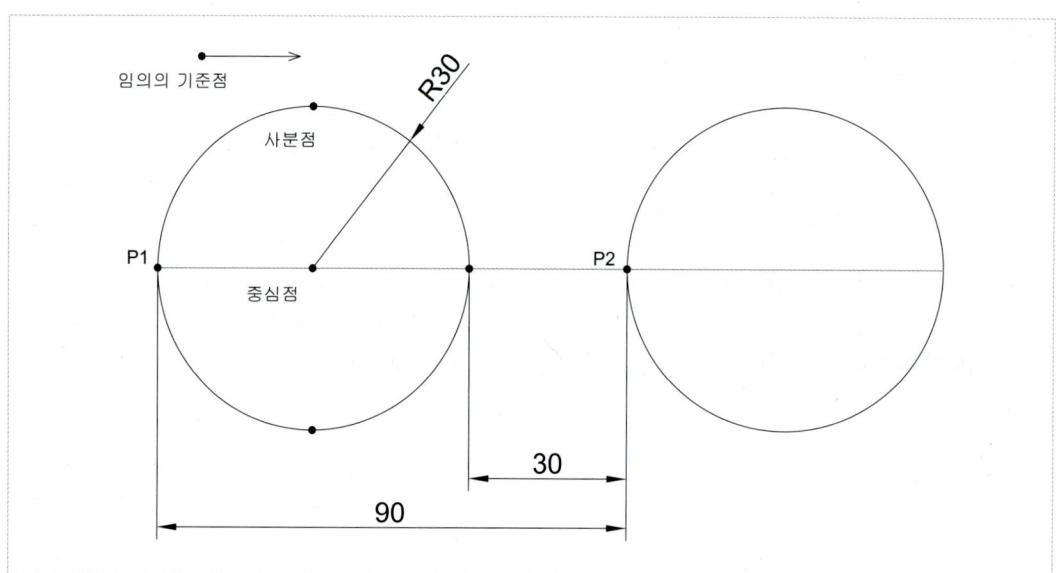

Command: **CIRCLE**

→ 반지름 30 원을 작도

Command: **COPY**

Select objects: 1 found → 원 객체를 선택
Select objects:
Current settings: Copy mode = Multiple
Specify base point or [Displacement/mOde] <Displacement>: → 기준점인 P1 사분점을 선택
Specify second point or [Array] <use first point as displacement>: **@90,0**
→ 대상의 이동 위치점 좌표값 입력
Specify second point or [Array/Exit/Undo] <Exit>: → ↵ 키 입력 종료 (결과를 확인합니다.)

Tip

01. Displacement(변위)에 대한 이해

- CAD에서 모든 객체는 벡터 형식으로 작도됩니다(모든 객체는 점으로 이루어집니다).

- 예를 들어 길이를 가지는 선 객체는 시작점과 끝점을 백터 형식으로 작도되며, 원 객체는 중심점을 기준으로 일정거리값(반지름) 떨어진 점들의 360도로 연결되어지는 백터의 형식입니다.

- 복사에서는 대상점의 기준에서 이동되어지는 같은 자리의 점의 위치값을 보아야 합니다.

- 앞의 연습하기 예제에서 P1 사분점과 복사되는 위치의 P2의 상대점 거리값이 90이 된다는 것을 이해해야 합니다. 기준이 임의의 위치에 있더라도 대상의 거리값인 90만큼 이동되는 것은 불변입니다. 원을 이루는 모든 점들이 90만큼 떨어져 복사된다는 것을 이해할 수 있을 것입니다.

02. 빠른 복사

- CO 또는 CP 단축키를 사용하면 작업 속도를 높일 수 있습니다.
- 객체 선택 후 기준점을 클릭한 다음 방향만 지정하면 빠르게 복사할 수 있습니다.

03. 정확한 위치에 복사

- 객체 스냅(Object Snap) 기능을 활용하면 정밀한 복사가 가능합니다.
- @ 기호를 사용하여 상대좌표를 입력하면 특정 거리만큼 이동하여 복사할 수 있습니다.

04. Array 기능 활용

- 배열 복사(Array) 기능을 사용하면 일정한 간격으로 여러 개의 복사본을 생성할 수 있습니다.
- 기존의 COPY 명령어보다 효율적으로 대량 복사가 가능합니다.

05. 정확한 간격 유지

- COPY 명령어 사용 후 변위 값을 입력하면 정확한 거리로 복사할 수 있습니다.
- 예를 들어 @100,0 입력 시 X축 방향으로 100만큼 떨어져 복사됩니다.

06. COPY를 활용한 설계 작업

건축 설계	기계 설계	제품 설계
- 건축 도면에서 창문, 기둥, 문 등의 반복적인 요소 복사 - 같은 크기의 방 배치를 쉽게 할 수 있음 - 계단이나 타일 패턴을 일정한 간격으로 배치할 때 유용	- 볼트, 너트, 베어링 등의 부품을 동일한 간격으로 배치 - 대칭 구조의 부품을 만들 때 복사 기능을 활용하여 동일한 형상을 반복 생성 - 레이아웃을 최적화하여 설계 시간을 절약	- 반복적인 디자인 요소 배치 - 패턴을 활용한 디자인 제작 - 3D 모델링 전에 2D 평면에서 디자인을 최적화할 때 활용

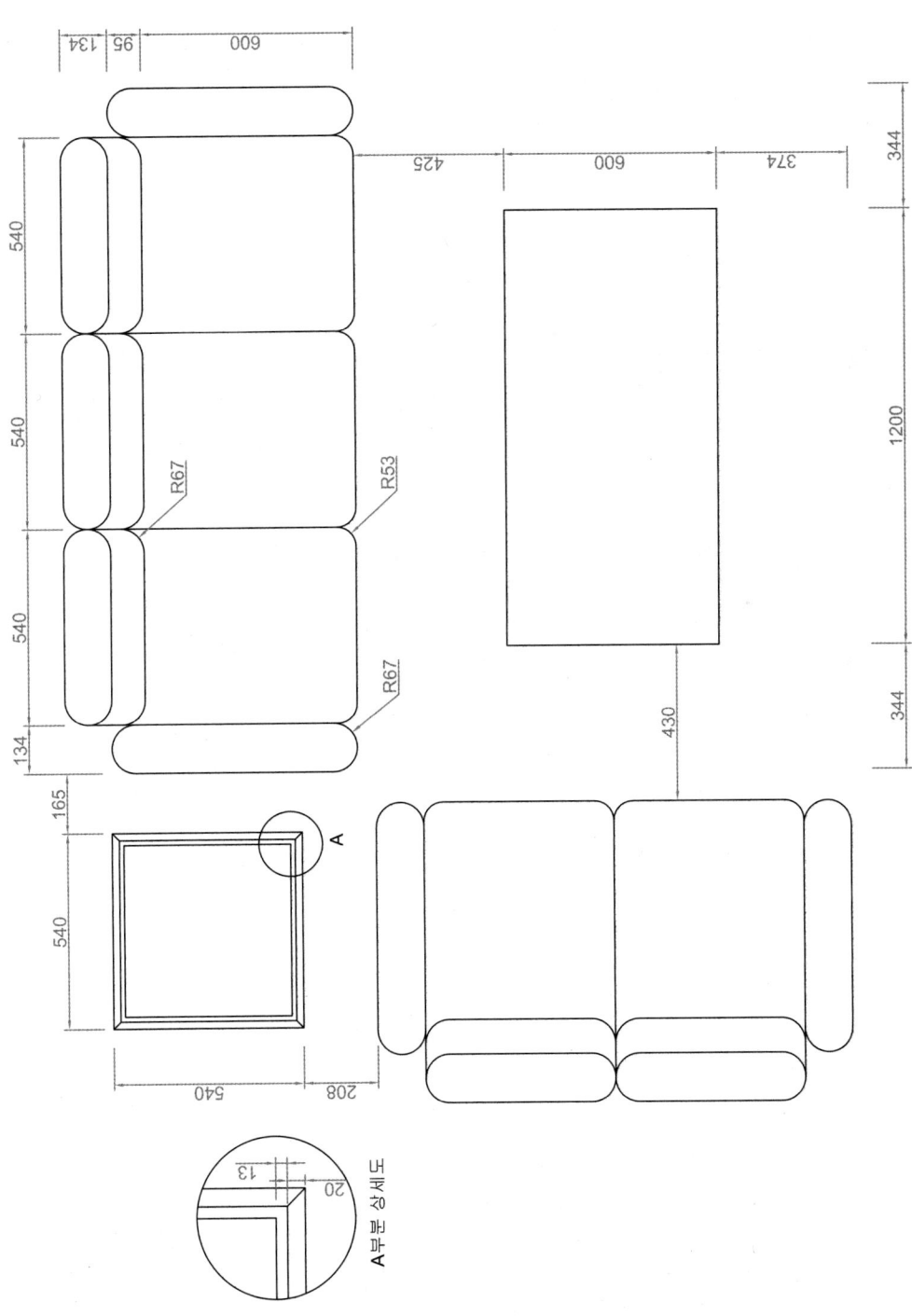

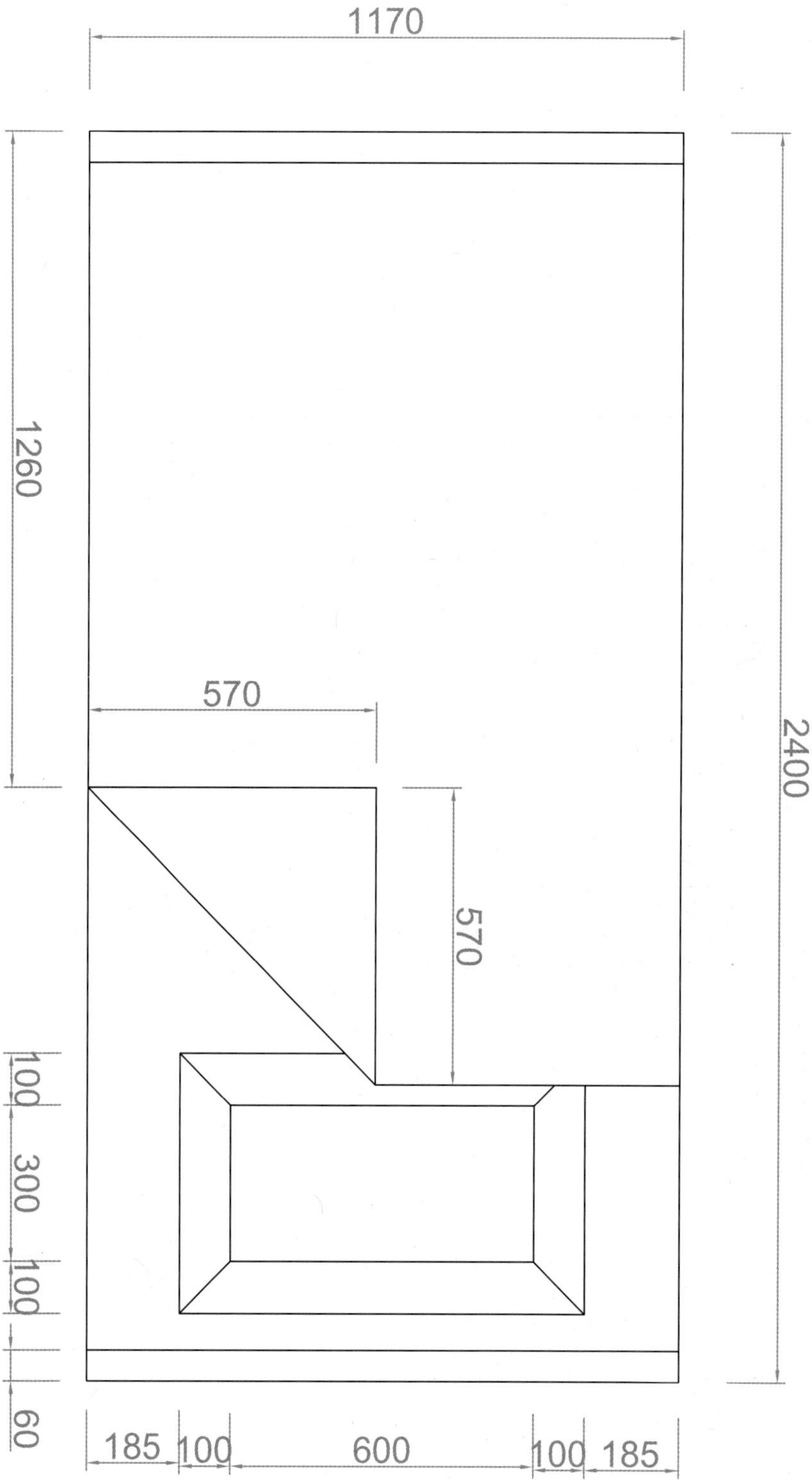

MOVE

10

이동

- MOVE 명령어를 활용하여 객체를 정확하게 이동할 수 있다.
- 다양한 호출 방법과 옵션을 익히고, 건축, 기계, 제품 설계에서 효과적으로 활용할 수 있다.

명령어 위치 및 호출 방법

메뉴	Modify 메뉴 → Move 명령어 클릭
도구막대	Modify 도구막대 → Move 버튼
리본	Home 탭 → Modify 패널 → Move 아이콘
명령 입력	명령창에 Move 입력 후 Enter, 단축키: M 입력 후 Enter

기본 사용법

Command: **MOVE**

Select objects: 1 found → 이동할 객체 선택

Select objects: → ⏎를 눌러 객체 선택 완료

Specify base point or [Displacement] <Displacement>:
→ 기준점(Base Point) 선택

Specify second point or <use first point as displacement>:
→ 이동할 거리 또는 점 지정 완료

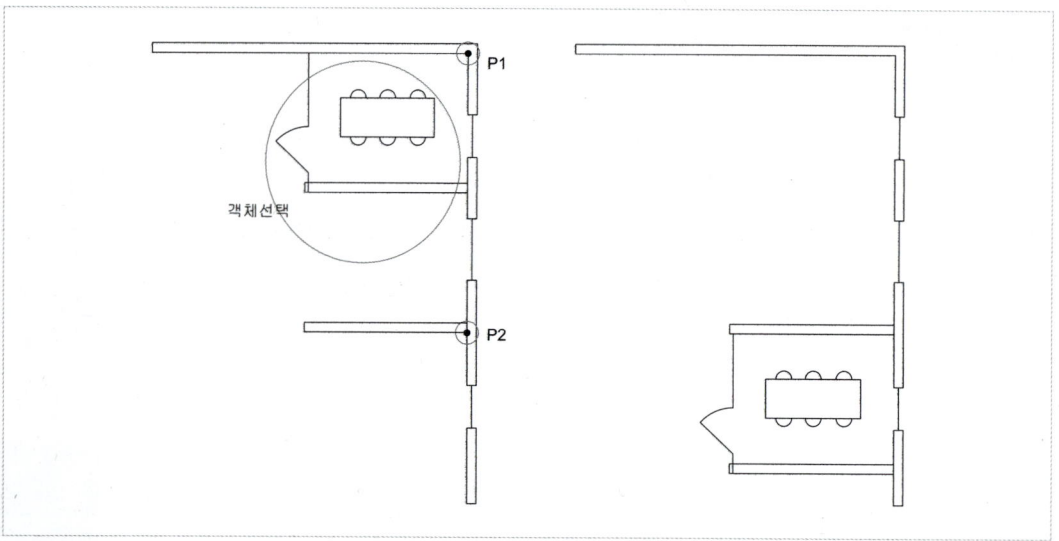

원 안의 대상물을 다중 선택하여 기준점 P1을 지정, 대상의 이동할 위치점 P2를 지정하여 작업합니다. 기준점과 다음 위치점의 상관관계를 이해하여야 합니다. COPY 명령과 동일하나 대상이 복사되지 않는다는 차이가 있습니다.

옵션 살펴보기

- **Select objects (객체 선택)** : 이동할 객체를 지정

- **Base point (기준점)** : 이동의 시작점을 지정

- **Second point (두 번째 점)** : 첫 번째 점과 함께 선택한 객체가 이동되는 거리 및 방향을 나타내는 벡터를 지정

    ※ Enter 키를 눌러 첫 번째 점을 변위로 사용 값을 수락하면 첫 번째 점이 상대적 X,Y,Z 변위로 해석됩니다. 예를 들어 기준점으로 2,3을 지정하고 다음 프롬프트에서 Enter 키를 누르면 객체는 현재 위치로부터 X 방향으로 2단위, Y 방향으로 3단위만큼 이동합니다.

- **Displacement (변위)** : 상대 거리 및 방향을 지정

    ※ 지정한 두 점은 객체를 배치할 위치의 원본으로부터의 거리 및 방향을 나타내는 벡터를 정의합니다.

■── Ortho Mode 직교 모드 활용

F8 키를 사용하여 X, Y 축 직선 이동

■── **Osnap** 개체 스냅 **사용**

정확한 위치 이동을 위해 특정 지점을 선택 가능

■── **Polar Tracking** 극 좌표 추적 **사용**

각도 기반 이동 활용 (**F10** 키 활성화)

MOVE 기능 연습하기

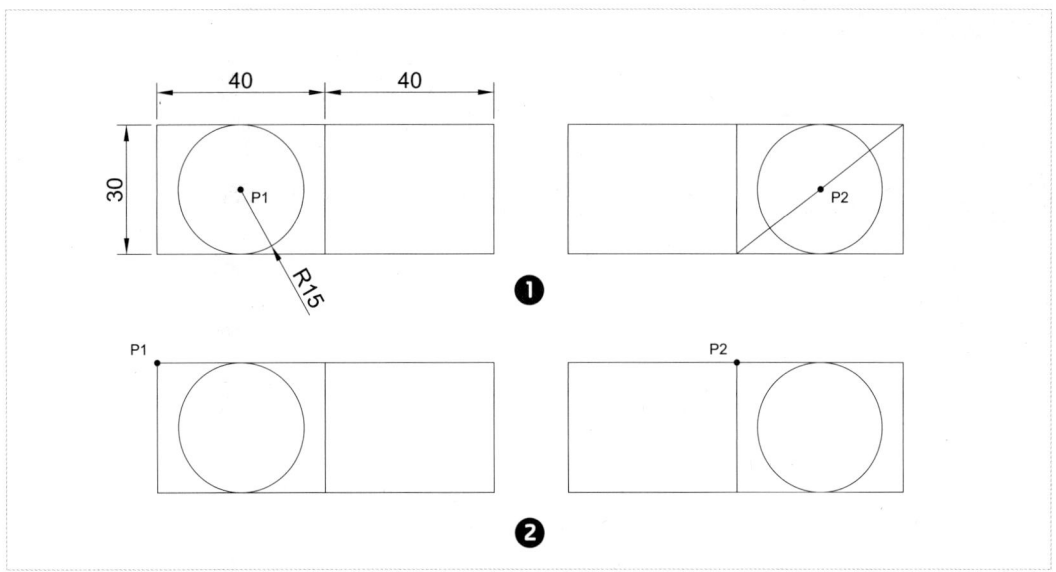

> Command: **LINE** → 선, 또는 사각형 작도 후 편집하여 박스 형태를 작도한다(우측 박스에 대각선 작도).
>
> Command: **CIRCLE** → 반지름 15 원을 좌측 박스의 가운데 작도

Command: **MOVE**

Select objects: 1 found → 원 객체를 선택

Select objects:

Specify base point or [Displacement] <Displacement>: → 기준점인 P1 원의 중심점을 선택

Specify second point or <use first point as displacement>:

→ 대상의 이동 위치점, 대각선의 중간점 P2 선택 (객체의 보조적인 선을 이용한 이동 방법)

❷

Command: **LINE** → 선, 또는 사각형 작도 후 편집하여 박스 형태를 작도 (우측 박스에 대각선 작도 X)

Command: **CIRCLE** → 반지름 15 원을 좌측 박스의 가운데 작도

Command: **MOVE**

Select objects: 1 found → 원 객체를 선택

Select objects:

Specify base point or [Displacement] <Displacement>:

→ 기준점인 P1 좌측 상단 모서리점 선택

Specify second point or <use first point as displacement>:

→ 대상의 이동 위치점, 상대적 위치에 있는 P2 점 선택

Tip.

01. **Using a Specific Coordinate (특정 좌표 사용)**

- 동적 입력(F12)이 켜져 있는 경우 상대좌표가 기본값이며, 동적 입력이 꺼져 있는 경우 절대좌표가 기본값입니다.

- **동적 입력이 켜져 있는 경우** : 파운드 기호(#), X값, 쉼표, Y값을 차례로 입력합니다(예 #4,6).

- **동적 입력이 꺼져 있는 경우** : X값, 쉼표, Y값을 차례로 입력합니다(예 4,6).

02. Using a Relative Coordinate (상대 좌표 사용)

- 상대 좌표는 이전 좌표로부터의 거리와 방향을 지정합니다.

- **동적 입력이 켜져 있는 경우** : X값, 쉼표, Y값을 차례로 입력합니다(예 4,6).

- **동적 입력이 꺼져 있는 경우** : 엣 기호(@), X값, 쉼표, Y값을 차례로 입력합니다(예 @4,6).

03. Stretch-Move (신축 이동 사용)

- 객체의 모든 끝점이 선택 윈도우 안에 완전히 포함되는 경우 **STRETCH**를 사용하여 객체를 이동할 수도 있습니다.

- 직교 모드 또는 극좌표 추적을 켜서 객체를 특정 각도로 이동합니다.

- 실제 예로는 벽에 있는 문을 이동할 경우입니다. 그림에 있는 문은 완전히 교차 선택 항목 내에 있는 반면, 벽 선은 부분적으로만 교차 선택 영역 내에 있습니다. 결과적으로 교차 선택 내에 놓인 끝점만 이동하게 됩니다.

04. 객체 끌기(Drag), 그립 편집 또는 조금 이동(Nudge Objects)

- 선택한 객체를 끌거나 그립 편집하거나 조금 이동하여 빠르게 이동할 수 있습니다.

- 한 도면 내에서 또는 열린 도면과 다른 응용프로그램 간에 객체를 끕니다. 좌표 입력 장치의 오른쪽 버튼을 사용하여 끄는 경우 끄는 객체에서 블록을 이동, 복사 또는 작성할지를 지정할 수 있습니다. 객체를 끌면 모든 스냅 설정이 무시됩니다.

- 직교 증분으로 선택한 객체를 조금 이동하려면 Ctrl + 화살표 키를 누릅니다. 스냅 모드는 객체가 조금 이동되는 방향 및 거리에 영향을 줍니다.

- 스냅 모드가 꺼진 상태에서 객체 조금 이동 : 객체가 한 번에 2픽셀씩 이동합니다. 뷰 방향 또는 UCS 방향에 관계없이 화면을 기준으로 화면에 직교 방향으로 객체가 이동합니다.

- 스냅 모드가 켜진 상태에서 객체 조금 이동 : 객체가 현재 스냅 간격으로 지정된 증분만큼 이동합니다. 뷰 방향을 기준으로 현재 UCS의 X 및 Y축에 직교 방향으로 객체가 이동합니다.

05. MOVE를 활용한 설계 작업

건축 설계	기계 설계	제품 설계
- 벽체, 창문, 문 등의 요소를 정확한 위치로 이동 - 평면도에서 객체 배치 및 간격 조정	- 부품 간 간격 조정 및 정렬 - 어셈블리(Assembly) 내 부품 위치 변경	- 3D 모델링 시 객체 위치 정렬 및 이동 - 특정 기준점에서의 이동으로 디자인 수정 용이

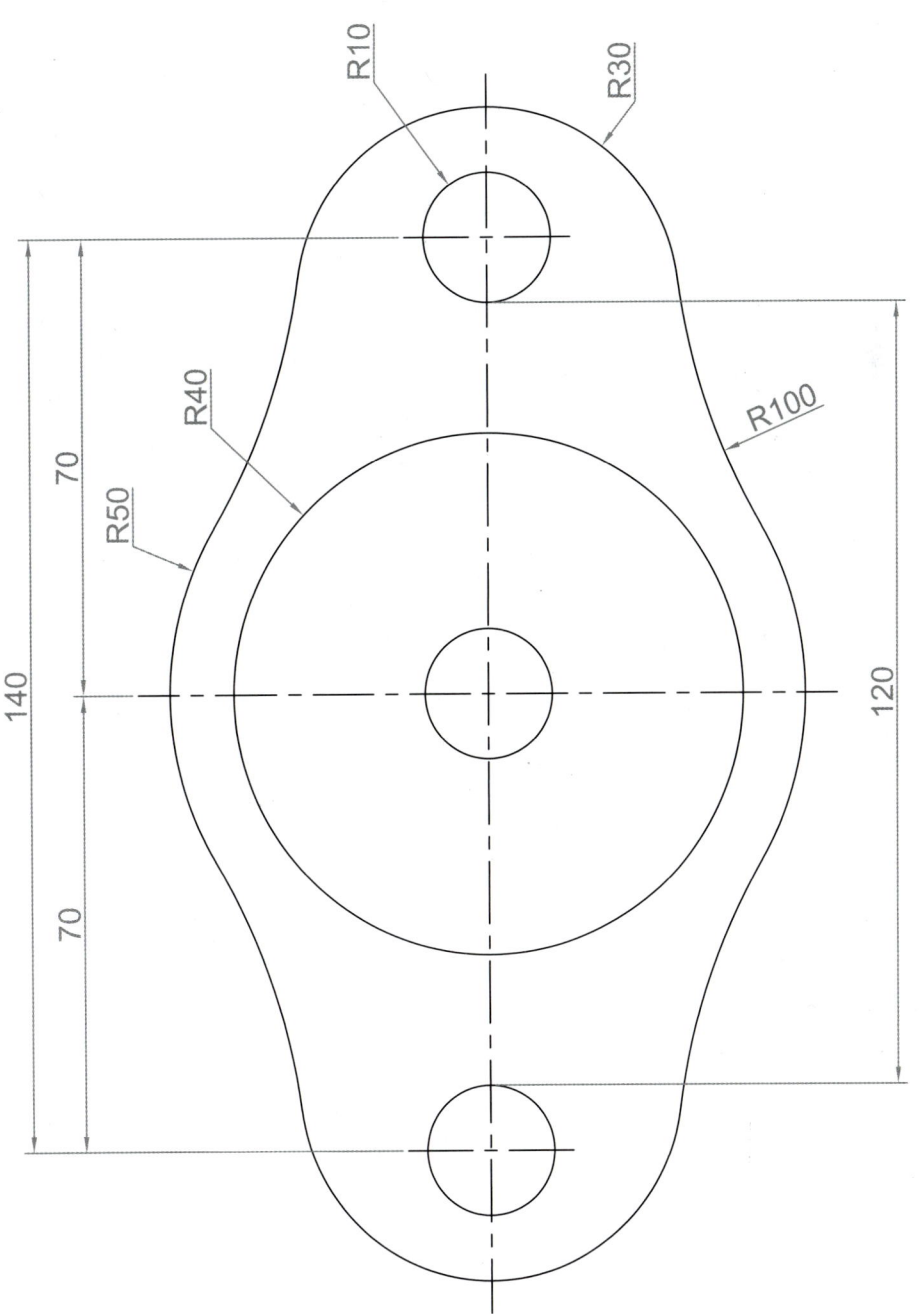

실습예제

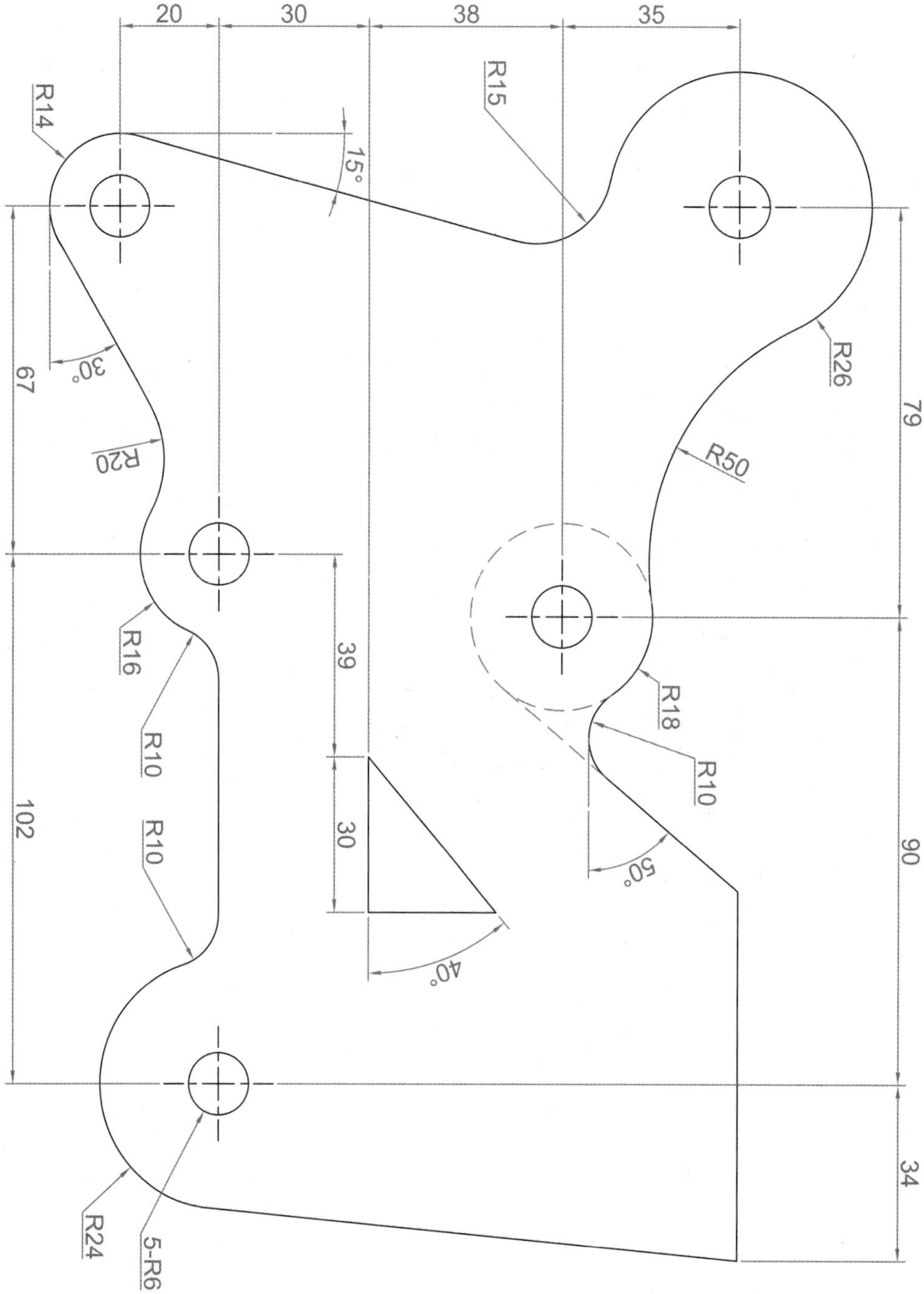
20
30
38
35
R14
R15
15°
30°
67
R20
R16
R10
R10
102
39
30
40°
R24
5-R6
R26
79
R50
R18
R10
50°
90
34

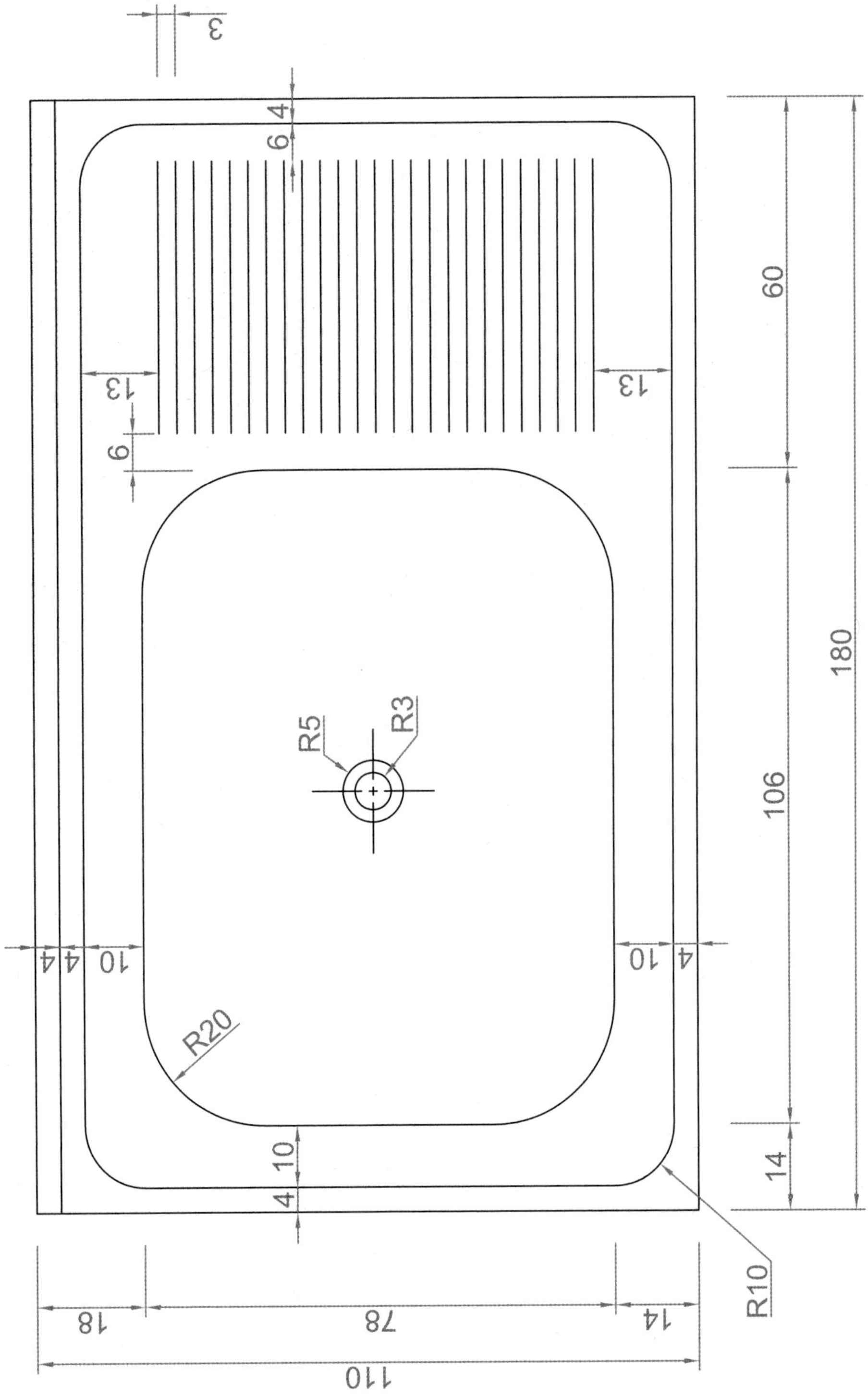
3
6
4
60
180
13
13
6
106
R5
R3
4
4
10
10
4
R20
10
4
14
R10
18
78
14
110

11 ROTATE

회전

- ROTATE 명령어의 개념과 필요성을 이해한다.
- 다양한 방식으로 ROTATE 명령어를 실행하는 방법을 익힌다.

명령어 위치 및 호출 방법

메뉴	Modify 메뉴 → Rotate 명령어 클릭
도구막대	Modify 도구막대 → Rotate 버튼
리본	Home 탭 → Modify 패널 → Rotate 아이콘
명령 입력	명령창에 **ROTATE** 입력 후 `Enter`, 단축키: **RO** 입력 후 `Enter`

기본 사용법

```
Command: ROTATE
Current positive angle in UCS:  ANGDIR=counterclockwise  ANGBASE=0
→ 현재 상태
Select objects: 1 found  → 객체 선택
Select objects: → ↵를 눌러 객체 선택 완료
Specify base point:  → 기준점(Base Point) 선택
Specify rotation angle or [Copy/Reference] <0>: 90
→ 회전 각도 90도 입력 후 ↵ (항상 반시계 방향으로 회전)
```

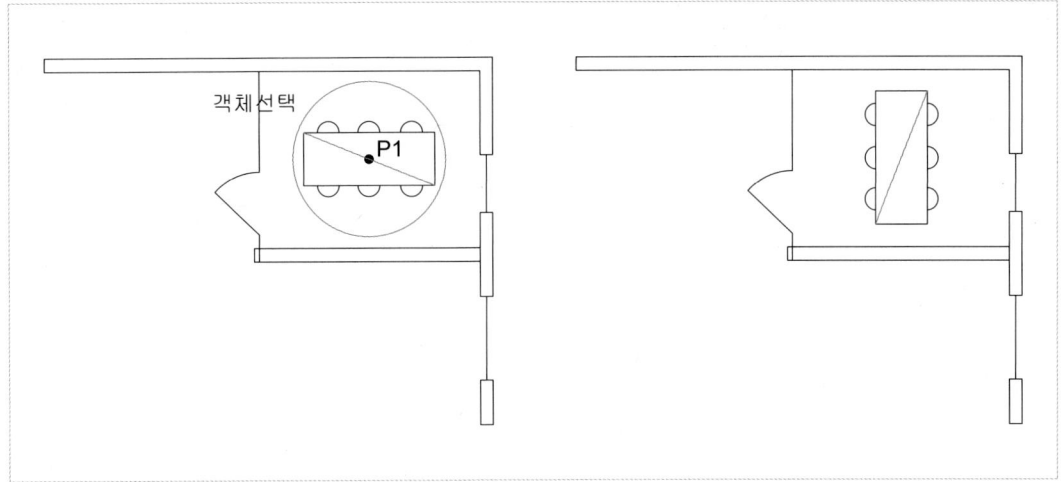

원 안의 대상물을 다중 선택하고 기준점 P1을 지정, 대상의 회전할 각도 90도를 지정하여 작업합니다.

옵션 살펴보기

- **Specify base point (기준점 지정)** : 회전할 기준점을 지정

- **Rotation Angle(회전 각도)** : 객체가 기준점을 중심으로 어느 정도 거리를 두고 회전하는지 결정. 회전축은 지정한 기준점을 통과하면서 현재 UCS의 Z축에 평행합니다.

- **Copy (복사)** : 회전하기 위해 선택된 객체의 사본을 작성

- **Reference (참조)** : 지정된 각도부터 새 절대 각도까지 객체를 회전. 뷰포트 객체를 회전하면 뷰포트의 경계는 도면 영역의 모서리에 평행하게 유지됩니다.

■— ANGDIR 시스템 변수

- 각도 값은 현재 UCS 방향을 기준으로 각도 0 (3시 방향)으로부터 측정됩니다
- 값 0 : 시계 반대 방향, 값 1 : 시계 방향

■ Reference 객체를 절대 각도로 회전

- Reference(참조) 옵션을 사용하여 객체를 회전하여 절대 각도에 나란하게 정렬할 수 있습니다.
- 예를 들어 대각선 모서리가 90도로 회전되도록 그림에서 해당 부분을 회전하려면 회전하려는 객체를 선택(1, 2)하고 기준점을 지정(3)한 다

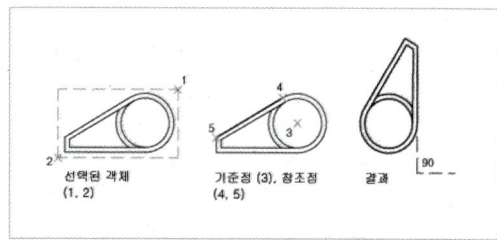

음 Reference(참조) 옵션을 입력합니다. 참조 각도에 대해 대각선(4, 5)의 두 끝점을 지정합니다. 새 각도에 90을 입력합니다.

ROTATE 기능 연습하기

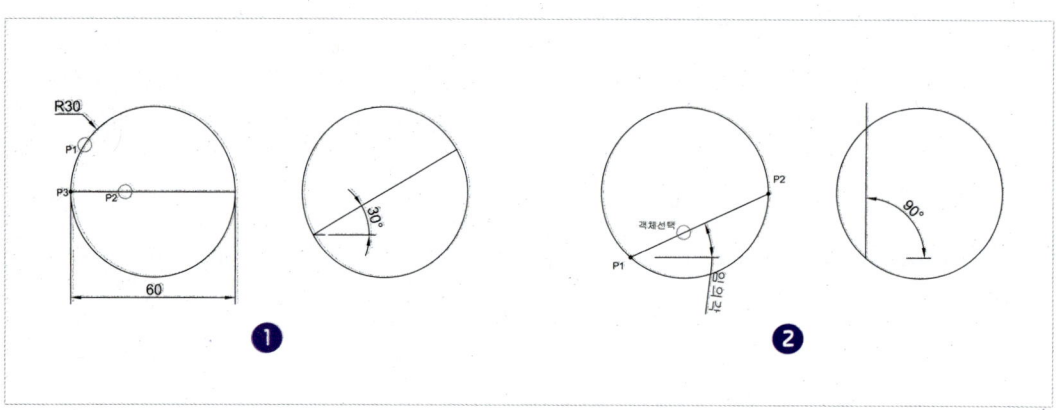

```
Command: LINE → 수평으로 길이 60의 선을 작도
Command: CIRCLE → 선의 양 끝점을 활용하여 원을 작도 (2P 옵션 사용)
```

Command: **ROTATE**

Current positive angle in UCS: ANGDIR=counterclockwise ANGBASE=0 → 현재 상태
Select objects: 1 found → 원 객체 P1 선택
Select objects: 1 found, 2 total → 선 객체 P2 선택 후 완료
Select objects:
Specify base point: → 기준점인 P3 선택
Specify rotation angle or [Copy/Reference] <30>: **30** → 회전 각도 입력 후 ↵

※ 회전 후 원을 선택해 보면 사분점 자리는 변화가 없음

Command: **CIRCLE** → 임의의 원을 작도
Command: **LINE** → 원의 아래쪽을 가로지르는 선을 경사로(임의의 기울기) 작도하여
TRIM을 이용 정리. 각을 알 수 없음

Command: **ROTATE**

Current positive angle in UCS: ANGDIR=counterclockwise ANGBASE=0
Select objects: 1 found → 선 객체 선택 후 완료 ↵
Select objects:
Specify base point: → 기준점 P1 선택
Specify rotation angle or [Copy/Reference] <30>: **R** → 옵션 R(참조)을 선택
Specify the reference angle <59>: → P1 교차점을 선택(선 객체가 가지고 있는 각을 찾기 위한 시작점)
Specify second point: → P2 교차점을 선택(선 객체가 가지고 있는 각을 찾기 위한 끝점)
Specify the new angle or [Points] <90>: **90** → 수직으로 회전하기 위한 절대 각도 90도 입력 후 ↵

※ 해당 순서로 찾아야 합니다(첫 위치에서 3시 방향을 0도로 시스템이 가지고 있으며
그려지는 방향에 따라 각이 달라짐)
※ 90도 - 참조각도(객체가 가지고 있는) = 시스템이 이동하는 각도 자동계산

Tip

01. 정밀한 회전 각도 지정

- ORTHO (F8) 활성화 시 90도 단위로 회전이 가능합니다.
- **POLAR** 기능을 활성화하면 설정된 각도 간격에 따라 회전할 수 있습니다.

02. 기준점 활용

- 기준점을 객체의 중심 또는 특정 지점에 두면 정밀한 회전 조작이 가능합니다.
- 다중 객체를 동일한 기준점에서 회전하려면 그룹(Group) 기능을 활용합니다.

03. 블록 및 XREF 회전

- 블록(Block) 및 외부 참조(XREF) 도 동일한 방식으로 회전이 가능합니다.
- 동적 블록의 회전 기능을 활용하면 더 유연한 편집이 가능합니다.

04. **ROTATE를 활용한 설계 작업**

건축 설계	기계 설계	제품 설계
- 도면 요소(문, 창문, 가구 등)를 특정 각도로 배치	- 부품을 특정한 각도로 회전하여 조립 위치 조정	- 제품 디자인 시 다양한 각도로 시각적 테스트 진행
- 배치도를 작성할 때 개별 객체를 정확한 각도로 정렬	- 회전 대칭이 필요한 부품을 특정 각도로 배치	- PCB 설계에서 부품을 정확한 각도로 배치

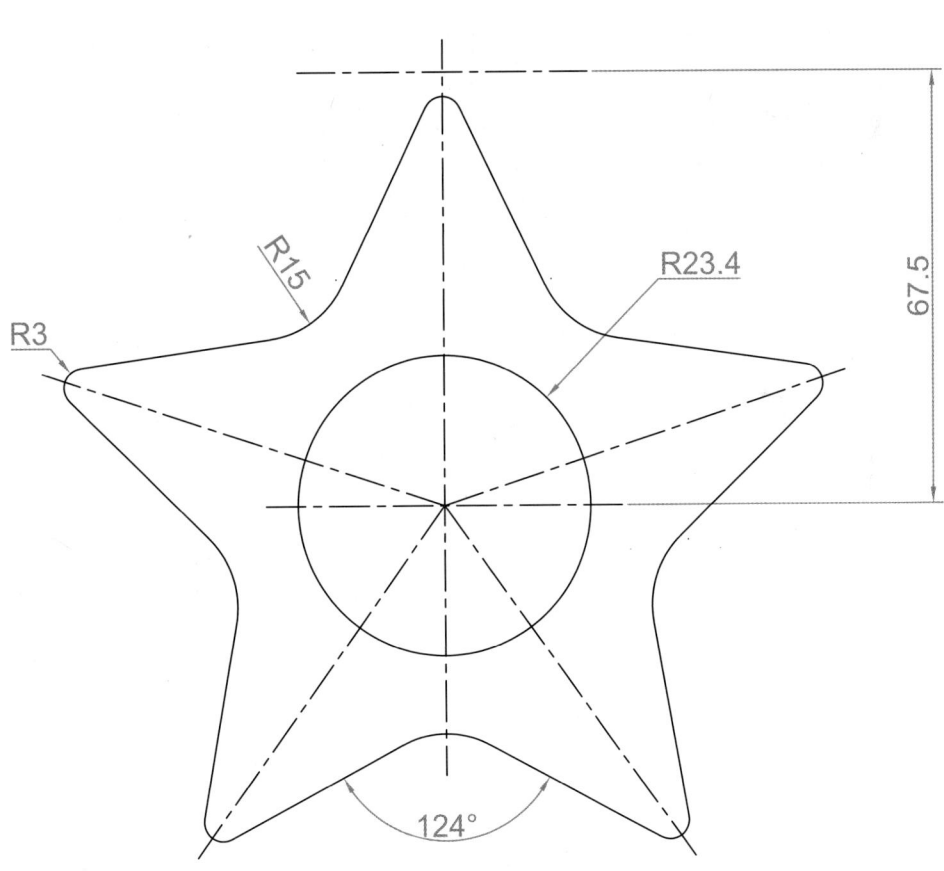

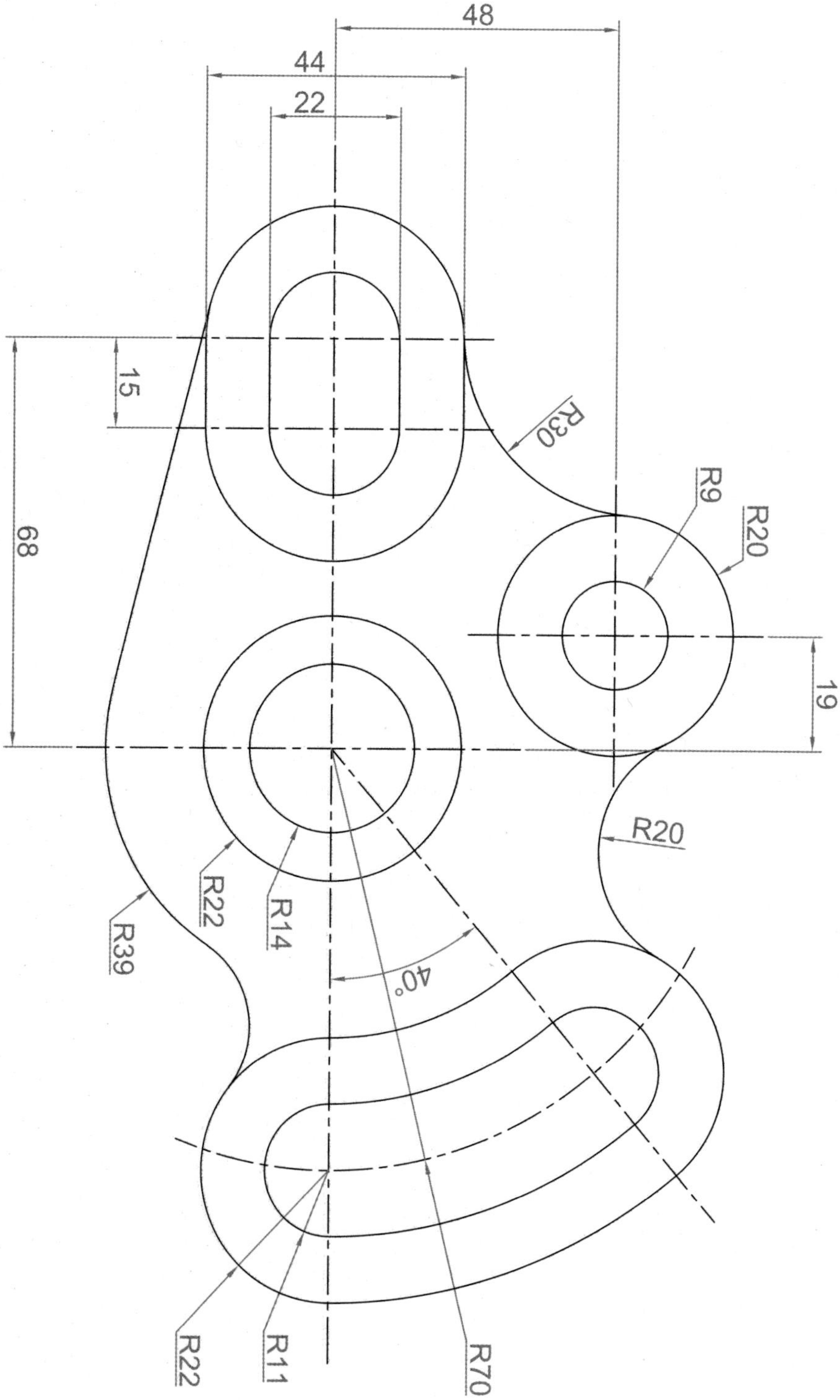

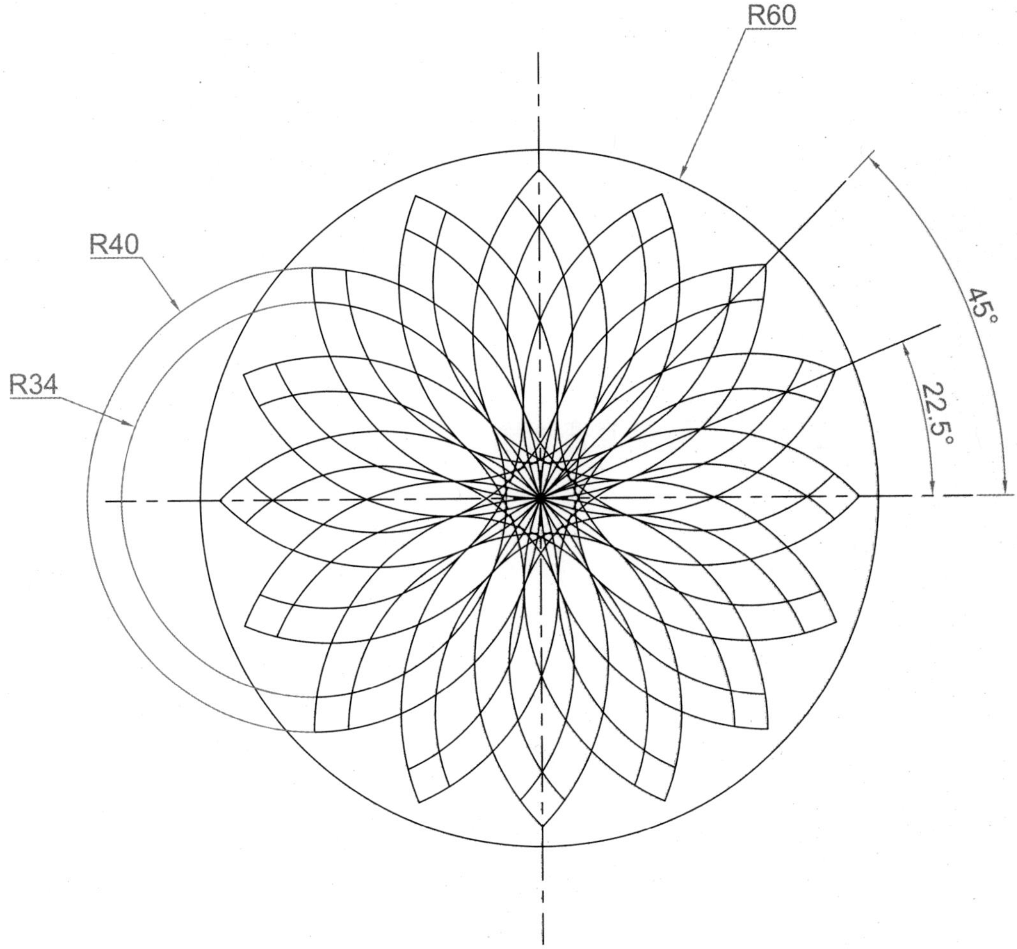

12 SCALE

축척/크기 조정

- SCALE 명령어의 개념과 필요성을 이해한다.
- 다양한 방식으로 SCALE 명령어를 실행하는 방법을 익힌다.

명령어 위치 및 호출 방법

메뉴	Modify 메뉴 → Scale 명령어 클릭
도구막대	Modify 도구막대 → Scale 버튼
리본	Home 탭 → Modify 패널 → Scale 아이콘
명령 입력	명령창에 SCALE 입력 후 Enter, 단축키: SC 입력 후 Enter

기본 사용법

```
Command: SCALE

Select objects: 1 found → 크기 조정할 객체 선택
Select objects: → ⏎를 눌러 객체 선택 완료
Specify base point: → 객체가 확대/축소될 참조 기준점 설정
Specify scale factor or [Copy/Reference]: 2 → 배율 입력 (Scale factor)

                            ※ 배율 1.5 → 150% 확대, 배율 0.5 → 50% 축소
```

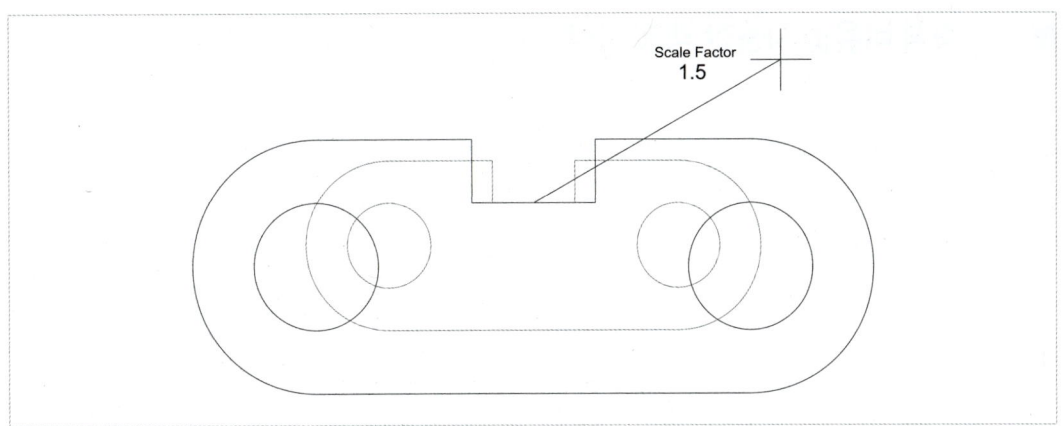

옵션 살펴보기

- **Select objects (객체 선택)** : 크기를 조정할 객체를 지정
- **Base point (기준점)** : 축척 작업의 기준점을 지정. 지정하는 기준점은 선택한 객체의 크기가 변할 때(정지된 기준점에서 멀어질 때) 같은 위치에 유지되는 점을 지정합니다.
  ※ 객체에 대해 SCALE 명령을 사용할 경우 객체의 위치는 축척 작업의 기준점에 상대적으로 축척 조정되지만 객체의 크기는 변경되지 않습니다.
- **Scale Factor (축척 비율)** : 지정된 축척을 선택한 객체의 치수에 곱함. 축척 비율이 1보다 크면 객체가 확대되며, 축척 비율이 0(영)과 1 사이이면 객체가 축소됩니다. 커서를 끌어 객체를 더 크거나 작게 만들 수도 있습니다.
- **Copy (복사)** : 축척하려는 선택된 객체를 복사
- **Reference (참조)** : 선택한 객체를 참조 길이와 지정한 새 길이를 기준으로 축척

■── 참조 거리를 사용한 객체 축척

- 참조로 축척하려면 현재 거리를 지정한 다음 원하는 새 크기를 지정합니다. 예를 들어, 한쪽 면 길이가 4.8 단위인 객체를 7.5 단위로 확장하려면 참조 길이로 4.8을 사용합니다.
- 참조 옵션을 사용하여 전체 도면을 축척할 수 있습니다. 예를 들어, 원래의 도면 단위를 변경해야 하는 경우 이 옵션을 사용합니다. 도면의 모든 객체를 선택한 다음 참조를 사용하여 두 개의 점을 선택하고 원하는 길이를 지정합니다. 도면의 모든 객체가 그에 따라 축척됩니다.

■── 축척 비율을 사용한 객체 축척

- SCALE을 사용하면 객체를 균일하게 더 크거나 작게 만들 수 있습니다. 객체를 축척하려면 기준점 및 축척 비율을 지정합니다. 또한 현재 도면 단위를 기준으로 축척 비율로 사용할 길이를 지정할 수 있습니다.
- 축척 비율이 1보다 크면 객체의 크기가 커지며, 축척 비율이 0과 1 사이이면 객체의 크기가 줄어듭니다.
- 선택한 객체를 축척하면 해당 객체의 모든 치수 크기가 변경됩니다.

SCALE 기능 연습하기

좌측의 이미지에 그동안 배운 명령어로 주어진 치수로 작도하고, 전체 크기를 1/2로 축소하시오.

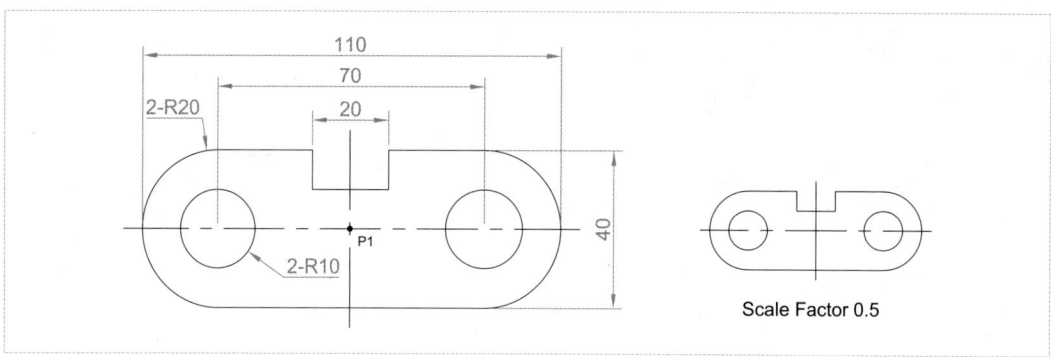

Command: **SCALE**

Select objects: Specify opposite corner: 12 found → 모든 객체 선택 후 완료 ⏎

Select objects: → 모든 객체를 선택

Specify base point: → 크기를 변환할 기준점 P1 교차점 선택

Specify scale factor or [Copy/Reference]: **0.5** → 크기 변환값(scale factor) 0.5 입력 후 ⏎

※ 축척 비율이 1보다 크면 객체가 확대, 축척 비율이 0(영)과 1 사이면 객체가 축소

Tip

01. 객체 길이 조정

- **LENGTHEN**을 사용하여 다음 객체의 호 사이각 및 길이를 변경할 수 있습니다.

    : 선, 호, 열린 폴리선, 타원형 호, 열린 스플라인.

- 길이를 조정한 결과는 연장 및 자르기 작업의 결과와 비슷합니다.

02. 기준점 선택의 중요성

- 기준점을 올바르게 선택해야만 객체가 원하는 위치에서 올바르게 확대/축소됩니다.
- 객체 중심을 기준으로 하면 균형 잡힌 크기로 조정이 가능합니다.

03. 그룹 및 블록 조정

- SCALE 명령어는 블록, 그룹, XREF에도 적용이 가능합니다.
- 블록 내부 요소의 크기만 조정하려면 **BLOCK EDITOR(BEDIT)**를 사용합니다.

04. SCALE을 활용한 설계 작업

건축 설계	기계 설계	제품 설계
- 도면 크기 조정 : 도면을 특정 축척에 맞게 조정	- 부품의 크기를 특정 비율로 축소 또는 확대하여 설계	- 디자인 검토를 위한 프로토타입 크기 조정
- 가구 및 구조 요소 크기 변경하여 설계 도면 수정	- 3D 모델링에서 객체 크기 변경 후 어셈블리 조정	- 3D 프린팅을 위한 적절한 크기 변환

- 서로다른 원의 사분점 위치

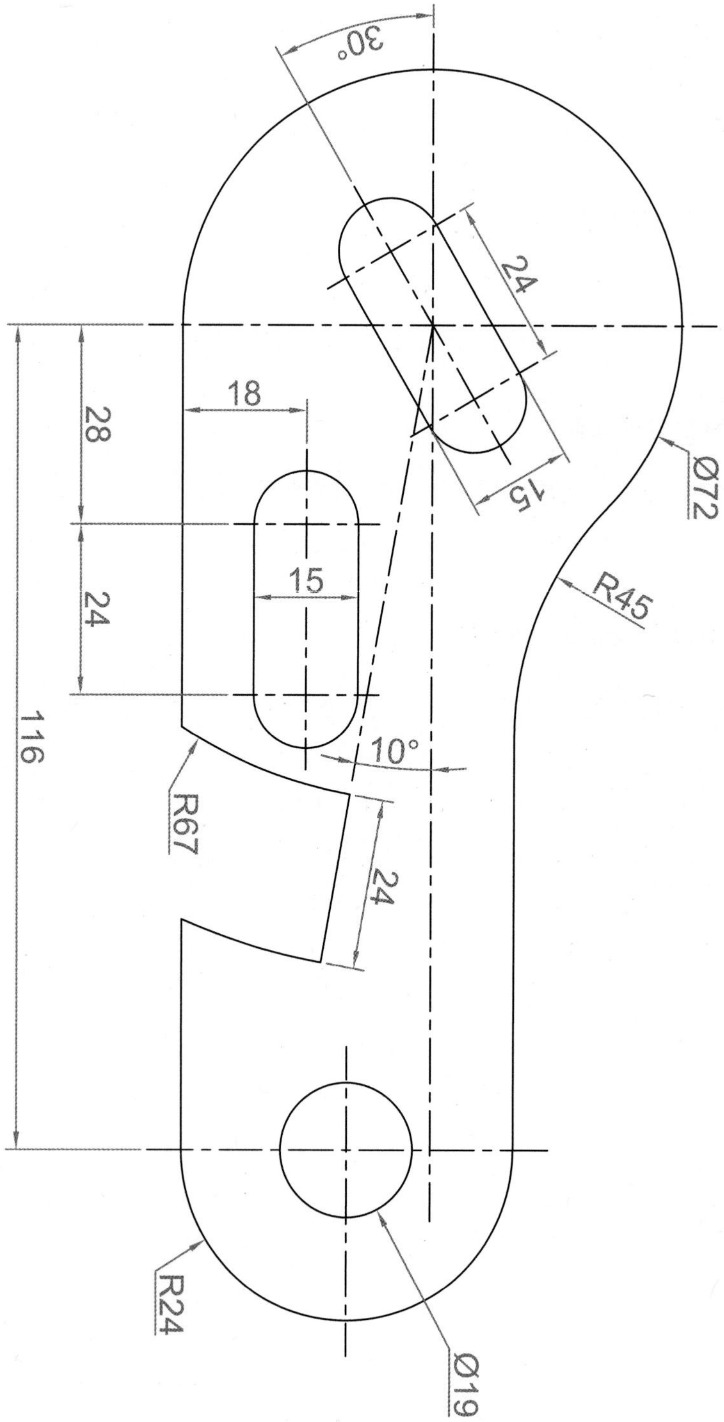

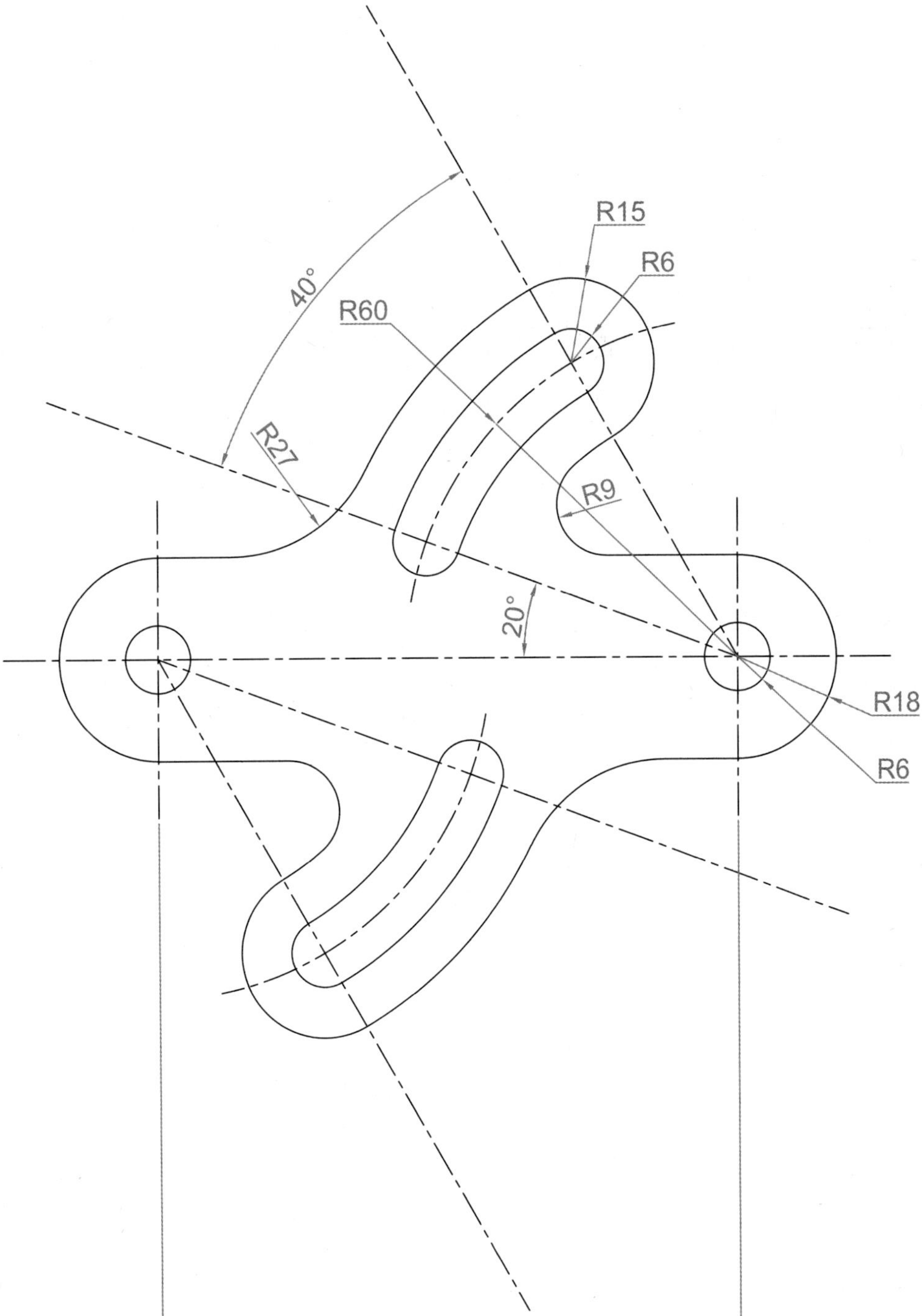
40°
R15
R6
R60
R27
R9
20°
R18
R6
105

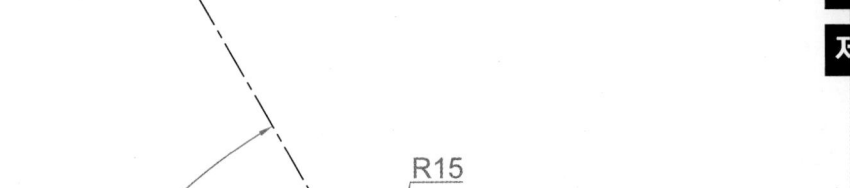

13 MIRROR ⚠

대칭

- MIRROR 명령어의 개념과 필요성을 이해한다.
- 다양한 방식으로 MIRROR 명령어를 실행하는 방법을 익힌다.

명령어 위치 및 호출 방법

메뉴	Modify 메뉴 → Mirror 명령어 클릭
도구막대	Modify 도구막대 → Mirror 버튼
리본	Home 탭 → Modify 패널 → Mirror 아이콘
명령 입력	명령창에 MIRROR 입력 후 Enter, 단축키: MI 입력 후 Enter

기본 사용법

```
Command: MIRROR

Select objects: 1 found  → 대칭할 객체를 선택
Select objects:  → ↵를 눌러 객체 선택 완료
Specify first point of mirror line:  → 대칭선의 첫 번째 점을 지정
Specify second point of mirror line:  → 두 번째 점을 지정
Erase source objects? [Yes/No] <No>:
 → 원본 객체를 유지하려면 ↵를 누르고, 지우려면 Y 입력 후 ↵
```

※ mirror line : 대칭선

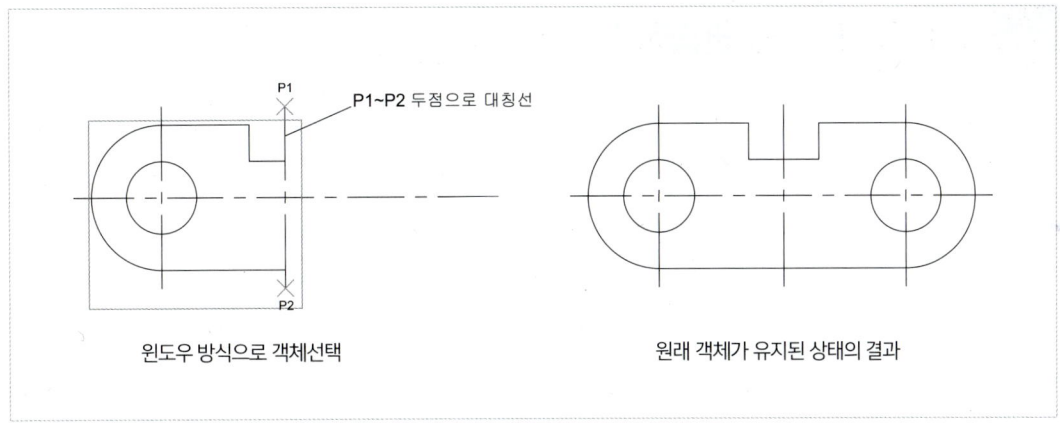

도면의 절반을 표현하는 객체를 작성하고 이를 선택하여 특정 선에 대해 대칭 이미지를 만들어 다른 절반을 작성할 수 있습니다. 기본적으로 문자 객체를 대칭할 때 문자 방향은 변경되지 않습니다.

옵션 살펴보기

- **Specify first point, second point of mirror line (대칭선의 첫 번째과 두 번째 점)** : 지정한 두 개의 점이 선택한 객체가 대칭되는 기준선의 양 끝점이 됩니다. 3D의 대칭에서 이 선은 대칭선이 포함된 사용자 좌표계(UCS)의 XY 평면에 직교인 대칭 평면을 정의합니다.

- **Erase source objects (원본 객체를 지우시겠습니까?)** : 원래 객체를 대칭시킨 후 원래 객체를 지울지 아니면 유지할지를 결정
    ※ Yes (Y) : 원본을 삭제하고 대칭 복사, No (N) : 원본을 유지하며 대칭 복사

■── MIRRTEXT 시스템 변수

- MIRROR가 문자를 대칭하는 방법을 조정합니다. 기본적으로 TEXT는 대칭복사가 되지 않습니다.
- 기본값 0 : 문자 방향을 유지, 값 1 : 문자를 대칭

■── 대칭선

- 대칭선이라는 축을 중심으로 객체를 반전하여 대칭 이미지를 작성합니다.
- 임시 대칭선을 지정하려면 두 점을 입력합니다.
- 원본 객체는 지우거나 유지되도록 지정할 수 있습니다.

MIRROR 기능 연습하기

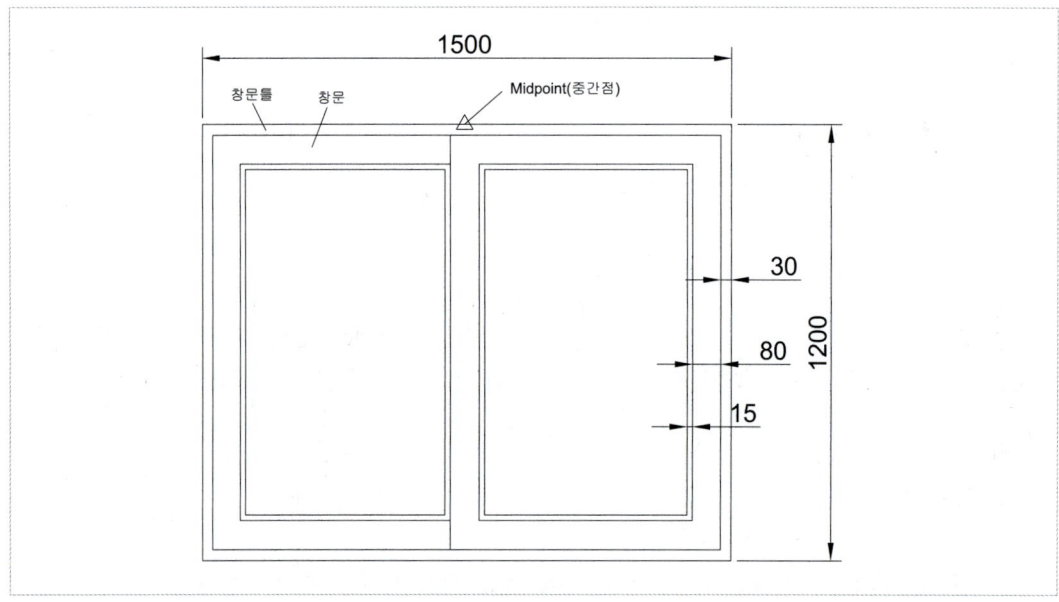

이번 연습을 통해 완성할 기본 창호 작도입니다. 충분히 연습하여 언제든 작도가 가능하도록 합니다.

창문의 프레임 사이즈가 80이면 1/2로 offset 해서 유리가 들어가는 자리를 작도하는 것을 기억하기 바랍니다(3번 과정 참조).

1 ── RECTANG 명령어로 전체 크기 1500, 1200으로 작도, 틀에 대하여 안쪽으로 30 OFFSET

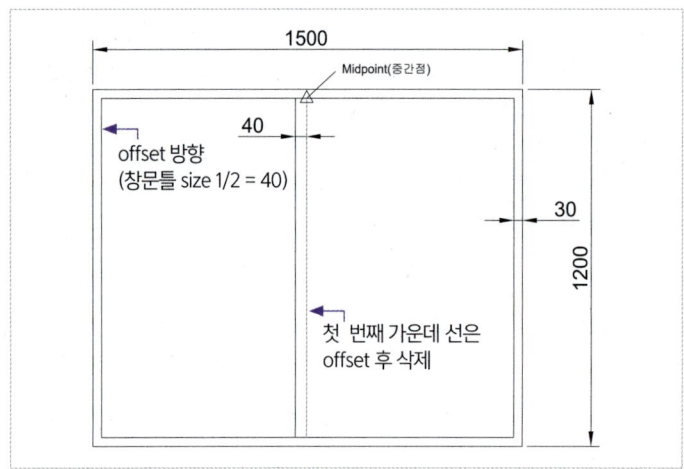

Command: **RECTANG**

Specify first corner point or [Chamfer/Elevation/Fillet/Thickness/Width]:
→ 왼쪽 하단 임의점 클릭

Specify other corner point or [Area/Dimensions/Rotation]: **@1500,1200**
→ 상대좌표로 전체 창크기 입력 후 ↵

Command: **OFFSET**

Current settings: Erase source=No Layer=Source OFFSETGAPTYPE=0
Specify offset distance or [Through/Erase/Layer] <15.0000>: **30**
→ 틀에 대한 두께 30 입력 후 ↵
Select object to offset or [Exit/Undo] <Exit>: → 처음 작도한 사각형 객체 선택
Specify point on side to offset or [Exit/Multiple/Undo] <Exit>:
→ 처음 작도한 사각형 객체 안쪽으로 위치 지정 후 완료 ↵
Select object to offset or [Exit/Undo] <Exit>:

2 ── 안쪽 사각형 상단 가운데점을 기준점으로 하단 가운데점으로 선 작도하기 좌측으로 offset 할 기준선 작업

Command: **LINE**

Specify first point: → 안쪽 사각형 상단 가운데점
Specify next point or [Undo]: → 안쪽 사각형 하단 가운데점
Specify next point or [Undo]: → 완료 ↵

3 ── 창문 두께 기준선 작업 위에서 작도한 가운데 선 객체를 좌측으로 40 offset, 다른 창문 두께도 항상 절반 값으로 offset

Command: **OFFSET**

Current settings: Erase source=No Layer=Source OFFSETGAPTYPE=0
Specify offset distance or [Through/Erase/Layer] <30.0000>: **40**
→ 창문틀 두께 80의 절반인 40 입력 후 ↵
Select object to offset or [Exit/Undo] <Exit>: → 가운데 선을 선택
Specify point on side to offset or [Exit/Multiple/Undo] <Exit>:
→ 좌측으로 이동하여 지정한 후 완료 ↵
Select object to offset or [Exit/Undo] <Exit>:

※ 처음 작도한 상하단 연결선 삭제(연한색 선)

4 ── 오른쪽 창문이 끼워지는 쪽 굵은선으로 표시된 사각형 덧그리고 안쪽으로 80 offset 하여 창문틀 완성 완성후 처음 덧그린 사각형 삭제

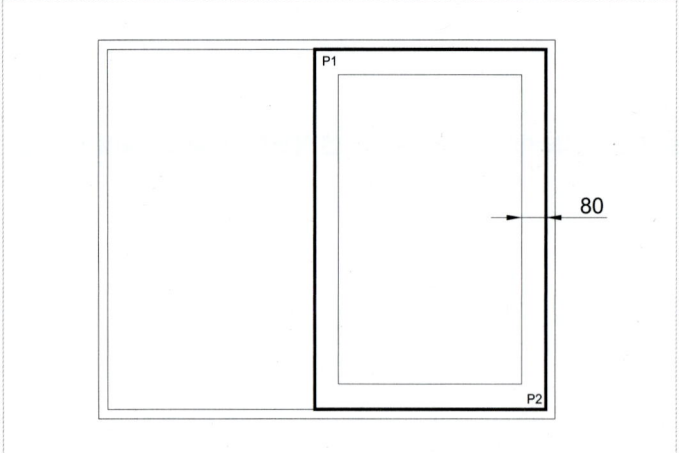

Command: **RECTANG**

Specify first corner point or [Chamfer/Elevation/Fillet/Thickness/Width]: → P1점 지정
Specify other corner point or [Area/Dimensions/Rotation]: → 대각선 아래 P2점 지정

Command: **OFFSET**

Current settings: Erase source=No Layer=Source OFFSETGAPTYPE=0
Specify offset distance or [Through/Erase/Layer] <40.0000>: **80**
→ 창문틀 완성을 위해 80 입력 후 ↵
Select object to offset or [Exit/Undo] <Exit>: → 처음 덧그린 사각형 선택
Specify point on side to offset or [Exit/Multiple/Undo] <Exit>: → 안쪽으로 위치 지정
Select object to offset or [Exit/Undo] <Exit>: → 완료 ↵

※ 처음 덧그린 사각형 삭제(굵게 보이는 사각형)

5 — 오른쪽 80 offset 한 사각형을 왼쪽으로 대칭 복사하여 완성

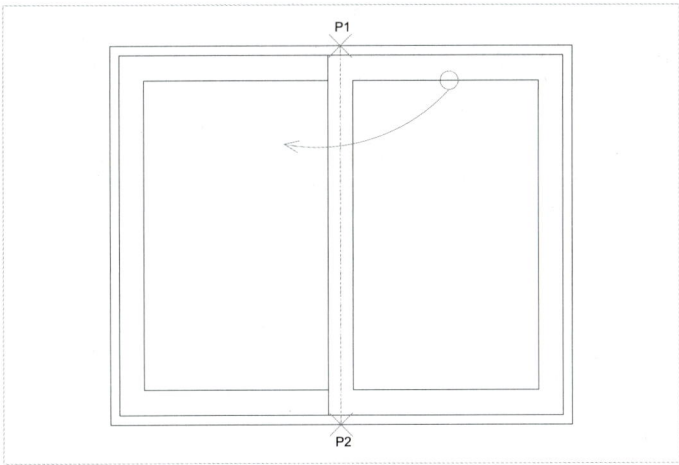

Command: **MIRROR**

Select objects: 1 found → 동그라미 표시된 우측 안쪽 사각형 선택
Select objects: Specify first point of mirror line: → 기준선 첫 번째 점 P1 선택
Specify second point of mirror line: → 기준선 두 번째 점 P2 선택
Erase source objects? [Yes/No] <No>: → 완료 ↵

6 유리가 끼워지는 쪽 좌우 사각형 실리콘 작업 15 offset 하여 완성

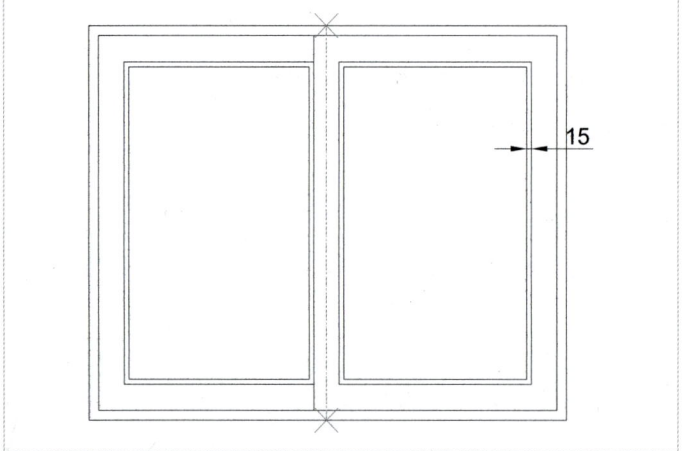

Command: **OFFSET**

Current settings: Erase source=No Layer=Source OFFSETGAPTYPE=0
Specify offset distance or [Through/Erase/Layer] <80.0000>: **15** → 실리콘 영역 15 값 입력
Select object to offset or [Exit/Undo] <Exit>: → 좌측 안쪽 사각형 선택
Specify point on side to offset or [Exit/Multiple/Undo] <Exit>: → 안쪽으로 클릭하여 작도
Select object to offset or [Exit/Undo] <Exit>: → 우측 안쪽 사각형 선택
Specify point on side to offset or [Exit/Multiple/Undo] <Exit>:
→ 안쪽으로 클릭하여 작도 후 완료
Select object to offset or [Exit/Undo] <Exit>:

Tip.

01. 미러 기준선 정렬

- 객체 스냅(Object Snap) 기능을 활용하여 정확한 대칭선 설정이 가능합니다.
- **ORTHO (F8)** 또는 **POLAR** 기능을 활성화하면 정렬된 기준선 생성이 가능합니다.

02. 대칭 복사 후 정렬 문제 해결

- 미러링 후 객체 정렬이 어긋나는 경우 **MOVE**, **ALIGN** 명령어를 활용해 위치를 조정합니다.

03. 대칭 미적용

- 기본적으로 문자, 해치, 속성 및 속성 정의를 대칭시키면 대칭 이미지에서 위아래가 뒤집혀지거나 거꾸로 표시되지 않습니다. 그러면 문자는 객체가 대칭하기 전과 동일한 정렬 및 자리맞추기로 유지됩니다. 문자를 거꾸로 보이게 하려면 **MIRRTEXT** 시스템 변수를 1로 설정합니다.
- MIRRTEXT는 TEXT, ATTDEF 또는 MTEXT 명령으로 작성된 문자, 속성 정의 및 변수 속성에 적용됩니다. 삽입된 블록이 대칭될 경우 그에 포함된 문자와 상수 속성은 MIRRTEXT의 값과 관계없이 거꾸로 보이게 됩니다.
- MIRRHATCH는 GRADIENT 또는 HATCH 명령으로 작성된 해치 객체에 적용됩니다. MIRRHATCH 시스템 변수를 사용하여 해치 패턴 방향이 대칭되는지 그대로 유지되는지를 조정합니다.

04. **MIRROR**를 활용한 설계 작업

건축 설계	기계 설계	제품 설계
- 창문, 문 등 반복되는 요소를 대칭 복사하여 배치 - 평면도에서 한쪽을 그린 후 미러링하여 대칭 구조 완성	- 대칭형 부품(기어, 브래킷, 하우징) 설계 시 활용 - 좌우 대칭 구조의 기계 요소를 쉽게 복제	- 제품 외형이 대칭 구조일 경우 빠르게 대칭 복사하여 모델링 - 자동차 부품, 전자제품 등의 디자인에서 반복 요소 적용

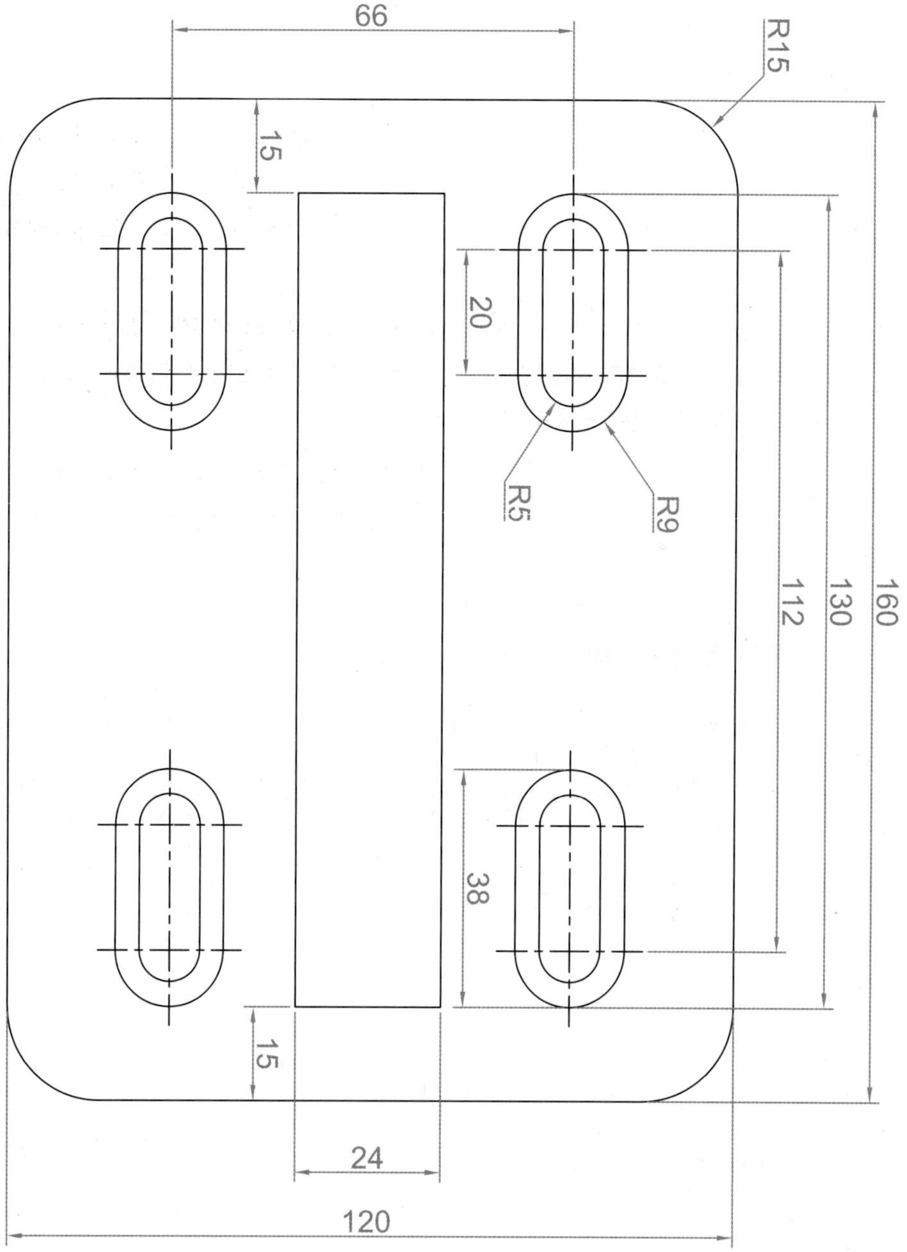

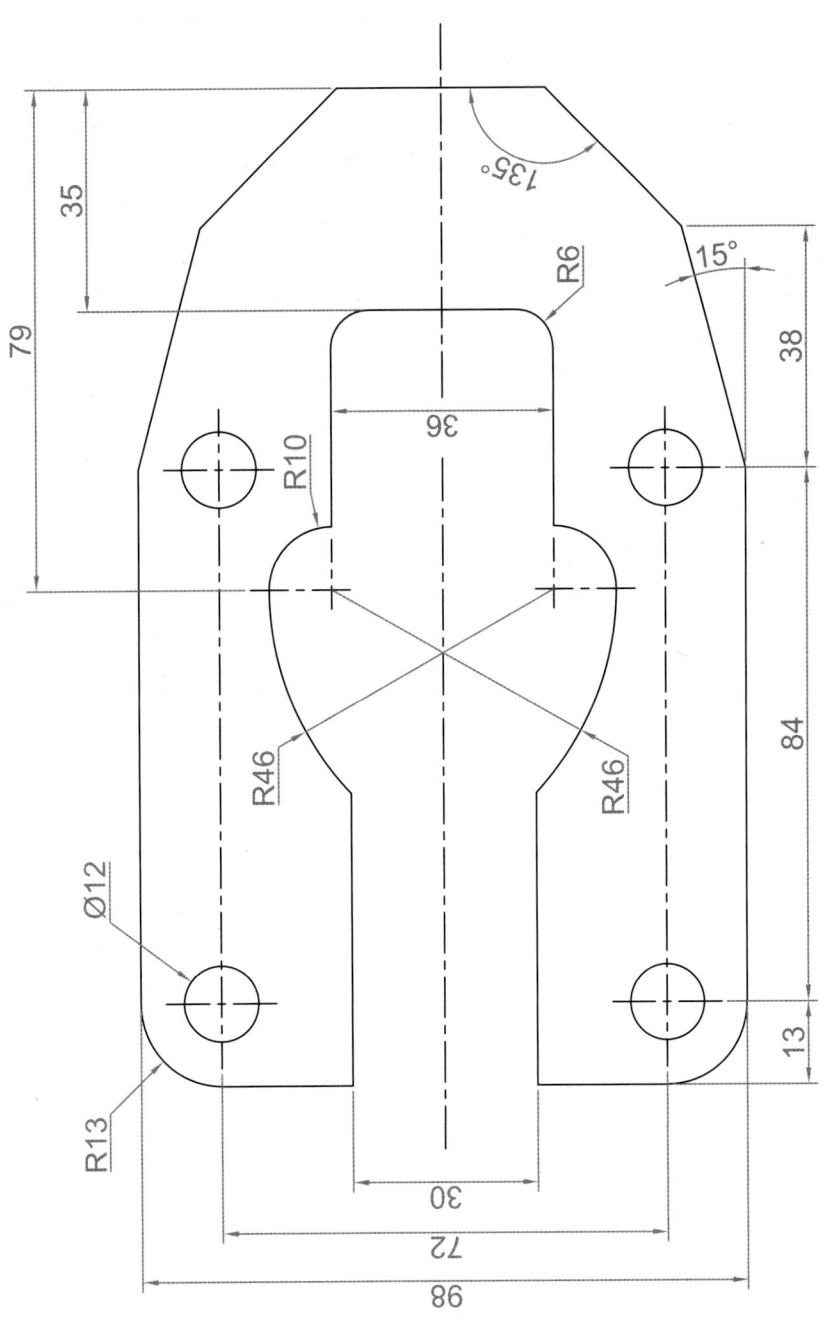

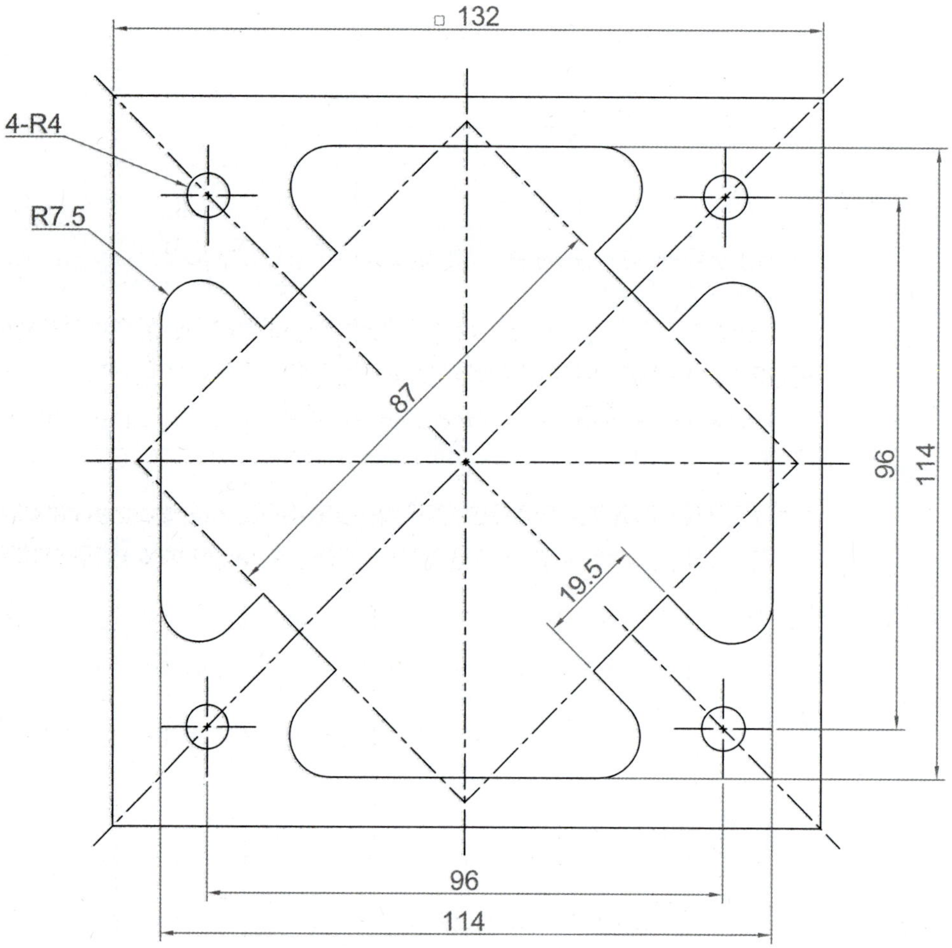

ARRAY

14

배열

- ARRAY 명령어의 기본 개념과 기능을 이해한다.
- 객체를 직사각형(Rectangular), 원형(Polar), 경로(Path) 배열 방식으로 배치할 수 있다.
- 배열의 개수, 간격, 방향을 조절하는 방법을 익힌다.
- 건축, 기계, 제품 설계에서 반복적인 패턴을 효과적으로 적용하는 방법을 학습한다.

명령어 위치 및 호출 방법

메뉴	Modify 메뉴 → Array 명령어 → Rectangular / Polar / Path 선택
도구막대	Modify 도구막대 → Array 버튼
리본	Home 탭 → Modify 패널 → Array 드롭다운 메뉴
명령 입력	명령창에 ARRAY 입력 후 Enter , 단축키: AR 입력 후 Enter

기본 사용법

Command: **ARRAY**

Select objects: 1 found → 배열할 객체 선택 후 ↵

Select objects: Enter array type [Rectangular/PAth/POlar] <Rectangular>:
→ 배열 방식 선택

Type = Rectangular Associative = Yes → Array 리본메뉴를 활용하여 세부 조정

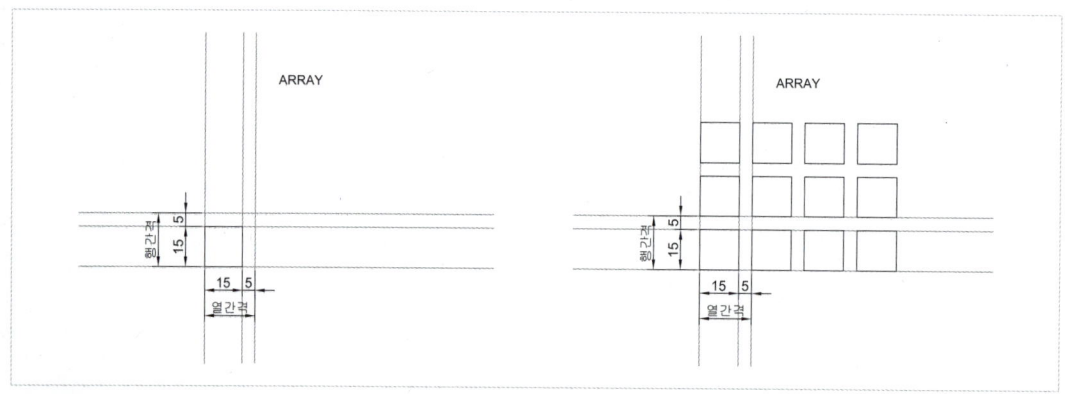

ARRAY 명령은 객체의 사본을 하나의 패턴으로 정렬하여 작성합니다. 일정한 간격의 직사각형, 원형 또는 경로 배열로 객체의 사본을 작성할 수 있습니다.

- **Rectangular (직사각형)** : 선택한 객체의 사본을 행, 열 및 레벨 조합으로 분산시킵니다 (ARRAYRECT 명령과 같음).

- **Path (경로)** : 선택한 객체의 사본을 경로 또는 경로 일부분을 따라 균일하게 분산시킵니다 (ARRAYPATH 명령과 같음). 경로는 선, 폴리선, 3D 폴리선, 스플라인, 나선, 호, 원 또는 타원일 수 있습니다.

- **Polar (원형)** : 객체 사본을 중심점이나 회전축을 따라 원형 패턴으로 균일하게 분산시킵니다 (ARRAYPOLAR 명령과 같음).

    ※ DELOBJ 시스템 변수는 배열이 작성된 후 배열의 원본 객체가 삭제되는지 아니면 유지되는지를 조정합니다.

직사각형 배열 Rectangular Array = ARRAYRECT 명령

Command: **ARRAY**

Select objects: 1 found

Select objects: Enter array type [Rectangular/PAth/POlar] ⟨Rectangular⟩: **R**

Type = Rectangular Associative = Yes

Select grip to edit array or [ASsociative/Base point/COUnt/Spacing/COLumns/Rows/Levels/eXit]⟨eXit⟩:

옵션 살펴보기

- **Associative (연관)** : 배열된 객체가 연관되는지 독립적인지를 지정
    - ※ **Yes (예)** : 블록과 비슷하게 단일 배열 객체에 배열 항목을 작성합니다. 연관 배열의 경우 특성 및 원본 객체를 편집하여 배열 전체에 변경 사항을 빠르게 전파할 수 있습니다.
    - **No (아니오)** : 배열 항목을 독립 객체로 작성합니다. 한 항목을 변경해도 다른 항목에는 영향이 없습니다.

- **Base point (기준점)** : 배열 기준점 및 기준점 그립의 위치를 정의
    - ※ **Base point (기준점)** : 배열에 항목을 배치하기 위한 기준점을 지정합니다.
    - **Key point (키 점)** : 연관 배열의 경우 원본 객체에서 경로에 맞춰 정렬할 유효한 구속조건(또는 키 점)을 지정합니다. 결과로 생성되는 배열의 원본 객체나 경로를 편집하는 경우 배열의 기준점이 원본 객체의 키 점과 일치하도록 유지됩니다.

- **Count (개수)** : 행 및 열 수를 지정하고 커서의 움직임에 따른 결과의 동적 뷰를 제공(행 및 열 옵션보다 더 빠름)
    - ※ **Expression (표현식)** : 수학 공식이나 방정식에 따라 값을 파생시킵니다.

- **Spacing (간격두기)** : 행 및 열 간격을 지정하고 커서의 움직임에 따른 결과의 동적 뷰를 제공
    - ※ **Distance between rows (행 사이의 거리)** : 각 객체의 해당 위치에서 측정한 각 행 사이의 거리를 지정합니다.
    - **Distance between columns (열 사이의 거리)** : 각 객체의 해당 위치에서 측정한 각 열 사이의 거리를 지정합니다.
    - **Unit cell (단위 셀)** : 간격과 동일한 직사각형 영역의 각 구석을 설정하여 행과 열 사이의 거리를 동시에 지정합니다.

- **Columns (열)** : 열의 수와 간격을 지정
    - ※ **Number of columns (열 수)** : 배열 내의 열 수를 설정합니다.
    - **Distance Between Columns (열 사이의 거리)** : 각 객체의 해당 위치에서 측정한 각 열 사이의 거리를 지정합니다.
    - **Total (전체)** : 시작 객체와 끝 객체의 해당 위치에서 측정한 시작 열과 끝 열 사이의 전체 거리를 지정합니다.

- **Rows (행)** : 배열의 행 수, 행 간의 거리, 그리고 행 간 증분 고도를 지정
    - ※ **Number of rows (행 수)** : 배열 내의 행 수를 설정합니다.
    - **Distance between rows (행 사이의 거리)** : 각 객체의 해당 위치에서 측정한 각 행 사이의 거리를 지정합니다.
    - **Total (전체)** : 시작 객체와 끝 객체의 해당 위치에서 측정한 시작 행과 끝 행 사이의 전체 거리를 지정합니다.
    - **Incrementing elevation (증분 고도)** : 각 후속 행에 대해 증가하거나 감소하는 고도를 설정합니다.
    - **Expression (표현식)** : 수학 공식이나 방정식에 따라 값을 파생시킵니다.

- **Levels (수준)** : 3D 배열의 레벨 수와 간격을 지정
    - ※ **Number of levels (레벨 수)** : 배열의 레벨 수를 지정합니다.
    - **Distance between levels (레벨 사이의 거리)** : 각 객체의 해당 위치 간 Z 좌표 값 차이를 지정합니다.
    - **Total (전체)** : 첫 번째 및 마지막 레벨에 있는 객체의 해당 위치 간 Z 좌표 값의 총 차이를 지정합니다.
    - **Expression (표현식)** : 수학 공식이나 방정식에 따라 값을 파생시킵니다.

- **Exit (종료)** : 명령을 종료

▼ 직사각형 배열(Rectangular Array) 리본 패널

![Rectangular Array ribbon panel]

▼ 직사각형 배열(Rectangular Array) 리본 수정 패널

![Rectangular Array edit ribbon panel]

원형 배열 Polar Array =ARRAYPOLAR 명령

Command: **ARRAY**

Select objects: 1 found

Select objects: Enter array type [Rectangular/PAth/POlar] <Rectangular>: **PO**

Type = Polar Associative = Yes

Specify center point of array or [Base point/Axis of rotation]:

Select grip to edit array or [ASsociative/Base point/Items/Angle between/Fill angle/ROWs/Levels/ROTate items/eXit]<eXit>:

옵션 살펴보기

- **Center point (중심점)** : 배열 항목을 분산시킬 기준점을 지정. 회전축은 현재 UCS의 Z축입니다.
- **Base point(기준점)** : 배열의 기준점을 지정합니다.
  ※ Base point (기준점) : 배열의 객체를 배치하기 위한 기준점을 지정합니다.
    Key point (키 점) : 연관 배열의 경우 원본 객체에서 기준점으로 사용할 유효한 구속조건(또는 키 점)을 지정합니다. 결과로 생성되는 배열의 원본 객체를 편집하는 경우 배열의 기준점이 원본 객체의 키 점과 일치하도록 유지됩니다.

- **Axis of rotation (회전축)** : 지정된 두 점으로 정의되는 사용자 회전축을 지정

- **Associative (연관)** : 배열된 객체가 연관되는지 독립적인지를 지정

    ※ Yes (예) : 블록과 비슷하게 단일 배열 객체에 배열 항목을 작성합니다. 연관 배열의 경우 특성 및 원본 객체를 편집하여 배열 전체에 변경 사항을 빠르게 전파할 수 있습니다.
    No (아니오) : 배열 항목을 독립 객체로 작성합니다. 한 항목을 변경해도 다른 항목에는 영향이 없습니다.

- **Items (항목)** : 값이나 표현식을 사용하여 배열의 항목 수를 지정

    ※ 표현식에서 채울 각도를 정의할 때 결과 값의 수학 기호(+ 또는 -)는 배열의 방향에 영향을 주지 않습니다.

- **Angle between (사이의 각도)** : 값이나 표현식을 사용하여 항목 사이의 각도를 지정

- **Fill angle (채울 각도)** : 값이나 표현식을 사용하여 배열의 첫 번째 항목과 마지막 항목 사이 각도를 지정

- **Rows (행)** : 배열의 행 수, 행 간의 거리, 그리고 행 간 증분 고도를 지정

    ※ Number of rows (행 수) : 배열 내의 행 수를 설정합니다.
    Distance between rows (행 사이의 거리) : 각 객체의 해당 위치에서 측정한 각 행 사이의 거리를 지정합니다.
    Total (전체) : 시작 객체와 끝 객체의 해당 위치에서 측정한 시작 행과 끝 행 사이의 전체 거리를 지정합니다.
    Incrementing elevation (증분 고도) : 각 후속 행에 대해 증가하거나 감소하는 고도를 설정합니다.
    Expression (표현식) : 수학 공식이나 방정식에 따라 값을 파생시킵니다.

- **Levels (수준)** : 3D 배열의 경우 레벨의 수와 간격을 지정합니다.

    ※ Number of levels (레벨 수) : 배열의 레벨 수를 지정합니다.
    Distance between levels (레벨 사이의 거리) : 레벨 사이의 거리를 지정합니다.
    Expression (표현식) : 수학 공식이나 방정식에 따라 값을 파생시킵니다.
    Total (전체) : 첫 번째 레벨과 마지막 레벨 사이의 전체 거리를 지정합니다.

- **Rotate items (항목 회전)** : 항목이 배열될 때 회전되는지 여부를 제어

- **Exit (종료)** : 명령을 종료

▼ 원형 배열(Polar Array) 리본 패널

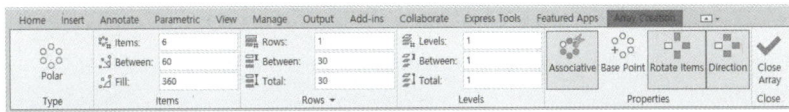

▼ 원형 배열(Polar Array) 리본 수정 패널

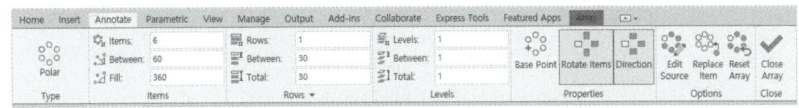

경로 배열 Path Array =ARRAYPATH 명령

> Command: **ARRAY**
>
> Select objects: 1 found
> Select objects: Enter array type [Rectangular/PAth/POlar] <Polar>: **PA**
> Type = Path Associative = Yes
> Select path curve:
> Select grip to edit array or [ASsociative/Method/Base point/Tangent direction/Items/Rows/Levels/Align items/Z direction/eXit] <eXit>:

옵션 살펴보기

- **Path curve (경로 곡선)** : 배열의 경로에 사용할 객체를 지정. 선, 폴리선, 3D 폴리선, 스플라인, 나선, 호, 원 또는 타원을 선택합니다.

- **Associative (연관)** : 배열된 객체를 작성할지 아니면 선택된 객체의 비연관 사본을 작성할지 지정
  - ※ Yes (예) : 블록과 비슷하게 단일 배열 객체에 배열 항목을 포함합니다. 연관 배열의 경우 특성 및 원본 객체를 편집하여 배열 전체에 변경 사항을 빠르게 전파할 수 있습니다.
    No (아니오) : 배열 항목을 독립 객체로 작성합니다. 한 항목을 변경해도 다른 항목에는 영향이 없습니다.

- **Method (방법)** : 경로를 따라 항목을 분산하는 방법을 조정
  - ※ Divide (등분할) : 지정된 수의 항목을 경로 길이를 따라 균일하게 분산시킵니다.
    Measure (길이 분할) : 항목을 지정된 간격으로 경로를 따라 분산시킵니다.

- **Base point (기준점)** : 배열의 기준점을 정의. 경로 배열의 항목이 기준점을 기준으로 배치됩니다.
  - ※ Base point (기준점) : 경로 곡선의 시작을 기준으로 배열에서 항목의 위치 지정을 위한 기준점을 지정합니다.
    Key point (키 점) : 연관 배열의 경우 원본 객체에서 경로에 맞춰 정렬할 유효한 구속조건(또는 키 점)을 지정합니다. 결과로 생성되는 배열의 원본 객체나 경로를 편집하는 경우 배열의 기준점이 원본 객체의 키 점과 일치하도록 유지됩니다.

- **Tangent direction (접선 방향)** : 경로의 시작 방향을 기준으로 배열된 항목을 정렬할 방법을 지정
  - ※ 2 points(2점) : 경로를 기준으로 배열된 항목의 접선을 나타내는 두 점을 지정합니다. 두 점의 벡터는 배열에서 첫 번째 항목의 접선을 설정합니다. 항목 정렬 설정은 배열의 다른 항목이 접선 또는 평행 방향을 유지할지 조정합니다.
    Normal (일반) : 경로 곡선의 시작 방향을 사용하여 첫 번째 항목의 Z 방향을 설정합니다.

- **Items (항목)** : 방법 설정에 따라 항목의 수 또는 항목 간의 거리를 지정
    - ※ **Number of items along path (경로를 따라 배열되는 항목 수)** : (방법이 등분할일 때 사용 가능) 값 또는 표현식을 사용하여 배열에 포함되는 항목 수를 지정합니다.
    - **Distance between items along path (경로를 따라 배열되는 항목 사이의 거리 지정)** : (방법이 길이 분할일 때 사용 가능) 값 또는 표현식을 사용하여 배열된 항목 간의 거리를 지정합니다.
    - ※ 기본적으로 배열은 입력한 거리를 사용하여 경로를 채우는 최대 항목 수로 채워집니다. 원하는 경우 항목 수를 더 적게 지정할 수 있습니다. 경로 길이가 변경된 경우 전체 경로 채우기를 켜서 항목 수를 조정할 수도 있습니다.

- **Rows (행)** : 배열의 행 수, 행 간의 거리, 그리고 행 간 증분 고도를 지정
    - ※ **Number of rows (행 수)** : 배열 내의 행 수를 설정합니다.
    - **Distance between rows (행 사이의 거리)** : 각 객체의 해당 위치에서 측정한 각 행 사이의 거리를 지정합니다.
    - **Total (전체)** : 시작 객체와 끝 객체의 해당 위치에서 측정한 시작 행과 끝 행 사이의 전체 거리를 지정합니다.
    - **Incrementing elevation (증분 고도)** : 각 후속 행에 대해 증가하거나 감소하는 고도를 설정합니다.
    - **Expression (표현식)** : 수학 공식이나 방정식에 따라 값을 파생시킵니다.

- **Levels (수준)** : 배열의 레벨은 Z축 방향으로 배열의 행 및 열 패턴 연장을 의미함
    - ※ **Number of levels (레벨 수)** : 배열의 3D 레벨 수를 지정합니다.
    - **Distance between levels (레벨 사이의 거리)** : 3D 레벨 사이의 거리를 지정합니다.
    - **Total (전체)** : 첫 번째 레벨과 마지막 레벨 사이의 전체 거리를 지정합니다.
    - **Expression(표현식)** : 수학 공식 또는 방정식을 사용하여 값을 파생시킵니다.

- **Align items (항목 정렬)** : 각 항목을 경로 방향에 접하도록 정렬할지 여부를 지정. 정렬은 첫 번째 항목의 방향을 기준으로 합니다.

- **Z direction (Z 방향)** : 항목의 원래 Z 방향을 유지할지 아니면 3D 경로를 따라 항목을 자연적으로 뱅크할지를 조정

- **Exit (종료)** : 명령을 종료

▼ 경로 배열(Path Array) 리본 패널

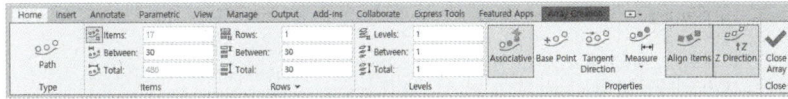

▼ 경로 배열(Path Array) 리본 수정 패널

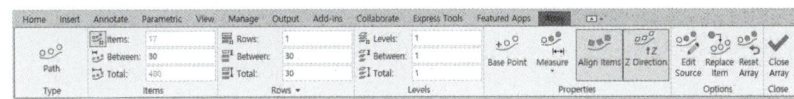

■— 연관 배열에서 항목을 수정

연관 배열에서 항목을 이동하거나, 지우거나, 대치합니다.

■— 항목 이동

❶ `Ctrl` 키를 누른 상태로 배열에서 이동하려는 항목을 선택합니다.

❷ 다음 중 하나를 수행합니다.

- 홈 탭 > 수정 패널 > 이동을 클릭합니다. 기준점 및 두 번째 점을 선택합니다.
- 항목 중 하나에 표시되는 그립을 클릭하고 새 위치를 선택합니다.

■— 항목 지우기

❶ `Ctrl` 키를 누른 상태로 배열에서 지우려는 항목을 선택합니다.

❷ 다음 중 하나를 수행합니다.

- 홈 탭 > 수정 패널 > 지우기를 클릭합니다.
- `Delete` 키를 누릅니다.
- 되돌리기 > 배열그룹 선택 > Array 수정 패널 > [Options] Reset Array 클릭

■— 항목 대치

❶ 배열의 항목을 대치할 객체를 끕니다.

❷ 배열의 항목을 클릭합니다. 배열 상황별 리본이 표시됩니다.

❸ 배열 탭 > 옵션 패널 > 항목 대치를 클릭합니다.

❹ 대치 객체를 선택하고 `Enter` 키를 누릅니다.

❺ 대치 객체의 기준점을 선택합니다.

❻ 배열에서 대치할 항목을 선택합니다.

❼ 명령을 종료합니다.

ARRAY 기능 연습하기

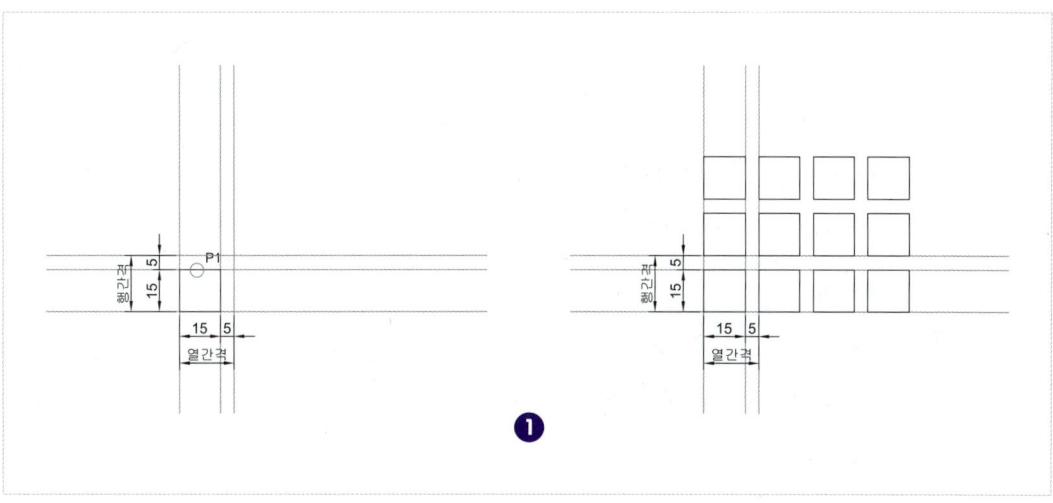

❶

정사각형 15 작도 후 복사되는 거리값 위치 보조선 작업을 합니다.

행간격, 열간격의 의미를 이해합니다.

Command: **ARRAY**

Select objects: 1 found → 배열 복사할 사각형 객체 P1 선택

Select objects: Enter array type [Rectangular/PAth/POlar] <Rectangular>: **R**
→ 사각형 배열 R 입력 후 ⏎

Type = Rectangular Associative = Yes → 현재 상태

Select grip to edit array or [ASsociative/Base point/COUnt/Spacing/COLumns/Rows/Levels/eXit]<eXit>: → ⏎ 완료

■ 배열 그룹 선택하여 Array 패널 열기

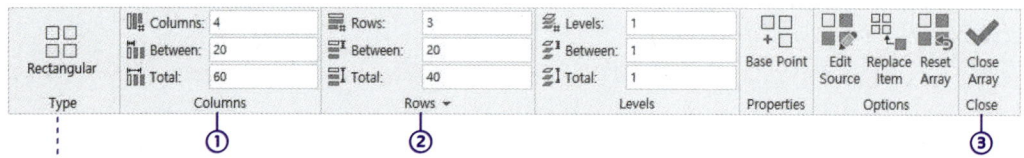

① **Columns**
- Columns → **4 입력** (원본객체 포함한 갯수)
- Between → **20 입력** (객체가 가지고 있는 점이 다음 복사되는 위치의 상대 값)

② **Rows**
- Rows → **3 입력**
- Between → **20 입력** (객체가 가지고 있는 점이 다음 복사되는 위치의 상대 값)

③ **클릭 완료**

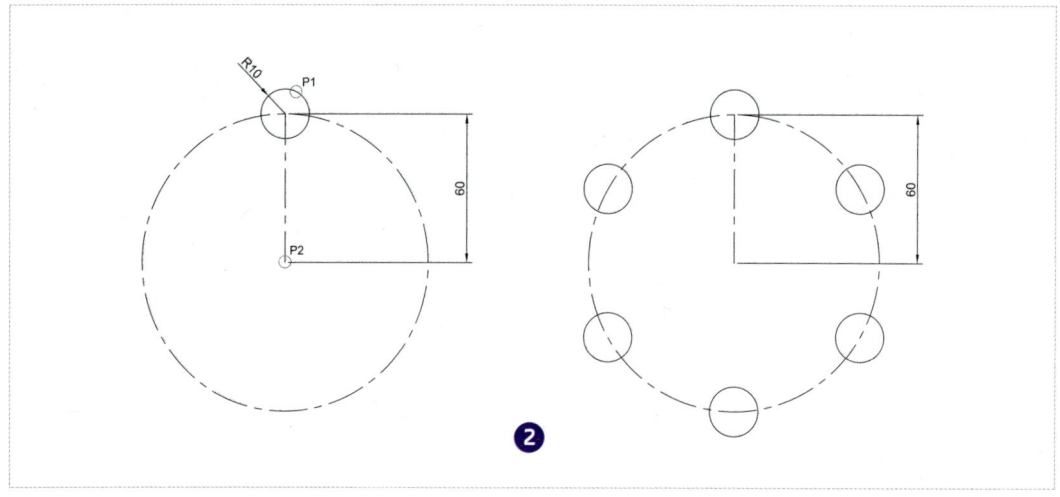

❷

CIRCLE, LINE 명령어로 좌측 기본 형태를 작도합니다. (큰원 반지름 60, 작은원 반지름 10)

Command: **ARRAY**

Select objects: 1 found   → 배열 복사할 사각형 객체 P1 선택
Select objects: Enter array type [Rectangular/PAth/POlar] ⟨Rectangular⟩: **PO**
→ 원형 배열 PO 입력

Type = Polar Associative = Yes
Specify center point of array or [Base point/Axis of rotation]:   → 회전 축 중심점 P2 선택
Select grip to edit array or [ASsociative/Base point/Items/Angle between/Fill angle/ROWs/Levels/ROTate items/eXit]⟨eXit⟩:   → ↵완료

■──── 배열 그룹 선택하여 Array 패널 열기

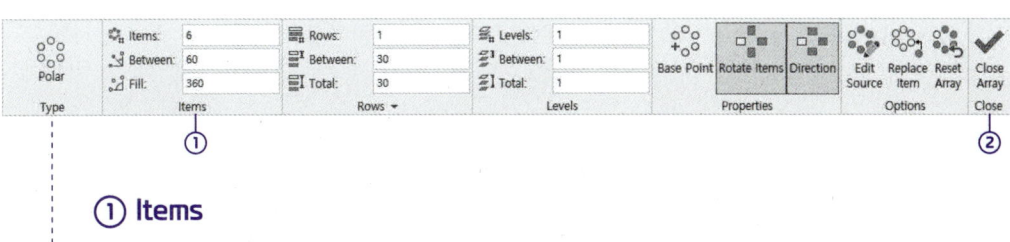

① **Items**
  · Items   → **6 입력** (원본객체 포함한 갯수)
  · Fill   → **360 입력** (전체 각도)

② 클릭 완료

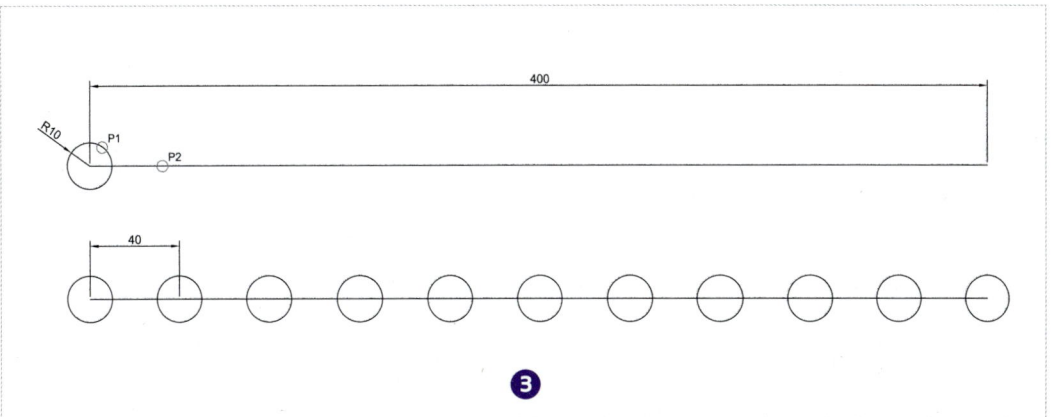

CIRCLE, LINE 명령어로 상단 기본 형태를 작도합니다. (수평선 400, 작은원 반지름 10)

Command: **ARRAY**

Select objects: 1 found → 배열 복사할 원 객체 P1 선택

Select objects: Enter array type [Rectangular/PAth/POlar] <Rectangular>: **PA**

→ 경로 배열 PA 입력 후 ↵

Type = Path Associative = Yes

Select path curve: → 경로 P2 선택

Select grip to edit array or [ASsociative/Method/Base point/Tangent direction/Items/Rows/Levels/Align items/Z direction/eXit]<eXit>: → ↵ 완료

■── 배열 그룹 선택하여 Array 패널 열기

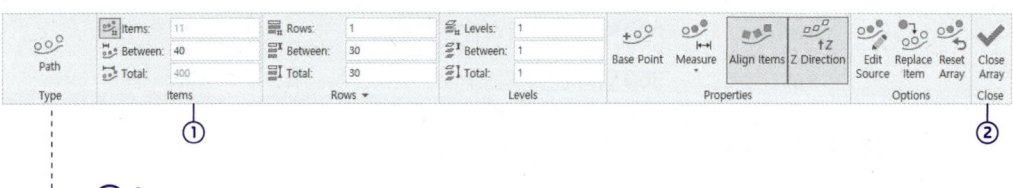

① **Items**
  · **Between** → **40 입력** (객체 사이의 간격)

② 클릭 완료

Tip.

01. 빠른 배열 복사

- COPY 명령어로 여러 개 복사하는 것보다 ARRAY를 사용하면 일정한 간격으로 배치가 가능합니다.

02. 간격 유지하면서 수정

- ASSOCIATIVE 옵션을 켜면 배열을 하나의 그룹으로 유지하며 수정할 수 있습니다.
- EXPLODE 명령어로 그룹을 해제하면 개별 객체로 편집할 수 있습니다.

03. 균일 간격 유지

- SPACING 값을 정확하게 입력하면 도면의 정밀도가 향상됩니다.
- METHOD 옵션을 활용하면 경로 배열에서 균일한 간격으로 정렬이 가능합니다.

04. 원형 배열 중심점 쉽게 지정

- 원형 배열에서 OSNAP 기능을 활용하면 정확한 중심점을 설정할 수 있습니다.
- 객체의 중심 또는 기준점을 사용하면 배열이 정렬됩니다.

05. ARRAY를 활용한 설계 작업

건축 설계	기계 설계	제품 설계
창문, 기둥, 계단 난간 등의 반복 배치	볼트, 너트, 기어 등의 원형 배열	패턴 디자인 적용(구멍 배열, 장식 패턴 등)
타일, 바닥 패턴, 천장 조명 배열	방열판(히트싱크) 또는 일정한 간격을 유지해야 하는 부품 배열	반복적인 부품 구성(키보드 배열, 조명 배치 등)
원형 구조물 배치(예 로터리, 원형 극장 좌석 배치)	회전하는 부품(톱니바퀴 등)의 균등 배치	균일한 간격의 제품 디자인 적용

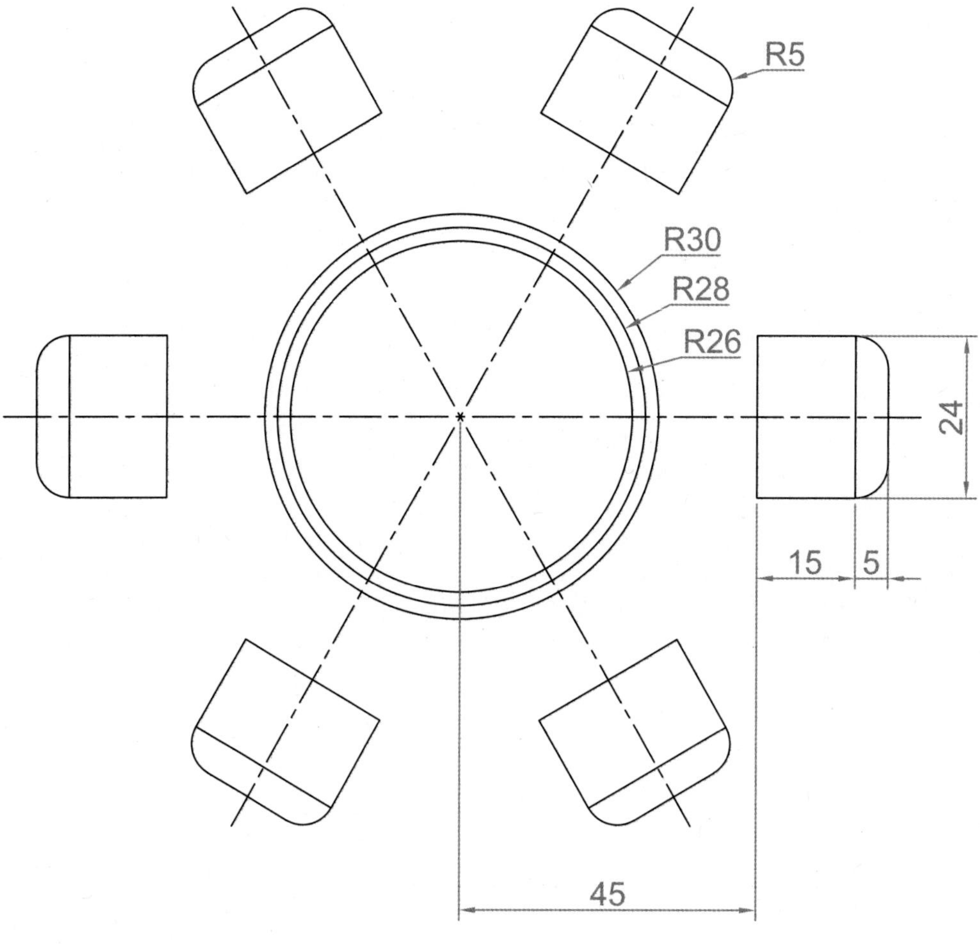

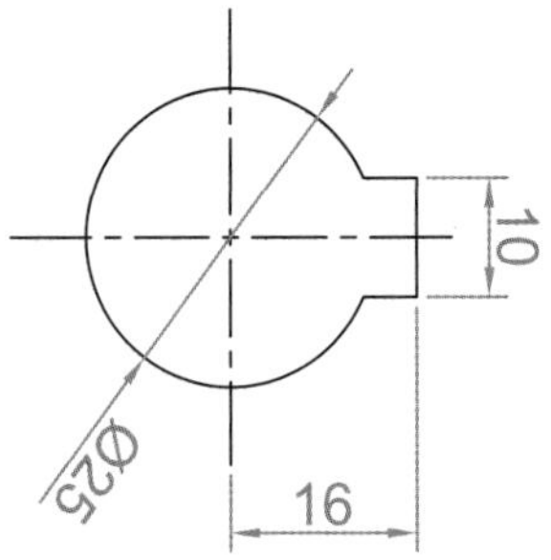
10
Ø25
16

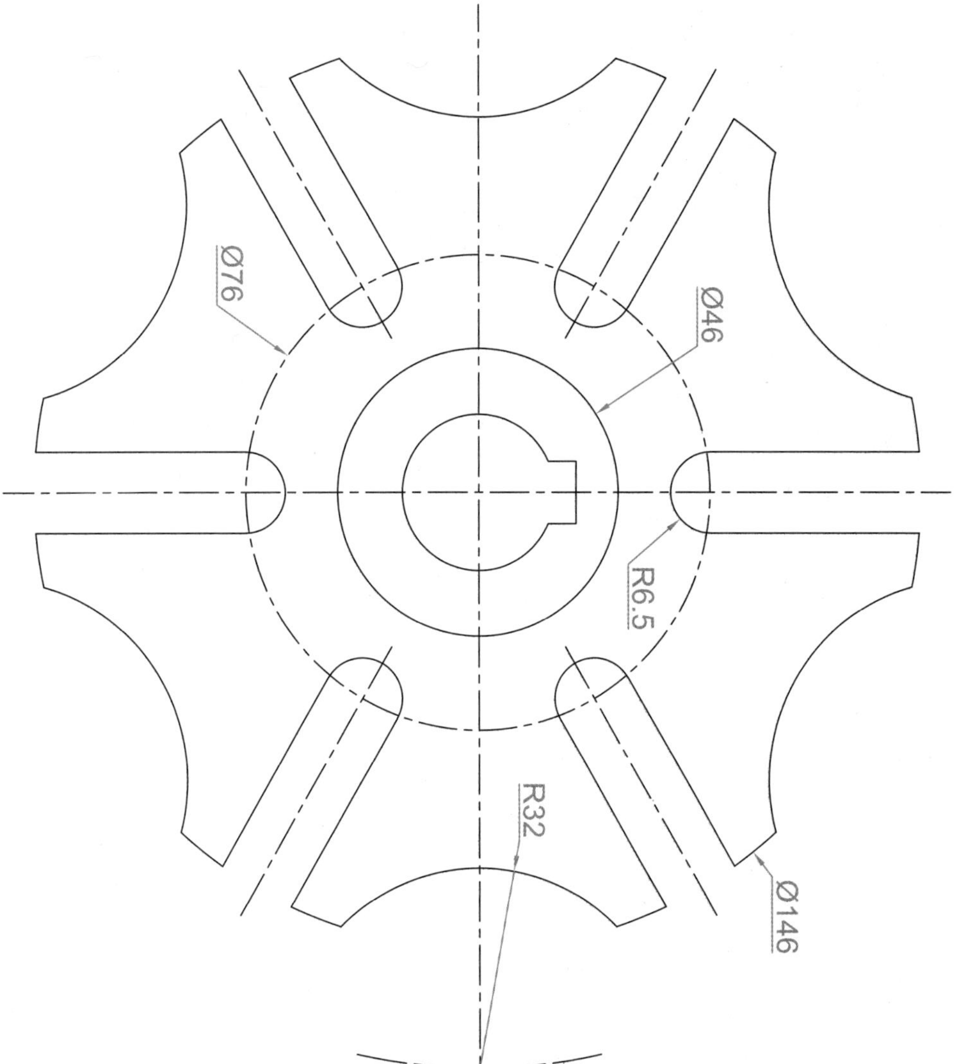
Ø76
Ø46
R6.5
R32
Ø146
R92

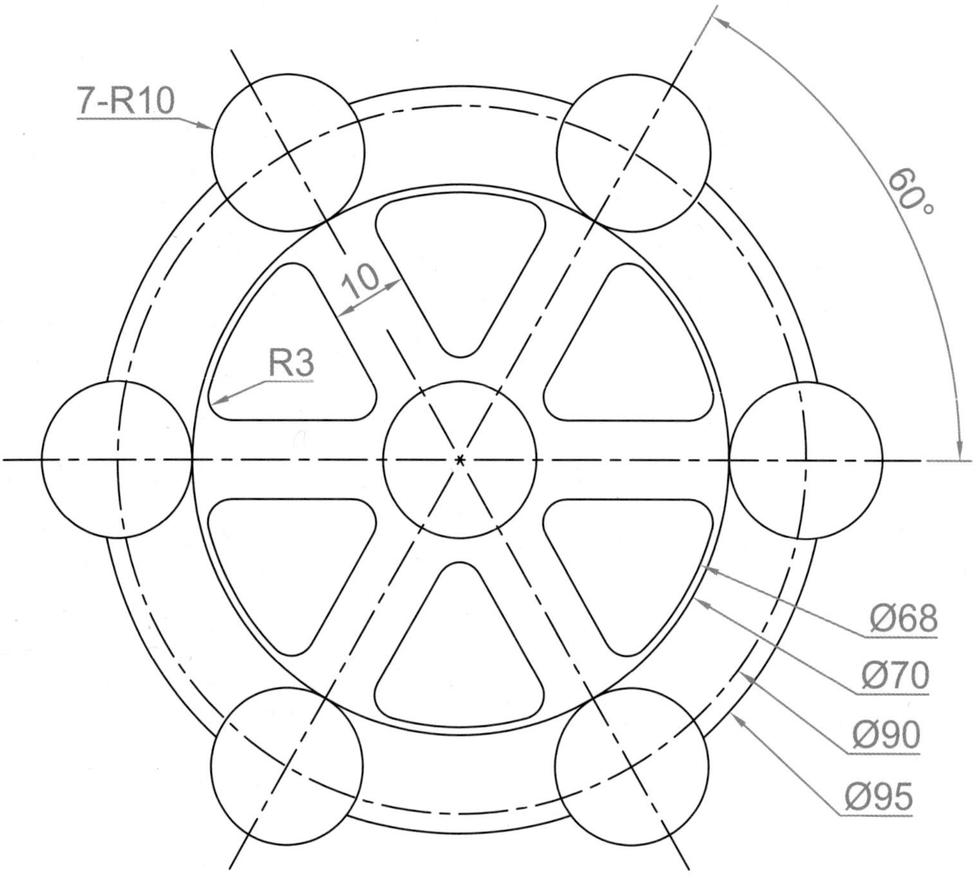

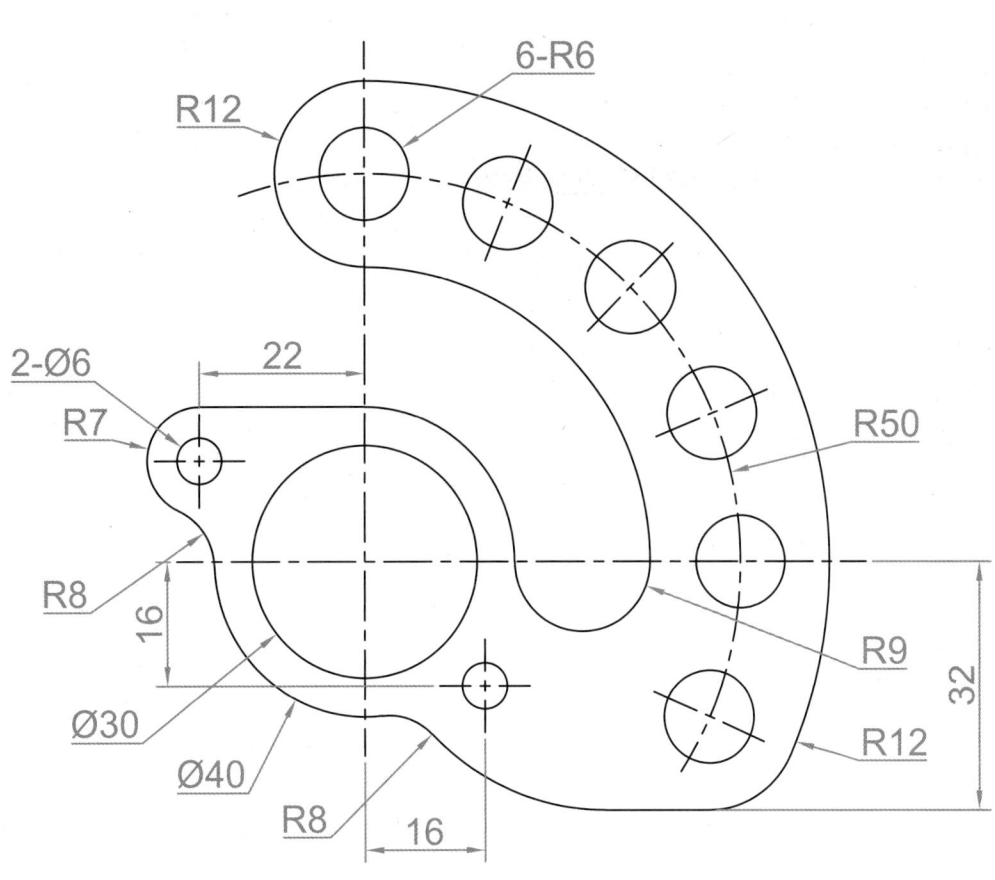

15 STRETCH

객체 늘이기

- STRETCH 명령어의 개념과 필요성을 이해한다.
- 다양한 방식으로 STRETCH 명령어를 실행하는 방법을 익힌다.

명령어 위치 및 호출 방법

메뉴	Modify 메뉴 → Stretch 명령어 클릭
도구막대	Modify 도구막대 → Stretch 버튼
리본	Home 탭 → Modify 패널 → Stretch 아이콘
명령 입력	명령창에 **STRETCH** 입력 후 `Enter`, 단축키: **S** 입력 후 `Enter`

기본 사용법

Command: **STRETCH**

Select objects to stretch by crossing-window or crossing-polygon...
→ crossing 선택방법 안내

Select objects: Specify opposite corner: 1 found → 늘일 객체를 선택

Select objects:

Specify base point or [Displacement] ⟨Displacement⟩:
→ 기준점(Base Point) 선택

Specify second point or ⟨use first point as displacement⟩:
→ 이동 거리 입력 또는 마우스로 조정

※ 선택 시 크로싱윈도우(Crossing) 또는 교차 다각형(Crossing Polygon) 사용
왼쪽에서 오른쪽으로 선택(✗) → 선택되지 않음
오른쪽에서 왼쪽으로 선택(✓) → 부분 선택 가능

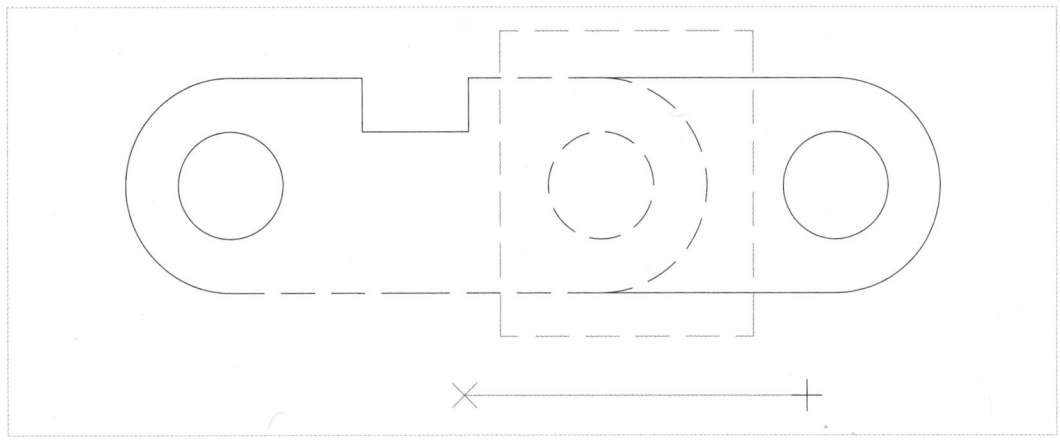

옵션 살펴보기

- **Select objects (객체 선택)** : 신축할 객체의 부분을 지정. Crossing(크로싱윈도우), 또는 CPolygon(걸침폴리곤) 선택 방법을 사용하며, 선택이 완료되면 **Enter** 키를 누릅니다.

    ※ STRETCH는 교차 선택 내에 있는 정점 및 끝점만 이동하고 교차 선택 바깥에 있는 정점 및 끝점은 변경하지 않고 그대로 유지합니다. STRETCH는 3D 솔리드, 폴리선 폭, 접선 또는 곡선 맞춤 정보를 수정하지 않습니다.

- **Base Point (기준점)** : 신축의 간격띄우기를 계산할 기준점을 지정. 이 기준점은 신축할 영역 밖에 있을 수 있습니다.

- **Second point (두 번째 점)** : 신축의 거리 및 방향을 정의하는 두 번째 점을 지정. 기준점에서 이 점의 거리와 방향은 객체의 선택한 부분을 신축할 거리 및 방향을 정의합니다.

- **Use first point as displacement (첫 번째 점을 변위로 사용)** : 신축 거리 및 방향이 도면의 0,0,0 좌표에서 지정한 기준점의 거리 및 방향을 기준으로 하도록 지정

- **Displacement (변위)** : 신축의 상대 거리 및 방향을 지정

    ※ 현재 위치에서의 상대 거리를 기준으로 변위를 설정하려면 X, Y, Z 형식으로 거리를 입력합니다. 예를 들어 원래 점에서 X 축을 따라 5 단위, Y 축을 따라 4 단위에 있는 점으로 선택 영역을 신축하려면 5,4,0을 입력합니다.

    ※ 들어 현재 위치에서 X 축을 따라 1 단위, Y 축을 따라 2 단위에 있는 점으로 선택 영역을 신축하려면 1,2,0에 있는 점을 클릭합니다.

■── 신축 명령으로 객체를 이동시 주의

- 이동할 기준점을 지정한 다음 두 번째 점을 지정합니다.
- 데카르트, 극, 원통형 또는 구형 좌표값의 유형으로 변위를 입력합니다.
- 상대 좌표가 가정되므로 @ 기호를 포함하지 마십시오. 변위의 두 번째 점 프롬프트에서 Enter 키를 입력합니다.

STRETCH 기능 연습하기

좌측의 창호를 작도한 후 우측 창문을 위와 같이 늘이기 하시오

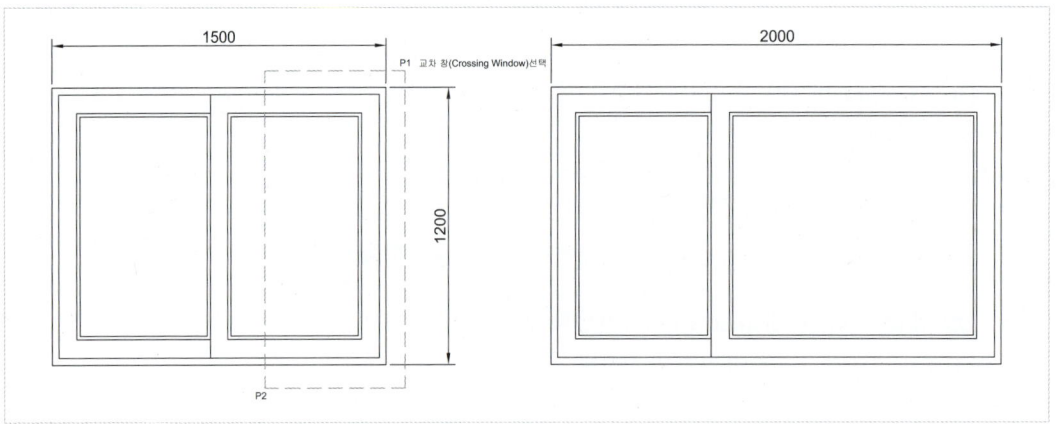

작업전 직교 모드(F8) 활성화

Command: **STRETCH**

Select objects to stretch by crossing-window or crossing-polygon... → 임의의 P1 지점 선택
Select objects: Specify opposite corner: 8 found
→ 임의의 P2 지점 선택, Crossing-window 선택 방식

Select objects: → 선택 완료
Specify base point or [Displacement] <Displacement>: → 하단에 임의의 위치 선택
Specify second point or <use first point as displacement>: 500
→ 마우스 우측이동 후 500 입력(늘이고자 하는 길이)

위와 같은 작업을 통하여 여러 가지 크기의 창호를 대칭복사와 함께 사용하여 만들어 보는 것을 권장합니다.

Tip

01. 교차 선택의 중요성

- STRETCH는 반드시 교차 창(Crossing Window)을 사용해야 효과적으로 실행됩니다. 일반적인 선택(왼쪽에서 오른쪽)은 적용되지 않음에 유의합니다.
- 교차 선택 내에 포함된 하나 이상의 정점 또는 끝점이 있는 모든 객체가 신축됩니다. 완전히 교차 선택 내에 있는 모든 객체는 신축되지 않고 이동됩니다.

02. 정렬된 늘이기

- ORTHO (F8) 기능을 활성화하면 직선 방향으로만 늘이기 가능
- POLAR (F10) 기능을 사용하면 특정 각도 기준으로 늘이기 가능

03. 다중 객체 조정

- 여러 개의 선을 동시에 늘이려면 교차 창을 크게 설정합니다.
- 그룹(Group) 객체나 블록(Block) 내부는 **BLOCK EDITOR(BEDIT)** 기능을 활용합니다.

04. STRETCH를 활용한 설계 작업

건축 설계	기계 설계	제품 설계
벽체 길이 조정	부품의 특정 부분 길이 조정	패널 또는 외형 치수 조정
창문과 문의 위치 변경 없이 벽만 늘이기	기어 또는 축의 일부만 늘이거나 줄이기	3D 모델의 특정 단면 길이 조정

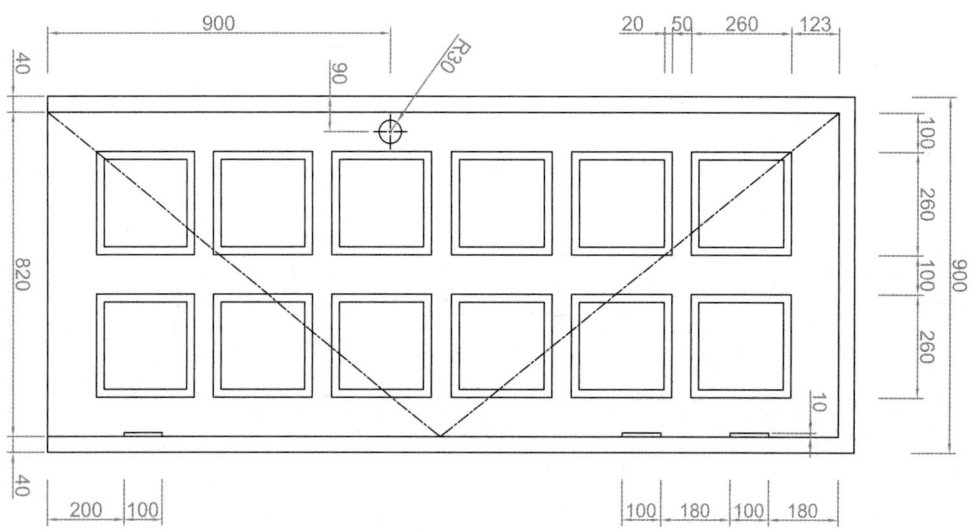

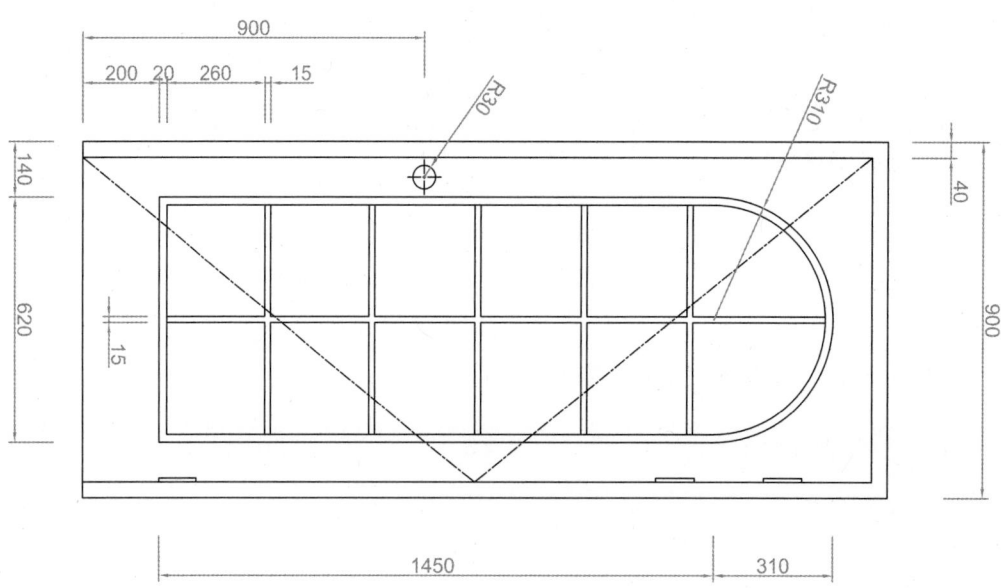

- ARC 활용(P1, P2, P3)

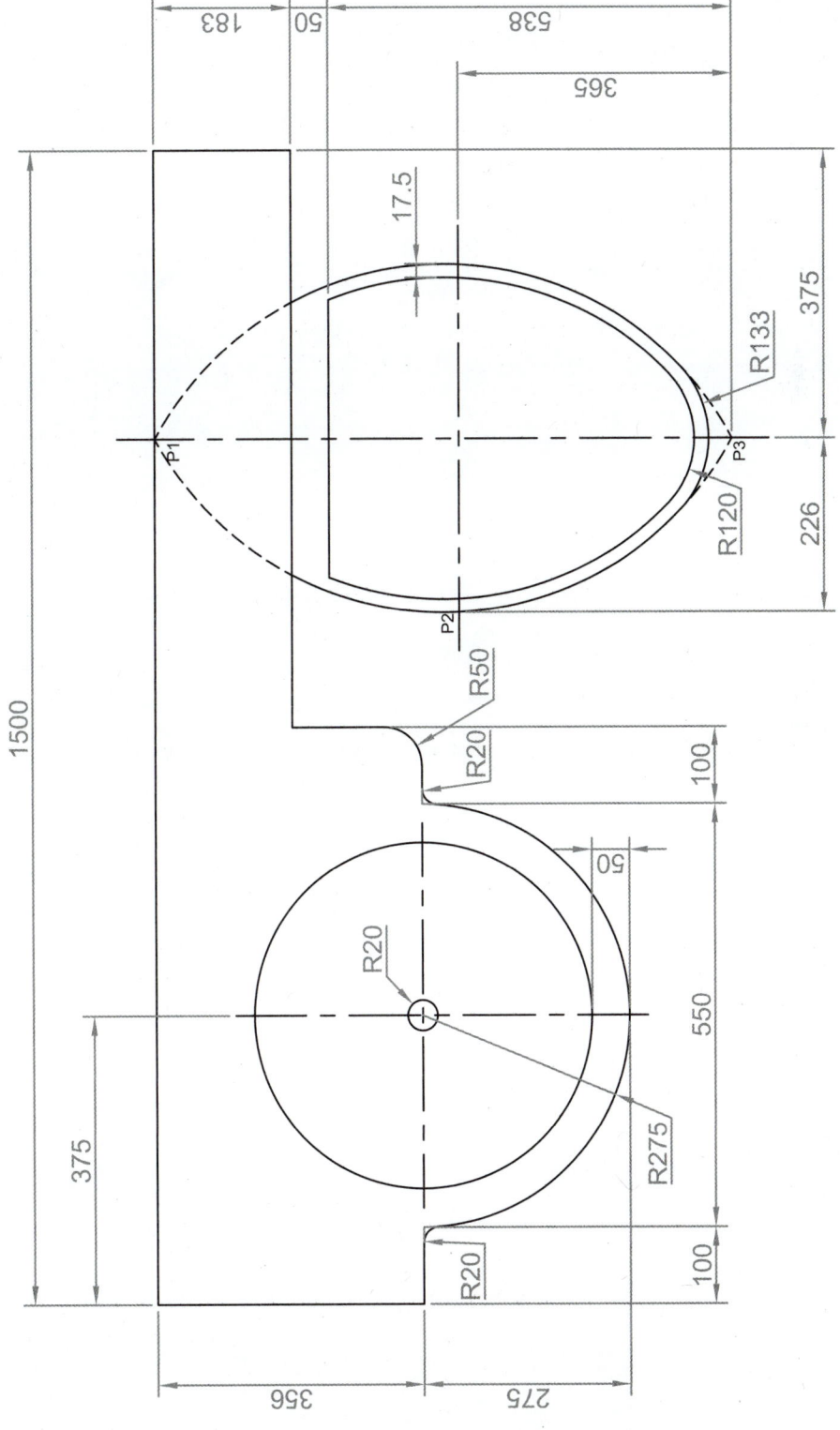

STRETCH (객체 늘이기)

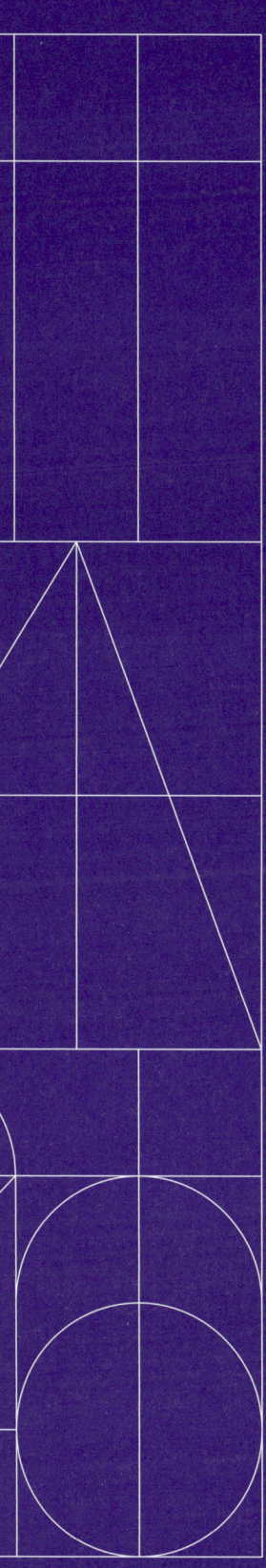

그리기 II

CHAPTER —————————————— 08

01	PLINE	폴리선 그리기
02	PEDIT	폴리선 편집
03	SPLINE	자유곡선
04	SPLINEDIT	자유곡선 편집
05	POINT	참조점
06	DIVIDE	등간격 분할
07	MEASURE	길이 분할
08	ALIGN	정렬
09	DRAWORDER	표시 순서 조정
10	OVERKILL	중복 객체 삭제
11	DONUT	도넛
12	SKETCH	스케치
13	REVCLOUD	구름형 리비전
14	WIPEOUT	객체 가리기

01 PLINE

폴리선 그리기

- PLINE(Polyline) 명령어의 개념과 기능을 이해한다.
- 여러 개의 선(segment)과 호(arc)를 하나의 연속된 객체로 생성할 수 있다.
- PLINE의 다양한 옵션을 학습하고 실무 활용 능력을 키운다.

명령어 위치 및 호출 방법

메뉴	Draw 메뉴 → Polyline 명령어 클릭
도구막대	Draw 도구막대 → Polyline 버튼
리본	Home 탭 → Draw 패널 → Polyline 아이콘
명령 입력	명령창에 **PLINE** 입력 후 Enter, 단축키: **PL** 입력 후 Enter

기본 사용법

Command: **PLINE**

Specify start point: → 시작점 클릭 또는 좌표 입력

Current line-width is 0.0000 → 선의 두께는 0 (기본값)

Specify next point or [Arc/Halfwidth/Length/Undo/Width]:

→ 두 번째 위치점 클릭

Specify next point or [Arc/Close/Halfwidth/Length/Undo/Width]:

→ 세 번째 위치점 클릭

Specify next point or [Arc/Close/Halfwidth/Length/Undo/Width]:

→ ↵ 키 완료

* **line-width** : 선 두께 (작도할 때 선의 두께를 적용, 출력시 Line weight 적용 제외)

PLINE 명령은 폴리선을 사용하여 단면을 정의하고 3D 형상 생성을 하는 중요한 도구로서, 선(segment) 및 호(arc)로 구성된 단일 객체인 2D 폴리선을 작성합니다. 닫힌 폴리선을 사용하여 벽체, 방의 경계 등 영역을 표현하며, 일정한 폭을 가진 도로 형태의 선을 표현할 수도 있습니다. 폴리선 객체를 분해하고 편집하려면 **EXPLODE** 명령어를 사용합니다.

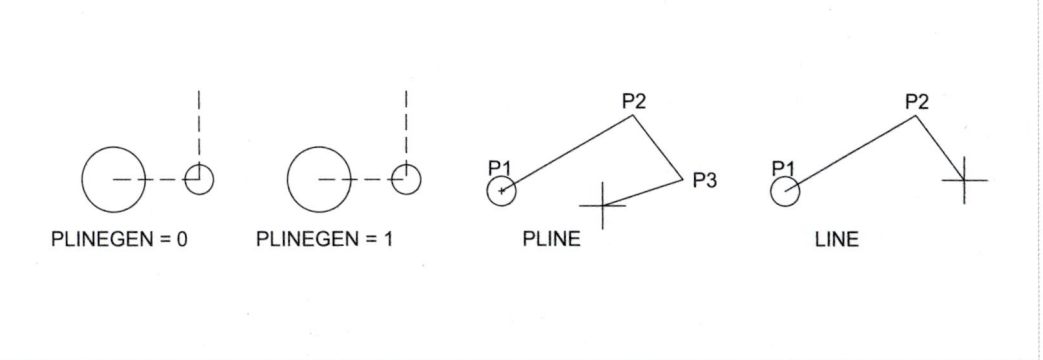

옵션 살펴보기

- **Specify start point (시작점 지정)** : 폴리선의 시작점을 설정, 첫 번째 점에 더하기 모양 표식기가 일시적으로 표시되며(LINE 명령과 구분), Enter 키를 누르면 폴리선, 선 또는 호 작성 시 지정한 마지막 끝점에서 새 폴리선이 시작됩니다.

- **Specify next point (다음 점 지정)** : 두 번째 점을 지정한 경우 직선 세그먼트가 작성되며, A(호)를 입력하면 호 세그먼트가 작성됩니다.

■ **Line(선) 및 Arc(호) 세그먼트에 대해 공통으로 표시되는 옵션**

- **Close (닫기)** : 첫 번째 및 마지막 세그먼트를 연결하여 닫힌 폴리선을 작성
- **Halfwidth (반폭)** : 폭을 가진 세그먼트의 중심에서 모서리까지의 폭을 지정
- **Width (폭)** : 다음 세그먼트의 폭을 지정

  ※ 폴리선의 반폭 또는 폭을 정의할 때 유의해야 하는 몇 가지 사항은 다음과 같습니다.
  ① 시작 폭이 기본 끝 폭이 됩니다.
  ② 폭을 다시 변경할 때까지 끝 폭이 모든 후속 세그먼트의 동일한 폭이 됩니다.
  ③ 폭을 가진 선 세그먼트의 시작점과 끝점은 세그먼트의 중심선에 있습니다.
  ④ 일반적으로 폭을 가진 인접한 세그먼트의 교차 부분은 베벨처리됩니다.
  ⑤ 접하지 않은 호 세그먼트나 예각의 경우 또는 점과 대시로 구성된 선종류를 사용하는 경우에는 베벨처리되지 않습니다.

- **Undo (명령 취소)** : 가장 최근에 추가한 세그먼트를 제거

◙ **Line(선)에 대해서만 표시되는 옵션**

- **Arc (호)** : 이전 세그먼트에 접하는 호 세그먼트 작성을 시작
- **Length (길이)** : 지정한 길이의 세그먼트를 이전 세그먼트와 같은 각도로 작성 이전 세그먼트가 호인 경우 새 선 세그먼트는 해당 호 세그먼트에 접합니다.

◙ **Arc(호)에 대해서만 표시되는 옵션** (Arc 작도에 대해 이해하고 있으면 동일함)

- **Endpoint of arc (호의 끝점)** : 호 세그먼트를 완성합니다. 호 세그먼트는 폴리선의 이전 세그먼트에 접합니다.
- **Angle (각도)** : 시작점에서 호 세그먼트의 사이각을 지정

※ 양수를 입력하면 시계 반대 방향 호 세그먼트가 작성되며, 음수를 입력하면 시계 방향 호 세그먼트가 작성됩니다.

- **Center (중심)** : 해당 중심점을 기준으로 호 세그먼트를 지정

※ PLINE 명령의 중심 옵션을 사용하려면 CE를 입력하고, 중심 객체 스냅을 사용하려면 CEN 또는 CENTER를 입력합니다.

- **Direction (방향)** : 호 세그먼트의 접선을 지정

※ ① 호의 시작점에서의 접선 방향. 곡선의 접촉부를 시작점으로 설정하는 점을 지정합니다. 호의 곡선이 시작점과 접점 간의 벡터에서 먼 쪽으로 작성됩니다.
② 호의 끝점. 호 세그먼트의 끝점을 지정합니다.
③ Ctrl 키를 눌러 시계 방향으로 그립니다.

- **Line (선)** : 도면 호 세그먼트에서 도면 직선 세그먼트로 전환
- **Radius (반지름)** : 호 세그먼트의 반지름을 지정
- **Second pt (두 번째 점)** : 3점 호의 두 번째 점과 끝점을 지정
- **Linetype Pattern (선종류 패턴)** : PLINEGEN 시스템 변수가 2D 폴리선의 정점 주위에 선종류 패턴을 생성하는 방법을 조정

※ 0 : 폴리선의 각 정점에 대시로 시작하고 끝나는 선종류를 생성합니다.
1 : 폴리선 정점을 통과하는 선종류를 중단되지 않는 패턴으로 생성합니다.

PLINE 기능 연습하기

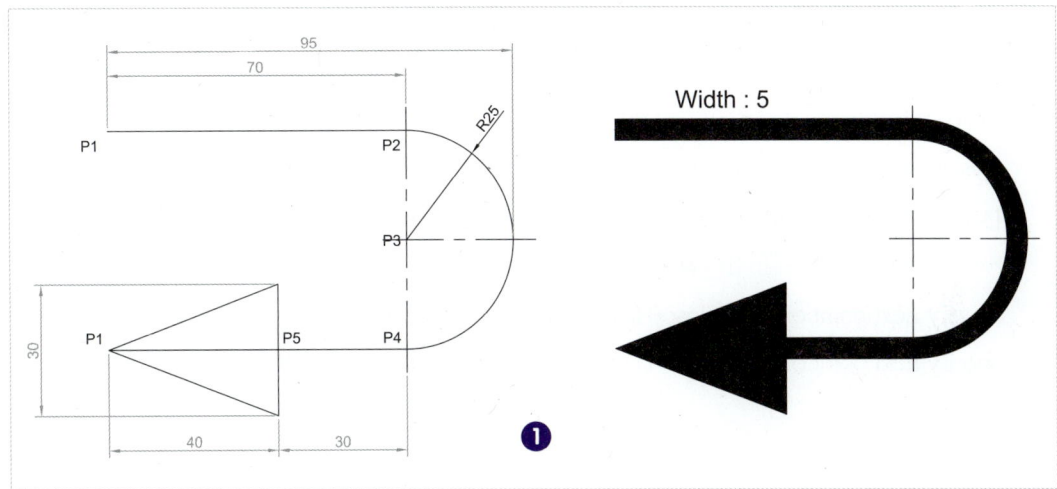

❶ 밑그림 작도하기

먼저, 좌측 그림과 같이 Line과 Arc를 이용하여 밑그림을 작도합니다.

Command: **PLINE**

Specify start point: → P1 위치점 클릭

Current line-width is 10.0000

Specify next point or [Arc/Halfwidth/Length/Undo/Width]: **W** → 옵션 W(폭) 입력 후 ↵

Specify starting width <10.0000>: **5** → 시작점 폭 값 5 입력 후 ↵

Specify ending width <5.0000>:

→ 끝점 폭 값 5 입력 또는 ↵ (같은 값인 경우 <5> 현재 지정 확인)

Specify next point or [Arc/Halfwidth/Length/Undo/Width]: → P2 위치점 클릭

Specify next point or [Arc/Close/Halfwidth/Length/Undo/Width]: **A**

→ 옵션 A(호) 입력 후 ↵

Specify endpoint of arc (hold Ctrl to switch direction) or
[Angle/CEnter/CLose/Direction/Halfwidth/Line/Radius/Second pt/Undo/Width]: **CE**
→ 옵션 CE(중심점) 입력 후 ↵

Specify center point of arc: → P3 위치점 클릭

Specify endpoint of arc (hold Ctrl to switch direction) or [Angle/Length]:
→ `Ctrl` 키 누른 채 P4 위치점 클릭 (시계방향 작도)

Specify endpoint of arc (hold Ctrl to switch direction) or
[Angle/CEnter/CLose/Direction/Halfwidth/Line/Radius/Second pt/Undo/Width]: **L**
→ 옵션 L(라인) 입력 후 ↵ (선 그리기 시작점)

Specify next point or [Arc/Close/Halfwidth/Length/Undo/Width]: → P5 위치점 클릭

Specify next point or [Arc/Close/Halfwidth/Length/Undo/Width]: **W**
→ 옵션 W(폭) 입력 후 ↵

Specify starting width <5.0000>: **30** → 시작점 폭 값 30 입력

Specify ending width <30.0000>: **0** → 끝점 폭 값 0 입력

Specify next point or [Arc/Close/Halfwidth/Length/Undo/Width]: → P6 위치점 클릭

Specify next point or [Arc/Close/Halfwidth/Length/Undo/Width]: → 완료 ↵

XLINE, PLINE 기능 연습하기

 수직 수평 기준선 및 실의 높이 450mm, 현관 계단참 거리 1300mm 작도

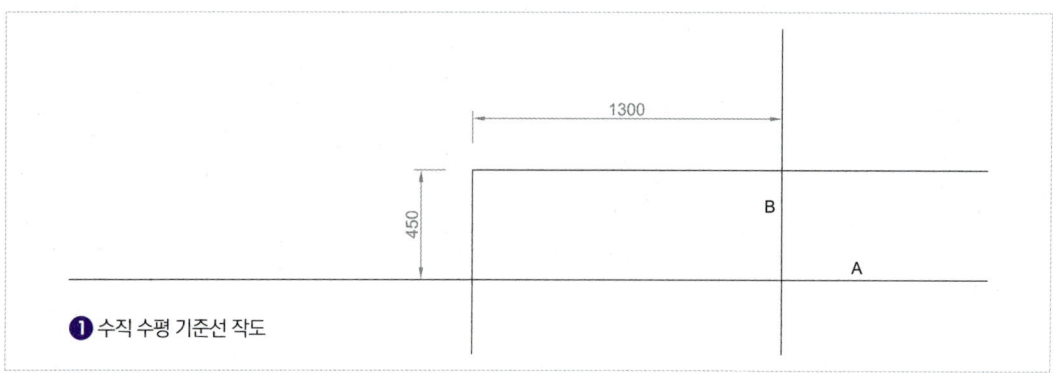

❶ 수직 수평 기준선 작도

Command: **XLINE**

Specify a point or [Hor/Ver/Ang/Bisect/Offset]:
Specify through point: → 화면 중앙 임의 위치점 클릭
>>Enter new value for ORTHOMODE <0>:
→ Shift 키를 누른 상태에서 다음 진행 (or 직교모드 사용)
Resuming XLINE command.
Specify through point: → 우측방향으로 임의점 클릭 (기준선 A)
Specify through point: → 상단방향으로 임의점 클릭 (기준선 B)
Specify through point: → 완료 ↵

Command: **OFFSET**

Current settings: Erase source=No Layer=Source OFFSETGAPTYPE=0
Specify offset distance or [Through/Erase/Layer] <1300.0000>: **450** → 실의 높이 450 입력 ↵
Select object to offset or [Exit/Undo] <Exit>: → 기준선 A 선택
Specify point on side to offset or [Exit/Multiple/Undo] <Exit>: → 상단방향으로 임의점 클릭
Select object to offset or [Exit/Undo] <Exit>: → 완료 ↵

Command: **OFFSET**

Current settings: Erase source=No Layer=Source OFFSETGAPTYPE=0
Specify offset distance or [Through/Erase/Layer] <450.0000>: **1300**
→ 현관 계단참 거리 1300 입력 ↵
Select object to offset or [Exit/Undo] <Exit>: → 기준선 B 선택
Specify point on side to offset or [Exit/Multiple/Undo] <Exit>: → 좌측방향으로 임의점 클릭
Select object to offset or [Exit/Undo] <Exit>: → 완료 ↵

TRIM 명령어 활용하여 그림과 같이 완성.

❷ 계단 발판 300mm, 계단 한단 높이 150mm 일반적 치수

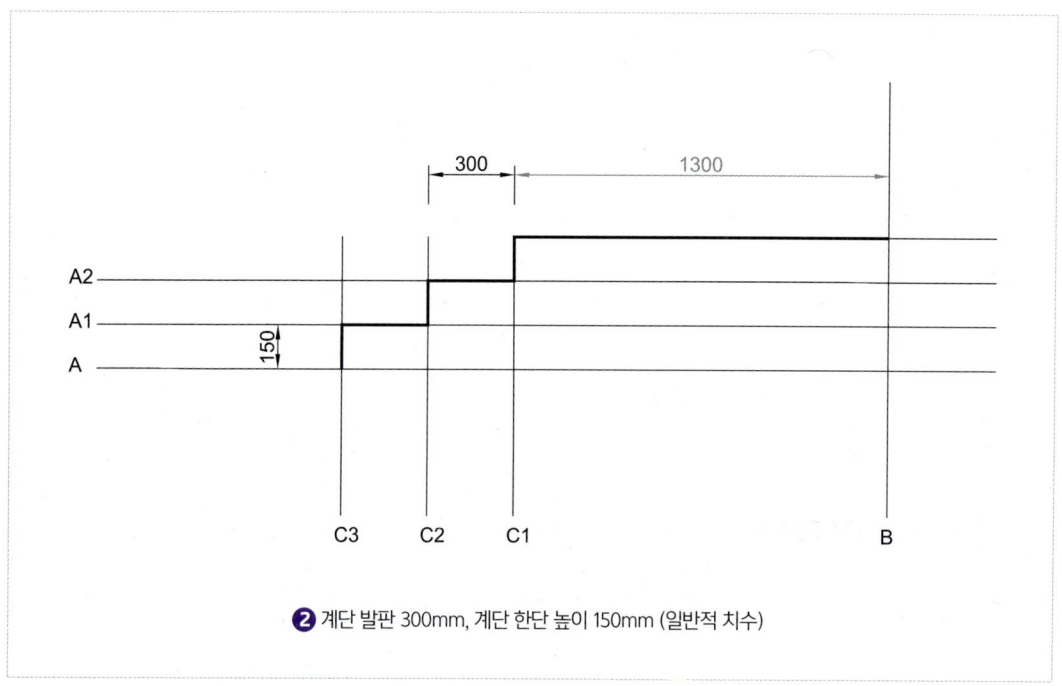

❷ 계단 발판 300mm, 계단 한단 높이 150mm (일반적 치수)

※ 굵은선으로 표현한 부분의 밑작업입니다.

Command: **OFFSET**

Current settings: Erase source=No Layer=Source OFFSETGAPTYPE=0

Specify offset distance or [Through/Erase/Layer] <150.0000>: **300** → 계단 발판 300 입력 ↵

Select object to offset or [Exit/Undo] <Exit>: → C1 객체를 선택

Specify point on side to offset or [Exit/Multiple/Undo] <Exit>:

→ 좌측방향으로 임의점 클릭(마우스 크게 움직이기) C2 작도

Select object to offset or [Exit/Undo] <Exit>: → C2 객체를 선택

Specify point on side to offset or [Exit/Multiple/Undo] <Exit>:

→ 좌측방향으로 임의점 클릭(마우스 크게 움직이기) C3 작도

Select object to offset or [Exit/Undo] <Exit>: → 완료 ↵

Command: **OFFSET**

Current settings: Erase source=No Layer=Source OFFSETGAPTYPE=0
Specify offset distance or [Through/Erase/Layer] <300.0000>: **150**
→ 계단 한단 높이 150 입력 ↵
Select object to offset or [Exit/Undo] <Exit>: → A 객체를 선택
Specify point on side to offset or [Exit/Multiple/Undo] <Exit>:
→ 상단방향으로 임의점 클릭(마우스 크게 움직이기) A1 작도
Select object to offset or [Exit/Undo] <Exit>: → A1 객체를 선택
Specify point on side to offset or [Exit/Multiple/Undo] <Exit>:
→ 상단방향으로 임의점 클릭(마우스 크게 움직이기) A2 작도
Select object to offset or [Exit/Undo] <Exit>: → 완료 ↵

❸ 계단 표현 정리 모서리 접기 : 반복 연습하여 숙달 필요

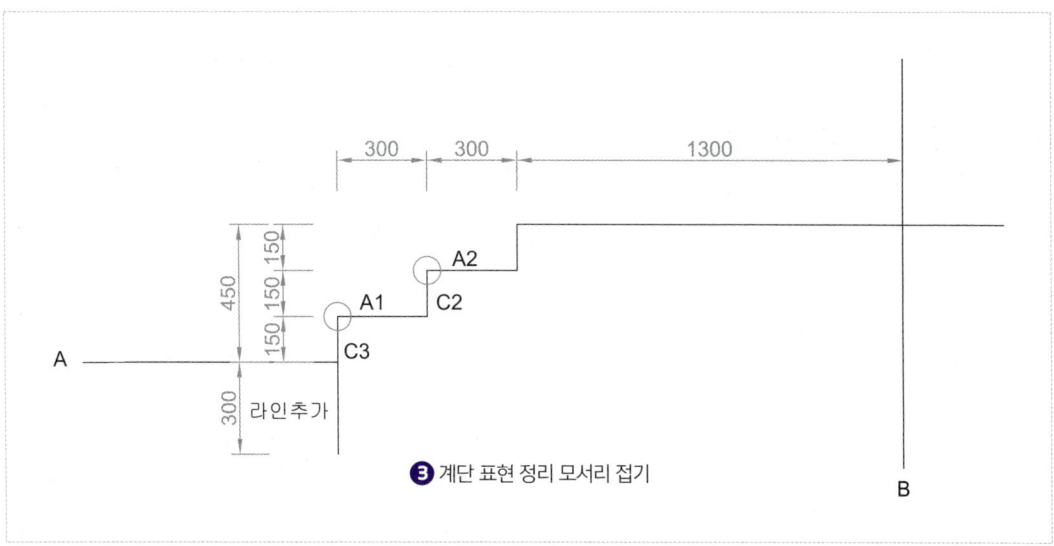

❸ 계단 표현 정리 모서리 접기

Command: **FILLET**

Current settings: Mode = TRIM, Radius = 0.0000

Select first object or [Undo/Polyline/Radius/Trim/Multiple]:

→ Shift 키를 누른 채 A2 객체 클릭

Select second object or shift-select to apply corner or [Radius]:

→ Shift 키를 누른 채 C2 객체 클릭

Command: **FILLET**

Current settings: Mode = TRIM, Radius = 0.0000

Select first object or [Undo/Polyline/Radius/Trim/Multiple]:

→ Shift 키를 누른 채 A1 객체 클릭

Select second object or shift-select to apply corner or [Radius]:

→ Shift 키를 누른 채 C3 객체 클릭

C3 아래 수직방향 300mm 라인을 추가하여 줍니다.

TRIM을 활용하여 그림처럼 작도합니다.

❹ 콘크리트 슬래브 150mm 라인 추가

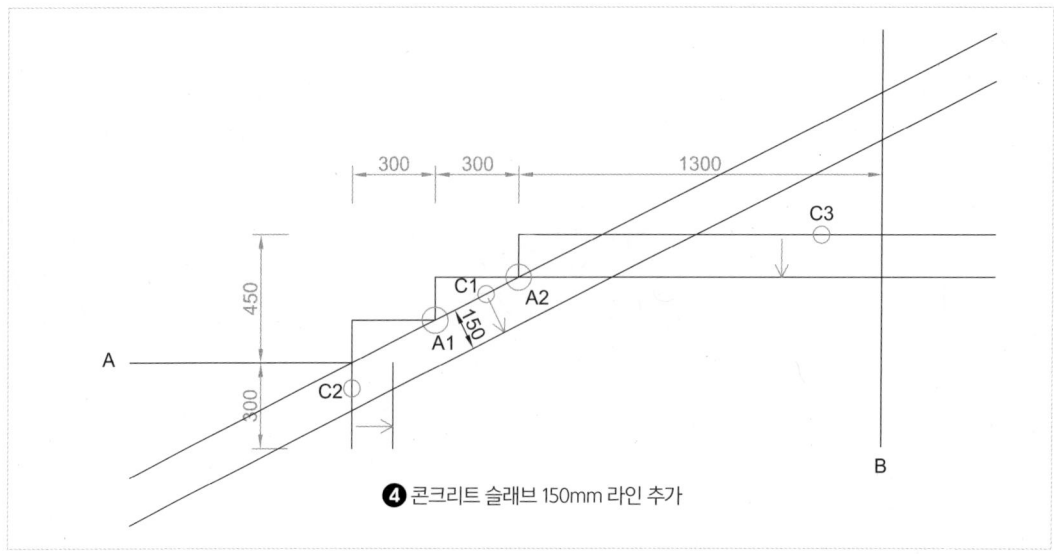

❹ 콘크리트 슬래브 150mm 라인 추가

Command: **XLINE**

Specify a point or [Hor/Ver/Ang/Bisect/Offset]: → A1 모서리 위치점 클릭
Specify through point: → 다음 A2 모서리 위치점 클릭
Specify through point: → 완료 ↵

※ 객체 선택 시 스냅이 방해 요소가 될 수 있습니다.

Command: **OFFSET**

Current settings: Erase source=No Layer=Source OFFSETGAPTYPE=0
Specify offset distance or [Through/Erase/Layer] <150.0000>: **150**
→ 거리 값 슬래브 150 입력 ↵
Select object to offset or [Exit/Undo] <Exit>: → C1 객체 선택
Specify point on side to offset or [Exit/Multiple/Undo] <Exit>:
→ 우측 하단방향으로 임의점 클릭(마우스 크게 움직이기)
Select object to offset or [Exit/Undo] <Exit>: → C2 객체 선택
Specify point on side to offset or [Exit/Multiple/Undo] <Exit>:
→ 우측 방향으로 임의점 클릭(마우스 크게 움직이기)
Select object to offset or [Exit/Undo] <Exit>: → C3 객체 선택
Specify point on side to offset or [Exit/Multiple/Undo] <Exit>:
→ 하단방향으로 임의점 클릭(마우스 크게 움직이기)
Select object to offset or [Exit/Undo] <Exit> → 완료 ↵

TRIM을 활용하여 슬래브 두께 표현(모서리 접기도 가능)을 작도합니다.

❺ 계단참에서 계단 끝선까지 PLINE으로 두께(Width) 15 작도하기

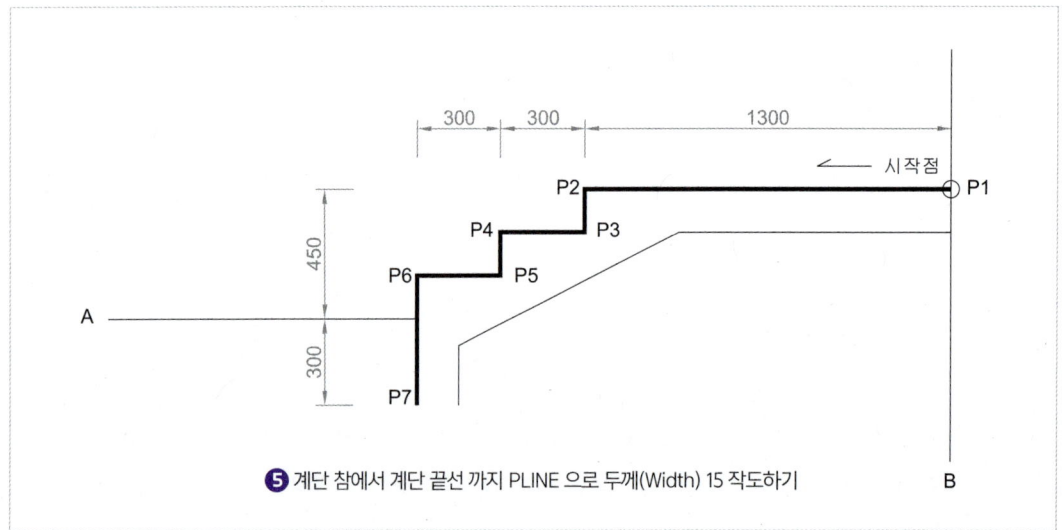

❺ 계단 참에서 계단 끝선 까지 PLINE 으로 두께(Width) 15 작도하기

Command: **PLINE**

Specify start point: → P1 위치점 클릭

Current line-width is 10.0000

Specify next point or [Arc/Halfwidth/Length/Undo/Width]: **W** → 옵션 W(폭) 입력 후 ↵

Specify starting width <10.0000>: **15** → 시작점 폭 값 15 입력 ↵

Specify ending width <15.0000>:

→ 끝점 폭 값 15 입력 또는 ↵ (같은 값인 경우 <15> 현재 지정 확인)

Specify next point or [Arc/Halfwidth/Length/Undo/Width]: → P2 위치점 클릭

Specify next point or [Arc/Close/Halfwidth/Length/Undo/Width]: → P3 위치점 클릭

Specify next point or [Arc/Close/Halfwidth/Length/Undo/Width]: → P4 위치점 클릭

Specify next point or [Arc/Close/Halfwidth/Length/Undo/Width]: → P5 위치점 클릭

Specify next point or [Arc/Close/Halfwidth/Length/Undo/Width]: → P6 위치점 클릭

Specify next point or [Arc/Close/Halfwidth/Length/Undo/Width]: → P7 위치점 클릭

Specify next point or [Arc/Close/Halfwidth/Length/Undo/Width]: → 완료 ↵

> **Tip**

01. 기능 활용

- 폭(Width) 값을 활용하면 굵기가 다른 선을 쉽게 표현할 수 있습니다.
- **JOIN** 명령어로 기존의 여러 개 선을 하나의 폴리선으로 합칠 수 있습니다.
- **PEDIT** 명령어를 활용하면 기존 선(Line)도 폴리선으로 변환이 가능합니다.

02. SPLINE과 비교

- SPLINE은 곡선 표현이 부드러우나 편집이 어렵습니다.
- PLINE은 직관적인 수정이 가능합니다.

03. PLINE을 활용한 설계 작업

건축 설계	기계 설계	제품 설계
벽체, 도로, 경계선 등의 표현에 활용	기계 부품의 단면을 표현할 때 사용	외곽 윤곽선을 표현하는 데 적합
건축 도면에서 폐곡선으로 공간 영역을 설정할 때 유용	특정 영역을 한 객체로 유지하여 치수 조정이 용이함	CAD에서 3D 모델링의 기본 스케치 작업에 PLINE을 활용 가능

02 PEDIT

폴리선 편집

- PEDIT 명령어를 사용하여 폴리선을 수정하는 방법을 익힌다.
- 여러 개의 선을 하나의 폴리선으로 변환하는 방법을 학습한다.
- PEDIT 명령어의 다양한 옵션을 활용하여 폴리선을 효율적으로 편집하는 방법을 습득한다.

명령어 위치 및 호출 방법

메뉴	Modify 메뉴 → Object → Edit Polyline 명령어 클릭
도구막대	Modify 도구막대 → Edit Polyline 버튼
리본	Home 탭 → Modify 패널 → Edit Polyline 아이콘
명령 입력	명령창에 PEDIT 입력 후 Enter , 단축키: PE 입력 후 Enter

기본 사용법

Command: **PEDIT**

Select polyline or [Multiple]: → 편집할 폴리선 선택

Enter an option [Close/Join/Width/Edit vertex/Fit/Spline/Decurve/Ltype gen/Reverse/Undo]: → 다양한 옵션

※ 다음은 폴리선이 아닌 일반 선을 선택하면 나오는 옵션

Object selected is not a polyline

Do you want to turn it into one? <Y>

→ 폴리선으로 변환하겠는지 묻는 메시지, ↵하면 폴리선 변환

옵션 살펴보기

- **Select polyline (폴리선 선택)** : 작업할 단일 폴리선을 지정

  ※ **Do you want to turn it into one? <Y>** : 선택한 객체가 폴리선이 아닌 경우에 표시됨. Enter하여 객체를 폴리선으로 변환하거나, N을 입력하여 선택을 취소합니다.

  Specify a precision(정밀도 지정) : 스플라인을 선택하고 폴리선으로 변환하려는 경우에 표시됨. 정밀도 값은 작성된 폴리선을 원본 스플라인에 얼마나 정확하게 맞출 것인지 결정합니다. 0에서 99 사이의 정수를 입력하며, 정밀도 값이 높으면 성능이 저하될 수 있습니다.

- **Multiple (다중)** : 둘 이상의 객체를 선택할 수 있도록 지정

  ※ **Convert lines, arcs, and splines to polylines? (선, 호 및 스플라인을 폴리선으로 변환?)** : 선택한 객체가 선, 호 또는 스플라인인 경우에 표시됩니다. y를 입력하여 객체를 폴리선으로 변환하거나, n을 입력하여 선택을 취소합니다.

  Specify a precision for spline conversion(스플라인 변환 정밀도 지정) : 선택한 객체가 스플라인이고 이를 폴리선으로 변환하려는 경우에 표시됩니다. 정밀도 값은 작성된 폴리선을 원본 스플라인에 얼마나 정확하게 맞출 것인지 결정합니다. 0에서 99 사이의 정수를 입력합니다. 입력한 정밀도 값은 해당 선택 세트의 모든 스플라인에 적용됩니다.

■ 2D 폴리선 선택 시 PEDIT 옵션

폴리선을 클릭할 때 Ctrl 키를 눌러 폴리선에서 단일 호 또는 선 세그먼트(하위 객체라고도 함)를 선택할 수 있습니다. 선택한 폴리선이 닫힌 폴리선이면 Close(닫기) 옵션이 프롬프트에서 Open(열기) 옵션으로 대치됩니다. 2D 폴리선의 법선이 현재 UCS의 Z 축과 평행이고 같은 방향인 경우 2D 폴리선을 편집할 수 있습니다.

- **Close(닫기)** : 마지막 세그먼트와 첫 번째 세그먼트를 연결하는 폴리선의 닫는 세그먼트를 작성.

  ※ 닫기 옵션을 사용하여 닫지 않는 한 폴리선은 열려 있는 것으로 간주됩니다.

- **Open(열기)** : 폴리선의 닫는 세그먼트를 제거

  ※ 열기 옵션을 사용하여 열지 않는 한 폴리선은 닫혀 있는 것으로 간주됩니다.

- **Join (결합)** : 선, 호 또는 폴리선을 열린 폴리선의 끝에 추가하고 곡선 맞춤 폴리선에서 곡선 맞춤을 제거

  ※ 객체를 폴리선과 결합하려면 첫 번째 PEDIT 프롬프트에서 Mulfiple(다중) 옵션을 사용한 경우를 제외하고는 해당 끝점이 서로 만나야 합니다. 이 경우 퍼지 거리가 끝점을 포함하기에 충분히 큰 값으로 설정되면 서로 만나지 않는 폴리선을 결합할 수 있습니다.

  - **Jointype (결합 형태)** : 선택한 폴리선의 결합 방법을 설정합니다.
  - **Extend (연장)** : 세그먼트를 가장 가까운 끝점으로 연장하거나 자르기하여 선택한 폴리선을 결합합니다.
  - **Add (추가)** : 폴리선의 직선 세그먼트를 가장 가까운 끝점에 추가하여 선택한 폴리선을 결합합니다.
  - **Both (모두)** : 선택한 폴리선을 가능하면 연장하거나 자르기하여 결합합니다. 또는 직선 세그먼트를 가장 가까운 끝점 사이에 추가하여 선택한 폴리선을 결합합니다.

- **Width (폭)** : 전체 폴리선의 일정한 새 폭을 지정, 정점 편집 옵션의 폭 옵션을 사용하여 세그먼트의 시작 및 끝 폭을 변경할 수 있습니다.

- **Edit Vertex (정점 편집)** : 화면에 X를 그려 폴리선의 첫 번째 정점을 표시함. 이 정점의 접선 방향을 지정한 경우 화살표도 그 방향으로 그려집니다.
  - Next (다음) : X 표식기를 다음 정점으로 이동. 폴리선이 닫히더라도 폴리선의 끝에서부터 시작 위치까지 표식기로 둘러싸이는 것은 아닙니다.
  - Previous (이전) : X 표식기를 이전 정점으로 이동. 폴리선이 닫히더라도 폴리선의 시작 위치에서부터 끝까지 표식기로 둘러싸이는 것은 아닙니다.
  - Break (끊기) : X 표식기를 다른 정점으로 이동하는 동안 표시된 정점의 위치를 저장함. 지정한 정점 중 하나가 폴리선의 끝에 있으면 잘린 폴리선이 됩니다. 지정한 정점 모두가 폴리선의 끝점에 있거나 한 정점만 끝점에 지정한 경우 끊기를 사용할 수 없습니다.
  - Insert (삽입) : 폴리선의 표시된 정점 다음에 새 정점을 추가합니다.
  - Move (이동) : 표시된 정점을 이동합니다.
  - Regen (재생성) : 폴리선을 재생성합니다.
  - Straighten (직선화) : X 표식기를 다른 정점으로 이동하는 동안 표시된 정점의 위치를 저장합니다. 폴리선의 두 직선 세그먼트를 연결하는 호 세그먼트를 제거한 다음 직선 세그먼트가 서로 교차할 때까지 연장하려면 FILLET 명령을 사용하고 모깎기 반지름을 0으로 설정합니다.
  - Tangent (접점) : 이후에 곡선 맞춤에 사용할 표시된 정점에 접선 방향을 부착합니다.
  - Width (폭) : 표시된 정점 바로 뒤에 오는 세그먼트의 시작 및 끝 폭을 변경합니다. 새 폭을 표시하려면 폴리선을 재생성해야 합니다.
  - Exit (종료) : 정점 편집 모드를 종료합니다.

- **Fit (맞춤)** : 각 정점 쌍을 결합하는 호로 구성된 부드러운 곡선인 호 맞춤 폴리선을 작성. 곡선은 폴리선의 모든 정점을 지나고 지정한 접선 방향을 사용합니다.

- **Spline (스플라인)** : 선택한 폴리선의 정점을 B-스플라인과 유사한 곡선의 조정점 또는 프레임으로 사용
  - ※ 스플라인 맞춤 폴리선이라고 하는 이 곡선은 원래 폴리선이 닫힌 경우를 제외하고 첫 번째 조정점과 마지막 조정점을 통과합니다. 곡선은 다른 점들을 향하여 당겨지지만 반드시 통과하는 것은 아닙니다. 프레임의 특정 부분에서 더 많은 점을 지정할수록 곡선에서 더 많이 당겨집니다. 2차원 및 3차원 스플라인 맞춤 폴리선이 생성될 수 있습니다.

- **Decurve (비곡선화)** : 맞춤 또는 스플라인 곡선에 의해 삽입된 여분의 정점을 제거하고 폴리선의 모든 세그먼트를 직선으로 만듦
  - ※ 폴리선 정점에 지정된 접점 정보를 다음 맞춤 곡선 요청에 사용하기 위해 보관합니다. BREAK 또는 TRIM과 같은 명령을 사용하여 스플라인 맞춤 폴리선을 편집하는 경우 비곡선화 옵션을 사용할 수 없습니다.

- **Ltype Gen (선종류 생성)** : 폴리선의 정점을 통해 연속되는 패턴의 선종류를 생성
  - ※ 이 옵션이 꺼져 있는 경우 각 정점에서 대시로 시작하고 끝나는 선종류가 생성됩니다. 선종류생성은 테이퍼된 세그먼트가 있는 폴리선에는 적용되지 않습니다.

- **Reverse (반전)** : 폴리선의 정점 순서를 반전

  ※ 문자가 포함되어 있으며 선종류를 사용하는 객체의 방향을 반전하려면 이 옵션을 사용합니다. 예를 들어, 폴리선의 작성 방향에 따라 선종류의 문자가 거꾸로 표시되는 경우도 있습니다.

- **Undo (명령 취소)** : PEDIT 세션이 시작된 시점까지 작업을 되돌림

■── 유형에 따라 다른 옵션

- PEDIT는 일반적으로 2D 폴리선 결합, 2D 폴리선으로 선과 호 변환, 폴리선을 B-스플라인(스플라인-맞춤 폴리선) 근사 곡선으로 변환 등에 사용됩니다.
- 편집하기 위해 선택하는 객체 유형에 따라 다른 옵션이 표시됩니다.
- 선, 호 또는 스플라인을 선택하면 해당 객체를 폴리선으로 변환할지 묻는 옵션이 표시됩니다.

PEDIT 기능 연습하기

지붕 기와 320mm 두께 20mm 작도
직교모드, LINE, OFFSET, FILLET(모서리접기) 명령어를 활용하여 주어진 치수로 작도합니다.

Command: **PEDIT**

Select polyline or [Multiple]: → P1 객체 선택

Object selected is not a polyline Do you want to turn it into one? ⟨Y⟩

→ 폴리선으로 변환하기 위해 ↵

Enter an option [Close/Join/Width/Edit vertex/Fit/Spline/Decurve/Ltype gen/Reverse/Undo]: **J** → 결합 옵션 J 입력

Select objects: 1 found → 처음 선택한 객체가 아닌 왼쪽부터 결합(연결)할 객체를 차례로 선택합니다.

Select objects: 1 found, 2 total

Select objects: 1 found, 3 total

Select objects: 1 found, 4 total

Select objects: 1 found, 5 total

Select objects: → 모두 선택 후 ↵ 입력 완료

5 segments added to polyline

→ 처음 폴리선으로 변경한 객체에 나머지 5개의 객체가 하나로 연결되었다는 메시지

Enter an option [Open/Join/Width/Edit vertex/Fit/Spline/Decurve/Ltype gen/Reverse/Undo]: → ↵ 키 입력 완료

※ 완성후 객체를 선택해 보면 하나의 폴리라인 객체로 변경된 것을 확인할 수 있습니다.
※ 많은 기능이 있지만 필요로 하는 몇 가지 기능을 우선하여 연습하기 바랍니다.

■ 폴리선 선두께 1mm 변경하기

Command: **PEDIT**

→ 또는 명령어 PE 입력 후 ↵

Select polyline or [Multiple]: → 위에서 폴리라인화 한 기와를 선택합니다. (변경 메시지 나타나지 않음)

Enter an option [Open/Join/Width/Edit vertex/Fit/Spline/Decurve/Ltype gen/Reverse/Undo]: **W** → 옵션 W 입력 후 ↵

Specify new width for all segments: **1** → 전체 두께 1 입력 후 ↵

Enter an option [Open/Join/Width/Edit vertex/Fit/Spline/Decurve/Ltype gen/Reverse/Undo]: → 완료 ↵

※ 두께가 변경된 것을 확인 할 수 있습니다.

Tip

01. PEDIT와 JOIN의 차이

- PEDIT의 JOIN 옵션은 폴리선뿐만 아니라 일반 선도 하나로 합칠 수 있습니다.
- PEDIT 실행 후 일반 선을 선택하면 폴리선으로 변환(Y/N) 메시지가 나오므로 Y를 입력하여 편집이 가능합니다.
- 여러 개의 선을 하나의 폴리선으로 합칠 때 **JOIN** 옵션을 사용하면 매우 유용합니다.

02. 너비 설정 주의

- 너비(Width)를 설정하면 전체 폴리선이 동일한 두께를 가지므로 부분적으로 조정할 수 없습니다.

03. PEDIT를 활용한 설계 작업

건축 설계	기계 설계	제품 설계
설계 도면에서 벽체나 건물의 외곽선을 편집할 때 활용	여러 개의 라인을 하나의 폴리선으로 변환하여 정확한 형상을 유지	제품 형상의 곡선을 부드럽게 조정하여 실물과 유사한 디자인 구현
폴리선을 조정하여 창문, 문 등의 상세한 형상을 조정	캠 곡선 편집 선형 기계 부품을 설계할 때 스플라인(Spline) 옵션 활용	폴리선을 하나로 병합하여 CNC 및 레이저 컷팅 작업을 원활하게 수행

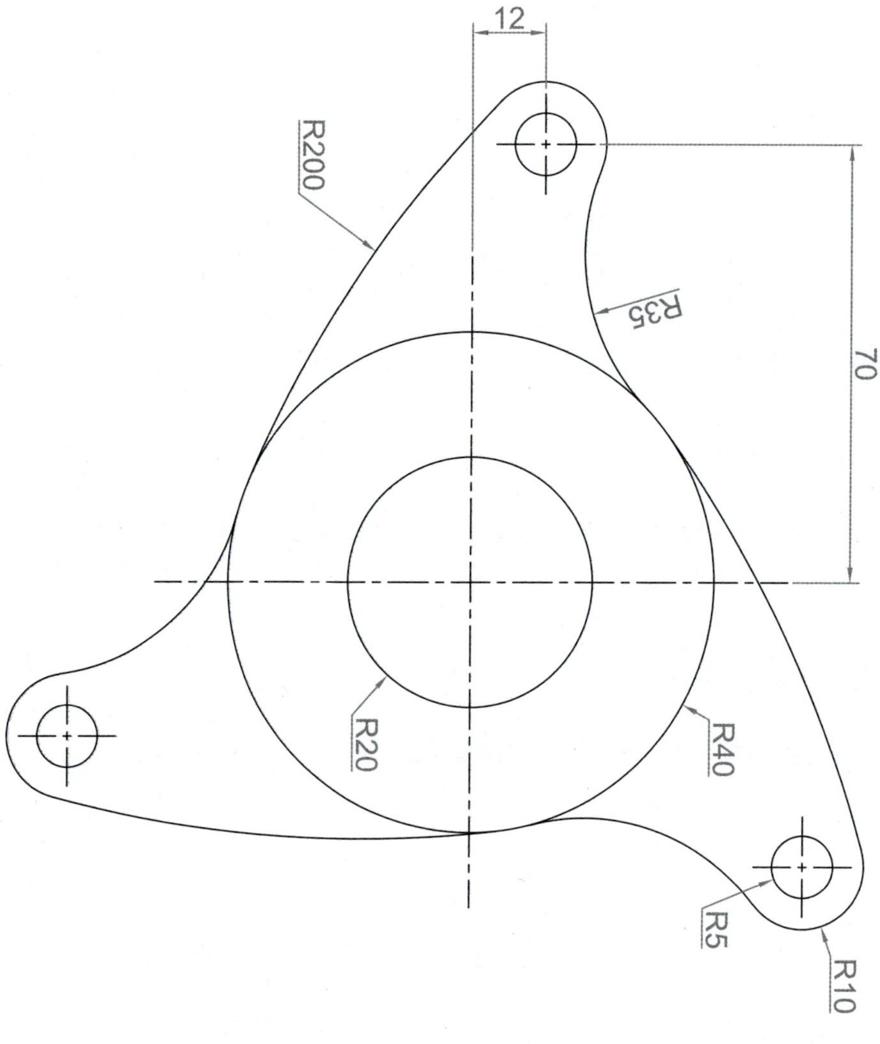
12
R200
R35
70
R20
R40
R5
R10

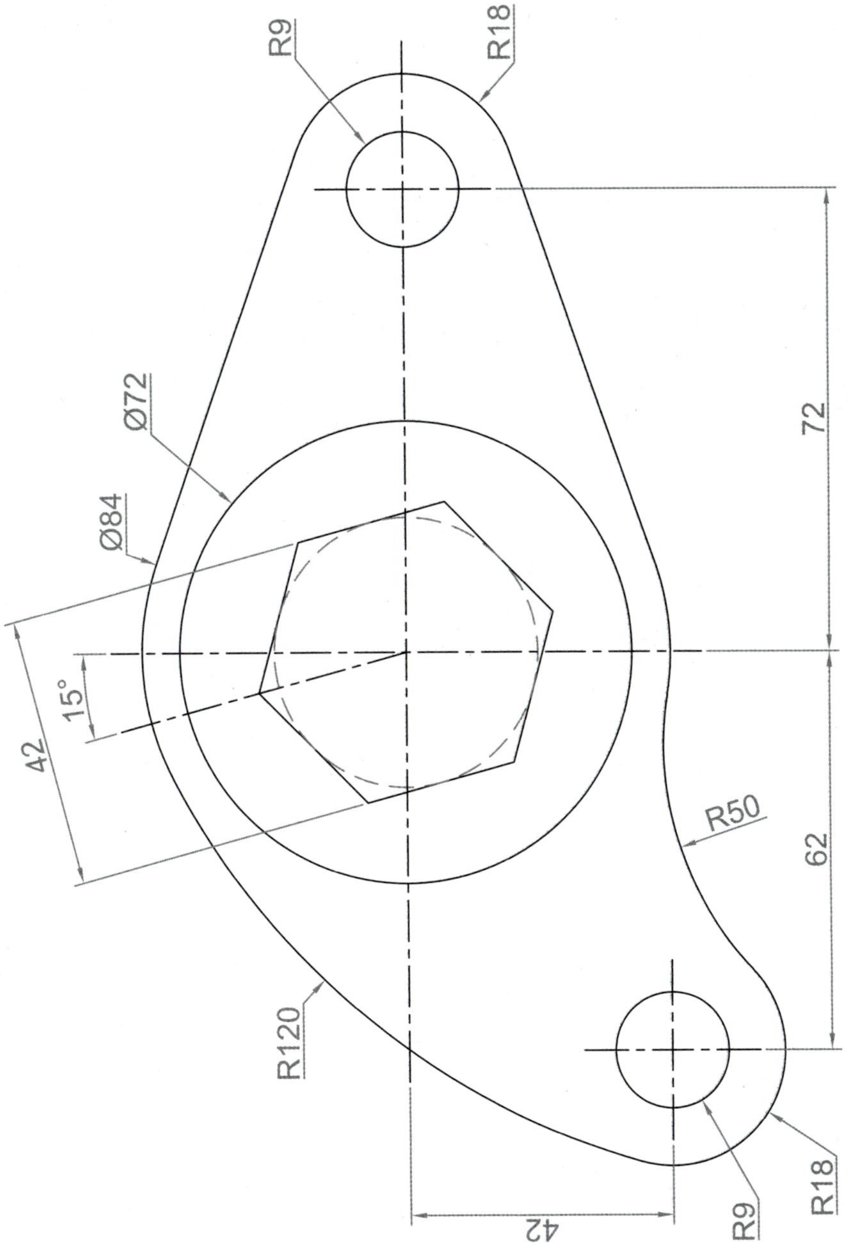
R9
R18
Ø72
Ø84
72
15°
42
R50
62
R120
R9
R18
42

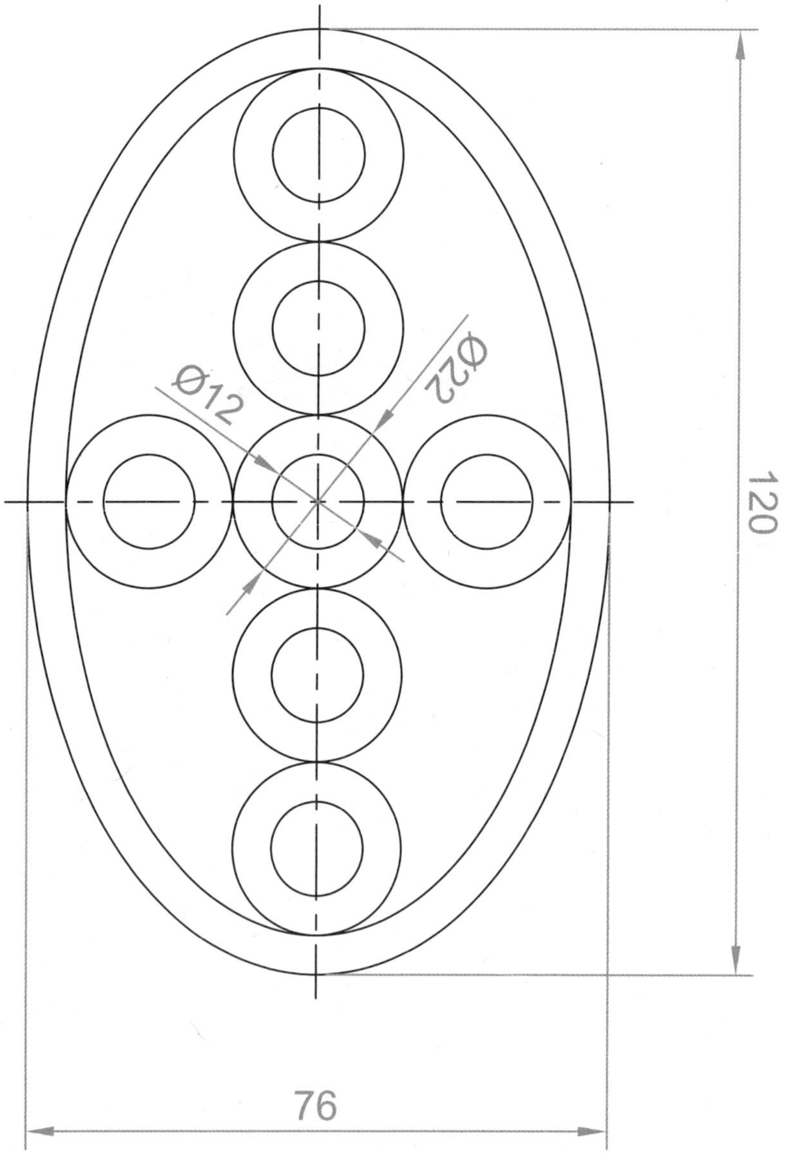

SPLINE

03

자유곡선

- SPLINE 명령어를 사용하여 부드럽고 유연한 곡선을 작성할 수 있다.
- 옵션을 활용해 곡선의 형태와 매개변수를 효과적으로 제어할 수 있다.

명령어 위치 및 호출 방법

메뉴	Draw 메뉴 → Spline 명령어 클릭
도구막대	Draw 도구막대 → Spline 버튼
리본	Home 탭 → Draw 패널 → Spline 아이콘
명령 입력	명령창에 **SPLINE** 입력 후 `Enter`, 단축키: **SPL** 입력 후 `Enter`

기본 사용법

```
Command: SPLINE

Current settings: Method=Fit   Knots=Chord → 자유곡선 방법보기
Specify first point or [Method/Knots/Object]: → 첫 번째 위치점 클릭
Enter next point or [start Tangency/toLerance]: → 두 번째 위치점 클릭
Enter next point or [end Tangency/toLerance/Undo]: → 세 번째 위치점 클릭
Enter next point or [end Tangency/toLerance/Undo/Close]:
→ ↵ 키 완료 또는 닫기 옵션 C 입력
```

스플라인은 곡선의 모양에 영향을 주는 일련의 점을 통과하거나 그 근처를 지나는 부드러운 곡선입니다. 맞춤점 세트를 통과하거나 가까이 지나거나, 조정 프레임 내의 정점으로 정의되는 부드러운 곡선을 작성합니다. PLINE은 비균일 유리 B-스플라인 곡선(NURBS)이라는 곡선을 작성합니다. 이러한 곡선을 간단하게 스플라인으로 지칭합니다.

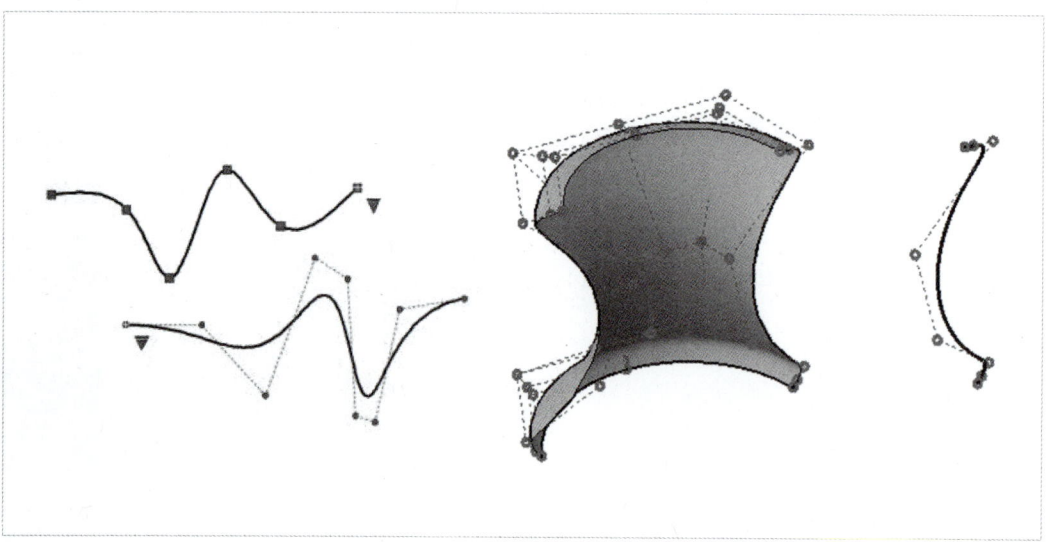

옵션 살펴보기

- **First Point (첫 번째 점)** : 현재 방법에 따라 스플라인의 첫 번째 점(첫 번째 맞춤점 또는 첫 번째 조정 정점)을 지정

- **Next Point(다음 점)** : Enter 키를 누를 때까지 스플라인 세그먼트를 추가로 작성

- **Undo (명령 취소)** : 마지막으로 지정한 점을 제거

- **Close (닫기)** : 마지막 점이 첫 번째 점과 일치하도록 정의하여 스플라인을 닫습니다. 기본적으로 닫힌 스플라인은 주기 곡선이므로 전체 루프를 따라 곡률 연속성(C2)이 유지됩니다.

- **Method (방법)** : 스플라인을 fit points(맞춤점)으로 작성할지 control vertices(조정 정점)로 작성할지 조정

  ※ **Fit (맞춤)** : 스플라인이 통과해야 하는 맞춤점을 지정하여 차수 3(3차원) B-스플라인을 작성합니다. 공차 값이 0보다 크면 스플라인은 각 점으로부터 지정된 공차 거리 내에 있어야 합니다.

  Control Vertices (CV, 조정 정점) : 조정 정점을 지정하여 스플라인을 작성합니다. 이 방법을 사용하여 차수 1(선형, linear), 차수 2(2차원, quadratic), 차수 3(3차원, cubic) 등의 스플라인을 최대 차수 10까지 작성할 수 있습니다. 조정 정점을 이동하여 스플라인의 형태를 조정하는 것이 맞춤점을 이동하는 것보다 효율적인 결과를 얻을 수 있는 경우가 많습니다.

- **Object (객체)** : 2D 또는 3D(2차원 또는 3차원) 스플라인 맞춤 폴리선을 해당하는 스플라인으로 변환

    ※ 일반적인 폴리선(Polyline, PLINE)은 바로 스플라인(Spline)으로 변환할 수 없고, 먼저 스플라인 형태로 변환된 폴리선(Fit 옵션을 적용한 폴리선) 만 스플라인으로 변환할 수 있습니다.

■ **Fit Points(맞춤점)으로 작성된 스플라인에 대한 옵션**

> Current settings: Method=Fit   Knots=Chord

- **Knots (매듭)** : 스플라인 내의 연속하는 맞춤점 간에 구성요소 곡선을 혼합하는 방법을 결정하는 여러 계산 방법 중 하나인 매듭 매개변수화를 지정

    ※ **Chord (현)** : (현 길이 방법) 각 구성요소 곡선을 연결하는 매듭이 연관된 각 맞춤점 쌍 간의 거리에 비례하도록 간격이 지정됩니다. 그림에 나와 있는 녹색 곡선을 예로 들 수 있습니다.

    Square root (제곱근) : (구심 방법) 각 구성요소 곡선을 연결하는 매듭이 연관된 각 맞춤점 쌍 간의 거리 제곱근에 비례하도록 간격이 지정됩니다. 이 방법은 일반적으로 "보다 부드러운" 곡선을 생성합니다.

    Uniform (균일) : (등거리 방법) 맞춤점의 간격에 관계없이 각 구성요소 곡선의 매듭이 같도록 간격이 지정됩니다. 이 방법은 맞춤점을 초과하는 곡선을 생성하는 경우가 많습니다.

- **Start Tangency (시작 접촉부)** : 스플라인 시작점의 접선 조건을 지정
- **End Tangency (끝 접촉부)** : 스플라인 끝점의 접선 조건을 지정
- **Tolerance (공차)** : 스플라인이 지정된 맞춤점에서 벗어날 수 있는 거리를 지정

    ※ 공차 값이 0인 경우 결과로 생성되는 스플라인은 맞춤점을 직접 통과해야 합니다. 공차 값은 시작 및 끝 맞춤점(공차가 항상 0임)을 제외한 모든 맞춤점에 적용됩니다.

■ **Control Vertices(조정 정점)으로 작성된 스플라인에 대한 옵션**

> Current settings: Method=CV   Degree=3

- **Degree (차수)** : 결과로 생성된 스플라인의 다항식 차수를 설정

    ※ 이 옵션을 사용하여 차수 1(선형, linear), 차수 2(2차원, quadratic), 차수 3(3차원, cubic) 등의 스플라인을 최대 차수 10까지 작성할 수 있습니다.

■ 곡선 객체 정보

곡선 객체에는 호, 원, 폴리선 호, 도넛, 타원 및 스플라인이 포함됩니다.

호	세 점을 지정하여 호를 작성할 수 있습니다.
원	중심과 반지름을 지정하여 원을 작성할 수 있습니다. 이러한 기본 방법 외에도 지름을 정의하는 두 점, 원주를 정의하는 세 점 또는 두 접점과 반지름을 지정할 수도 있습니다.
폴리선 호	다중 세그먼트 폴리선 호의 경우 폭과 곡률을 조정할 수 있으므로 단일 호에서는 사용할 수 없는 편집 기능이 제공됩니다. 폴리선에서 호 세그먼트를 그릴 때 호의 첫 번째 점은 이전 세그먼트의 끝점입니다.
도넛	도넛은 채워진 링이나 단색으로 채워진 원으로 표시되며, 실제로는 폭이 있는 닫힌 폴리선입니다.
타원	타원의 모양은 해당 길이 및 폭을 정의하는 두 축에 의해 결정됩니다. 더 긴 축이 장축이고 짧은 축이 단축입니다.
스플라인	스플라인은 곡선의 모양에 영향을 주는 일련의 점을 통과하거나 그 근처를 지나는 부드러운 곡선입니다. 조정 정점 또는 맞춤점을 사용하여 스플라인을 작성하거나 편집할 수 있습니다.

Tip.

01. PLINE과 비교

- PLINE은 직선과 원호를 조합하여 만든 선이며, SPLINE은 부드러운 곡선을 생성하는 데 특화된 선입니다.
- **SPLINEDIT** 명령어를 사용하면 스플라인을 폴리선으로 변환이 가능합니다.
- 정확한 곡선을 제작하려면 맞춤점(Fit Points)과 조정 정점(Control vertices)의 차이를 이해하고 필요에 따라 사용합니다. Fit Tolerance 값을 조정하면 부드러움을 최적화하여 부드러운 곡선을 만들 수 있습니다.

02. 비균일 유리 B-스플라인(NURBS)

NURBS(Non-Uniform Rational B-Spline)는 부드러운 곡선과 곡면을 수학적으로 표현하는 방법입니다.

- **비균일(Non-Uniform)** → 곡선의 제어점(컨트롤 포인트) 간격이 일정하지 않아 자유로운 형태 가능
- **유리(Rational)** → 가중치(Weight)를 적용하여 특정 점을 더 강조하거나 덜 강조 가능
- **B-스플라인(B-Spline)** → 여러 개의 작은 곡선을 연결하여 하나의 부드러운 곡선을 생성

03. NURBS는 점을 끌어당기는 고무줄!

- NURBS 곡선은 제어점(Control Points)을 따라가는 고무줄 같은 곡선입니다.
- 각 제어점에는 가중치(Weight)가 있어서, 가중치가 높으면 곡선이 더 강하게 끌려갑니다.
- 일반적인 스플라인보다 더 자유로운 곡선 형태를 만들 수 있습니다.

04. SPLINE을 활용한 설계 작업

건축 설계	기계 설계	제품 설계
비정형 조형물 설계: 건축 외관이나 곡선형 벽체 구현	공기역학적 형상: 자동차, 항공기, 배의 곡면 설계	유선형 외형 디자인: 가전제품, 전자기기의 곡선형 외형
조경 설계: 공원이나 정원의 곡선형 도로 설계	곡선형 부품: 맞춤형 부품의 복잡한 곡선 경로 생성	로고 디자인: 부드러운 곡선 기반의 시각적 요소 생성
내부 디자인: 유선형 가구나 조명 디자인		장식 요소: 예술적 패턴이나 장식 곡선 작성

04 SPLINEDIT

자유곡선 편집

- **SPLINEDIT** 명령어를 사용하여 기존 스플라인을 수정하는 방법을 익힌다.
- 조정점(Control Points)과 맞춤점(Fit Points)을 조정하여 곡선을 원하는 형태로 변경하는 방법을 학습한다.
- 스플라인을 폴리선(Polyline)으로 변환하는 방법을 이해한다.

명령어 위치 및 호출 방법

메뉴	Modify 메뉴 → Object → Edit Spline 명령어 클릭
도구막대	Modify 도구막대 → Edit Spline 버튼
리본	Home 탭 → Modify 패널 → Edit Spline 아이콘
명령 입력	명령창에 **SPLINEDIT** 입력 후 Enter , 단축키: **SPE** 입력 후 Enter

기본 사용법

Command: **SPLINEDIT**

① Select spline: → 수정할 스플라인 선택

② Enter an option [Open/Fit data/Edit vertex/convert to Polyline/Reverse/Undo/eXit] <eXit>: → 편집 옵션 선택

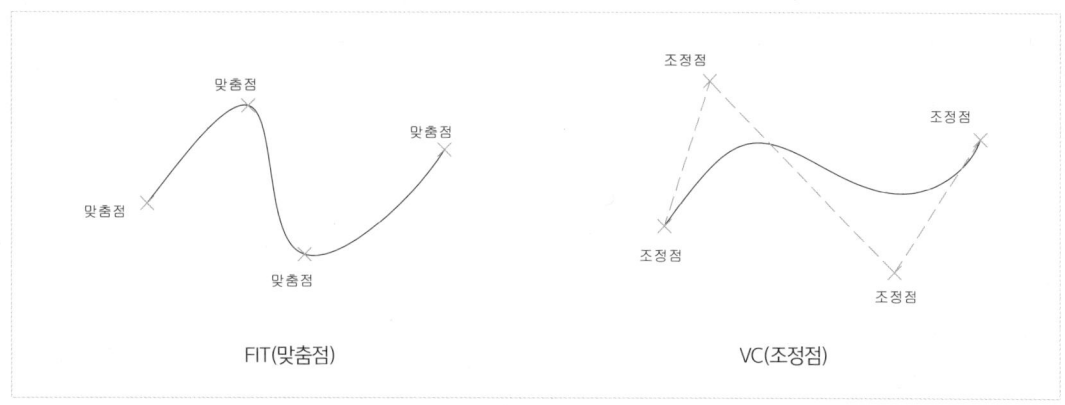

다양한 방법을 통해 스플라인을 편집하고 해당 기본 수학적 매개변수를 변경할 수 있습니다. 사용빈도는 낮은 관계로 필요한 부분만 학습하기를 권장합니다.

■── CAD에서의 연속성 C0, C1, C2 개념

CAD에서 곡선의 **연속성(Continuity)**은 두 곡선이 연결될 때 얼마나 부드럽게 이어지는지를 나타냅니다.

C0 (위치 연속, Position Continuity)	C1 (접선 연속, Tangent Continuity)	C2 (곡률 연속, Curvature Continuity)
▪ 두 곡선이 같은 점에서 만남 ▪ 각도(방향)는 다를 수 있음 ▪ "도로가 이어져 있지만 턱(단차)이 있음" → 단순히 두 개의 선이 만나기만 하면 되는 경우 (예) 단차가 있는 구조)	▪ 곡선의 접선(방향)이 일치 ▪ 곡률(휘어짐)은 다를 수 있음 ▪ "도로가 부드럽게 연결되지만 코너링에서 덜컹거릴 수 있음" → 매끄럽게 이어지지만, 약간의 변형이 허용되는 경우 (예) 일반적인 코너)	▪ 곡률(휘어짐)까지 일치하여 완벽한 부드러움 ▪ 자연스럽고 매끄러운 연결 ▪ "고속도로의 완만한 커브처럼 부드럽게 이어짐" → 자동차 디자인, 항공기 설계 등 완벽한 부드러움을 요구하는 경우

옵션 살펴보기

- **Close/Open (닫기/열기)** : 선택한 스플라인이 열려 있는지 닫혀 있는지에 따라 다음 옵션 중 하나가 표시됨. 열린 스플라인에는 끝점이 두 개 있는 반면 닫힌 스플라인은 루프를 형성합니다.

※ **Close (닫기)** : 마지막 점이 첫 번째 점과 일치하도록 정의하여 열린 스플라인을 닫습니다. 기본적으로 닫힌 스플라인은 주기 곡선이므로 전체 곡선을 따라 곡률 연속성(C2)이 유지됩니다.

Open (열기) : 스플라인을 원래 작성할 때 지정한 첫 번째 점과 마지막 점 사이의 최종 곡선 세그먼트를 제거하여 닫힌 스플라인을 엽니다.

- **Join (결합)** : 선택한 스플라인을 일치하는 끝점에서 다른 스플라인, 선, 폴리선 및 호와 결합하여 더 큰 스플라인을 형성합니다. 객체는 결합된 점에서 kink(꼬임)과 결합됩니다(C0 연속성).

- **Fit Data (맞춤 데이터)** : 여러 옵션을 사용하여 맞춤점 데이터를 편집

- **Edit Vertex (조정점 편집)** : 여러 옵션을 사용하여 제어 프레임 데이터를 편집

- **Convert to Polyline (폴리선으로 변환)** : 스플라인을 폴리선으로 변환

  ※ 정밀도 값은 결과로 생성되는 폴리선이 스플라인과 일치하는 정도를 결정합니다. 유효한 값은 0에서 99 사이의 정수입니다. 정밀도 값이 높을수록 성능은 낮아집니다.

- **Reverse(반전)** : 스플라인의 방향을 반전, 이 옵션은 주로 타사 응용프로그램에 사용됩니다.

- **Undo (명령 취소)** : 마지막 작업을 취소

- **Exit (종료)** : 명령을 종료

■ **Fit Data (맞춤 데이터) 옵션**

- **Add (추가)** : 스플라인에 맞춤점을 추가

  ※ 맞춤점을 선택한 후에 다음 맞춤점(자동으로 강조됨) 방향으로 스플라인에 추가할 새 맞춤점을 지정합니다. 열린 스플라인에서 마지막 맞춤점을 선택하면 새 맞춤점이 스플라인 끝에 추가되며, 열린 스플라인에서 첫 번째 맞춤점을 선택하면 새 맞춤점을 첫 번째 점 앞에 추가할지 뒤에 추가할지를 지정할 수 있습니다.

- **Close/Open (닫기/열기)** : 선택한 스플라인이 열려 있는지 닫혀 있는지에 따라 다음 옵션 중 하나가 표시됨. 열린 스플라인에는 끝점이 두 개 있는 반면 닫힌 스플라인은 루프를 형성합니다.

  ※ **Close (닫기)** : 마지막 점이 첫 번째 점과 일치하도록 정의하여 열린 스플라인을 닫습니다. 기본적으로 닫힌 스플라인은 주기 곡선이므로 전체 곡선을 따라 곡률 연속성(C2)이 유지됩니다.

  Open (열기) : 스플라인을 원래 작성할 때 지정한 첫 번째 점과 마지막 점 사이의 최종 곡선 세그먼트를 제거하여 닫힌 스플라인을 엽니다.

- **Delete (삭제)** : 선택한 맞춤점을 스플라인에서 제거

- **Kink (꼬임)** : 스플라인의 지정된 위치에서 매듭 및 맞춤점을 추가. 해당 점에서는 접선 또는 곡률 연속성이 유지되지 않습니다.

- **Move (이동)** : 맞춤점을 새 위치로 이동

- **Purge (소거)** : 스플라인의 맞춤 데이터를 조정 정점으로 대치
- **Tangents (접선)** : 스플라인의 시작 접선 및 끝 접선을 변경. 접선 방향을 설정할 점을 지정합니다. 직교, 평행 등의 객체 스냅을 사용할 수 있습니다.
  - ※ Specify tangent (접선 지정) : (닫힌 스플라인에 사용 가능) 마감점에서 새 접선 방향을 지정합니다.
    System default (시스템 기본값) : 기본 끝 접선을 계산합니다.
- **Tolerance (공차)** : 새 공차 값을 사용하여 기존 맞춤점에 스플라인을 다시 맞춤
- **Exit (종료)** : 이전 프롬프트로 복귀

■ **Edit Vertex (조정점 편집) 옵션**

- **Add (추가)** : 두 기준 조정 정점 간에 있는 지정한 점에 새 조정 정점을 추가
- **Delete (삭제)** : 선택한 조정 정점을 제거
- **Elevate Order (순서 올리기)** : 스플라인의 다항식 순서 높이기(차수+1). 스플라인 전체에서 조정 정점의 수가 늘어나게 되며, 최대값은 26입니다.
- **Move (이동)** : 선택한 조정 정점을 재배치
- **Weight (가중치)** : 지정한 조정 정점의 가중치를 변경
  - ※ New weight (새 가중치) : 지정한 조정 정점에서 새 가중치 값을 기반으로 스플라인을 다시 계산합니다. 값이 클수록 스플라인이 조정 정점에 가깝게 당겨집니다.
- **Exit (종료)** : 이전 프롬프트로 복귀

조정 정점 표시에서 맞춤점 표시로 전환하면 선택한 스플라인이 차수 3으로 자동 변경됩니다. 그 결과로 처음에 더 높은 차수의 방정식을 사용하여 작성한 스플라인의 모양도 변경됩니다. 또한 양의 공차 값을 사용하여 스플라인을 작성한 경우에는 맞춤점이 스플라인의 매듭에 재배치되며 공차 값이 0으로 재설정됩니다.

ARC만으로 표현이 힘든 불규칙적인 모양의 곡선, 자유 패턴을 작성하는데 사용되며, 세부 옵션의 전부를 초기 단계에서는 사용하지 않으니 기본 사항의 작성법을 학습하기 바랍니다.

Tip.

01. 스플라인 수정

- 다기능 그립에서는 조정 정점을 추가하고 해당 끝점에서 스플라인의 접선 방향을 변경하는 옵션을 제공합니다.
- 그립 위에 마우스를 놓으면 옵션 메뉴가 표시됩니다. 조정 정점 표시와 맞춤점 표시 간을 전환하려면 삼각형 그립을 클릭합니다.

02. 연속성

- **BLEND 명령어** → 곡선을 C1 또는 C2 연속성으로 부드럽게 연결 가능
- **SPLINE 명령어** → 제어점을 조정하여 곡률을 부드럽게 설정 가능
- **GCON 명령어** → 두 곡선 간의 연속성을 확인 가능

03. 중요 특징

- **SPLINE과 PLINE의 차이** : SPLINE은 부드러운 곡선을 유지하지만, PLINE으로 변환하면 선분의 개수에 따라 직선으로 보일 수도 있습니다.
- 불필요한 버텍스(제어점)를 줄이면 CAD 파일의 성능이 향상되므로 제어점을 신중하게 추가/삭제합니다.
- Fit Data 옵션을 활용하여 자연스러운 곡선 형태를 유지할 수 있습니다.
- 폴리선 변환 시 세그먼트 개수를 설정하여 곡선의 해상도를 조절할 수 있습니다.

04. SPLINEDIT를 활용한 설계 작업

건축 설계	기계 설계	제품 설계
- 곡선형 벽체 수정: 기존 설계된 곡선형 외벽을 수정하여 디자인 변경	- 캠(Cam) 형상 미세 조정: 곡선 기반 기계 부품의 곡률을 조정	- 유선형 디자인 개선: 전자제품, 자동차 부품 등의 곡선을 더 정교하게 조정
- 자연스러운 조경 요소 조정: 공원, 도로의 곡선을 부드럽게 조정	- 에어로다이내믹 부품 수정: 항공 및 자동차 부품의 곡선을 최적화	- 손잡이, 가구 등의 인체공학적 설계: 스플라인을 수정하여 그립감 향상

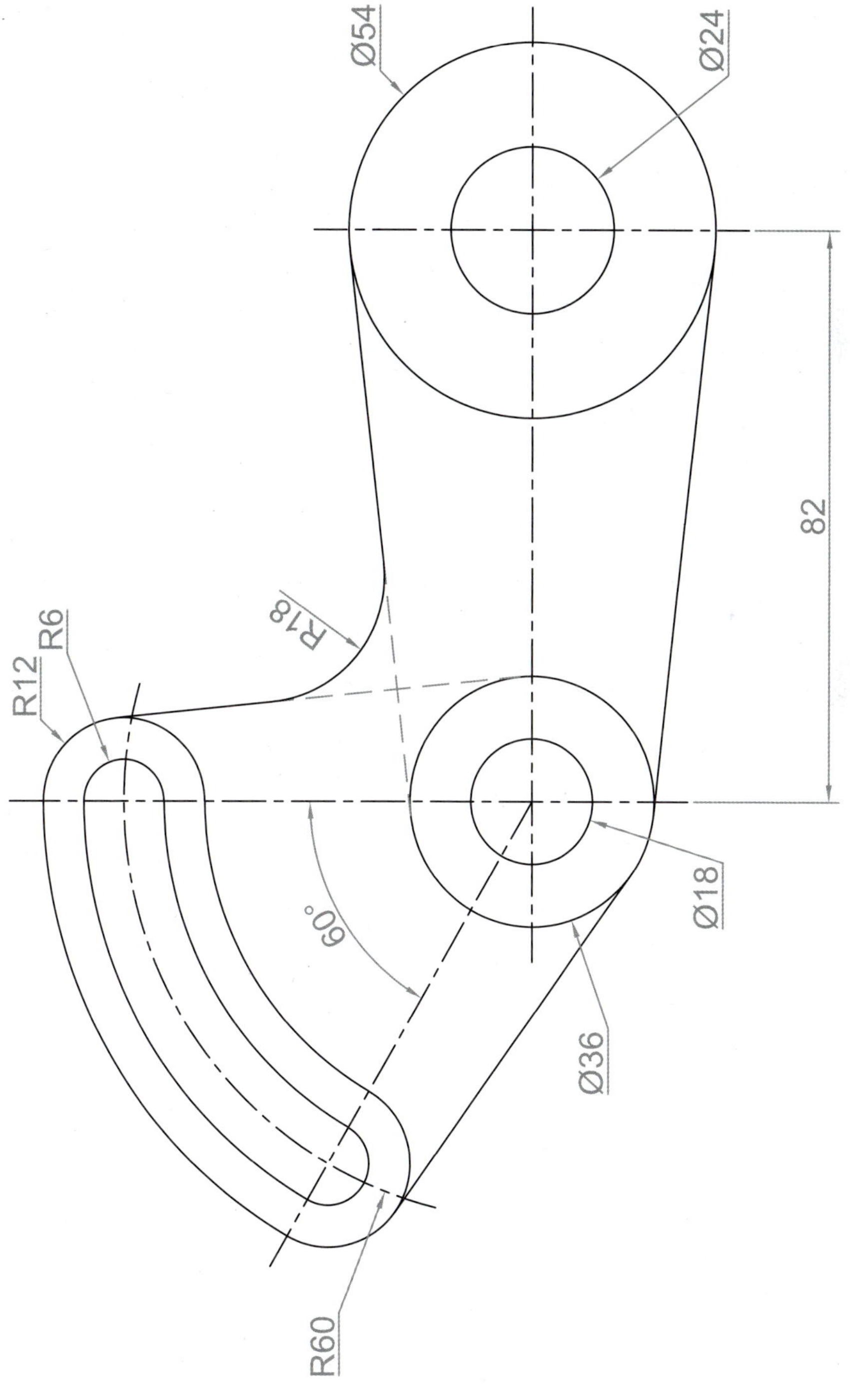
Ø54
Ø24
82
R18
R6
R12
60°
Ø18
Ø36
R60

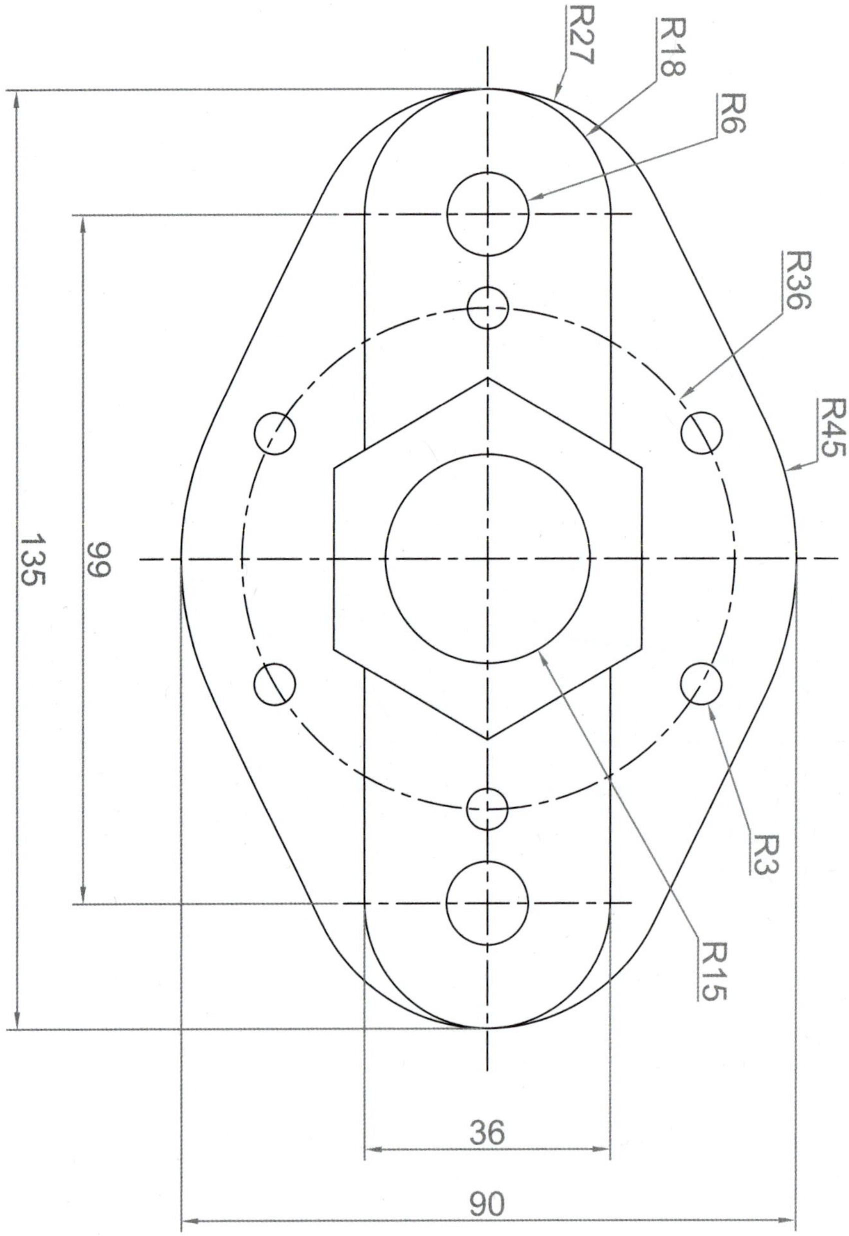

05 POINT

참조점

- **POINT** 명령어의 개념과 역할을 이해한다.
- 다양한 방법으로 점을 생성하는 방법을 익힌다.
- 옵션을 활용하여 점의 스타일을 변경하는 방법을 학습한다.

명령어 위치 및 호출 방법

메뉴	Draw 메뉴 → Point → Multiple Point 명령어 클릭
도구막대	Draw 도구막대 → Point 버튼
리본	Home 탭 → Draw 패널 → Point 아이콘
명령 입력	명령창에 **POINT** 입력 후 Enter , 단축키: **PO** 입력 후 Enter

기본 사용법

```
Command: POINT

Current point modes: PDMODE=0  PDSIZE=0.0000
→ 포인트 종류 및 크기 상태

Specify a point:  → 위치 선택
```

POINT 명령어 자체는 단일 작업입니다. 연속적으로 사용할 때에는 Draw 패널을 확장하여 [Multiple Point] 아이콘을 선택하여 작업하는 것을 권장합니다.

■ PTYPE 점 스타일 대화상자 명령어

AutoCAD 2015부터 DDPTYPE 명령이 **PTYPE**으로 대치되었습니다.

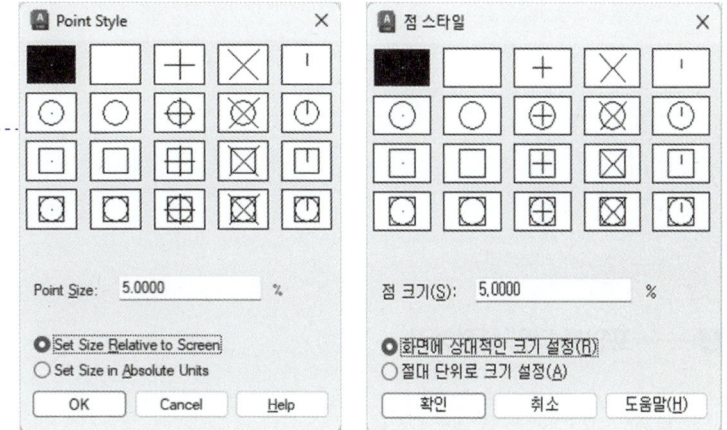

❶ 점 표시 이미지

점 객체를 표시하는 데 사용되는 이미지를 지정합니다. 아이콘을 선택하여 점 스타일을 변경할 수 있습니다.

점 스타일은 **PDMODE** 시스템 변수에 저장되는데, 각 행별로 부여된 고유 숫자로 저장되므로 대화상자에서 선택할 것을 권장합니다. 스타일을 변경하면 작업중인 모든 스타일이 일괄적으로 변경되며 개별 단독으로 여러 스타일을 사용할 수는 없습니다.

❷ Point Size (점 크기)

점 표시 크기를 설정합니다. 입력한 값은 화면에 상대적이거나 절대 단위일 수 있습니다. 점 표시 크기는 **PDSIZE** 시스템 변수에 저장됩니다. 이후에 그리는 점 객체는 새 값을 사용하게 됩니다.

❸ Set Size Relative to Screen (화면을 기준으로 크기 설정)

점 표시 크기를 화면 크기에 대한 백분율로 설정합니다. 줌 확대 또는 줌 축소해도 점 표시가 변경되지 않습니다.

❹ Set Size in Absolute Units (절대 단위로 크기 설정)

점 표시 크기를 점 크기에서 지정한 실제 단위로 설정합니다. 점은 줌 확대 또는 줌 축소에 따라 더 크게 또는 작게 표시됩니다.

※ Point 작업중 화면을 기준으로 크기 설정을 변경하는 경우 REGEN 명령어를 입력하여 도면을 재생성합니다(모든 객체의 위치 및 가시성을 다시 계산합니다).

POINT 기능 연습하기

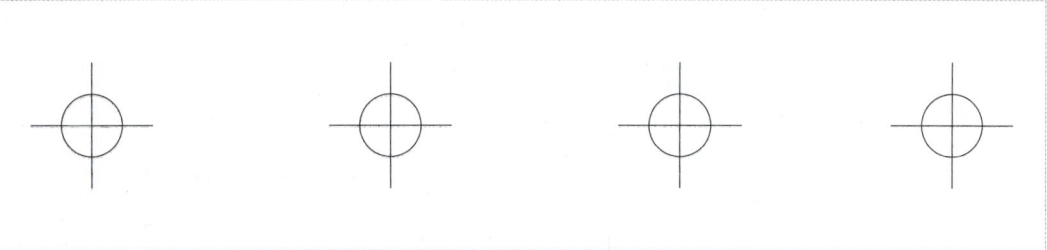

1 ── 포인트 타입 설정하기

Command: **PTYPE**
→ 점 스타일 대화상자 열기

→ 점 객체를 표시에 사용되는 이미지를 지정(2행 가운데 이미지)
→ Point Size(점 크기) 5~10으로 자유롭게 지정
→ Set Size in Absolute Units(절대 단위로 크기 설정)
→ OK (완료)

2 ── 화면에 점 찍기

Command: **POINT**
→ 명령어 POINT 입력 후 완료

Current point modes: PDMODE=34 PDSIZE=5.0000 → 현재 설정
Specify a point: → 화면 임의 위치점 또는 정확한 위치점에 클릭
→ OK (완료)

→ 몇개의 포인트를 작성후 확인합니다.
→ 작도된 포인트를 포인터 설정창에서 Set Size Relative to Screen(화면을 기준으로 크기 설정) 변경 후 변화를 확인합니다.

Tip

01. MULTIPLE(명령 반복) 명령어

- 취소할 때까지 다음 명령을 반복합니다.
- 입력한 명령은 `ESC` 키를 누를 때까지 반복됩니다. MULTIPLE은 명령 이름만 반복하기 때문에 매개변수를 매번 지정해야 합니다.
- MULTIPLE은 대화상자를 표시하는 명령은 반복하지 않습니다.

02. PDMODE 및 PDSIZE

- 시스템 변수입니다. 대화상자를 활용하여 작업하며, 기본값으로 사용하는 것을 권장합니다.

03. 점 스타일 변경이 안 보일 때

- PTYPE 실행 후 전체 점 크기를 조정하면 화면에 점이 더 명확하게 표시됩니다.
- REGEN(도면 재생성) 명령을 실행하여 도면을 재생성합니다.

04. 점의 위치를 정확히 찍고 싶을 때

- OSNAP(개체 스냅)를 활성화하고 NODE 옵션을 켜면 점을 정확하게 선택이 가능합니다.

05. 점 개수가 많을 경우 점 레이어를 따로 설정

- 점을 특정 레이어에서 작성하면 관리가 편리합니다. (POINT_LAYER 생성 후 점 작성)

06. DIVIDE/MEASURE 활용

- 직선, 원호 등에 일정한 간격으로 점을 배치할 때 DIVIDE와 MEASURE 명령을 함께 사용합니다.

07. POINT를 활용한 설계 작업

건축 설계	기계 설계	제품 설계
부지 계획 시 좌표를 표시하기 위해 사용	부품 가공 시 좌표 데이터를 제공하는 용도로 활용	제품의 기준점이나 조립 위치를 나타낼 때 사용
기둥, 기초, 창호 등의 기준점을 설정하는 데 활용	특정한 위치에 구멍이나 피처(feature) 위치를 미리 표시	곡선형 제품의 특정 지점을 측정할 때 DIVIDE 또는 MEASURE와 함께 사용

06 DIVIDE

등간격 분할

- **DIVIDE** 명령어의 기능과 활용법을 익힌다.
- 다양한 호출 방법을 익혀 실무에서 빠르게 명령어를 사용할 수 있도록 한다.
- 옵션 기능을 이해하여 보다 정교한 객체 분할이 가능하도록 한다.

명령어 위치 및 호출 방법

메뉴	Draw 메뉴 → Point → Divide 명령어 클릭
리본	Home 탭 → Draw 패널 → Point → Divide 아이콘
명령 입력	명령창에 **DIVIDE** 입력 후 Enter , 단축키: **DIV** 입력 후 Enter

기본 사용법

Command: **DIVIDE**

Select object to divide:
→ 분할할 객체 선택 (선, 폴리선, 호, 원, 타원 또는 스플라인)

Enter the number of segments or [Block]: **4** → 분할 개수 입력 후 완료

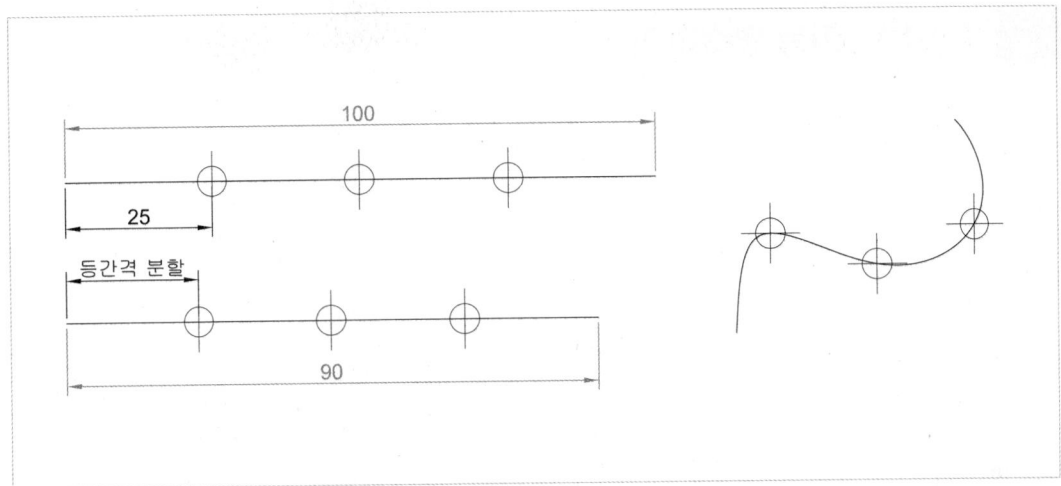

옵션 살펴보기

- **Select Object to Divide (등분할 객체 선택)** : 단일 기하학적 객체(선, 폴리선, 호, 원, 타원 또는 스플라인)를 지정

- **Number of Segments (세그먼트 수)** : 선택된 객체를 따라 동일한 간격으로 점 객체를 배치
  - ※ 작성되는 점 객체 수는 지정한 세그먼트 수보다 한 개 적습니다. 도면에 있는 모든 점 객체의 스타일과 크기를 설정하려면 PTYPE을 사용합니다.

- **Block (블록)** : 지정된 블록을 선택한 객체를 따라 동일한 간격으로 배치
  - ※ 블록은 선택한 객체가 원래 작성된 평면에 삽입됩니다. 블록 안에 변수 속성이 있는 경우 이 속성들은 포함되지 않습니다.
  - ※ Align block with object(객체에 블록을 정렬시키겠습니까?)
    - Yes (예) : 선택한 객체의 곡률에 따라 블록을 정렬합니다. 삽입된 블록의 X축은 등분할 위치에서 선택한 객체와 접하거나 동일선상에 있습니다.
    - No (아니오) : 사용자 좌표계의 현재 방향에 따라 블록을 정렬합니다. 삽입된 블록의 X축은 등분할 위치에 있는 UCS의 X축에 평행합니다.

DIVIDE 명령어는 등분점(Point)만 생성되며 객체 자체를 분할하지 않습니다.

PTYPE 명령어를 사용해 점 스타일을 변경하지 않으면 기본 점 형태로 보이지 않을 수 있습니다.

DIVIDE 기능 연습하기

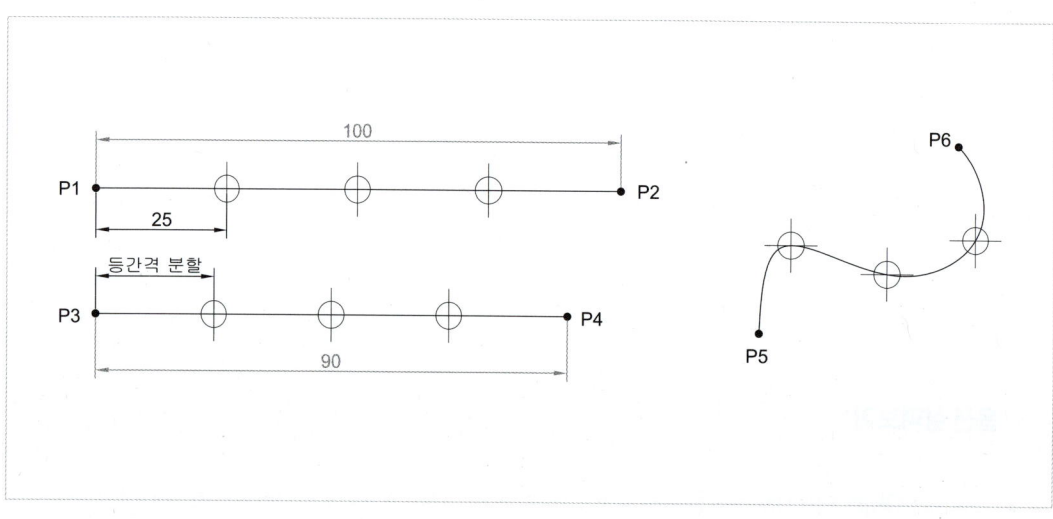

1 ── 밑그림 LINE 명령어로 치수에 맞게 작도, SPLINE 명령어로 자유곡선 임의 작도

2 ── 포인트 타입설정

Command: **PTYPE**
→ 점 스타일 대화상자 열기

→ 점 객체를 표시하는 데 사용되는 이미지를 지정(2행 가운데 이미지)
→ Point Size(점 크기) 객체 크기에 맞게 입력
→ Set Size in Absolute Units(절대 단위로 크기 설정)
→ OK (완료)

3 ── 등간격 분할

Command: **DIVIDE**
→ 등간격 분할 명령어 입력 후 완료

Select object to divide:
→ 등간격 분할대상 객체 선택 P1점을 선택하는 것이 아니라 그 위치에 가까운 부분 선택

Enter the number of segments or [Block]: **4**

→ 등분할 숫자 4 입력(4등분한다는 의미, 실제로 자르는 것은 아님)

→ 동일한 방법으로 나머지도 분할 작업을 합니다.

※ 길이를 가지는 객체는 양단에 끝점이 존재 합니다.
동일한 간격을 지정하는 것이므로 좌우 어느 쪽에 가까워도 결과는 같습니다.

Tip
DIVIDE를 활용한 설계 작업

건축 설계	기계 설계	제품 설계
• 창문이나 기둥을 일정한 간격으로 배치	• 볼트 홀의 균등한 배치	• 곡선 디자인에서 일정 간격으로 참조점 생성
• 예 벽을 일정한 간격으로 나누고 각 점에 창문을 배치	• 예 플랜지에 일정한 개수의 나사 구멍을 배치	• 예 제품 외관의 장식 패턴 배치

07 MEASURE

길이 분할

- MEASURE 명령어의 개념과 역할을 이해한다.
- 선, 폴리선, 원호 등에 일정한 간격으로 점을 배치하는 방법을 익힌다.
- 다양한 옵션을 활용하여 효율적으로 점을 배치하는 방법을 학습한다.

명령어 위치 및 호출 방법

메뉴	Draw 메뉴 → Point → Measure 명령어 클릭
리본	Home 탭 → Draw 패널 → Point → Measure 아이콘
명령 입력	명령창에 MEASURE 입력 후 Enter, 단축키: ME 입력 후 Enter

기본 사용법

```
Command: MEASURE

Select object to measure:
→ 분할할 객체 선택

Specify length of segment or [Block]: 30   → 분할 길이 입력 후 완료
```

객체의 길이 또는 둘레를 따라 측정된 간격으로 점 객체 또는 블록을 작성합니다. 원의 길이 분할은 중심에서 반시계 방향으로 설정된 각도로 시작합니다(0도부터 결정).

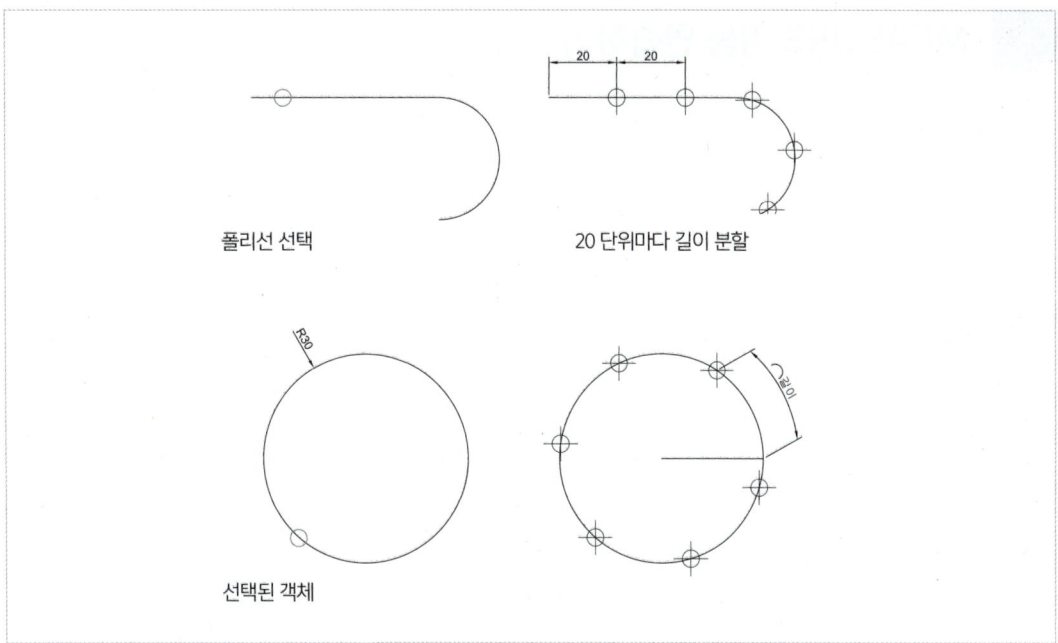

옵션 살펴보기

- **Object to measure (길이 분할 객체)** : 점 객체 또는 블록을 추가할 참조 객체를 선택

- **Length of segment (세그먼트의 길이)** : 객체를 선택하는 데 사용한 점에서 가장 가까운 끝점에서 시작하여 선택한 객체를 따라 지정된 간격으로 점 객체를 배치.
  - ※ 닫힌 폴리선의 길이 분할은 초기 정점(첫 번째로 그려진 정점)에서 시작합니다.
  - ※ 원의 길이 분할은 중심에서 반시계 방향으로 설정된 각도로 시작합니다. 회전 각도가 0이면 원의 길이 분할은 원주에서 중심의 오른쪽 사분점으로 시작합니다.

- **Block (블록)** : 선택한 객체를 따라 지정된 간격으로 블록을 배치
  - ※ Align block with object(객체에 블록을 정렬시키겠습니까?)
    - Yes (예) : 삽입점 둘레로 블록이 회전하여 측정 중인 객체에 수평선이 정렬하고 접하도록 그려집니다.
    - No (아니오) : 블록이 항상 회전 각도 0으로 삽입됩니다.
  - ※ 세그먼트 길이를 지정하면 블록이 지정된 간격으로 삽입됩니다. 블록 안에 변수 속성이 있는 경우 이 속성들은 포함되지 않습니다.

MEASURE 명령어는 객체의 길이 또는 둘레를 따라 측정된 간격으로 점 객체 또는 블록을 작성하며, 객체 자체를 분할하지는 않습니다.

PTYPE 명령어를 사용해 점 스타일을 변경하지 않으면 기본 점 형태로 보이지 않을 수 있습니다.

MEASURE 기능 연습하기

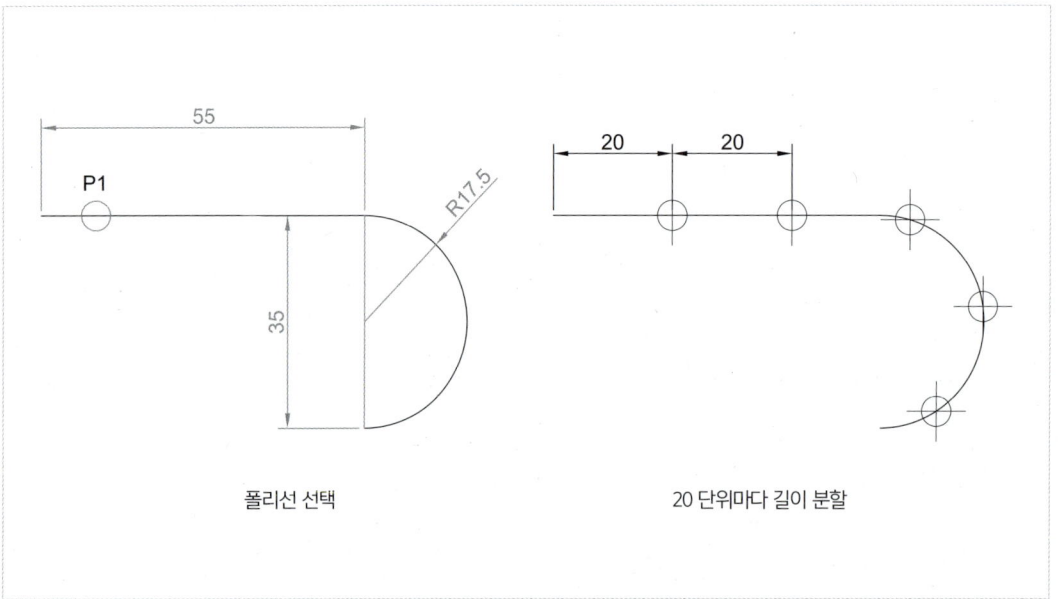

폴리선 선택   20 단위마다 길이 분할

주어진 치수로 밑그림 작도하기 (하나로 연결된 객체로 만들어야 합니다.)

Command: **MEASURE**
→ 길이 분할 명령어 입력 후 ⏎

Select object to measure: → 객체 선택(P1 위치) (반대쪽을 선택하면 결과가 조금 달라집니다.)

Specify length of segment or [Block]: **20** → 길이 20을 입력하고 완료

※ 길이 분할된 위치가 보이지 않으면 포인트 모양 설정창을 확인하세요.
※ 객체 선택의 위치를 끝점의 위치점 근처로 다르게 지정하여 실습해 보기 바랍니다.

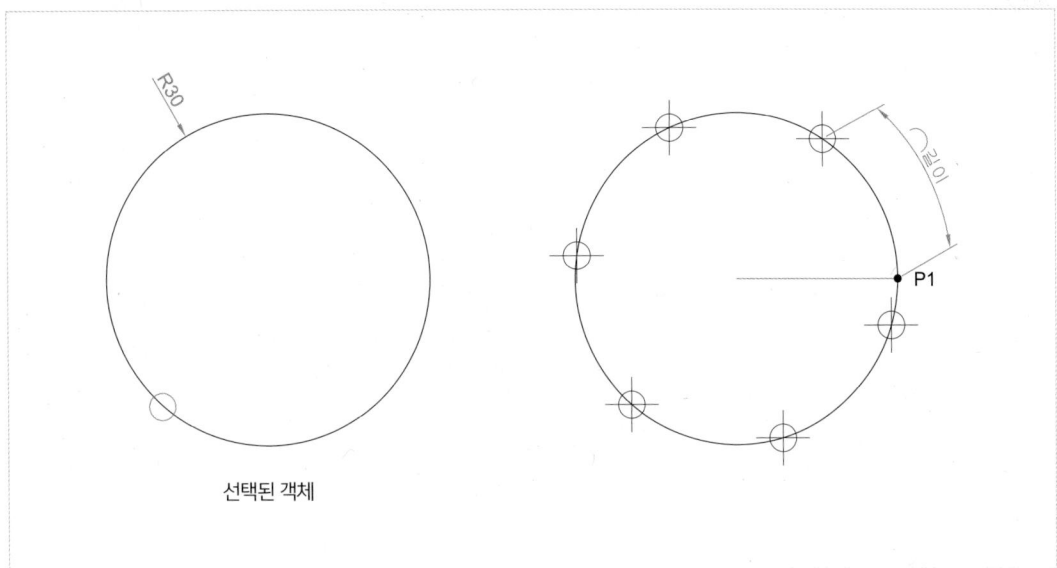

주어진 치수로 원호 작도하기

Command: **MEASURE**
→ 길이 분할 명령어 입력 후 ↵

Select object to measure: → 객체 선택(동그라미) (어디를 선택하든 결과는 같습니다.)

Specify length of segment or [Block]: **30** → 길이 30을 입력 후 ↵

※ 길이 분할된 위치가 보이지 않으면 포인트 모양 설정창을 확인하세요.
※ 다른 위치도 선택해 보기 바랍니다.
※ 닫힌 원호 객체는 각도의 영향으로 3시 방향 0도부터 계산이 되어집니다.
※ POLYGON(정다각형) 객체를 나누고자 할 때는 시작하는 위치점을 OPEN시켜 한쪽을 끊어야 작업이 쉬워집니다..

Tip

MEASURE를 활용한 설계 작업

건축 설계	기계 설계	제품 설계
▪ 도로, 벽, 창호 등의 일정 간격 기준점을 표시할 때 사용 ▪ 부지 경계선이나 배치 계획에서 일정한 간격으로 표식을 배치	▪ 볼트 홀의 균등한 배치가공 위치를 일정 간격으로 표시하여 가공 좌표 설정 ▪ 원호나 곡선을 따라 일정 간격으로 볼트, 구멍 위치를 설정할 때 유용	▪ 곡면 제품에서 특정 위치를 표시하는 기준점 배치 ▪ 조립 공정에서 나사나 리벳과 같은 요소를 일정한 간격으로 배치

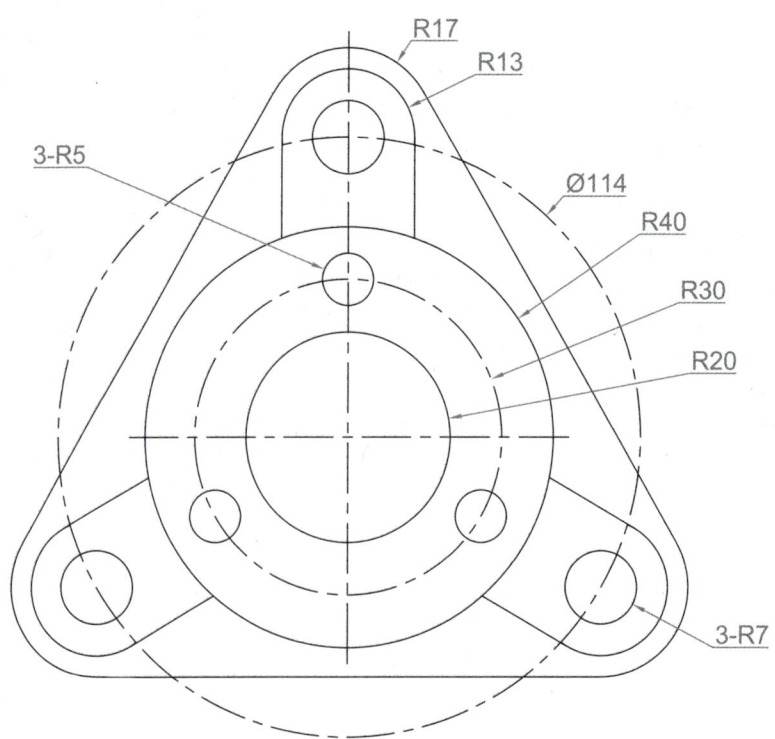

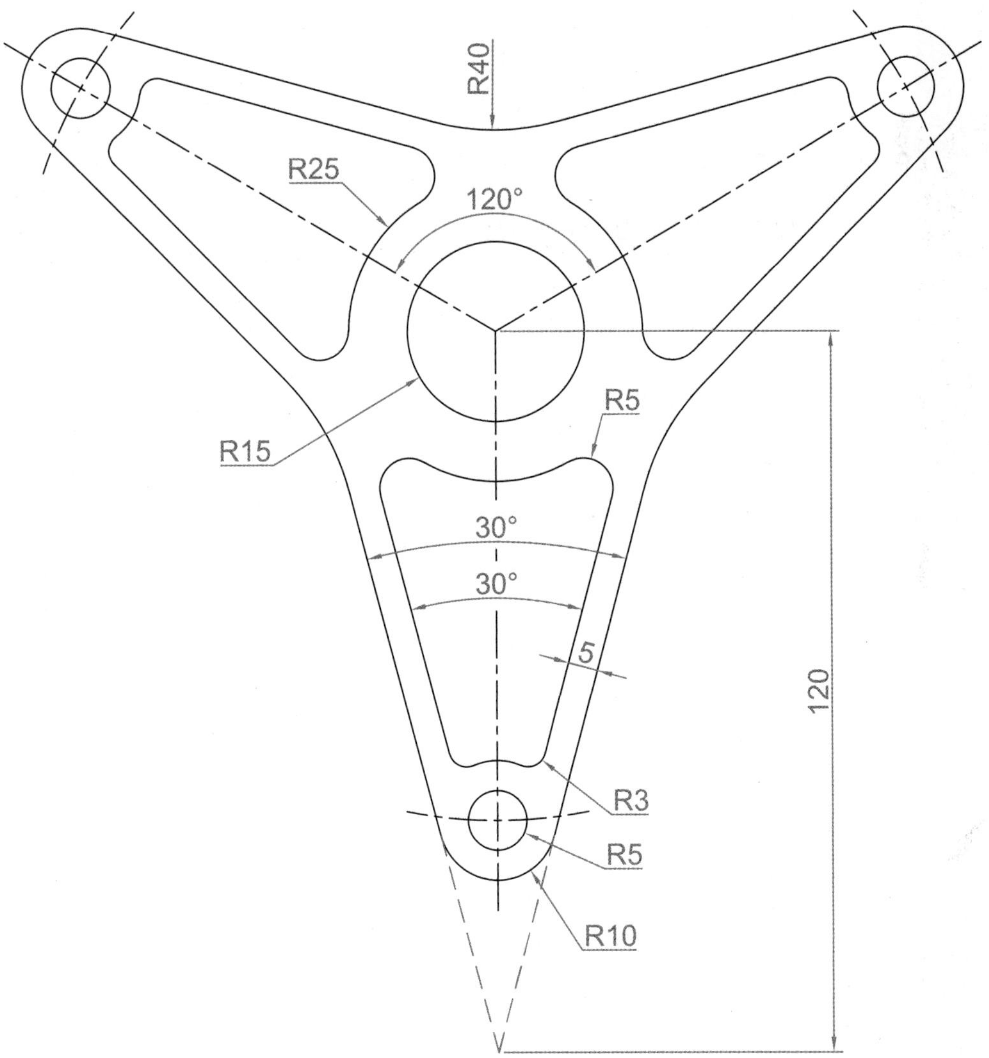

MEASURE (길이 분할)

08 ALIGN

정렬

- **ALIGN** 도구의 기본 개념과 사용 목적을 이해한다.
- 정렬할 객체의 기준점을 설정하고, 다양한 축을 기준으로 객체를 배치하는 기술을 습득한다.
- 매칭 방법 학습으로 2D, 3D객체의 정렬을 이해한다.

명령어 위치 및 호출 방법

메뉴	Modify 메뉴 → 3D Operations(3D작업) → Align 명령어 클릭
리본	Home 탭 → Modify 패널 → Align 아이콘
명령 입력	명령창에 **ALIGN** 입력 후 Enter, 단축키: **AL** 입력 후 Enter

기본 사용법

```
Command: ALIGN

Select objects: 1 found  → 정렬할 객체 선택

Select objects:  → ↵ 선택 완료

Specify first source point:  → 첫 번째 근원점 클릭

Specify first destination point:  → 첫 번째 대상점 클릭

Specify second source point:  → 두 번째 근원점 클릭

Specify second destination point:  → 두 번째 대상점 클릭

Specify third source point or <continue>:  → <continue> ↵ 점 선택 완료

Scale objects based on alignment points? [Yes/No] <N>:
→ <N> 원본 크기 유지한 채로 정렬만 수행
```

※ Y : 기준점 간의 거리에 맞춰 자동으로 크기 조정

ALIGN 명령을 사용해 다른 객체와 나란하게 정렬되도록 객체를 이동하거나, 회전하거나, 기울(3D)일 수 있습니다. 3D에서는 3DALIGN 명령으로 최대 3개의 점을 지정하여 원본 평면을 정의한 다음, 최대 3개 점을 지정하여 대상 평면을 정의합니다.

객체의 첫 번째 근원점을 기준점이라고 하며, 항상 첫 번째 대상점으로 이동합니다. 근원 또는 목표 중 하나에 두 번째 점을 지정하면 선택된 객체가 회전합니다(첫 번째 근원점-두 번째 근원점을 연결하는 선을 정렬). 근원 또는 대상의 세 번째 점은 선택한 객체를 나중에 회전시킵니다.

3D 솔리드 모형의 경우 대상 평면의 빠른 선택이 가능하도록 동적 UCS를 사용하는 것이 좋습니다. 참고로 AutoCAD LT에서는 3D 정렬을 사용할 수 없습니다.

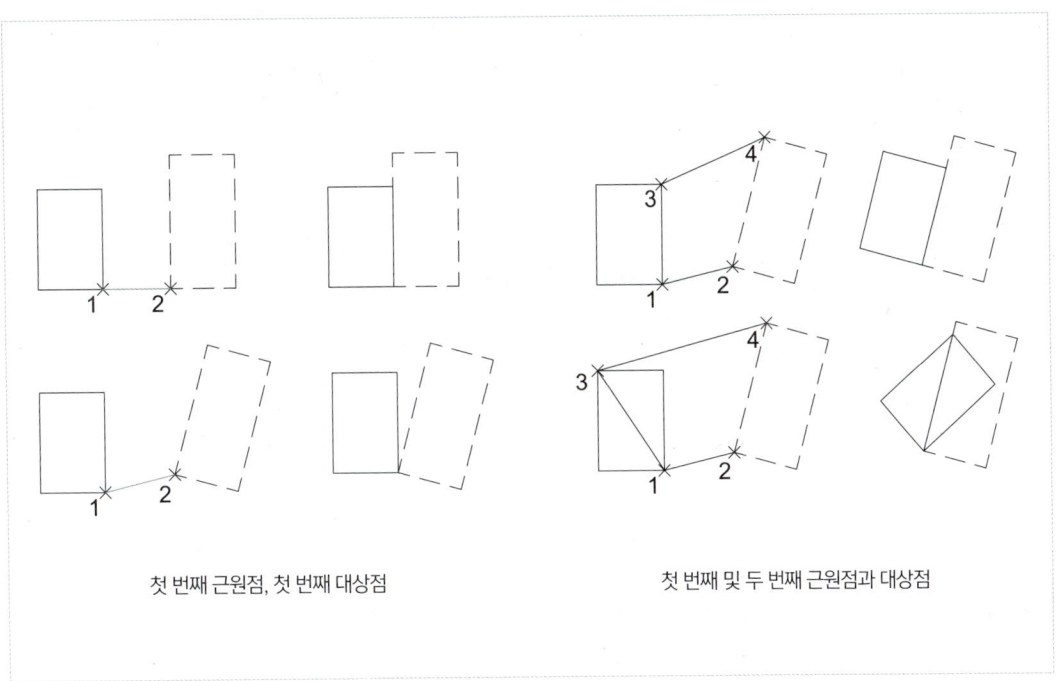

첫 번째 근원점, 첫 번째 대상점   첫 번째 및 두 번째 근원점과 대상점

옵션 살펴보기

- **source points (근원점)** : 움직이고자 하는 객체의 점

- **definition points (대상점)** : 대상이 되는 객체의 점

- **Select objects (객체 선택)** : 정렬할 객체를 선택하고 Enter 키를 누릅니다. 근원점과 대상점을 지정하라는 일련의 프롬프트가 표시됩니다. 지정하는 점 쌍의 개수에 따라 결과가 달라집니다.

- **1:1 매칭**
    - **First source point, First destination point (첫 번째 근원점, 첫 번째 대상점)** : 한 쌍의 근원점과 대상점을 선택한 경우에는 선택된 객체가 2D 또는 3D로 근원점에서 대상점으로 이동합니다(MOVE 명령과 동일).

- **2:2 매칭**
    - **First and Second source and destination points (첫 번째 및 두 번째 근원점과 대상점)** : 두 쌍의 점을 선택한 경우에는 선택한 객체를 이동, 회전 및 축척하여 다른 객체와 정렬할 수 있습니다.
        - ※ 첫 번째 세트의 근원 및 대상점은 정렬 기준점을 정의하며, 두 번째 세트의 점들은 회전 각도를 정의합니다.
        - ※ 두 번째 세트의 점을 입력하면 객체를 축척할 수 있는 Scale objects based on alignment points? [Yes/No] 프롬프트가 표시됩니다. 첫 번째와 두 번째 대상점 사이의 거리를 객체가 축척될 때의 참조 길이로 사용합니다. 축척은 두 쌍의 점을 사용하여 객체를 정렬할 때만 사용할 수 있습니다.
        - ※ 근원점 및 대상점 두 개를 사용하여 비직교 작업 평면에서 3D 정렬을 수행하면 예기치 않은 결과가 발생합니다.

- **3:3 매칭** : 2D 작업에서는 사용 안함
    - **First, Second, and Third source and destination points (첫 번째, 두 번째 및 세 번째 근원점과 대상점)** : 대상 간의 맞닿는 평면을 정렬한다고 생각하면 됩니다. 세 쌍의 점을 선택한 경우에는 선택한 객체를 3D로 이동 및 회전하여 다른 객체와 정렬할 수 있습니다.

ALIGN 기능 연습하기

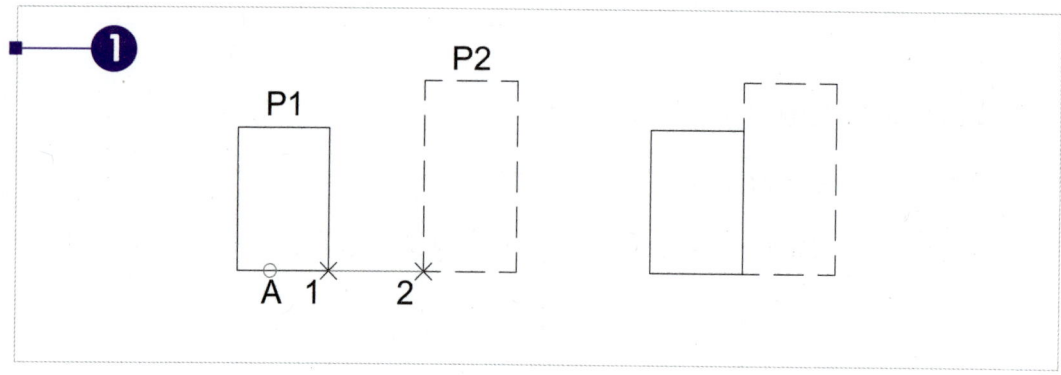

사각형 P1, P2를 임의치수로 작도 (P2는 P1보다 크게)

Command: **ALIGN**
→ 정렬 명령어 ALIGN 입력 후 ↵

Select objects: 1 found → 움직이고자 하는 객체 A 선택
Select objects: → 완료 ↵
Specify first source point: → 움직이고자 하는 객체의 점 1 선택
Specify first destination point: → 대상이 되는 객체의 점 2 선택 후 완료 ↵

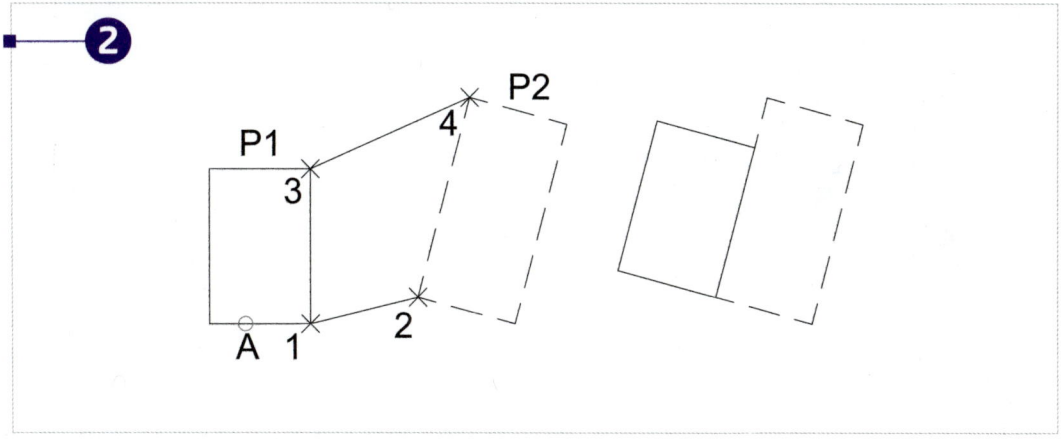

사각형 P1, P2를 임의치수로 작도 후 P2 기울이기 (P2는 P1보다 크게)

Command: **ALIGN**
→ 정렬 명령어 ALIGN 입력 후 ↵

Select objects: 1 found → 움직이고자 하는 객체 A 선택
Select objects: → 완료 ↵
Specify first source point: → 움직이고자 하는 객체의 점 1 선택
Specify first destination point: → 대상이 되는 객체의 점 2 선택
Specify second source point: → 움직이고자 하는 객체의 점 3 선택

Specify second destination point: → 대상이 되는 객체의 점 4 선택

Specify third source point or <continue>: → 완료 ⏎

Scale objects based on alignment points? [Yes/No] <N>: → 완료 ⏎

※ 두 번째 세트의 점을 입력하면 객체를 축척할 수 있는
Scale objects based on alignment points? [Yes/No] 프롬프트가 표시 <기본값 No>

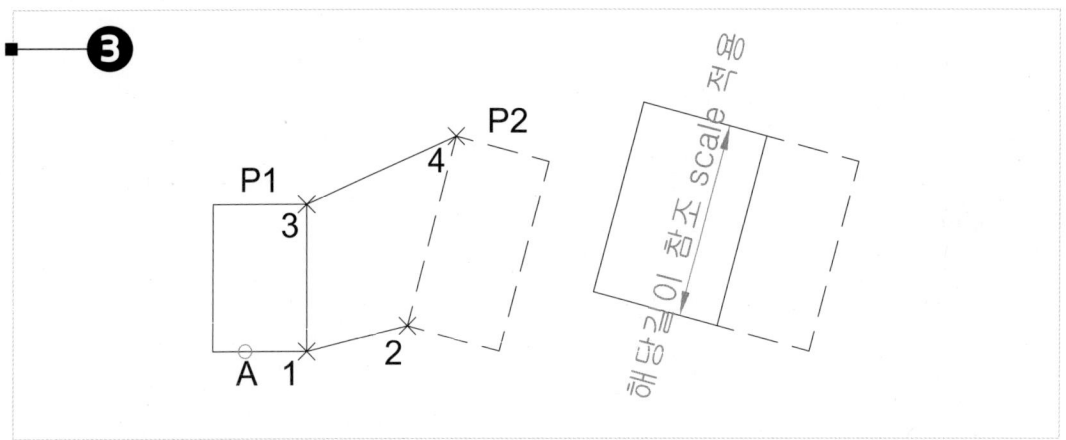

사각형 P1, P2를 임의치수로 작도 후 P2 기울이기 (P2는 P1보다 크게)

Command: **ALIGN**
→ 정렬 명령어 ALIGN 입력 후 ⏎

Select objects: 1 found → 움직이고자 하는 객체 A 선택

Select objects: → 완료 ⏎

Specify first source point: → 움직이고자 하는 객체의 점 1 선택

Specify first destination point: → 대상이 되는 객체의 점 2 선택

Specify second source point: → 움직이고자 하는 객체의 점 3 선택

Specify second destination point: → 대상이 되는 객체의 점 4 선택

Specify third source point or <continue>: → 완료 ⏎

Scale objects based on alignment points? [Yes/No] <N>: Y
→ 옵션 Y 입력 후 ⏎, 대상의 길이에 맞게 변형됨

Tip

01. 객체를 특정 위치에 정확하게 맞추고 싶을 때

- OSNAP(개체 스냅) 기능을 활성화하여 정렬 기준점을 정확하게 선택합니다.

02. 정확한 정렬 후 추가 미세 조정 필요할 경우

- Scale objects based on alignment points? [Yes/No] 옵션으로 크기를 유지한 채 정렬한 후, 필요 시 SCALE 명령을 별도로 실행합니다.
- 기존의 MOVE, ROTATE, SCALE을 한번에 수행할 수 있어 효율적으로 작업할 수 있습니다.

03. 3D 정렬이 필요할 때 유용

- 3D 모델에서 면을 특정 면에 맞추는 작업(예 기계 부품 조립) 시 유용하게 사용할 수 있습니다.

04. ALIGN을 활용한 설계 작업

건축 설계	기계 설계	제품 설계
- 창문, 문, 기둥 등 반복 요소를 정렬할 때 활용 - 건물 평면에서 특정 벽체나 가구를 기준 위치에 정확히 배치	- 기어, 축, 플랜지 등 정밀 부품을 조립할 때 정확한 정렬 수행 - 3D 모델에서 부품을 특정 위치에 정렬할 때 필수적	- 제품의 부품을 특정 기준에 맞춰 배치 (예 나사 구멍 정렬) - 조립 공정에서 부품 간 간격 및 위치를 정밀하게 조정

전산응용건축제도 기능사 지붕기와 작업하기 ALIGN 명령

① 그리기 도구를 활용하여 외벽 및 내벽 중심선 작업을 하고 실의 높이선을 작도합니다.

※ 실의 높이는 일반적으로 2400mm입니다. 여기서는 임의로 작도합니다.

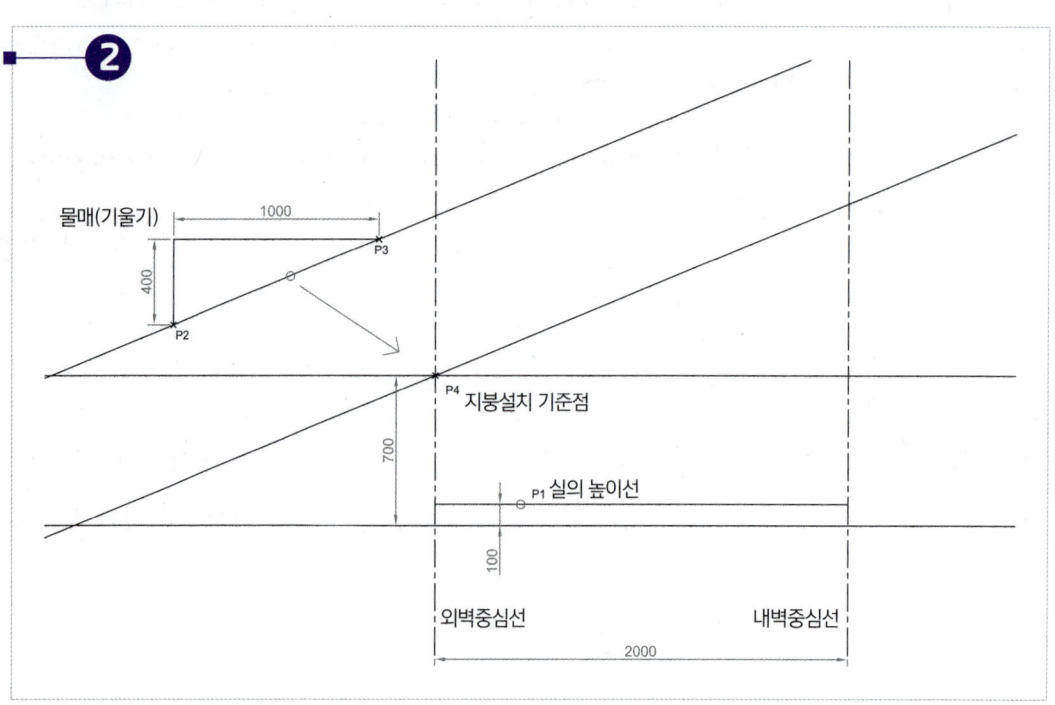

① 실의 높이선을 아래로 Offset 100mm, 보의 높이 700mm만큼 위로 Offset 합니다.
　　※ XLINE의 Offset 옵션 활용

▶ 일반 Line 객체 Offset 하여 구조선으로 바꾸는 법 (XLINE 명령어 옵션 Offset 기능)

Command: **XLINE**

Specify a point or [Hor/Ver/Ang/Bisect/Offset]: **O** → 옵션 O 입력 후 ↵
Specify offset distance or [Through] ⟨100.0000⟩: **100** → 거리값 100 입력 후 ↵
Select a line object: → P1 실의 높이선 선택
Specify side to offset: → 아래방향으로 마우스 클릭 지정
Select a line object: → 완료 ↵

② 동일한 방법으로 보의 높이 700mm 라인 Offset 합니다.

③ 좌측 상단에 지붕기울기(물매) 라인으로 작업하기
　　※ 직교모드 활성화 F8

Command: **<Ortho on>**
　→ F8 직교모드 ON

Command: **LINE**

Specify first point: → 임의점 P1 지정
Specify next point or [Undo]: **400** → 마우스 위쪽방향으로 옮긴 후 거리값 400 입력 후 ↵
Specify next point or [Undo]: **1000** → 마우스 왼쪽방향으로 옮긴 후 거리값 1000 입력 후 ↵
Specify next point or [Close/Undo]: → 완료 ↵

④ 다음 작업을 위하여 직교모드 OFF

Command: **<Ortho off>**
　→ F8 직교모드 OFF

⑤ 기울기 구조선 XLINE 명령어로 작성 (첫번째 위치점 P2 지정 후 통과점 P3 지정 완료)

⑥ 복사 명령을 이용하여 기울기 구조선을 지붕의 기준점인 P4 위치점으로 복사합니다.

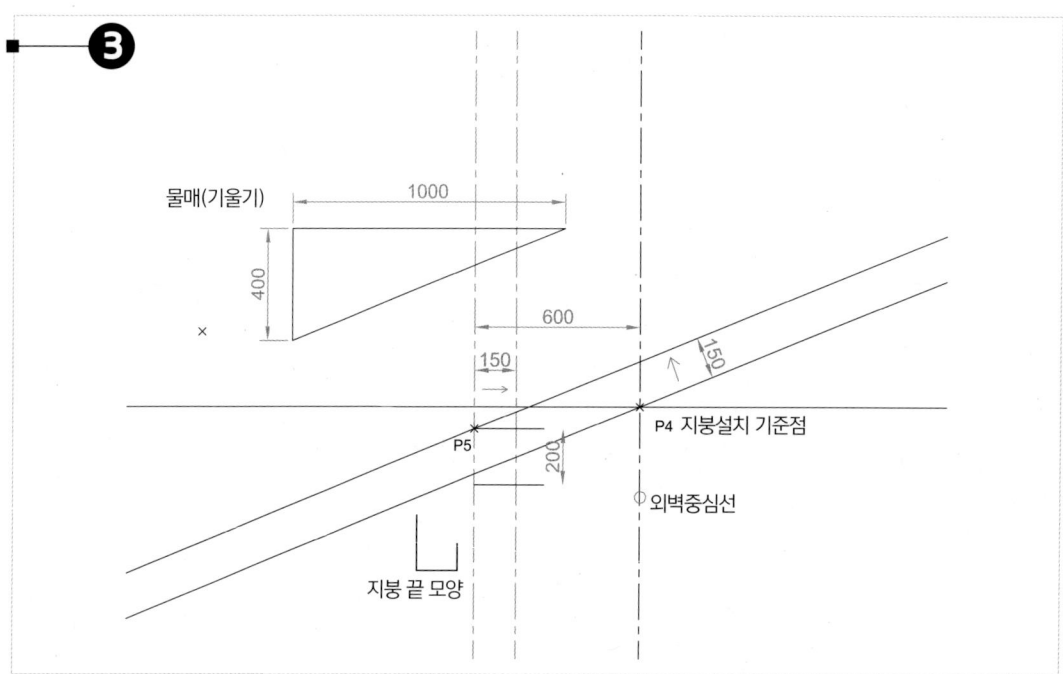

① 지붕 물매(기울기)는 그림과 같이 TRIM을 이용하여 정리합니다.

처마나옴 600mm, 구조 슬레이브 두께 150mm 표현

② 지붕 기울기 선을 위쪽으로 150mm Offset 합니다.

③ 처마나옴을 외벽중심선 좌측으로 600mm Offset 합니다.

④ 처마나옴 선을 우측으로 150mm Offset 합니다.

▶ **지붕끝선 아래로 200mm 추가**

⑤ 지붕 끝선 아래 추가하기 위하여 P5 위치점에서 우측으로 수평선 임의 거리로 작도합니다. 그리고 해당선을 아래로 200mm Offset 합니다.

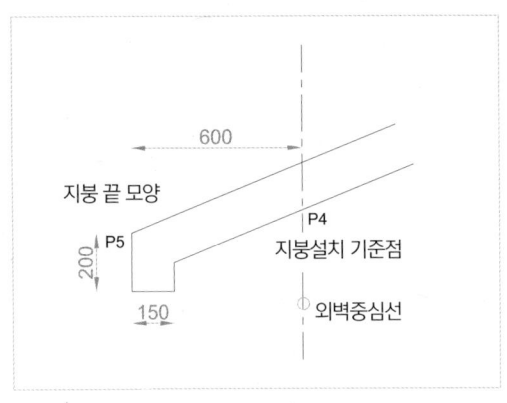

그림과 같은 지붕 끝 모양을 하기 위한 작업입니다. (TRIM을 이용하여 정리합니다.)

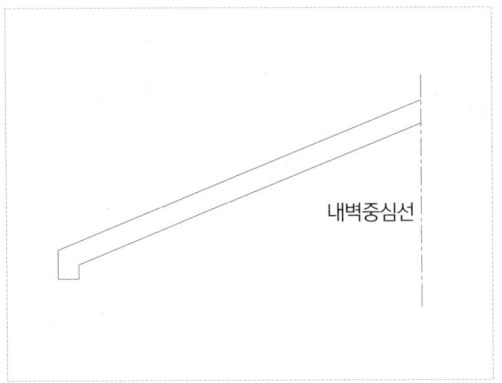

앞서 작업한 형태를 그림처럼 정리합니다.
→ 처마나옴 지붕 콘크리트 슬래이브와 내벽중심선만 남김

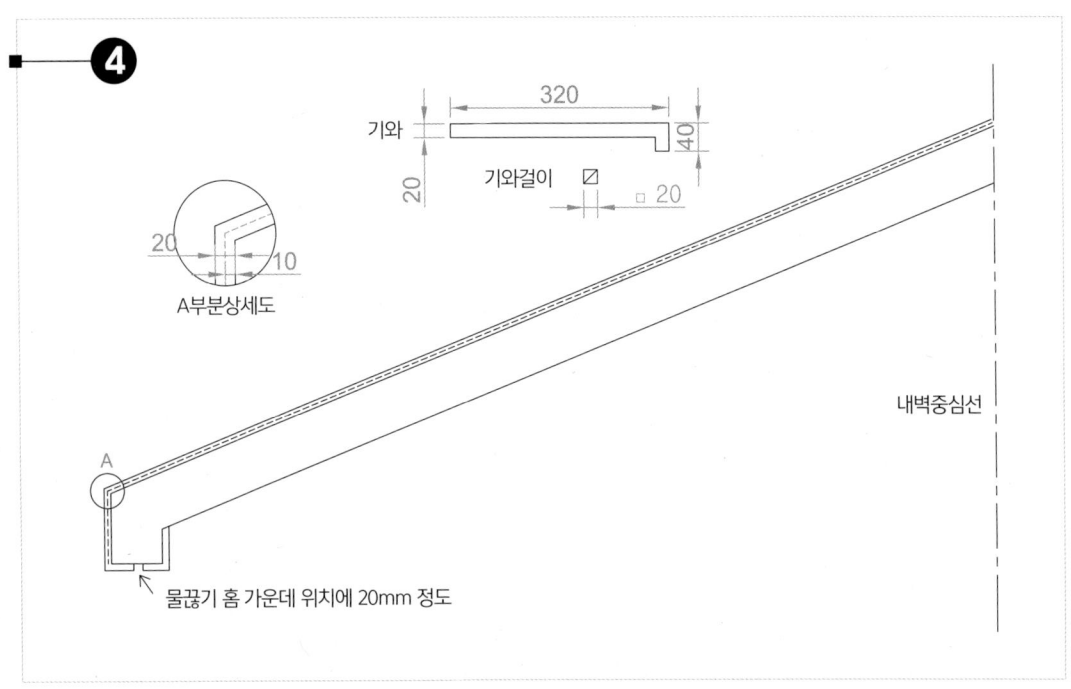

▶ 지붕의 액체방수를 표현하고 물끊기 홈 작업(여기서는 도면층 작업을 하지 않습니다)
  마감선 20mm, 액체방수 10mm 숨은선(은선) 표현

① 지붕슬레이브선을 10mm씩 두 번 Offset 합니다. A부분 상세를 참고하기 바랍니다.

② 액체방수 숨은선(은선) 표현은 해당 객체를 선택하여 특성에서 선의 종류를 Hidden으로 변경합니다.

③ 처마나옴과 지붕마감을 그림처럼 정리합니다.

▶ 기와 (길이320mm, 두께20mm)

④ 기와 및 기와 걸이를 주어진 치수로 작도한 후 폴리라인 객체로 변경하여 줍니다.
   기와 걸이 가운데 사선표현은 재료표현입니다. (일반 라인으로 표시)

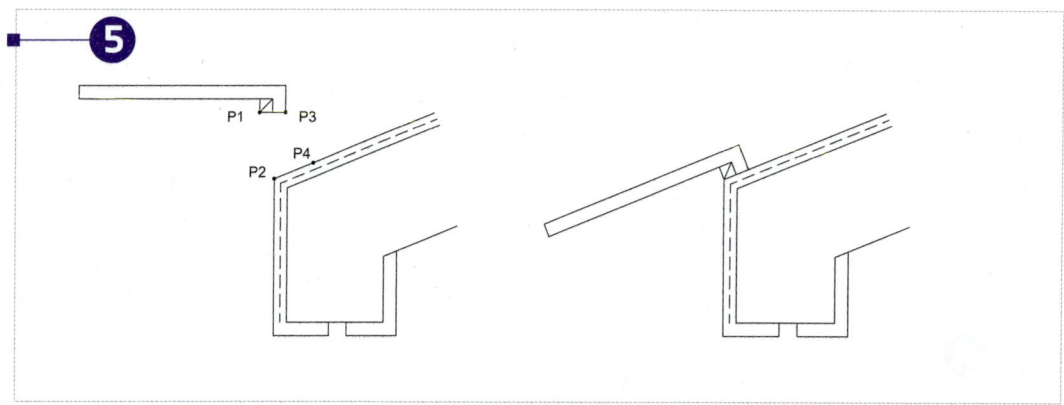

▶ 지붕기울기에 기와 정렬하기

① 기와걸이 객체를 기와 안쪽구석으로 이동하여 줍니다.

② 정렬하기 (움직이고자 하는 객체 : 기와, 기와걸이, 내부 사선)

Command: **ALIGN**
→ 정렬 명령어 ALIGN 입력 후 ↵

Select objects: 1 found → 움직이고자 하는 객체 선택 (기와)

Select objects: 1 found, 2 total → 움직이고자 하는 객체 선택 (기와걸이)

Select objects: 1 found, 3 total → 움직이고자 하는 객체 선택 (기와걸이 내부 사선)
Select objects: → 완료 ⏎
Specify first source point: → 움직이고자 하는 점 P1 선택
Specify first destination point: → 대상이 되는 위치점 P2 선택
Specify second source point: → 움직이고자 하는 점 P3 선택
Specify second destination point:
→ 대상이 되는 위치점 P4 선택 (객체 스냅 1회용 근처점(Nearest) 사용)
Specify third source point or <continue>: → 완료 ⏎
Scale objects based on alignment points? [Yes/No] <N>: →옵션 N 입력 후 완료 ⏎

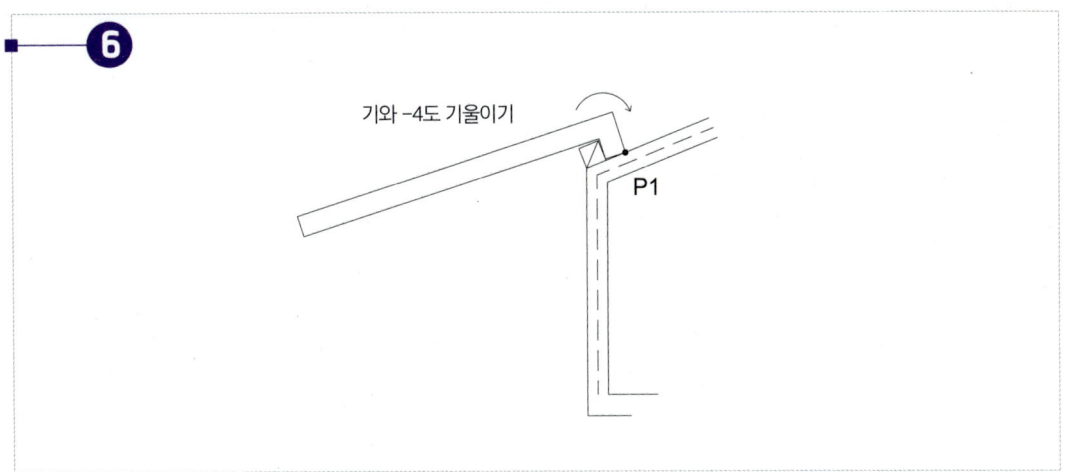

▶ 기와 -4도 기울이기

Command: **ROTATE**

Current positive angle in UCS: ANGDIR=counterclockwise ANGBASE=0
Select objects: 1 found → 기와 객체 선택
Select objects: → 완료 ⏎
Specify base point: → 회전의 기준점 P1 선택
Specify rotation angle or [Copy/Reference] <22>: **-4** → 시계방향 각도 -4 입력 후 완료

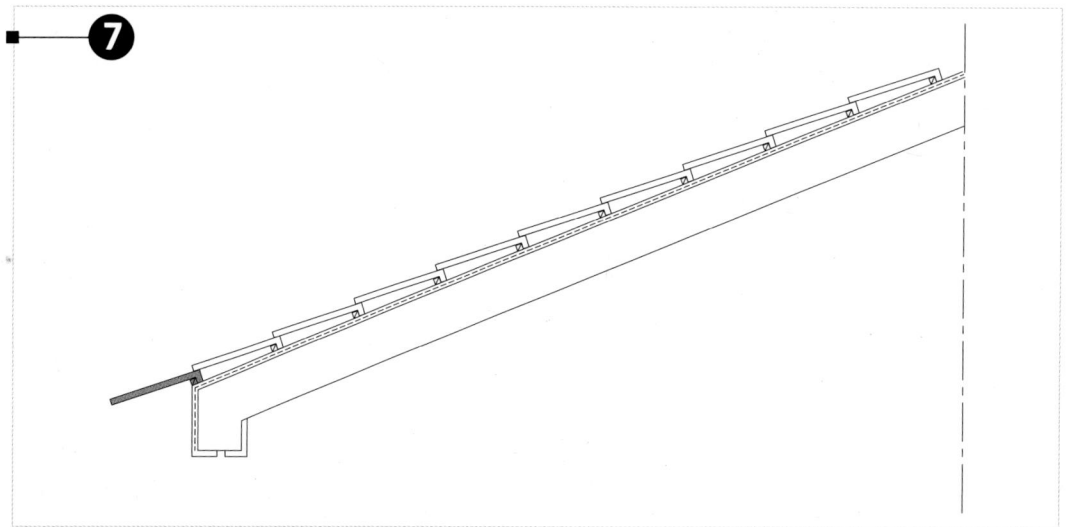

① 반드시 기울기를 실행한 후 배열복사 PATH를 활용하여 작업합니다.

> Command: **ARRAY**
>
> Select objects: 1 found → 배열 객체 선택 (기와)
>
> Select objects: 1 found, 2 total → 배열 객체 선택 (기와걸이)
>
> Select objects: 1 found, 3 total → 배열 객체 선택 (기와걸이 내부 사선)
>
> Select objects: Enter array type [Rectangular/PAth/POlar] <Rectangular>: **PA**
> → 배열방법 옵션 PAth 입력
>
> Type = Path Associative = Yes
>
> Select path curve: → 경로선에 해당하는 객체 선택 (지붕 마감선)

② 배열 편집 패널 상단에 Between(사이값) 300 입력 후 체크 하여 Close Array 합니다.

③ 시험에서는 배열 개수를 상황에 맞게 조정한 후 반대편으로 Mirror 복사 후 분해하여 정리합니다.

※ 지금까지 작업한 내용들은 시험이나 실무에서 자주 활용되는 방식입니다.

DRAWORDER

09

표시 순서 조정

- DRAWORDER 명령어의 개념과 역할을 이해한다.
- 도면 내 객체들의 표시 순서를 조정하는 방법을 익힌다.
- 다양한 옵션을 활용하여 도면을 보다 명확하게 표현하는 방법을 학습한다.

명령어 위치 및 호출 방법

메뉴	Tools 메뉴 → Draw Order 선택
리본	Home 탭 → Modify 패널 → Draw Order 아이콘
명령 입력	명령창에 **DRAWORDER** 입력 후 Enter, 단축키: **DR** 입력 후 Enter

기본 사용법

```
Command: DRAWORDER
Select objects: 1 found  →  순서를 변경할 객체를 선택
Select objects:  →  ↵ 선택 완료
Enter object ordering option [Above objects/Under objects/Front/Back]
<Back>:  →  옵션 선택 후 완료 ↵
```

수정 중인 객체가 참조 객체로 선택한 객체 바로 위 또는 아래에 표시됩니다. 객체를 모든 객체의 위 또는 아래에 표시하려면 맨 앞으로 가져오기 또는 맨 뒤로 보내기를 사용합니다.

기본적으로, 여러 기존 객체(예 FILLET 또는 PEDIT)에서 새 객체를 작성한 경우 결과 객체에서는 처음에 선택한 객체의 그리기 순서가 사용됩니다.

> **옵션 살펴보기**
>
> - **Select Objects (객체 선택)** : 그리기 순서를 변경할 객체를 지정
> - **Above Objects (객체 위로)** : 선택된 객체를 지정된 참조 객체의 위로 이동
> - **Under Objects (객체 아래로)** : 선택된 객체를 지정된 참조 객체의 아래로 이동합니다.
> - **Select reference objects (참조 객체 선택)** : 위 및 아래 옵션의 경우, 원래 선택한 객체의 위 또는 아래에 배치할 참조 객체를 선택하라는 추가 프롬프트가 표시됨
>   - Front (정면) : 도면에서 선택된 객체를 객체 순서의 맨 위로 이동합니다.
>   - Back (뒤로) : 도면에서 선택된 객체를 객체 순서의 맨 아래로 이동합니다.

■— TEXTTOFRONT 명령

문자, 지시선 및 치수를 도면의 다른 모든 객체 앞으로 가져옵니다. 참고로 블록 및 외부 참조 내에 포함된 문자와 치수는 포함 객체에서 분리하여 앞으로 가져올 수 없습니다.

- **Text (문자)** : 도면의 다른 모든 객체 앞으로 모든 문자를 가져옵니다.
- **Dimensions (치수)** : 도면의 다른 모든 객체 앞으로 모든 치수를 가져옵니다.
- **Leaders (지시선)** : 도면의 다른 모든 객체 앞으로 모든 지시선을 가져옵니다.
- **All (모두)** : 도면의 다른 모든 객체 앞으로 모든 문자, 지시선 및 치수 객체를 가져옵니다.

■— HATCHTOBACK 명령

해치 패턴, 솔리드 채우기 및 그라데이션 채우기를 비롯해 도면의 모든 해치를 선택하고, 이들 해치의 그리기 순서를 다른 모든 객체의 뒤로 설정합니다. 잠긴 도면층의 해치 객체도 수정됩니다.

Tip

01. Xref(외부참조) 또는 이미지 정렬

- 외부 참조된 도면이나 삽입된 이미지를 뒤로 보내려면 Back 옵션을 활용합니다.

02. Hatch(해치) 및 Wipeout과 함께 사용

- 해치(Hatch) 객체가 다른 선을 가릴 경우, Send to Back(Back 옵션)으로 배치 조정이 가능합니다.
- Wipeout 객체를 Front로 보내면 특정 영역을 효과적으로 숨길 수 있습니다.

03. 도면 정리 후 REGEN 사용

- 정렬 후 변경이 화면에 즉시 반영되지 않으면 REGEN 명령을 실행하여 새로 고칩니다.

04. 표시 및 플롯

- 일반적으로 주석 객체는 다른 객체의 앞에, 해치와 채우기는 다른 객체의 뒤에 표시 및 플롯합니다.
- 객체 가리기 객체는 아래쪽의 객체를 수정하지 않고 문자를 추가할 수 있는 빈 영역을 제공하는 데 사용됩니다.
- 겹치는 객체의 그리기 순서는 같은 공간(모형 공간 또는 도면 공간) 내에서만 제어할 수 있습니다.

05. DRAWORDER를 활용한 설계 작업

건축 설계	기계 설계	제품 설계
- 도면에서 특정 요소(문, 창호, 기둥)를 강조하여 가시성을 확보 - 배경 이미지(지도 등)를 도면 뒤로 보내어 가독성 향상	- 부품의 단면도나 투영도를 정확하게 배치 - 해치(Hatch)를 뒤로 보내어 형상이 명확하게 보이도록 조정	- 2D 도면에서 주요 부품이나 표식을 강조 - Wipeout을 활용하여 특정 부분을 숨기고 중요한 요소만 표시

10 OVERKILL

중복 객체 삭제

- **OVERKILL** 명령어의 개념과 역할을 이해한다.
- 중복된 선, 겹친 객체, 불필요한 요소를 제거하여 도면을 최적화하는 방법을 익힌다.
- 옵션을 활용하여 정밀하게 불필요한 객체를 삭제하는 방법을 학습한다.

명령어 위치 및 호출 방법

메뉴	Modify 메뉴 → OVERKILL 명령어 클릭
리본	Home 탭 → Modify 패널 → Delete Duplicate Objects 아이콘
명령 입력	명령창에 **OVERKILL** 입력 후 `Enter`

기본 사용법

Command: **OVERKILL**

Select objects: Specify opposite corner: 3 found

Select objects: → 영역 지정 객체 선택

Delete Duplicate Objects. → 대화상자 옵션 설정 확인 완료

0 duplicate(s) deleted

OVERKILL 명령은 중복되거나 겹치는 선, 호 및 폴리선을 제거합니다. 또한, 부분적으로 겹치거나 연속되는 선, 호 및 폴리곤을 결합합니다.

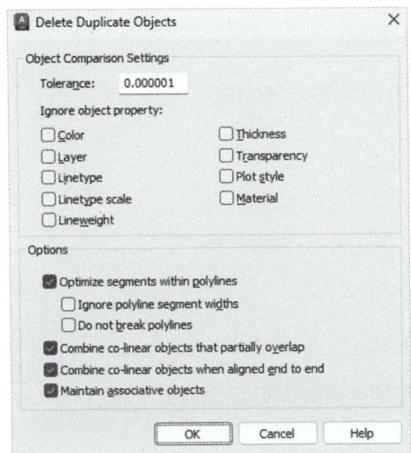 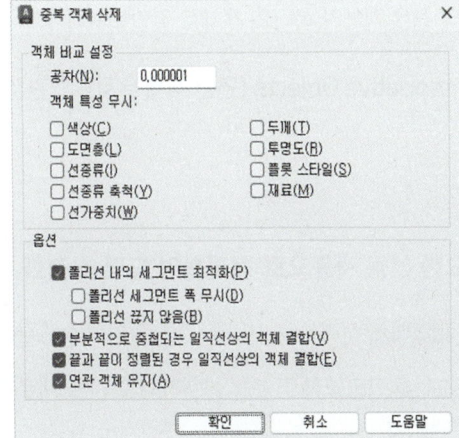

■── Delete Duplicate Objects 중복 객체 삭제 대화상자

❶ Object Comparison Settings (객체 비교 설정)

- **Tolerance (공차)** : OVERKILL에서 숫자 비교 시 사용하는 정밀도를 조정

  ※ 이 값이 0이면 비교 대상인 두 객체가 일치해야 OVERKILL이 두 객체 중 하나를 수정하거나 삭제합니다.

- **Ignore Object Property (객체 특성 무시)** : 비교하는 동안 다음 객체 특성을 선택하여 무시합니다.

  ※ Color(색상), Layer(도면층), Linetype(선종류), Linetype scale(선종류 축척), Lineweight(선가중치), Thickness(두께), Transparency(투명도), Plot style(플롯 스타일), Material(재료).

❷ Options (옵션) : OVERKILL에서 선, 호 및 폴리선을 처리하는 방법을 조정

- **Optimize Segments Within Polylines (폴리선 내의 세그먼트 최적화)** : 선택하는 경우 선택한 폴리선 내의 개별 선 및 호 세그먼트를 검사합니다. 중복된 정점 및 세그먼트는 제거됩니다. 또한 OVERKILL은 개별 폴리선 세그먼트를 완전히 별도의 선 및 호 세그먼트와 비교합니다. 폴리선 세그먼트가 선 또는 호 객체와 중복되면 둘 중 하나가 삭제됩니다. 이 옵션을 선택하지 않으면 폴리선이 별개의 객체로 비교되며 두 하위 옵션을 선택할 수 없습니다.

  ※ Ignore Polyline Segment Width (폴리선 세그먼트 폭 무시) : 세그먼트 폭은 무시하고 폴리선 세그먼트를 최적화합니다.
  Do Not Break Polylines (폴리선 끊지 않음) : 폴리선 객체가 변경되지 않습니다.

- **Combine Collinear Objects That Partially Overlap (부분적으로 중첩되는 일직선상의 객체 결합)** : 겹치는 객체가 하나의 객체로 결합됩니다.

- **Combine Collinear Objects When Aligned End to End (끝과 끝이 정렬된 경우 일직선상의 객체 결합)** : 끝점이 같은 객체가 하나의 객체로 결합됩니다.

- **Maintain Associative Objects (연관 객체 유지)** : 연관 객체가 삭제 또는 수정되지 않습니다.

> **Tip.**
>
> **01. 불필요한 선을 자동으로 정리하여 도면 최적화**
> - 도면을 깨끗하게 정리하여 파일 크기를 줄이고 속도를 향상시킬 수 있습니다.
> - OVERKILL 후 **REGEN** 명령을 실행하여 화면을 새로 고침하면 변경 사항을 명확하게 확인할 수 있습니다.
> - 중복 객체를 제거하면 도면이 가벼워지고 작업 속도가 개선됩니다.
>
> **02. Tolerance 값 조정하여 미세한 차이 제거**
> - 0으로 설정하면 정확히 겹치는 객체만 제거합니다.
> - 값이 클수록 약간의 오차가 있어도 중복으로 간주하여 제거됩니다.
>
> **03. OVERKILL을 활용한 설계 작업**
>
> | 건축 설계 | 기계 설계 | 제품 설계 |
> |---|---|---|
> | - 중복된 벽체선, 창호선, 문선 등을 제거하여 도면을 최적화
- 레이어별로 선을 정리하여 가독성을 향상 | - 도면을 불필요한 겹친 선 없이 정리하여 정밀도를 향상
- 가공 시 불필요한 요소가 포함되지 않도록 정리 | - 중복된 컨투어(윤곽선) 제거하여 깔끔한 설계 유지
- 불필요한 객체 정리하여 3D 모델링 전단계에서 최적화 |

DONUT

11
도넛

- **DONUT(도넛)** 명령어의 개념과 역할을 이해한다.
- 원형 링 모양(도넛 모양) 객체를 생성하는 방법을 익힌다.
- 다양한 옵션을 활용하여 원하는 형태를 구현하는 방법을 학습한다.

명령어 위치 및 호출 방법

메뉴	Draw 메뉴 → Donut 명령어 클릭
도구막대	Draw 도구막대 → Donut 버튼
리본	Home 탭 → Draw 패널 → Donut 아이콘
명령 입력	명령창에 **DONUT** 입력 후 Enter , 단축키: **DO** 입력 후 Enter

기본 사용법

```
Command: DONUT

Specify inside diameter of donut <0.5000>:
→ 내부 지름(Inner Diameter) 입력 후 ↵
Specify outside diameter of donut <1.0000>:
→ 외부 지름(Outer Diameter) 입력 후 ↵
Specify center of donut or <exit>: → 원하는 위치를 클릭
Specify center of donut or <exit>: → 완료 ↵
```

도넛은 채워진 링 또는 솔리드-채움 원으로 사실상 폭을 가진 닫힌 폴리선입니다. 하나의 도넛은 끝과 끝이 연결된 두 개의 호 폴리선으로 구성되어 원 쉐이프를 작성합니다. 폴리선의 폭은 지정된 내부 및 외부 지름에 의해 결정됩니다. 내부 지름을 0으로 지정하면 도넛은 채워진 원입니다.

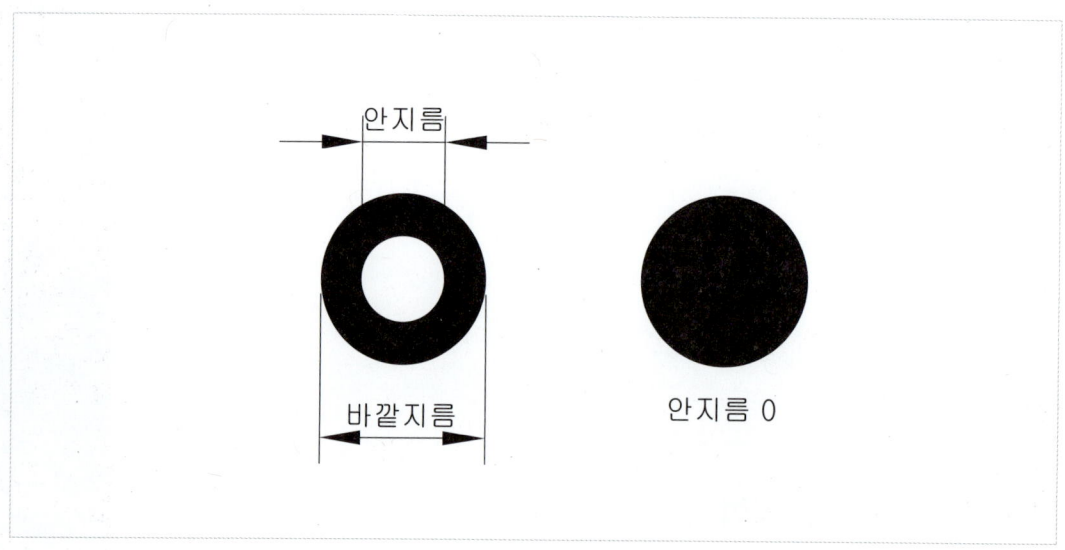

옵션

- **Inside Diameter (내부 지름)** : 도넛의 내부 지름(안지름)을 지정
- **Outside Diameter (외부 지름)** : 도넛의 외부 지름(바깥지름)을 지정
- **Center of Donut (도넛의 중심)** : 중심점을 기준으로 도넛의 위치를 지정

※ 도넛은 Enter 키를 눌러 명령을 종료할 때까지 지정된 각 점에 그려집니다.

DONUT 기능 연습하기

먼저 주어진 치수를 활용하여 밑그림을 작도합니다.

밑그림을 활용하여 픽토그램의 머리 부분은 DONUT 명령, 선과 호는 PLINE 명령어로 작도합니다.

PLINE 명령어를 이용하여 P1부터 직선구간을 덧그려줍니다. (starting width, ending width 0.7 지정)

Command: **DONUT**

Specify inside diameter of donut <0.0000>: **0** → 내부 지름 0 입력 후 ↵
Specify outside diameter of donut <5.0000>: **5** → 외부 지름 5 입력 후 ↵
Specify center of donut or <exit>: → 머리 부분의 원호 center 자리 지정
Specify center of donut or <exit>: → 완료 ↵

Command: **PLINE**

Specify start point: → 시작점 위치 P2 클릭

Current line-width is 0.7000

Specify next point or [Arc/Halfwidth/Length/Undo/Width]: **A** → 호(Arc) 옵션 A 입력 후 ↵

Specify endpoint of arc (hold Ctrl to switch direction) or

[Angle/CEnter/Direction/Halfwidth/Line/Radius/Second pt/Undo/Width]: **W**

→ 폭 옵션 W 입력 후 ↵

Specify starting width <0.7000>: **0.7** → 시작 폭 값 0.7 입력 후 ↵

Specify ending width <0.7000>: → 끝 폭 값 0.7 확인 후 ↵

Specify endpoint of arc (hold Ctrl to switch direction) or

[Angle/CEnter/Direction/Halfwidth/Line/Radius/Second pt/Undo/Width]: **S**

→ 두 번째 위치점 옵션 S 입력 후 ↵

Specify second point on arc: → P2와 P3 사이의 임의 점 클릭(여기서는 4분점이 존재)

Specify end point of arc: → 끝점 위치 P3 클릭

Specify endpoint of arc (hold Ctrl to switch direction) or

→ 반시계로 작도해야 하나 시계 방향인 경우 [Ctrl] 키 한번 입력

[Angle/CEnter/CLose/Direction/Halfwidth/Line/Radius/Second pt/Undo/Width]:

→ 완료 ↵

※ Arc(호)를 작업할 때 기본 방향은 반시계 방향입니다. 시계 방향 작업 시
(hold Ctrl to switch direction) 명령행에서 Ctrl 키를 한번 눌러줍니다.

Tip

01. 내부 지름을 0으로 설정하면 채워진 원

- 내부 지름을 0으로 설정하면 일반적인 CIRCLE 명령과 동일한 효과를 낼 수 있습니다.

02. POINT 명령어와 조합하여 도면 표식으로 활용 가능

- 도면에서 특정 지점을 강조하거나 마커로 사용할 때 유용합니다.
- 자주 사용하는 크기의 도넛을 블록으로 저장하면 편리하게 활용할 수 있습니다.

03. DONUT을 활용한 설계 작업

건축 설계	기계 설계	제품 설계
건축 평면도에서 나사홀이나 기둥 단면을 표시	볼트 구멍, 베어링, 기어 등 기계 부품 단면 표현	원형 버튼이나 컨트롤 패널의 디자인 요소로 활용
배관 설계에서 원형 배관의 단면 표현	판금 가공에서 펀칭 홀을 시각적으로 표시	부품 설계에서 구멍이 뚫린 요소를 표현

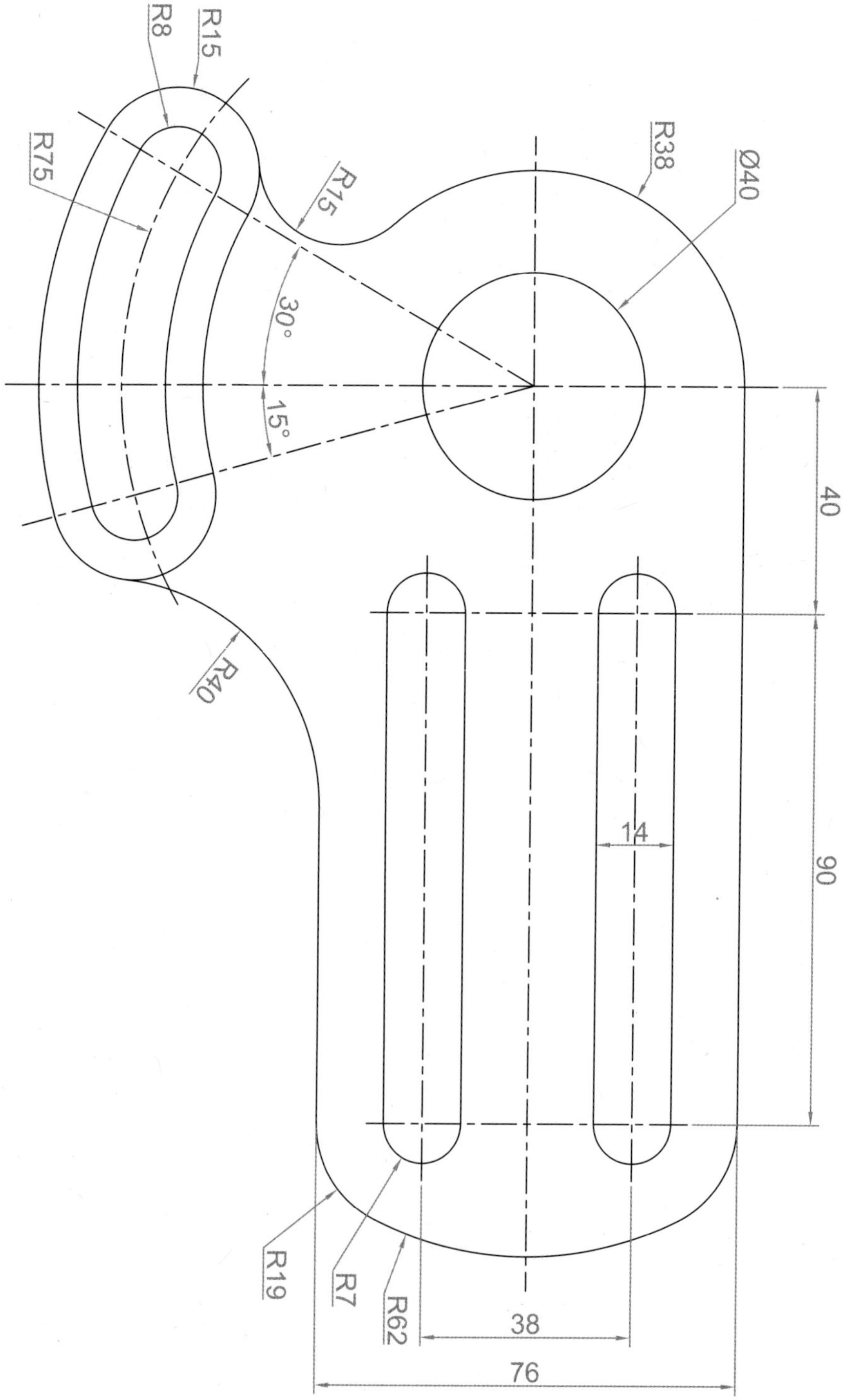
R8
R15
R75
R15
R38
Ø40
30°
15°
40
90
14
R40
R19
R7
R62
38
76

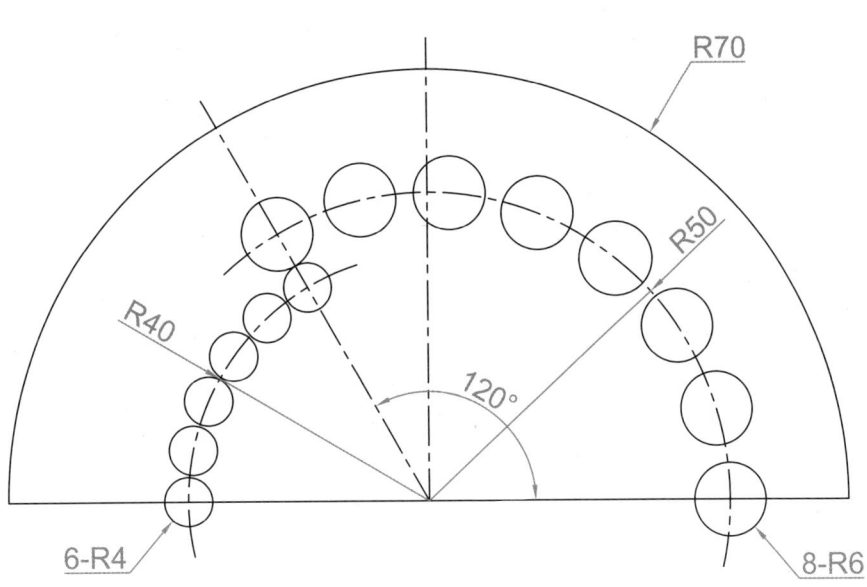

DONUT (도넛)

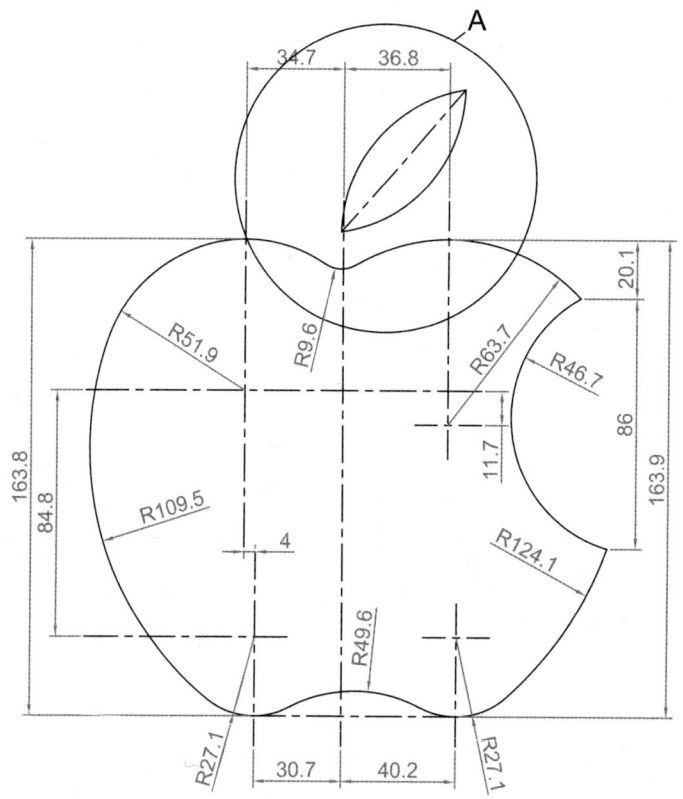

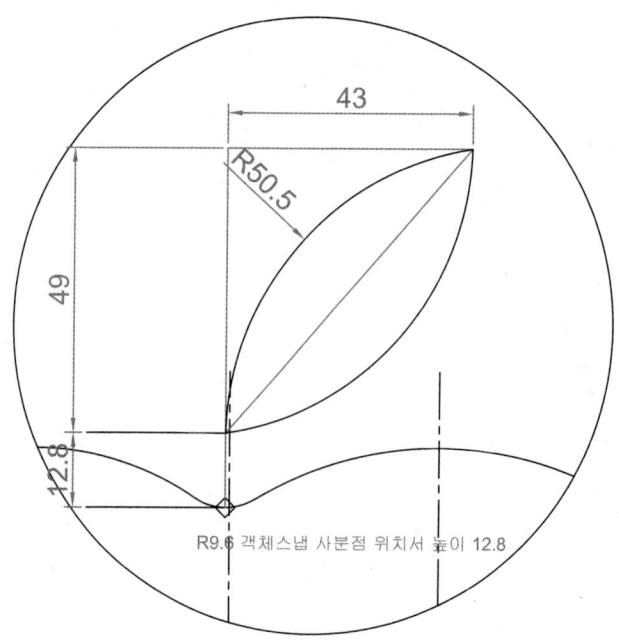

A부분 상세도

SKETCH

12 스케치

- **SKETCH(스케치)** 명령어를 사용하여 손으로 그린 듯한 자유형 곡선을 생성하는 방법을 익힌다.
- SKETCH 명령어의 다양한 옵션을 활용하여 선의 모양과 밀도를 조정하는 법을 학습한다.

명령어 위치 및 호출 방법

메뉴	Draw 메뉴 → Sketch 명령어 클릭
도구막대	Draw 도구막대 → Sketch 버튼
리본	Home 탭 → Draw 패널 → Sketch 아이콘
명령 입력	명령창에 **SKETCH** 입력 후 (Enter), 단축키: 없음 (직접 입력 필요)

기본 사용법

Command: **SKETCH**

Type = Lines Increment = 1.0000 Tolerance = 0.5000 → 상태 정보

Specify sketch or [Type/Increment/toLerance]:

→ 마우스를 클릭한 상태에서 드래그

Specify sketch: → 마우스를 떼면 종료

48 lines recorded. → 완료된 스케치의 라인 수

※ SKETCH (스케치) 명령어는 자주 사용되지는 않습니다.
(디지타이저를 사용 - 타블렛 모드)

옵션

- **Specify sketch (스케치를 작성)** : 마우스 좌측버튼을 누른 채 드래그하여 자유롭게 스케치

- **Type (유형)** : 스케치 선의 객체 유형을 지정 (SKPOLY 시스템 변수)
  ※ Line (선), Polyline (폴리선), Spline (스플라인)

- **Increment (증분)** : 각 프리핸드 선 세그먼트의 길이를 정의
  ※ 선을 생성하려면 좌표 입력 장치를 증분 값보다 긴 거리만큼 이동해야 합니다. 채워지는 선 하나의 크기로 생각하시면 됩니다.

- **Tolerance (공차)** : 스플라인의 경우 스플라인 곡선이 프리핸드 스케치에 얼마나 가깝게 맞춰지는지를 지정

Tip

01. SKECH 명령의 기타 사항들

- SKETCH는 자유곡선을 쉽게 만들 수 있지만, 정밀한 곡선이 필요하다면 **SPLINE**이 더 적합합니다.

- 연속적인 선을 유지하려면 마우스를 떼지 않습니다. 마우스를 떼면 선이 끊어져 개별 객체가 됩니다.

- 타블렛 모드에서의 스케칭은 지도의 윤곽선을 용지에서 도면으로 바로 그리는 것과 같은 작업에 유용합니다.

- **PEDIT** 명령어를 사용하여 스케치 선을 폴리선으로 변환할 수 있습니다.

02. SKETCH를 활용한 설계 작업

건축 설계	기계 설계	제품 설계
손 스케치 형태의 도면 작성: 개략적인 아이디어를 빠르게 표현 가능	초기 개념 설계: 정밀한 치수 없이 아이디어를 빠르게 스케치	초기 컨셉 스케치: 신제품 디자인 구상 시 유용
조경 설계 및 자연스러운 곡선 표현: 공원, 보행로 설계에서 자유로운 곡선 사용	자유곡선 기반의 기계 부품 개념 드로잉	유기적인 디자인 요소 표현: 가전제품, 자동차 부품의 초기 형상 설계

REVCLOUD

구름형 리비전

- REVCLOUD(Revision Cloud) 명령어의 개념과 활용 방법을 이해한다.
- 다양한 호출 방법을 숙지하여 편리하게 사용할 수 있도록 한다.

명령어 위치 및 호출 방법

메뉴	Draw 메뉴 → Revision Cloud 명령어 클릭
도구막대	Draw 도구막대 → Revision Cloud 버튼
리본	Annotate 탭 → Markup 패널 → Revision Cloud 아이콘
명령 입력	명령창에 **REVCLOUD** 입력 후 Enter , 단축키: 없음 (직접 입력 필요)

기본 사용법

Command: **REVCLOUD**

Minimum arc length: 6.8752   Maximum arc length: 13.7504   Style: Normal   Type: Rectangular → 상태정보

Specify first corner point or [Arc length/Object/Rectangular/Polygonal/Freehand/Style/Modify] <Object>: → 직사각형 구름형 리비전의 구석점을 지정

Specify opposite corner:
→ 직사각형 구름형 리비전의 대각선 반대 구석을 지정

※ 도면에서 구름형 리비전을 처음 작성할 때 호의 크기는 현재 뷰의 대각선 길이 백분율을 기준으로 결정됩니다.

구름형 리비전은 호 세그먼트로 구성된 구름 모양 객체를 형성하는 닫힌 폴리선입니다. 도면을 검토하거나 표식을 지정하는 경우 구름형 리비전 기능을 사용하여 각 도면의 부분으로 주의를 끌 수 있습니다. 마우스를 이동하여 구름형 리비전을 작성하거나 원, 타원, 닫힌 폴리선 또는 닫힌 스플라인 같은 객체를 구름형 리비전으로 변환할 수 있습니다. 스타일을 사용하여 구름형 리비전을 캘리그래피와 유사하게 나타낼 수 있습니다.

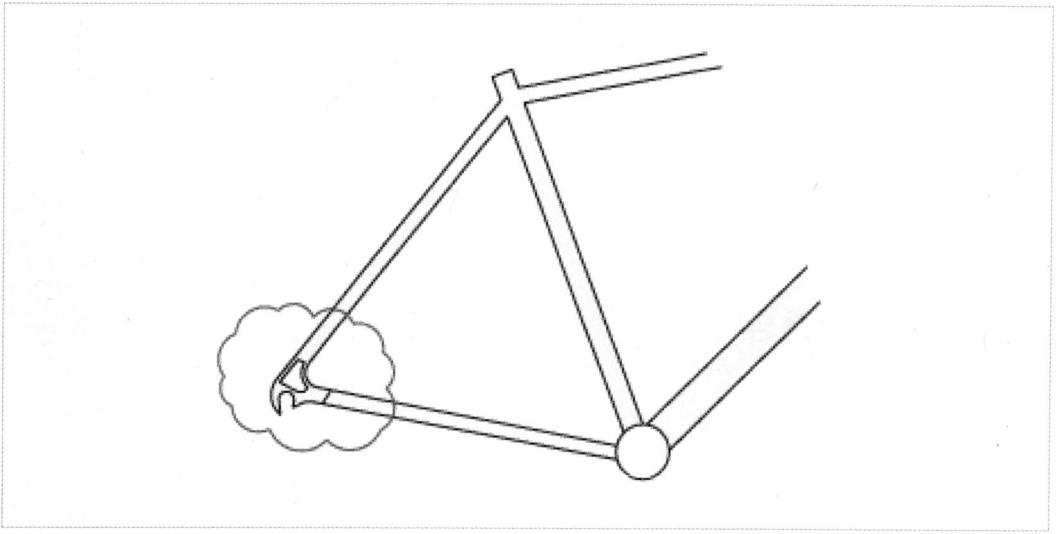

옵션 살펴보기

- **First corner point (첫 번째 구석점)** : 직사각형 구름형 리비전의 구석점을 지정
    - **Opposite corner (반대 구석)** : 직사각형 구름형 리비전의 대각선 반대 구석을 지정합니다.
    - **Reverse direction (방향 반전)** : 구름형 리비전에서 연속된 호의 방향을 반전합니다.
- **Start point (시작점)** : 폴리곤 구름형 리비전의 시작점을 설정
    - **Next point (다음 점)** : 다음 점을 지정하여 구름형 리비전의 폴리곤 쉐이프를 정의합니다.
    - **Reverse direction (방향 반전)** : 구름형 리비전에서 연속된 호의 방향을 반전합니다.
- **First Point (첫 번째 점)** : 프리핸드 구름형 리비전의 첫 번째 점을 지정
- **Arc Length (호 길이)** : 각 호의 현 길이 근사값을 지정

    ※ 호의 현 길이는 호의 끝점 사이의 거리입니다. 호 현 길이의 기본값은 도면에서 구름형 리비전을 처음 작성할 때 자동으로 결정됩니다.

- **Object (객체)** : 구름형 리비전으로 변환할 객체를 지정

- **Rectangular (직사각형)** : 대각선 반대 구석으로 지정된 점을 사용하여 직사각형 구름형 리비전을 작성

- **Polygonal (폴리곤)** : 구름형 리비전을 생성할 폴리곤의 정점으로 사용할 세 개 이상의 점으로 정의되는 구름형 리비전을 작성

- **Freehand (프리핸드)** : 자유형 구름형 리비전을 작성

- **Style (스타일)** : 구름형 리비전의 스타일을 지정
    - Normal (일반) : 기본 타입 페이스를 사용하여 구름형 리비전을 작성합니다.
    - Calligraphy (캘리그래피) : 캘리그래피와 모양이 유사한 구름형 리비전을 작성합니다.

- **Modify (수정)** : 수정 옵션을 사용하고 하나 이상의 새 점을 지정하여 기존 구름형 리비전을 재정의

    ※ 지울 측면을 선택하라는 프롬프트가 표시되면 선택하는 구름형 리비전의 일부가 지워집니다. 이 옵션은 기존 구름형 리비전의 지정된 부분을 사용자가 입력한 점으로 정의된 새 부분으로 대치합니다.

    - Select polyline (폴리선 선택) : 수정할 구름형 리비전을 지정합니다. 구름형 리비전을 선택하는 위치와 가장 가까운 정점에 따라 대치할 단면의 시작이 결정됩니다.
    - Next point (다음 점) : 대치 단면의 폴리곤 쉐이프를 정의할 다음 점을 지정합니다. 이 프롬프트는 구름형 리비전의 기존 정점을 클릭할 때까지 반복됩니다.
    - Pick a side to erase (지울 측면 선택) : 선택한 구름형 리비전의 단면을 제거합니다.
    - Reverse direction (방향 반전) : 구름형 리비전의 호를 볼록 및 오목으로 반전합니다.

Tip

01. Esc 키

- 명령어 중간에 ESC 키를 누르면 취소할 수 있습니다.

02. 오브젝트 옵션

- 수정 구름의 크기는 호 길이를 조절하여 원하는 크기로 맞추도록 합니다.
- 오브젝트 옵션을 활용하면 기존 도형을 쉽게 변환할 수 있습니다.
- 설계 변경 사항을 강조할 때 색상과 레이어를 활용하면 더욱 효과적입니다.

03. REVCLOUD를 활용한 설계 작업

건축 설계	기계 설계	제품 설계
- 도면 변경 사항을 표시할 때 사용	- 부품 변경 사항을 클라우드로 강조 표시	- 디자인 변경 이력을 쉽게 확인 가능
- 리노베이션(개보수) 계획에서 기존 구조와 변경된 구조 구분	- 제작 도면에서 수정 지점 및 재검토 영역을 한눈에 표시	- 생산 프로세스에서 설계 변경을 한눈에 식별하여 오류 방지
- 인허가용 도면에서 검토가 필요한 부분 강조		

WIPEOUT

객체 가리기

- WIPEOUT 명령어의 개념과 기능을 이해한다.
- 기본적인 사용법과 옵션을 숙지하여 실무에서 활용할 수 있도록 한다.

명령어 위치 및 호출 방법

메뉴	Draw 메뉴 → Wipeout 명령어 클릭
리본	Annotate 탭 → Markup 패널 → Wipeout 아이콘
명령 입력	명령창에 **WIPEOUT** 입력 후 Enter , 단축키: 없음 (직접 입력 필요)

기본 사용법

```
Command: WIPEOUT

Specify first point or [Frames/Polyline] <Polyline>:
→ 객체 가리기 프레임의 첫 번째 점
Specify next point: → 두 번째 점
Specify next point or [Undo]: → 세 번째 점
Specify next point or [Close/Undo]: → 네 번째 점
Specify next point or [Close/Undo]: <Object Snap Tracking off> C
→ 옵션 C 입력 (닫기)

※ 객체 가리기 객체를 작성하고 객체 가리기 프레임이 도면에 표시되는지
   여부를 조정합니다. (자주 사용하지는 않습니다.)
```

밑에 있는 객체를 현재 배경 색상으로 가리는 폴리곤 영역을 작성합니다. 객체 가리기 영역의 경계 프레임은 켜고 끌 수 있습니다. 또한 화면에 프레임이 표시되도록 선택하고 플로팅을 위해 프레임을 숨길 수 있습니다.

WIPEOUT은 특정 객체를 가리기 위해 사용되므로, 배경과 동일한 색상을 유지해야 하며, 다른 객체 위에 배치될 때만 효과가 있으며, 출력 시에도 적용됩니다.

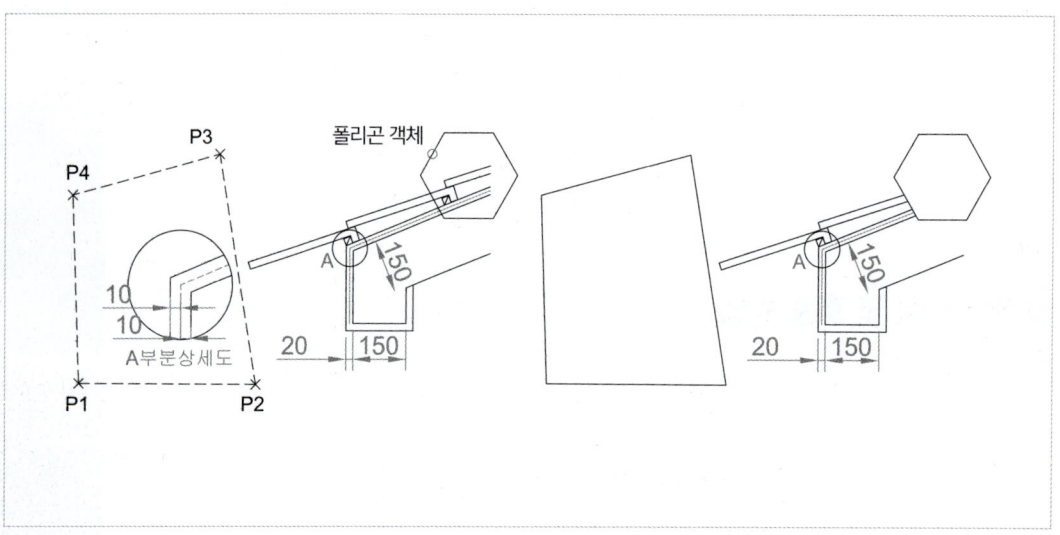

옵션 살펴보기

- **First Point (첫 번째 점)** : 객체 가리기 객체의 폴리곤 경계를 일련의 점으로부터 결정
- **Frames (프레임)** : 모든 객체 가리기 객체의 모서리가 표시될지 숨겨질지 여부를 결정
  - ※ 사용 가능한 프레임 모드
    - ON (켜기) : 프레임이 표시되고 플롯됨
    - OFF (끄기) : 프레임이 표시되거나 플롯되지 않음
    - Display but not plot (표시하지만 플롯 안 함) : 프레임이 표시되지만 플롯되지 않음
- **Polyline (폴리선)** : 객체 가리기 객체의 폴리곤 경계를 선택한 폴리선으로부터 결정
- **Erase Polyline (폴리선 지우기)** : 객체 가리기 객체를 작성할 때 사용된 폴리선을 지우려면 Y를 입력, 폴리선을 유지하려면 N을 입력

WIPEOUT 기능 연습하기

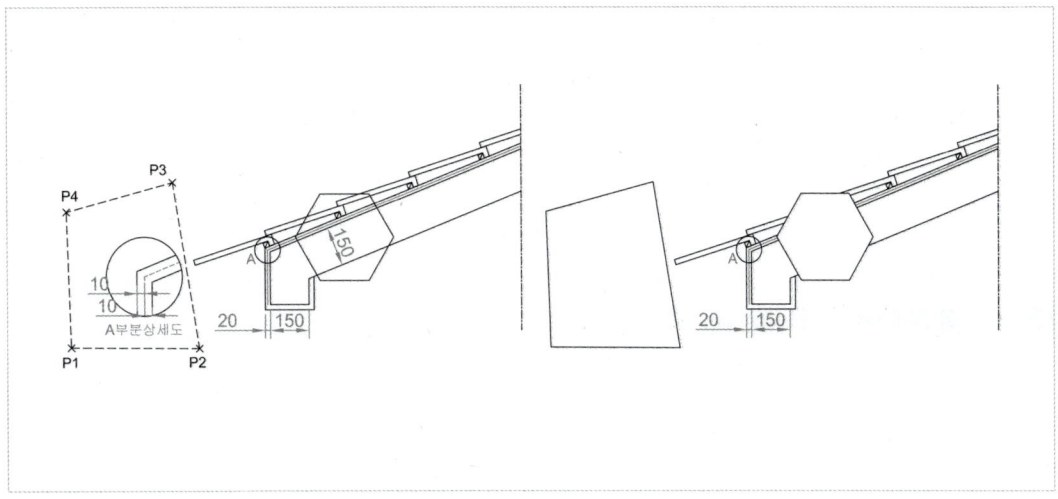

1

앞 단원 **ALIGN(정렬)**에서 작도한 객체를 활용합니다.

가리고자 하는 위치에 임의로 작업해 봅니다.

> Command: **WIPEOUT**
>
> Specify first point or [Frames/Polyline] <Polyline>: → 임의 위치점 P1 클릭
> Specify next point: → 임의 위치점 P2 클릭
> Specify next point or [Undo]: → 임의 위치점 P3 클릭
> Specify next point or [Close/Undo]: → 임의 위치점 P4 클릭
> Specify next point or [Close/Undo]: **C** → 옵션 C 입력 (완료됨)

2

POLYGON 명령을 이용하여 비슷한 위치에 6각형을 임의로 작도합니다. (옵션 Edge 권장)

Command: **WIPEOUT**

Specify first point or [Frames/Polyline] ⟨Polyline⟩ : **P**

→ 옵션 p 입력 (polyline 객체 선택 옵션)

Select a closed polyline: → (닫힌 polyline 객체 선택 안내) 6각형 선택

Erase polyline? [Yes/No] ⟨No⟩ : **Y**

→ 옵션 Y 입력 (프레임 작성시 기존 6각형을 삭제할 것인지 옵션)

3 — 화면에 보이는 프레임 숨기기

Command: **WIPEOUT**

Specify first point or [Frames/Polyline] ⟨Polyline⟩ : **F** → 옵션 F 입력 (프레임 옵션)

Enter mode [ON/OFF/Display but not plot] ⟨ON⟩ : **off** → 옵션 OFF 입력 (숨기기)

Regenerating model. → 도면 재생성 자동

※ 숨겨진 것을 확인하였으면 WIPEOUT 옵션을 활용하여 다시 켜기

Tip.

01. WIPEOUTFRAME (시스템 변수)

- 객체 가리기 객체에 대한 프레임의 화면 표시를 조정합니다. (초기값: 1)
- 값 0 : 프레임이 표시되거나 플롯되지 않음. 객체 선택 및 선택 미리보기 시 프레임이 일시적으로 표시됨.
- 값 1 : 프레임이 표시되고 플롯됨
- 값 2 : 프레임이 표시되지만 플롯되지 않습니다.

02. 이미지 경계를 표시하거나 숨기기

- 명령행에 시스템 변수 **IMAGEFRAME**을 입력합니다. 이미지 경계를 숨기려면 0을 입력하

고, 이미지 경계를 표시하고 플롯하려면 1을 입력하고, 이미지 경계를 표시하지만 플롯하지 않으려면 2를 입력합니다.
- 이미지 경계를 숨기면 경계가 플롯되거나 화면에 표시되지 않습니다. 또한 이미지 경계를 숨기면 좌표 입력 장치로 이미지를 선택할 수 없으므로 이미지를 실수로 이동하거나 수정하는 것을 방지할 수 있습니다. 그러나 이미지가 잠긴 도면층에 있지 않은 경우(예 : 전체 옵션을 사용하여 작성된 명명된 선택 세트에 해당 이미지가 포함되어 있는 경우) 그 이미지는 여전히 선택할 수 있습니다. 이미지 경계가 숨겨질 때, 자르기된 이미지는 여전히 지정된 경계 한계까지 표시되며 경계만 영향을 받습니다. 이미지 경계를 보이거나 숨기면 도면에 부착된 모든 이미지에 영향을 줍니다.

03. WIPEOUT을 활용한 설계 작업

건축 설계	기계 설계	제품 설계
- 평면도에서 벽이나 특정 영역을 강조할 때 기존 도면 요소를 가릴 때 사용	- 도면에서 불필요한 치수선이나 구조를 임시로 가릴 때 유용	- 제품 도면에서 라벨이나 설명을 넣을 때 배경을 지워 가독성을 확보
- 주석 또는 텍스트의 배경을 지워 가독성을 높일 때 활용	- 일부 부품을 강조하기 위해 배경을 제거하여 클린한 도면 제공	- 특정 요소가 겹칠 경우 불필요한 정보를 숨기고 원하는 정보만 표시 가능

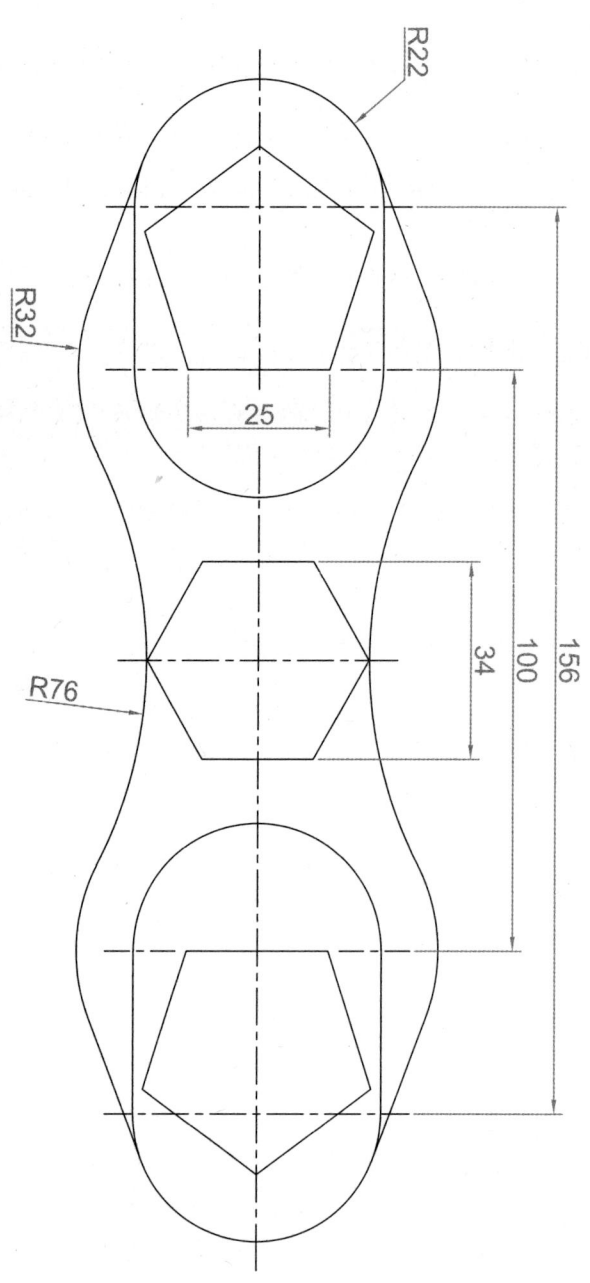

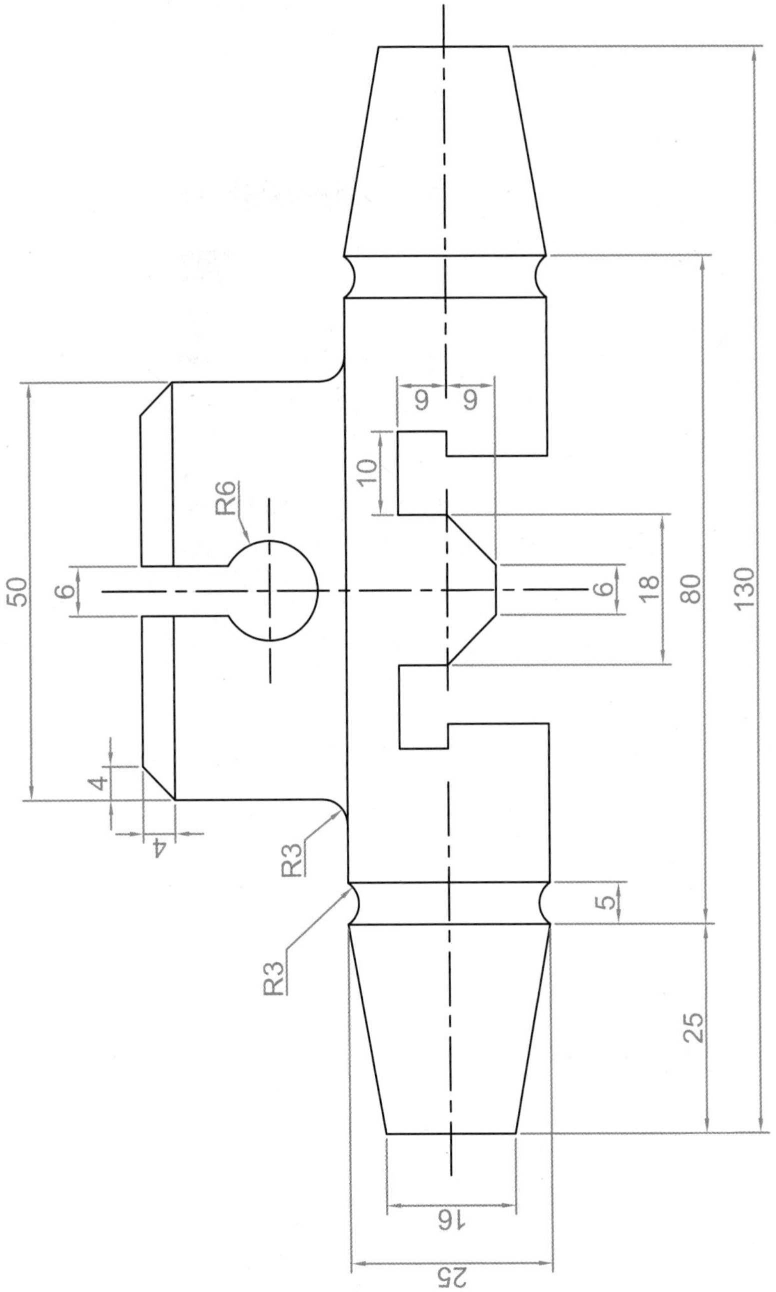
130
80
25
18
6
9
9
10
R6
6
50
4
4
R3
R3
5
16
25

실습예제

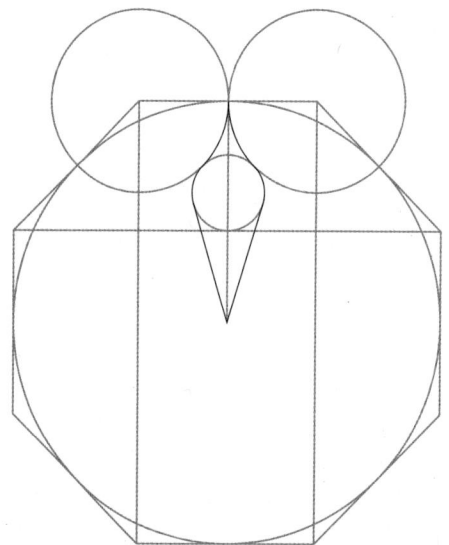

Polygon 8각형 / 객체스냅 / Trim / Pedit

내부객체 Scale 0.6

Rotate copy 22.5°

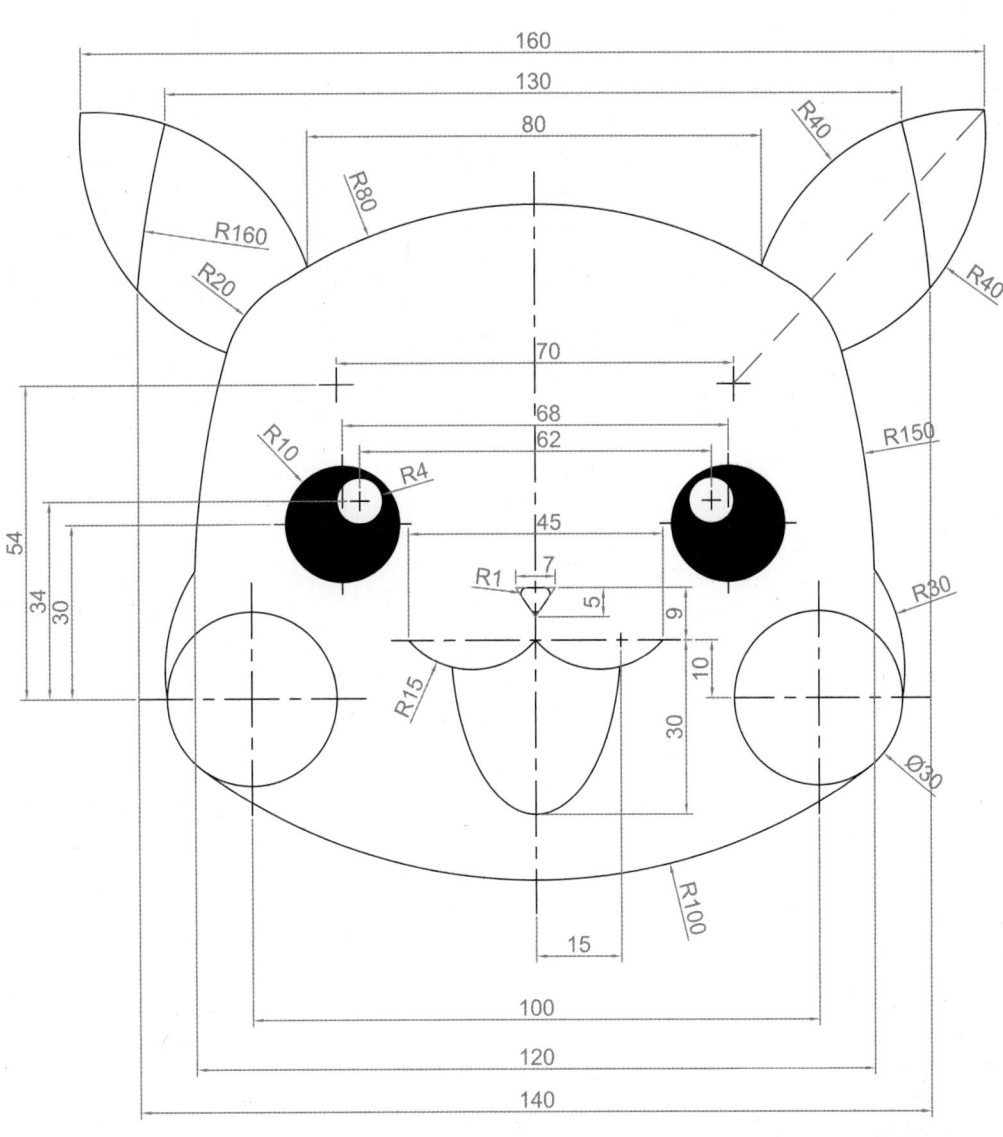

문자 입력

CHAPTER ———— 09

01   문자 개요 및 Style 문자 스타일 지정

02   Single Line 단일행 문자, Multi Line 다중행 문자

01 문자 개요 및 Style 문자 스타일 지정

- 문자 입력 개요 및 기본 개념을 이해한다.
- **Style(문자 스타일 지정)** 대화상자 옵션 및 대체 글꼴 정보화면 기능을 이해한다.

문자 입력

오토캐드(AutoCAD)에서 문자 입력은 도면에 중요한 정보를 전달하기 위해 사용됩니다. 도면에 사용하는 문자는 KS A 0107(제도에 사용하는 문자)등 한국 표준 규격에 따릅니다. 문자 입력 기능을 활용하면 도면의 요소를 설명하거나 주석을 추가할 수 있으며, 도면의 가독성을 높이는 데 도움이 됩니다.

글꼴(폰트)은 벡터기반 고유 도면폰트(.SHP/.SHX)를 사용하지만, Microsoft 트루타입 글꼴(TTF)을 사용할 수도 있습니다. 트루타입 글꼴을 많이 사용하면 파일 크기가 커지게 되어 실행 속도가 저하되는 경향이 있습니다. 또한 트루타입 글꼴은 출력 시 선 두께를 조절하지 못합니다(높이와 혼동하면 안됩니다). 벡터기반 고유 도면폰트(.SHP/.SHX)는 글자의 라인이 벡터선이기 때문에 선가중치 및 출력 시 선 굵기를 지정할 수 있습니다. 그래서 선 두께를 감안하여 실제 글자 높이를 줄여서 입력합니다.

■— Single Line 단일행 문자

- 다중 글꼴이나 행이 필요하지 않은 짧은 문자 입력에 TEXT(단일행 문자) 명령으로 작성합니다.
- 검증형 시험에서 쉽고 빠르게 입력 가능하여 대부분 활용하는 명령입니다.

■— Multi Line 다중행 문자, 여러줄 문자

- 장문의 글자 입력에는 다중행이나 단락 문자를 작성합니다.
- 단일행 문자보다는 편집 옵션이 더 많습니다. 패널 형태로 제공되며 편집기의 형태는 한글, 워드와 유사한 면이 있습니다. 그러나 문서 전용 프로그램과 같은 세부적인 기능에는 다소 한계가 있습니다.

■— Annotation Text 주석 문자

- Annotation Text (주석 문자)는 오토캐드에서 도면의 배율(Scale)에 따라 자동으로 크기가 조정되는 문자 유형입니다.
- 주석 객체(Annotation Objects)에 속하며, 주석 문자(Annotation Text)는 도면의 가독성을 유지하면서도 다양한 축척에 대응할 수 있도록 설계되었습니다.
- TEXT, MTEXT(일반 문자) vs Annotation Text(주석 문자) 비교

비교 항목	TEXT, MTEXT (일반 문자)	Annotation Text (주석 문자)
크기 조정	고정 크기	배율에 따라 자동 조정
축척 대응	직접 수정해야 함	자동 조정
가독성	배율 변경 시 크기 조정 필요	항상 동일한 크기로 유지
적용 대상	일반 도면	여러 축척이 필요한 도면

주의

주석 축척(Annotation Scale)이 올바르게 설정되지 않으면 예상한 크기로 표시되지 않을 수 있습니다. 도면을 출력할 때 원하는 배율이 적용되었는지 확인이 필요합니다.

Text Style 문자 스타일 대화상자

현재 문자 스타일을 지정하여 모든 새 문자의 모양을 결정할 수 있습니다. 문자 스타일에는 글꼴, 크기, 기울기 각도, 방향 및 기타 문자 특성이 포함됩니다.

명령어 위치 및 호출 방법

리본	Home 탭 → Annotation 패널 → ▼ 드롭다운 → STYLE 아이콘
	Annotate 탭 → Text 패널 → ↘ 클릭 → STYLE 대화상자
명령 입력	명령창에 **STYLE** 입력 후 Enter , 단축키: **ST** 입력 후 Enter

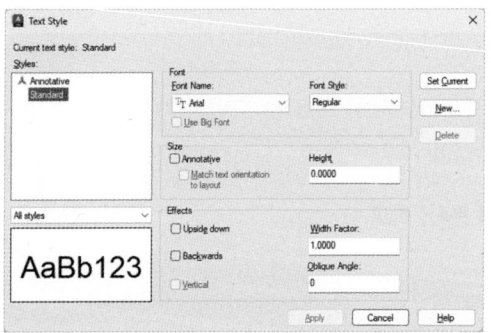 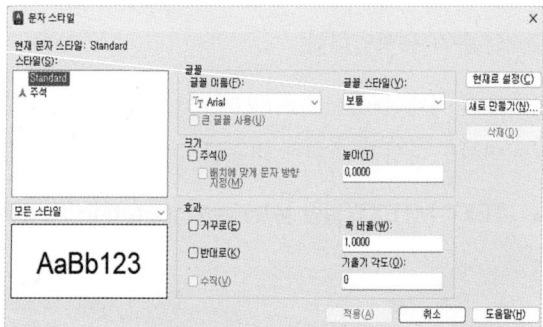

❶ **Current Text Style (현재 문자 스타일)** : 현재 선택된 문자 스타일을 표시함

❷ **Styles (스타일)** : 도면의 스타일 리스트를 표시. 스타일 이름 앞의 ⚛ 아이콘은 스타일이 주석임을 나타냅니다.

❸ **Style List Filter (스타일 리스트 필터상자)** : 스타일 리스트에 모든 스타일을 표시할지, 또는 사용 중인 스타일만 표시할 지 여부를 지정

❹ **Preview (미리보기)** : 글꼴을 변경하고 효과를 수정하면 동적으로 변경되는 샘플 문자를 표시함

❺ **Font (글꼴)** : 스타일의 글꼴을 변경

※ 기존 문자 스타일의 방향 또는 글꼴 파일을 변경하면 도면이 재생성될 때 해당 스타일의 모든 문자 객체가 새 값을 사용합니다.

- **Font Name (글꼴 이름)** : 등록된 모든 글꼴의 그룹 이름을 나열합니다.
- **Font Style (글꼴 스타일)** : 기울임꼴, 굵게 또는 보통 같은 글꼴 문자 형식을 지정합니다. 큰 글꼴 사용을 선택한 경우 이 옵션은 큰 글꼴 파일 이름을 선택하는 용도로 사용됩니다.
- **Use Big Font (큰 글꼴 사용)** : 아시아어 큰 글꼴 파일을 지정합니다. SHX 파일만이 큰 글꼴 작성에 적합한 파일 유형입니다.

❻ **Size (크기)** : 문자의 크기를 변경

※ 주석 객체 및 스타일은 주석 객체가 모형 공간이나 배치에서 표시되는 크기와 축척을 조정하는 데 사용됩니다.

- **Annotative (주석)** : 문자가 주석임을 지정
- **Match Text Orientation to Layout (배치에 맞게 문자 방향 지정)** : 도면 공간 뷰포트의 문자 방향이 배치의 방향과 일치하도록 지정. 주석 옵션을 선택하지 않은 경우에는 이 옵션을 사용할 수 없습니다.
- **Height (높이) 또는 Paper Text Height(도면 문자 높이)** : 입력하는 값을 기준으로 문자 높이를 설정. 0.0보다 큰 값을 높이로 입력하면 이 스타일의 문자 높이가 자동으로 설정됩니다. 0.0을 입력하면 마지막으로 사용한 문자 높이 또는 도면 템플릿 파일에 저장된 값을 기본 문자 높이로 사용합니다. 트루타입 글꼴은 높이 설정이 동일한 SHX 글꼴보다 작게 표시될 수 있습니다. Annotative(주석) 옵션을 선택한 경우, 입력한 값에 따라 도면 공간의 문자 높이가 설정됩니다.

❼ **Effects (효과)** : 높이, 폭 비율, 기울기 각도 및 글꼴이 표시되는 특성을 설정

- **Upside Down (위아래 뒤집힘)** : 문자를 위아래로 뒤집어 표시합니다.
- **Backwards (거꾸로)** : 문자를 반대 방향으로 표시합니다.
- **Vertical (수직)** : 문자를 수직으로 정렬시켜 표시합니다. 선택한 글꼴이 양 방향을 지원할 경우에만 사용할 수 있으며, 트루타입 글꼴에는 사용할 수 없습니다.

Effects효과

Upside Down	Upside Down	수직	수직
Backwards	Backwards		
Width Factor	Width Factor	@버ㅢ	@폰트
Oblique Angle	Oblique Angle		

※ 폰트 중에 @(엣)이 붙어 있는 것은 쓰여지는 방향이 270도 방향으로 쓰여집니다.

- **Width Factor (폭 비율)** : 문자 간격을 설정합니다. 1.0보다 작은 값을 입력하면 문자가 축소되며, 1.0보다 큰 값을 입력하면 문자가 확장됩니다. With Factor는 글자의 고유한 가로/세로 비율입니다. 스케일을 적용하게 되면 글자가 찌그러지는 효과로 인하여 잘 사용하지는 않습니다.
- **Oblique Angle(기울기 각도)** : 문자의 기울기 각도를 설정합니다. -85와 85 사이의 값을 입력하면 문자는 기울임꼴이 됩니다.

※ 효과를 사용하는 트루타입 글꼴은 화면에서 굵게 표시될 수 있습니다. 화면 상의 모양이 플롯된 출력에 영향을 주지는 않습니다. 글꼴은 적용된 문자 형식에 따라 지정된 대로 플롯됩니다.

❽ **Set Current (현재로 설정)** : 대화상자에서 설정한 스타일을 현재 스타일로 설정합니다.

❾ **New (새로 만들기)** : 새 문자 스타일 대화상자를 표시.

※ 현재 사용중인 스타일을 상속하여 새로 만들기가 진행됩니다.

※ 스타일 이름은 최대 255자이며, 글자, 숫자, 특수 문자인 달러 기호($), 밑줄(_) 및 하이픈(-)이 포함될 수 있습니다.

❿ **Delete (삭제)** : 사용되지 않는 문자 스타일을 삭제

Text Style 기본 사용법

리본에서 STYLE 아이콘을 클릭하거나, 명령행에 STYLE 또는 단축 ST를 입력하고 완료하면 Text Style(문자 스타일) 대화상자가 나타납니다.

〈글꼴 형식 영문체, 숫자 - isocp.shx , 한글 - whgtxt.shx〉 캐드 전용체입니다.

문자 스타일 대화상자에서 다음을 수행합니다.

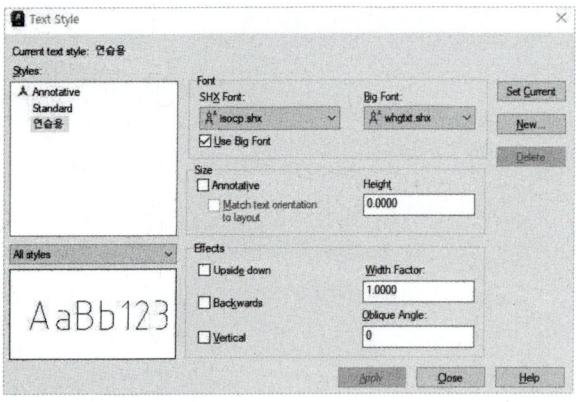

❶ **New (새로 만들기)** 를 클릭하고 상자 안에 스타일 이름을 입력합니다. → "**연습용**" 입력 후 OK(완료)

※ 문자 스타일 이름은 255자 이하여야 합니다. 글자, 숫자, 특수 문자인 달러 기호($), 밑줄(_) 및 하이픈(-)이 포함될 수 있습니다. 기존 스타일을 수정하려면 스타일 리스트에서 스타일 이름을 선택합니다(F2 키를 사용).

❷ **Current Text Style (현재 문자 스타일)** : '연습용'으로 표시되는 것을 확인합니다.

※ 새로 만들기를 하면 현재 문자스타일을 복사하여 지정됩니다. 글자 크기에 따른 종류별 활용 시 기본 Font 적용 후 새로 만들기를 하여 글자 Height(크기) 변경하는 방식으로 만들어 줍니다. 이 때 스타일 이름은 구분이 용이하도록 지정합니다.

❸ **Font (글꼴)** : 영문체 isocp.shx 글꼴과 한글 whgtxt.shx 글꼴을 지정합니다.
  · 글꼴 리스트를 열어 isocp.shx(영어 전용 캐드폰트)를 선택합니다.
  · 한글 글꼴을 추가 지정하기 위해 Use Big Font(큰 글꼴 사용)를 체크합니다.
  · 폰트스타일에서 whgtxt.shx 글꼴을 선택하여 줍니다. (한글/영어 혼용 하는 방법입니다.)

※ 글꼴 리스트를 열었을 때 빨리 찾는 방법은 글꼴 이름의 앞글자 한자를 키보드로 입력하면 알파벳 그룹 시작위치로 이동됩니다. 예를 들어 W를 입력하면 W그룹의 첫 번째로 이동되어 보다 간편하게 선택할 수 있습니다.

❹ **Size (크기)** : Height(높이) 상자에서 도면 단위의 문자 높이는 별도로 입력하지 않고 0 으로 두겠습니다.

※ Height(높이)를 입력하게 되면 문자 쓰기 명령에서 글자 높이 지정이 생략되어 나오지 않습니다. 또한 치수 스타일 문자 높이도 잠기게 됩니다. 크기를 적용하게 되면 작업 시 필요한 모든 글자의 크기 스타일을 만들어 사용해야 합니다.

❺ 필요에 따라 다른 설정을 지정합니다. (Effects 효과는 필요 시에 사용합니다.)

※ Width Factor(폭 비율)는 글자의 고유한 가로/세로 비율입니다. 스케일을 적용하게 되면 글자가 찌그러지는 효과로 인하여 잘 사용하지는 않습니다(디자인에서는 글자 비율이 깨진다는 표현을 합니다). 높이에는 변화가 없습니다.

❻ 도면에서 현재 스타일의 문자를 업데이트하려면 **Apply (적용)**을 클릭합니다.

※ 하위 버전에서는 Apply(적용) 버튼을 클릭하지 않고 닫으면 설정이 취소되어 다시 하는 경우가 발생합니다. 최근 버전에서는 저장할 것인지를 다시 물어 오지만 여러 가지 대화상자에서 Apply(적용) 버튼이 보이면 설정을 바꾼 경우 클릭하는 습관을 가집니다.

❼ **Close (닫기)**를 클릭합니다.

※ 잘못 만들어진 스타일은 Delete(삭제) 버튼을 클릭해서 삭제할 수 있습니다.

■— 대체 글꼴 정보

프로그램은 시스템에 없는 글꼴을 다른 글꼴을 대체하여 사용합니다. 도면에서 현재 시스템에 없는 글꼴을 지정한 경우 대체 글꼴로 지정된 글꼴이 자동적으로 대체되며, 기본적으로 simplex.shx 파일이 사용됩니다. 만약 대체하지 못하는 경우가 발생한다면 다음과 같이 새 글꼴을 입력하라는 화면이 표시됩니다.

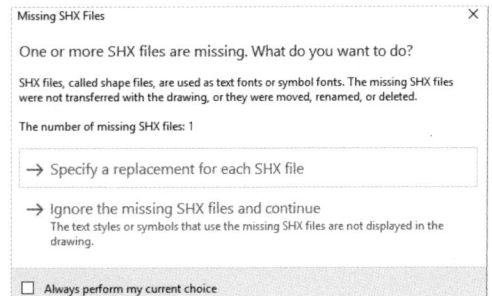 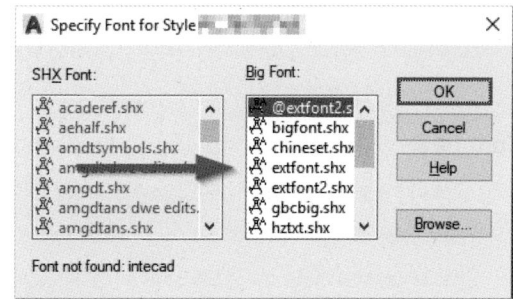

도면 파일을 열었을 때 Missing SHX Files 경고 화면이 나타나면 **[Specify a replacement for each SHX file]**을 클릭합니다. 대부분 상용 한글로 인한 문제이므로 **whgtxt.shx 한글 기본 글꼴로 대체하여 사용**합니다. 폰트 설정이 계속 나오면 거기에 맞게 계속 같은 폰트로 선택하여 줍니다. 대체가 완료되면 폰트창이 나오지 않습니다.

참고로 [Ignore the missing SHX files and continue]는 무시하고 그대로 열기를 수행한다는 내용입니다. 이 경우 내부 문자 스타일의 폰트를 내장되어 있는 폰트로 교체하여야 합니다.

Single Line 단일행 문자, Multi Line 다중행 문자

02

- **단일행 문자** 및 **다중행 문자** 작성 명령어의 개념과 기능을 이해한다.
- 문자 작성 시 문자편집기 리본, Stack(스택) 문자 쓰기, 특수 문자 설정과 기능을 이해한다.

Text or Dtext 단일행 문자 명령어, 단축 DT Single Line

단일행 문자 명령어를 사용하여 각 문자행이 이동, 형식 지정 또는 수정 가능한 독립 객체인 하나 이상의 문자행을 작성할 수 있습니다.

명령어 위치 및 호출 방법

리본	Home 탭 → Annotation 패널 → Text 하단 ▼ 드롭다운 → Single Line 아이콘 Annotate 탭 → Text 패널 → Multiline Text 옆 ▼ 드롭다운 → Single Line 아이콘
명령 입력	명령창에 **TEXT** 입력 후 (Enter), 단축키: **DT** 입력 후 (Enter)

기본 사용법

Command: **TEXT**

Current text style: "연습용-2" Text height: 2.5000 Annotative: No Justify: Left
→ 현재 스타일 확인

Specify start point of text or [Justify/Style]: → 화면 빈곳에 클릭

Specify height <2.5000>: → 글자 높이 지정 (스타일에서 지정하지 않으면 기본값 2.5로 나타남)

Specify rotation angle of text <0>: → 글 쓰여지는 방향 지정 (기본 : 우측으로 3시 방향이 0 도)

Specify start point of text or [Justify/Style]: **J** → 문자의 시작점 지정 옵션 J

Enter an option [Left/Center/Right/Align/Middle/Fit/TL/TC/TR/ML/MC/MR/BL/BC/BR]:
→ 시작점 지정 옵션 선택

Specify start point of text or [Justify/Style]: **S** → 현재 도면에 있는 지정된 문자 스타일 변경 옵션 S

Enter style name or [?] <연습용-2>: **?** → 현재 도면에 있는 지정된 문자 스타일 리스트 보기 옵션 ?

Enter text style(s) to list <*>: → <*> 현재 상태 그대로 확인, 리스트창에서 모든 스타일 확인 가능

Text styles:

```
Style name: "style1"      Font files: isocp.shx,whgtxt.shx
   Height: 0.0000  Width factor: 1.0000  Obliquing angle: 0
   Generation: Vertical

Style name: "style2"      Font typeface: @한령산돋움 Regular
   Height: 0.0000  Width factor: 1.0000  Obliquing angle: 0
   Generation: Normal

Style name: "style3"      Font typeface: 맑은 고딕
   Height: 0.0000  Width factor: 1.0000  Obliquing angle: 0
   Generation: Normal

Style name: "연습용"       Font files: isocp.shx,whgtxt.shx
   Height: 0.0000  Width factor: 1.0000  Obliquing angle: 0
   Generation: Normal

Style name: "연습용2"      Font typeface: 맑은 고딕
   Height: 0.0000  Width factor: 1.0000  Obliquing angle: 0
   Generation: Normal

Press ENTER to continue:
```

옵션 살펴보기

- **Start Point (시작점)** : 문자 객체의 시작점을 지정

    ※ 정렬 옵션의 기준이 되는 자리입니다. 문자의 정렬 위치점이 객체스 냅의 기준 자리이며 삽입점을 보여줍니다. 일반적으로 CAD에서 문자를 객체로 생각하여 빈곳에 작성한 다음 옵션 조정 후 복사하여 사용합니다. 문자는 나중에 수정하여 사용하는 것이 작업의 효율이 높아집니다.

- **Justify (자리 맞추기)** : 문자의 자리 맞추기를 조정

    ※ 문자의 시작점 지정 프롬프트에서도 이 옵션들 중 어느 것이든 입력할 수 있습니다.

    ※ 객체 스냅 삽입점을 가집니다. (Insert)

- **Style (스타일)** : 문자의 모양을 결정하는 문자 스타일을 지정

    ※ 작성하는 문자는 현재 문자 스타일을 사용합니다.

    ※ ?를 입력하면 현재 문자 스타일, 연관된 글꼴 파일, 높이 및 기타 매개변수가 나열됩니다. <*> 확인

■── 폰트에 발생하는 객체 스냅 삽입점 Insert 위치

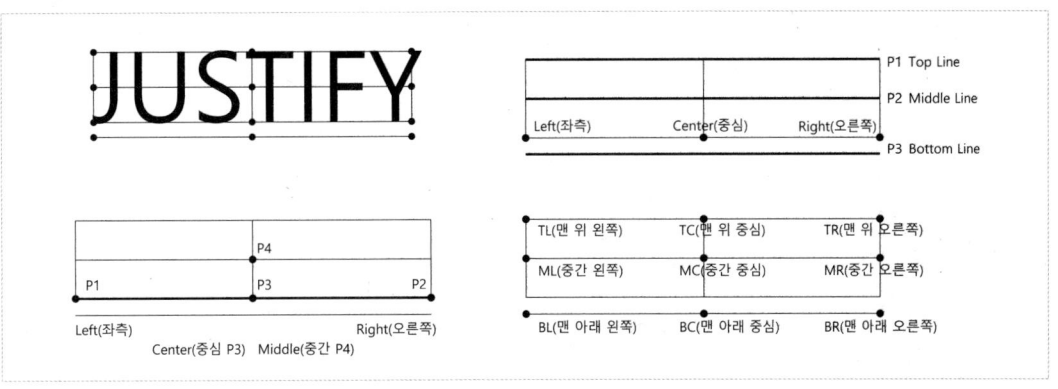

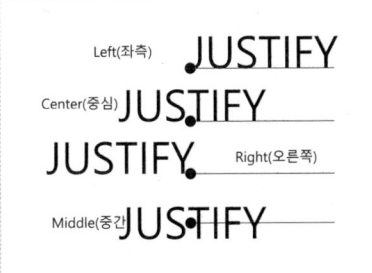

- **Left (좌측)** : 기본값, 문자를 기준선에서 왼쪽 자리맞추기 하며 사용자가 점으로 위치를 지정합니다.

- **Center (중심)** : 문자를 기준선의 가로 중심에서부터 정렬하며 사용자가 점으로 위치를 지정합니다. 회전 각도는 중심점을 기준으로 문자 기준선의 방향을 지정합니다. 점을 지정하여 각도를 지정할 수 있습니다.

- **Right (오른쪽)** : 문자를 기준선에 오른쪽 자리맞추기하며 사용자가 점으로 위치를 지정합니다.
- **Middle (중간)** : 문자를 기준선의 가로 중심 및 지정한 높이의 세로 중심에 정렬합니다.

  ※ 중간 정렬 문자는 기준선에 놓이지 않습니다.

  ※ 중간 옵션은 하행 문자를 포함해 모든 문자의 중간점을 사용한다는 점에서 MC (중간 중심) 옵션과 다릅니다. MC 옵션은 대문자 높이의 중간점을 사용합니다.

```
Left(좌측)   JUSTIFY              Left(좌측)   JUSTIFY
Align(정렬)  JUSTIFY              Fit(맞춤)    JUSTIFY
                                               JUSTIFY
기본 왼쪽 자리맞춤으로 돌리면         기본 왼쪽 자리맞춤으로 돌리면
폰트의 비율조정으로 작아짐            폰트 width factor 가 없으짐
```

- **Align (정렬)** : 기준선의 양 끝점을 지정하여 문자 높이 및 문자 방향을 지정

  ※ 문자의 크기는 문자의 높이에 비례하여 조정됩니다. 문자열이 길수록 문자의 높이는 작아집니다.

> ▶ 보조선 작업을 한 후 입력하는 것을 권장 (특정 영역에 정렬)
>
> Command: **TEXT**
>
> Current text style: "연습용-2" Text height: 2.5000 Annotative: No Justify: Left
> Specify start point of text or [Justify/Style]: **J**
> Enter an option [Left/Center/Right/Align/Middle/Fit/TL/TC/TR/ML/MC/MR/BL/BC/BR]:
> **A** → 정렬 옵션 A 입력 후 ↵
> Specify first endpoint of text baseline: → 정렬시킬 위치선의 시작점 지점
> Specify second endpoint of text baseline: → 정렬시킬 위치선의 끝점 지점

- **Fit (맞춤)** : 문자가 영역 내에 맞도록, 또한 두 점과 높이로 정의된 방향에 맞도록 지정

  ※ 가로 방향 문자에만 사용할 수 있습니다. 높이는 대문자가 기준선으로부터 연장될 수 있는 도면 단위의 거리이며, 지정된 문자 높이는 시작점과 지정한 점 사이의 거리입니다. 문자열이 길수록 문자의 폭은 좁아지며, 문자의 높이는 일정하게 유지됩니다.

- **TL** Top Left **(맨 위 왼쪽)** : 문자의 맨 위에 지정된 점에 문자를 왼쪽 자리맞추기합니다. 가로 방향 문자에만 사용할 수 있습니다.

- **TC** Top Center **(맨 위 중심)** : 문자의 맨 위에 지정된 점에 문자를 중심 자리맞추기합니다. 가로 방향 문자에만 사용할 수 있습니다.

- **TR** Top Right **(맨 위 오른쪽)** : 문자의 맨 위에 지정된 점에 문자를 오른쪽 자리맞추기합니다. 가로 방향 문자에만 사용할 수 있습니다.

- **ML** Middle Left **(중간 왼쪽)** : 문자의 중간에 지정된 점에 문자를 왼쪽 자리맞추기합니다. 가로 방향 문자에만 사용할 수 있습니다.

- **MC** Middle Center **(중간 중심)** : 문자의 중간에 문자를 가로 및 세로로 중심 자리맞추기합니다. 가로 방향 문자에만 사용할 수 있습니다.

  ※ MC 옵션은 대문자 높이의 중간점을 사용한다는 점에서 Middle(중간) 옵션과 다릅니다. 중간 옵션은 하행 문자를 포함해 모든 문자의 중간점을 사용합니다.

- **MR** Middle Right **(중간 오른쪽)** : 문자의 중간에 지정된 점에 문자를 오른쪽 자리맞추기합니다. 가로 방향 문자에만 사용할 수 있습니다.

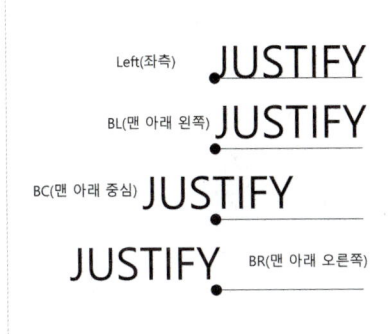

- **BL** Bottom Left **(맨 아래 왼쪽)** : 기준선에 지정된 점에 문자를 왼쪽 자리맞추기합니다. 가로 방향 문자에만 사용할 수 있습니다.

- **BC** Bottom Center **(맨 아래 중심)** : 기준선에 지정된 점에 문자를 중심 자리맞추기합니다. 가로 방향 문자에만 사용할 수 있습니다.

- **BR** Bottom Right **(맨 아래 오른쪽)** : 기준선에 지정된 점에 문자를 오른쪽 자리맞추기합니다. 가로 방향 문자에만 사용할 수 있습니다.

Mtext 다중행 문자 명령어, 단축 MT

여러 개의 문자 단락을 하나의 객체로 작성할 수 있습니다. 내장 편집기를 사용하여 문자 모양, 열 및 경계에 대한 형식을 지정할 수 있습니다. 첫번째 구석과 반대쪽 구석에 대한 점을 지정하면 문자 편집기 리본 상황별 탭이 표시됩니다.

명령어 위치 및 호출 방법

리본	Home 탭 → Annotation 패널 → Multiline Text 아이콘
명령 입력	명령창에 **MTEXT** 입력 후 `Enter`, 단축키: **MT** 입력 후 `Enter`

※ 명령 행에서 -MTEXT를 입력하는 경우, MTEXT 명령은 내부 문자 편집기를 생략하고 명령 프롬프트를 추가로 표시합니다.

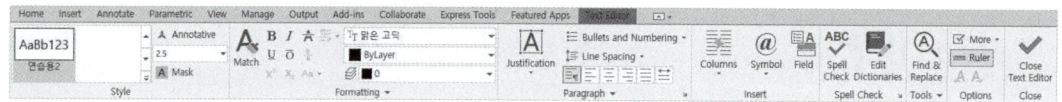

■── 여러 줄 문자 작성하기

긴 주석과 내부 형식이 적용된 레이블의 경우 다중행 문자(MT 또는 T)를 사용합니다.

❶ 명령행에 **MTEXT**, 또는 **MT**를 입력하고 완료합니다. (실행은 여러 가지 방법이 있습니다.)

❷ 경계 상자의 반대 구석을 지정하여 다중행 문자 객체의 폭을 정의합니다.

▶ 리본이 활성 상태이면 문자 편집기 상황별 탭이 표시됩니다.

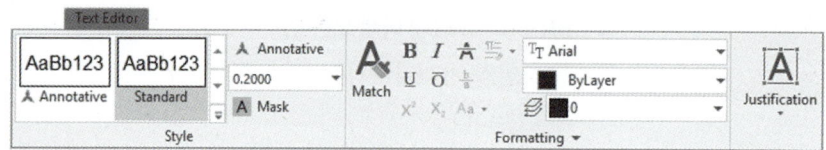

▶ 리본이 활성 상태가 아니면 Text Formatting(문자 형식) 도구막대가 표시됩니다(기본값은 OFF).

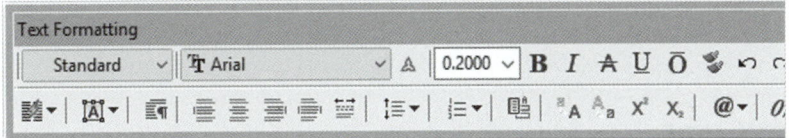

※ MTEXTTOOLBAR 시스템 변수는 문자 형식 도구막대의 화면 표시를 조정합니다.
- 초기값: 2 → 리본 활성화 시 문자 형식 도구막대가 표시되지 않습니다.
- 값: 0 → 문자 형식 도구막대가 표시되지 않습니다.
- 값: 1 → 문자 형식 도구막대는 선택한 MTEXT 객체에 따라 표시됩니다.

❸ 초기 형식을 지정합니다. 현재 문자 스타일을 변경하려면 드롭다운 리스트에서 원하는 문자 스타일을 선택합니다. 각 단락의 첫 번째 행을 들여쓰려면 눈금자의 첫 번째 행 들여쓰기 슬라이더를 끌고, 각 단락의 다른 행을 들여쓰려면 내어쓰기 슬라이더를 끕니다. 탭을 설정하려면 탭이 멈출 위치에 눈금자를 클릭합니다.

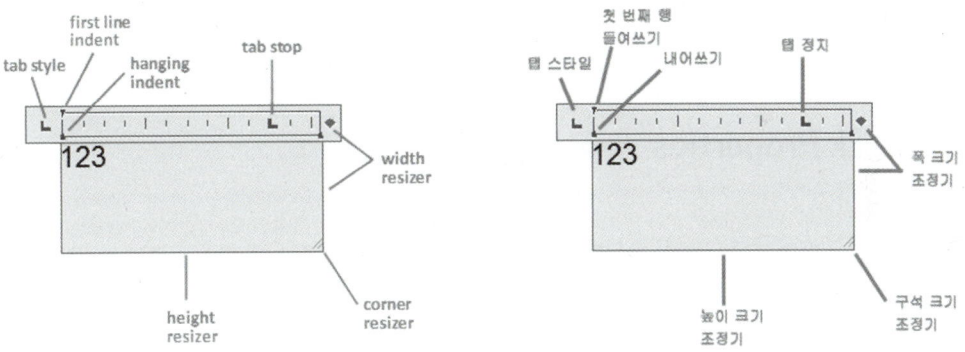

❹ 문자를 입력합니다. 입력하는 동안 문자가 읽기 쉬운 크기로 수평으로 표시될 수 있습니다.

❺ 개별 문자, 단어 또는 단락을 변경하려면 문자를 강조하고 형식 변경 사항을 지정합니다.

※ SHX 글꼴은 굵은 글꼴 또는 기울임꼴을 지원하지 않습니다.

❻ 변경 사항을 저장하고 편집기를 종료하려면 다음 방법 중 하나를 사용합니다.
- 문자 편집기 리본 상황별 탭의 Close(닫기) 패널에서 Close Text Editor(문자 편집기 닫기)를 클릭합니다.
- Text Formatting(문자 형식) 도구막대에서 확인을 클릭합니다.
- 편집기 외부의 도면을 클릭합니다.
- Ctrl 키를 누른 상태에서 Enter 키를 누릅니다.

❼ 변경 사항을 저장하지 않고 편집기를 종료하려면 ESC 키를 누릅니다.

Stack 스택 문자와 특수 문자

■ Stack 스택 문자 쓰기

치수 문자를 비롯해 분수형, 공차를 표준에 맞춰 형식화할 수 있습니다.

❶ MTEXT 명령을 입력하여 문자 편집 영역 지정

❷ 1/2 입력 후 해당 문자를 드래그하여 스택 아이콘 클릭
(또는 드래그한 채 마우스 우클릭하여 스택 선택)

❸ 편집을 하려면 스택 문자를 더블클릭하거나 선택된 상태에서 마우스 우클릭하여 스택 특성을 클릭

■ Stack Properties 스택 특성 대화상자

Stack Properties (스택 특성) 대화상자를 열려면 스택된 문자를 선택하고 마우스 오른쪽 버튼을 클릭한 다음 바로 가기 메뉴에서 **Stack Properties (스택 특성)**을 선택합니다.

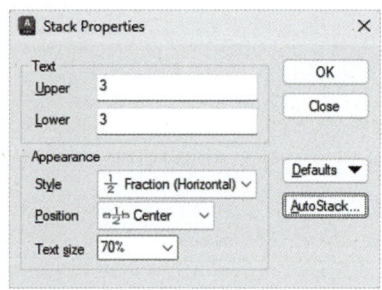 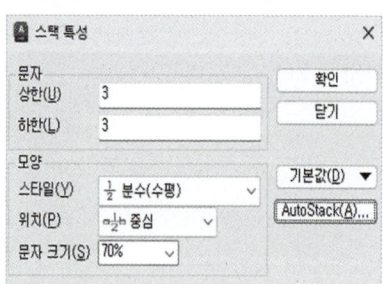

❶ **Text (문자)** : 스택된 분수의 위쪽 및 아래쪽 숫자를 변경

- **Upper (상한)** : 스택된 분수의 위쪽 또는 전반에 있는 숫자를 편집합니다.
- **Lower (하한)** : 스택된 분수의 아래쪽 또는 후반에 있는 숫자를 편집합니다.

❷ **Appearance (모양)** : 스택된 분수의 스타일, 위치 또는 문자 크기를 편집

- **Style (스타일)** : 스택 문자에 대한 스타일 형식을 지정합니다(수평 분수, 대각선 분수, 공차 및 소수점).
- **Position (위치)** : 분수가 정렬되는 방법을 지정합니다. 기본값은 Center(중심) 정렬이며, 객체 내의 모든 스택된 문자는 동일한 정렬을 사용합니다.
- **Text Size (문자 크기)** : 스택된 문자의 크기를 현재 크기의 퍼센트값(25~125%)으로 조정합니다.

❸ **Defaults (기본값)** : 새 설정을 기본값으로 저장하거나 이전 기본값을 현재 스택된 문자에 복원

❹ **AutoStack (자동스택)** : AutoStack 특성 대화상자를 표시 AutoStack은 탈자 기호, 슬래시 및 파운드 기호 바로 앞과 뒤에 있는 숫자만 스택합니다.

■── AutoStack 특성 대화상자

문자를 자동으로 스택하기 위한 기본값을 설정합니다. 명령창에 MTEXT를 입력한 후 내부 문자 편집기에서 스택된 분수를 선택한 다음 **Stack Properties (스택 특성)** 대화상자에서 [AutoStack] 버튼을 클릭합니다.

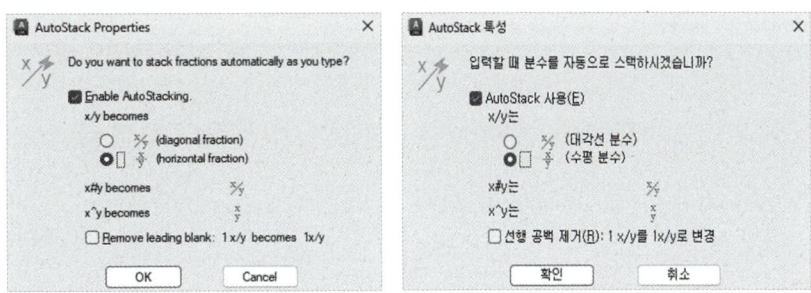

❶ **Enable AutoStacking (AutoStack 사용)** : 탈자(^) 기호, 슬래시(/) 또는 파운드(#) 기호의 앞뒤에 입력된 숫자를 자동으로 스택합니다. 예를 들어 1#3과 유효한 특수문자 또는 공백을 차례로 입력하면 문자가 대각선 분수로 자동 스택됩니다.
- **Diagonal Fraction (대각선 분수)** : AutoStack이 켜져 있는 경우 슬래시(/)를 대각선 분수로 변환합니다.
- **Horizontal Fraction (수평 분수)** : AutoStack이 켜져 있는 경우 슬래시(/)를 수평 분수로 변환합니다.
  ※ AutoStack이 켜져 있는지 꺼져 있는지에 관계없이 파운드(#) 기호는 항상 대각선 분수로 변환되고 탈자(^) 기호는 항상 공차 형식으로 변환됩니다.

❷ **Remove Leading Blank (선행 공백 제거)** : 정수와 분수 사이의 공백을 제거합니다.

■ 특수 문자

도면에서 일반적으로 사용 빈도가 높은 특수한 문자를 입력할 수 있도록 다음과 같이 조정코드 %%를 사용하여 입력합니다. MT 명령에서는 편집기 패널 아이콘을 활용합니다.

입력 방법	내용	입력	출력
%%u	밑줄	%%uAutoCAD	AutoCAD
%%d	각도	50%%d	50°
%%p	공차	%%p50	±50
%%c	지름	%%c50	Ø50

※ 유니코드 문자열 사용 시에는 백슬러시(\) 앞에 붙여 씁니다. → 예 \U+00B0=각도
※ 키보드의 Enter 키 바로 위에 있는 W 키랑 같음
※ 표현되지 않으면 폰트 자체에서 지원이 안 되는 것입니다.

해치

CHAPTER —————————— 10

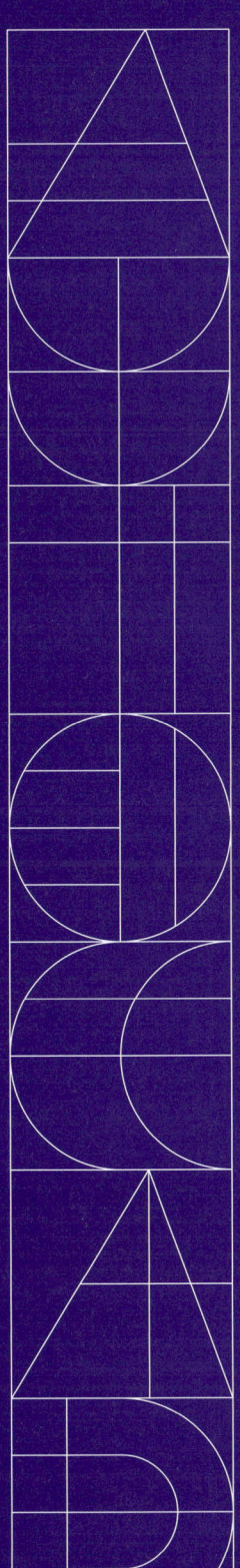

01   HATCH   해치

01 HATCH

해치

- **HATCH** 기능을 활용하여 도면에 적절한 패턴과 색상을 적용할 수 있다.
- 해치의 종류, 속성 조정 및 편집 방법의 기능을 이해한다.

HATCH 해치 명령어

HATCH (해치)는 도면의 특정 영역을 패턴이나 색상으로 채우는 명령어입니다. 건축, 기계, 토목 등의 도면에서 재료 표현, 단면 표시, 강조 효과 등을 위해 사용됩니다.

명령어 위치 및 호출 방법

리본	Home 탭 → Draw 패널 → Hatch 아이콘
명령 입력	명령창에 **HATCH** 입력 후 `Enter`, 단축키: **H** 입력 후 `Enter`

해치 작성 리본 탭 Hatch Creation 탭

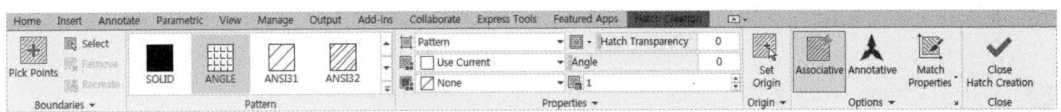

※ 리본 메뉴에서 상황별로 보여지는 옵션은 조금씩 다를 수 있습니다. (활성 또는 비활성)

■── Boundaries 경계 패널

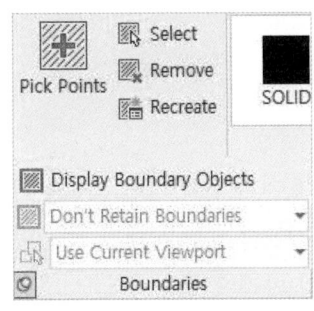

❶ **Pick Points (선택점)** : 하나 이상의 객체로 형성된 닫힌 영역 내에서 점을 선택하여 해치 경계를 결정

❷ **Select (선택)** : 선택한 객체를 기준으로 해치 경계를 지정

※ 이 옵션을 사용하면 내부 객체가 자동으로 탐지되지 않습니다. 현재 고립영역 탐지 스타일에 따라 객체를 해치하거나 채우려면 선택된 경계 내에서 객체를 선택해야 합니다. 문자 주위에 해치되지 않은 공간을 작성하려면 선택 세트에 해당 문자를 선택합니다.

❸ **Remove (제거)** : 이전에 추가된 객체를 경계 정의에서 모두 제거

❹ **Recreate (재작성)** : 선택된 해치 또는 채우기를 중심으로 폴리선 또는 영역이 작성. 선택적으로 해치 객체와 연관될 수 있습니다.

❺ **Display Boundary Objects (경계 객체 표시)** : 선택한 연관 해치 객체의 경계를 형성하는 객체를 선택. 표시된 그립을 사용하여 해치 경계를 수정합니다.

※ 이 옵션은 해치를 편집할 때만 사용할 수 있습니다. 비연관 해치를 선택하면 해치 경계 그립이 자동으로 표시됩니다. 연관 해치를 선택하는 경우 경계 객체 표시 옵션을 선택하지 않으면 단일 해치 그립점이 표시됩니다. 그립을 사용해 연관된 경계 객체를 편집하는 방법으로만 연관 해치를 편집할 수 있습니다.

❻ **Retain Boundary Objects (경계 객체 유지)** : 해치 경계 객체를 처리하는 방법을 지정

- **Don't Retain Boundaries (경계 유지 안 함)** : 별도의 해치 경계 객체를 작성하지 않습니다(해치 작성 중에만 사용).

- **Retain Boundaries-Polyline (경계 유지-폴리선)** : 해치 객체를 둘러싸는 폴리선을 작성합니다(해치 작성 중에만 사용).

- **Retain Boundaries-Region (경계 유지-영역)** : 해치 객체를 둘러싸는 영역 객체를 작성합니다(해치 작성 중에만 사용).
- **Select New Boundary Set (새 경계 세트 선택)** : 해치를 작성할 때 선택점으로 평가할 경계 세트라는 제한된 객체 세트를 지정합니다.

❼ 경계 세트 지정 : 경계를 정의할 때 분석되는 객체 세트를 정의
- **Use Current Viewport (현재 뷰포트 사용)** : 현재 뷰포트 범위 내의 모든 객체에서 경계 세트를 정의합니다.
- **경계 세트 지정** : 새 경계 세트 선택을 사용하여 선택한 객체에서 경계 세트를 정의합니다.

■── Pattern 패턴 패널

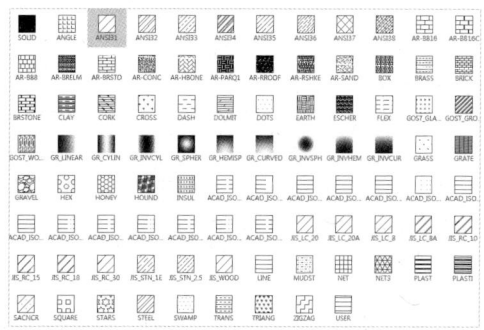

미리 정의 및 사용자 패턴 모두에 대한 미리보기 이미지를 표시합니다. 사용자 패턴은 패턴 탭에 있는 패턴 갤러리의 제일 아래에 있습니다(USER). 왼쪽 그림은 패널을 확장한 모습입니다.

■── Properties 특성 패널

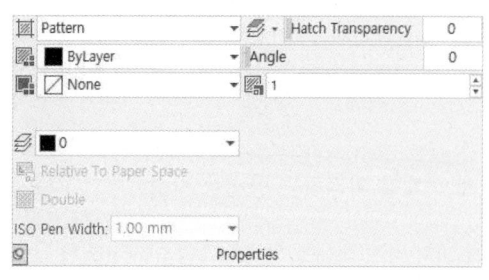

❶ **Hatch Type (해치 유형)** : Solid(솔리드), Gradient(그라데이션), Pattern(패턴) 또는 User-defined(사용자 정의) 채우기의 사용 여부를 지정

❷ **Hatch Color or Gradient Color 1 (해치 색상 또는 그라데이션 색상 1)** : 솔리드 채우기 및 해치 패턴에 대한 현재 색상을 재지정, 또는 두 그라데이션 색상 중 첫 번째 색상을 지정

❸ **Background Color or Gradient Color 2 (배경 색상 또는 그라데이션 색상 2)** : 해치 패턴 배경의 색상을 지정하거나 선택한 그라데이션 색상을 지정합니다.

※ 해치 유형이 솔리드로 설정된 경우에는 그라데이션 색상 2를 사용할 수 없습니다.

❹ **Hatch Transparency (해치 투명도)** : 새 해치 또는 채우기에 대해 투명도 레벨을 설정하여 현재 객체 투명도를 재지정. 현재 객체 투명도 설정을 사용하려면 현재 사용을 선택합니다.

❺ **Hatch Angle (해치 각도)** : 해치 또는 채우기에 사용할 각도를 현재 UCS의 X축을 기준으로 지정 (유효한 값은 0~359)

❻ **Hatch Pattern Scale (해치 패턴 축척)** : 미리 정의된 해치 패턴 또는 사용자 해치 패턴을 확장하거나 축소(해치 유형이 패턴으로 설정된 경우에만 사용)

- **Hatch Spacing (해치 간격두기)** : 사용자 정의 패턴의 선 간격을 지정(해치 유형이 사용자 정의로 설정된 경우에만 사용)

- **Gradient Tint and Shade On/Off (그라데이션 색조 및 음영 켜기/끄기)** : 두 색 그라데이션을 켤지 아니면 끌지를 지정(해치 유형이 그라데이션으로 설정된 경우에만 사용)

- **Gradient Tint and Shade (그라데이션 색조 및 음영)** : 한 색 그라데이션 채우기에 사용되는 색조(선택한 색상과 흰색 혼합) 또는 음영(선택한 색상과 검은색 혼합)을 지정(해치 유형이 그라데이션으로 설정된 경우에만 사용)

❼ **Layer Name (도면층 이름)** : 지정한 도면층에 새 해치 객체를 지정하여 현재 도면층을 재지정. 현재 도면층을 사용하려면 현재 사용을 선택합니다.

❽ **Relative to Paper Space (도면 공간을 기준)** : 도면 공간 단위를 기준으로 해치 패턴을 축척합니다.

※ 이 옵션은 배치(Layout)에서만 사용할 수 있으며, 사용자의 배치에 적절한 축척으로 해치 패턴을 쉽게 표시할 수 있습니다.

❾ **Double (이중)** : 원래 선에 90도 각도로 두 번째 선 세트를 그려 교차 해치를 작성(해치 유형이 사용자 정의로 설정된 경우에만 사용)

❿ **ISO Pen Width (ISO 펜 폭)** : 선택한 펜 폭을 기준으로 ISO 패턴을 축척(미리 정의된 ISO 패턴에만 사용)

■── Origin 원점 패널

해치 패턴 생성의 시작 위치를 조정합니다. 벽돌 패턴과 같은 일부 해치는 해치 경계 내에 있는 한 점과 정렬시켜야 합니다. 기본적으로 모든 해치 원점은 현재 UCS 원점에 해당합니다.

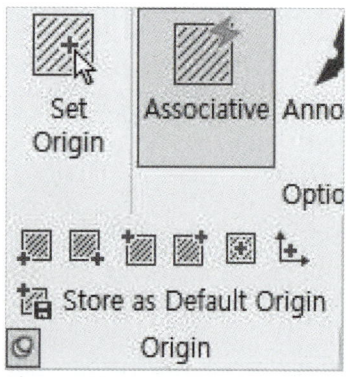

❶ **Set Origin (원점 설정)** : 새 해치 원점을 직접 지정(가장 많이 사용)

※ 아래쪽 버튼을 이용해 해치 원점을 Bottom Left(맨 아래 왼쪽), Bottom Right(맨 아래 오른쪽), Top Left(맨 위 왼쪽), Top Right(맨 위 오른쪽), Center(중심), Use Current Origin(현재 원점 사용) 중의 하나로 선택합니다.

❷ **Store as Default Origin (기본 원점으로 저장)** : 새 해치 원점 값을 시스템 변수에 저장

■── Options 옵션 패널

일반적으로 사용되는 해치 또는 채우기 여러 옵션을 조정합니다.

❶ **Associative (연관)** : 해치 또는 채우기가 연관되도록 지정. 연관된 해치 또는 채우기는 해당 경계 객체를 수정할 때 업데이트됩니다.

❷ **Annotative (주석)** : 해치가 주석임을 지정. 이 특성은 주석이 도면에 정확한 크기로 플롯되거나 표시되도록 주석 축척 프로세스를 자동화합니다.

❸ **Match Properties (특성 일치)**

- **Use Current Origin (현재 원점 사용)** : 선택한 해치 객체로 해치의 특성을 설정합니다(해치 원점 제외).

- **Use Source Hatch Origin (원본 해치 원점 사용)** : 선택한 해치 객체로 해치의 특성을 설정합니다(해치 원점 포함).

❹ **Gap Tolerance (차이 공차)** : 객체가 해치 경계로 사용될 때 무시할 수 있는 차이의 최대 크기를 설정.

※ 기본값 0(영)은 객체가 차이없이 영역을 닫아야 함을 지정합니다.

※ 슬라이더를 이동하거나 0에서 5000까지의 값을 도면 단위로 입력하여 객체가 해치 경계로 사용되는 경우 무시할 수 있는 간격의 최대 크기를 설정합니다. 지정한 값 이하의 차이는 무시되고 경계는 닫힌 것으로 간주됩니다.

❺ **Separate Hatches(개별 해치 작성)** : 여러 개별 닫힌 경계를 지정할 경우, 단일 해치 객체 또는 복수 해치 객체를 작성하는지 여부를 조정

❻ **Island Detection (고립영역 탐지)**

- **Normal Island Detection (일반 고립영역 탐지)** : 외부 경계로부터 안쪽을 해치하거나 채웁니다. 내부 고립영역이 발견되면 해당 고립영역 내의 다른 고립영역이 발견될 때까지 해치 또는 채우기가 꺼집니다.

- **Outer Island Detection (외부 고립영역 탐지)** : 외부 경계로부터 안쪽을 해치하거나 채웁니다. 이 옵션은 지정된 영역만 해치하거나 채우고 내부 고립영역은 그대로 둡니다.

- **Ignore Island Detection (고립영역 탐지 무시)** : 모든 내부 객체를 무시하고 이 객체들을 해치하거나 채웁니다.

❼ **Draw Order (그리기 순서)** : 해치 또는 채우기에 그리기 순서를 지정

※ Do Not Change(변경 안 함), Send to Back(뒤로 보내기), Bring to Front(앞으로 가져오기), Send Behind Boundary(경계 뒤로 보내기), Bring in Front of Boundary(경계 앞으로 가져오기)

▬▬ Close 닫기 패널

- **Close Hatch Creation (해치 작성 닫기)** : 해치를 종료하고 상황별 탭을 닫습니다. `Enter` 또는 `ESC` 키를 눌러 해치를 종료할 수도 있습니다.

객체 또는 영역 해치 또는 채우기

직접 만들어 보면서 차이점을 이해하기 바랍니다.

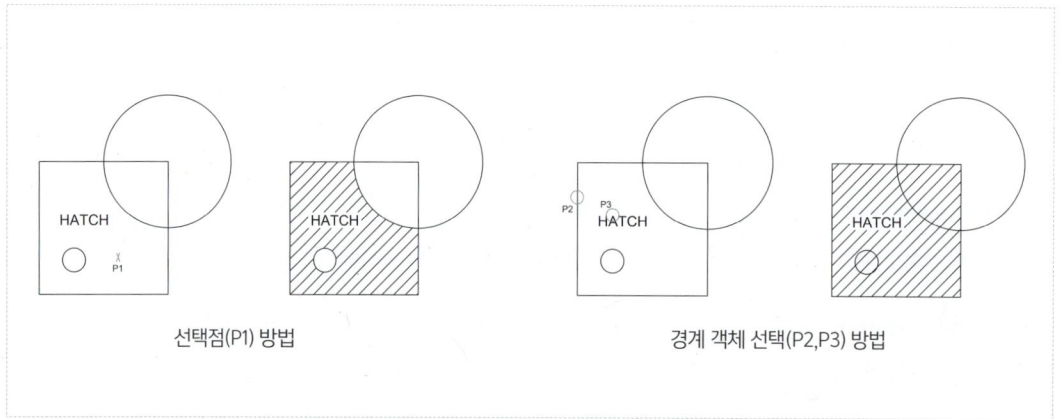

❶ 리본 → Home 탭 → Draw 패널 → Hatch 아이콘을 클릭합니다. 해치 명령이 활성화되면 **Hatch Creation(해치 작성)** 리본 탭이 표시됩니다.

❷ 해치 작성 탭 > Properties(특성) 패널 > Hatch Type(해치 유형) 리스트에서 해치 유형을 **Pattern(패턴)**으로 선택합니다.

❸ Pattern(패턴) 패널에서 해치 패턴 **ANSI31**을 선택합니다.

❹ Boundaries(경계) 패널에서 패턴 경계를 선택하는 방법을 지정합니다. 선택 방법은 변경할 때까지 유지됩니다.

- 선택점(P1) 방법으로 영역을 지정할 경계 내부를 클릭합니다.

- 경계 객체 선택(P2,P3) 방법 : 원, 닫힌 폴리선 또는 특정 영역과 만나며 해당 영역을 둘러싸는 끝점이 있는 객체 집합과 같은 닫힌 객체 내에 해치 또는 채우기를 삽입합니다.

❺ 해치할 영역 또는 객체를 클릭합니다.

- 선택점(P1) 방법

- 경계 객체 선택(P2,P3) 방법 : P3을 선택 시 하이라이트 되는지 확인해야 합니다.

❻ 리본에서 필요한 항목을 조정합니다.

- Properties(특성) 패널에서 해치 유형 및 색상을 변경하거나 해치의 투명도 레벨, 각도 또는 축척을 수정할 수 있습니다.
- 확장된 Options(옵션) 패널에서는 해치 및 해치의 경계가 다른 객체의 앞에 표시되는지 아니면 뒤에 표시되는지를 지정하도록 그리기 순서를 변경할 수 있습니다.

❼ Enter 키를 눌러 해치를 적용하고 명령을 종료합니다.

■── 개별 해치 객체

기본적으로 하나의 명령 내에서 여러 영역에 해치를 적용하는 경우 결과는 단일 해치 객체가 됩니다. 한 영역의 특성을 변경하거나 영역을 제거해야 하는 경우에는 해치 객체를 분리해야 합니다.

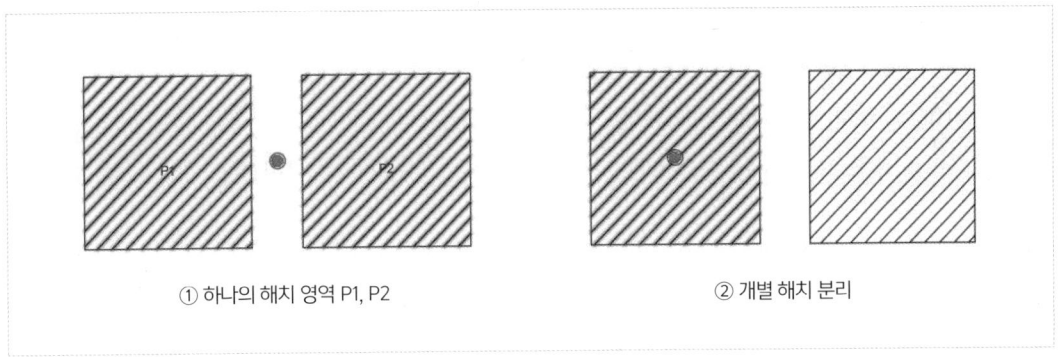

① 하나의 해치 영역 P1, P2　　② 개별 해치 분리

❶ 사각형 두 개를 작도한 다음 내부 P1, P2를 선택 ANSI31 패턴을 채워 하나의 영역으로 만들어 둡니다.

※ 검정색으로 덮여 있거나 나타나지 않는 경우에는 Scale을 조정합니다.

❷ 해치를 클릭합니다. 해치의 어느 곳을 클릭하든 해치가 단일 그림이 있는 하나의 객체로 작동하는 것을 볼 수 있습니다. 해치 객체를 선택하면 해치 작성 리본 탭이 즉시 표시됩니다.

❸ 해치 작성 리본에서 Options(옵션) 패널을 확장하고, Create Separate Hatches(개별 해치 작성)을 선택합니다. 그러면 이제 각 해치 영역이 고유한 해치 객체가 되어 따로 편집하거나 제거할 수 있게 됩니다.

※ 해치가 분리되면 단일 해치 객체로 다시 결합할 수 없습니다.

■ 원점 재지정

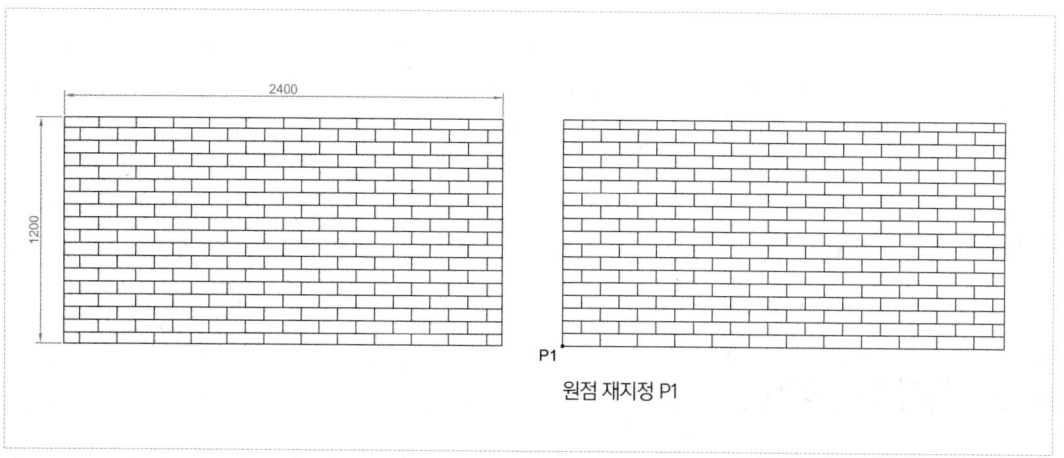

원점 재지정 P1

❶ 먼저 주어진 치수(1200X2400)로 벽채를 작도합니다.

❷ 리본 → Home 탭 → Draw 패널 → Hatch 아이콘을 클릭합니다.

❸ 해치 작성 탭 > Properties(특성) 패널 > Hatch Type(해치 유형) 리스트에서 Pattern(패턴)으로 되어있는지 확인합니다.

❹ Pattern(패턴) 패널을 확장시켜 **AR-BRSTD(표준형 벽돌)**을 선택합니다.

❺ Boundaries(경계) 패널에서 패턴 경계를 선택하는 방법을 Pick Points(선택점) 방법으로 벽 내부를 클릭한 후 완성합니다.

❻ AR-BRSTD(표준형 벽돌) 해치 객체를 클릭합니다. 해치의 어느 곳을 클릭하든 해치 작성 리본 탭이 즉시 표시됩니다.

❼ Origin(원점) 패널에서 Set Origin(원점 설정)을 클릭하여 P1 위치점을 클릭합니다.

❽ 패턴의 형태가 재정의 되는 것을 확인합니다.

■── user-defined 사용자 정의 **지붕마루 수직방향 기와 표현**

주어진 치수 형태로 수직방향 지붕마루를 작도합니다.

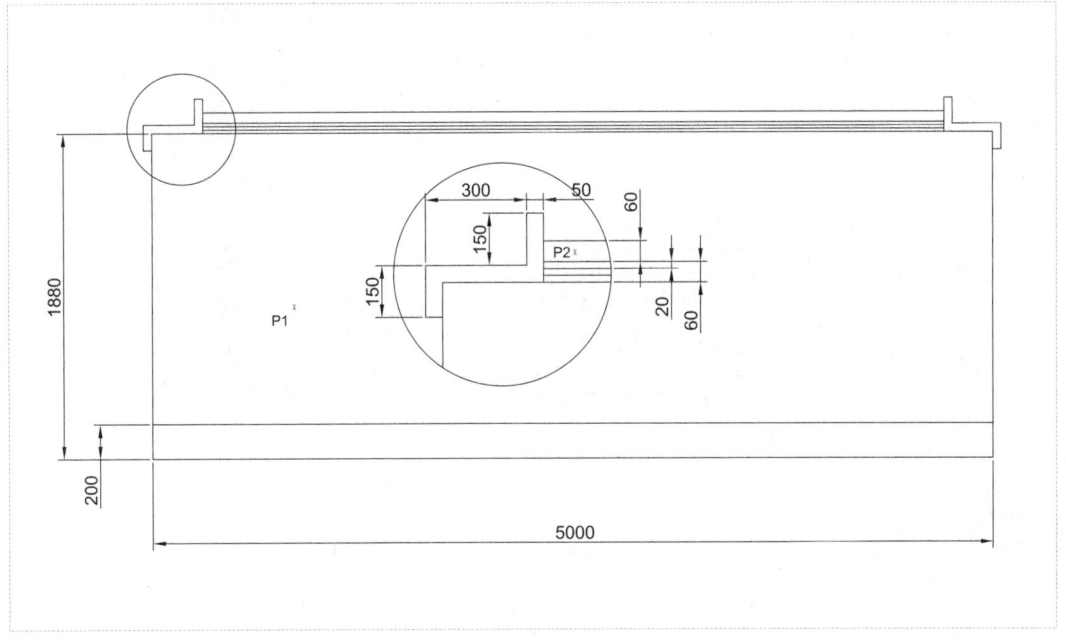

❶ Properties(특성) 패널에서 Hatch Type(해치 유형)을 user-defined(사용자 정의) 패턴으로 선택합니다.

❷ 해당 패널에서 Angle(각도) 90, 바로 밑에 있는 Hatch spacing(간격) 300 을 적용합니다.
  ※ Hatch Type(해치 유형)에 따라 보여주는 설정이 차이가 있습니다.

❸ Boundaries (경계) 패널에서 Pick Points(선택점) 지정 후 위치점 P1 (지붕경사면), P2 (수키와 60mm 영역)를 선택한 후 완료합니다.

❹ 방금 만든 패턴을 선택 후 Copy(복사) 명령을 통해 우측으로 20 이동 복사합니다. (좌표 입력 @20,0)

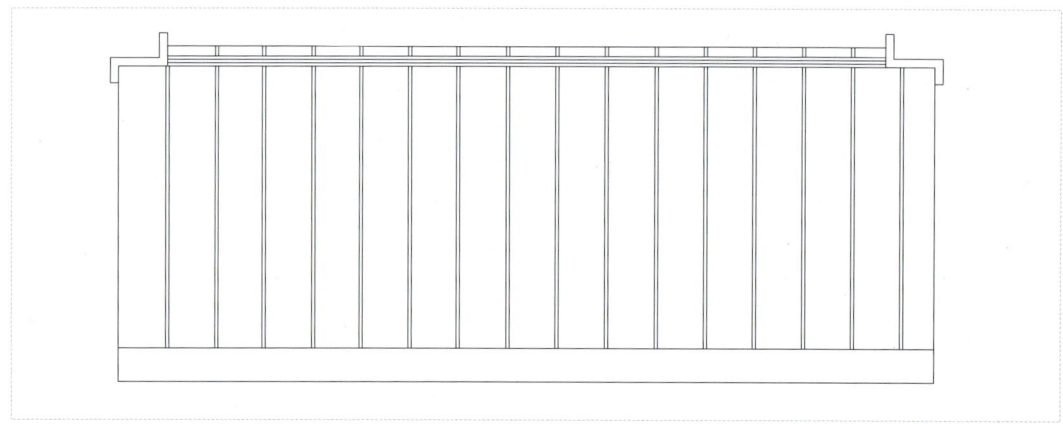

❺ 용머리 기와 치수(300X50 두께)와 암키와 20mm 3켜, 수키와 60mm 1켜 치수는 시험용입니다. 사용자 정의 패턴을 활용하여 규격 타일을 표시하거나 여러 가지 방법을 잘 알아두시기 바랍니다.

해치 및 그라데이션 대화상자

Options(옵션) 패널 하단 우측에 있는 대각선 화살표 를 누르면 대화상자가 표시됩니다. 이전 버전에서는 다음에서 설명하는 대화상자를 통하여 작업이 이루어졌습니다. 여기에서는 리본 형태의 내용을 잘 이해할 수 있도록, 대화상자의 각 설정 항목들에 대해 설명합니다.

해치 및 그라데이션 대화상자에는 두 개의 탭이 있으며, 두 탭에서 모두 사용 가능한 몇 가지 공통 옵션이 있습니다. 그룹을 구분하여 어떠한 것이 있는지 확인한 후 세부사항을 이해하고 필요한 것만 활용합니다.

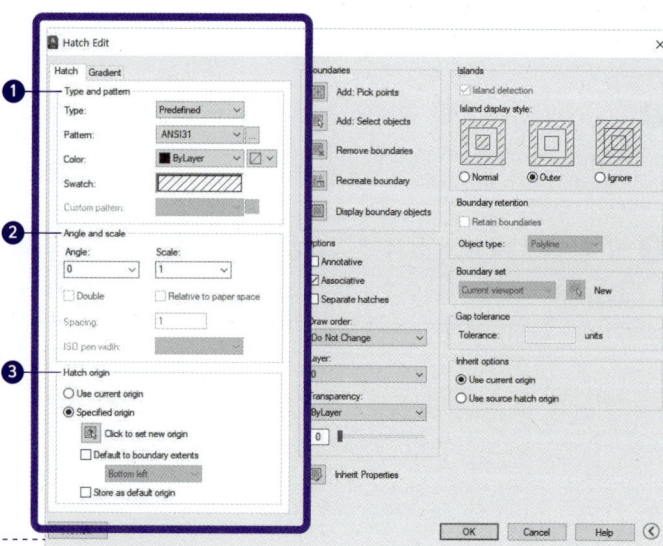

■── Hatch 해치 탭

❶ **Type and Pattern (유형 및 패턴)** : 해치의 유형, 패턴, 색상 및 배경 색상을 지정

- **Type (유형)** : 작성할 해치 패턴(미리 정의된 패턴, 사용자 정의 패턴, 사용자 패턴)을 지정합니다.

- **Pattern (패턴)** : ANSI, ISO 및 기타 업종 표준 해치 패턴 선택 항목을 표시합니다. 솔리드 채우기를 작성하려면 SOLID를 선택합니다. 패턴 옵션은 유형이 미리 정의로 설정되어 있을 때만 사용할 수 있습니다(HPNAME 시스템 변수).

  ※ […] 버튼 : 미리 정의된 모든 패턴의 이미지를 미리 볼 수 있는 해치 패턴 팔레트 대화상자를 표시합니다.

- **Color (색상)** : 해치 패턴 및 솔리드 채우기에 대해 지정된 색상으로 현재 색상을 재지정합니다.

  ※ Background Color (배경 색상) : 새 해치 객체의 배경 색상을 지정합니다. 배경 색상을 끄려면 없음을 선택합니다.

- **Swatch (견본)** : 선택된 패턴의 미리보기를 표시합니다. 견본을 클릭하면 해치 패턴 팔레트 대화상자가 표시됩니다.

- **Custom Pattern (사용자 패턴)** : 사용 가능한 사용자 패턴을 나열합니다.

  ※ 최근에 사용한 사용자 패턴이 리스트의 맨 위에 나타납니다. 사용자 패턴 옵션은 유형이 사용자로 설정되어 있을 때만 사용할 수 있습니다. […] 버튼을 클릭하면 모든 사용자 패턴의 이미지를 미리 볼 수 있는 해치 패턴 팔레트 대화상자를 표시합니다.

❷ **Angle and Scale (각도 및 축척)** : 선택된 해치 패턴의 축척 및 각도를 지정

- **Angle (각도)** : 해치 패턴에 사용할 각도를 현재 UCS의 X축을 기준으로 지정합니다.

- **Scale (축척)** : 미리 정의된 패턴 또는 사용자 패턴을 확장하거나 축소합니다.

  ※ 이 옵션은 유형이 미리 정의 또는 사용자로 설정되어 있을 때만 사용할 수 있습니다.

- **Double (이중)** : 원래 선에 90도 각도로 두 번째 선 세트를 그려 교차 해치를 작성합니다(해치 유형이 사용자 정의로 설정된 경우에만 사용).

- **Relative to Paper Space (도면 공간을 기준)** : 도면 공간 단위를 기준으로 해치 패턴을 축척합니다. 그러면 사용자의 명명된 배치에 적절한 축척으로 해치 패턴을 표시할 수 있습니다(명명된 배치(Layout)에서만 사용).

- **Spacing (간격두기)** : 선의 간격을 지정합니다(해치 유형이 사용자 정의로 설정된 경우에만 사용).

- **ISO Pen Width (ISO 펜 폭)** : 선택한 펜 폭을 기준으로 ISO 미리 정의된 패턴을 축척합니다.

  ※ 이 옵션은 유형이 미리 정의로 설정되어 있고, 패턴이 사용 가능한 ISO 패턴 중 하나로 설정되어 있을 때만 사용할 수 있습니다.

❸ **Hatch Origin (해치 원점)** : 해치 패턴 생성의 시작 위치를 조정

※ 벽돌 패턴과 같은 일부 해치는 해치 경계 내에 있는 한 점과 정렬시켜야 합니다. 기본값으로, 모든 해치 원점은 현재 UCS 원점(0,0)에 해당합니다.

- **Use Current Origin (현재 원점 사용)** : 시스템 변수에 저장된 해치 원점을 사용합니다.

- **Specified Origin (지정된 원점)** : 여러 가지 옵션을 사용하여 새 해치 원점을 지정합니다.

  ※ Click to Set New Origin (클릭하여 새 원점 설정) : 새 해치 원점을 직접 지정합니다. 일반적으로 가장 많이 활용합니다.
  Default to Boundary Extents (경계 범위를 기본값으로 설정) : 해치 객체에 대한 경계의 직사각형 범위를 기준으로 새 원점을 계산합니다. 선택은 범위의 각 네 구석 및 중심을 포함합니다.
  Store as Default Origin (기본 원점으로 저장) : 새 해치 원점값을 시스템 변수에 저장합니다.

■── Gradient 그라데이션 탭

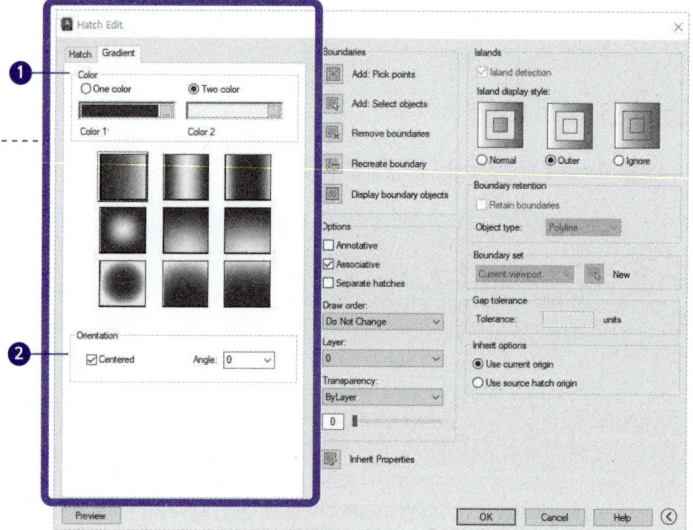

❶ **Color (색상)** : 해치 경계를 단색으로 채울지 두 색상의 혼합으로 채울지를 지정

- **One Color (한 가지 색)** : 색상과 지정한 색조(색상을 흰색과 혼합) 또는 색상과 지정한 음영(색상을 검은색과 혼합) 간의 부드러운 변환을 사용하는 채우기를 지정합니다.

- **Two Color (두 가지 색)** : 두 가지 색 사이의 부드러운 변환을 사용하여 채우도록 지정합니다.

- **Color Swatches (색상 견본)** : 그라데이션 채우기 색상을 한 색이나 두 색으로 지정합니다. 찾아보기 버튼[…]을 클릭하면 ACI 색상(AutoCAD 색상 색인), 트루컬러, 색상표 색상을 선택할 수 있는 색상 선택 대화상자가 표시됩니다.

- **Shade and Tint Slider (음영처리 및 색조 슬라이더)** : 한 가지 색으로 그라데이션 채우기에 사용하

는 색상의 색조(선택된 색상을 흰색과 혼합) 또는 음영처리(선택된 색상을 검은색과 혼합)를 지정합니다.

- **Gradient Patterns (그라데이션 패턴)** : 그라데이션 채우기에 대한 고정된 패턴을 표시합니다. 이 패턴에는 선형 스윕, 구형 및 포물선형이 포함됩니다.

❷ **Orientation (방향)** : 그라데이션 각도 및 대칭 여부를 지정

- **Centered (중심)** : 대칭 그라데이션 구성을 지정합니다. 이 옵션이 선택되지 않으면 그라데이션 채우기가 왼쪽으로 상향 이동하여 객체의 왼쪽으로 라이트 소스의 착시 현상이 나타납니다.

- **Angle (각도)** : 그라데이션 채우기의 각도를 지정합니다. 지정된 각도는 현재 UCS를 기준으로 합니다. 이 옵션은 해치 패턴에서 지정된 각도와 상관이 없습니다.

■── **해치 및 그라데이션 대화상자** 공통 옵션

해치 및 그라데이션 대화상자에는 두 개의 탭이 있으며, 두 탭에서 모두 사용 가능한 몇 가지 공통 옵션이 있습니다. 해당 옵션들은 기본 값으로 두어도 사용하는데 있어 어려움은 없겠지만, 어떤 기능인지는 알아두기 바랍니다.

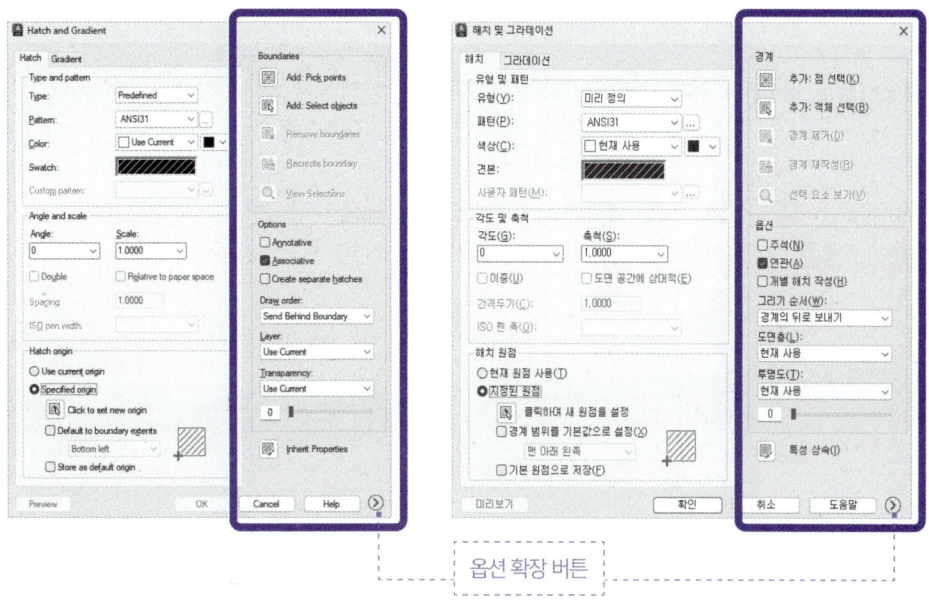

옵션 확장 버튼

❶ **Boundaries (경계)**

- **Add: Pick Points (추가: 점 선택)** : 지정된 점을 기준으로 닫힌 영역을 구성하는 기존 객체로부터 경계를 결정합니다.

* Pick Internal Point (내부 점 선택) : 내부 점을 지정하는 동안에는 언제든지 도면 영역을 마우스 오른쪽 버튼으로 클릭하여 여러 옵션이 포함된 바로 가기 메뉴를 표시할 수 있습니다.

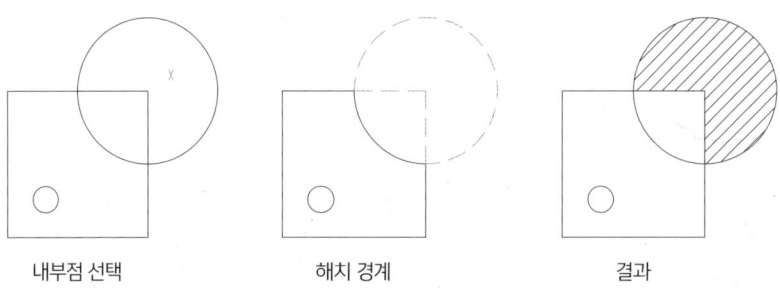

내부점 선택   해치 경계   결과

* 고립영역 탐지를 켜면 최외곽 경계 내에 있는 영역을 에워싸는 객체는 고립 영역으로 탐지됩니다. HATCH가 이 옵션을 사용하여 객체를 탐지하는 방법은 지정한 고립영역 탐지 방법에 따라 다릅니다.

* 해치 경계의 간격을 식별할 수 있도록 빨간색 원이 경계 객체의 연결되지 않은 끝점에 표시됩니다. 이러한 원은 일시적으로 표시되며 REDRAW 또는 REGEN을 사용해 제거할 수 있습니다.

- **Add: Select Objects (추가: 객체 선택)** : 선택된 객체에서 닫힌 영역을 구성하는 경계를 결정합니다.

* Select Objects (객체 선택) : 내부 객체는 자동으로 탐지되지 않습니다. 현재 고립영역 탐지 스타일에 따라 객체를 해치하거나 채우려면 선택된 경계 내에서 객체를 선택해야 합니다.

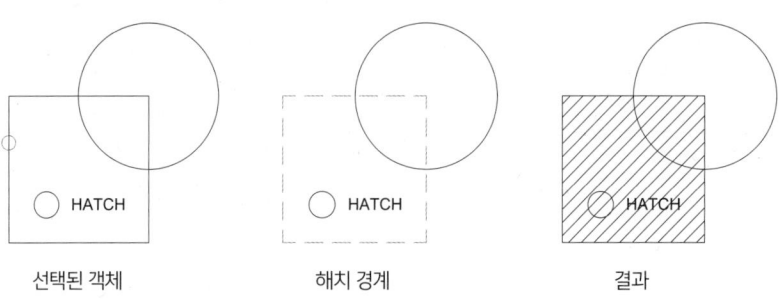

선택된 객체   해치 경계   결과

* 객체 선택 옵션을 클릭할 때마다 HATCH는 이전 선택 세트를 취소합니다.

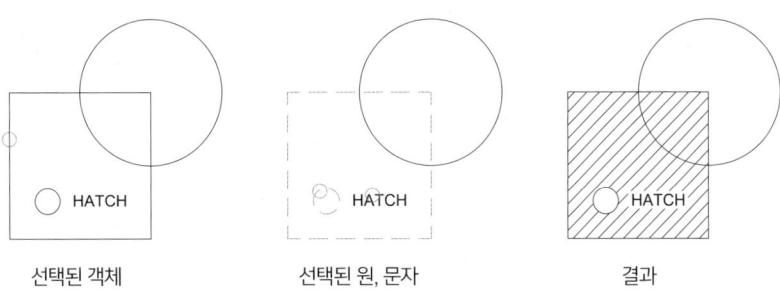

* 객체를 선택하는 동안에는 언제든지 도면 영역을 마우스 오른쪽 버튼으로 클릭하여 바로 가기 메뉴를 표시할 수 있습니다. 마지막 선택 사항 또는 모든 선택 사항을 취소, 선택 방법 변경, 고립영역 탐지 스타일 변경, 해치 또는 채우기 미리보기 등을 수행할 수 있습니다.

- **Remove Boundaries (경계 제거)** : 이전에 추가된 객체를 경계 정의에서 모두 제거합니다.

    * Select Objects(객체 선택) : 경계 정의에서 객체를 제거합니다.

    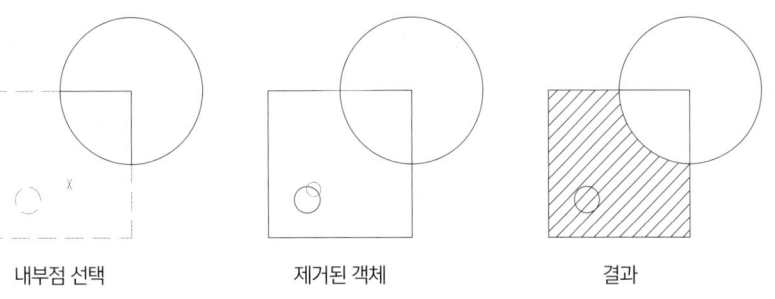

    * Add Boundaries(경계 추가) : 경계 정의에 객체를 추가합니다.

- **Recreate Boundary (경계 재작성)** : 선택된 해치 또는 채우기를 중심으로 폴리선 또는 영역이 작성되며, 선택적으로 해치 객체와 연관될 수 있습니다.
- **View Selections (선택 요소 보기)** : 현재 해치 또는 채우기 설정이 적용된 현재 정의되어 있는 경계를 표시합니다. 이 옵션은 경계를 정의한 경우에만 사용할 수 있습니다.

※ Select Boundary Objects(경계 객체 선택) : 선택한 연관 해치 객체의 경계를 형성하는 객체를 선택합니다(해치 편집 대화상자에서만 사용). 표시된 그립을 사용하여 해치 경계를 수정합니다.

※ 연관 해치를 선택하면 조정 그립이라는 단일 원형 그립이 표시됩니다. 연관 해치의 경계는 해당 연관 경계 객체를 변경하는 방법으로만 수정할 수 있으므로 경계 그립은 표시되지 않습니다. 경계 객체 선택 옵션을 사용하여 경계 객체를 선택하고 그립 편집합니다. 비연관 해치의 경계를 수정하려면 해치 객체 자체의 경계를 수정합니다. 따라서 비연관 해치를 선택하면 조정 그립과 경계 그립이 모두 표시됩니다.

❷ **Options (옵션)** : 일반적으로 사용되는 해치 또는 채우기 여러 옵션을 조정

- **Annotative (주석)** : 해치가 주석임을 지정합니다. 이 특성은 주석이 도면에 정확한 크기로 플롯되거나 표시되도록 주석 축척 프로세스를 자동화합니다.

- **Associative (연관)** : 해치 또는 채우기가 연관되도록 지정합니다(기본값-체크). 연관된 해치 또는 채우기는 해당 경계 객체를 수정할 때 업데이트됩니다.

- **Create Separate Hatches (개별 해치 작성)** : 여러 개별 닫힌 경계를 지정할 경우, 단일 해치 객체 또는 복수 해치 객체를 작성하는지 여부를 조정합니다.

- **Draw Order (그리기 순서)** : 해치 또는 채우기에 그리기 순서를 지정합니다. 해치 또는 채우기는 다른 모든 객체의 앞, 뒤 및 해치 경계의 앞, 뒤에 배치할 수 있습니다(기본값-Do Not Change).

- **Layer (도면층)** : 지정한 도면층에 새 해치 객체를 지정하여 현재 도면층을 재지정합니다. 현재 도면층을 사용하려면 Use Current(현재 사용)을 선택합니다.

- **Transparency (투명도)** : 새 해치 또는 채우기에 대해 투명도 레벨을 설정하여 현재 객체 투명도를 재지정합니다. 현재 객체 투명도 설정을 사용하려면 Use Current(현재 사용)을 선택합니다.

❸ **Inherit Properties (특성 상속)** : 선택된 해치 객체의 해치 또는 채우기 특성을 사용하여 지정된 경계를 해치하거나 채웁니다.

※ 해치가 상속할 특성을 가진 해치 객체를 선택한 후, 도면 영역에서 마우스 오른쪽 버튼을 클릭하고 바로 가기 메뉴의 옵션을 통해 객체 선택 옵션과 내부 점 선택 옵션 사이를 전환합니다.

❹ **Preview (미리보기)** : 현재 해치 또는 채우기 설정이 적용된 현재 정의되어 있는 경계를 표시합니다.

※ 도면 영역을 클릭하거나 Esc 키를 눌러 대화상자로 돌아갑니다. 마우스 오른쪽 버튼을 클릭하거나 Enter 키를 눌러 해치 또는 채우기를 적용합니다.

❺ **More Options Expansion Button (옵션 확장 버튼)** ⊙ : 해치 및 그라데이션 대화상자를 확장하여 더 많은 옵션을 표시합니다.

■ 옵션 확장 버튼

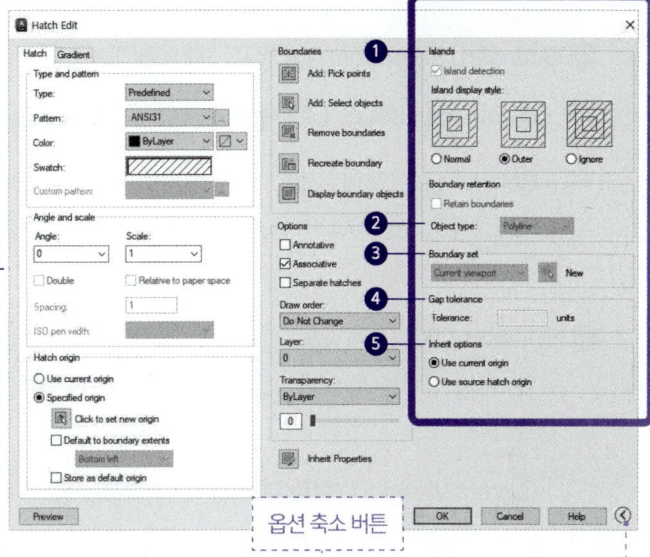

❶ **slands (고립영역)** : 최외곽 경계 내에 있는 해치 또는 채우기 경계에 사용할 방법을 지정

- **Island Detection (고립영역 탐지)** : 고립영역이라고 불리는 내부 닫힌 경계를 탐지할 여부를 조정합니다. (HPISLANDDETECTIONMODE 시스템 변수)

- **Island display style (고립영역 표시 스타일)**

※ 일반, 외부 및 무시 옵션은 점을 지정하거나 객체를 선택하여 경계를 정의하는 동안에 도면 영역을 마우스 오른쪽 버튼으로 클릭하여 표시되는 바로 가기 메뉴에서도 사용할 수 있습니다.

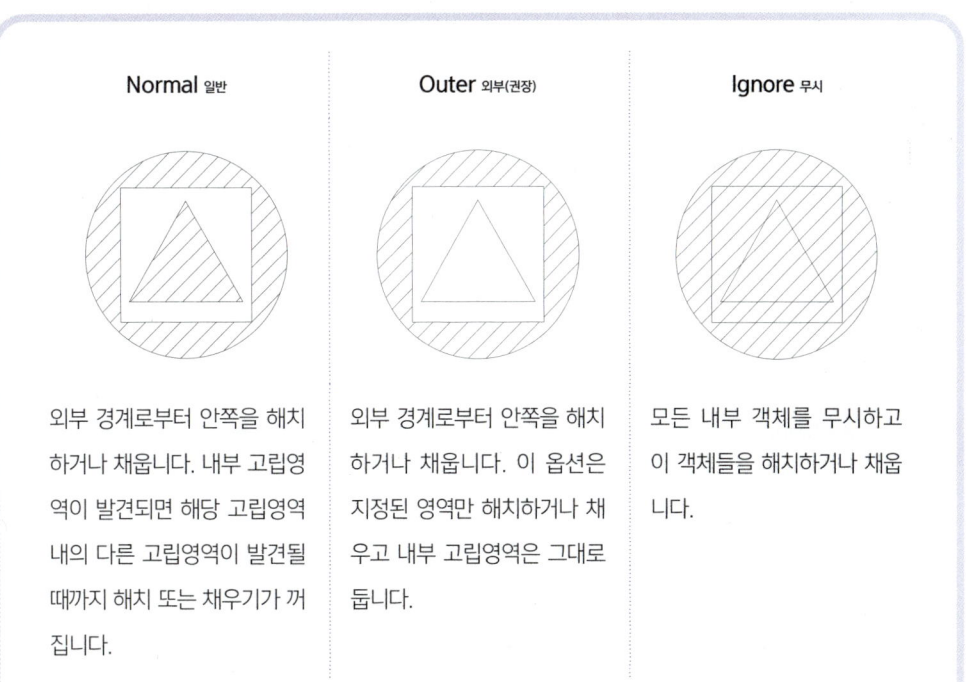

Normal 일반	Outer 외부(권장)	Ignore 무시
외부 경계로부터 안쪽을 해치하거나 채웁니다. 내부 고립영역이 발견되면 해당 고립영역 내의 다른 고립영역이 발견될 때까지 해치 또는 채우기가 꺼집니다.	외부 경계로부터 안쪽을 해치하거나 채웁니다. 이 옵션은 지정된 영역만 해치하거나 채우고 내부 고립영역은 그대로 둡니다.	모든 내부 객체를 무시하고 이 객체들을 해치하거나 채웁니다.

❷ **Boundary Retention(경계 유지)** : 해치를 둘러싸는 객체를 작성할지 여부를 지정합니다.

- **Retain Boundaries (경계 유지)** : 각 해치 객체를 둘러싸는 객체를 작성합니다.

- **Object Type (객체 유형)** : 새 경계 객체의 유형을 조정합니다. 결과 경계 객체는 폴리선 또는 영역 객체가 될 수 있습니다. 이 옵션은 경계 유지를 선택한 경우에만 사용할 수 있습니다.

❸ **Boundary Set (경계 세트)** : 지정된 점으로부터 경계를 정의할 때 분석하는 객체 세트를 정의합니다. 객체 선택을 사용하여 경계를 정의하는 경우에는 선택된 경계 세트에 아무런 영향을 주지 않습니다.

- **Current Viewport (현재 뷰포트)** : 현재 뷰포트 범위 내의 모든 객체에서 경계 세트를 정의합니다.

- **Existing Set (기존 세트)** : 새로 만들기 옵션으로 선택한 객체에서 경계 세트를 정의합니다.

- **New (새로 만들기)** : 해치를 작성할 때 선택점으로 평가할 제한된 객체 세트를 지정합니다.

    ※ 기본적으로 [추가: 점 선택] 옵션을 사용하여 경계를 정의하는 경우, HATCH는 현재 뷰포트 범위에 있는 모든 객체를 분석합니다. 경계 세트를 재정의함으로써 해당 객체를 숨기거나 제거할 필요 없이 경계를 정의할 때 특정 객체를 무시할 수 있습니다. 대형 도면의 경우, HATCH는 적은 수의 객체를 검토하므로 경계 세트를 재정의하면 경계를 보다 빠르게 작성할 수도 있습니다.

❹ **Gap Tolerance(차이 공차)** : 객체가 해치 경계로 사용될 때 무시할 수 있는 차이의 최대 크기를 설정

    ※ 기본값 0(영)은 객체가 차이 없이 영역을 닫아야 함을 지정합니다. 0에서 5000까지의 값을 도면 단위로 입력하여 객체가 해치 경계로 사용되는 경우 무시할 수 있는 간격의 최대 크기를 설정합니다. 지정한 값 이하의 차이는 무시되고 경계는 닫힌 것으로 간주됩니다.

❺ **Inherit Options(상속 옵션)** : 특성 상속 옵션을 사용하여 해치를 작성할 때 해치 원점을 상속할지 여부를 조정

- **Use Current Origin (현재 원점 사용)** : 현재 해치의 원점 설정을 사용합니다.

- **Use Source Hatch Origin (원본 해치 원점 사용)** : 원본 해치의 해치 원점을 사용합니다.

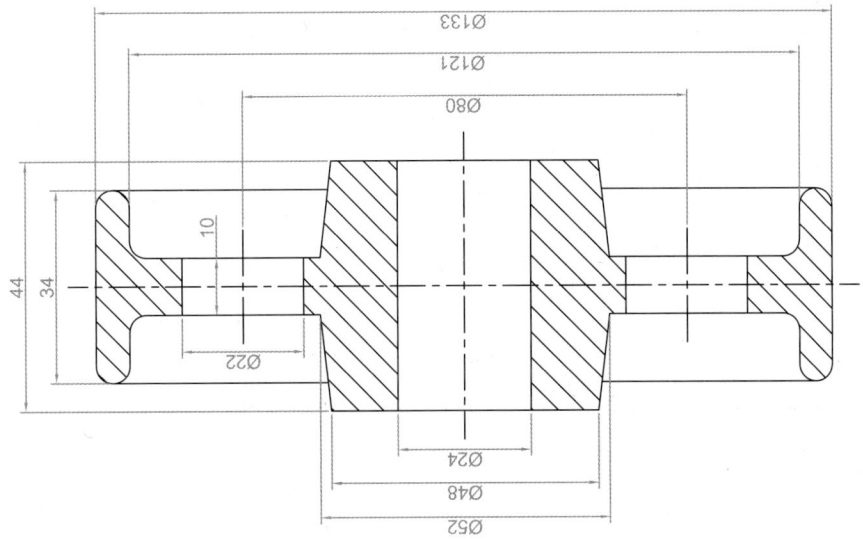

HATCH (해치)

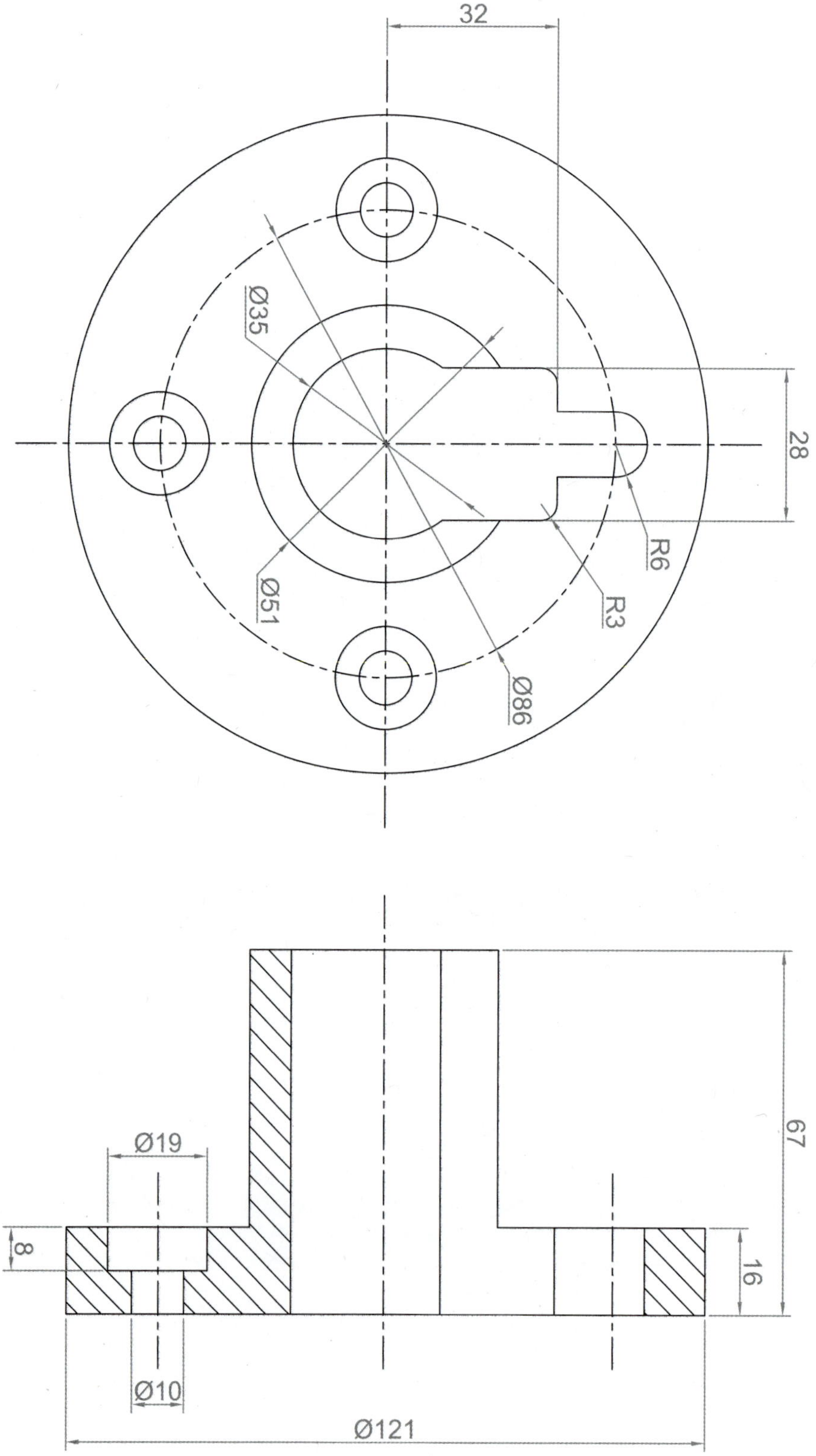
32
Ø35
28
R6
Ø51
R3
Ø86
Ø19
8
67
16
Ø10
Ø121

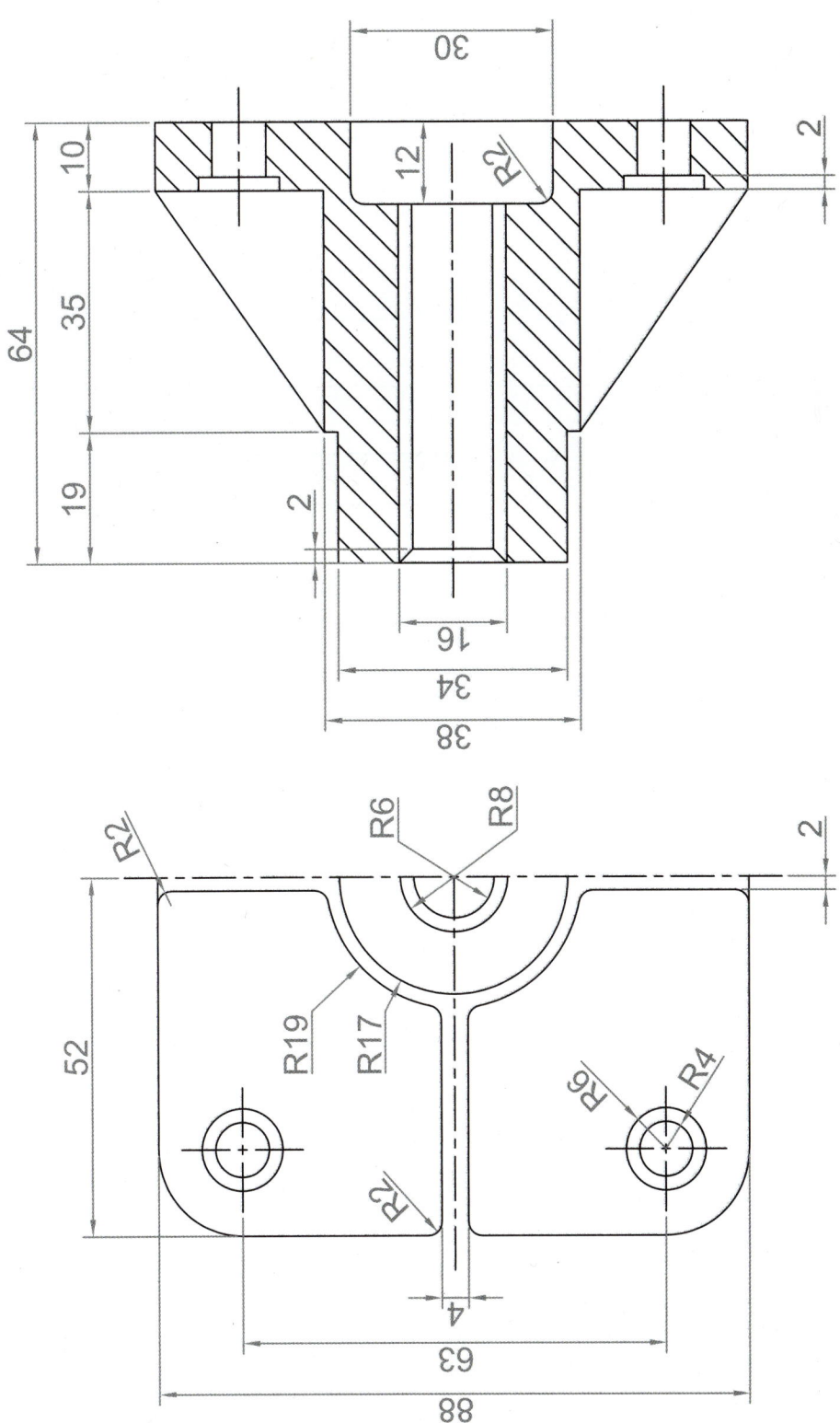

HATCH (해치)

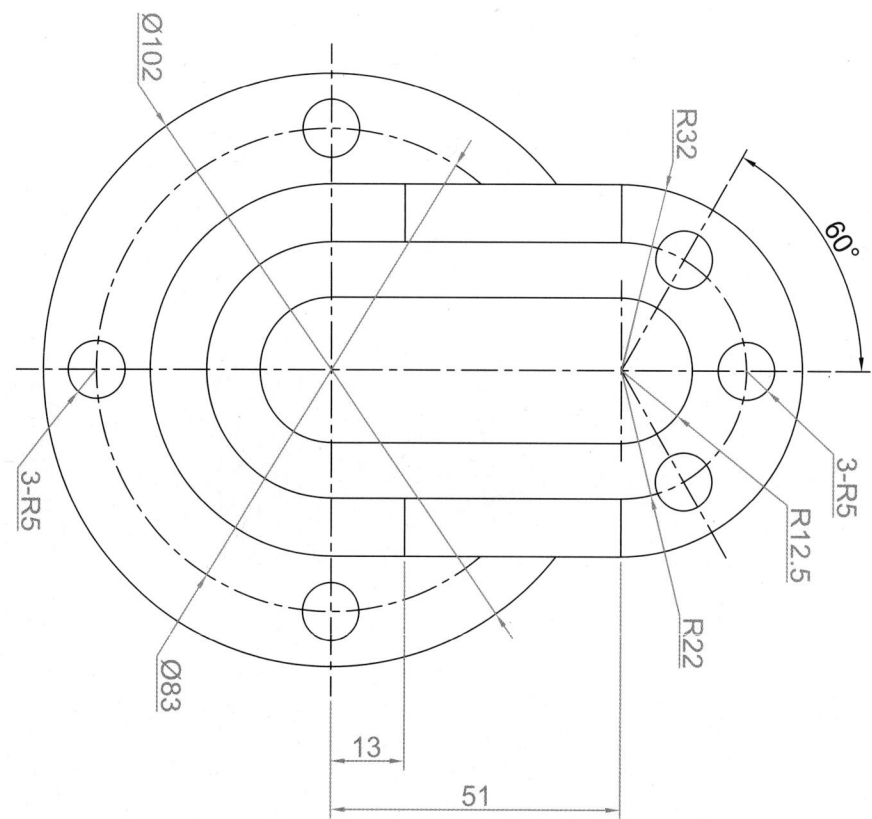
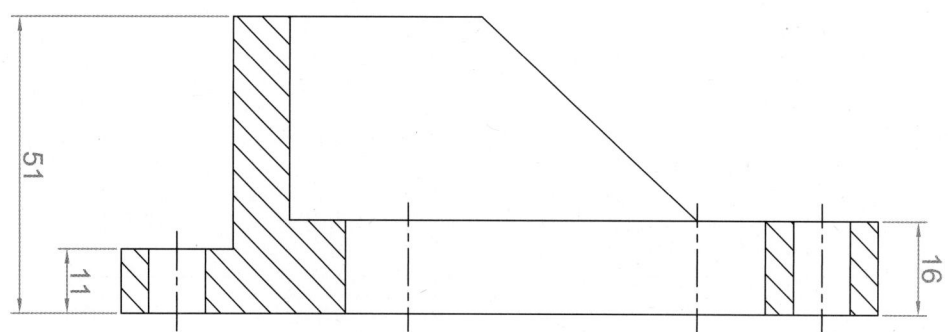

블록 정의

CHAPTER —————————————— 11

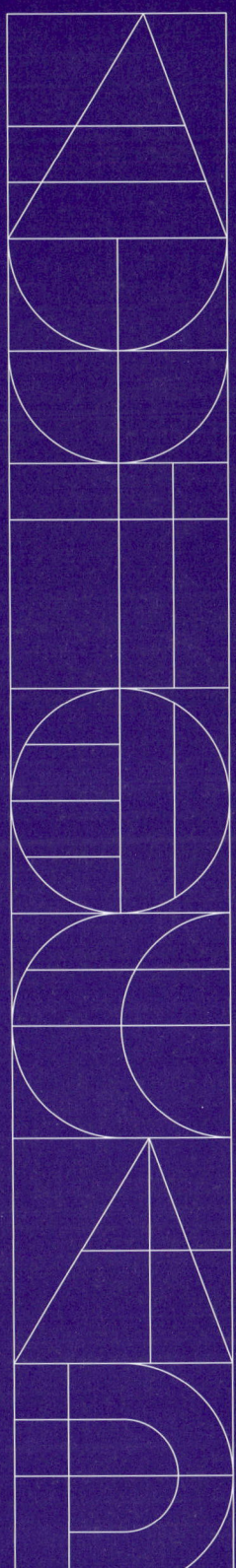

01 블록 정의 Block Definitions

01 블록 정의 Block Definitions

- 블록 정의, 삽입, 편집 방법, 블록 팔레트 및 블록 삽입 도구를 활용하여 효율적으로 블록을 관리할 수 있다.
- 블록 정의 (Block Definition) 패널 도구에 대한 개념을 이해할 수 있다.

블록을 작성하거나 도면을 블록으로 삽입할 때마다 형상, 도면층, 색상, 선종류 및 블록 속성 객체를 포함하는 블록 정의의 모든 블록 정보는 도면 파일에 비그래픽 정보로 저장됩니다. 삽입하는 모든 블록은 블록 정의에 대한 블록 참조입니다. 블록 참조는 일반적으로 간단히 블록이라고 합니다.

블록 작성 위치와 사용법

블록을 작성하여 저장할 수 있는 위치

❶ 현재 도면 파일 내 저장 : BLOCK(내부블록/일반블록)

현재 작업 중인 도면에서만 사용할 블록이라면 도면 파일 안에 직접 저장할 수 있습니다. 작도하고 있는 도면에서만 사용할 수 있습니다.

❷ 템플릿 파일에 저장

새 도면을 만들 때마다 자동으로 포함되도록 하려면 도면 템플릿 파일(*.dwt)에 저장하면 됩니다. 모든 새 도면에서 사용할 수 있습니다.

❸ 별도의 도면 파일로 저장 : WBLOCK(외부블록/쓰기블록)

다른 도면에서도 쉽게 가져와 사용할 수 있도록 블록을 별도의 도면 파일(*.dwg)로 저장할 수 있습니다. 필요할 때 삽입해서 사용할 수 있습니다.

❹ 블록 라이브러리로 저장

여러 블록을 모아 라이브러리 형태로 저장하면 다른 도면에서도 쉽게 액세스하여 사용할 수 있습니다. 여러 블록을 한 파일에 저장합니다.

❺ 온라인 블록 다운로드

특정 제품이나 부품과 관련된 블록을 공급업체 웹사이트나 온라인 라이브러리에서 다운로드하여 사용할 수도 있습니다. (예 가구, 기계 부품 등)

■── 블록을 작성하고 사용하는 방법

❶ 도면 내에서 블록 만들기

블록을 만들 때 기본적으로 포함되는 내용은 다음과 같습니다.

- 블록 이름 → 블록을 구분하는 이름
- 포함되는 객체 → 블록을 구성하는 선, 도형, 문자 등
- 기준점 → 블록을 삽입할 때 기준이 되는 점 (예: 블록의 왼쪽 아래 모서리)
- 추가 정보 (선택 사항) → 부품 번호, 공급업체 정보 등을 추가할 수도 있음

❷ 블록을 위한 도면 파일 작성하기

블록을 다른 도면에서도 사용할 수 있도록 별도의 도면 파일로 저장할 수 있습니다.

- 도면 파일 이름 = 블록 이름 → 도면 파일의 이름이 블록 이름이 됩니다.
- 기준점 설정 → 기본적으로 (0,0,0)이 기준점이지만, BASE 명령으로 변경 가능
- 객체 만들기 → 도형, 문자, 속성 등을 포함하여 블록을 작성
- 폴더에 저장 → 다른 블록들과 함께 저장하면 블록 라이브러리를 만들 수 있음

주의

도면 공간(Model Space)이 아닌 종이 공간(Layout Space)에 있는 객체는 블록으로 포함되지 않습니다.

❸ 블록 라이브러리 도면 활용하기

여러 블록을 모아 하나의 파일로 저장하면 블록 라이브러리 도면이 됩니다.

- BLOCK 명령으로 블록을 모아 저장
- 필요할 때 해당 파일에서 블록을 가져와 사용 가능
- 블록 라이브러리 파일을 통째로 삽입하면, 모든 블록이 자동 추가됨

❹ 내포된 블록 (블록 안에 블록 사용)

블록 안에 또 다른 블록을 넣을 수 있어 사용할 수 있습니다.

- 복잡한 구성도 깔끔하게 정리할 수 있음
- 블록이 자기 자신을 포함하면 오류가 발생됨 (순환 참조 금지).

❺ 온라인에서 블록 다운로드 (상용 블록 활용)

부품 제조업체나 공급업체 웹사이트에서 블록을 다운로드할 수 있습니다.

- 직접 블록을 만들 필요가 없어 시간 절약 가능
- 다운로드한 블록이 올바른 축척과 설정인지 확인 필요!

Block Definition 블록 정의 대화상자

명령어 위치 및 호출 방법

리본	Home 탭 → Block 패널 → Create 아이콘 Insert 탭 → Block Definition 패널 → Create Block 아이콘
명령 입력	명령창에 **BLOCK** 입력 후 Enter , 단축키: **B** 입력 후 Enter

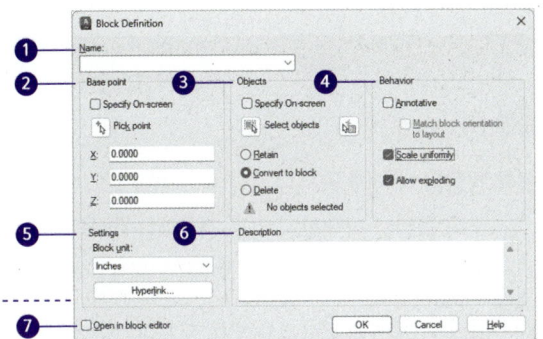 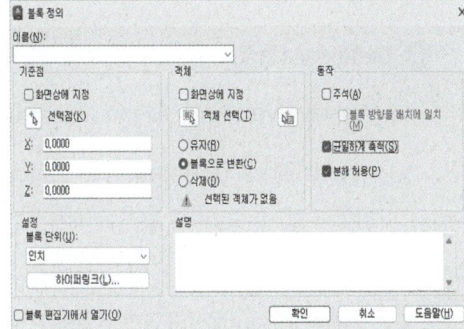

① Name (이름) : 블록의 이름을 지정, 블록 이름 및 정의는 현재 도면에 저장됩니다.

※ 이름은 최대 255자를 포함할 수 있으며, 문자, 숫자, 공백 그리고 운영 체제 또는 이 프로그램에서 다른 목적으로 사용하지 않는 특수 문자를 포함할 수 있습니다.

② Base Point (기준점) : 블록의 삽입 기준점을 지정 (기본값은 0,0,0)

- **Specify On-Screen (화면상에 지정)** : 대화상자가 닫히면 기준점을 지정하라는 프롬프트가 표시됩니다.

- **Pick point (선택점)** : 삽입 기준점을 현재 도면에 지정할 수 있도록 대화상자를 임시로 닫습니다.

- **X, Y, Z** : X 좌표, Y 좌표, Z 좌표 값을 각각 지정합니다.

③ Objects (객체) : 새 블록에 포함시킬 객체와 관련된 지정

- **Specify On-Screen (화면상에 지정)** : 대화상자가 닫히면 객체를 지정하라는 프롬프트가 표시됩니다.

- **Select Objects (객체 선택)** : 블록에 사용할 객체를 선택하는 동안 블록 정의 대화상자를 임시적으로 닫습니다. 객체 선택을 마치면 Enter 키를 눌러 대화상자로 복귀합니다. 많이 사용하는 방법입니다.

- **Quick Select(신속 선택) 아이콘** : 신속 선택 대화상자를 표시하여 선택 세트를 정의합니다.

- **Retain (유지)** : 블록을 작성한 후 선택된 객체를 도면 내의 기존의 객체로 유지합니다.

- **Convert to Block (블록으로 변환)** : 도면에서 블록을 작성한 후 선택된 객체를 블록 복제로 변환합니다.

- **Delete (삭제)** : 블록을 작성한 후 선택된 객체를 도면에서 삭제합니다.

- **Objects Selected (선택된 객체)** : 선택된 객체의 수를 표시합니다.

❹ **Behavior (동작)** : 블록의 동작을 지정

- **Annotative (주석)** : 블록이 주석임을 지정합니다.
- **Match Block Orientation to Layout (블록 방향을 배치에 일치)** : 도면 공간 뷰포트의 블록 참조 방향이 배치의 방향과 일치하도록 지정합니다. 주석 옵션을 선택하지 않은 경우에는 이 옵션을 사용할 수 없습니다.
- **Scale Uniformly (균일하게 축척)** : 블록 참조가 균일하게 축척될 여부를 지정합니다. (기본적으로 체크)
- **Allow Exploding (분해 허용)** : 블록 참조를 분해할지 여부를 지정합니다. (기본적으로 체크)

❺ **Settings (설정)** : 블록의 설정을 지정

- **Block Unit (블록 단위)** : 블록 참조에 대한 삽입 단위를 지정합니다.
- **Hyperlink (하이퍼링크)** : 하이퍼링크를 블록 정의에 연관시킬 수 있는 하이퍼링크 삽입 대화상자를 엽니다.

❻ **Description (설명)** : 블록의 문자 설명을 지정

❼ **Open in Block Editor (블록 편집기에서 열기)** : 블록 편집기에 현재 블록 정의 열기

현재 도면의 블록 정의하기

❶ 블록 정의에 사용할 객체를 작성합니다.

❷ Home 탭 → Block 패널 → Create(블록 작성)을 클릭합니다.

❸ Block Definition(블록 정의) 대화상자의 Name(이름) 상자에 블록 이름을 입력합니다.

❹ Object(객체)에서 Convert to Block(블록으로 변환)을 선택합니다.

❺ Base Point(기준점) 및 Object(객체)에서 Specify On-Screen(화면상에 지정)이 선택되어 있지 않은지 확인합니다.

❻ 객체를 선택합니다.

❼ 좌표 입력 장치를 사용하여 블록 정의에 포함할 객체를 선택합니다. Enter 키를 눌러 객체 선택을 완료합니다.

❽ Block Definition(블록 정의) 대화상자의 기준점 아래에서 다음 방법 중 하나를 사용하여 블록 삽입점을 지정합니다.

　① 선택점을 클릭하고 좌표 입력 장치로 점을 지정합니다. (객체스냅을 이용하여 마우스로 지정)
　② 점의 X, Y, Z 좌표값을 입력합니다.

❾ Description(설명) 상자에 블록 정의에 대한 설명을 입력합니다. 입력한 설명이 DesignCenter (ADCENTER)에 표시됩니다.

❿ OK(확인) 버튼을 클릭합니다.

⓫ 블록은 현재 도면에서 정의되며 언제든지 삽입할 수 있습니다.

Write Block 블록 쓰기 대화상자

명령어 위치 및 호출 방법

리본	Insert 탭 → Block Definition 패널 → Create Block 화살표(▼)드롭다운 → Write Block 아이콘 클릭
명령 입력	명령창에 **WBLOCK** 입력 후 Enter , 단축키: **WB** 입력 후 Enter

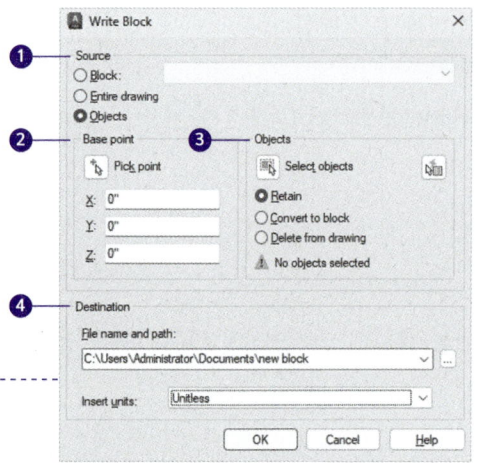 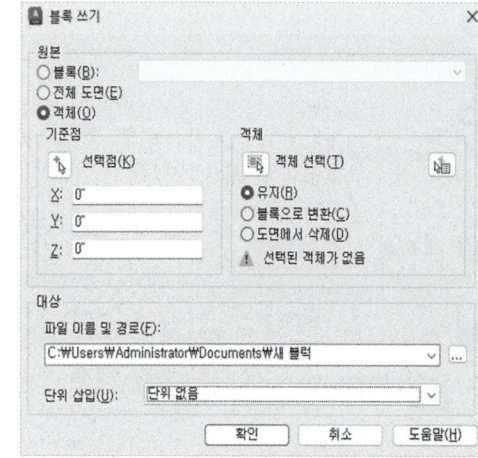

❶ Source (원본) : 파일로 저장할 대상을 지정

- **Block (블록)** : 파일로 저장할 기존 블록을 지정합니다. 리스트에서 이름을 선택합니다.

- **Entire Drawing (전체 도면)** : 현재 도면을 다른 파일로 저장하도록 선택합니다.

- **Objects (객체)** : 객체를 파일로 저장하도록 선택합니다. 기준점을 지정하고 아래에서 객체를 선택합니다.

❷ Base Point (기준점) : 블록의 기준점을 지정 (기본값은 0,0,0)

- **Pick Point (선택점)** : 삽입 기준점을 현재 도면에 지정할 수 있도록 대화상자를 임시로 닫습니다.

- **X, Y, Z** : X 좌표, Y 좌표, Z 좌표 값을 각각 지정합니다.

❸ Objects (객체) : 블록 작성에 사용된 객체에 블록 작성 효과를 설정

- **Select Objects (객체 선택)** : 블록에 사용할 객체를 선택하는 동안 블록 정의 대화상자를 임시적으로 닫습니다. 객체 선택을 마치면 Enter 키를 눌러 대화상자로 복귀합니다. 많이 사용하는 방법입니다.

- **Quick Select(신속 선택) 아이콘** : 신속 선택 대화상자를 표시하여 선택 세트를 정의합니다.

- **Retain (유지)** : 선택된 객체를 파일로 저장한 후 이들 객체를 현재 도면에 그대로 유지합니다.

- **Convert to Block (블록으로 변환)** : 선택된 객체를 파일로 저장한 후에 현재 도면 내의 블록으로 변환합니다.

- **Delete from Drawing (도면에서 삭제)** : 선택한 객체를 파일로 저장한 후 현재 도면에서 삭제합니다.

- **Objects Selected (선택된 객체)** : 선택된 객체의 수를 표시합니다.

❹ **Destination (대상)** : 파일의 새 이름 및 위치와 블록이 삽입될 때 사용될 측정 단위를 지정합니다.

- **File Name and Path (파일 이름 및 경로)** : 블록 또는 객체를 저장할 파일 이름 및 경로를 지정합니다.
- **Insert Units (단위 삽입)** : 새 파일을 DesignCenter에서 끌어 오거나 다른 단위를 사용하는 도면에 블록으로 삽입할 경우 자동 축척에 사용될 단위 값을 지정합니다. 도면을 삽입할 때 자동 축척을 원하지 않으면 Unitless(단위 없음)를 선택합니다.

■— 블록 삽입

블록 참조를 삽입할 때 위치, 축척 및 회전을 지정합니다. 해당 블록 정의에 대한 후속 참조는 다른 위치, 축척 및 회전 각도에 삽입할 수 있습니다. 참고로 블록을 도면에 삽입하면 블록에 정의된 단위에 대한 도면에 정의된 단위의 비율에 따라 블록이 자동으로 축척됩니다. 예를 들어 측정 단위가 대상 도면에서는 미터이고 블록에서는 센티미터인 경우 블록은 1/100 축척으로 삽입됩니다.

블록 참조가 항상 현재 도면층에 삽입되지만 블록 참조는 블록 정의의 특성을 유지합니다. 즉, 예를 들어 해당 블록이 빨간색 또는 다른 색상으로 설정된 도면층에 삽입된 경우에도 여러 색상으로 표시될 수 있습니다.

블록을 삽입할 때 여러 가지 도구를 사용할 수 있으며 사용할 도구는 도면에 일반적으로 필요한 블록 개수 및 다양한 원본 도면의 사용 여부와 같은 요소에 따라 다릅니다.

블록 삽입 도구

■— Ribbon Gallery 리본 갤러리

Home 탭 → Block 패널 → Insert(삽입)을 클릭하여 현재 도면에서 블록 정의 갤러리를 표시할 수 있습니다.

※ 구버전 Insert(삽입) 명령 → CLASSICINSERT 이전 버전 대체 명령을 사용합니다.

블록 수가 적은 경우, 갤러리를 사용하여 도면을 클릭하고 블록을 배치하여 신속하게 삽입할 수 있습니다. 참고로 치수 및 다중 지시선 스타일과 연관된 블록은 치수 및 다중 지시선을 작성할 때 자동으로 포함되므로 리본 갤러리 또는 블록 팔레트에 표시되지 않습니다.

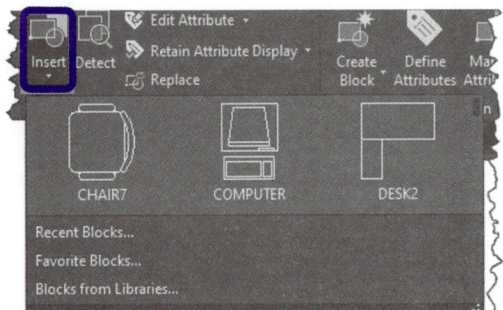 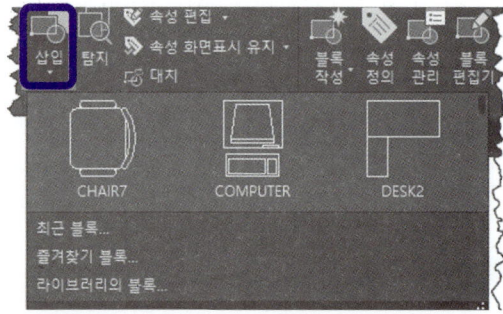

■── Blocks Palette 블록 팔레트

블록 팔레트는 도면에서 적당한 개수의 블록을 사용할 때 언제든지 빠르게 액세스할 수 있도록 설계되었습니다. 블록 팔레트에서 Autodesk Account 계정에 로그인하고 언제 어디서나 블록을 동기화하고 액세스할 수 있는 클라우드 저장소 위치를 지정합니다. 이 팔레트는 현재 도면, 최근, 즐겨찾기 및 라이브러리의 네 가지 탭으로 구성된 블록을 표시합니다. BLOCKSPALETTE 명령을 사용하여 블록 팔레트에 액세스할 수 있습니다.

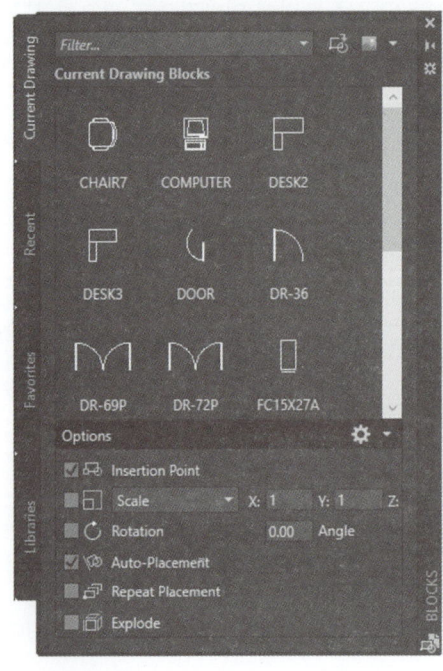 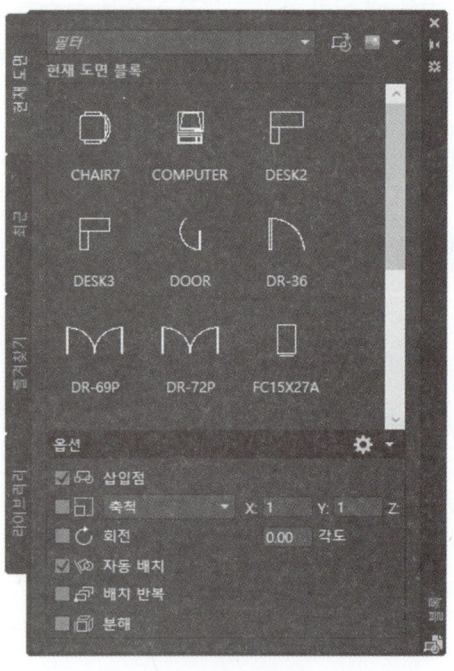

Block Definition 블록 정의 패널 (위치 Insert 탭)

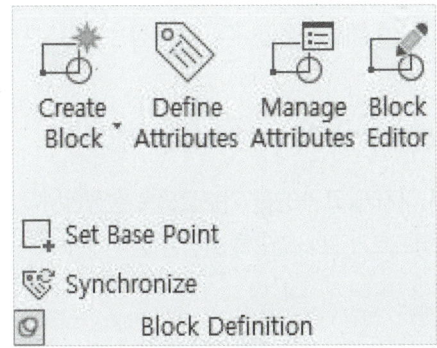

■── Define Attributes 속성 정의 - ATTDEF

데이터를 블록에 저장하기 위한 속성 정의를 작성합니다.

속성이란 블록 정의와 함께 작성 및 포함되는 객체입니다. 부품 번호, 제품 이름 등의 데이터를 속성에 저장할 수 있습니다.

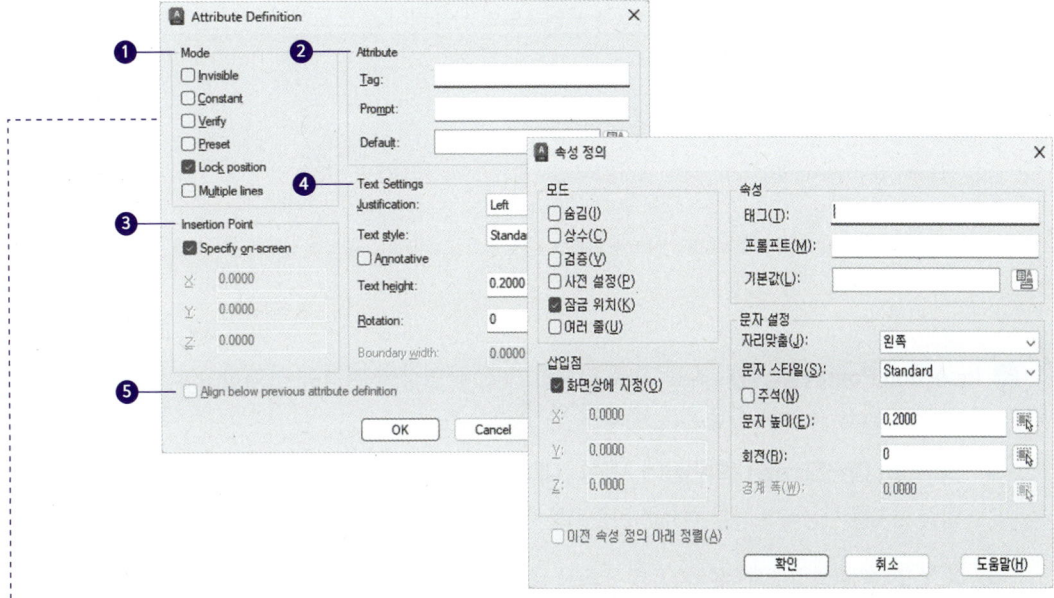

487
블록 정의 (Block Definitions)

❶ **Mode (모드)** : 도면에 블록을 삽입할 때 블록과 연관된 속성 값에 대한 옵션을 설정, 기본값은 시스템 변수에 저장되어 있습니다. 시스템 변수 설정을 변경하면 새 속성 정의에 대한 기본 모드에 영향을 주지만 기존 속성 정의에는 아무런 영향이 없습니다.

- **Invisible (숨김)** : 블록을 삽입할 때 속성 값이 표시되거나 인쇄되지 않도록 지정합니다.
- **Constant (상수)** : 블록을 삽입할 때 속성에 대한 고정값을 속성에 지정합니다. 이 설정은 변경되지 않는 정보에 사용됩니다.
- **Verify (검증)** : 블록을 삽입할 때 속성 값이 정확한지 검증할 수 있도록 프롬프트를 표시합니다.
- **Preset (사전 설정)** : 블록을 삽입할 때 프롬프트를 표시하지 않고 속성을 기본값으로 설정합니다. 사전 설정 옵션은 명령 프롬프트에서 속성 값에 대한 프롬프트가 표시되도록 설정된 경우에만 적용됩니다.
- **Lock Position (잠금 위치)** : 블록 참조 내 속성의 위치를 잠급니다. 잠금 해제되었을 경우, 속성은 그립 편집을 사용하는 나머지 블록에 대해 이동될 수 있으며 여러 줄 속성은 크기를 조정할 수 있습니다.
- **Multiple Lines (여러 줄)** : 속성 값이 여러 줄 문자를 포함할 수 있도록 지정하며, 속성에 대한 경계 폭을 지정할 수 있도록 합니다.

❷ **Attribute (속성)** : 속성 데이터를 설정

- **Tag (태그)** : 속성을 식별하는 데 사용할 이름을 지정합니다. 공백을 제외한 임의의 문자를 조합하여 속성 태그를 입력합니다.
- **Prompt (프롬프트)** : 이 속성 정의가 포함된 블록을 삽입할 때 표시되는 프롬프트를 지정합니다. 프롬프트를 입력하지 않으면 속성 태그가 프롬프트로 사용됩니다. 모드 영역에서 상수를 선택하면 프롬프트 옵션을 사용할 수 없습니다.
- **Default (기본값)** : 기본 속성 값을 지정합니다.
  - ※ Insert Field Button (필드 삽입 버튼) : 속성 값의 전부 또는 일부로 필드를 삽입할 수 있는 필드 대화상자를 표시합니다.
  - ※ Multiline Editor Button (여러 줄 편집기 버튼) : 여러 줄 모드가 선택된 경우, 내부 문자 편집기를 문자 형식 도구막대 및 눈금자와 함께 표시합니다. ATTIPE 시스템 변수는 문자 형식 도구막대를 축소 버전으로 표시할지 아니면 전체 버전으로 표시할지를 조정합니다.

❸ **Insertion Point (삽입점)** : 좌표 값을 입력하거나, 화면상에 지정을 선택하고 좌표 입력 장치를 사용하여 다른 객체를 기준으로 속성의 위치를 지정

- **Specify On-Screen (화면상에 지정)** : 대화상자를 닫을 때 시작점 프롬프트를 표시합니다. 좌표 입력 장치를 사용하여 다른 객체를 기준으로 속성의 위치를 지정합니다.
- **X, Y, Z** : 속성 삽입점에 대한 X, Y 및 Z 좌표 값을 지정합니다.

❹ **Text Settings (문자 설정)** : 속성 문자의 자리맞추기, 스타일, 높이 및 회전을 설정

- **Justification (자리맞춤)** : 속성 문자의 자리맞추기를 지정합니다.
- **Text Style (문자 스타일)** : 속성 문자에 사용할 사전 정의된 문자 스타일을 지정합니다. 현재 로드된 문자 스타일이 표시됩니다.
- **Annotative (주석)** : 속성이 주석임을 지정합니다. 블록이 주석형이면 속성은 블록의 방향과 일치하게 됩니다.
- **Text Height (문자 높이)** : 속성 문자의 높이를 지정합니다. 값을 입력하거나 높이를 선택하여 좌표 입력 장치로 높이를 지정합니다. 높이는 원점에서 지정한 위치까지 측정한 것입니다. 고정된 높이(0.0을 제외한 모든 값)를 가진 문자 스타일을 선택하거나 자리맞춤 리스트에서 정렬을 선택하면 높이 옵션을 사용할 수 없습니다.
- **Rotation (회전)** : 속성 문자의 회전 각도를 지정합니다. 값을 입력하거나 회전을 선택하여 좌표 입력 장치로 회전 각도를 지정합니다. 회전 각도는 원점에서 지정한 위치까지 측정한 것입니다. 자리맞춤 리스트에서 정렬이나 맞춤을 선택하면 회전 옵션을 사용할 수 없습니다.
- **Boundary Width (경계 폭)** : 다음 줄로 줄바꿈하기 전에 여러 줄 속성의 문자 줄의 최소 길이를 지정합니다. 값이 0.000인 경우 문자 줄의 길이에 제한이 없습니다. 이 옵션은 한 줄 속성에 사용할 수 없습니다.

❺ **Align Below Previous Attribute Definition (이전 속성 정의 아래 정렬)** : 속성 태그를 이전에 정의된 속성 바로 아래에 배치. 이전에 속성 정의를 작성하지 않았다면 이 옵션을 사용할 수 없습니다.

Manage Attribute 블록 속성 관리자 - BATTMAN

블록의 속성 정의를 편집하거나 제거할 수 있고, 블록을 삽입할 때 속성 값에 대해 프롬프트가 표시되는 순서를 변경할 수도 있습니다.

선택된 블록의 속성이 속성 리스트에 표시됩니다. 기본적으로 속성 리스트에는 태그, 프롬프트, 기본값, 모드 및 주석 속성 특성이 표시됩니다. 선택한 각 블록의 경우 속성 리스트 아래에 있는 설명이 현재 도면 및 현재 배치에서 해당 복제의 개수를 식별합니다. 설정을 선택하면 리스트에 표시할 속성 특성을 지정할 수 있으며, 속성 특성을 수정할 수 있는 속성 편집 대화상자를 표시하려면 속성을 두 번 클릭합니다.

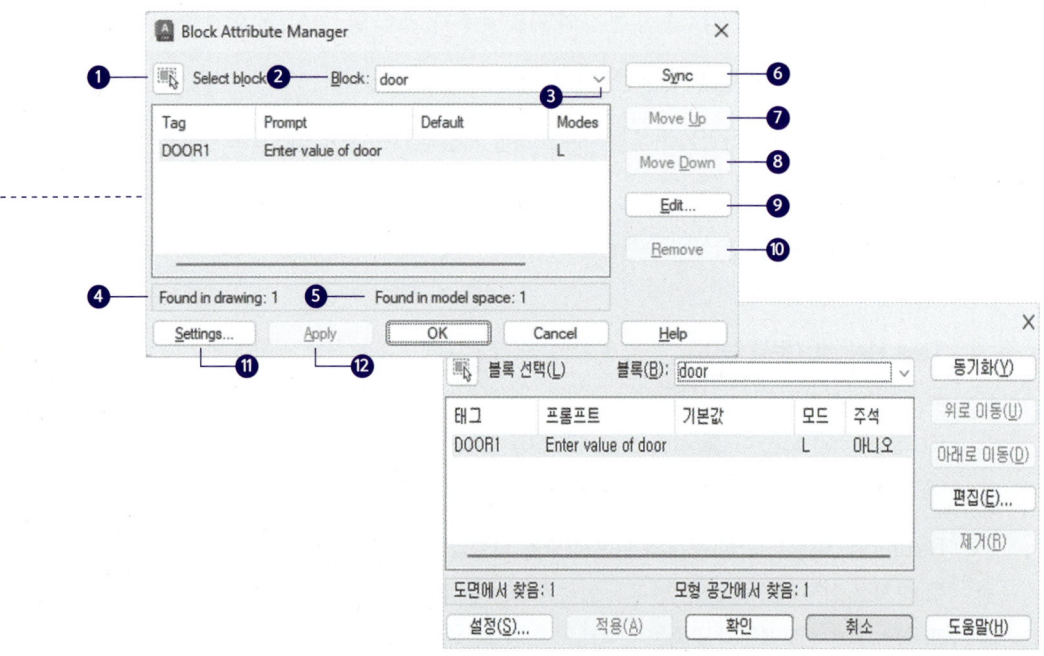

❶ Select Block (블록 선택) : 사용자의 좌표 입력 장치를 사용하여 도면 영역에서 블록을 선택할 수 있습니다. 블록 선택을 선택한 경우, 도면에서 블록을 선택하거나 Esc 키를 눌러 취소하면 대화상자가 열립니다. 블록의 속성을 수정한 다음 변경한 내용을 저장하기 전에 새 블록을 선택한 경우, 다른 블록을 선택하기 전에 변경 사항을 저장할지 묻는 프롬프트가 표시됩니다.

❷ Block (블록) : 현재 도면에서 속성을 가지고 있는 모든 블록 정의를 나열합니다. 수정하려는 속성을 가진 블록을 선택합니다.

❸ List of Attributes (속성 리스트) : 선택된 블록에 있는 각 속성의 특성을 표시합니다.

- **Tag (태그)** : 속성에 지정된 식별자를 표시합니다.
- **Prompt (프롬프트)** : 블록을 삽입할 때 표시되는 프롬프트 문자를 표시합니다.
- **Default (기본값)** : 블록을 삽입할 때 속성에 지정된 기본값을 표시합니다.
- **Modes (모드)**
    - I=Invisible(숨김) : 속성 값이 도면 영역에 숨겨져 있음
    - C=Constant(상수) : 속성이 기본값으로 설정되며 변경할 수 없음
    - V=Verify(검증) : 블록의 새 인스턴스를 삽입할 때 속성에 지정하는 값을 검증할지 묻는 프롬프트가 표시됨

- P=Preset(사전 설정) : 블록을 삽입할 때 속성이 기본값으로 설정됨
- L=Lock Location(위치 잠금) : 블록 참조 내 속성의 위치가 잠김
- M=Multiple Lines(여러 줄) : 속성이 여러 줄 속성으로 정의되었으며 여러 줄 문자를 포함할 수 있음

❹ **Found in Drawing (도면에서 찾음)** : 현재 도면에 있는 선택된 블록의 총 복제 개수를 표시

❺ **Found in Model Space (모형 공간에서 찾은 블록)** : 현재 모형 공간 또는 배치에 있는 선택된 블록의 복제 개수를 표시

❻ **Sync (동기화)** : 선택된 블록의 모든 복제를 현재 정의된 속성 특성을 사용하여 업데이트합니다. 이 작업은 각 블록의 속성에 지정되어 있는 값에 영향을 주지 않습니다.

❼ **Move Up (위로 이동)** : 프롬프트 순서에서 선택된 속성 태그를 이전 방향으로 이동. 상수 속성을 선택한 경우에는 위로 이동 버튼을 사용할 수 없습니다.

❽ **Move Down (아래로 이동)** : 프롬프트 순서에서 선택된 속성 태그를 이후 방향으로 이동. 상수 속성을 선택한 경우에는 아래로 이동 버튼을 사용할 수 없습니다.

❾ **Edit (편집)** : 속성 특성을 수정할 수 있는 속성 편집 대화상자를 엽니다.

❿ **Remove (제거)** : 선택된 속성을 블록 정의에서 제거합니다. 제거를 선택하기 전에 설정 대화상자에서 기존 참조에 변경 사항 적용 옵션을 선택한 경우, 현재 도면에 있는 블록의 모든 복제에서 속성이 제거됩니다. 속성이 하나 밖에 없는 블록에서 제거 버튼을 사용할 수 없습니다.

⓫ **Settings (설정)** : 블록 속성 관리자에서 속성 정보가 나열되는 방법을 사용자화할 수 있는 블록 속성 설정 대화상자를 엽니다.

⓬ **Apply (적용)** : 변경 사항을 적용하고 대화상자를 연 채로 둡니다.

Block Editor 블록 편집기 - BEDIT

도면 영역에서와 마찬가지로 형상을 그리고 편집할 수 있는 특수 제작 영역을 제공합니다. 블록 편집기를 사용하여 블록 정의의 객체 및 동작을 정의합니다. 블록 편집기에서 사용자 특성 및 동적 동작을 정의하는 매개변수 및 동작을 추가합니다. 동적 블록을 작성하는 도구가 포함된 블록 제작 팔레트(매개변수 탭, 동작 탭, 매개변수 세트 탭, 구속조건 탭) 및 블록 편집기 도구막대를 제공합니다.

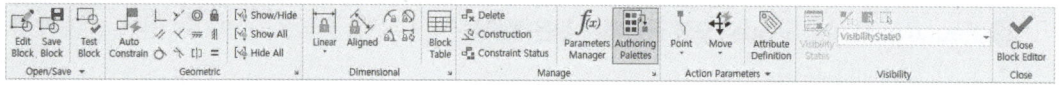

Set Base Point 삽입 기준점 - BASE

기준점은 현재 UCS의 좌표로 표현됩니다. 현재 도면을 다른 도면에 삽입하거나 외부 참조하면 이 기준점이 삽입 기준점으로 사용됩니다.

다음과 같은 원본에서 블록을 삽입할 수 있습니다.

① 현재 도면에 정의된 블록
② 현재 도면에 블록으로 삽입된 다른 도면 파일
③ 블록 라이브러리 도면이라고 하는 다른 도면 파일에 정의된 블록(현재 도면에 삽입될 수 있음)
④ 온라인 공급업체 및 서비스를 통해 작성된 블록, 이러한 블록은 종종 특정 부품 또는 제품과 연관되어 있습니다.

블록 참조 삽입하기

❶ Home 탭 → Block 패널 → Insert(삽입)을 클릭합니다.

❷ 블록을 삽입하려면 다음 중 하나를 수행합니다.

① 갤러리에 표시된 블록 정의에서 아이콘이나 블록 이름을 선택합니다. 블록 참조의 위치를 클릭합니다.

② 최근 블록 옵션을 클릭합니다. 블록 팔레트의 최근 탭에서 블록 참조를 클릭하여 배치합니다. 빠른 작업을 위해 끌어놓기 방법을 사용할 수도 있지만 이 방법은 옵션 아래에 지정된 축척 및 회전 값만 사용합니다.

③ 즐겨찾기 블록 옵션을 클릭합니다. 블록 팔레트의 즐겨찾기 탭에서 클릭하여 배치 또는 끌어놓기 방법을 사용하여 블록 참조를 삽입합니다.

④ 라이브러리의 블록 옵션을 클릭합니다. 블록 팔레트의 라이브러리 탭에서 클릭하여 배치 또는 끌어놓기 방법을 사용하여 블록 참조를 삽입합니다. 다른 도면 파일 또는 폴더를 선택하려면 블록 라이브러리 찾아보기 컨트롤을 클릭하고 도면 파일 또는 폴더를 지정합니다.

❸ 블록 팔레트 하단에서 배치, 축척, 회전 및 자동 반복을 조정하는 옵션을 하나 이상 선택합니다. 블록에 있는 객체를 하나의 블록이 아닌 개별 객체로 삽입하려면 분해를 선택합니다. 참고로 블록 썸네일 미리보기 생성이 약간 지연되어도 블록 삽입에는 영향을 주지 않습니다.

실습예제

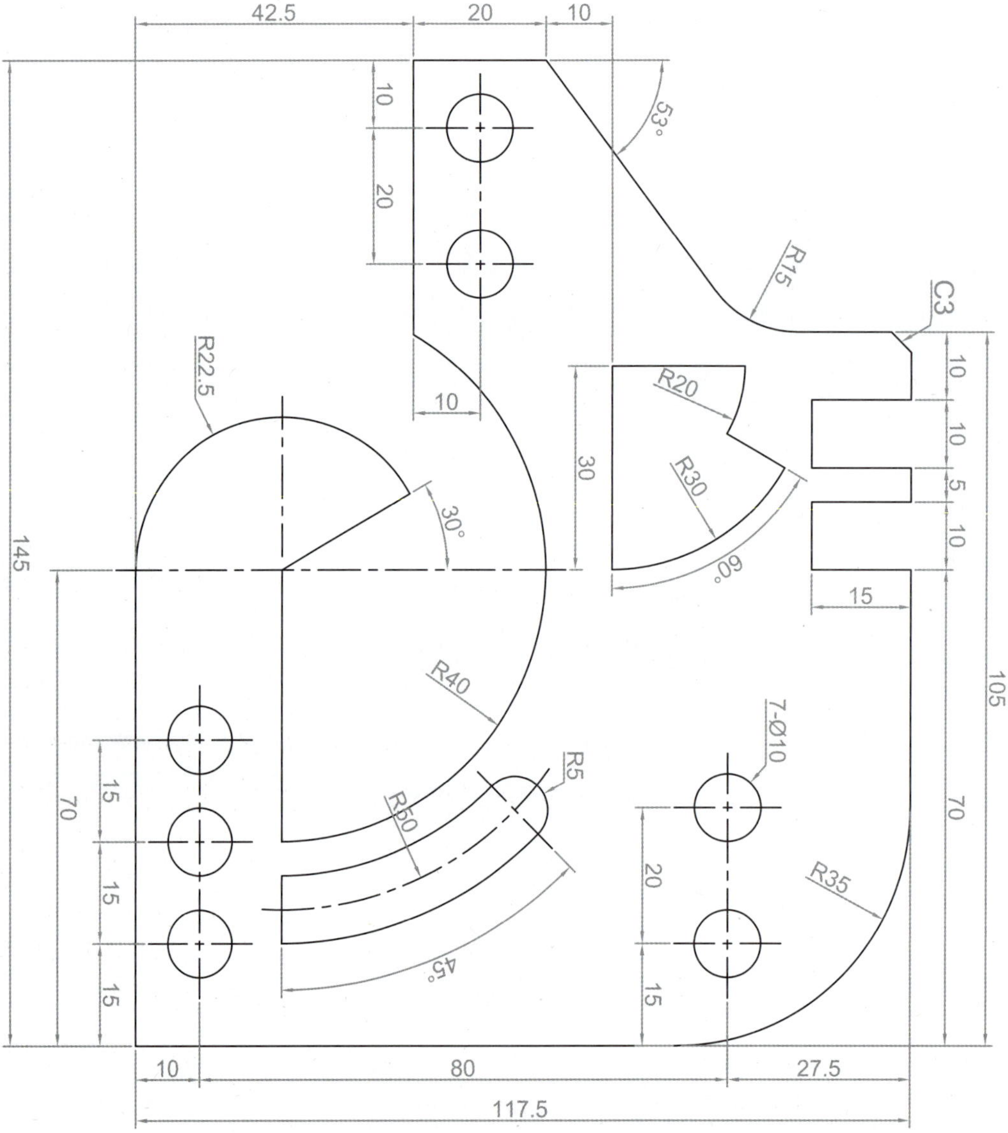
42.5
20
10
53°
10
20
R15
C3
R22.5
10
R20
30
R30
30°
60°
10
10
5
10
145
15
105
R40
7-Ø10
R5
R50
70
70
15
15
15
20
15
R35
45°
10
80
27.5
117.5

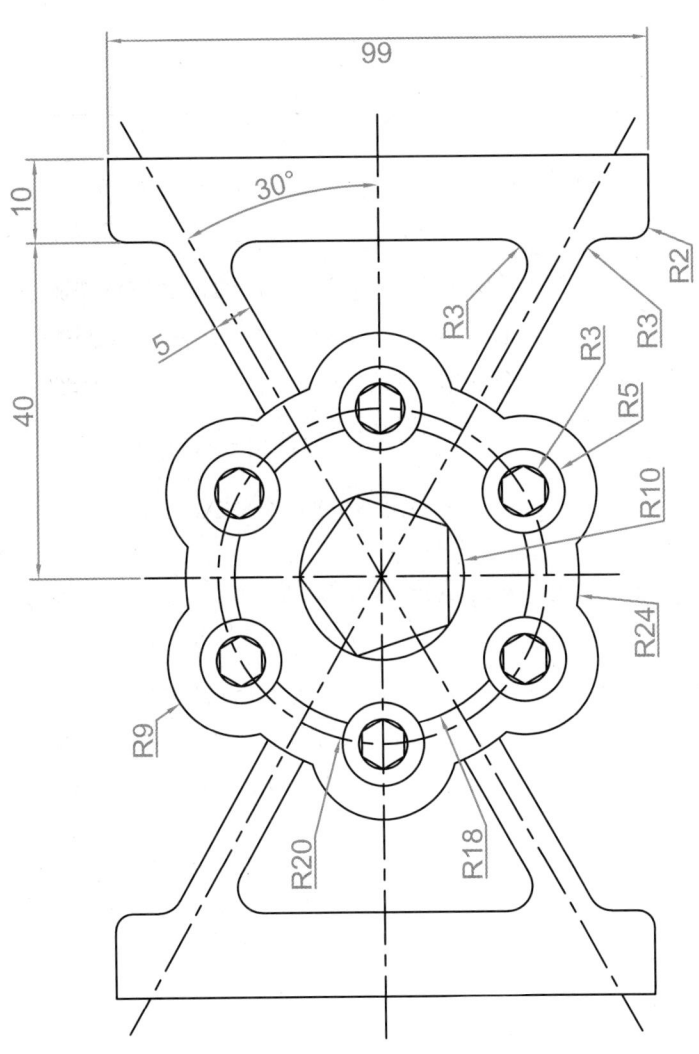

- 객체스냅(Perpendicular)

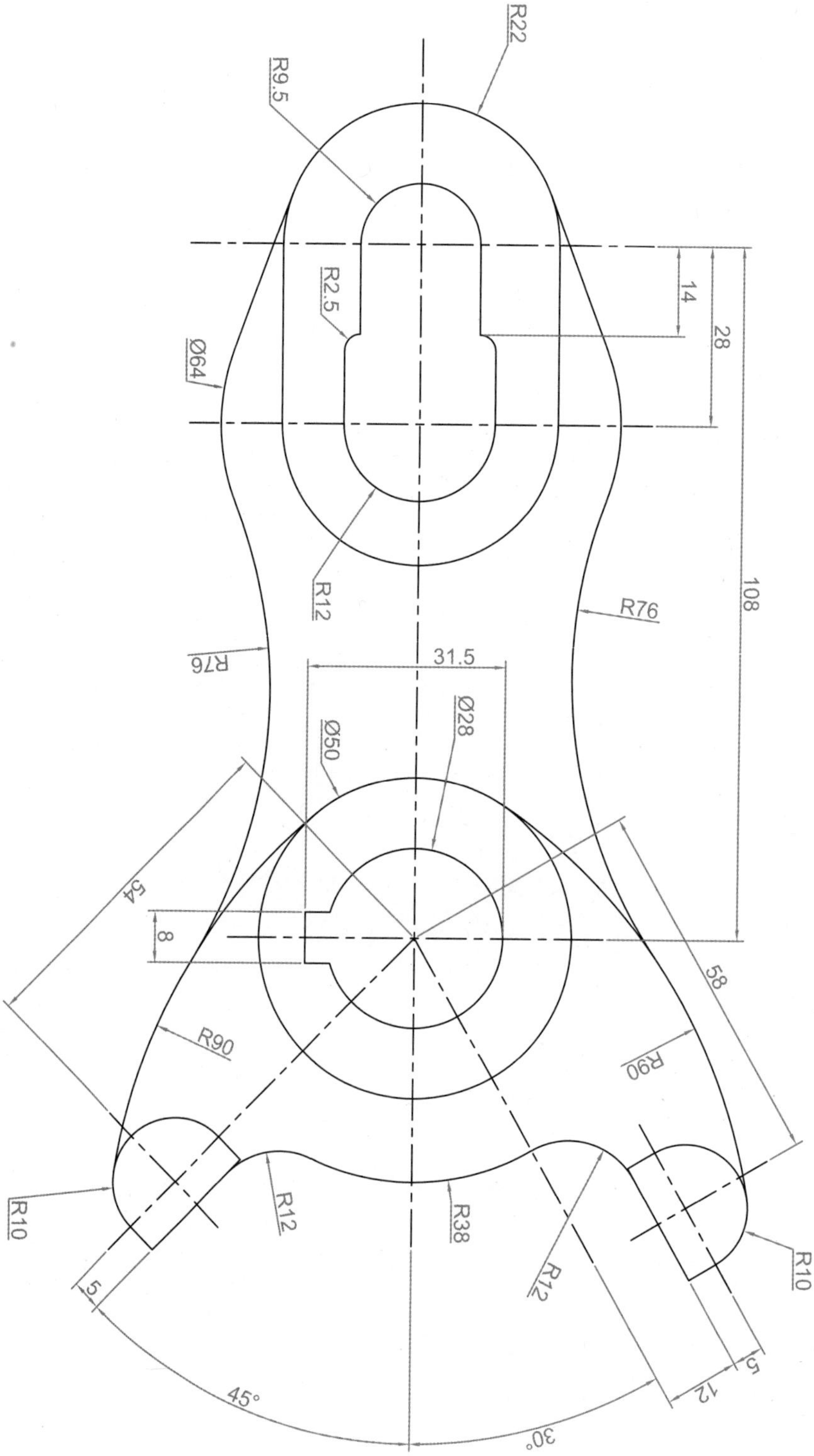

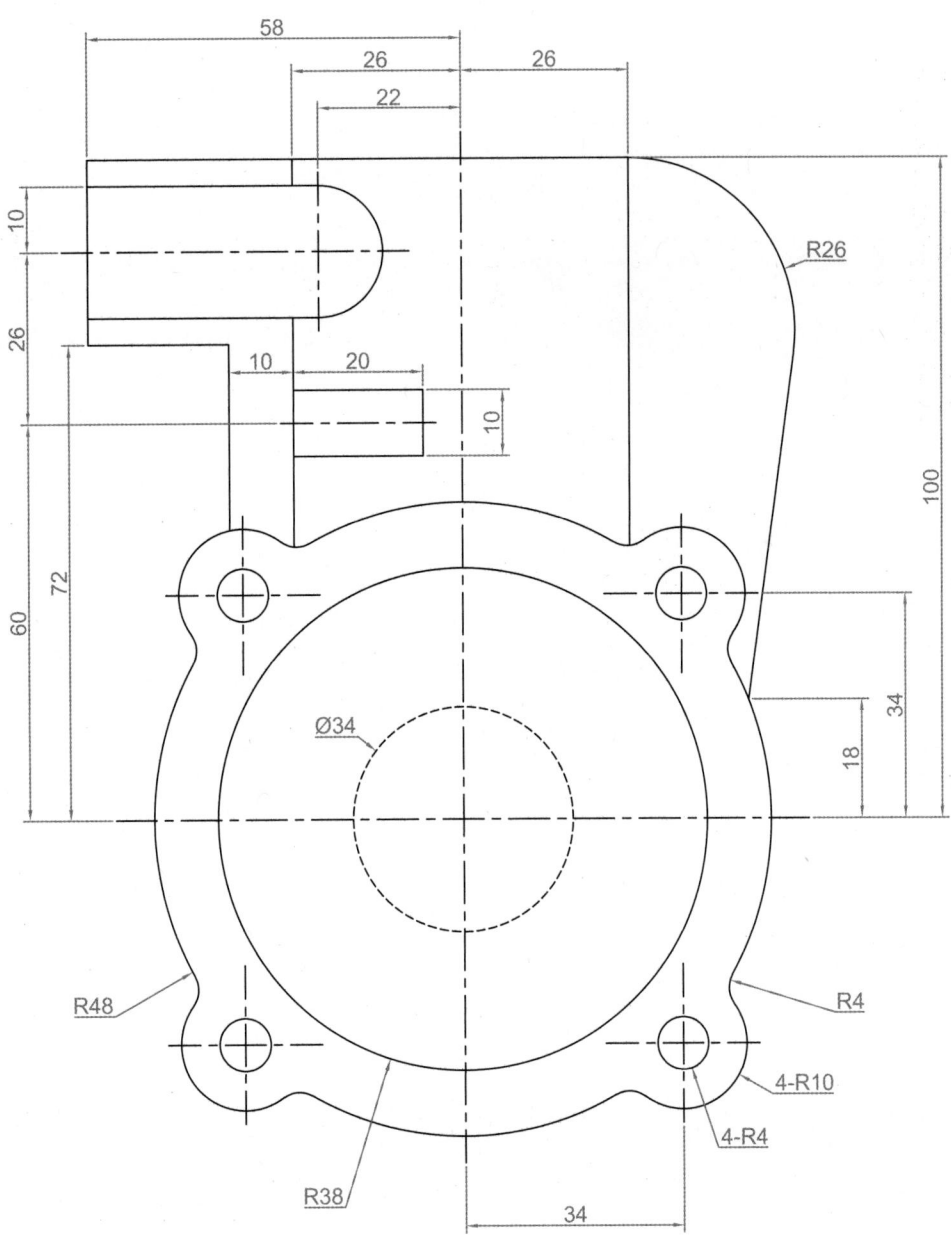

치수 도구 및 스타일

CHAPTER 12

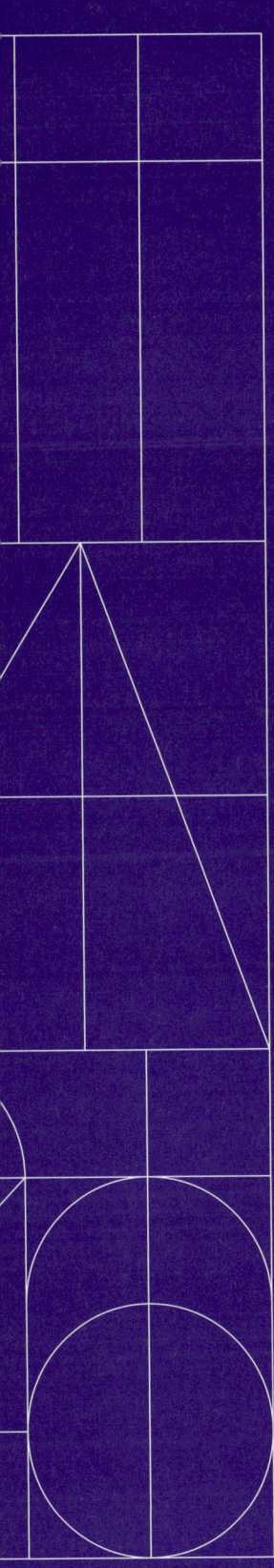

01 치수 기입 I   일반 도구
02 치수 기입 II   특수 도구
03 치수 스타일 정의 Dimension Styles

01 치수 기입 I

일반 도구

- **치수 기입**의 일반적인 사항과 치수 유형의 개요 및 기본 개념을 이해한다.
- 선형, 각도, 원 호, 세로좌표 치수 기입의 기본적 기능을 이해한다.

치수 기입의 일반적 사항

치수 기입 방법

- 간단명료하게 기입합니다.
- 계산해서 구할 필요 없이 기입합니다.
- 중복 치수는 피하고, 관련된 주 도면에 기입합니다.
- 관련 치수는 한곳에 모아서 기입합니다.
- 기준이 되는 곳을 명확하게 구분하여 기입합니다.
- 기준이 되는 기본 치수 길이, 높이, 폭 순서로 기입한 후 특정 부위에 대한 치수를 기입합니다.
- 전체 길이, 높이, 폭에 대한 치수는 반드시 있어야 합니다.

■── 치수 기입 형태

- 치수, 치수보조선은 가는선을 사용합니다.
- 치수 문자는 중간 굵기의 선을 사용합니다.
- 치수 문자는 치수선과 간격을 겹치지 않게 조정합니다.
- 치수선과 치수선 사이의 간견은 치수 문자의 겹침이 발생하지 않도록 조절합니다.
- 치수보조선이 객체의 외형선을 가로질러 배치된다면, 치수보조선을 끊어 가로지르지 않게 표시합니다.
- 모든 치수는 객체의 외형으로부터 동일한 간격을 유지하도록 기입합니다.
- 모든 치수 보조기호는 대문자로 시작하나 두께를 나타내는 t 는 소문자임을 유의합니다.

■── 치수 유형 Dimension Types

다양한 객체 유형에 대해 여러 방향과 정렬 방식으로 치수를 작성할 수 있으며, 기본적인 치수 기입 유형에는 선형, 반지름, 각도, 세로좌표, 호 길이가 포함됩니다. 특정 경우에는 치수 스타일을 설정하거나 개별 치수를 편집하여 모양을 조정할 수 있으며, 치수 스타일을 활용하면 치수 기입의 규칙을 빠르게 지정하고 표준을 유지할 수 있습니다. 참고로 도면 구성 및 치수 축척을 단순화하려면 모형(Model) 공간 대신 배치(Layout)에서 치수를 작성하면 됩니다.

❶ **선형 치수** : 선형 치수는 수평, 수직 또는 정렬된 치수를 나타냅니다. 문자의 배치 방식에 따라 DIM 명령을 사용하여 정렬 치수, 수평 치수, 또는 수직 치수를 작성할 수 있습니다. 이를 통해 객체의 크기와 위치를 명확하게 측정할 수 있습니다.

❷ **반지름 치수** : 반지름 치수는 선택적인 중심선 또는 중심 표식과 함께 호 또는 원의 반지름 또는 지름을 측정합니다. 호 또는 원 내부에 치수가 위치할 경우, 비연관 중심선이나 중심 표식은 자동으로 억제됩니다. 이를 통해 기하학적 형상의 정확한 반지름 값을 표현할 수 있습니다.

❸ **각도 치수** : 각도 치수는 두 개의 기하학적 객체 또는 세 점 사이의 각도를 측정하는 데 사용됩니다. 이를 통해 회전 요소나 기울어진 부품의 정확한 각도를 나타낼 수 있습니다.

④ **세로좌표 치수** : 세로좌표 치수는 특정 원점(데이텀)으로부터의 수직 거리를 측정하는 치수 방식입니다. 이는 부품의 구멍이나 특정 기준점에서부터의 거리 측정을 통해 오차가 단계적으로 누적되는 것을 방지하는 데 중요한 역할을 합니다.

>
>
> **데이텀(Datum)**
>
> 데이텀은 기계 가공에서 기준이 되는 점, 선, 면을 의미합니다. 예를 들어, 나무판을 자를 때 자를 대고 선을 그린 후 톱질을 하는 과정에서 자가 기준 역할을 하는 것과 같습니다. 기계 가공에서는 부품을 가공하거나 구멍을 뚫을 때 정확한 위치와 방향을 맞추기 위해 기준점이 필요하며, 이를 데이텀이라고 합니다. 데이텀을 설정하면 가공의 정확도를 높이고 조립 시 부품이 정확하게 맞물리도록 할 수 있습니다.

⑤ **호 길이 치수** : 호 길이 치수는 호 또는 폴리선 호 세그먼트를 따라 거리를 측정하는 방식입니다. 이는 캠 주위의 진행 거리 측정이나 케이블 길이 측정 등 다양한 응용에 사용됩니다. 선형 또는 각도 치수와 구별하기 위해, 호 길이 치수는 기본적으로 ⌒호 기호를 표시하여 명확하게 식별할 수 있도록 합니다.

⑥ **기준선 및 연속 치수** : 연속 치수(체인 치수라고도 함)는 끝에서 끝까지 연속적으로 배치된 다중 치수입니다. 기준선 치수는 동일한 기준 위치에서 측정된 간격 띄우기 치수선이 포함된 다중 치수입니다. 연속 치수선 또는 기준선 치수를 작성하기 위해서는 먼저 후속 치수를 참조할 기준 치수가 필요하며, 이는 선형, 각도 또는 세로좌표 치수를 통해 설정할 수 있습니다.

유형별 치수 기입

 도구의 위치

리본 → Home 탭 → Annotation 패널 → Linear 아이콘 ▼ 드롭다운 (기본 도구)

리본 → Annotate 탭 → Dimensions 패널 → 필요 아이콘 선택 (전체 도구)

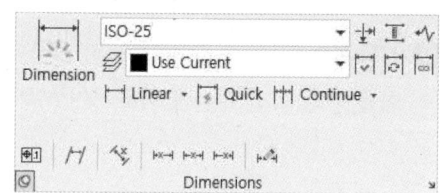

객체 작업이 끝나면 대부분 치수 기입을 작업합니다. **Dimension 툴바**를 꺼낸 후 배치하여 작업하는 방식이 주로 사용됩니다. Dimension 툴바를 표시하려면 메뉴에서 Tools → Toolbars → AutoCAD → Dimension 툴바를 선택합니다

■── 치수 구성 요소

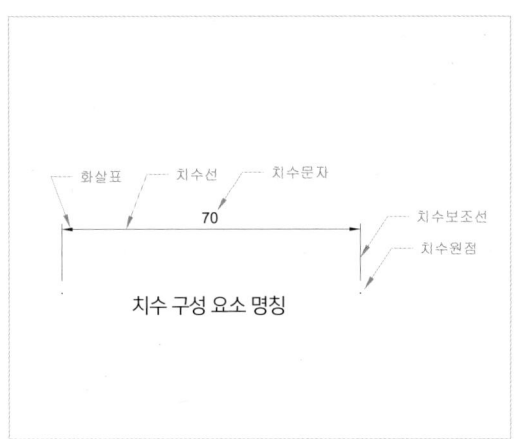

- **Text** : 치수 문자
- **Dimension lines** : 치수선 (먼저 선택하는 쪽이 1번 나중에 선택하는 것이 2번)
- **Symbols(Arrows)** : 화살표 기호
- **Extension lines** : 치수보조선 (먼저 선택하는 쪽이 1번 나중에 선택하는 것이 2번)
- **Orign** : 치수 원점=객체의 위치점 (눈에 보이지 않으나 치수 클릭시 나타남)

■── DIMLINEAR 선형 치수

선형 치수는 수평(가로), 수직(세로) 또는 회전된 치수선을 사용하여 작성됩니다. 두 개의 평행한 선 사이의 거리 값을 측정하며, 회전 옵션을 활용하여 다양한 방향의 치수를 입력할 수 있습니다.

Command: **DIMLINEAR**
→ 선형 치수 도구 클릭

Specify first extension line origin or 〈select object〉:
→ Line 객체가 가지고 있는 끝점 스냅을 잡기 위해 P1 위치 클릭

Specify second extension line origin:
→ Line 객체가 가지고 있는 끝점 스냅을 잡기 위해 P2 위치 클릭

Specify dimension line location or [Mtext/Text/Angle/Horizontal/Vertical/Rotated]:
→ 마우스 드래그하여 P3 위치 클릭

Dimension text = 50 → 객체가 가진 길이 값 보기

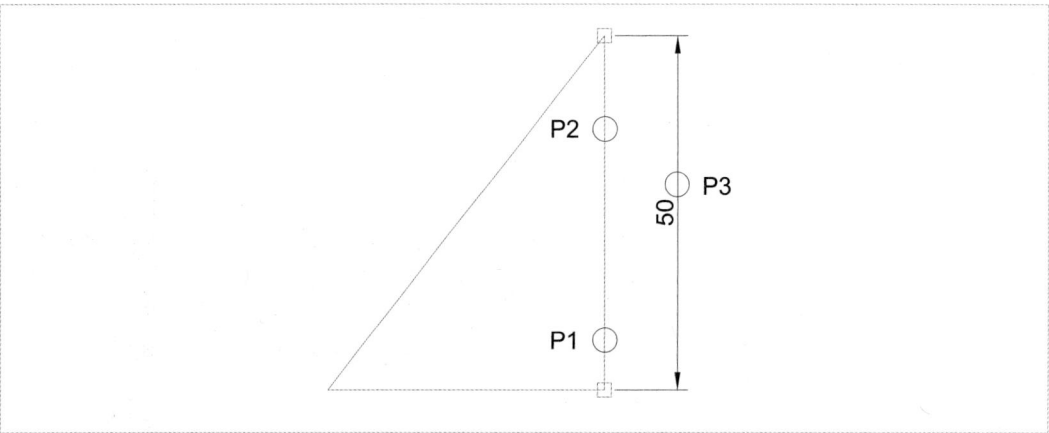

옵션 살펴보기

- **first extension line origin** : 첫 번째 치수보조선 원점 지정(객체가 가지고 있는 정확한 위치점 객체스냅 활용)

- **second extension line origin** : 두 번째 치수보조선 원점 지정(객체가 가지고 있는 정확한 위치점 객체스냅 활용)

- **dimension line location** : 마우스로 끌기하여 치수선 위치 지정

- **〈select object〉** : 객체 선택

  ※ 객체를 선택하면 치수보조선 원점이 자동으로 결정됩니다. 폴리선 및 분해 가능한 객체에 대해 개별 치수를 작성할 수 있으며, 균일하지 않게 축척된 블록 참조 객체는 선택할 수 없습니다. 원을 선택하면 지름의 끝점이 치수보조선의 원점으로 사용됩니다.

- **Mtext (여러 줄 문자)** : 내부 문자 편집기를 표시하여 치수 문자를 편집

  ※ 특수 문자 및 기호 입력을 지원하며, 치수 스타일이 대체 단위를 허용하지 않으면 대괄호([ ])를 사용하여 대체 단위를 표시할 수 있습니다.

- **Text (문자)** : 명령 프롬프트에서 치수 문자를 사용자 지정

  ※ 치수 측정 단위는 꺾쇠 괄호(< >) 안에 표시됩니다.

- **Angle (각도)** : 치수 문자의 각도를 변경
- **Horizontal (수평)** : 수평 선형 치수를 작성 (현재는 마우스를 끌어 조정 가능하여 사용되지 않음)
- **Vertical (수직)** : 수직 선형 치수를 작성 (현재는 마우스를 끌어 조정 가능하여 사용되지 않음)
- **Rotated (회전됨)** : 회전된 선형 치수를 작성 (예: 평행한 두 선 사이의 거리값 지정)

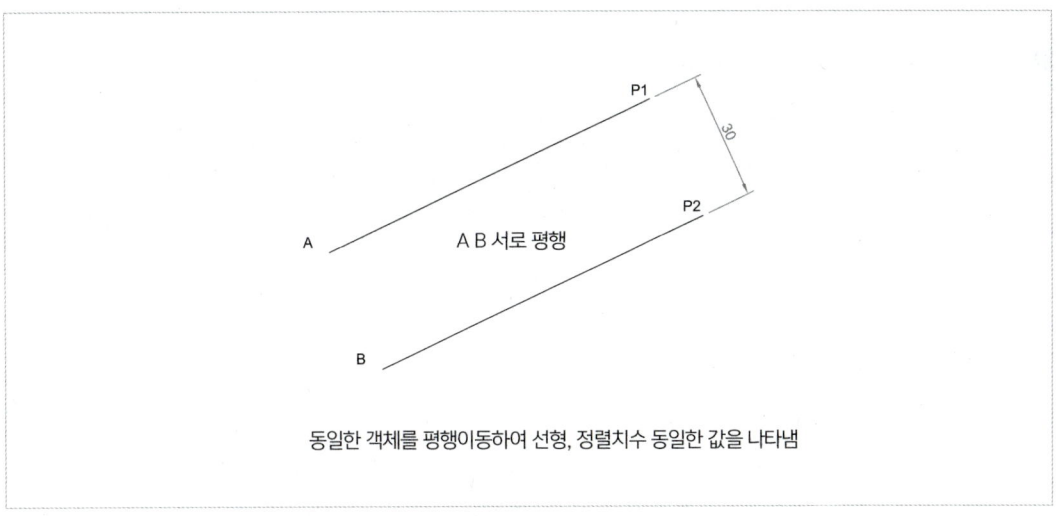

우선 A Line 객체를 임의로 작도한 후 OFFSET 명령으로 30 떨어진 B 객체를 복사해 놓습니다.

Command: **DIMLINEAR**
→ 선형 치수 도구 클릭

Specify first extension line origin or <select object>:
→ 객체 P1 끝점 스냅을 활용하여 위치 클릭

Specify second extension line origin: → 객체 P2 끝점 스냅을 활용하여 위치 클릭

Specify dimension line location or [Mtext/Text/Angle/Horizontal/Vertical/Rotated]: **R**
→ 회전 치수 옵션 R 입력 후 ↵

Specify angle of dimension line <0>: → 알파벳 B 문자에 가까운 끝점 클릭

Specify second point: → P2 문자에 가까운 끝점 클릭

※ 옵션 입력 후 점선택은 선객체 특성 중 양 끝점을 알면 각도를 시스템이 알고 있으므로 B Line 객체가 가지고 있는 각도를 지정할 수 있습니다. A Line 객체를 이용하여도 동일한 값이 나옵니다.

Specify dimension line location or [Mtext/Text/Angle/Horizontal/Vertical/Rotated]:
→ 마우스 드래그하여 원하는 위치 클릭

Dimension text = 30 → 평행한 두 선 사이의 거리값

■── DIMALIGNED 정렬 치수

정렬 치수는 사선 또는 경사선의 길이를 측정할 때 사용됩니다. 선형 치수의 R 옵션과 구분하여 사용해야 하며, 객체가 변형될 경우 완전히 다른 결과를 초래할 수 있습니다.

Command: **DIMALIGNED**
→ 정렬치수 도구 클릭

Specify first extension line origin or ⟨select object⟩:
→ 객체 P1 끝점 스냅을 활용하여 위치 클릭

Specify second extension line origin:
→ 객체 P2 끝점 스냅을 활용하여 위치 클릭

Specify dimension line location or [Mtext/Text/Angle]:
→ 마우스 드래그하여 원하는 위치 클릭, 공통 옵션은 선형 치수와 동일

Dimension text = 30 → 객체가 가진 길이 값 보기

> ⚠ **주의**
> 사선 경사선의 길이 값은 정렬 치수, 평행한 두선 사이의 거리값은 선형 치수의 R옵션 치수(회전 치수)

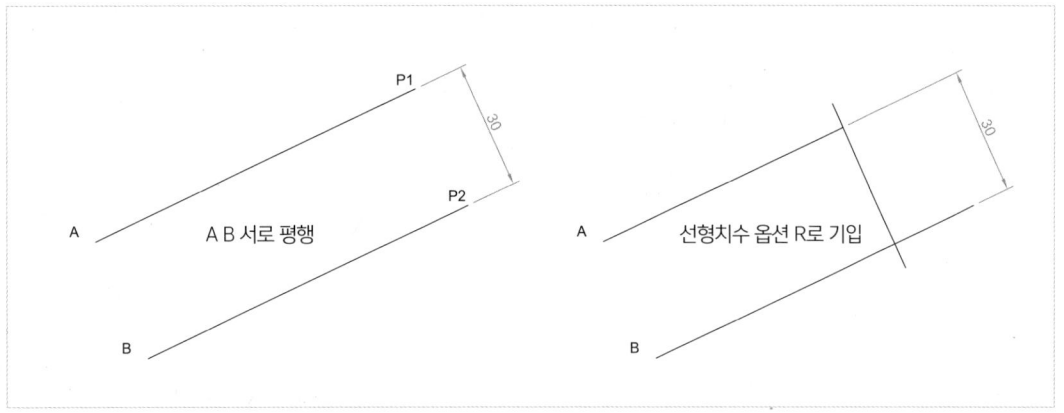

동일한 객체를 평행 이동하여(변형 없이) 작도한 경우, 두선 사이(P1-P2)의 선형 치수와 정렬 치수는 동일한 값을 가집니다. 선형 치수의 옵션 R로 기입한 경우 두선을 가로지르는 객체를 기준하여 한쪽을 잘라내어도 거리값은 유지됩니다.

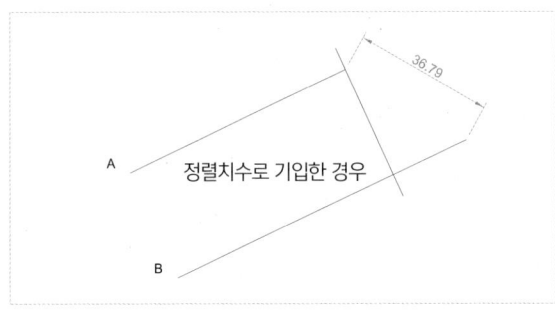

정렬 치수로 기입한 경우 한쪽을 잘라내어 객체에 변형이 발생하면 위치점의 변화로 점과 점사이의 거리 계산값이 다르게 나오게 됩니다.

■── DIMJOGLINE 선형 치수 꺾기 ∿

객체의 길이가 너무 길어 중간을 생략하여 표현할 때 사용됩니다. 선형 또는 정렬 치수에 꺾기 선을 추가하거나 제거할 수 있습니다. 치수의 꺾기 선은 측정된 객체에서 끊기를 표시하며, 치수 값은 실제 거리를 나타냅니다.

Command: **DIMJOGLINE**
→ 선형 치수 꺾기 도구 클릭 (선형 치수는 도면에서 작도된 길이)

Select dimension to add jog or [Remove]: → 표시하려는 선형 치수 선택 P1

Specify jog location (or press ENTER): → 꺾은 선(지그재그 선) 기호 위치 지정

※ 주의 : 치수 문자를 더블 클릭하여 실제 길이를 입력하여 변경합니다.

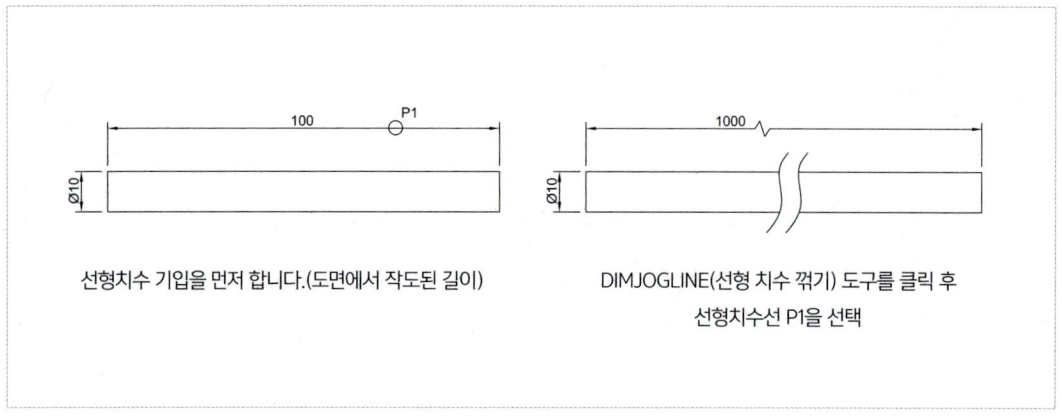

선형치수 기입을 먼저 합니다.(도면에서 작도된 길이)   DIMJOGLINE(선형 치수 꺾기) 도구를 클릭 후 선형치수선 P1을 선택

옵션 살펴보기

- **Add Jog (꺾기 추가)** : 꺾기를 추가할 선형 또는 정렬 치수를 지정하고, 꺾기 위치를 설정합니다.
- **Remove (제거)** : 꺾기를 제거할 선형 또는 정렬 치수를 지정합니다.

    ※ Break Lines (중간 생략) : 긴 부품을 도면에서 효율적으로 표현하기 위해 중간 부분을 생략하는 방법입니다.

    ※ 사용하는 선 종류 :

    · 파형선(Freehand Line) : 손으로 휘갈겨 그린 듯한 곡선, 선 두께 0.5mm 이상 (보통 0.5mm ~ 0.6mm)
    · 지그재그선(Zigzag Line) : 각진 형태의 절단선, 선 두께 0.5mm 이상
    · 선은 최소 0.5mm 이상의 두께로 표시해야 도면에서 명확하게 식별할 수 있으며 오해를 방지할 수 있습니다.

■━ DIMANGULAR 각도 치수

선택한 기하학적 객체 또는 3개의 점 사이의 각도를 측정합니다. 선택 객체의 유형에 따라 방법이 다릅니다.

```
Command: DIMANGULAR
```

Select arc, circle, line, or 〈specify vertex〉: → (호, 원, 선, 점 선택) 첫 번째 선분 선택
Select second line: → 각을 이루는 두 번째 선분 선택
Specify dimension arc line location or [Mtext/Text/Angle/Quadrant]:
→ 마우스 드래그하여 원하는 위치 클릭
Dimension text = 60 → 객체가 가진 각도 보기

❶ Arc Selection (호 선택)

선택한 호 또는 폴리선 호 세그먼트를 단일(P1) 선택하고 끌어다 놓으면 완성되며, 치수선은 치수보조선 사이에서 호로 그려집니다. 호의 중심이 angle vertex(각도의 기준정점)이며, 호의 양끝점이 치수보조선의 원점이 됩니다. 각도의 기준정점을 볼 때는 보조선을 눈으로 연장하여 교차점을 찾으면 됩니다.

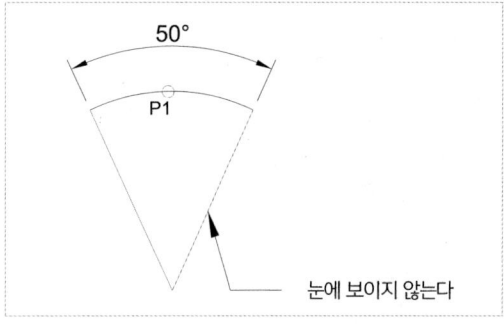

❷ Circle Selection (원 선택)

원을 선택(P1)하고 두 번째 위치점(P2)을 객체 스냅을 활용하여 선택합니다. 처음 선택한 자리는 임의의 위치점으로 기입한 후 수정을 위하여 치수 원점을 클릭 이동하여 정확한 위치(P3)에 옮겨 완성합니다. 원의 중심이 angle vertex(각도의 기준정점)입니다. (해당 작업은 보조선 작업을 통하여 정확한 위치에 기입)

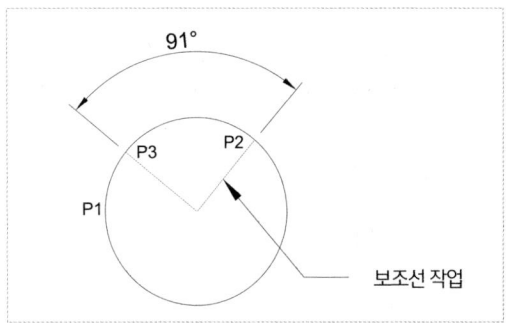

❸ Line Selection (선 선택)

두 선이나 폴리선 세그먼트를 차례로 선택하여 각도를 정의합니다. 치수 문자 위치에 따른 각은 다르게 표시되며, 치수선은 두 선 사이의 각도에 걸쳐 있습니다. 치수선이 치수 기입할 선과 교차하지 않

으면 치수선 하나 또는 모두를 연장하는 데 필요한 치수보조선을 추가합니다. 호는 항상 180도보다 작습니다.

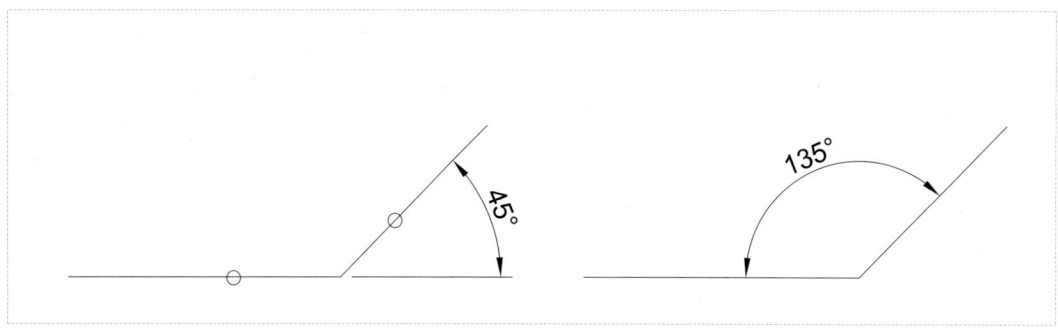

❹ specify vertex Three-Point Specification (3점 지정)

지정한 세 점을 기초로 치수를 작성합니다. angle vertex(각도의 기준정점)은 각도 끝점 중 하나와 같을 수 있으며, 치수보조선이 필요한 경우 끝점이 원점으로 사용됩니다. 치수선은 치수보조선 사이에서 호로 그려지며, 치수보조선은 각도 끝점에서부터 치수선의 교차점까지 그려집니다.

Command: **DIMANGULAR**

Select arc, circle, line, or <specify vertex>: → <specify vertex> 그냥 ⏎ 키 입력

Specify angle vertex: → 각도의 기준정점 위치(보조선 2개가 만나는 교차점을 눈으로 그려보면 됨)

Specify first angle endpoint: → 각도는 반시계 방향으로 각의 시작점 P2 위치점 클릭

Specify second angle endpoint: → 각의 끝점 P3 위치점 클릭

Specify dimension arc line location or [Mtext/Text/Angle/Quadrant]:
→ 마우스 드래그하여 원하는 위치 클릭

Dimension text = 40

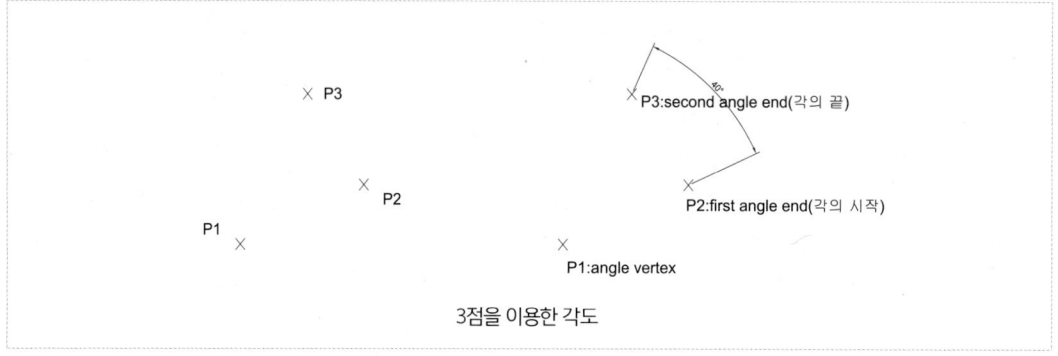

3점을 이용한 각도

⑤ Quadrant (사분점)

치수가 잠기는 사분점을 지정합니다. 사분점 동작이 켜져 있으면, 치수 문자가 각도 치수 외부에 있는 경우 치수선은 치수보조선을 초과하여 연장됩니다.

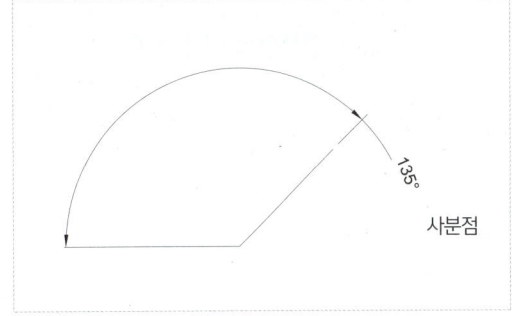

■— DIMBASELINE 기준선 치수

기준이 되는 선에서 측정된 다중 치수 기입을 기준선 치수라고 합니다. 구조물 또는 객체 검사 시 기준선으로부터 주어진 치수에 맞추어 검사합니다.

반드시 선형 치수, 각도 치수 또는 세로좌표 치수 등을 먼저 작성한 후 DIMBASELINE(기준선 치수) 도구를 사용해야 합니다. 기준이 되는 치수의 첫 번째 치수보조선을 원점으로 사용합니다. 이 기본 동작을 재지정하려면 명시적으로 기준 치수를 선택합니다.

만약 작성된 치수가 없으면 기준선 치수의 기준으로 사용할 선형, 세로좌표 또는 각도 치수를 선택하도록 옵션에서 표시합니다. 명령을 종료하려면 Enter 키를 두 번 누르거나 ESC 키를 누릅니다. 현재 치수 스타일은 문자의 모양을 결정하며, 기본적으로 기준선 치수의 치수 스타일은 이전 치수 또는 선택한 치수에서 상속됩니다.

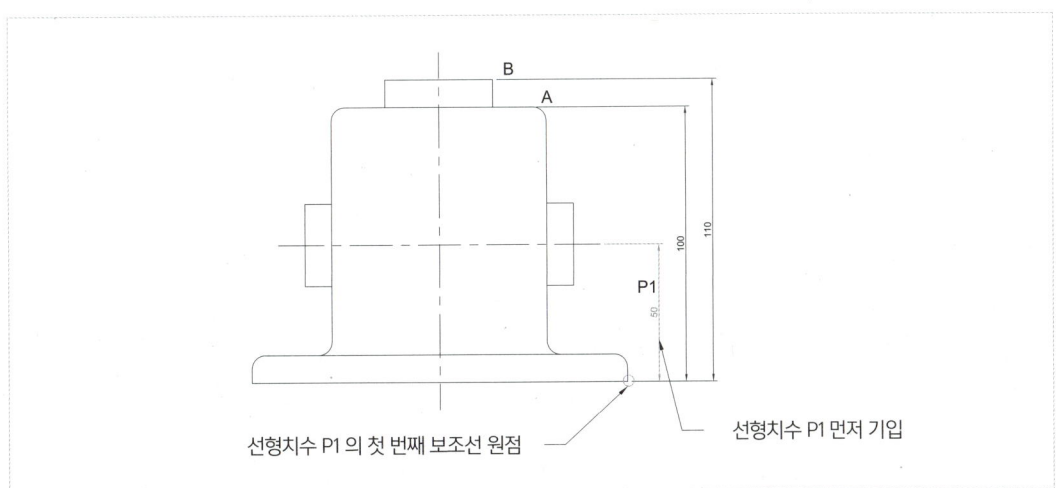

※ 우선 선형치수 P1을 기입, 첫 번째 보조선 위치 점 아래 동그라미 끝점에 클릭 한 후 위쪽 센터선 끝점 클릭 완료 후 다음 진행

Command: **DIMBASELINE**
→ 기준선 치수 도구 선택 (P1 첫 번째 보조선을 기준점으로 활성화)

Specify second extension line origin or [Select/Undo] <Select> : → A 위치의 끝점 선택
Dimension text = 100 → 자동 입력된 치수
Specify second extension line origin or [Select/Undo] <Select> : → B 위치의 끝점 선택
Dimension text = 110 → 자동 입력된 치수
Specify second extension line origin or [Select/Undo] <Select> : → ESC 키 입력 완료
Dimension text = 40

옵션 살펴보기

- **Second Extension Line Origin (두 번째 치수보조선 원점)** : 기준 치수가 선형 또는 각도 치수이면 해당 옵션이 표시됩니다. 기본적으로 기준 치수의 첫 번째 치수보조선을 기준선 치수의 치수보조선 원점으로 사용합니다. 두 번째 점을 선택한 경우 기준선 치수가 그려지며 두 번째 치수보조선 원점 지정옵션이 다시 표시됩니다. 명령을 종료하려면 ESC 키를 누릅니다. 기준선 치수의 기준으로 사용하기 위해 다른 선형, 세로좌표 또는 각도 치수를 선택하려면 Enter 키를 누릅니다.

- **Select (선택)** : 기준선 치수의 기준으로 사용할 선형 치수, 세로좌표 치수 또는 각도 치수를 선택하도록 프롬프트를 표시합니다. 치수보조선의 위치를 보고 치수보조선을 선택하는 것이 빠른 방법입니다.

- **Select Base Dimension (기준 치수 선택)** : 선형, 세로좌표 또는 각도 치수를 지정합니다. 또는 프로그램에서는 이 옵션을 생략하고 마지막으로 작성되었던 치수 객체를 사용합니다. (선형치수의 보조선중 기준의 위치에 있는 보조선을 선택)

- **Feature Location (피쳐 위치)** : 기준 치수가 세로좌표 치수이면 이 옵션이 표시됩니다. 기준 치수의 끝점을 기준선 치수의 끝점으로 사용합니다. 다음 피쳐 위치를 선택하도록 옵션이 표시됩니다. 피쳐 위치를 선택한 경우 기준선 치수가 그려지며 피쳐 위치 지정 옵션이 다시 표시됩니다. 기준선 치수의 기준으로 사용하기 위해 다른 선형, 세로좌표 또는 각도 치수를 선택하려면 Enter 키를 누릅니다.

- **Undo (명령 취소)** : 마지막으로 입력된 기준선 치수를 취소합니다.

■── DIMCONTINUE 연속 치수

기본적인 내용은 기준 치수 기입과 동일 합니다. 추가 치수를 자동으로 계속 작성합니다. 치수선이 자동으로 정렬됩니다.

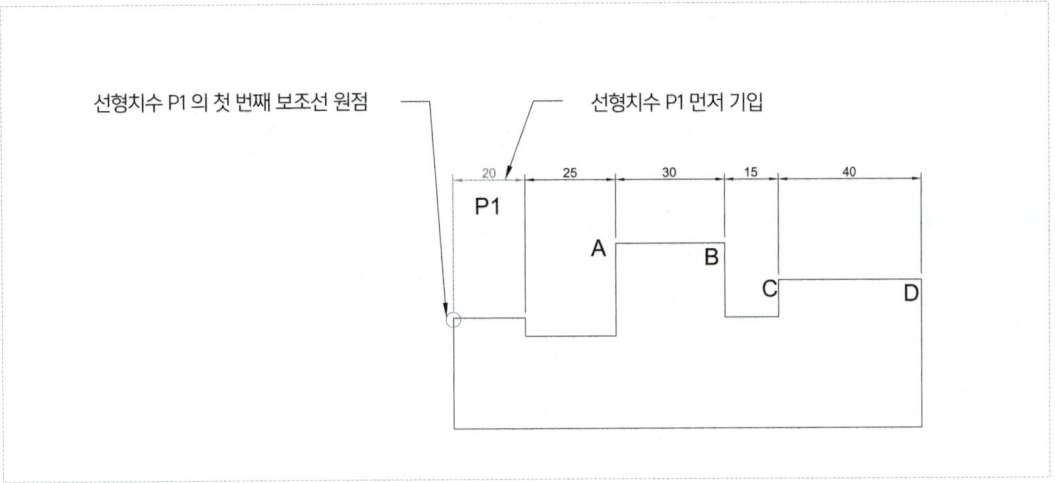

※ 우선 선형치수 P1을 기입, 첫 번째 보조선 위치 점 아래 동그라미 끝점에 클릭 한 후 오른쪽 끝점 클릭 완료 후 다음 진행

Command: **DIMCONTINUE**
→ 연속 치수 도구 선택

Specify second extension line origin or [Select/Undo] <Select>: → A 위치의 끝점 선택
Dimension text = 25 → 자동 입력된 치수
Specify second extension line origin or [Select/Undo] <Select>: → B 위치의 끝점 선택
Dimension text = 30 → 자동 입력된 치수
Specify second extension line origin or [Select/Undo] <Select>: → C 위치의 끝점 선택
Dimension text = 15 → 자동 입력된 치수
Specify second extension line origin or [Select/Undo] <Select>: → D 위치의 끝점 선택
Dimension text = 40 → 자동 입력된 치수
Specify second extension line origin or [Select/Undo] <Select>: → [ESC] 키 입력 완료

> **Tip.**
> 치수 기입에서 보조선 원점 자리선택 시 수평 치수는 왼쪽→오른쪽, 수직 치수는 위쪽→아래쪽으로 기준을 정하여 기입하는 것을 습관화하면 첫 번째 보조선의 위치를 금방 알 수 있습니다. 그렇지 않고 기준 없이 치수를 기입하면 이후 치수 스타일 수정 시 시간을 많이 소비하게 됩니다. 본인에게 맞는 기준을 정하여 항상 일정한 방향으로 기입하는 습관을 가지는 것이 좋습니다.

■ DIMARC 호 길이 치수

호 길이 치수는 호 또는 폴리선 호 세그먼트를 따라 거리를 측정합니다. 호 길이 치수의 치수보조선은 직교 또는 원형일 수 있습니다. 호 기호는 위에 표시되거나 치수 문자 앞에 표시됩니다.

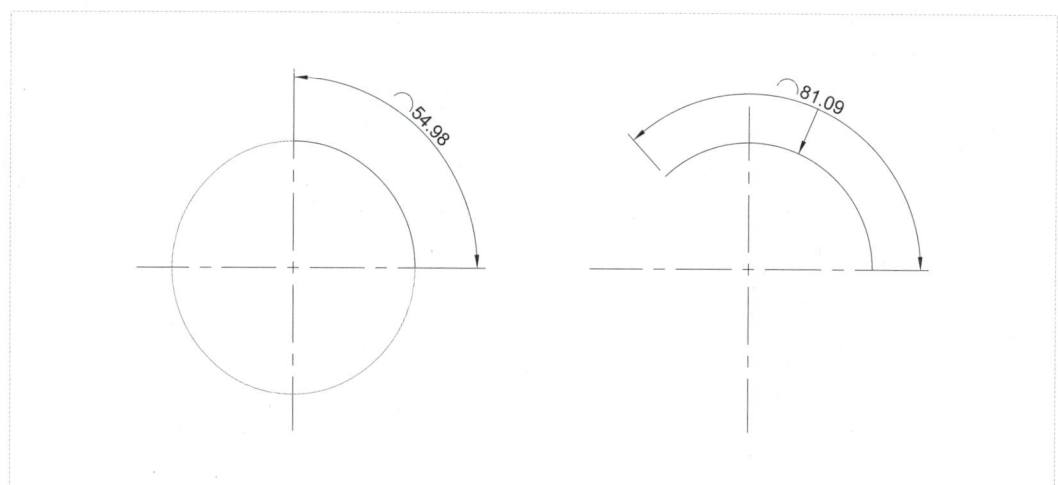

Command: **DIMARC**
→ 호 길이 치수 도구 선택

Select arc or polyline arc segment: → 호 객체 선택

Specify arc length dimension location, or [Mtext/Text/Angle/Partial]:
→ 치수선의 위치를 지정

Dimension text = 54.98

옵션 살펴보기

- **Arc or Polyline Arc Segment (호 또는 폴리선 호 세그먼트)** : 치수를 기입할 호 또는 호 폴리선 세그먼트를 지정
- **Arc Length Dimension Location (호 길이 치수 위치)** : 치수선의 위치를 지정하고 치수보조선의 방향을 결정
- **Leader (지시선)** : 지시선 객체를 추가, 호(또는 호 세그먼트)가 90도보다 클 경우에만 옵션이 표시됩니다. 치수기입된 호 중심을 향한 지시선은 방사상으로 그려집니다.
- **No Leader (지시선 없음)** : 지시선을 작성하기 전에 지시선 옵션을 취소함
- **Partial (부분)** : 호 길이 치수의 길이를 부분적으로 선택 (보조선을 두고 작업하는 것이 효율적).

■ DIMRADIUS 반지름 치수

선택한 원이나 호의 반지름을 측정하고 원이나 호 앞에 반지름 기호와 함께 치수 문자를 표시합니다. 그립을 사용하여 결과 반지름 치수를 손쉽게 재배치할 수 있습니다. 기본적으로 끌어다 놓을 때 위치에 대한 치수 객체의 변형이 발생하면 개별 특성에서 잠기는 부분이 많이 발생하므로 주의하도록 합니다.

```
Command: DIMRADIUS
  → 반지름 치수 도구 선택

Select arc or circle:   → 호 객체 선택
Dimension text = 35
Specify dimension line location or [Mtext/Text/Angle]:   → 치수선의 위치를 지정
```

옵션 살펴보기

- **Select Arc or Circle (호 또는 원 선택)** : 폴리선에서 원, 호 또는 호 세그먼트를 지정 (모깎기는 호로 간주됨)

- **Dimension Line Location (치수선 위치)** : 치수선의 각도 및 치수 문자의 위치를 결정.

  ※ 치수가 호에서 떨어져 배치되어 치수가 호 외부를 가리키게 되는 경우 호 치수보조선이 자동으로 그려집니다.

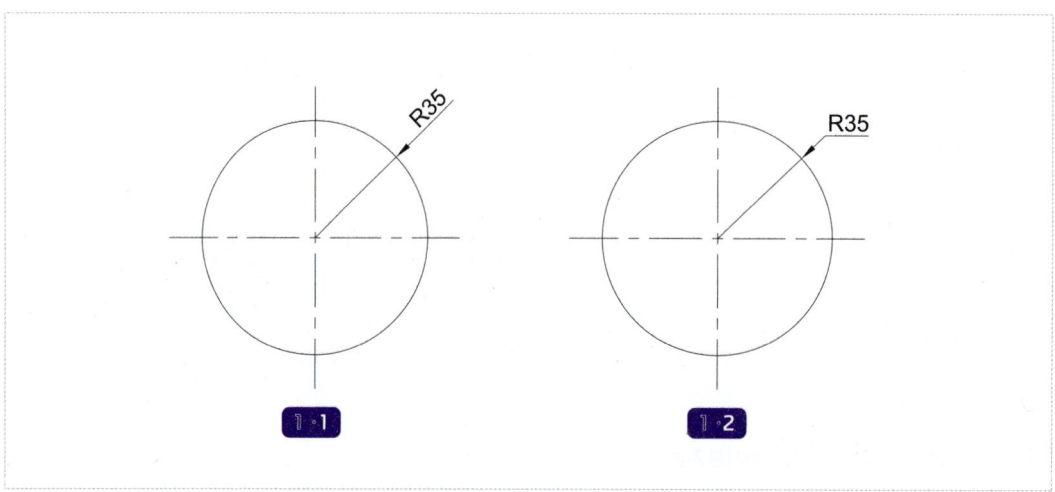

1·1 의 원호 반지름 치수는 아무런 설정을 하지 않은 기본 형태입니다. 화살표에서 중심점까지의 선을 강제치수선(Dim line forced)이라고 합니다. 1·2 의 원호 반지름 치수는 치수선이 x축과 평행을 이루고 있습니다. 치수 선택을 하고 단축키 Ctrl + 1 키를 누른 후 Text(문자) 탭 하위에서 **Text outside align(문자 바깥정렬)**을 on → off 변경하면 됩니다.

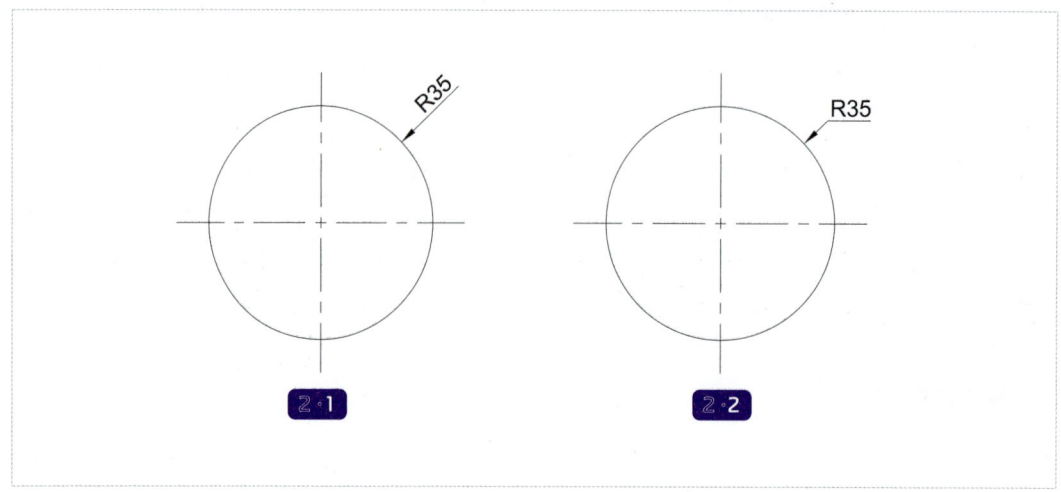

`2-1` 처럼 원호 반지름 치수화살표에서 중심점까지의 선을 보이지 않게 하려면, 치수 선택을 하고 단축키 **Ctrl** + **1** 키를 누른 후 Fit(부착) 탭 하위에서 **Dim line forced(강제치수선)**를 off 하면 됩니다.
`2-2` 원호 반지름 치수도 동일한 방법으로 강제치수선을 보이지 않도록 설정합니다.

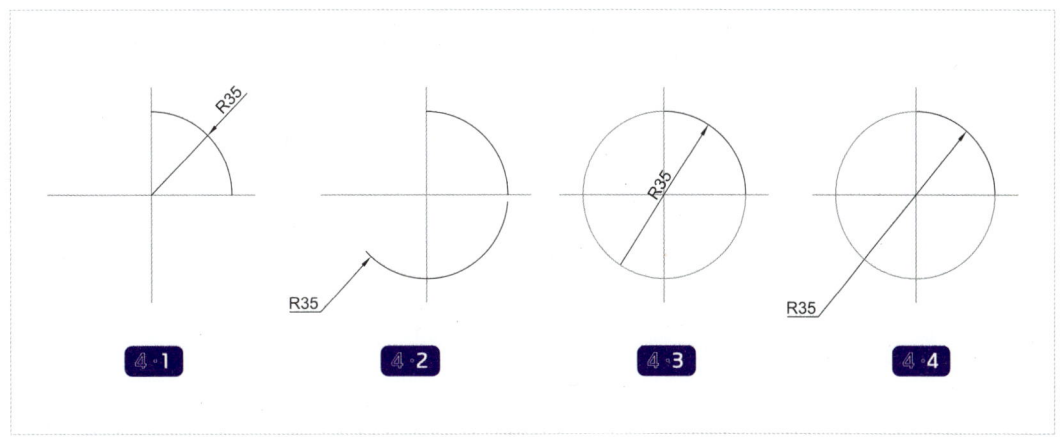

`3-2` 와 같이 치수선 끝을 중심점 안으로 정확히 위치시키는 방법은 끌어다 놓는 것이 아닙니다. 먼저 `3-1` 과 같이 밖으로 기입한 다음 치수 선택을 하고 단축키 **Ctrl** + **1** 키를 누른 후 Fit(부착) 탭 하위의 Fit 옵션 리스트에서 **Text only(문자만)**로 바꿔주면 중심선으로 이동되어 정확하게 치수선이 들어갑니다.

`4-1` 의 반지름 치수는 기본 치수 설정 상태에서의 기본적인 형태입니다. 화살표에서 중심점까지의 선이 강제 치수선(Dim line forced)입니다. `4-2` 의 반지름 치수는 호 객체 밖으로 움직여주면 하위

버전에서 나오지 않는 치수보조선이 같이 나옵니다. `4-1` 의 호 객체에서 별도로 호를 그리는 선이 치수보조선입니다.

`4-3`, `4-4` 의 치수 기입과 같이 만들려면 치수보조선을 off 해야 합니다. 치수 선택을 하고 단축키 `Ctrl` + `1` 키를 누른 후 Lines & Arrows(선과 화살표) 탭에 있는 **Ext line(치수보조선)** 옵션을 off 합니다. `4-3` 은 앞서 작업한 형태에 치수 문자가 전체 원호의 안에 있을 때 표현되며, `4-4` 는 치수 문자가 전체 원호의 밖에 있을 때 표현됩니다.

■ DIMDIAMETER 지름 치수 ⊘

선택한 원이나 호의 지름을 측정하고 원이나 호 앞에 지름 기호와 함께 치수 문자를 표시합니다. 그립을 사용하여 결과 지름 치수를 손쉽게 재배치할 수 있습니다.

Command: **DIMDIAMETER**
→ 지름 치수 도구 선택

Select arc or circle: → 원 객체 선택
Dimension text = 70
Specify dimension line location or [Mtext/Text/Angle]: → 치수선의 위치를 지정

옵션 살펴보기

- **Select arc or circle (호 또는 원 선택)** : 폴리선에서 원, 호 또는 호 세그먼트를 지정(모깎기는 호로 간주됨)
- **Dimension Line Location (치수선 위치)** : 치수선의 각도 및 치수 문자의 위치를 결정.
  ※ 치수가 호에서 떨어져 배치되어 치수가 호 외부를 가리키게 되는 경우 호 치수보조선이 자동으로 그려집니다.

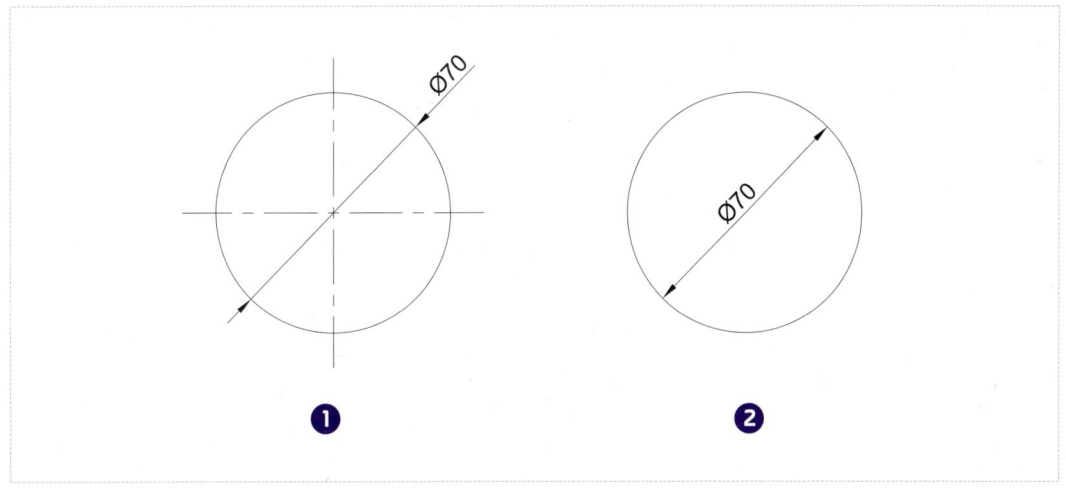

❶ 의 지름 치수 기입은 기본 형태입니다. ❷ 의 지름 치수처럼 안쪽으로 넣기 위해서는 반지름 치수를 기입하는 방법과 동일합니다. 끌어다 놓는 것이 아니라는 것을 알아야 합니다. 치수 선택을 하고 단축키 Ctrl + 1 키를 누른 후 Fit(부착) 탭 하위에 Fit 옵션 리스트에서 **Text only(문자만)**으로 바꿔주면 중심선으로 이동되어 정확하게 치수선이 들어갑니다.

■── DIMJOGGED 원 또는 호의 꺾어진 치수

꺾어진 반지름 치수, 단축된 반지름 치수라고도 합니다. 호나 원의 중심이 배치 외부에 있어서 실제 위치에 표시할 수 없을 때 꺾어진 반지름 치수를 작성합니다. 치수의 원점을 중심 위치 재지정으로 보다 편리한 위치 지정이 가능합니다.

옵션 살펴보기

- **Select Arc or Circle (호 또는 원 선택)** : 원, 호 또는 폴리선의 호 세그먼트를 지정
- **Center Location Override (중심 위치 재지정)** : 호나 원의 실제 중심점 위치를 사용하는 꺾어진 반지름 치수의 새 중심점을 지정
- **Dimension Line Location (치수선 위치)** : 치수선의 각도 및 치수 문자의 위치를 결정
  ※ 치수가 호에서 떨어져 배치되어 치수가 호 외부를 가리키게 되는 경우 호 치수보조선이 자동으로 그려집니다.
- **Specify Jog Location (꺾기 위치 지정)** : 꺾기 중간점을 찾습니다. 꺾기 횡단 각도는 치수 스타일 관리자에 의해 결정됩니다.

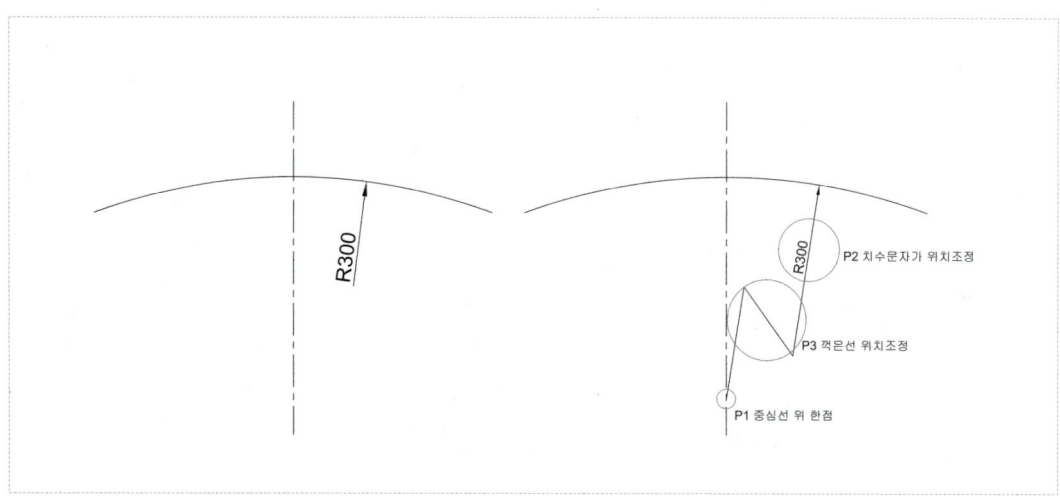

```
Command: DIMJOGGED
→ 원 또는 호의 꺾어진 치수 도구 선택

Select arc or circle: → 원, 호 객체 선택
Specify center location override:_nea to
→ 중심점이 있는 축선 P1 선택 (객체스냅 근처점 nea 사용)
   ※ 해당 위치가 중심점이 아니라 센터선 상 어딘가에 존재한다는 의미입니다.
Dimension text = 300
Specify dimension line location or [Mtext/Text/Angle]: → 치수선의 위치를 지정 P2
Specify jog location: → 꺾은선 위치를 지정 P3
```

■ DIMORDINATE 세로좌표 치수

세로좌표 치수는 데이텀이라는 원점으로부터 부품의 구멍과 같은 피쳐까지의 수평 또는 수직 거리를 측정합니다. 이러한 치수는 데이텀에서부터 피쳐까지 정확한 간격을 유지함으로써 오류가 단계적으로 확대되는 것을 방지합니다.

치수선의 세로/가로 위치는 X, Y축에 눈금을 표시한 형태로 이해하면 그 값을 이해할 수 있습니다.

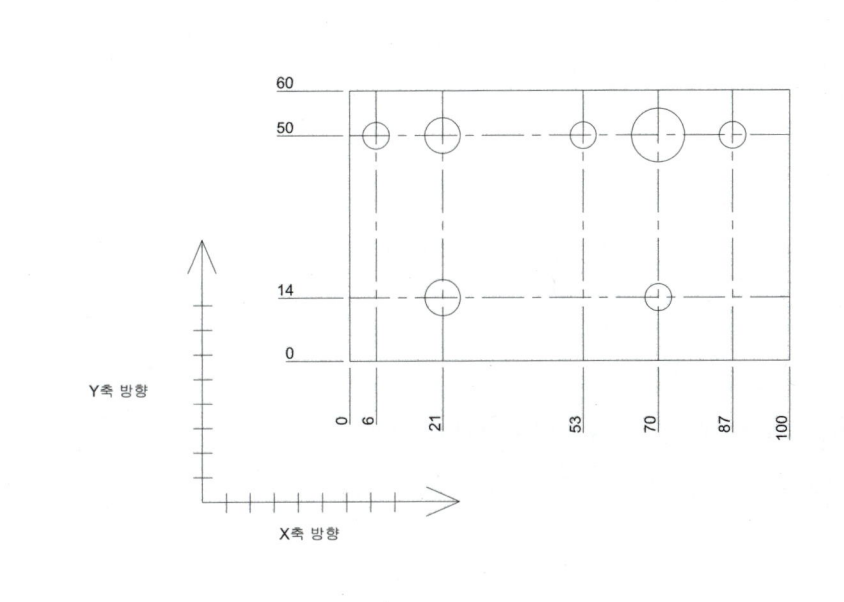

옵션 살펴보기

- **Specify Feature Location (피쳐 위치 지정)** : 객체의 끝점, 교차점 또는 중심과 같은 피쳐의 점에 대한 프롬프트가 표시됩니다.

- **Leader Endpoint (지시선 끝점)** : 피쳐 위치와 지시선 끝점 사이의 차이를 사용하여 X 또는 Y 세로좌표 치수 여부를 결정합니다. Y 세로좌표에서의 차이가 더 크면 치수는 X 세로좌표가 측정됩니다. 그렇지 않으면 치수는 Y 세로좌표가 측정됩니다.

- **Xdatum (X 데이텀)** : X 세로좌표를 측정하고 지시선 및 치수 문자의 방향을 결정합니다. 끝점을 지정할 수 있는 위치에 지시선 끝점 프롬프트가 표시됩니다.

- **Ydatum (Y 데이텀)** : Y 세로좌표를 측정하고 지시선 및 치수 문자의 방향을 결정합니다. 끝점을 지정할 수 있는 위치에 지시선 끝점 프롬프트가 표시됩니다.

■— DIMCENTER 중심 표식

원 및 호의 비연관 중심 표식 또는 중심선을 작성합니다. 중심 표식 구성 요소의 기본 크기는 치수 스타일 관리자, 심볼 및 화살표 탭, 중심 표식(DIMCEN 시스템 변수)에서 설정할 수 있습니다. 치수 스타일을 설정할 때 중심 표식 및 중심선 사이를 선택하고 크기를 지정할 수 있으며, DIMCEN 시스템 변수를 사용하여 중심 표식 설정을 변경할 수도 있습니다. 참고로 CENTERMARK를 사용하여 원이나 호에 대한 연관 중심 표식을 작성할 수 있습니다.

도면 작업 시 중심의 위치에 대하여 Layer 설정을 통하여 직접 작도하는 경우가 대부분이어서 DIMCENTER(중심 표식) 도구를 사용할 일은 많지 않습니다. 치수 스타일 지정에서 해제하고 작업하게 됩니다. 이중으로 객체가 생성되는 원인이 됩니다.

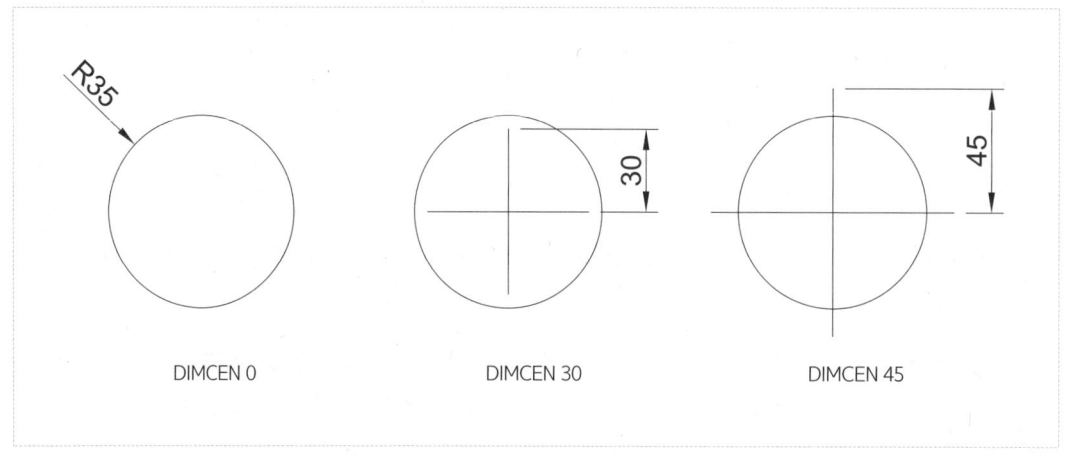

■— TOLERANCE 기하학적 공차

기계 및 제품 설계에서 형상 공차에 포함된 기하학적 공차를 작성합니다. 기하학적 공차 대화상자가 표시됩니다.

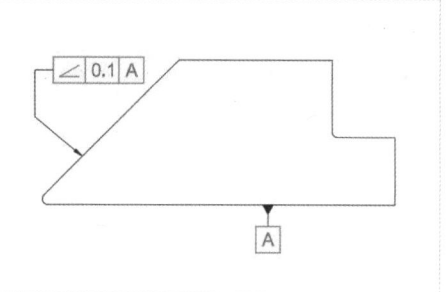

■ 기하공차란?

기하공차(Geometric Tolerance)는 제품의 모양, 위치, 자세, 흔들림 등의 허용 범위를 규정하는 기준입니다. 단순한 길이와 너비 같은 치수 공차와 달리, 형상(모양), 방향, 위치, 흔들림 등의 정밀도를 관리하여 부품이 올바르게 조립되고 기능할 수 있도록 합니다.

기하공차는 형상 공차(예: 평면도, 원통도), 자세 공차(예: 평행도, 직각도), 위치 공차(예: 동심도, 위치도), 흔들림 공차(예: 흔들림, 온 흔들림) 등으로 나뉘며, 설계도에서 기하공차 기호로 표시됩니다. 이를 통해 제품의 품질을 향상시키고 조립성을 높일 수 있습니다.

기하공차 기호는 다음과 같이 두 가지로 구분됩니다.

- **M**: Maximum Material Requirement, 최대 실체 공차 방식의 적용을 지시하는 기호
- **P**: Projected Tolerance Zone, 형체의 돌출부에 대해 적용하는 공차를 지시하는 기호

기하공차를 표시할 때는 공차 기입틀을 두 구획 또는 그 이상으로 구분하여, 그 안에 기입합니다. 공차의 종류를 나타내는 기호, 공차 값, 데이텀을 지시하는 문자기호의 순서로 왼쪽에서 오른쪽으로 기입합니다.

■ 데이텀이란?

데이텀(Datum)은 부품을 측정하거나 가공할 때 기준이 되는 점, 선, 면을 의미합니다. 쉽게 말해, 부품의 위치나 방향을 정확하게 정하기 위한 기준 좌표라고 할 수 있습니다.

예를 들어, 자동차 엔진 부품을 조립할 때, 특정 평면이나 구멍을 기준으로 다른 부품의 위치를 맞춘다면 그 기준이 되는 면이나 구멍이 데이텀이 됩니다. 설계 도면에서는 "A", "B", "C" 등으로 표시되며, 기하공차와 함께 사용되어 부품이 올바르게 조립될 수 있도록 도와줍니다.

기하학적 공차의 구성 요소

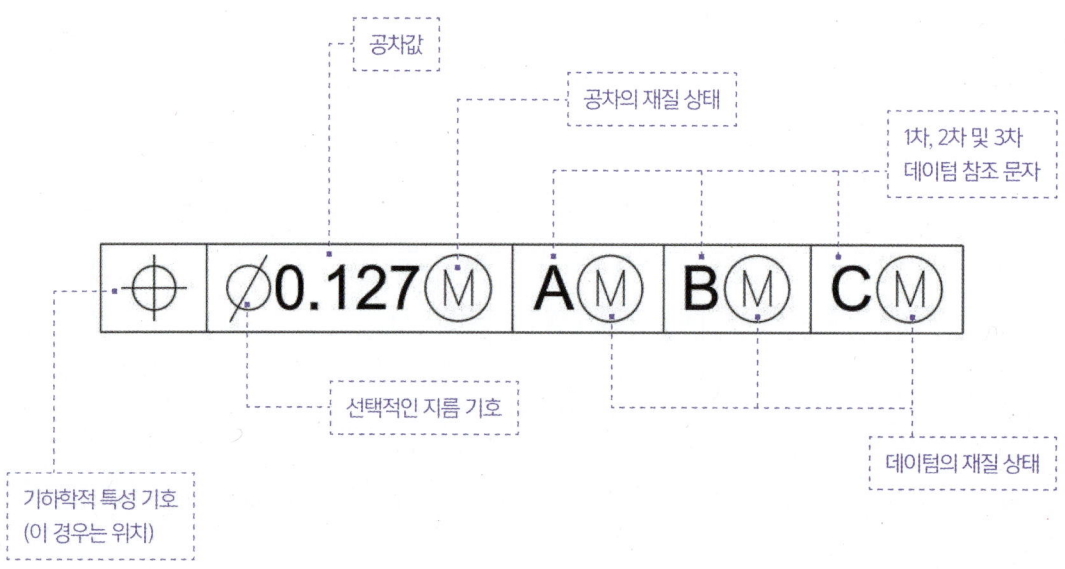

형상 공차는 두 개 이상의 구성 요소로 구성됩니다. 첫 번째 형상 공차에는 공차가 적용될 기하학적 특성(예: 위치, 프로파일, 형식, 방향 또는 흔들림)을 나타내는 기호가 들어 있습니다. 양식 공차는 곧음, 평평함, 원형성과 원통성, 프로파일 조정 선과 표면을 조정합니다. 앞의 그림에서 표현된 특성은 위치를 의미합니다. 대부분의 편집 명령 및 그립을 사용하여 형상 공차를 변경할 수 있으며, 객체 스냅을 사용하여 형상 공차로 스냅할 수 있습니다.

Geometric Tolerance 기하학적 공차 대화상자

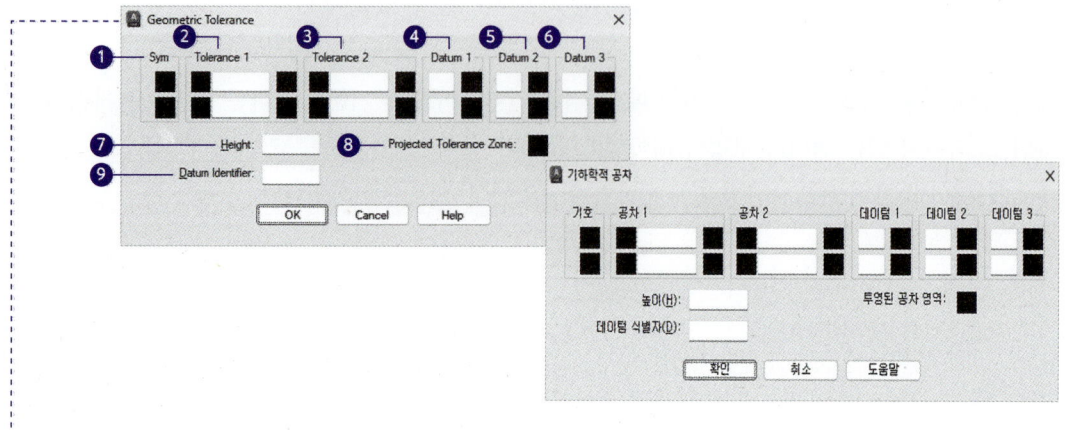

❶ **Sym (기호)** : 기호 대화상자에서 선택한 기하학적 특성 기호를 표시합니다. 이 대화상자는 기호 상자 중 하나를 선택하면 표시됩니다.

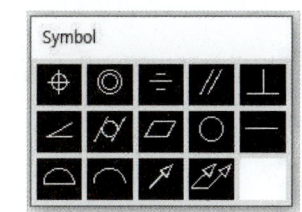

❷ **Tolerance 1 (공차 1)** : 형상 공차에서 첫 번째 공차값을 작성합니다. 공차값은 기하학적 특성이 완벽한 모양에서 벗어날 수 있는 범위를 나타냅니다. 예를 들어 공차값 앞에 지름 기호를 삽입할 수 있으며 공차값 뒤에는 재료 상태 기호가 올 수 있습니다.

- **첫 번째 상자** : 공차값 앞에 지름 기호를 삽입합니다. (상자를 클릭하여 지름 기호를 삽입)
- **두 번째 상자** : 공차값을 작성합니다. (상자에 값을 입력)
- **세 번째 상자** : 수정 기호를 선택할 재료 상태 대화상자를 표시합니다. 이 기호는 기하학적 특성과 크기가 다양할 수 있는 피쳐의 공차값에 대해 수정자 역할을 합니다. 기하학적 공차 대화상자의 MC 상자에 첫 번째 공차값의 기호가 삽입됩니다.

❸ **Tolerance 2 (공차 2)** : 형상 공차에 두 번째 공차값을 작성합니다. (첫 번째 공차값을 지정한 것과 같은 방법)

❹ **Datum 1 (데이텀 1)** : 형상 공차에서 기본 데이텀 참조를 작성합니다. 데이텀 참조는 값과 수정 기호로 구성될 수 있습니다. 데이텀은 이론적으로 피쳐의 공차 영역을 만드는 데 사용되는 정확한 기하학적 참조입니다.

- **첫 번째 상자** : 데이텀 참조값을 작성합니다.
- **두 번째 상자** : 수정 기호를 선택할 재료 상태 대화상자를 표시합니다. 이 기호는 데이텀 참조의 수정자 역할을 합니다. 기하학적 공차 대화상자의 MC 상자에 1차 데이텀 참조의 기호가 삽입됩니다.

❺ **Datum 2 (데이텀 2)** : 같은 방법으로 형상 공차에 2차 데이텀 참조를 작성합니다.

❻ **Datum 3 (데이텀 3)** : 같은 방법으로 형상 공차에 3차 데이텀 참조를 작성합니다.

❼ **Height (높이)** : 형상 공차에서 투영된 공차 영역값을 작성합니다. 투영된 공차 영역은 고정된 수직 부분에서 확장된 부분의 높이 편차를 조정하고, 공차를 위치 공차에 의해 지정된 공차로 세밀하게 다듬습니다.

❽ **Projected Tolerance Zone (투영된 공차 영역)** : 투영된 공차 영역 값 뒤에 투영된 공차 영역 기호를 삽입합니다.

❾ **Datum Identifier (데이텀 식별자)** : 참조 글자로 구성된 데이텀 식별 기호를 작성합니다. 데이텀은 다른 피쳐의 위치와 공차 구역을 정할 수 있는 이론적으로 완전한 기하학적 참조를 의미합니다. 점, 선, 평면, 원통 및 다른 형상들이 데이텀으로 사용될 수 있습니다.

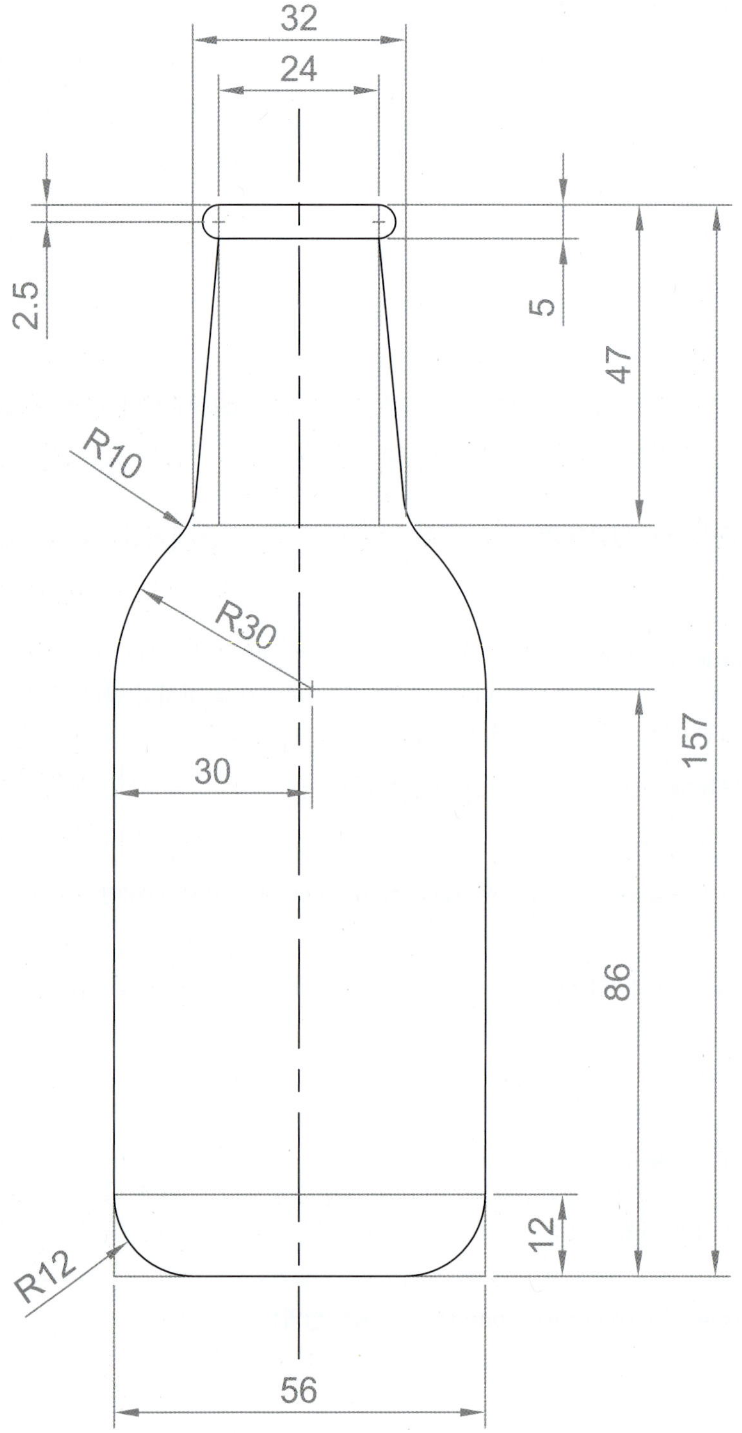

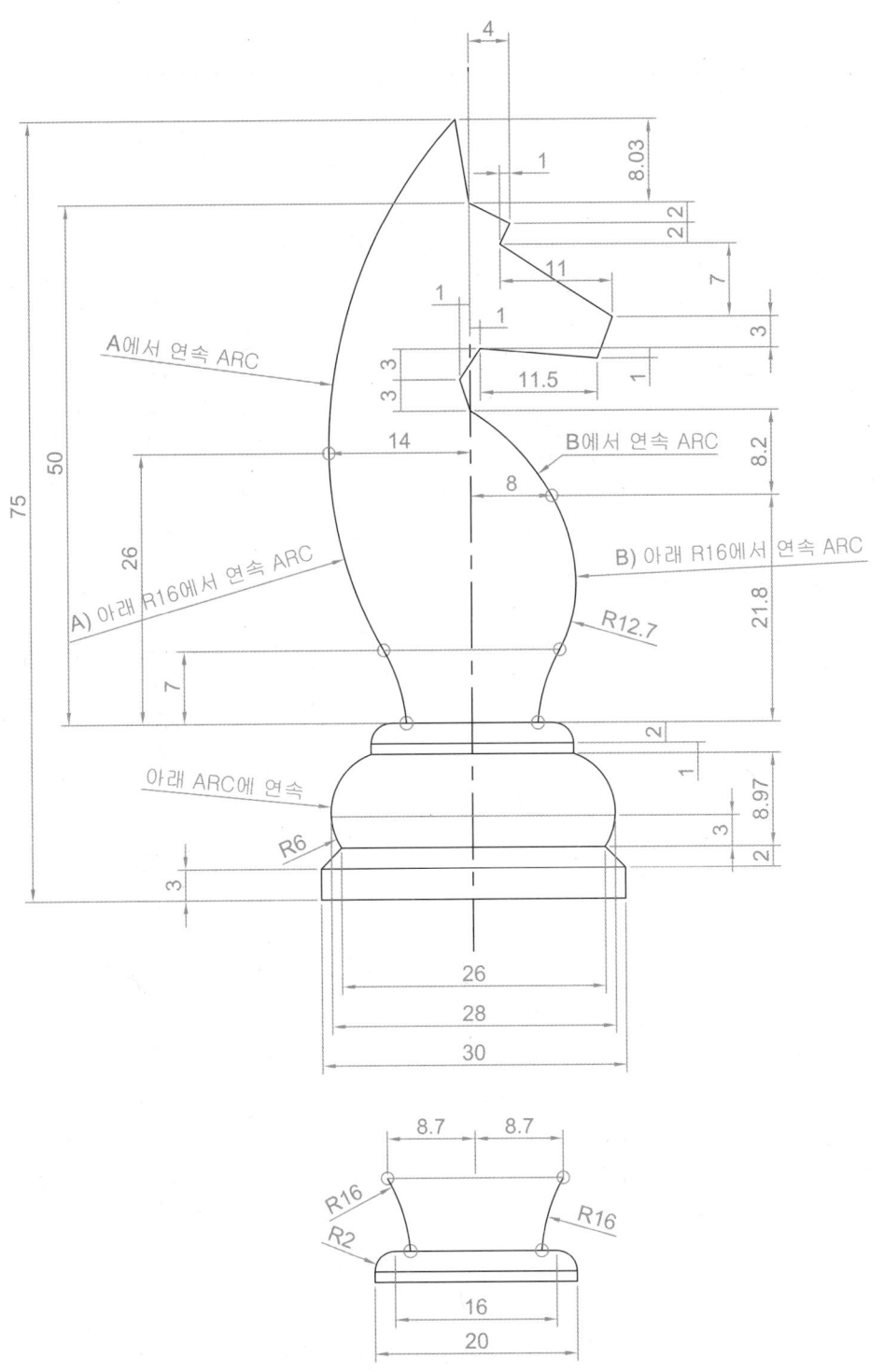

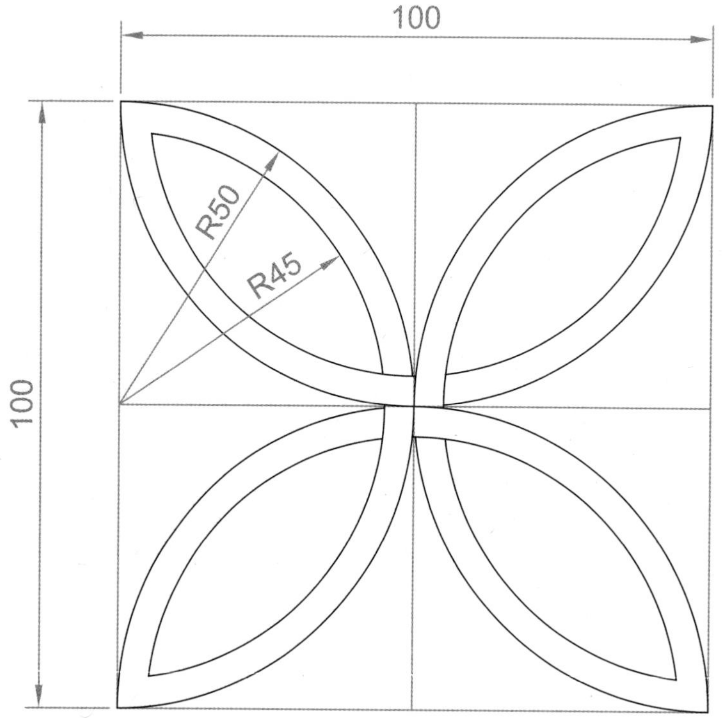
100
100
R50
R45

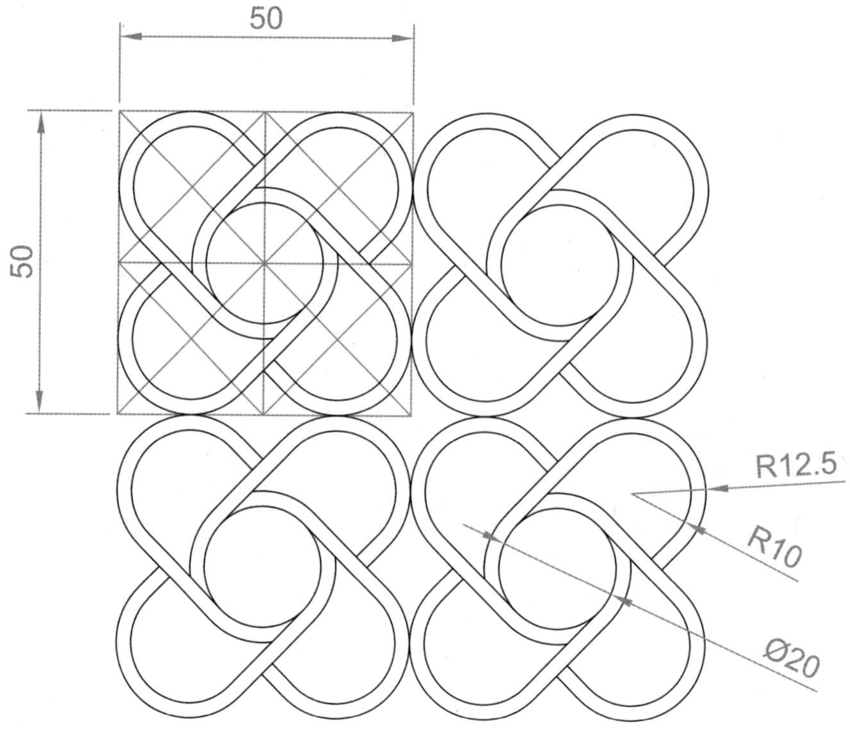
50
50
R12.5
R10
Ø20

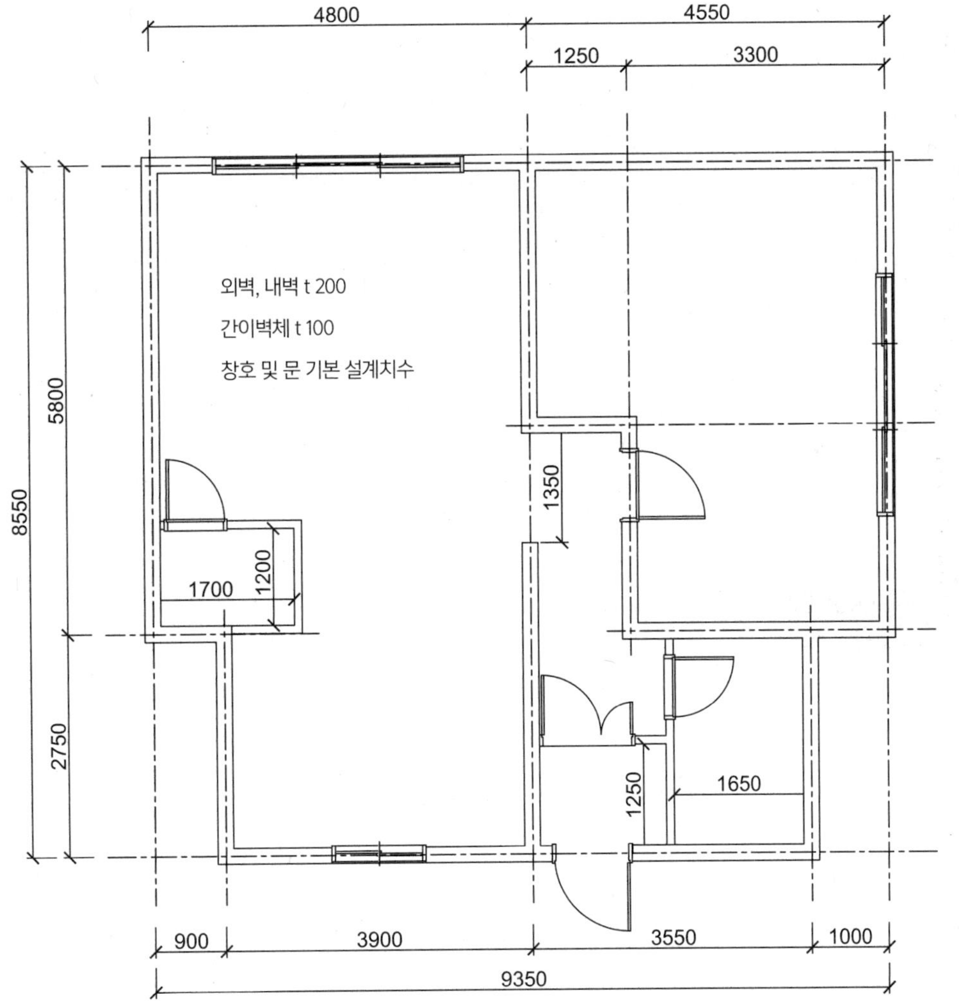
4800
4550
1250
3300
외벽, 내벽 t 200
간이벽체 t 100
창호 및 문 기본 설계치수
8550
5800
2750
1350
1200
1700
1250
1650
3250
5800
2550
2750
900
3900
3550
1000
9350

02 치수 기입 II

특수 도구

- 검사 및 빠른 치수 기입, 치수 기본 형태 변경에 대한 기본 개념을 이해한다.
- 치수 편집 도구인 **DIMEDIT**, **DIMTEDIT** 의 차이점을 알고 이해한다.

여기에서 소개하는 도구들은 자주 사용되는 것들은 아니지만, 기본적인 내용에 대해서는 이해하고 넘어가는 것이 좋습니다. 치수 편집 도구인 DIMEDIT, DIMTEDIT 대한 사용법과 다음 장에서 다루게 될 치수 스타일 지정에서 권장 사용으로 제시되는 내용들이 포함되어 있습니다.

치수 기입 특수 도구

■ DIMINSPECT 검사 치수

검사 치수란 측정된 치수가 허용 범위 내에 있는지 확인하기 위해 검사하는 치수를 말합니다. 쉽게 말해, 제품이나 부품이 설계된 크기대로 제대로 만들어졌는지 확인하는 기준이 되는 값입니다.

검사 치수를 사용하여 부품의 치수 값 및 공차가 지정된 범위에 있도록 보장하기 위해 제작 부품을 검사하는 주기를 효과적으로 전달할 수 있습니다. 검사 치수에서 주기 지정을 %로 나타내는 것은 검사 빈도를 의미합니다. 이는 생산된 제품 중에서 몇 퍼센트를 검사할지를 나타내는 기준이 됩니다. 일반적으로 "검사 주기: 10%" 또는 "검사 비율: 10%" 같은 형태로 표현합니다.

최종 조립 제품에 설치하기 전에 특정 공차나 치수 값을 충족해야 하는 부품에 대한 작업을 할 경우, 검사 치수를 사용하여 부품 테스트 빈도를 지정할 수 있습니다.

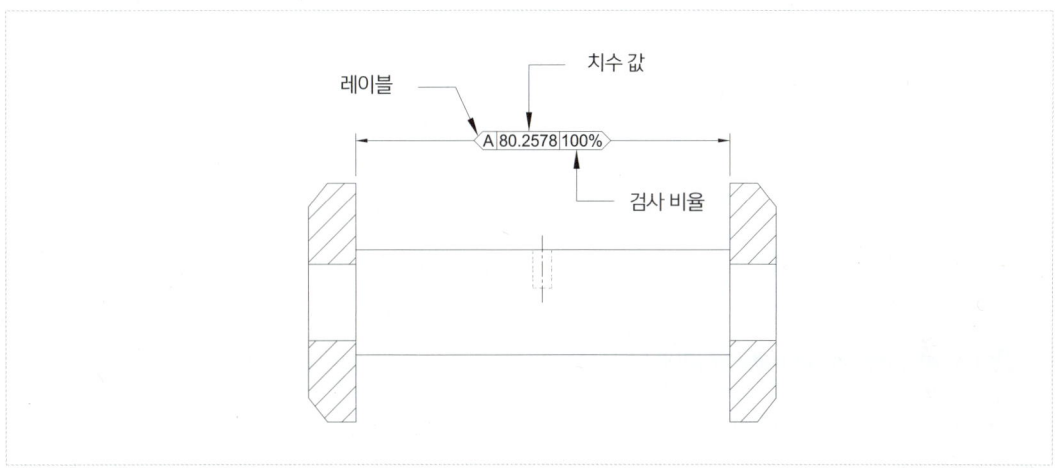

검사 치수를 모든 유형의 치수 객체에 추가할 수 있습니다. Inspection Dimension Fields(검사 치수 필드)는 다음과 같이 구성되어 있습니다.

- **Inspection Label (검사 레이블)** : 개별 검사 치수의 식별에 사용되는 문자. 레이블은 검사 치수의 맨 왼쪽에 있습니다.

- **Dimension Value (치수 값)** : 표시된 치수 값은 검사 치수가 추가되기 전과 같은 값입니다. 치수 값은 공차, 문자(머리말 및 꼬리말 모두) 및 측정값을 포함할 수 있습니다. 치수 값은 검사 치수의 중앙에 있습니다.

- **Inspection Rate (검사 비율)** : 치수 값 검사 빈도의 전달에 사용되는 문자이며 퍼센트로 표시됩니다. 검사 비율은 검사 치수의 맨 오른쪽에 있습니다.

다음은 **Inspection Dimension(검사 치수)** 대화상자에 대한 설명입니다.

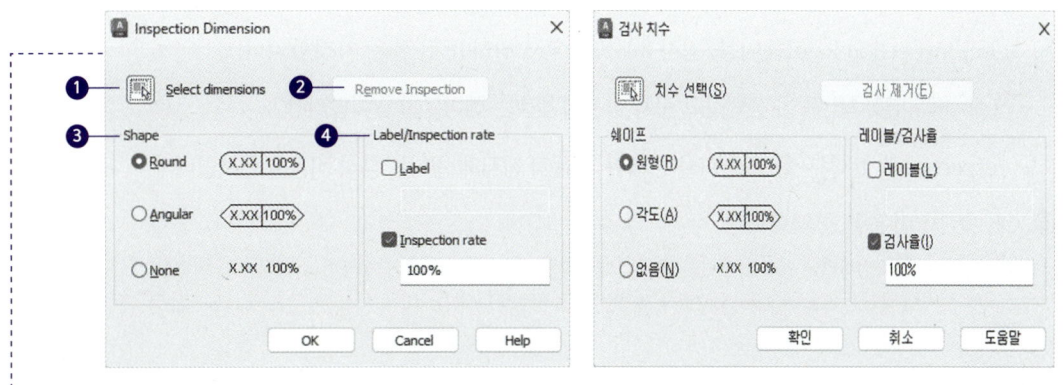

❶ **Select Dimensions (치수 선택)** : 검사 치수를 추가 또는 제거해야 하는 치수를 지정

❷ **Remove Inspection (검사 제거)** : 선택한 치수에서 검사 치수를 제거

❸ **Shape (쉐이프)** : 레이블 주위에 그려진 프레임의 모양 선택

- **Round (원형)** : 양쪽 끝에 반원으로 프레임을 작성합니다.
- **Angular (각도)** : 두 끝에서 90도 각도를 형성하는 선으로 프레임을 작성합니다.
- **None (없음)** : 값 주위에 프레임이 그려지지 않음을 지정합니다.

❹ **Label/Inspection Rate (레이블/검사율)** : 검사 치수에 대한 레이블 문자 및 검사 비율을 지정

- **Label (레이블)** : 레이블 필드의 화면표시를 켜거나 끕니다.
- **Label Value (레이블 값)** : 레이블 문자를 지정합니다. 레이블은 검사 치수의 맨 왼쪽에 표시됩니다.
- **Inspection Rate (검사율)** : 비율 필드의 화면표시를 켜거나 끕니다.
- **Inspection Rate Value (검사율 값)** : 부품 검사 빈도를 지정합니다.
  ※ 값은 퍼센트로 표시되며 유효값 범위는 0~100입니다. 검사 비율은 검사 치수의 맨 오른쪽에 표시됩니다.

검사 치수를 작성하거나 수정하려면 다음과 같은 순서로 작업합니다.

① Annotate(주석) 탭 → Dimensions(치수) 패널 → DIMINSPECT(검사 치수)를 클릭합니다.

② Inspection Dimension(검사 치수) 대화상자에서 Select Dimensions(치수 선택)을 클릭합니다. 그러면 대화상자가 닫히고 치수를 선택하라는 프롬프트가 표시됩니다.

③ 검사 치수를 작성할 치수를 선택합니다. 대화상자로 돌아가려면 ⟨Enter⟩ 키를 누릅니다.

④ Shape(쉐이프) 섹션에서 프레임 형식을 지정합니다.

⑤ Label/Inspection Rate(레이블/검사율) 섹션에서 원하는 옵션을 지정합니다.

- Label(레이블) 확인란을 선택하고 문자 상자에 원하는 레이블을 입력합니다.
- nspection Rate(검사율) 확인란을 선택한 후 문자 상자에 원하는 검사 비율을 입력합니다.

⑥ OK(확인) 버튼을 클릭합니다.
  ※ 수정할 때는 수정하려는 치수를 선택한 후 같은 방법으로 필요한 설정들을 수정하며, 삭제할 때는 삭제할 치수를 선택한 후 대화상자에 있는 Remove Inspection(검사 제거) 버튼을 클릭합니다.

QDIM 신속 치수 기입

일련의 기준선 치수 또는 연속된 치수를 작성하거나, 일련의 원과 호에 치수를 기입하는 데 유용합니다.

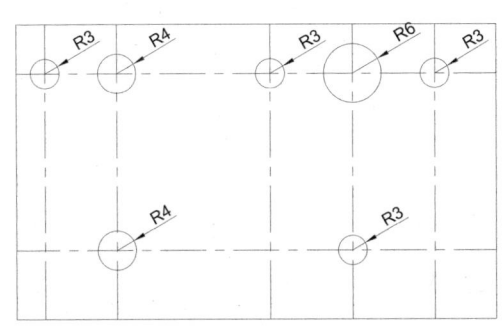

Command: **QDIM**
→ Dimensions(치수) 패널에서 신속 치수를 클릭

Associative dimension priority = Endpoint
Select geometry to dimension: 1 found → 첫 번째 객체 선택
Select geometry to dimension: 1 found, 2 total → 두 번째 객체 선택
Select geometry to dimension: 1 found, 3 total → 세 번째 객체 선택
Select geometry to dimension: → 선택 완료 ↵
Specify dimension line position, or
[Continuous/Staggered/Baseline/Ordinate/Radius/Diameter/datumPoint/Edit/seTtings]
<Continuous>: R → 반지름 R 입력
Specify dimension line position, or
[Continuous/Staggered/Baseline/Ordinate/Radius/Diameter/datumPoint/Edit/seTtings]
<Radius>: → 끌어다 위치 지정

옵션 살펴보기

- **Select geometry to dimension (치수기입할 형상 선택)** : 치수 기입할 객체 또는 편집할 치수를 선택

- **Specify dimension line position (치수선 위치 지정)** : 치수선 위치를 지정
- **Continuous (연속)** : 선형 치수선이 모두 동일한 선의 끝에서 끝까지 걸쳐 있는 일련의 연속 치수를 작성
- **Staggered (다중)** : 선형 치수선이 서로 일정한 간격으로 띄워져 있는 일련의 다중 치수를 작성
- **Baseline (기준선)** : 선형 치수가 공통 치수보조선을 공유하는 일련의 기준선 치수를 작성
- **Ordinate (세로좌표)** : 치수보조선 하나와 데이터 점을 기준으로 측정된 X 또는 Y 값을 함께 사용하여 피쳐에 주석을 단 일련의 세로좌표 치수를 작성
- **Radius (반지름)** : 선택한 호 및 원의 반지름 값이 표시된 일련의 반지름 치수를 작성
- **Diameter (지름)** : 선택한 호 및 원의 지름 값이 표시된 일련의 지름 치수를 작성
- **Datum Point (데이텀 점)** : 기준선 치수와 세로좌표 치수의 새 데이터 점을 설정
- **Edit (편집)** : 치수를 생성하기 전에 선택한 점 위치를 제거
- **Settings (설정)** : 치수보조선 원점(교차점 또는 끝점)을 지정하기 위한 객체 스냅 우선순위를 설정

■── DIMSPACE 공간 조정

선형 치수 또는 각도 치수 사이의 간격두기를 조정합니다. 기준 치수의 경우 치수선 사이에 문자가 위아래 겹쳐지는 경우에 조정합니다. 문자 크기, 치수 문자와 치수선 사이의 간격을 이해해야 합니다.

평행하는 치수선 사이의 간격을 동일하게 만듭니다. 간격두기 값 0을 사용하여 일련의 선형 또는 각도 치수선에 해당하는 치수선을 만들 수 있습니다.

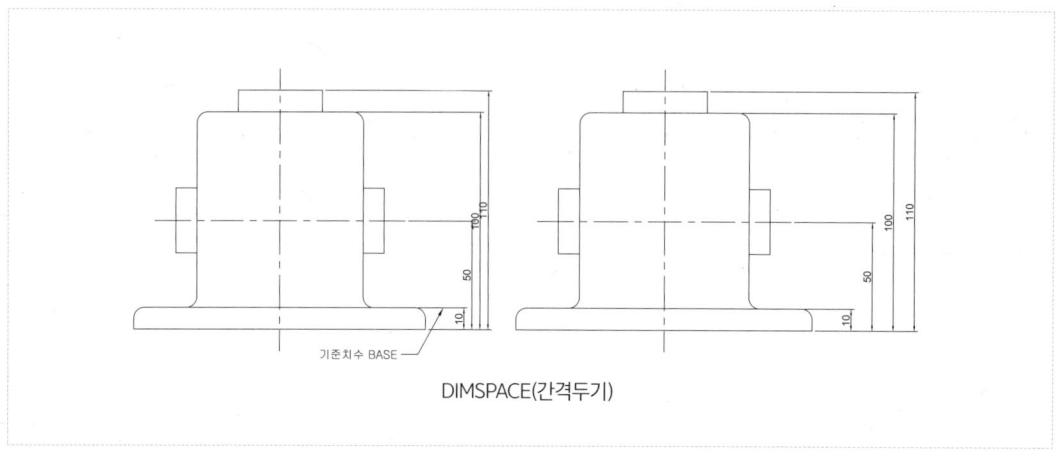

DIMSPACE(간격두기)

```
Command: DIMSPACE
```

Select base dimension: → 기준 치수 선택 (여기에서는 제일 안쪽에 있는 치수선 10mm)
Select dimensions to space:1 found → 간격을 조정하고자 하는 치수선을 차례로 선택
Select dimensions to space:1 found, 2 total
Select dimensions to space:1 found, 3 total
Select dimensions to space:
Enter value or [Auto] <Auto>: 10 → 치수선과 다음 치수선 사이의 값을 10으로 지정 후 완료

※ 치수 스타일의 치수 문자 크기 값과 치수선과 문자 사이의 공간을 계산하여 값 적용

옵션 살펴보기

- **Select Base Dimension (기준 치수 선택)** : 다른 치수와 일정한 간격을 유지할 평행 선형 또는 각도 치수를 지정

- **Select Dimensions to Space (간격을 둘 치수 선택)** : 기준 치수와 일정한 간격을 유지할 평행 선형 또는 각도 치수를 지정

- **Enter Value (값 입력)** : 선택한 치수 사이의 간격 거리를 적용

- **Auto (자동)** : 선택된 기준 치수의 치수 스타일에 따라 자동으로 간격두기 거리를 계산합니다. 결과 간격 거리는 치수 문자 높이의 두 배입니다.

다음 그림과 같이 평행 선형 및 각도 치수를 정렬하는 방법을 살펴보겠습니다.

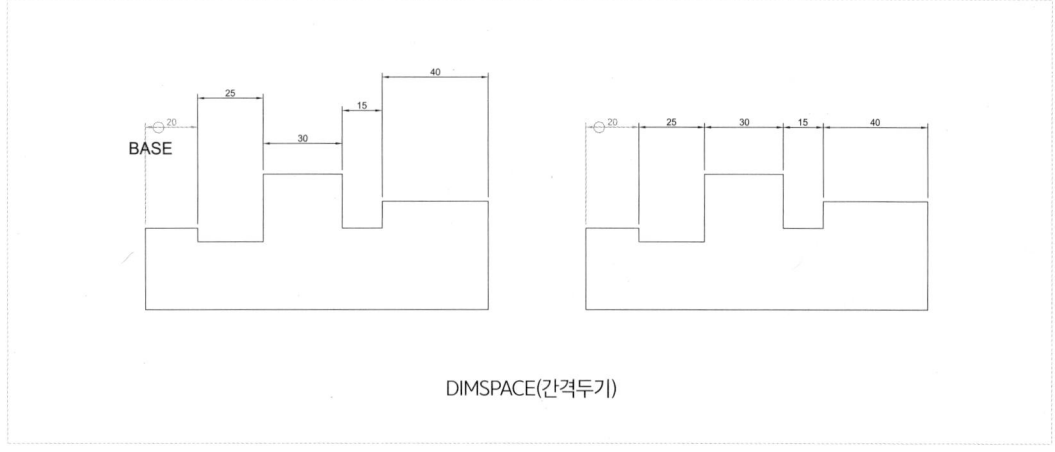

DIMSPACE(간격두기)

① Annotate(주석) 탭 → Dimensions(치수) 패널 → DIMSPACE(공간 조정)을 클릭합니다.

② 치수를 같은 간격으로 배치할 경우, 기준 치수로 사용할 치수를 선택합니다.

③ 정렬할 다음 치수를 선택합니다.

④ 치수 선택을 계속하고 Enter 키를 누릅니다.

⑤ 0을 입력한 후 Enter 키를 누릅니다.

■ DIMBREAK 치수 끊기

치수 끊기를 사용하면 치수, 치수보조선 또는 지시선이 마치 설계의 일부분인 것처럼 보이는 것을 방지할 수 있습니다. 치수선 및 치수보조선이 다른 객체와 교차하는 지점에서 선을 끊거나 복원합니다. 찾기 치수 끊기는 선형, 각도 및 세로좌표 치수에 추가할 수 있습니다. 치수 끊기가 작동하지 않거나 지원되지 않는 경우도 있으므로 참고합니다.

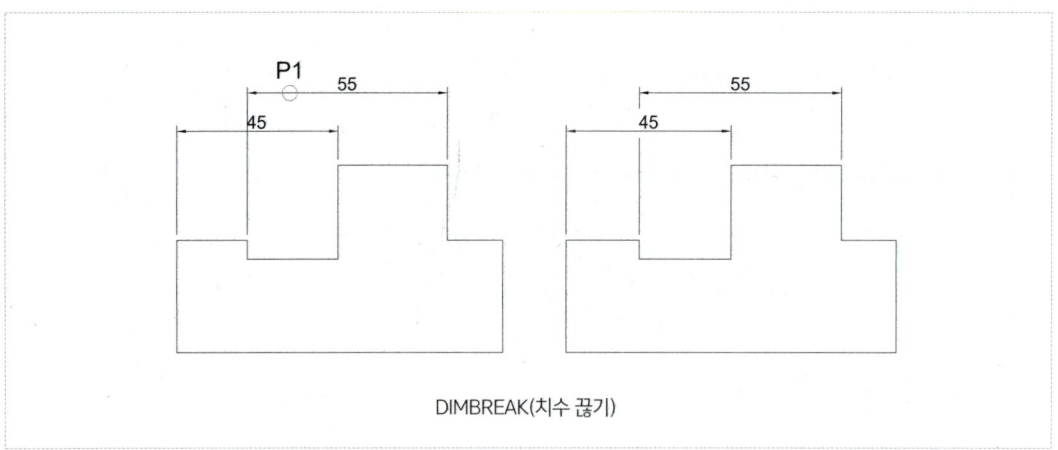

DIMBREAK(치수 끊기)

Command: **DIMBREAK**

Select dimension to add/remove break or [Multiple]: → 교차되는 P1 치수선 선택

Select object to break dimension or [Auto/Manual/Remove] <Auto>:

→ ↵ 키를 누르면 A(자동) 옵션 실행

1 object modified

옵션 살펴보기

- **Select Dimension (치수 선택)** : 치수 또는 다중 지시선 객체를 지정
- **Select Object (객체 선택)** : 치수 또는 지시선 객체를 교차하는 객체를 지정, 그 결과 교차 객체의 양쪽에 공간이 생깁니다. 치수 또는 교차 객체를 수정할 경우 이 옵션을 사용하여 작성한 모든 치수 끊기는 자동으로 업데이트됩니다.
- **Multiple (다중)** : 다중 치수를 지정하여 끊기를 추가하거나 끊기를 제거
- **Auto (자동)** : 선택된 치수를 교차하는 객체의 모든 교차점에 자동으로 치수 끊기를 배치, 치수 또는 교차 객체를 수정할 경우 이 옵션을 사용하여 작성한 모든 치수 끊기는 자동으로 업데이트됩니다.
- **Manual (수동)** : 수동으로 치수 끊기를 둡니다. 끊기 위치에 대한 치수, 치수보조선 또는 지시선의 두 점을 지정합니다.
- **Remove (제거)** : 선택한 치수로부터 모든 치수 끊기를 제거

치수 끊기는 선형 치수(정렬 및 회전 포함), 각도 치수(2및 3점 포함), 반지름 치수(반지름, 지름 및 꺾기 포함), 호 길이 치수, 세로좌표 치수, 직선 지시선을 사용하는 다중 지시선 등의 치수 및 지시선에 적용할 수 있습니다. 반면에 스플라인 지시선을 사용하는 다중 지시선이나 LEADER 또는 QLEADER 명령으로 작성된 지시선은 치수 끊기를 지원하지 않습니다.

치수 끊기를 자동으로 작성하려면 다음과 같은 순서로 작업합니다.

① Annotate(주석) 탭 → Dimensions(치수) 패널 → DIMBREAK(끊기)를 클릭합니다.

② 치수 또는 다중 지시선을 선택합니다.

③ A(자동) 옵션을 입력한 후 `Enter` 키를 누릅니다.

■— DIMREASSOCIATE 치수 재연관

이 명령어는 선택한 치수를 특정 객체 또는 객체의 점과 연결하거나 다시 연결할 때 사용합니다. 연관 해제된 치수를 다시 연관할 수 있으며, 치수의 연관점을 지정할 때 표식기가 표시되고 연관되지 않은 경우 "X", 연관된 경우 "상자 속 X"가 나타납니다.

옵션 살펴보기

- **Select Objects (객체 선택)** : 하나 이상의 비연관 치수 또는 지시선 객체를 지정하여 수동으로 다시 객체 또는 객체의 점과 재연관시킵니다.
- **Disassociated (연관 해제됨)** : 수동 재연관을 위해 모든 비연관 치수 또는 지시선 객체를 지정합니다.

치수 편집 도구, DIMEDIT와 DIMTEDIT

DIMEDIT 치수 편집

치수 문자를 회전, 수정 또는 복원하며, 치수보조선의 기울기 각도를 변경합니다. 참고로 문자와 치수선을 이동하는 동반 명령은 이후에 설명하는 DIMTEDIT입니다.

> Command: **DIMEDIT**
>
> Enter type of dimension editing [Home/New/Rotate/Oblique] <Home>:
> → 이전에 입력한 치수에 대한 수정이나 세부 옵션을 사용 후 치수 객체를 지정합니다. 이후에 설명되는 DIMTEDIT 명령와는 치수 객체의 선택과 옵션 설정 방식에 약간의 차이가 있습니다.

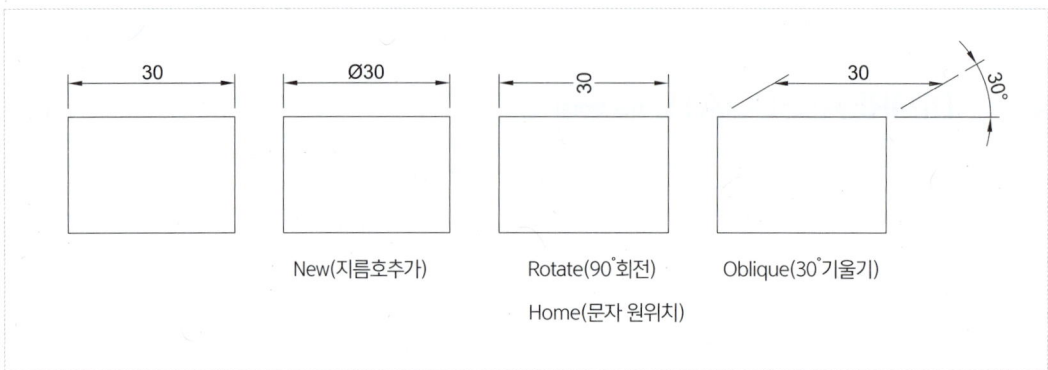

New(지름호추가)   Rotate(90°회전)   Oblique(30°기울기)
　　　　　　　　 Home(문자 원위치)

옵션 살펴보기

- **Home (홈)** : 회전된 치수 문자를 다시 기본 위치로 이동합니다. 선택된 치수 문자는 치수 스타일에 지정된 회전 및 기본 위치로 다시 되돌아갑니다.

- **New (새로 만들기)** : 내부 문자 편집기를 사용하여 치수 문자를 변경합니다. 생성된 측정 단위는 꺾쇠 괄호(< >)안에 표시됩니다. 특수 문자나 기호를 입력하려면 조정 코드 및 유니코드 문자열을 사용합니다.

  ※ 생성된 측정단위를 편집하거나 대치하려면 꺾쇠 괄호를 삭제하고 새 치수 문자를 입력한 다음 확인을 선택합니다. 치수 스타일에 대체 단위가 켜져 있지 않으면 대괄호([ ])를 입력하여 대체 단위를 표시할 수 있습니다.

- **Rotate (회전)** : 치수 문자를 회전합니다. 이 옵션은 DIMTEDIT의 각도 옵션과 비슷합니다. 0을 입력하면 문자가 새 치수 스타일, 치수 스타일 수정 및 치수 스타일 재지정 대화상자의 문자 탭에 있는 수직 및 수평 문자 설정에 의해 결정되는 기본 방향으로 배치됩니다.

- **Oblique (기울기)** : 기울기 옵션은 치수보조선이 도면의 다른 피쳐와 충돌할 때 유용합니다. 기울기 각도는 UCS의 X축을 기준으로 측정합니다.

■— DIMTEDIT 치수 편집

치수 문자를 이동 및 회전하고 치수선의 위치를 조정합니다. 이 명령을 사용하여 치수 문자의 위치, 자리맞추기 및 각도를 변경하거나 복원할 수 있으며, 치수선의 위치를 변경할 수도 있습니다.

Command: **DIMTEDIT**

Select dimension:
Specify new location for dimension text or [Left/Right/Center/Home/Angle]:

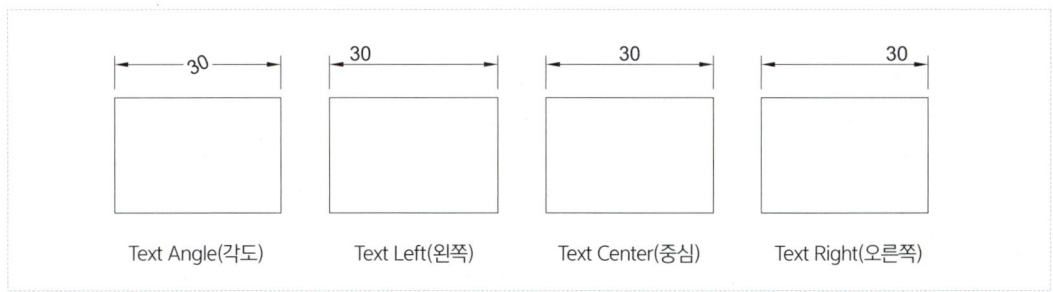

Text Angle(각도)   Text Left(왼쪽)   Text Center(중심)   Text Right(오른쪽)

옵션 살펴보기

- **Select Dimension (치수 선택)** : 치수 객체를 지정합니다.
- **Location for Dimension Text (치수 문자의 위치)** : 치수 문자의 새 위치를 지정합니다. 치수 및 치수보조선은 자동으로 조정됩니다. 치수 스타일에 따라 치수 문자가 치수선의 위, 아래 또는 중간에 나타납니다.
- **Left (왼쪽)** : 치수 문자를 치수선을 따라 왼쪽에 자리맞추기합니다. (선형, 반지름 및 지름 치수에만 사용)
- **Right (오른쪽)** : 치수 문자를 치수선을 따라 오른쪽에 자리맞추기합니다. (선형, 반지름 및 지름 치수에만 사용)
- **Center (중심)** : 치수 문자를 치수선의 중심에 오게 합니다. (선형, 반지름 및 지름 치수에만 사용)
- **Home (홈)** : 치수 문자를 다시 기본 위치로 이동합니다.
- **Angle (각도)** : 치수 문자의 각도를 변경합니다. 문자의 중심점은 변경되지 않습니다. 문자가 이동하거나 치수가 다시 생성되면 문자 각도에 의한 설정된 방향은 유지되며, 문자 각도는 UCS의 X축을 기준으로 측정됩니다. 0도를 입력하면 문자가 다시 기본 방향이 됩니다.

■— DIM 치수

단일 명령으로 치수 유형 및 다중 치수를 작성합니다. 치수 기입할 객체 또는 객체의 점을 선택한 다음 클릭하여 치수선을 배치할 수 있습니다. 객체 위에 마우스를 놓으면 DIM 명령에서 사용할 적합한 치수 유형의 미리보기를 자동으로 생성합니다.

Command: **DIM**

Select objects or specify first extension line origin or
[Angular/Baseline/Continue/Ordinate/aliGn/Distribute/Layer/Undo]:
→ 기본 치수 입력 명령을 통해 실행

지원되는 치수 유형으로는 수평, 수직 및 정렬된 선형 치수, 세로좌표 치수, 각도 치수, 반지름 및 꺾어진 반지름 치수, 지름 치수, 호 길이 치수 등이 있습니다.

■── DIMOVERRIDE 치수 스타일 재지정

치수 스타일 재지정을 사용하면 현재 치수 스타일을 변경하지 않고 치수 기입 시스템 변수를 임시로 변경할 수 있습니다. 치수 스타일 재지정은 현재 치수 스타일에서 특정 설정에 대한 변경입니다. 이것은 현재 치수 스타일을 변경하지 않고 치수기입 시스템 변수를 변경하는 것과 동일합니다.

- 개별 치수 또는 현재 치수 스타일에 대해 치수 스타일 재지정을 정의할 수 있습니다.

- 개별 치수의 경우 다른 치수 스타일을 작성하지 않고 재지정을 작성하여 치수의 치수보조선을 억제하거나 문자와 화살촉 배치를 수정하여 도면 형상과 겹치지 않도록 할 수 있습니다.

- 일부 치수 특성은 도면 또는 치수기입의 스타일에 공통된 것으로, 영구적인 치수 스타일 설정에 적합합니다. 그 외 치수 특성은 일반적으로 개별 기준으로 적용되며 재지정보다 효과적으로 적용할 수 있습니다. 예를 들어, 도면은 보통 단일 스타일의 화살촉을 사용하기 때문에 화살촉 유형을 치수 스타일의 일부로 정의하는 것이 좋습니다. 그러나 일반적으로 치수보조선 억제는 개별적인 경우에만 적용되므로 치수 스타일 재지정에 더 적합합니다.

치수 스타일 재지정은 다음 장에서 설명되는 치수 스타일 지정에서 작업하는 것을 권장합니다. 선택한 치수에 대해 지정된 치수 시스템 변수를 재지정하거나, 선택한 치수 객체의 재지정을 지우고 해당 치수 스타일에 정의된 설정으로 돌아가도록 합니다.

옵션 살펴보기

- **Dimension Variable Name to Override (재지정할 치수 변수 이름)** : 지정한 치수기입 시스템 변수의 값을 재지정

- **Clear Overrides (재지정 지우기)** : 선택된 치수의 재지정을 모두 지우고, 치수 객체가 치수 스타일에 정의된 설정으로 돌아갑니다.

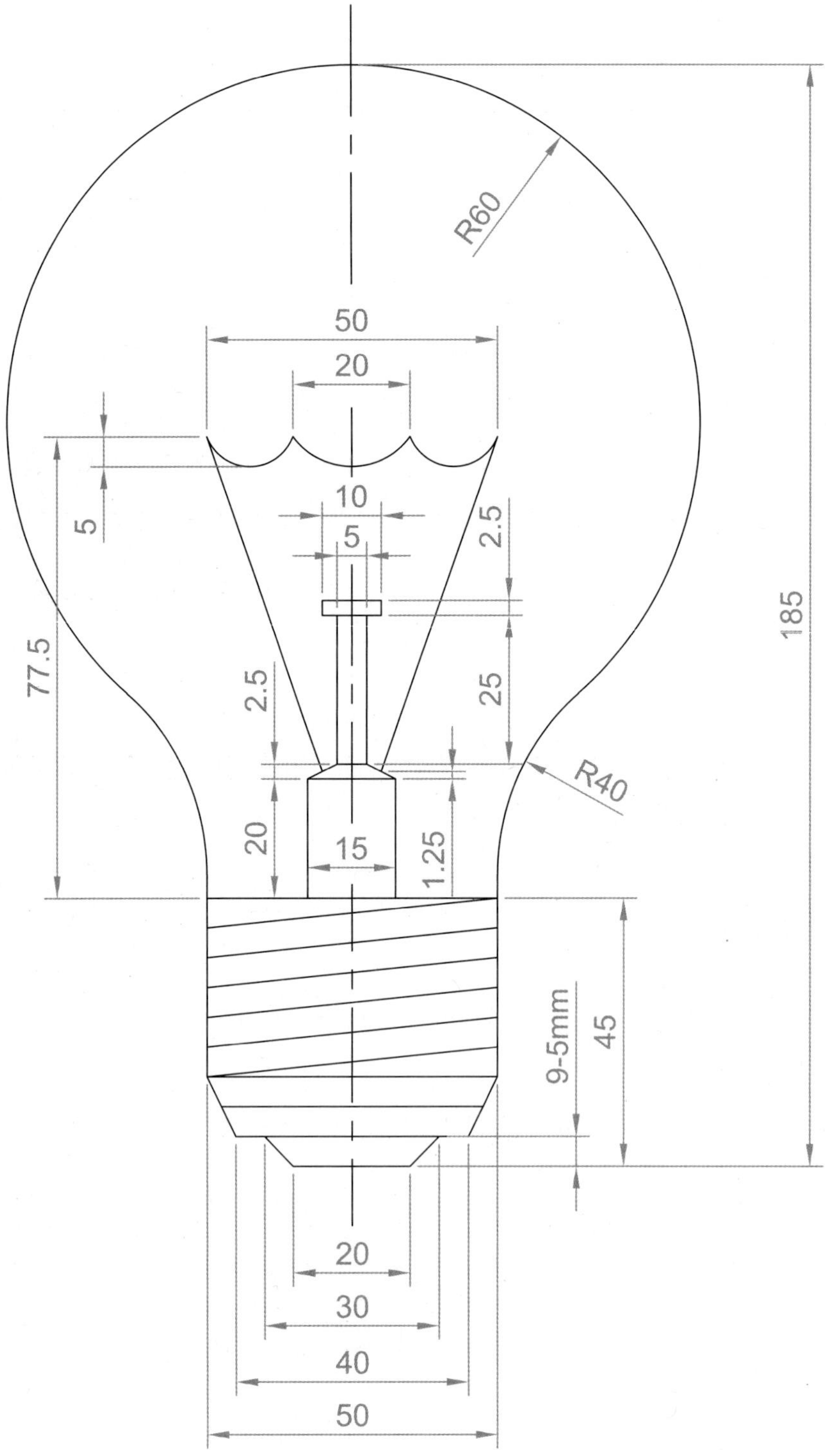
R60
50
20
5
77.5
10
5
2.5
2.5
25
185
R40
20
15
1.25
9-5mm
45
20
30
40
50

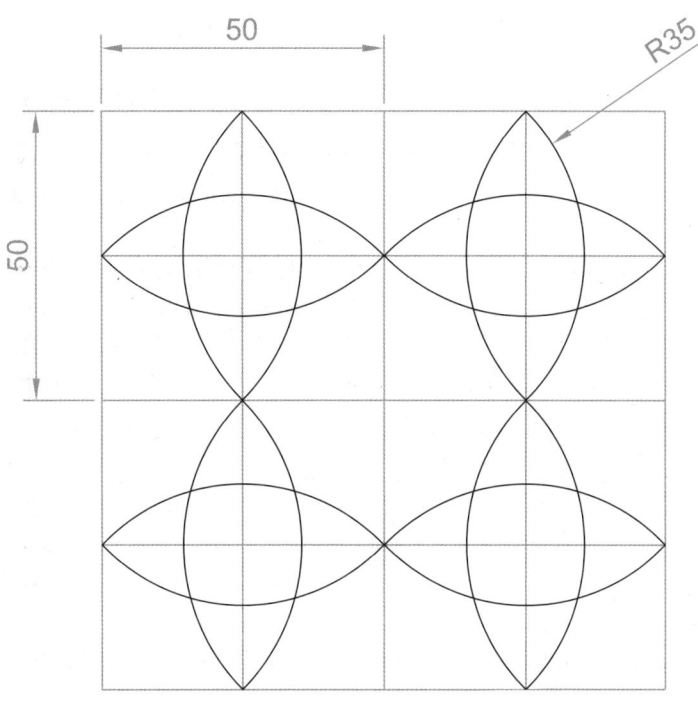

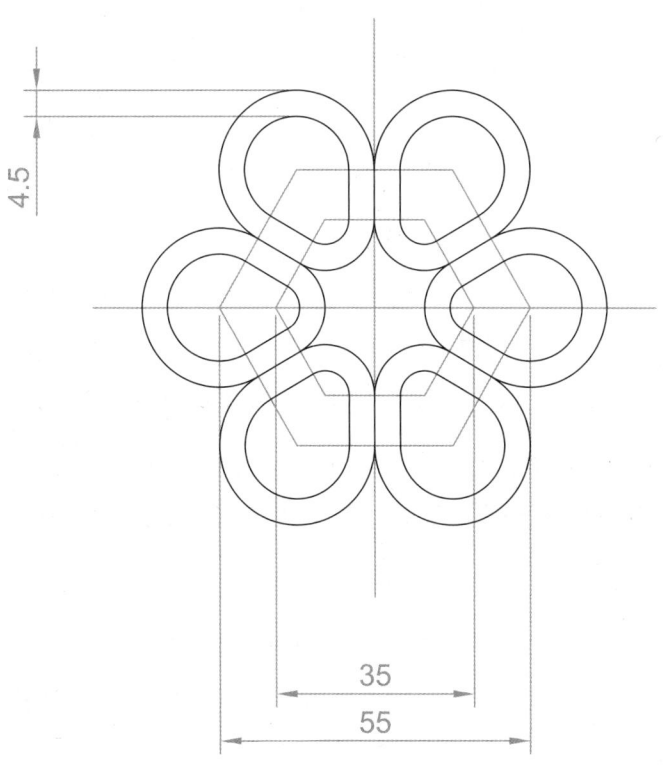

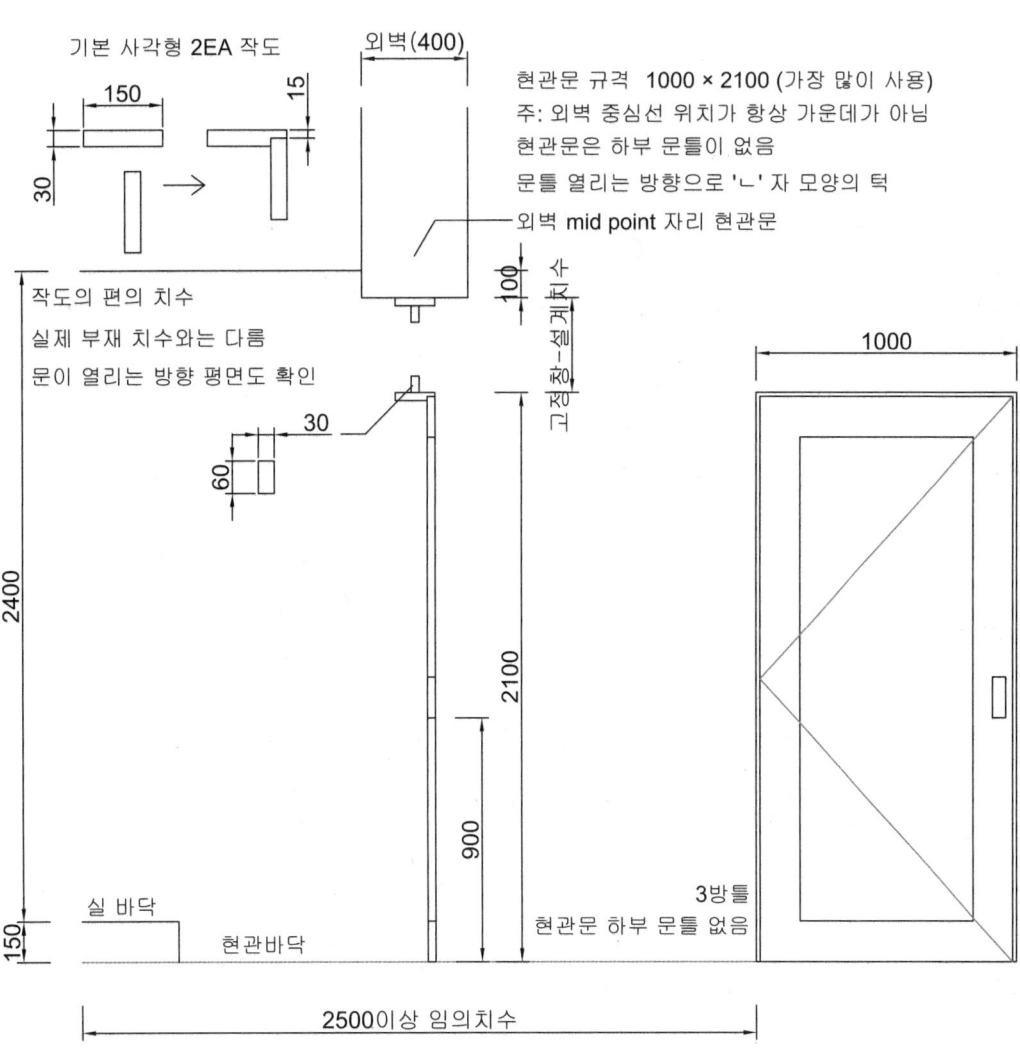

03 치수 스타일 정의 Dimension Styles

- 치수 스타일 관리자(Dimension Style Manager)를 활용하여 치수 스타일을 생성, 수정, 비교 및 재지정하는 방법을 학습한다.
- 7가지 구성 탭(Lines, Symbols and Arrows, Text, Fit, Primary Units, Alternate Units, Tolerances)의 기능을 이해하여 도면에 적절한 치수 스타일을 적용할 수 있도록 한다.

앞에서 다룬 치수 기입에 관련한 기본 내용을 충분히 활용한 후 치수 스타일 내용을 공부하기 바랍니다. 스타일 또는 설정에 관한 내용을 공부할 때 큰 틀을 이해하고 필요한 요소를 먼저 공부하는 것을 추천합니다. 내용이 많은 관계로 하나씩 보다 보면 지칠 수 있으며, 특히 캐드를 잘 다루고 있지 않은 상태에서는 이런 현상이 더욱 두드러집니다. 그룹 또는 상황별 탭 구성을 알고 현재 필요한 것을 하나씩 추가하며 상황에 맞게 배워나가면 쉽게 접근이 가능합니다.

Dimension Style Manager 치수 스타일 관리자

치수 스타일에서는 도면에서 공통적으로 많이 적용되는 사항을 적용하여 별도의 스타일로 만들고 개별적으로 재지정 또는 치수 객체 특성을 개별 수정하여 편리하게 작업을 합니다.

명령어 위치 및 호출 방법

리본	Home 탭 → Annotation 패널 → Dimension Style(치수 스타일) 아이콘
명령 입력	명령창에 **DIMSTYLE** 입력 후 Enter, 단축키: **D** 입력 후 Enter

■── 치수 스타일 Dimension Styles 은?

치수 스타일은 화살촉 스타일, 문자 위치 및 측면 공차와 같은 치수 모양을 조정하는 치수 모음으로 구성되어 있습니다. 치수 스타일을 작성하여 신속하게 치수의 형식을 지정할 수 있으며 업종 또는 프로젝트 치수 표준을 유지하도록 할 수 있습니다.

- 치수를 작성할 때는 현재 치수 스타일(current dimension style)의 설정을 사용합니다.
- 치수 스타일 설정을 변경하는 경우 해당 스타일을 사용하는 도면의 모든 치수가 자동으로 업데이트됩니다.
- 미리 만들어진 스타일을 활용하여 치수 스타일을 작성할 수 있습니다.
- 현재 치수 스타일과 다른 치수 설정을 사용하여 치수 스타일을 재지정(override)할 수 있습니다.
- 도면의 모든 치수 스타일은 치수 스타일 드롭다운(drop-down)에 나열됩니다.

■── Dimension Style Manager 치수 스타일 관리자

새 스타일 작성, 현재 스타일 설정, 스타일 수정, 현재 스타일에 재지정 설정 및 스타일 비교를 수행합니다.

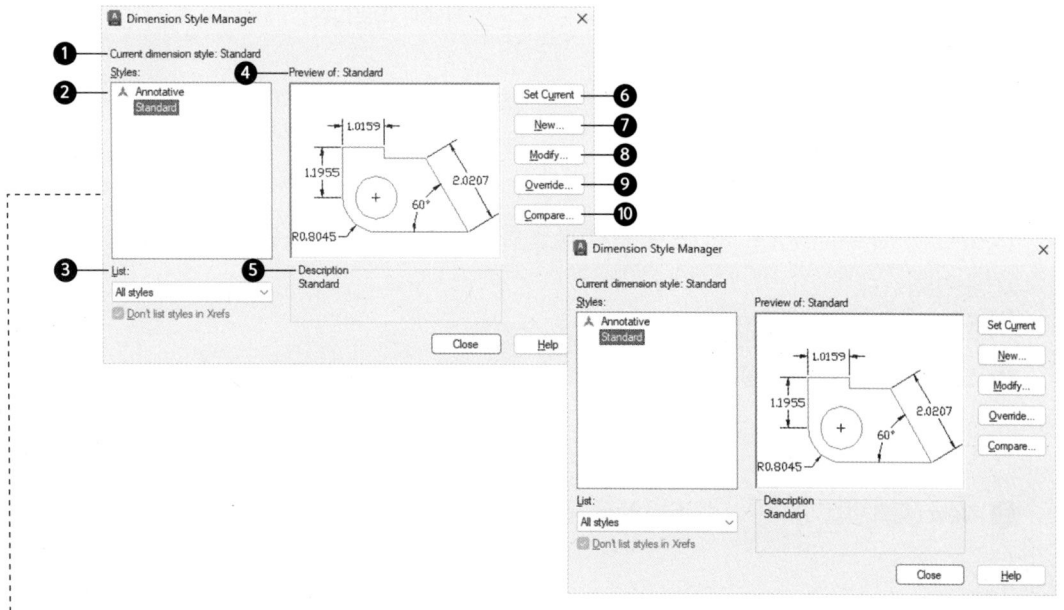

치수 스타일 정의 (Dimension Styles)

❶ **Current Dimension Style (현재 치수 스타일)** : 현재 치수 스타일의 이름을 표시합니다. 기본 치수 스타일 이름은 Standard이며, 작성한 치수에 현재 스타일이 적용됩니다.

* 새 문서 작업 시 도면 템플릿을 acadiso.dwt 으로 작업하면 ISO-25 치수 스타일을 기본으로 갖게 됩니다.

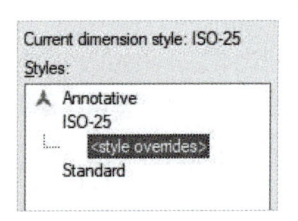

❷ **Styles (스타일)** : 도면에 치수 스타일을 나열합니다. 현재 스타일은 강조되어 표시되며, 리스트를 마우스 오른쪽 버튼으로 클릭하면 현재 스타일을 설정하거나, 스타일의 이름을 바꾸거나, 스타일을 삭제하는 데 사용되는 바로 가기 메뉴가 표시됩니다. 현재로 설정된 스타일이나 현재 도면에서 사용 중인 스타일은 삭제할 수 없습니다.

※ 스타일 이름 앞의 ⚕ 아이콘은 스타일이 주석임을 나타냅니다.
※ Don't List Styles in Xrefs(외부 참조의 스타일을 표시하지 않음) 옵션을 선택하지 않으면 명명된 외부 참조 객체의 구문을 사용하여 외부 참조 도면의 치수 스타일이 표시됩니다 외부 참조 치수 스타일을 변경하거나 이름을 바꾸거나 현재 스타일로 만들 수 없지만, 외부 참조 치수 스타일을 기초로 새 스타일을 작성할 수는 있습니다.

❸ **List (리스트)** : 스타일 리스트의 스타일 표시를 조정합니다. 도면의 모든 치수 스타일을 보려면 All styles(모든 스타일)을 선택합니다. 현재 도면의 치수에 사용되는 치수 스타일만 보려면 사용 중인 스타일을 선택합니다. All styles(모든 스타일)이 기본으로 되어 있습니다.

- **Don't List Styles in Xrefs(외부 참조의 스타일을 표시하지 않음)** : 이 옵션을 선택하면 스타일 리스트 중 외부에서 참조되는 도면의 치수 스타일은 표시되지 않습니다.

❹ **Preview (미리보기)** : 스타일 리스트에서 선택한 스타일이 그래픽으로 표시됩니다.

❺ **Description (설명)** : 현재 스타일을 기준으로 스타일 리스트에서 선택한 스타일에 대해 설명합니다. 설명이 지정된 공간보다 길면 창을 클릭하고 화살표 키를 사용하여 아래로 스크롤할 수 있습니다.

❻ **Set Current (현재로 설정)** : 스타일 아래에서 선택된 스타일을 현재 스타일로 설정합니다. 작성한 치수에 현재 스타일이 적용됩니다.

❼ **New (새로 만들기)** : 새 치수 스타일을 정의할 수 있는 대화상자를 표시합니다.

❽ **Modify (수정)** : 치수 스타일을 수정할 수 있는 치수 스타일 수정 대화상자를 표시합니다. 대화상자의 옵션은 새 치수 스타일 대화상자의 옵션과 동일합니다.

❾ **Override (재지정)** : 치수 스타일에 임시 재지정을 설정할 수 있는 현재 스타일 재지정 대화상자를 표시합니다. 대화상자의 옵션은 새 치수 스타일 대화상자의 옵션과 동일합니다. 재지정한 내용은 스타일 리스트의 치수 스타일 아래에 저장되지 않은 변경 내용으로 표시됩니다. 재지정되면 기존 도면에 먼저 기입된 치수에는 변화가 없으며 재지정 후 기입되는 치수에만 적용됩니다. 다시 기존 스타일로 되돌아가려면 카드를 체인지하는 것처럼 위 스타일을 더블클릭하면 상위 지정으로 돌아갈 수 있습니다.

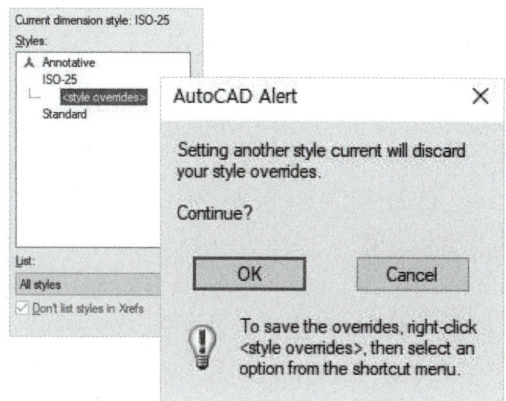

❿ **Compare (비교)** : 단일 치수 스타일의 모든 특성을 나열하거나 두 치수 스타일을 비교할 수 있는 치수 스타일 비교 대화상자를 표시합니다.

■── Create New Dimension Style 새 치수 스타일 작성 대화상자

새 치수 스타일을 이름을 작성하고 새 치수 스타일을 시작할 스타일을 설정하며, 새 스타일을 적용할 치수 스타일을 표시합니다.

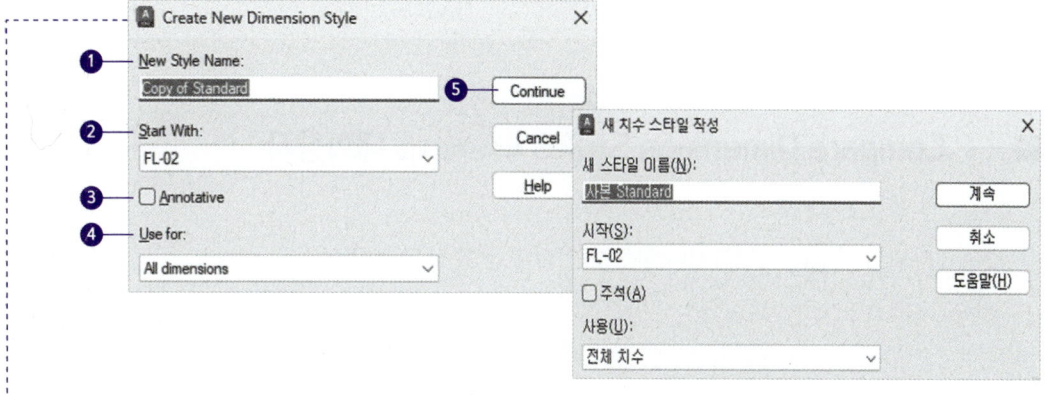

❶ **New Style Name (새 스타일 이름)** : 새 치수 스타일의 이름을 지정합니다.

❷ **Start With (시작)** : 새 스타일의 기준으로 사용할 스타일을 설정합니다. 새 스타일의 경우 시작하는 특성과 다른 특성만 변경하면 됩니다. 현재 사용중인 스타일이 기본적으로 복사되어 표시됩니다.

❸ **Annotative (주석)** : 치수 스타일이 주석임을 지정합니다. 주석 객체 및 스타일은 주석 객체가 모형 공간이나 배치에서 표시되는 크기와 축척을 조정하는 데 사용됩니다.

❹ **Use For (사용)** : 특정 치수 스타일에만 적용할 치수 스타일을 작성합니다. 예를 들어, 지름 치수에만 사용할 Standard 치수 스타일 버전을 작성할 수 있습니다.

❺ **Continue (계속)** : 새 치수 스타일 특성을 정의할 수 있는 새 치수 스타일 대화상자를 표시합니다.

■── 치수 스타일 수정 및 치수 스타일 재지정 대화상자

Dimension Style Manager(치수 스타일 관리자)에서 Modify(수정) 또는 Override(재지정)을 선택하면 치수 스타일 수정 또는 치수 스타일 재지정 대화상자가 표시됩니다. 이들 대화상자의 내용은 새 치수 스타일을 작성하지 않고 기존 치수 스타일을 수정하거나 재지정하는 경우에도 새 치수 스타일 대화상자의 내용과 같습니다.

■── Compare Dimension Styles 치수 스타일 비교 대화상자

두 치수 스타일의 특성을 비교하거나 한 스타일의 모든 특성을 표시합니다.

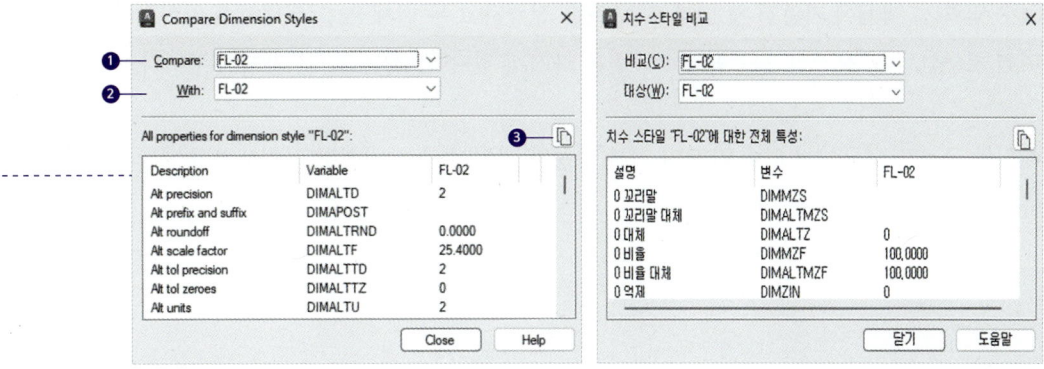

❶ **Compare (비교)** : 비교할 첫 번째 치수 스타일을 지정합니다.

❷ **With (대상)** : 비교할 두 번째 치수 스타일을 지정합니다. 두 번째 스타일을 〈없음〉 또는 첫 번째 스타일과 동일한 스타일로 설정하면 치수 스타일의 모든 특성이 표시됩니다. 비교 결과는 치수 스타일 특성 설명, 특성을 조정하는 시스템 변수, 각 치수 스타일마다 다른 스타일 특성의 시스템 변수 값 등이 자동으로 표시됩니다.

❸ **Copy to Clipboard button (클립보드에 복사) 버튼** : 비교 결과를 클립보드에 복사합니다. 그런 다음 결과를 워드 프로세서나 스프레드시트와 같은 다른 응용프로그램에 붙여넣을 수 있습니다.

■ 치수 기본 구성

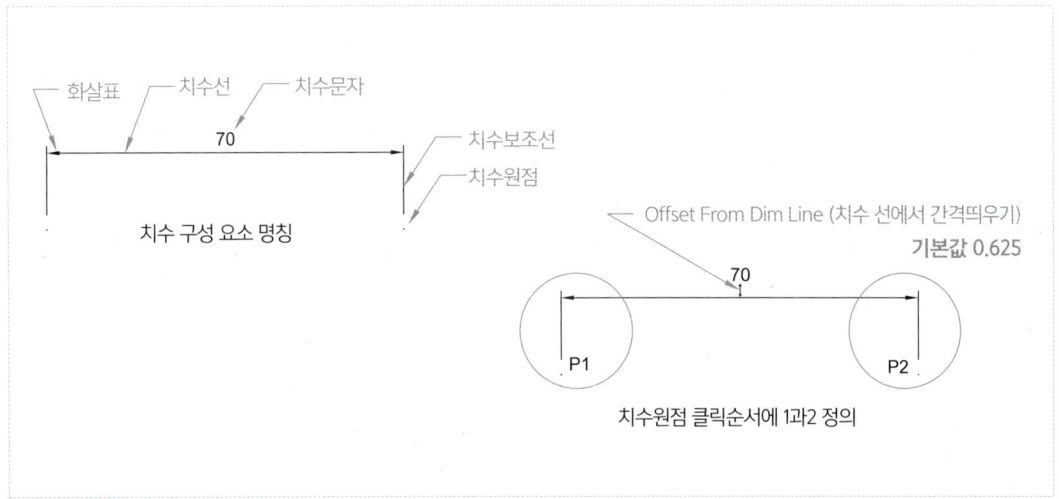

치수 입력 시 객체에 기준점 첫 번째 위치 P1을 선택하고 두 번째 P2를 선택하여 입력한다면 P1 쪽 그려진 치수선, 치수보조선, 화살표 등이 1번을 가지게 됩니다. P2는 2번을 가지게 됩니다.

이러한 구조로 이루어져 있어 각각의 기본 명칭과 기입 습관을 가지고 입력해야만 설정 및 치수 객체 특성에서 개별 수정이 용이합니다.

치수 스타일 수정 대화상자의 7가지 탭

* 모든 탭에서 기본값은 ISO-25 스타일 값입니다. (도면 형식 acadiso.dwt 작업 기준)
* 대화상자 설명을 위한 이미지는 Styles에서 standard를 선택한 경우입니다.

Lines 선 탭 - 치수선 및 치수보조선 관련

치수선 및 치수보조선의 특성과 형식을 설정합니다. Dimension Lines(치수선)과 Extension Lines(치수보조선)의 2개의 그룹으로 구성되어 있습니다. **우선 알고 있어야 하는 부분은 강조하여 표시하였습니다.**

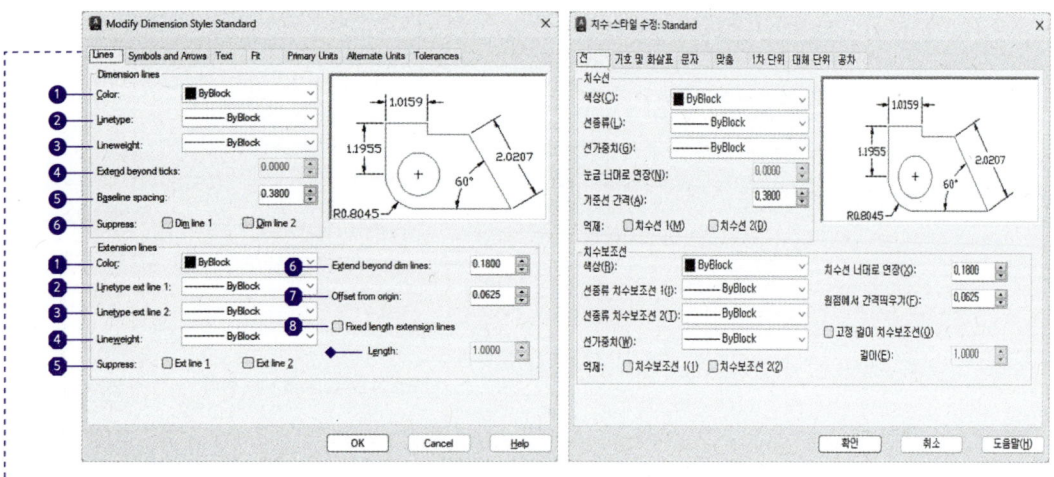

▶ **Dimension Lines** 치수선

❶ **Color (색상)** : 치수선의 색상을 설정합니다. 색상 리스트 맨 아래에서 색상 선택을 클릭하면 색상 선택 대화상자가 표시됩니다. 색상 이름 또는 번호를 입력할 수도 있습니다. (기본적으로 Layer 설정을 하고 있어 기본 ByBlock 사용) ※ 치수 전체는 블록 개념에 해당 됩니다. 기본 ByBlock 사용을 권장합니다.

❷ **Linetype (선종류)** : 치수선의 선종류를 설정합니다. (기본적으로 Layer 설정을 하고 있어 기본 ByBlock 사용)

❸ **Lineweight (선가중치)** : 치수선의 선가중치(색상에 따른 선의 굵기를 적용)를 설정합니다. (기본적으로 Layer 설정을 하고 있어 기본 ByBlock 사용)

❹ **Extend Beyond Ticks (눈금 너머로 연장) ※ 기본값 비활성 0, Symbol(기호)에서 tick 선택 시 활성화** : 화살촉에 기울기, 건축, 눈금, 정수를 사용하거나 표식을 전혀 사용하지 않을 때 치수보조선 너머로 치수선을 연장할 거리를 지정합니다.

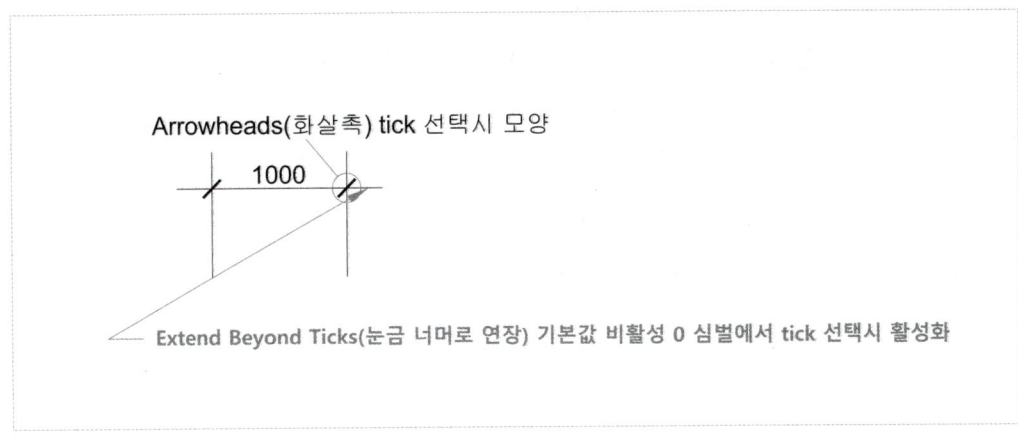

❺ **Baseline Spacing (기준선 간격) 기본값 3.75** : 기준선 치수의 치수선 사이에 간격을 설정합니다. 기준선 치수에 대한 자세한 내용은 앞에서 설명한 DIMBASELINE (기준선 치수) 부분을 참고합니다.

❻ **Suppress (억제)** : 치수선의 표시를 억제합니다. 치수선 1은 첫 번째 치수선을 억제하고, 치수선 2는 두 번째 치수선을 억제합니다.

▶ **Extension Lines** 치수보조선

❶ **Color (색상)** : 치수보조선의 색상을 설정합니다. 색상 리스트 맨 아래에서 색상 선택을 클릭

하면 색상 선택 대화상자가 표시됩니다. 색상 이름 또는 번호를 입력할 수도 있습니다. (기본적으로 Layer 설정을 하고 있어 기본 ByBlock 사용) ※ 치수 전체는 블록 개념에 해당 됩니다. 기본 ByBlock 사용을 권장합니다.

❷ Linetype Ext Line 1 (선종류 치수보조선 1) : 첫 번째 치수보조선의 선종류를 설정합니다. (기본적으로 Layer 설정을 하고 있어 기본 ByBlock 사용)

❸ Linetype Ext Line 2 (선종류 치수보조선 2) : 두 번째 치수보조선의 선종류를 설정합니다.

❹ Lineweight (선가중치) : 치수보조선의 선가중치를 설정합니다. (기본적으로 Layer 설정을 하고 있어 기본 ByBlock 사용)

❺ Suppress (억제) : 치수보조선의 표시를 억제합니다. 치수보조선 1은 첫 번째 치수보조선을 억제하고, 치수보조선 2는 두 번째 치수보조선을 억제합니다.

❻ Extend Beyond Dim Lines (치수선 너머로 연장) ※ 기본값 1.25 : 치수선 위로 치수보조선을 연장할 거리를 지정합니다.

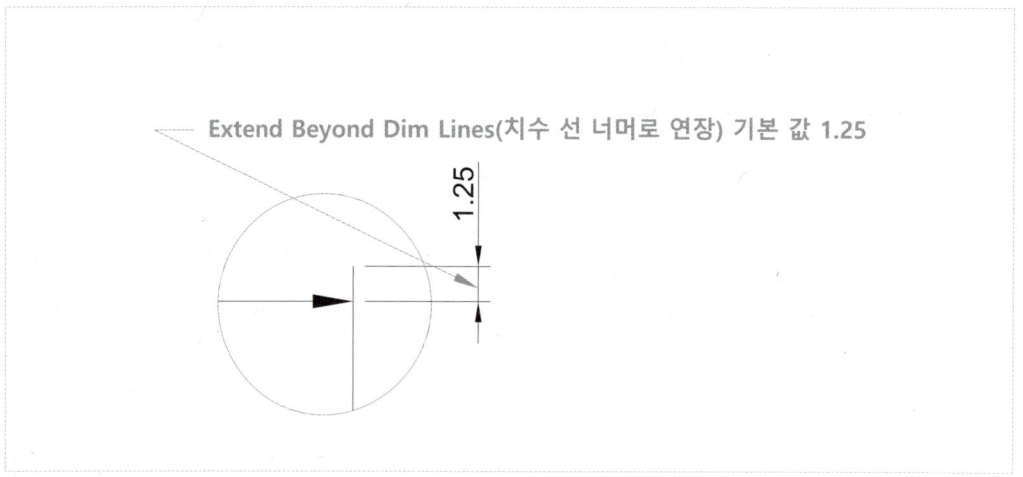

❼ Offset From Origin (원점에서 간격띄우기) ※ 기본값 0.625 : 도면에서 치수를 정의하는 점으로부터 치수보조선 간격띄우기 할 거리를 설정합니다.

❽ Fixed Length Extension Lines (고정 길이 치수보조선) : 고정 길이 치수보조선이 작동 가능합니다. 체크가 되어야 길이 조정 가능

- **Length(길이) ※ 기본값 1** : 치수선에서 치수 원점에 이르는 고정 길이 치수보조선의 전체 길이를 설정

■—— Symbols and Arrows 기호 및 화살표 탭 - 화살표 기호 관련

화살촉 및 중심 표식의 특성과 형식을 설정합니다. Arrowheads(화살촉), Center Marks(중심 표식), Dimension Break(치수 끊기), Arc Length Symbol(호 길이 기호), Radius Jog Dimension(반지름 꺾기 치수), Linear Jog Dimension(선형 꺾기 치수) 등의 6개 그룹으로 구성되어 있습니다. **우선 알고 있어야 하는 부분은 강조하여 표시하였습니다.**

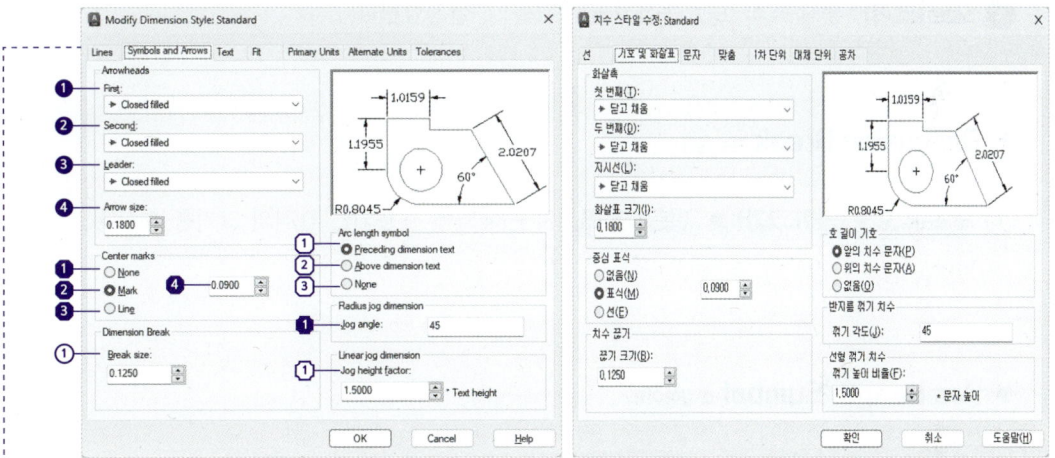

▶ Arrowheads 화살촉

❶ First (첫 번째) : 첫 번째 치수선에 사용할 화살촉을 설정합니다. 첫 번째 화살촉 형태를 변경하면 두 번째 화살촉은 첫 번째 화살촉에 맞게 자동으로 바뀝니다.

❷ Second (두 번째) : 두 번째 치수선에 사용할 화살촉을 설정합니다.

❸ Leader(지시선) : 지시선에 사용할 화살촉을 설정합니다.

❹ Arrow Size (화살표 크기) ※ 기본값 2.5 : 화살촉의 크기를 표시 및 설정합니다.

※ 주석 블록은 치수 또는 지시선에 대한 사용자 화살촉으로 사용할 수 없습니다.

▶ Center Marks 중심 표식

치수 기입 명령중 DIMCENTER(중심 표식), DIMDIAMETER(지름 치수) 및 DIMRADIUS(반지름 치수) 명령은 중심 표식과 중심선을 사용합니다. DIMDIAMETER(지름 치수) 및 DIMRADIUS(반지름 치수)의 경우 중심 표식은 원 또는 호 외부에 치수선을 배치하는 경우에만 그려집니다.

① **None (없음)** : 중심 표식 또는 중심선을 작성하지 않습니다. 이 값은 DIMCEN 시스템 변수에 0으로 저장됩니다.

② **Mark (표식)** : 중심 표식을 작성합니다. 중심 표식의 크기는 DIMCEN 시스템 변수에 양수 값으로 저장됩니다.

③ **Line (선) ※ 기본으로 체크, 기본값 2.5** : 중심선을 작성합니다. 중심선의 크기는 DIMCEN 시스템 변수에 음수값으로 저장됩니다.

④ **Size (크기)** : 중심 표식 또는 중심선의 크기를 및 설정합니다.

▶ Dimension Break 치수 끊기

① **Break Size (끊기 크기) ※ 기본값 3.75** : 치수 끊기에 사용되는 간격의 크기를 표시 및 설정합니다.

▶ Arc Length Symbol 호 길이 기호

① **Preceding Dimension Text (앞의 치수 문자)** : 호 길이 기호를 치수 문자 앞에 배치합니다.

② **Above Dimension Text (위의 치수 문자)** : 호 길이 기호를 치수 문자 앞에 배치합니다.

③ **None (없음)** : 호 길이 기호 표시를 억제합니다.

▶ Radius Jog Dimension 반지름 꺾기 치수

※ 꺾어진 반지름 치수는 종종 원 또는 호의 중심점이 페이지 바깥쪽에 있을 때 작성됩니다.

① **Jog Angle (꺾기 각도) ※ 기본값 45** : 꺾어진 반지름 치수에서 치수선의 횡단 세그먼트 각도를 결정합니다.

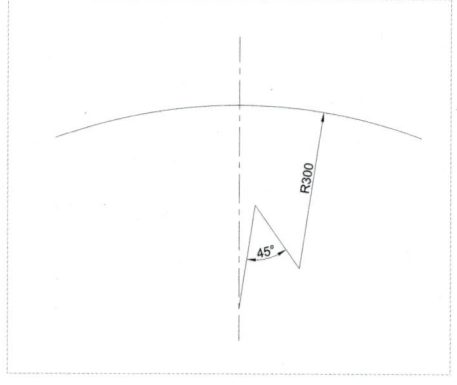

▶ Linear Jog Dimension 선형 꺾기 치수

꺾기 선은 실제 측정이 치수에 의해 정확히 표현되지 않을 때 선형 치수에 추가되기도 합니다. 일반적으로 실제 측정은 필요한 값보다 작습니다.

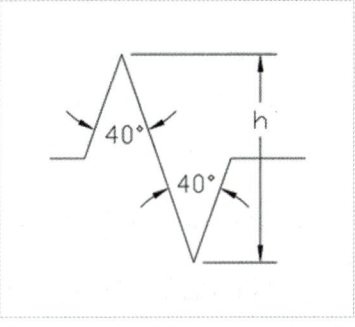

[1] **Jog Height Factor (꺾기 높이 비율) ※ 기본값 1.5** : 꺾기를 구성하는 각도의 두 정점 간의 거리에 의해 결정되는 꺾기 높이(h)를 결정합니다.

■── Text 문자 탭 - 치수 문자

치수 문자의 형식, 배치 및 정렬을 설정합니다. Text Appearance(문자 모양), Text Placement(문자 배치), Text Alignment(문자 정렬) 등의 3개 그룹으로 구성되어 있습니다. **우선 알고 있어야 하는 부분은 강조하여 표시하였습니다.**

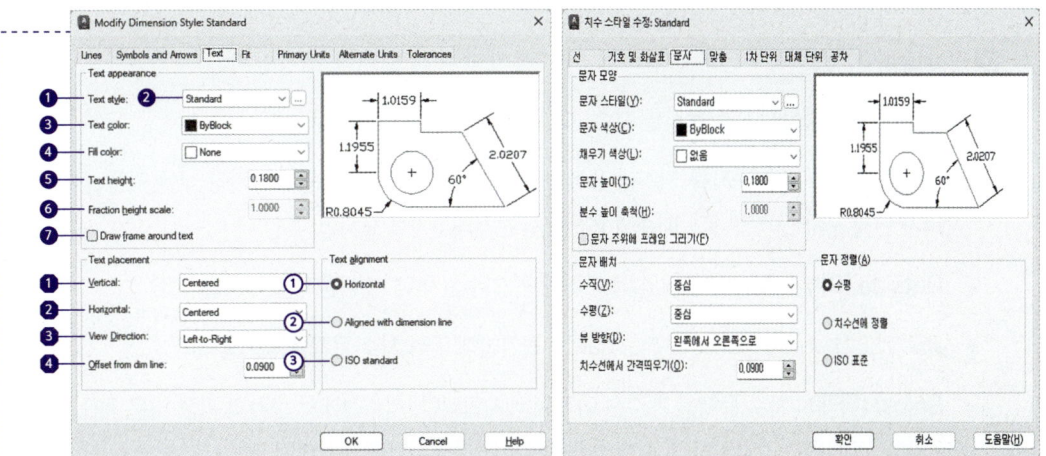

▶ Text Appearance 문자 모양

❶ **Text Style (문자 스타일)** : 사용 가능한 문자 스타일을 나열합니다. 치수 문자는 문자 스타일 지정을 사전에 작업하여 여기서 선택합니다.

❷ **Text Style Button (문자 스타일 버튼)** : 문자 스타일을 작성 또는 수정할 수 있는 문자 스타일 대화상자를 표시합니다.

❸ **Text Color (문자 색상)** : 치수 문자의 색상을 설정합니다. 색상 리스트 맨 아래에서 색상 선택을 클릭하면 색상 선택 대화상자가 표시됩니다.

※ 치수선, 치수보조선의 선의 용도는 가는선이지만 문자는 중간 굵기를 가집니다. 여기서 색상을 변경하여 수정합니다.

❹ **Fill Color (채우기 색상)** : 치수의 문자 배경 색상을 설정합니다.

❺ **Text Height (문자 높이) ※ 기본값 2.5** : 현재 치수 문자 스타일의 높이를 설정합니다. 여기에서 치수 문자의 높이를 설정하려면 문자 스타일의 높이를 0으로 설정해야 합니다.

※ 문자 스타일에서 글자 높이 값을 0으로 하지 않고 변경하였다면 이곳의 값은 수정할 수 없는 상태가 됩니다.

❻ **Fraction Height Scale (분수 높이 축척)** : 치수 문자와 관련된 분수의 축척을 설정합니다.

※ 여기에 입력한 값에 문자 높이를 곱하여 치수 문자를 기준으로 한 치수 분수 높이가 결정됩니다. 이 옵션은 단위 탭에서 단위 형식으로 분수를 선택한 경우에만 사용할 수 있습니다.

❼ **Draw Frame Around Text (문자 주위에 프레임 그리기)** : 치수 문자 주위에 직사각형 프레임을 표시합니다.

▶ Text Placement 문자 배치

❶ **Vertical (수직)** : 치수선과 관련하여 치수 문자의 수직 배치를 조정합니다.

- **Centered (중심)** : 치수 문자를 치수선의 양쪽 사이에 오게 합니다.
- **Above (위)** : 치수 문자를 치수선 위에 배치합니다. 치수선에서 문자의 가장 낮은 기준선까지의 거리가 현재 문자 간격입니다. 치수선 옵션에서 간격띄우기를 표시합니다.
- **Outside (외부)** : 첫 번째 정의점에서 가장 먼 치수선 쪽에 치수 문자를 배치합니다.
- **JIS** : JIS(Japanese Industrial Standards) 표기법에 따라 치수 문자를 배치합니다.
- **Below (아래)** : 치수 문자를 치수선 아래에 배치합니다. 치수선에서 문자의 가장 낮은 기준선까지의 거리가 현재 문자 간격입니다. 치수선 옵션에서 간격띄우기를 표시합니다.

❷ **Horizontal (수평)** : 치수보조선을 기준으로 치수선에 대한 치수 문자의 수평 배치를 조정합니다.

- **Centered (중심)** : 치수 문자를 치수보조선 사이의 치수선을 따라 중심에 오게 합니다.
- **At Ext Line 1 (치수보조선 1)** : 문자를 치수선을 따라 첫 번째 치수보조선의 왼쪽에 정렬합니다.

※ 치수보조선과 문자 사이의 거리는 화살촉 크기의 2배에 문자 간격값을 더한 값입니다. 치수선에서 화살촉 및 간격띄우기를 봅니다.

- **At Ext Line 2 (치수보조선 2)** : 문자를 치수선을 따라 두 번째 치수보조선의 오른쪽에 자리맞추기 합니다.
- **Over Ext Line 1 (치수보조선 1 위)** : 문자를 첫 번째 치수보조선 위에 또는 첫 번째 치수보조선을 따라 배치합니다.
- **Over Ext Line 2 (치수보조선 2 위)** : 문자를 첫 번째 치수보조선 위에 또는 두 번째 치수보조선을 따라 배치합니다.

❸ **View Direction (뷰 방향)** : 치수 문자 뷰 방향을 조정합니다.

- **Left-to-Right (왼쪽에서 오른쪽으로)** : 문자를 왼쪽에서 오른쪽으로 읽을 수 있도록 배치합니다.
- **Right-to-Left (오른쪽에서 왼쪽으로)** : 문자를 오른쪽에서 왼쪽으로 읽을 수 있도록 배치합니다.

❹ **Offset from Dim Line (치수선에서 간격띄우기) ※ 기본값 0.625** : 현재 문자 간격을 설정합니다. 이 간격은 치수선이 치수 문자가 들어갈 수 있게 끊어질 경우의 치수 문자 주위의 거리입니다.

▶ **Text Alignment** 문자 정렬

치수보조선 안 또는 밖에서 치수 문자의 방향(수평 또는 정렬)을 조정합니다. (DIMTIH 및 DIMTOH 시스템 변수)

① **Horizontal (수평)** : 수평 위치로 문자를 위치시킵니다.

② **Aligned with Dimension Line (치수선에 정렬)** : 문자를 치수선에 정렬합니다.

③ **ISO Standard (ISO 표준)** : 문자가 치수보조선 안에 있을 때는 치수선을 따라 문자를 정렬하고, 문자가 치수보조선 밖에 있을 때는 문자를 수평으로 정렬합니다.

■── **Fit 맞춤 탭 - 치수 공간에 따른 위치 관련**

Fit Options(맞춤 옵션), Text Placement(문자 배치), Scale for Dimension Features(치수 피쳐 축척), Fine Tuning(최상으로 조정) 등의 4개의 그룹으로 구성되어 있습니다. 우선 알고 있어야 하는 부분은 강조하여 표시하였습니다.

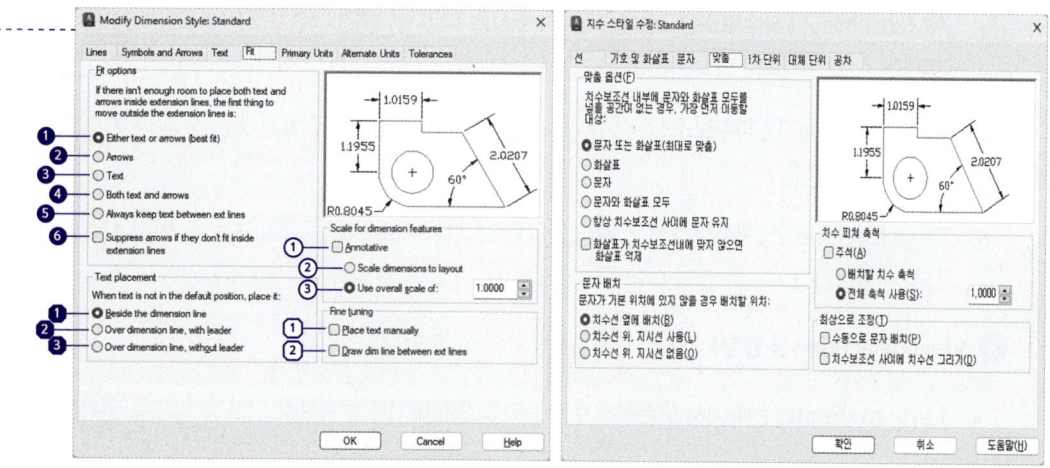

▶ Fit Options 맞춤 옵션

치수보조선 사이에서 사용 가능한 공간을 기준으로 문자 및 화살촉의 배치를 조정합니다. 공간이 사용 가능하면 문자 및 화살촉은 치수보조선 사이에 놓입니다. 그렇지 않으면 문자와 화살촉은 맞춤 옵션의 설정에 따라 배치됩니다.

❶ **Either Text or Arrows(Best Fit) (문자 또는 화살표(최대로 맞춤))** : 최대로 맞춤을 기준으로 하여 치수보조선 바깥쪽으로 문자 또는 화살촉을 이동합니다.

- 문자와 화살촉에 충분한 공간을 사용할 수 있는 경우, 모두 치수보조선 사이에 배치합니다. 그렇지 않으면 문자 또는 화살촉은 최적 맞춤을 기준으로 이동됩니다.

- 문자에 대해서만 충분한 공간을 사용할 수 있는 경우, 문자는 치수보조선 사이에 배치하고 화살촉은 치수보조선 외부에 배치합니다.

- 화살촉에 대해서만 충분한 공간을 사용할 수 있는 경우, 화살촉은 치수보조선 사이에 배치하고 문자는 치수보조선 외부에 배치합니다.

- 문자와 화살촉 모두에 공간을 사용할 수 없는 경우, 모두 치수보조선 외부에 배치합니다.

❷ **Arrows (화살표)** : 치수보조선 바깥쪽으로 먼저 화살촉을 이동한 다음 문자를 이동합니다.

- 문자와 화살촉에 충분한 공간을 사용할 수 있는 경우, 모두 치수보조선 사이에 배치합니다.

- 화살촉에 대해서만 공간을 사용할 수 있는 경우, 화살촉은 치수보조선 사이에 배치하고 문자는 치수보조선 외부에 배치합니다.

- 화살촉에 충분한 공간을 사용할 수 없는 경우, 문자와 화살촉 모두를 치수보조선 외부에 배치합니다.

❸ **Text (문자)** : 치수보조선 바깥쪽으로 먼저 문자를 이동한 다음 화살촉을 이동합니다.

- 문자와 화살촉에 공간을 사용할 수 있는 경우, 모두 치수보조선 사이에 배치합니다.
- 문자에 대해서만 공간을 사용할 수 있는 경우, 문자는 치수보조선 사이에 배치하고 화살촉은 치수보조선 외부에 배치합니다.
- 문자에 충분한 공간을 사용할 수 없는 경우, 문자와 화살촉 모두를 치수보조선 외부에 배치합니다.

❹ **Both Text and Arrows (문자와 화살표 모두)** : 문자와 화살촉에 공간이 부족할 경우 치수보조선 바깥쪽으로 둘 다 이동합니다.

❺ **Always Keep Text Between Ext Lines (항상 치수보조선 사이에 문자 유지)** : 문자를 항상 치수보조선 사이에 배치합니다.

❻ **Suppress Arrows If They Don't Fit Inside Extension Lines (화살표가 치수보조선 내에 맞지 않으면 화살표 억제)** : 치수보조선 내에 충분한 공간이 없으면 화살표 억제.

▶ Text Placement 문자 배치

치수 문자가 기본 위치, 즉 치수 스타일에 의해 정의된 위치에서 이동하는 경우 치수 문자의 배치를 설정합니다.

❶ **Beside the Dimension Line (치수선 옆에 배치)** : 치수 문자를 이동할 때마다 치수선도 함께 이동합니다.

❷ **Over the Dimension Line, with Leader (치수선 위, 지시선 사용)** : 이 옵션을 선택하면 문자를 이동할 때 치수선이 이동하지 않습니다.
   ※ 문자가 치수선으로부터 멀리 떨어져 있을 경우 문자와 치수선을 연결하는 지시선을 작성합니다. 문자가 치수선에 너무 가까이 있으면 지시선은 생략됩니다.

❸ **Over the Dimension Line, Without Leader (치수선 위, 지시선 없음)** : 이 옵션을 선택하면 문자를 이동할 때 치수선이 이동하지 않습니다.
   ※ 치수선으로부터 멀리 떨어진 문자가 지시선을 사용하여 치수선에 연결되지 않습니다.

▶ Scale for Dimension Features 치수 피쳐 축척

전체 치수 축척 값 또는 도면 공간 축척을 설정합니다.

① **Annotative (주석)** : 치수가 주석임을 지정합니다. 주석 객체 및 스타일은 주석 객체가 모형 공간이나 배치에서 표시되는 크기와 축척을 조정하는 데 사용됩니다.

② **Scale Dimensions To Layout (배치할 치수 축척)** : 현재 모형 공간 뷰포트와 도면 공간 사이의 축척을 기준으로 축척 비율을 결정합니다.

※ 도면 공간에서 작업 중이지만 모형 공간 뷰포트에 있지 않거나 TILEMODE가 1로 설정되어 있는 경우 기본 축척 비율 1.0이나 DIMSCALE 시스템 변수를 사용합니다.

③ **Use Overall Scale Of (전체 축척 사용) ※ 기본값 1, 해당 값이 모든 설정 치수에 곱하여 계산됨** : 문자 및 화살촉 크기를 비롯하여 크기, 거리 또는 간격을 지정하는 모든 치수 스타일 설정에 대한 축척을 설정합니다. 이 축척은 치수 측정값을 변경하지 않습니다.

▶ **Fine Tuning** 최상으로 조정

치수 문자 배치를 위한 추가 옵션을 제공합니다.

① **Place Text Manually (수동으로 문자 배치)** : 수평 자리맞추기 설정을 무시하고 치수선 위치 프롬프트에서 지정한 위치에 문자를 배치합니다.

② **Draw Dim Line Between Ext Lines (치수보조선 사이에 치수선 그리기)** : 화살촉이 측정된 점 바깥쪽에 배치되는 경우에도 측정된 점 사이에 치수선을 그립니다.

■── Primary Units 1차 단위 탭 - 기본 치수 값 표현 1차 단위

1차 치수 단위의 형식과 정밀도를 설정하고 치수 문자의 머리말과 꼬리말을 설정합니다. Linear Dimensions(선형 치수), Angular Dimensions(각도 치수) 등 2개 그룹으로 구성되어 있습니다. **우선 알고 있어야 하는 부분은 강조하여 표시하였습니다.**

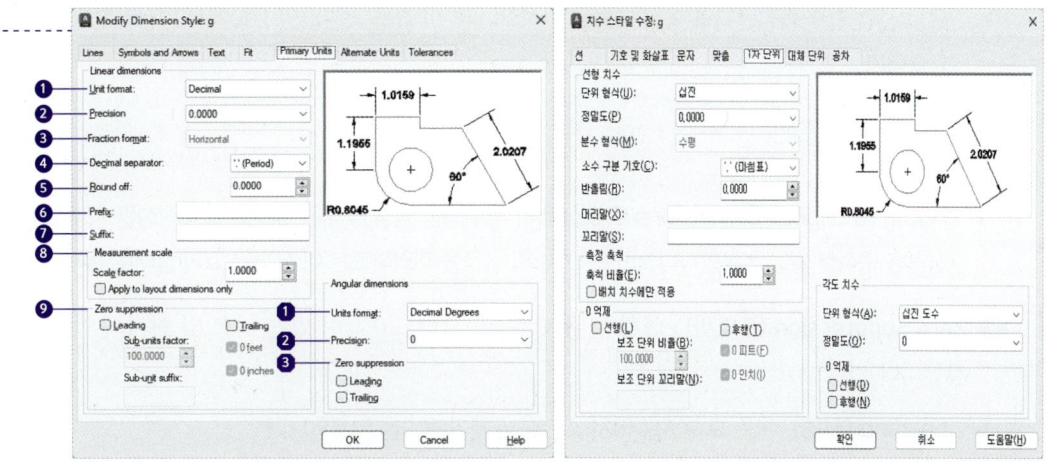

▶ Linear Dimensions 선형 치수

❶ Unit Format (단위 형식) : 각도를 제외한 모든 치수 유형에 대한 현재 단위 형식을 설정합니다.

❷ Precision (정밀도) ※ 기본값 0.00 : 치수 문자에 있는 소수부의 자릿수를 및 설정합니다.

❸ Fraction Format (분수 형식) : 분수의 형식을 설정합니다.

❹ Decimal Separator (소수 구분 기호) : 소수 형식에 사용할 구분 기호를 설정합니다.

❺ Round Off (반올림) ※ 기본값 0 : 각도를 제외한 모든 치수 유형의 치수 측정값에 가장 가까운 반올림 값을 설정합니다.

※ 0.25를 입력하면 모든 거리는 가장 근접한 0.25 단위로 반올림됩니다. 1.0 값을 입력하면 모든 치수 거리는 가장 근접한 정수로 반올림됩니다. 그러나 소수점 뒤에 표시되는 숫자의 자릿수는 정밀도 설정에 따라 달라집니다.

❻ Prefix (머리말) : 치수 문자에 지정하는 머리말을 포함합니다. 문자를 입력하거나 특수 기호를 표시하기 위한 조정 코드를 사용할 수 있습니다.

※ 예를 들어, 조정 코드 %%c 를 입력하면 지름 기호가 표시됩니다. 머리말을 입력하면 이 머리말이 지름과 반지름 치수기입에 사용된 것과 같은 기본 머리말을 재지정합니다. 공차를 지정한 경우에는 주 치수 뿐만 아니라 공차에도 머리말이 추가됩니다.

❼ Suffix (꼬리말) : 치수 문자에 지정하는 꼬리말을 포함합니다. 문자를 입력하거나 특수 기호를 표시하기 위한 조정 코드를 사용할 수 있습니다.

※ 예를 들어, 문자 mm를 입력하면 치수 문자가 그림에서와 비슷하게 됩니다. 꼬리말을 입력하면 이 꼬리말이 기본 꼬리말 대신 사용됩니다. 공차를 지정한 경우에는 주 치수 뿐만 아니라 공차에도 꼬리말이 추가됩니다.

❽ Measurement Scale (측정 축척) : 선형 축척 옵션을 정의합니다. 레거시 도면에 적용합니다.

- **Scale Factor (축척 비율) ※ 기본값 1** (부분 확대도 작성 시 스타일 재지정을 통하여 작업할 때 필

- **요)** : 선형 치수 측정단위의 축척 비율을 설정합니다. 이 값을 기본값인 1.00에서 변경하지 않는 것이 좋습니다.
  - ※ 예를 들어, 2를 입력하면 1인치 선의 치수가 2인치로 표시됩니다. 이 값은 각도 치수에는 적용되지 않으며 반올림값이나 양수 또는 음수 공차값에도 적용되지 않습니다.

- **Apply to Layout Dimensions Only (배치 치수에만 적용)** : 배치 뷰포트에서 작성된 치수에만 측정단위 축척 비율을 적용합니다. 비연관 치수의 사용을 제외하고는 이 설정은 끄기 상태로 유지됩니다.

❾ **Zero Suppression (0 억제)** : 선행 및 후행 0(영) 그리고 0 값이 있는 피트 및 인치의 억제를 조정합니다.

- **Leading (선행)** : 모든 소수 치수에서 소수점 앞에 오는 0을 억제합니다.
  - ※ 예를 들어, 0.5000은 .5000이 됩니다. 하위 단위로 1단위 미만의 치수 거리를 표시하려면 선행을 선택합니다.

- **Sub-units factor (보조 단위 비율) ※ 기본값 100** : Leading(선행) 체크시 활성화, 보조 단위의 수를 단위로 설정합니다. 치수 거리가 한 단위 미만일 때 거리를 보조 단위로 계산하는 데 사용됩니다.
  - ※ 예를 들어, 꼬리말이 m인데 하위 단위 꼬리말은 cm로 표시하도록 되어 있다면 100을 입력합니다.

- **Sub-unit suffix (보조 단위 꼬리말)** : 치수 값의 보조 단위에 꼬리말을 추가합니다. 문자를 입력하거나 특수 기호를 표시하기 위한 조정 코드를 사용할 수 있습니다.
  - ※ 예를 들어, 0.96m를 96cm로 표시하려면 cm를 입력합니다.

- **Trailing (후행)** : 모든 소수 치수에서 소수점 뒤에 오는 0을 억제합니다.
  - ※ 예를 들어, 12.5000은 12.5가 되고 30.0000은 30이 됩니다.

- **0 Feet (0 피트)** : ISO-25 에서는 비활성, 거리가 1피트 미만일 때 피트-인치 치수에서 피트 부분을 억제합니다.
  - ※ 예를 들어, 0'-6 1/2"는 6 1/2"가 됩니다.

- **0 Inches (0 인치)** : ISO-25 에서는 비활성, 피트-인치 치수에서 거리가 피트의 정수 부분만으로 이루어질 때 인치 부분을 억제합니다.
  - ※ 예를 들어, 1'-0"는 1'가 됩니다.

▶ Angular Dimensions 각도 치수

❶ **Units Format (단위 형식)** : 각도 단위 형식을 설정합니다. (십진법 Decimal Degrees)

❷ **Precision(정밀도) ※ 기본값 0** : 각도 치수에 사용할 소수부 자릿수를 설정합니다.

❸ **Zero Suppression (0 억제)** : 선행 및 후행 0(영)의 억제를 조정합니다. (DIMAZIN 시스템 변수)

- **Leading (선행)** : 각도 소수 치수에서 소수점 앞에 오는 0을 지웁니다. 한 단위 미만의 치수 거리를 보조 단위로 표시할 수도 있습니다.
  - ※ 예를 들어, 0.5000은 .5000이 됩니다.

- **Trailing (후행)** : 각도 소수 치수에서 뒤에 오는 0을 지웁니다.
  ※ 예를 들어, 12.5000은 12.5가 되고 30.0000은 30이 됩니다.

■ Alternate Units 대체 단위 탭

치수 측정값이 표시될 대체 단위를 지정하고 형식 및 정밀도를 설정합니다. Display Alternate Units(대체 단위 표시) 체크 시 활성화되며, 대체 측정 단위를 치수 문자에 추가합니다. Alternate Units(대체 단위), Zero Suppression(0 억제), Placement(배치) 등 3개의 그룹으로 구성되어 있습니다.

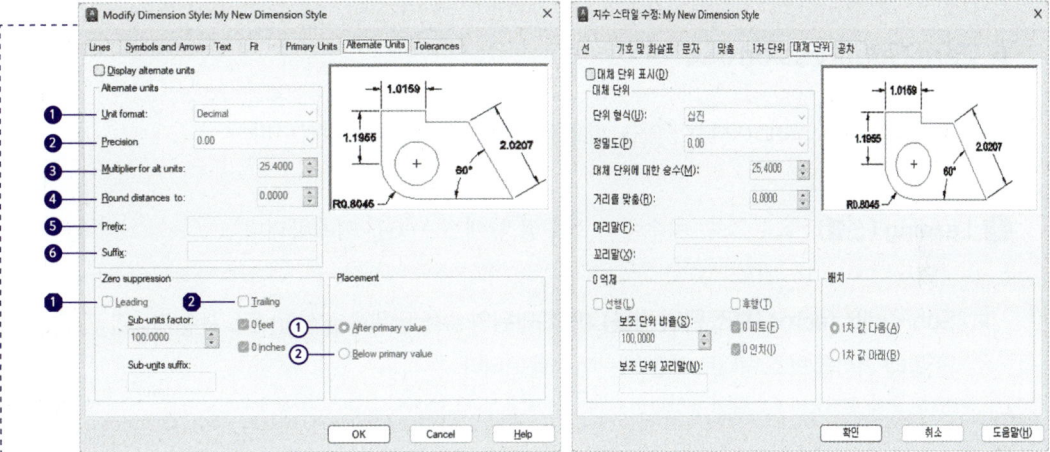

▶ **Alternate Units** 대체 단위

각도를 제외한 모든 치수 유형에 대한 현재 대체 단위 형식을 및 설정합니다.

❶ **Unit Format (단위 형식)** : 대체 단위의 단위 형식을 설정합니다.

❷ **Precision (정밀도)** : 대체 단위의 소수부 자릿수를 설정합니다.

❸ **Multiplier for Alt Units (대체 단위에 대한 승수)** : 1차 단위와 대체 단위 사이의 변환 요인으로 사용할 승수를 지정합니다.
  ※ 예를 들어, 인치를 밀리미터로 변환하려면 25.4를 입력합니다. 이 값은 각도 치수에는 아무 영향을 주지 않으며, 이 값은 반올림값이나 양수 또는 음수 공차값에 적용되지 않습니다.

❹ **Round Distances To (거리를 맞춤)** : 각도를 제외한 모든 치수 유형의 대체 단위에 대한 반올림 규칙을 설정합니다.

※ 0.25를 입력하면 모든 대체 측정값은 가장 근접한 0.25 단위로 반올림됩니다. 1.0 값을 입력하면 모든 치수 측정은 가장 근접한 정수로 반올림됩니다. 소수점 뒤에 표시되는 숫자의 자릿수는 정밀도 설정에 따라 달라집니다.

❺ **Prefix (머리말)** : 대체 치수 문자에 머리말을 삽입합니다. 문자를 입력하거나 특수 기호를 표시하기 위한 조정 코드를 사용할 수 있습니다.

※ 예를 들어, 조정 코드 %%c 를 입력하면 지름 기호가 표시됩니다.

❻ **Suffix (꼬리말)** : 대체 치수 문자에 꼬리말을 삽입합니다. 문자를 입력하거나 특수 기호를 표시하기 위한 조정 코드를 사용할 수 있습니다.

※ 예를 들어, 문자 cm를 입력하면 치수 문자가 그림에서와 비슷하게 됩니다. 꼬리말을 입력하면 이 꼬리말이 기본 꼬리말 대신 사용됩니다.

▶ Zero Suppression 0 억제

선행 및 후행 0(영) 그리고 0 값이 있는 피트 및 인치의 억제를 조정합니다.

❶ **Leading (선행)** : 모든 소수 치수에서 소수점 앞에 오는 0을 억제합니다.

※ 예를 들어, 0.5000은 .5000이 됩니다.

- **Sub-units factor (보조 단위 비율)** : 보조 단위의 수를 단위로 설정합니다. 치수 거리가 한 단위 미만일 때 거리를 보조 단위로 계산하는 데 사용됩니다.

※ 예를 들어, 꼬리말이 m인데 하위 단위 꼬리말은 cm로 표시하도록 되어 있다면 100을 입력합니다.

- **Sub-unit suffix (보조 단위 꼬리말)** : 치수 값의 보조 단위에 꼬리말을 추가합니다. 문자를 입력하거나 특수 기호를 표시하기 위한 조정 코드를 사용할 수 있습니다.

※ 예를 들어, 0.96m를 96cm로 표시하려면 cm를 입력합니다.

❷ **Trailing (후행)** : 모든 소수 치수에서 소수점 뒤에 오는 0을 억제합니다.

※ 예를 들어, 12.5000은 12.5가 되고 30.0000은 30이 됩니다.

- **0 Feet (0 피트)** : 거리가 1 피트가 안될 때 피트-인치 치수에서 피트 부분을 억제합니다.

※ 예를 들어, 0'-6 1/2"는 6 1/2"가 됩니다.

- **0 Inches (0 인치)** : 피트-인치 치수에서 거리가 피트의 정수 부분만으로 이루어질 때 인치 부분을 억제합니다.

※ 예를 들어, 1'-0"는 1'가 됩니다.

▶ Placement 배치

치수 문자에서 대체 단위의 배치를 조정합니다.

① **After Primary Value (1차 값 다음)** : 치수 문자에서 1차 단위 뒤에 대체 단위를 배치합니다.

② **Below Primary Value (1차 값 아래)** : 치수 문자에서 1차 단위 아래에 대체 단위를 배치합니다.

■── Tolerances 공차 탭

치수 문자 공차의 표시 및 형식을 지정합니다. Tolerance Format(공차 형식), Alternate Unit Tolerance(대체 단위 공차) 등 2개의 그룹으로 구성되어 있습니다.

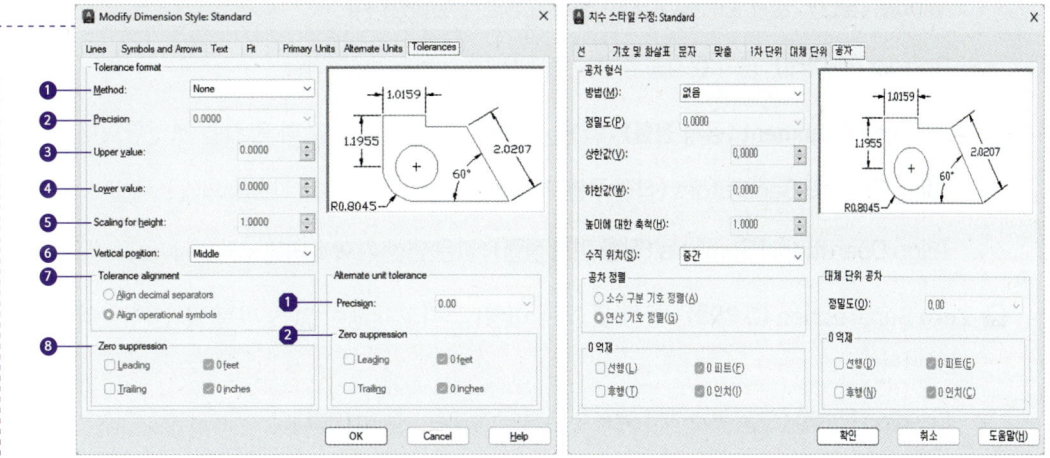

▶ **Tolerance Format** 공차 형식

① **Method (방법)** : 공차를 계산하기 위한 방법을 설정합니다.

- **None (없음)** : 공차를 추가하지 않습니다.

- **Symmetrical (대칭)** : 치수 측정에 단일 편차 값이 적용되는 양수/음수 공차 표현식을 추가합니다. 더하기 또는 빼기 기호는 치수 뒤에 나타납니다. 상한값에 공차값을 입력합니다.

- **Deviation (편차)** : 양수/음수 공차 표현식을 추가합니다. 여러 가지 양수/음수 편차 값이 치수 측정에 적용됩니다. 양수 기호(+)는 상한값에 입력된 공차값의 앞에 오고 음수 기호(-)는 하한값에 입력된 공차값의 앞에 옵니다.

- **Limits (한계)** : 한계 치수를 작성합니다. 최소값과 최대값이 차례로 표시됩니다. 최대값은 상한값에 입력된 값에 치수값을 더한 값입니다. 최소값은 치수값에서 하한값에 입력된 값을 뺀 값입니다.
- **Basic (기준)** : 기준 치수를 작성합니다. 치수의 전체 범위를 포함하는 상자를 표시합니다.

❷ **Precision (정밀도)** : 소수부 자릿수를 설정합니다.

❸ **Upper Value (상한값)** : 최대 또는 상한 공차값을 설정합니다. Method(방법)에서 Symmetrical (대칭)을 선택하면 공차에 이 값이 사용됩니다.

❹ **Lower Value (하한값)** : 최소 또는 하한 공차값을 설정합니다.

❺ **Scaling for Height (높이에 대한 축척)** : 공차 문자의 현재 높이를 설정합니다.

❻ **Vertical Position (수직 위치)** : 대칭 및 편차 공차의 문자 자리맞추기를 조정합니다.
- **Top (맨 위)** : 공차 문자를 주 치수 문자의 맨 위에 정렬합니다.
- **Middle (중간)** : 공차 문자를 주 치수 문자의 중간에 정렬합니다.
- **Bottom (맨 아래)** : 공차 문자를 주 치수 문자의 맨 아래에 정렬합니다.

❼ **Tolerance Alignment (공차 정렬)** : 스택 시 상위 및 하위 공차 값의 정렬을 조정합니다.
- **Align Decimal Separators (십진 구분 기호 정렬)** : 값은 소수 구분 기호에 의해 스택됩니다.
- **Align Operational Symbols (작동 기호 정렬)** : 값은 연산 기호에 의해 스택됩니다.

❽ **Zero Suppression (0 억제)** : 선행 및 후행 0(영) 그리고 0 값이 있는 피트 및 인치의 억제를 조정합니다.
- **Leading (선행)** : 모든 소수 치수에서 소수점 앞에 오는 0을 억제합니다.
  ※ 예를 들어, 0.5000은 .5000이 됩니다.
- **Trailing (후행)** : 모든 소수 치수에서 소수점 뒤에 오는 0을 억제합니다.
  ※ 예를 들어, 12.5000은 12.5가 되고 30.0000은 30이 됩니다.
- **0 Feet (0 피트)** : 거리가 1 피트가 안될 때 피트-인치 치수에서 피트 부분을 억제합니다.
  ※ 예를 들어, 0'-6 1/2"는 6 1/2"가 됩니다.
- **0 Inches (0 인치)** : 피트-인치 치수에서 거리가 피트의 정수 부분만으로 이루어질 때 인치 부분을 억제합니다.
  ※ 예를 들어, 1'-0"는 1'가 됩니다.

▶ **Alternate Unit Tolerance** 대체 단위 공차

❶ **Precision (정밀도)** : 소수부 자릿수를 및 설정합니다.

❷ **Zero Suppression (0 억제)** : 선행 및 후행 0(영) 그리고 0 값이 있는 피트 및 인치의 억제를 조정합니다.

- **Leading (선행)** : 모든 소수 치수에서 소수점 앞에 오는 0을 억제합니다.
    ※ 예를 들어, 0.5000은 .5000이 됩니다.

- **Trailing (후행)** : 모든 소수 치수에서 소수점 뒤에 오는 0을 억제합니다.
    ※ 예를 들어, 12.5000은 12.5가 되고 30.0000은 30이 됩니다.

- **0 Feet (0 피트)** : 거리가 1 피트가 안될 때 피트-인치 치수에서 피트 부분을 억제합니다.
    ※ 예를 들어, 0'-6 1/2"는 6 1/2"가 됩니다.

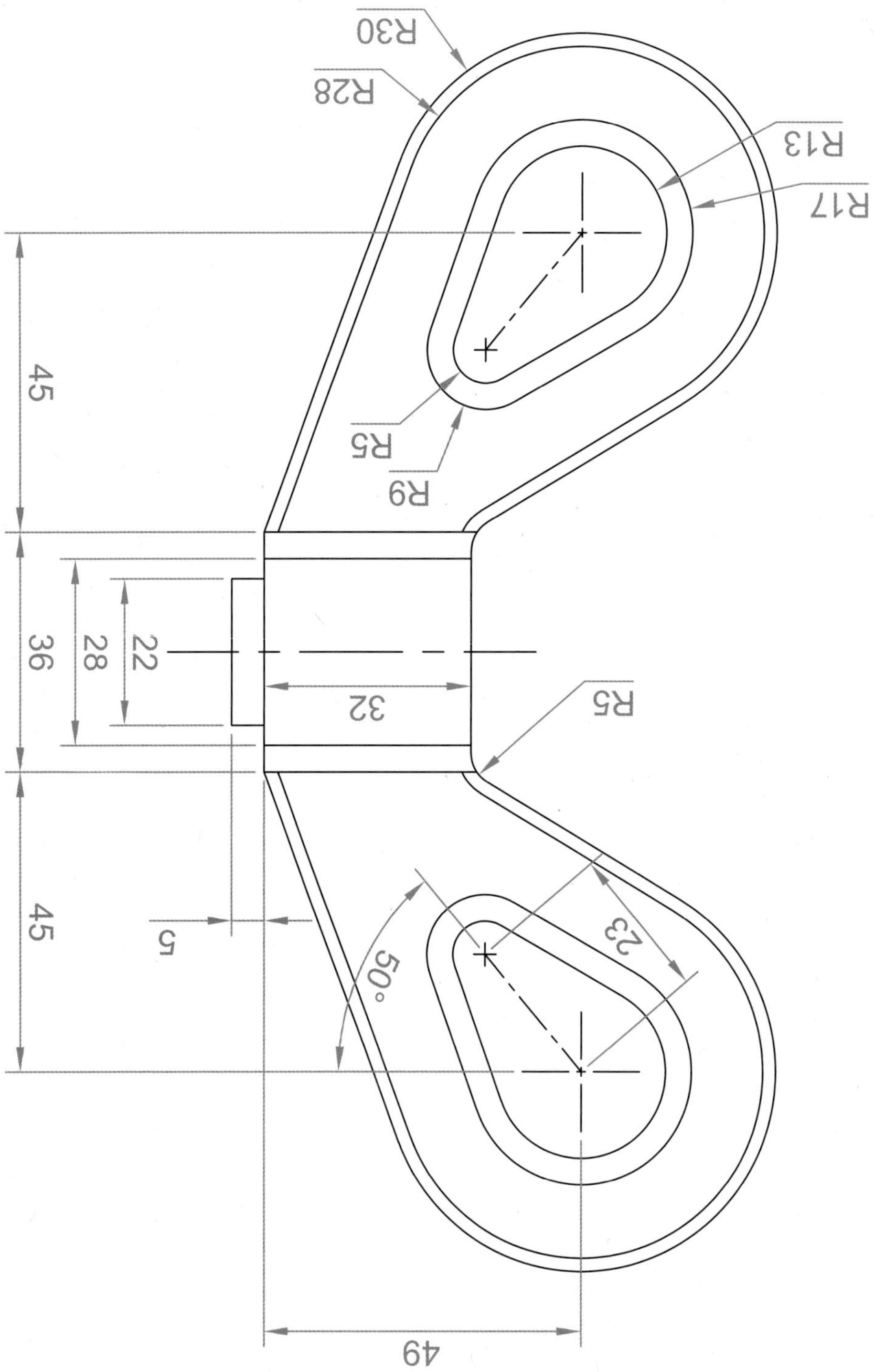

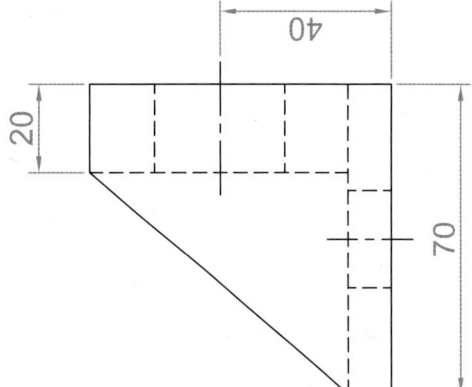

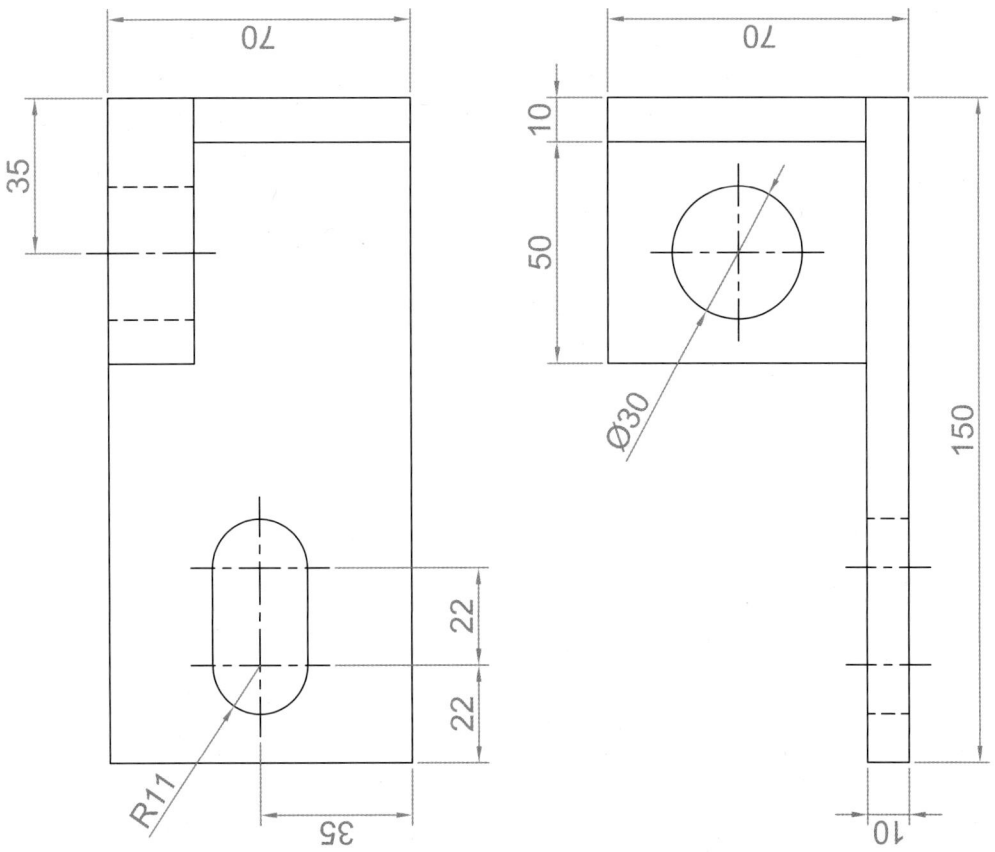

실
습
예
제

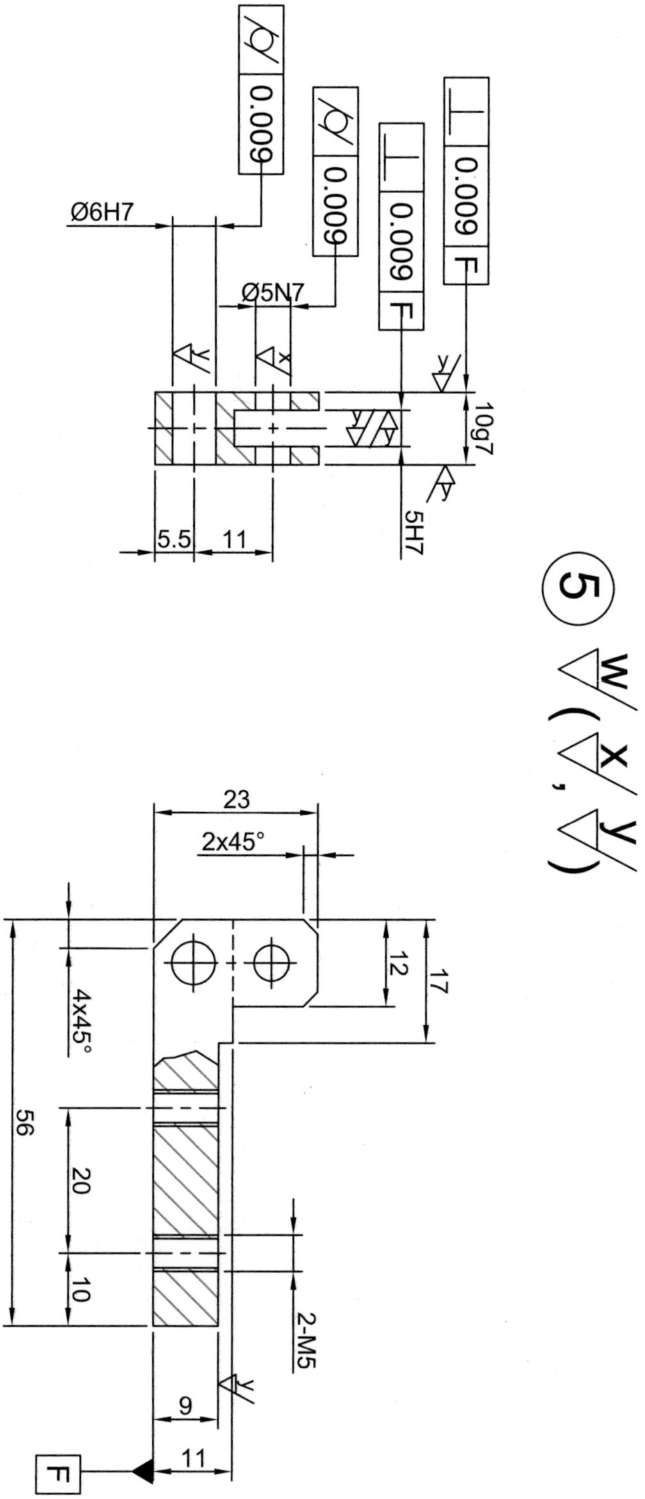
0.009
0.009
0.009 F
0.009 F
Ø6H7
Ø5N7
10g7
5H7
5.5
11
⑤
23
2x45°
12
17
4x45°
56
20
10
2-M5
9
11
F

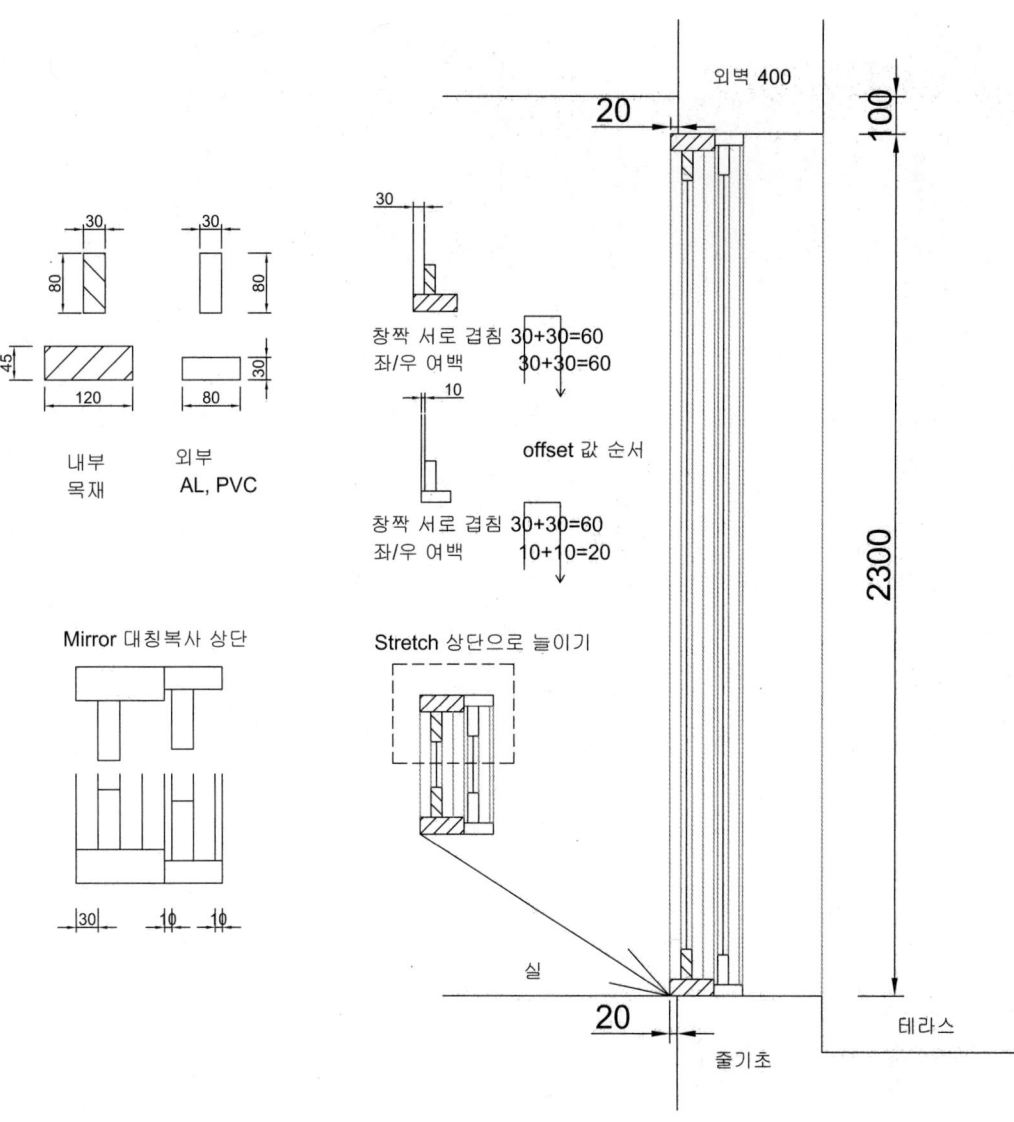

기본 출력

CHAPTER — 13

01 플롯 설정하기 PLOT

01 플롯 설정하기 PLOT

- **플롯 기능**의 실행 위치와 대화상자 설정을 이해하여 원하는 형식으로 도면을 출력할 수 있다.
- PDF 출력 및 표준 용지 크기 수정 방법을 익히고, PC3 프린터 설정을 저장 및 적용할 수 있다.
- PLOT 확장 옵션과 플롯 스타일 테이블을 활용하여 출력 품질을 최적화할 수 있다.

도면을 프린터나 플로터를 사용하여 출력하는 과정 또는 설정을 의미합니다. 간단히 말해, 도면을 실제 종이나 PDF 등의 파일로 출력하는 과정입니다.

플롯 대화상자를 사용하여 도면을 플로터, 프린터 또는 파일로 플롯합니다.

플롯 기능의 실행과 대화상자

■── 플롯 실행 위치

① Quick Access toolbar(신속 접근 도구막대) [아이콘] → Print(플롯/프린터) → Plot(플롯) 설정 대화상자가 표시됩니다.

② 응용프로그램 도구 클릭 [아이콘] → Print(플롯/프린터) → Plot(플롯) 설정 대화상자가 표시됩니다.

③ 리본 : Output 탭 → Plot 패널

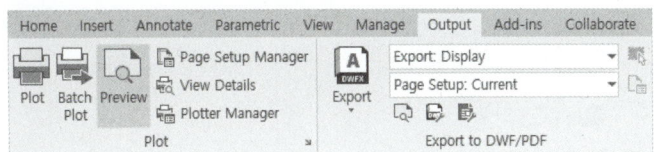

④ 명령행 : 명령창에 **PLOT** 입력 후 `Enter`

■── 플롯 대화상자

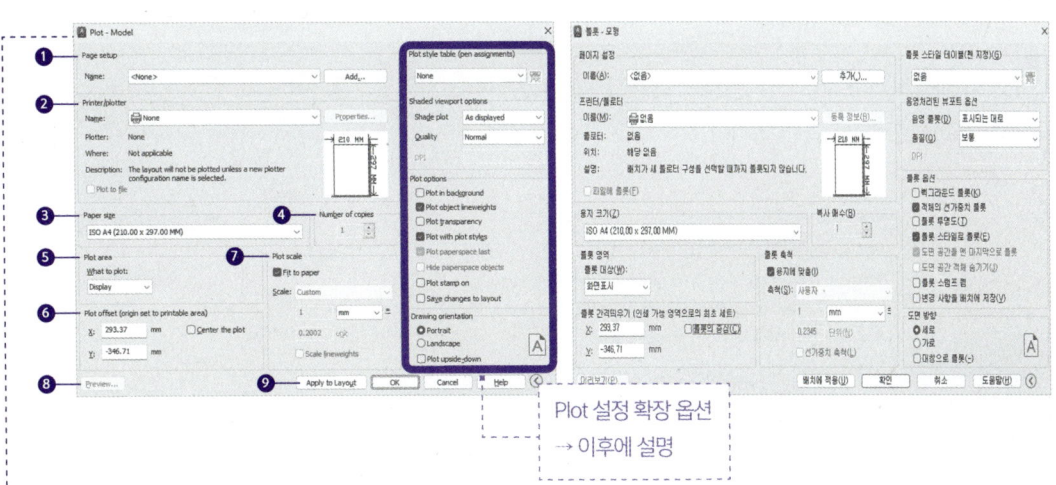

Plot 설정 확장 옵션
→ 이후에 설명

❶ **Page Setup (페이지 설정)** : 도면에서 저장된 페이지 설정 리스트를 표시합니다. 도면에 페이지 설정의 현재 페이지 설정을 기본으로 하거나, 추가를 클릭하여 플롯 대화상자의 현재 설정에 기반한 새로 정의된 페이지 설정을 작성할 수 있습니다.

- **Name (이름)** : 현재 페이지 설정의 이름을 표시합니다.
- **Add (추가)** : 플롯 대화상자의 현재 설정을 페이지 설정에 저장할 수 있는 페이지 설정 추가 대화상자를 표시합니다. 페이지 설정 관리자를 통해 이 페이지 설정을 수정할 수 있습니다.

❷ **Printer/Plotter (프린터/플로터)** : 배치를 플롯할 때 사용하도록 구성된 플로팅 장치를 지정합니다. 선택한 플로터가 배치의 선택된 용지 크기를 지원하지 않는 경우 경고가 표시되고 플로터의 기본 용지 크기 또는 사용자 용지 크기를 선택할 수 있습니다.

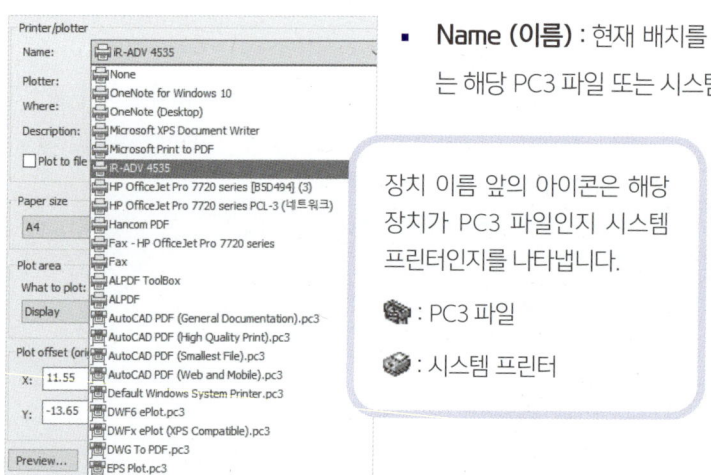

- **Name (이름)** : 현재 배치를 플롯하기 위해 선택할 수 있는 해당 PC3 파일 또는 시스템 프린터를 나열합니다.

  장치 이름 앞의 아이콘은 해당 장치가 PC3 파일인지 시스템 프린터인지를 나타냅니다.
  🖨 : PC3 파일
  🖨 : 시스템 프린터

- **Properties (특성)** : 현재 플로터 구성, 포트, 장치 및 매체 설정을 보거나 수정할 수 있는 플로터 구성 편집기 (PC3 편집기)를 표시합니다. 플로터 구성 편집기를 사용하여 PC3 파일을 변경하면 프린터 구성 파일을 변경 대화상자가 표시됩니다. 현재 선택한 프린트 기종의 제조사 옵션으로 생각하면 됩니다.

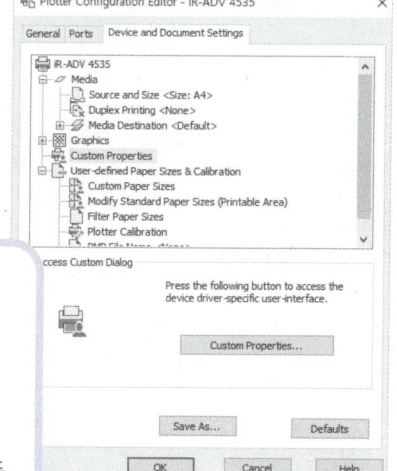

- **Plotter (플로터)** : 현재 선택한 페이지 설정에서 지정된 플롯 장치를 표시합니다.
- **Where (위치)** : 현재 선택한 페이지 설정에서 지정된 출력 장치의 실제 위치를 표시합니다.
- **Description (설명)** : 현재 선택한 페이지 설정에서 지정된 출력 장치에 대한 설명문을 표시합니다. 플로터 구성 편집기에서 이 문자를 편집할 수 있습니다.

- **Plot to File (파일에 플롯)** : 플로터 또는 프린터로 플롯하지 않고 파일에 출력을 플롯합니다. 파일에 플롯 옵션이 설정되어 있는 경우, 플롯 대화상자에서 확인을 클릭하면 파일에 플롯 대화상자(표준 파일 탐색 대화상자)가 표시됩니다.

- **PDF Options (PDF 옵션) 버튼** : PDF 파일을 작성하는 특정 목적에 맞게 PDF 파일을 최적할 수 있는 PDF 옵션 대화상자를 표시합니다. 이 버튼은 PDF 파일을 생성하는 플로터 구성(PC3) 파일을 선택하는 경우에만 보입니다.

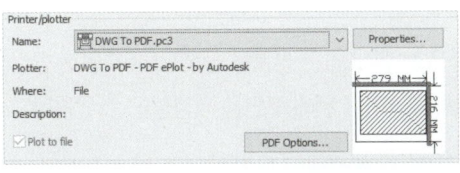

- **Partial Preview (부분적 미리보기)** : 용지 크기 및 인쇄 가능 영역을 기준으로 한 유효한 플롯 영역의 정확한 표현을 보여줍니다. 툴팁은 용지 크기 및 인쇄 가능 영역을 표시합니다.

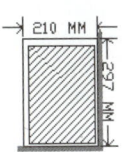

❸ **Paper Size (용지 크기)** : 선택된 플로팅 장치에 사용할 수 있는 표준 용지 크기를 표시합니다. 플로터를 선택하지 않으면 전체 표준 용지 크기 리스트가 표시되어 선택할 수 있습니다. 선택한 플로터가 배치의 선택된 용지 크기를 지원하지 않는 경우 경고가 표시되고 플로터의 기본 용지 크기 또는 사용자 용지 크기를 선택할 수 있습니다.

기본 용지 크기는 플로터 추가 마법사를 사용하여 PC3 파일을 작성할 때 플로팅 장치에 설정됩니다. 페이지 설정 대화상자에서 선택한 용지 크기는 배치와 함께 저장되고 PC3 파일 설정을 덮어씁니다. 선택한 플로팅 장치 및 용지 크기로 결정되는 페이지의 실제 인쇄 가능 영역은 파선으로 배치에 표시됩니다. BMP 또는 TIFF 파일과 같이 래스터 이미지를 플롯할 때는 플롯의 크기가 인치나 밀리미터가 아닌 픽셀로 지정됩니다.

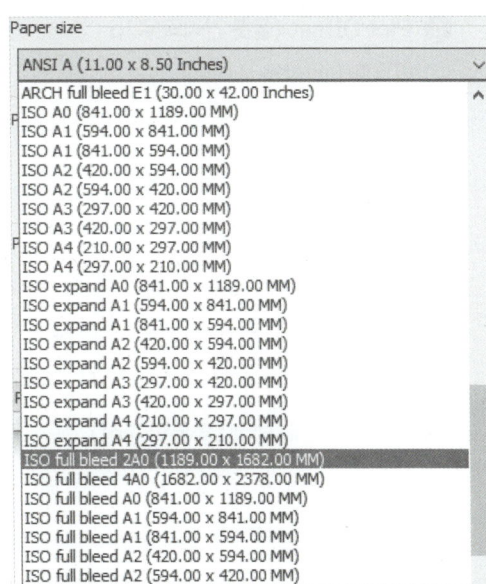

❹ **Number of Copies (복사 매수)** : 플롯할 사본 수를 지정합니다. 파일에 플롯할 때는 이 옵션을 사용할 수 없습니다.

❺ **Plot Area (플롯 영역)** : 도면에서 플롯할 부분을 지정합니다. 플롯 대상에서 플롯될 도면의 영역을 선택할 수 있습니다.

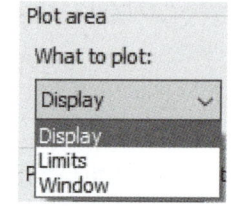

- **Layout/Limits (배치/한계)** : 배치를 플롯할 때에는 배치의 0,0에서 계산된 원점을 사용하여 지정된 용지 크기의 인쇄 가능 영역 내에 모든 객체를 플롯합니다. 모형 탭에서 플롯할 때에는 그리드 한계로 정의되는 전체 도면 영역을 플롯합니다. 현재 뷰포트에 평면도가 표시되어 있지 않으면 이 옵션은 범위 옵션과 동일한 효과를 갖습니다.

- **Extents (범위)** : 도면 중 객체를 포함하고 있는 현재 공간 부분을 플롯합니다. 현재 공간에 있는 모든 형상이 플롯됩니다. 플롯 전에 범위를 다시 계산하기 위해 도면을 재생성할 수 있습니다.

- **Display (화면표시)** : 배치의 현재 도면 공간 뷰 또는 선택된 모형 탭의 현재 뷰포트에 있는 뷰를 플롯합니다.

- **View (뷰)** : 이전에 VIEW 명령을 사용하여 저장된 뷰를 플롯합니다. 리스트에서 명명된 뷰를 선택할 수 있습니다. 도면에 저장된 뷰가 없으면 이 옵션을 사용할 수 없습니다. 뷰 옵션을 선택하면 현재 도면에 저장된 명명된 뷰를 나열하는 뷰 리스트가 표시됩니다. 이 리스트에서 플롯할 뷰를 선택할 수 있습니다.

- **Window (윈도우)** : 사용자가 지정하는 모든 도면 부분을 플롯합니다. 윈도우를 선택하면 윈도우 버튼을 사용할 수 있게 됩니다. 윈도우 버튼을 클릭하여 좌표 입력 장치로 플롯할 영역의 두 개 구석을 지정하거나 좌표값을 입력합니다.

❻ **Plot Offset (플롯 간격띄우기)** : 플롯 간격띄우기 기준 지정 옵션(옵션 대화상자, 플롯 및 게시 탭)에서 지정한 설정에 따라, 인쇄 가능 영역의 왼쪽 아래 구석 또는 용지의 모서리를 기준으로 플롯 영역의 간격띄우기를 지정합니다. 플롯 대화상자의 플롯 간격띄우기 영역에는 지정된 플롯 간격띄우기 옵션이 괄호 안에 표시됩니다.

도면 시트의 인쇄 가능 영역은 선택한 출력 장치에 의해 정의되고 배치에서 파선으로 표현됩니다. 다른 출력 장치로 변경할 때 인쇄 가능 영역이 바뀔 수 있습니다. X 및 Y 간격띄우기 상자에 양수 또는 음수 값을 입력하여 도면에 있는 형상을 간격띄우기할 수 있습니다. 플로터 단위 값은 용지에서 인치 또는 밀리미터입니다.

- **Center the Plot (플롯의 중심)** : 용지 중앙에 플롯을 배치하기 위한 X 및 Y 간격띄우기 값을 자동으로 계산합니다. 플롯 영역이 배치로 설정되어 있을 때는 이 옵션을 사용할 수 없습니다.

- **X** : 플롯 간격띄우기 정의 옵션의 설정에 대해 X 방향으로 플롯 원점을 지정합니다.

- **Y** : 플롯 간격띄우기 정의 옵션의 설정에 대해 Y 방향으로 플롯 원점을 지정합니다.

❼ **Plot Scale (플롯 축척)** : 도면 단위의 크기를 플롯 단위와 상대적으로 조정합니다. 배치를 플롯할 때 기본 축척 설정은 1:1입니다. 모형 탭을 플롯할 때 기본 설정은 용지에 맞춤입니다.

- **Fit to Paper (용지에 맞춤)** : 플롯을 선택한 용지 크기에 맞게 축척하고 축척, 인치 = 및 단위 상자에 사용자 축척 비율을 표시합니다.
- **Scale (축척)** : 플롯의 정확한 축척을 정의합니다. 사용자에서 사용자 정의 축척을 정의합니다. 도면 단위 값과 같은 인치 또는 밀리미터 값을 입력하여 사용자 축척을 작성할 수 있습니다.
- **Inch/mm/pixel (인치/mm/픽셀)** : 플롯 대화상자에서 단위 표시를 인치 또는 밀리미터로 지정합니다. 기본값은 용지 크기를 기반으로 하며 새 용지 크기를 선택할 때마다 변경됩니다. 픽셀은 래스터 출력을 선택한 경우에만 사용할 수 있습니다.
- **Units (단위)** : 지정된 인치, 밀리미터 또는 픽셀 수와 동일한 단위 수를 지정합니다.
- **Scale Lineweights (선가중치 축척)** : 플롯 축척에 비례하여 선가중치를 축척합니다. 일반적으로 선가중치는 플롯된 객체의 선 폭을 지정하며 플롯 축척과 관계 없이 선 폭 크기에 따라 플롯됩니다.

❽ **Preview(미리보기)** : PREVIEW 명령을 시작하여 도면을 플롯된 상태로 표시합니다. 미리보기를 종료하고 플롯 대화상자로 복귀하려면 Esc 키 또는 Enter 키를 누르거나, 마우스 오른쪽 버튼을 클릭하고 바로 가기 메뉴에서 종료를 클릭합니다.

❾ **Apply to Layout (배치에 적용) 버튼** : 현재 플롯 대화상자 설정을 현재 배치에 저장합니다.

■── Print, Publish 기능 소개

▶ Print

❶ **Plot** : 현재 도면을 프린터나 플로터를 통해 출력하거나, PDF 등 파일 형식으로 저장할 수 있습니다.

❷ **Batch Plot** : 여러 도면을 한 번에 출력하거나 파일로 저장할 수 있는 기능입니다.

❸ **Plot Preview** : 도면을 실제로 출력하기 전에 미리보기 하여 출력 결과를 확인할 수 있습니다.

④ **View Plot and Publish Details** : 이전에 수행한 출력 및 게시 작업의 세부 정보를 확인할 수 있습니다.

⑤ **Page Setup** : 도면의 용지 크기, 배율, 플롯 스타일 등을 설정하거나 관리할 수 있습니다.

⑥ **3D Print** : 3D 모델을 3D 프린터로 출력하거나, 3D 프린팅 서비스로 보낼 수 있습니다.

⑦ **Manage Plotters** : 설치된 플로터 및 프린터를 관리하고 구성할 수 있습니다.

⑧ **Manage Plot Styles** : 플롯 스타일 테이블(CTB, STB 파일)을 관리하여 출력 시 선 두께, 색상 등을 제어할 수 있습니다.

⑨ **Edit Plot Style Tables** : 플롯 스타일 테이블의 세부 설정을 편집하여 출력 스타일을 세밀하게 조정할 수 있습니다.

▶ Publish

① **Send to 3D Print Service** : 3D 모델을 온라인 3D 프린팅 서비스로 보내 출력할 수 있습니다.

② **Archive** : 도면과 관련 파일을 하나의 패키지로 묶어 보관하거나 공유할 수 있습니다.

③ **eTransmit** : 도면과 관련된 모든 파일을 한 번에 압축하여 전송할 수 있는 기능입니다.

④ **Email** : 도면 파일을 이메일로 직접 전송할 수 있습니다.

⑤ **Share View** : 도면의 뷰를 클라우드에 업로드하여 다른 사람과 공유하고 피드백을 받을 수 있습니다.

⑥ **Share Drawing** : 도면 파일을 공유하여 다른 사용자와 협업할 수 있습니다.

PDF 출력과 PC3 방식 이용하기

■— PDF로 출력하기

❶ A4용지 Size를 원점을 기준으로 작도합니다.

❷ REC 명령을 이용하여 원점(0,0), 대각선 상단(297,210) 절대좌표로 작업합니다.

❸ OFFSET 명령을 이용하여 안으로 10mm 복사하여 윤곽선을 작도합니다.

❹ 앞서 작업한 size에 맞는 임의 결과물을 가운데로 배치합니다.

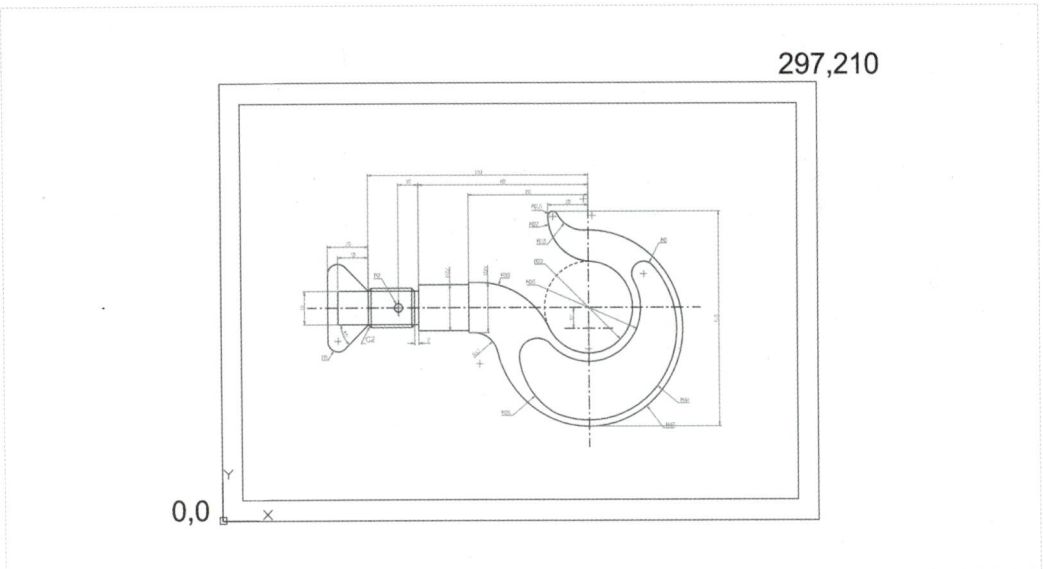

❺ Plot을 선택하여 Name(이름) 리스트에서 DWG To PDF.pc3 장치를 선택합니다. 이때, Plot to File(파일에 플롯) 옵션이 체크되어 있는지 반드시 확인합니다.

❻ Paper Size(용지 크기)를 선택합니다. ISO full bleed A4(210x297 MM) 풀 블리드 선택을 해

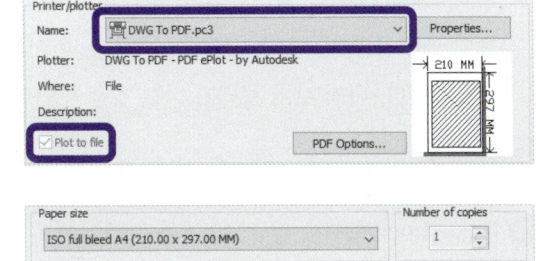

야 시스템에 존재하는 여백 없는 설정이 되어 정확한 scale이 적용됩니다.

❼ Plot Area(플롯 영역)를 설정합니다. Window(윈도우) 방식을 선택하고 도면 공간으로 들어와 첫 번째 위치점과 대각선 위치점을 처음에 작도한 A4 size 용지 크기로 선택합니다.

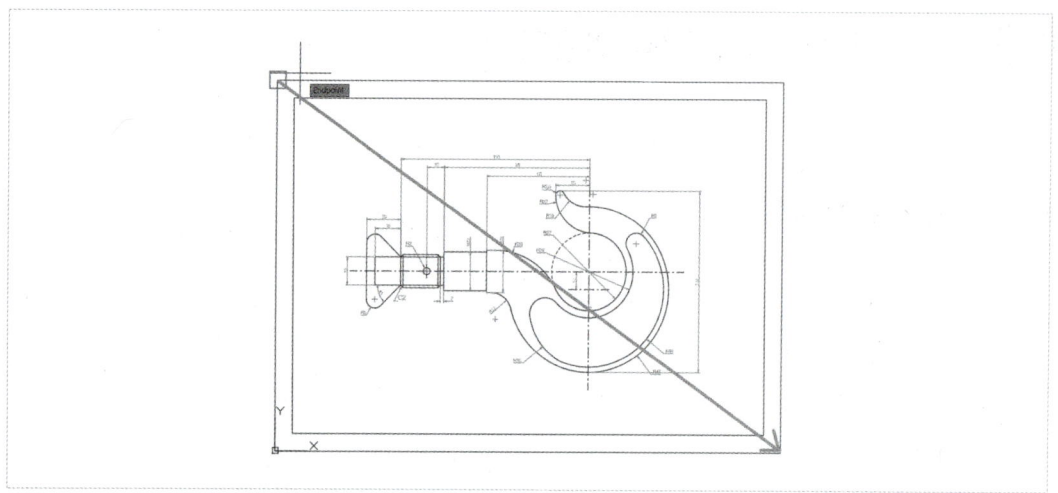

영역 지정을 마치면 플롯 설정으로 되돌아옵니다. 여기서 Center the Plot(플롯의 중심) 옵션을 체크합니다.

❽ Plot Scale(플롯 축척) 그룹에서 Fit to Paper(용지에 맞춤)를 체크합니다.
아직까지 스케일이 맞지 않습니다. ISO full bleed A4(210x297 MM) 용지는 세워진 형태입니다.

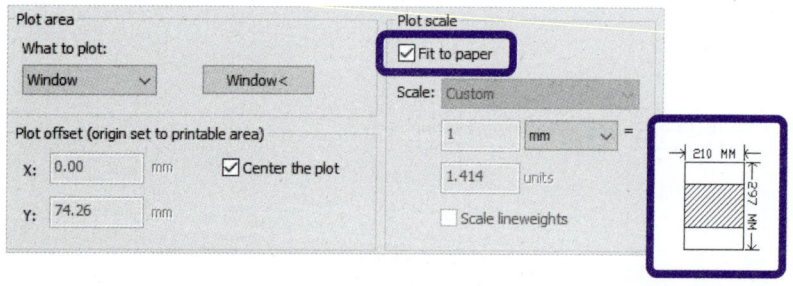

❾ ⊙ 버튼을 눌러 대화상자의 Plot 설정 옵션을 확장한 후 Drawing Orientation(도면 방향)에서 Landscape(가로)를 체크합니다. 용지의 폭이 긴 쪽이 페이지 위가 되도록 도면의 방향을 맞추고 플롯합니다. 미리 보기 형태가 바뀐 것을 확인할 수 있습니다.

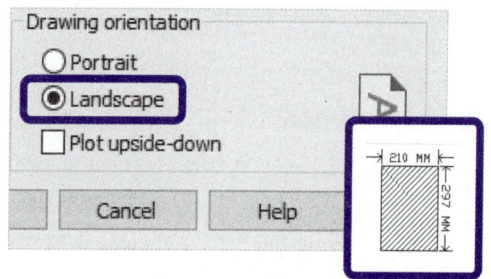

❿ Fit to Paper(용지에 맞춤)에 대한 스케일이 1:1임을 확인할 수 있습니다.
예를 들어 작업 영역이 A3 크기의 40배 되는 영역으로 작업을 하여 용지를 덧그리고 작업하여 용지를 A3로 진행하면 1:40 으로 나와야 합니다.

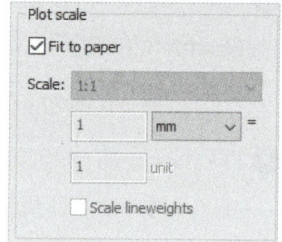

❶❶ Preview(미리보기)를 해서 확인후 닫아줍니다. (상단 X 버튼)

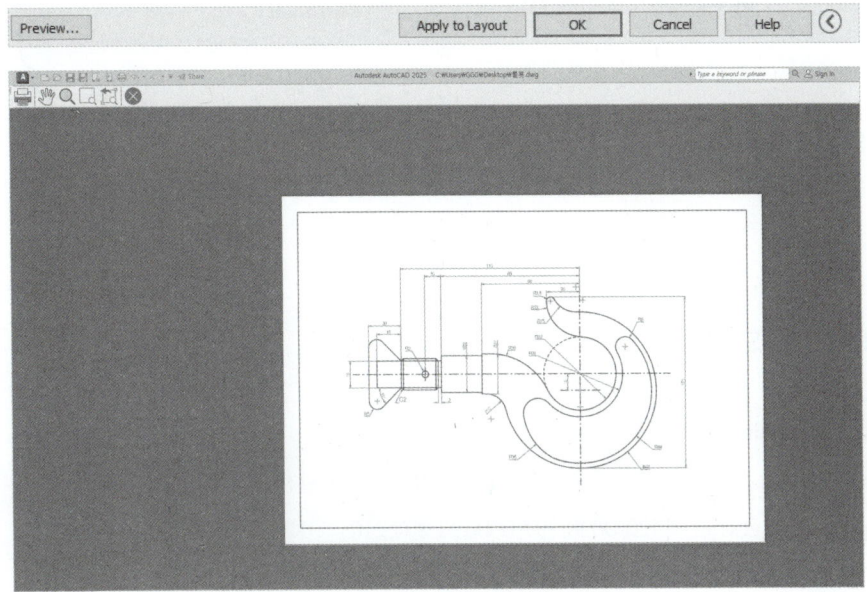

❶❷ Apply to Layout 버튼을 눌러 현재 도면에 설정을 저장하고 OK 버튼을 눌러 파일로 출력합니다.

❶❸ 저장할 위치와 파일명을 지정하여 저장합니다.

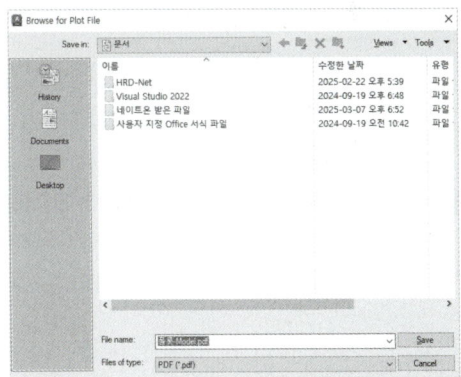

❶❹ 다음은 PDF로 출력된 결과물입니다. 프린터 종류만 바꾸면 종이 출력도 동일한 방법을 적용하면 됩니다.

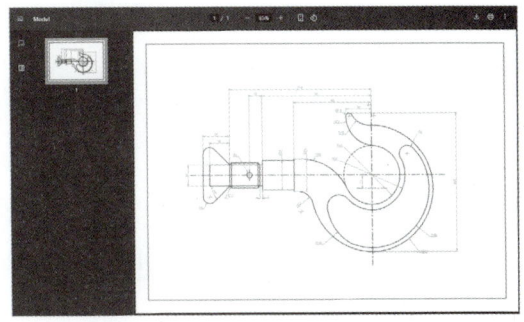

❶❺ 도면 작업 공간에서 우측 하단을 보면 출력 성공이라는 메시지가 나옵니다. 닫기 버튼을 눌러 닫아줍니다.

❶❻ PDF 플롯 설정으로 완료되었으면 도면 영역에서 LIMITS 명령으로 작업 영역을 A4 Size 형태로 변경합니다.

Command: **LIMITS**

Reset Model space limits:
Specify lower left corner or [ON/OFF] <0.0000,0.0000>: → 원점 확인 후 ↵
Specify upper right corner <420.0000,297.0000>: 297,210
→ 절대좌표 A4 size 297,210 입력 후 ↵

Plot Area(플롯 영역) 설정에서 Limits로 선택한 다음 나머지 설정을 완료하여 출력합니다.

■— Modify Standard Paper Size-Printable Area
표준 용지 크기 수정-인쇄 가능 영역 pc3 프린터 저장하기

프린터 기종에 따라 사용자 정의 종이(Custom Paper Size), 표준 용지 크기 수정-인쇄 가능 영역(Modify Standard Paper Size-Printable Area) 둘 다 가능한 기종이 있으며, 프린터 자체 내장되어 있는 표준 용지 크기 수정만 되는 기종이 있습니다. 참고로 대부분의 HP 기종은 사용자 정의 종이(Custom Paper Size) 기능을 지원하지 않습니다. 여기에서는 표준 용지 크기 수정 방법으로 설명하는데, 사용자 정의 종이 설정 방식도 동일한 개념입니다.

앞에서 PDF로 출력할 때 DWG To PDF.pc3 로 선택하였습니다. 확장자 pc3는 플로터(프린터) 설정 저장 파일이며, PMP는 사용자 지정 용지 크기입니다. 용지 크기는 플로터에 부착되어야 정상 작동을 합니다.

❶ 기존에 작업한 도면을 Open 하여 Plot을 실행합니다.

❷ Name(이름) 리스트에서 사용하는 프린터 기종을 선택합니다.

❸ Paper Size(용지 크기)를 A4로 선택한 다음 Plot Area(플롯 영역)에서 플롯될 도면의 영역을 Window(윈도우)로 선택하고 REC 명령으로 작도한 영역 (0,0)에서 (297,210)를 선택합니다. 그 후 다음과 같은 옵션을 체크합니다.

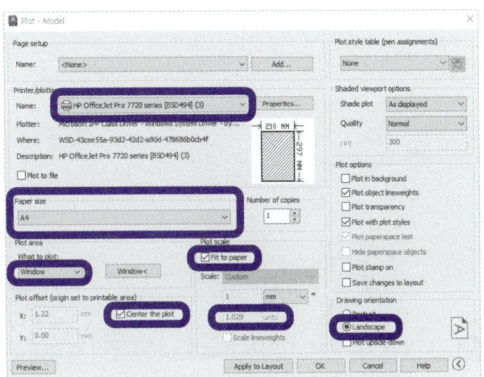

- Center the Plot (플롯의 중심) 체크
- Fit to Paper (용지에 맞춤) 체크
- Landscape (가로) 선택
- Scale(스케일)을 확인하면 1:1이 아닙니다. 프린터 자체 여백이 있기 때문입니다.

❹ 프린터기 선택 옆 Properties(등록정보) 버튼을 클릭하면 Plotter Configuration Editor(플로터 구성 편집기)가 나타납니다. 하단에 Save As(다른 이름 저장) 버튼을 클릭하여 현재 설정을 가지고 있는 프린터기 PC3를 만들겠습니다.

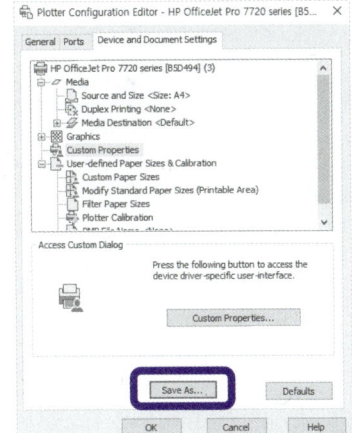

❺ 프린터 기종 이름만 남기고 뒤에 A4 user 를 붙인 HP Officejet Pro 7720 series A4 user 로 저장(OK)하면 PC3로 저장됩니다.

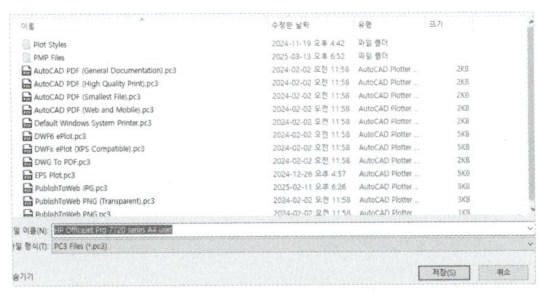

❻ 플로터 구성 편집기로 되돌아오면 OK 단추를 클릭합니다.

❼ Plot 설정창을 끄고 다시 Plot 명령을 실행합니다.

Name(이름) 리스트에서 앞에서 만들어 저장한 HP Officejet Pro 7720 series A4 user.pc3를 선택합니다. 기본 설정이 그대로 유지되어 있는 것이 보일 것입니다.

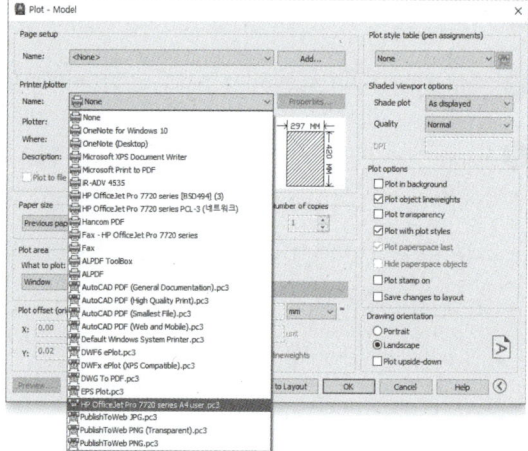

❽ 프린터기 선택 옆 Properties(등록정보) 버튼을 클릭하면 플로터 구성 편집기가 나타납니다.

Device and Document Settings(장치 및 문서 설정) 탭 안에 Modify Standard Paper Size(Printable Area)표준 용지 크기 수정(인쇄가능영역) 선택하고 아래 A4를 선택한 다음 Modify(수정) 버튼을 클릭합니다.

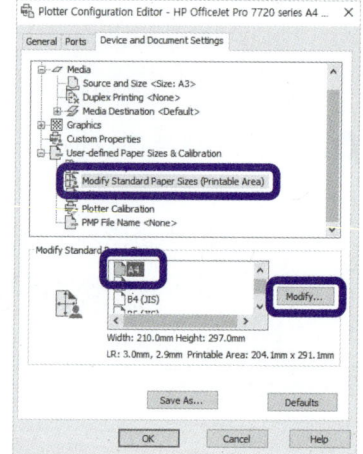

❾ Modify(수정) 버튼을 클릭하면 Custom Paper Size(Printable Area) 사용자 용지 크기 수정(인쇄 가능 영역) 상자가 나옵니다. 여백 지정이 확인되는데, 기본적으로 프린터 기종의 모든 여백은 제조사마다 다르게 나옵니다. 전부 0으로 입력하고 다음 버튼을 클릭합니다.

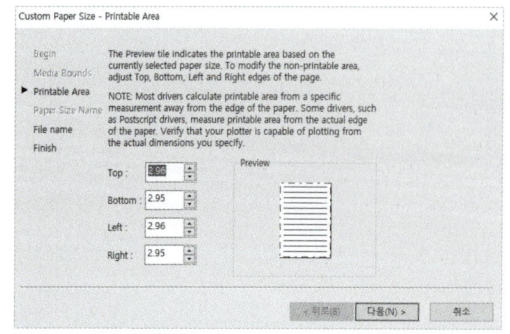 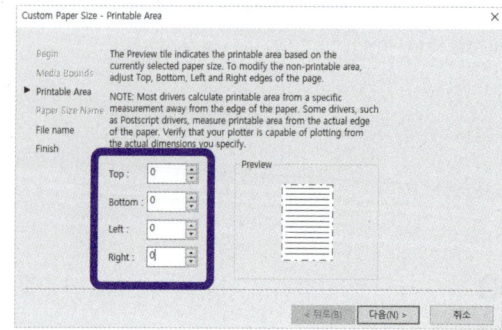

❿ PMP 파일 이름을 물어 오는데, 사용자 지정 용지 크기를 저장합니다. 프린터 pc3 이름과 동일하게 정의합니다. HP Officejet Pro 7720 series A4 user 입력 후 다음을 클릭합니다. 그리고, 마침을 눌러 Plotter Configuration Editor(플로터 구성 편집기)로 돌아갑니다.

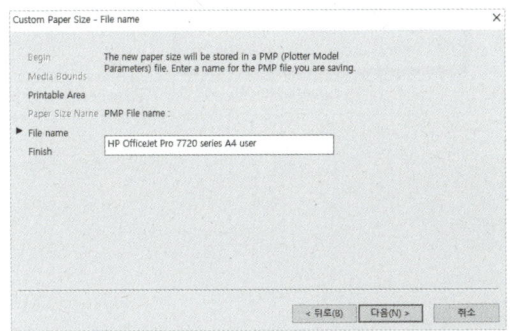 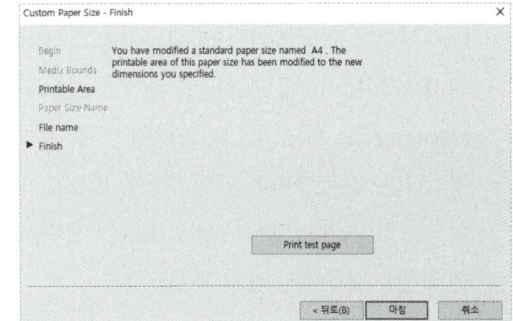

⓫ 확장자 pc3는 플로터(프린터) 설정 저장 파일이며, PMP는 사용자 지정 용지 크기 입니다. 용지 크기는 플로터에 따라 다녀야 정상 작동을 합니다. PMP 파일을 pc3에 부착시켜 계속 작동하도록 하겠습니다.

Plotter Configuration Editor(플로터 구성 편집기)에서 Device and Document Settings(장치 및 문서 설정) 탭 하단에 PMP File Name(PMP 파일이름) 선택하고 Attach(부착) 버튼을 클릭합니다.

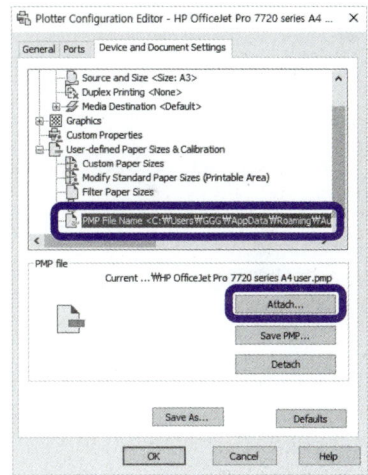

⓬ Attach(부착) 버튼을 클릭하면 PMP 저장 폴더가 열리면서 종이 설정을 해당 pc3로 연결할 수 있습니다. HP Officejet Pro 7720 series A4 user.pmp 선택하고 열기 버튼을 누릅니다.

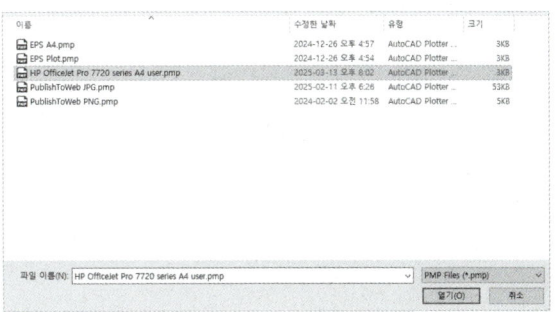

⓭ Plotter Configuration Editor(플로터 구성 편집기)로 되돌아오면 OK(완료) 버튼을 누릅니다. 다음과 같이 Changes to a Printer Configuration File (프린터 구성 파일) 대화상자가 나타납니다. 여기에서 주의해야 할 것은 Save changes to the following file 체크 후 OK(확인) 버튼을 누르는 것입니다. 경로에 따른 파일 이름을 별도로 바꿀 필요는 없습니다. 앞에서 한 작업들이 전부 지정된 이름을 맞추면서 진행하였습니다.

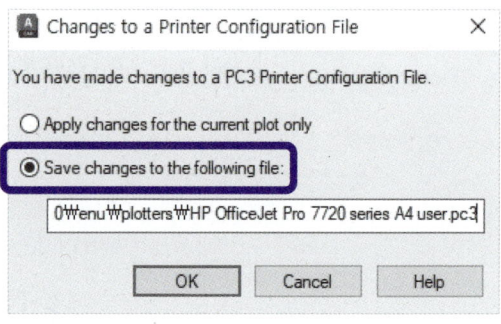

⓮ 플롯 설정으로 돌아 옵니다. 가끔 Paper size가 다르게 나타나는 경우가 있으므로 A4로 되어 있는지 확인하고 스케일이 1:1 인지 확인합니다. OK(확인) 버튼을 클릭한 후 출력합니다.

새 문서에서 해당 pc3 프린터기가 선택 가능한지 선택하였을 때 A4 용지는 여백이 없는지 다시 한번 확인하기 바랍니다. A3, A2 용지도 위와 같은 방식으로 pc3를 각각 구분하여 만들고 용지 설정 파일 pmp를 각각 부착시켜 두면 됩니다.

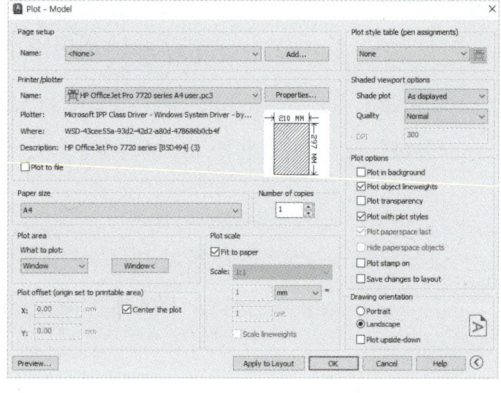

⓯ 새 문서에서 해당 pc3 프린터기를 선택하여 해당 종이의 여백 설정을 확인해 봅니다.

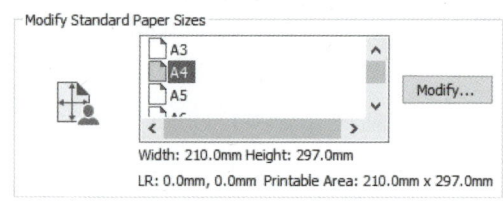

PLOT 확장 옵션과 플롯 스타일 테이블

■── PLOT More 확장 옵션

Plot(플롯) 대화상자의 하단에 있는 ⊙ 버튼을 클릭하면 플롯 확장 옵션이 표시됩니다. 확장된 옵션은 4개의 그룹으로 구성되어 있습니다.

❶ **Plot Style Table(Pen Assignments) (플롯 스타일 테이블-펜 지정)** : 플롯 스타일 테이블을 설정하거나 플롯 스타일 테이블을 편집합니다. 또는 새 플롯 스타일 테이블을 작성합니다. (자주 사용하는 그룹입니다)

❷ **Shaded Viewport Options (음영처리된 뷰포트 옵션)** : 음영처리된 뷰포트와 렌더링된 뷰포트가 플롯되는 방법을 지정하고 해상도 수준 및 dpi를 결정합니다. AutoCAD LT에서는 렌더 뷰포트 옵션을 사용할 수 없습니다. 2D 작업물의 출력 시 기본값으로 유지하는 것을 권장합니다.

❸ **Plot Options (플롯 옵션)** : 선가중치, 투명도, 플롯 스타일, 음영처리 플롯 및 객체가 플롯되는 순서에 대한 옵션을 지정합니다. 2D 작업물의 출력 시 기본값으로 유지하는 것을 권장합니다.

❹ **Drawing Orientation (도면 방향)** : 가로 방향 및 세로 방향을 지원하는 플로터에 대해 용지의 도면 방향을 지정합니다. 용지 아이콘은 선택된 용지의 매체 방향을 나타냅니다. 문자 아이콘은 페이지에서 도면의 방향을 나타냅니다.

- **Portrait (세로)** : 용지의 폭이 짧은 쪽이 페이지 위가 되도록 도면의 방향을 맞추고 플롯합니다.
- **Landscape (가로)** : 용지의 폭이 긴 쪽이 페이지 위가 되도록 도면의 방향을 맞추고 플롯합니다.
- **Plot Upside-Down (대칭으로 플롯)** : 도면의 위아래를 뒤집어 플롯합니다.

■── Plot Style Table Pen Assignments 플롯 스타일 테이블-펜 지정

CTB(Color-Dependent Plot Style Table, 색상 종속 플롯 스타일 테이블) 방식은 객체의 색상(Color)에 따라 출력 시 선 두께, 선 스타일, 회색조 여부 등을 결정하는 방식입니다. 일반적으로 CTB 방식은 색상 종속 플롯 스타일 테이블에 종류가 나열되어 있습니다. 방식을 결정하면 우측 플로터 아이콘이 활성화되며, Plot Style Table Editor(플롯 스타일 테이블 편집기)를 표시할 수 있습니다.

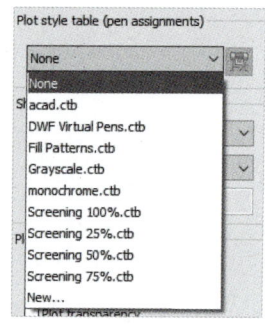

- **None(없음)** : 플롯 스타일 테이블을 적용하지 않음
- **acad.ctb** : 기본 플롯 스타일 테이블
- **fillPatterns.ctb** : 처음 9개의 색상은 처음 9개의 채우기 패턴을 사용하고 다른 색상은 객체의 채우기를 사용하도록 설정
- **grayscale.ctb** : 플롯될 때 모든 색상을 회색조로 변환
- **monochrome.ctb** : 모든 색상을 검은색으로 플롯
- **screening 100%.ctb** : 모든 색상에 잉크를 100% 사용
- **screening 75%.ctb** : 모든 색상에 잉크를 75% 사용
- **screening 50%.ctb** : 모든 색상에 잉크를 50% 사용
- **screening 25%.ctb** : 모든 색상에 잉크를 25% 사용
- **DWF Virtual Pens.ctb** : DWF 파일 출력 시 가상 펜(Virtual Pens) 방식을 적용

CTB 방식의 주요 특징은 다음과 같습니다.

❶ **색상 기반 출력 스타일 적용** : 객체가 가진 색상(Color) 값에 따라 선 두께, 선 유형, 회색조 등을 지정합니다. 예를 들어, 빨간색(Red)은 0.5mm, 파란색(Blue)은 0.3mm 등의 설정이 가능합니다.

❷ **도면 작성 시 색상 선택이 중요** : 출력 스타일이 색상에 의해 결정되므로, 객체의 색상을 신중하게 선택하여 다양한 플롯 스타일 적용이 가능합니다.

❸ **다양한 설정 가능** : 선 두께, 선 스타일, 채우기 패턴, 출력 색상 변경 등

❹ **흑백 출력 가능** : 모든 색상을 검정(Black)으로 변환하여 출력할 수 있습니다. acad.ctb는 객체 색상에 대한 지정을 검은색으로 하면 흑백 도면 출력 가능하며, monochrome.ctb 방식은 색 지정이 이미 검은 색으로 되어있다는 차이만 있습니다. 두 방법 전부 흑백 출력이 가능합니다.

Plot Style Table Editor 플롯 스타일 테이블 편집기 의 Form View 형식 보기 탭

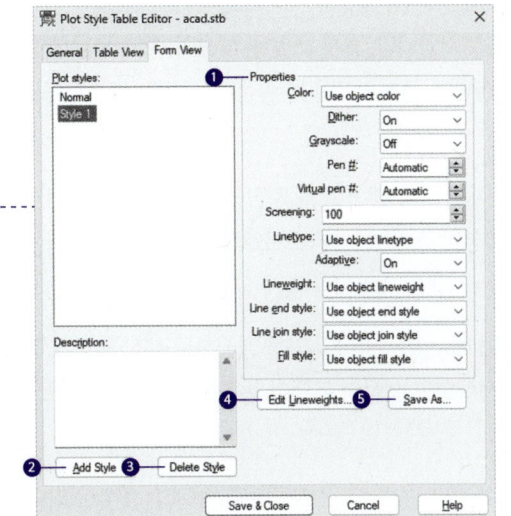 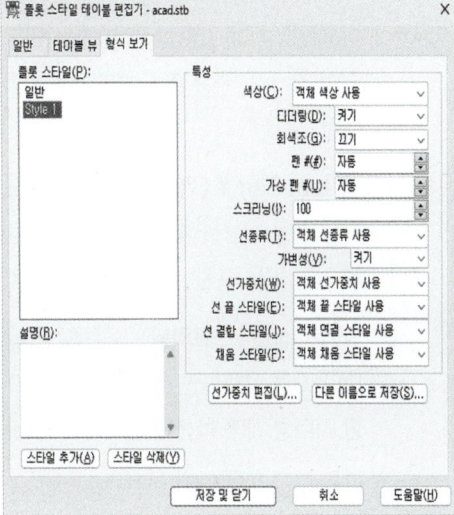

❶ **Properties(특성)** : 현재 플롯 스타일 테이블에 추가하는 새 플롯 스타일의 설정을 지정합니다.

- **Color (색상)** : 객체의 플롯된 색상을 지정합니다. 플롯 스타일 색상의 기본 설정은 객체 색상 사용입니다. 플롯 스타일 색상을 지정하는 경우 색상은 플롯할 때 객체의 색상을 재지정합니다. 색상 선택을 선택하여 색상 선택 대화상자를 열고 255가지 AutoCAD 색상 색인(ACI) 색상, 트루컬러 또는 색상표의 색상 중 하나를 선택합니다. 지정한 색상은 플롯 스타일 색상에서 사용자 색상으로 표시됩니다. 플롯 장치가 지정한 색상을 지원하는 않으면 가장 근접한 색상을 플롯하거나 단색 장치의 경우 검은색을 플롯합니다.

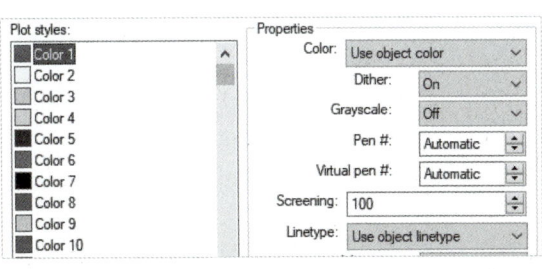 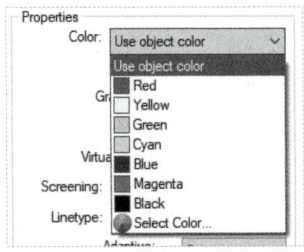

스타일에 Color 1번의 Properties(속성) Color가 Use objet color로 되어 있으면 스타일 Color 1번을 객체가 가지고 있는 색으로 출력하라는 의미입니다. Color 부분을 Black으로 바꾸면 스타일 Color 1번을 Black으로 출력하라는 의미가 됩니다.

- **Dither (디더링)** : 디더링을 사용 가능하게 합니다. 플로터는 디더링을 사용하여 색상을 점 패턴으로 혼합함으로써 AutoCAD 색상 색인(ACI)에서 사용할 수 있는 색상보다 더 많은 색상을 사용하여 플롯한 느낌이 나도록 합니다. 플로터가 디더링을 지원하지 않으면 디더링 설정은 무시됩니다.

- **Grayscale(회색조)** : 플로터가 회색조를 지원하는 경우 객체의 색상을 회색조로 변환합니다. 회색조로 변환을 선택하지 않으면 객체의 색상에 RGB 값이 사용됩니다.

- **Pen # (가상 펜 #)** : 플롯 스타일을 사용하는 객체를 플롯할 때 사용할 펜을 지정합니다(펜 플로터에만 해당). 사용 가능한 펜 범위는 1부터 32까지입니다. 플롯 스타일 색상이 객체 색상 사용으로 설정되어 있거나, 색상 종속 플롯 스타일 테이블에서 플롯 스타일을 편집하는 경우 값이 자동으로 설정됩니다.

- **Virtual Pen # (가상 펜 #)** : 1과 255 사이의 가상 펜 번호를 지정합니다. 펜 방식이 아닌 플로터는 가상 펜을 사용하여 펜 플로터를 시뮬레이션할 수 있습니다. 프로그램이 AutoCAD 색상 색인으로부터 가상 펜을 지정하도록 하려면 0(영) 또는 자동을 입력합니다.

- **Screening (스크리닝)** : 플롯할 때 용지에 배치하는 잉크의 양을 결정하는 색상 농도 설정을 지정합니다. 0을 선택하면 색상이 흰색, 100을 선택하면 색상이 완전한 농도로 표시됩니다. 스크리닝을 위한 디더링 사용 옵션을 선택해야 합니다.

- **Linetype (선종류)** : 각 선종류의 샘플과 설명이 있는 리스트를 표시합니다. 플롯 스타일 선종류를 지정하면 선종류는 플롯할 때 객체의 선종류를 재지정합니다.

- **Adaptive (가변성)** : 선종류의 축척을 조정하여 선종류 패턴을 완성합니다. 가변성을 선택하지 않으면 선은 패턴의 중간에서 끝날 수 있습니다. 선종류 축척이 중요한 경우 가변성을 끕니다. 완전한 선종류 패턴이 정확한 선종류 축척보다 중요하면 가변성을 켭니다.

- **Lineweight (선가중치)** : 선가중치의 샘플과 수치값을 표시합니다. 각 선가중치의 수치 값을 밀리미터로 지정할 수 있습니다. 플롯 스타일 선가중치를 지정하면 선가중치는 플롯할 때 객체의 선가중치를 재지정합니다.

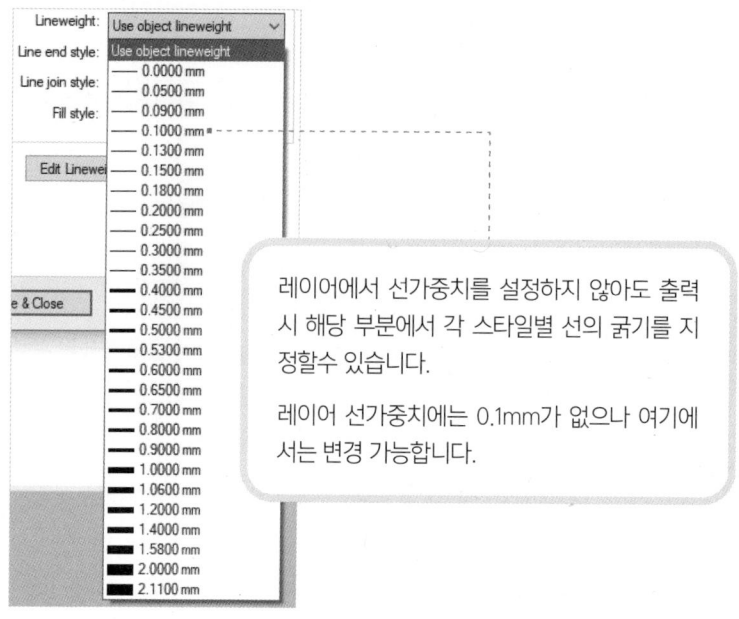

레이어에서 선가중치를 설정하지 않아도 출력 시 해당 부분에서 각 스타일별 선의 굵기를 지정할수 있습니다.

레이어 선가중치에는 0.1mm가 없으나 여기에서는 변경 가능합니다.

- **Line End Style (선 끝 스타일)** : 선 끝 스타일을 지정하면 선 끝 스타일은 플롯할 때 객체의 선 끝 스타일을 재지정합니다.

- **Line Join Style (선 결합 스타일)** : 선 결합 스타일을 지정하면 선 결합 스타일은 플롯할 때 객체의 선 결합 스타일을 재지정합니다.

- **Fill Style (채움 스타일)** : 채움 스타일을 지정하면 채움 스타일은 플롯할 때 객체의 채움 스타일을 재지정합니다.

❷ **Add Style (스타일 추가)** : 새 플롯 스타일을 명명된 플롯 스타일 테이블에 추가합니다.

❸ **Delete Style (스타일 삭제)** : 선택한 스타일을 플롯 스타일 테이블에서 삭제합니다.

❹ **Edit Lineweights (선가중치 편집)** : 기존 선가중치의 폭 값을 수정합니다. 선가중치 편집 대화상자를 표시합니다.

❺ **Save As (다른 이름으로 저장)** : 다른 이름으로 저장 대화상자를 표시하고 플롯 스타일 테이블을 새 이름으로 저장합니다.

■── Plot Style Table Editor 플롯 스타일 테이블 편집기 의 Table View 테이블 보기 탭

Table View(테이블 보기) 탭에서 확인하면 선의 굵기를 한눈에 파악할 수 있으며 수정이 용이합니다.

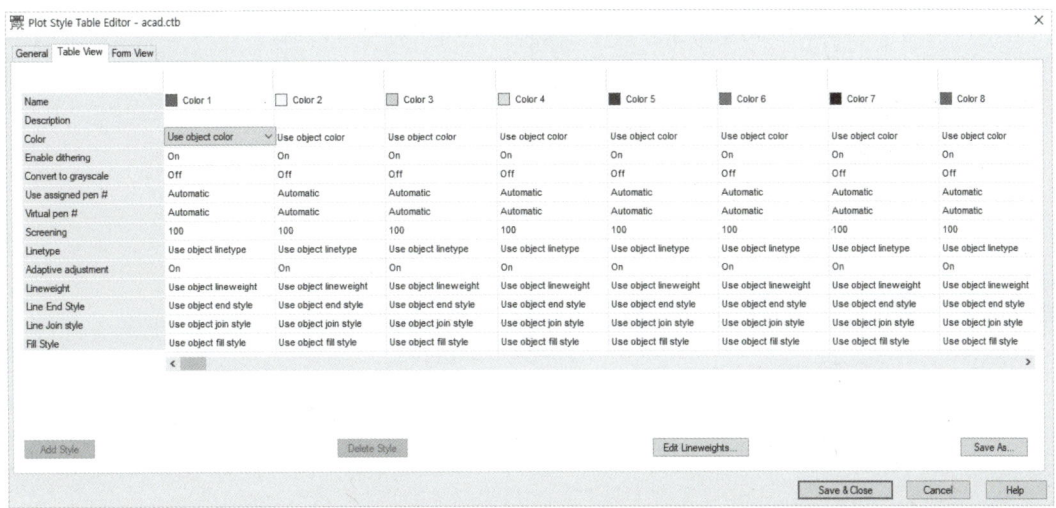

실습예제

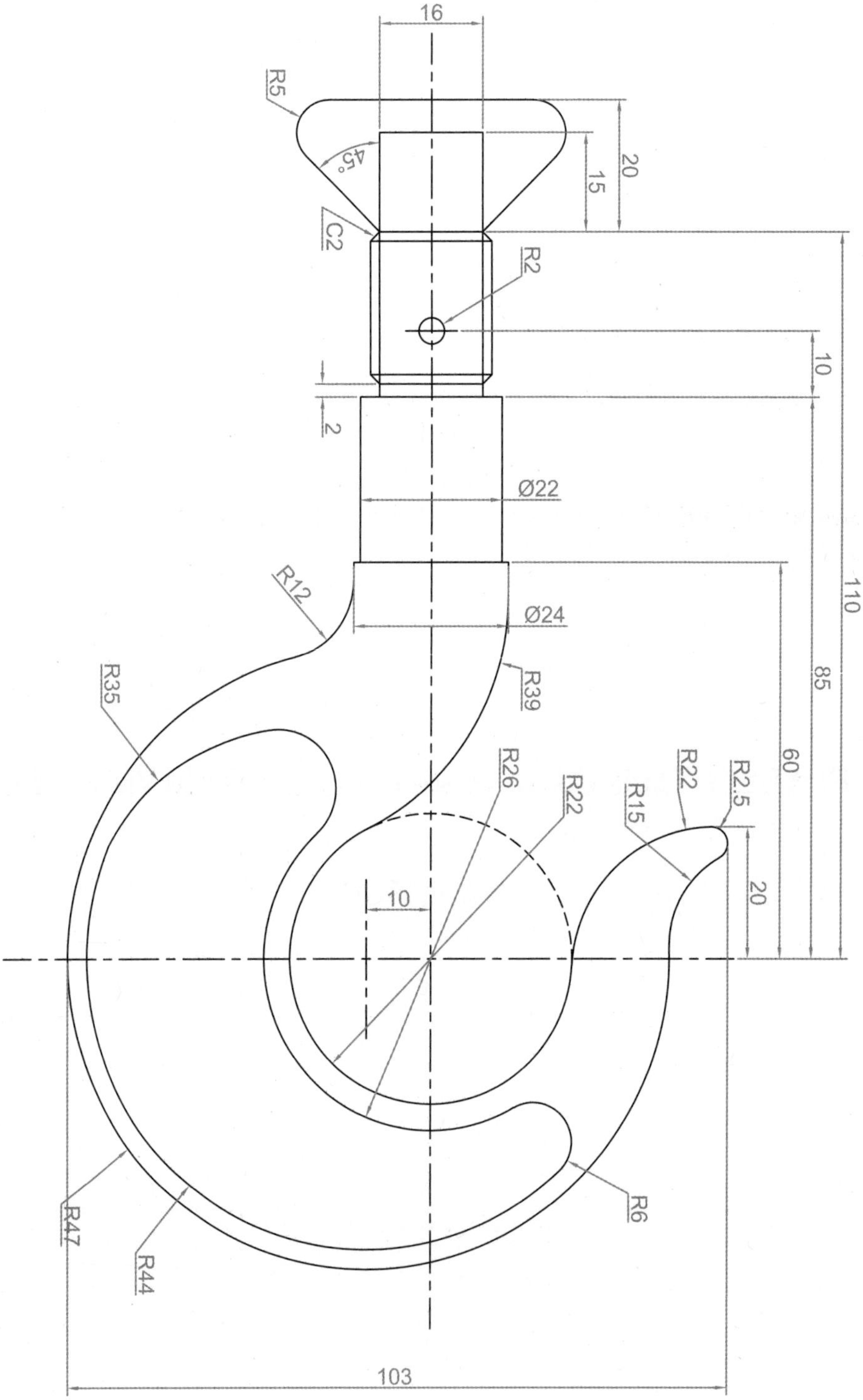

16
R5
45°
20
15
C2
R2
10
2
110
85
Ø22
R12
Ø24
60
R35
R39
R26
R22
R22
R2.5
R15
20
10
R47
R44
R6
103

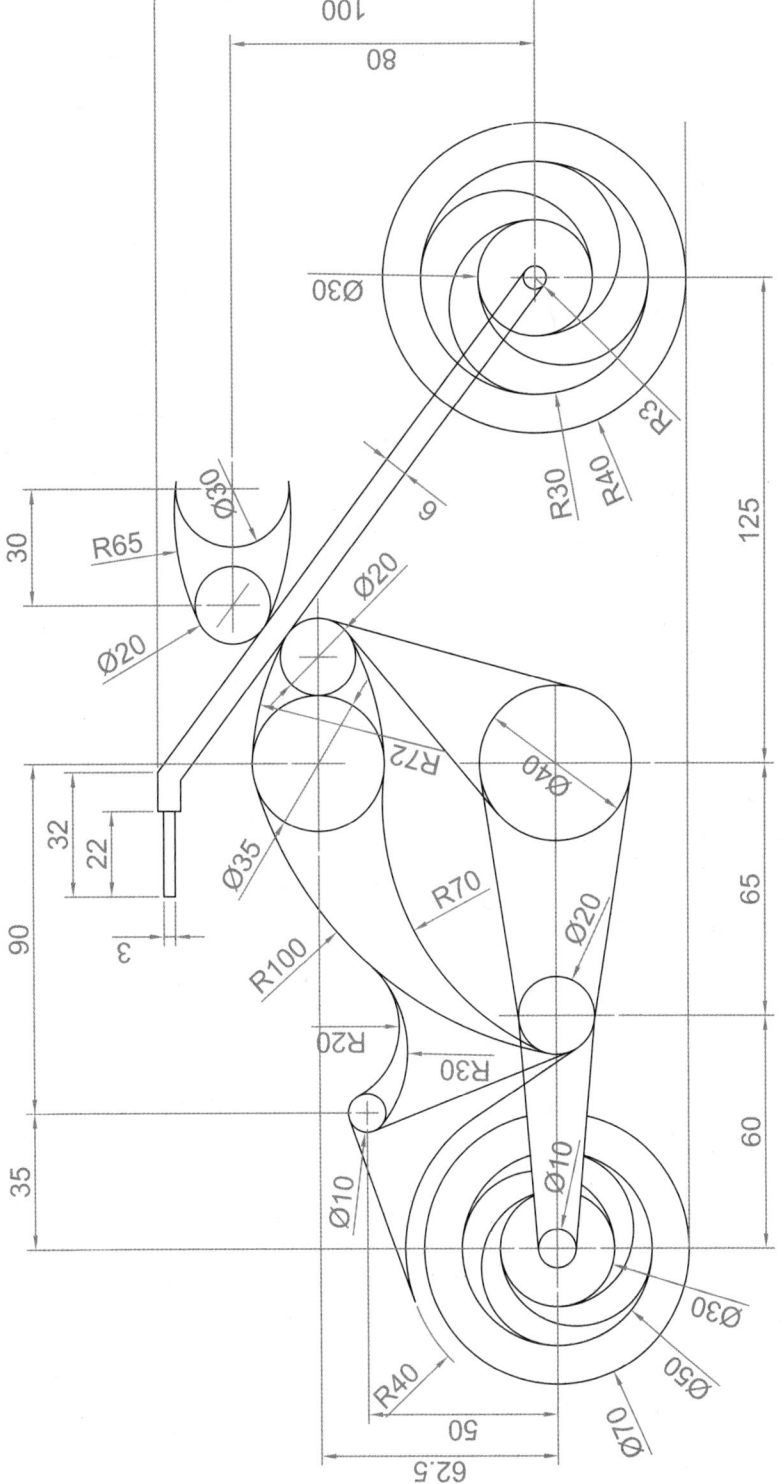

- TRIM, MIRROR 명령어로 외형 정리

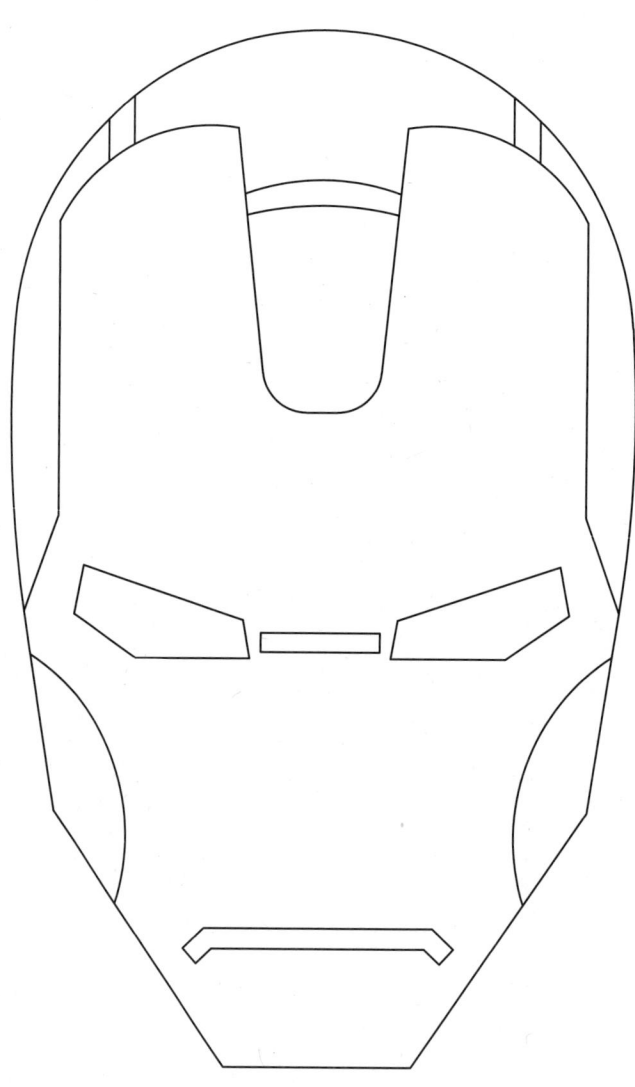

- TRIM, MIRROR 명령어로 외형 정리

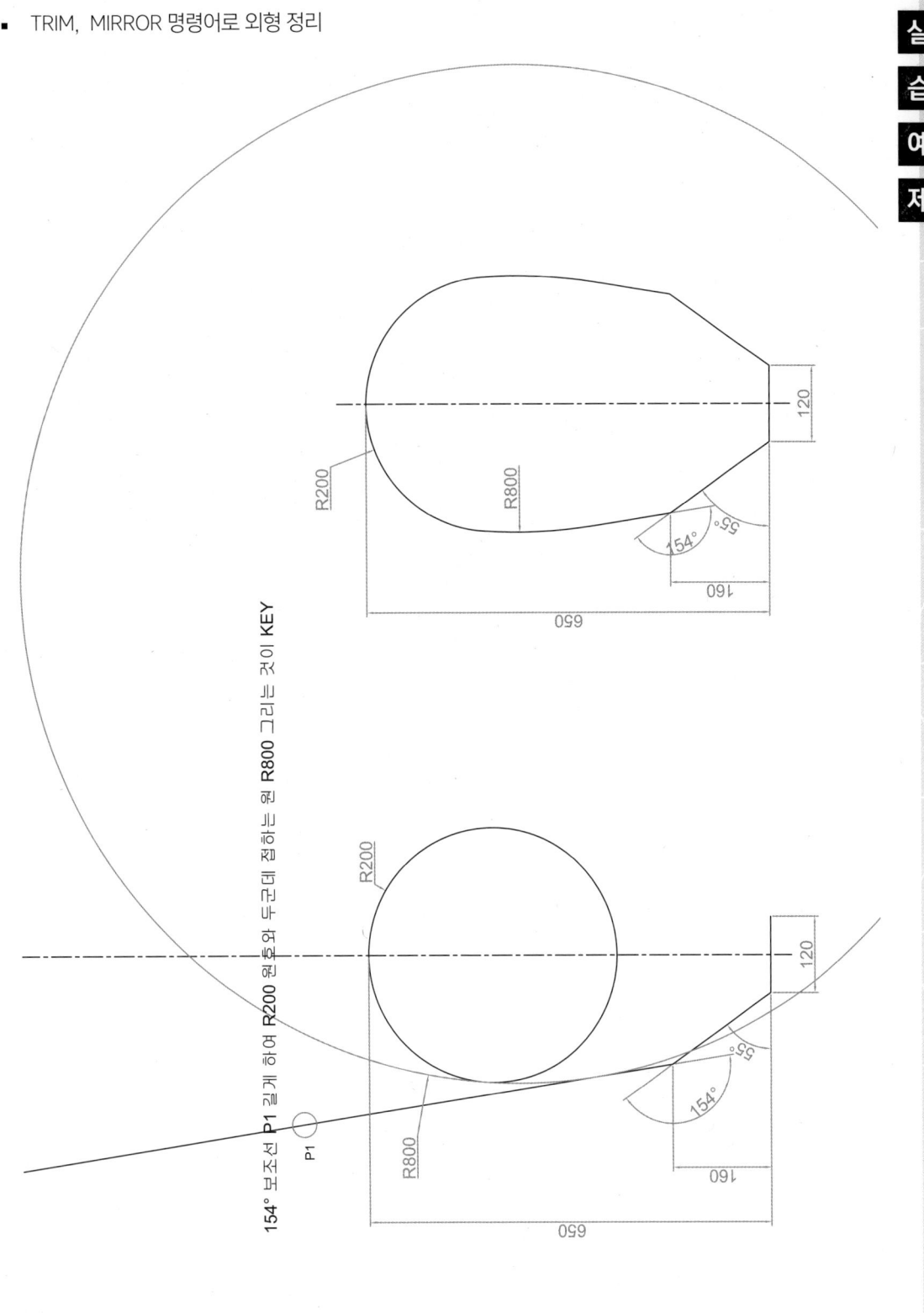

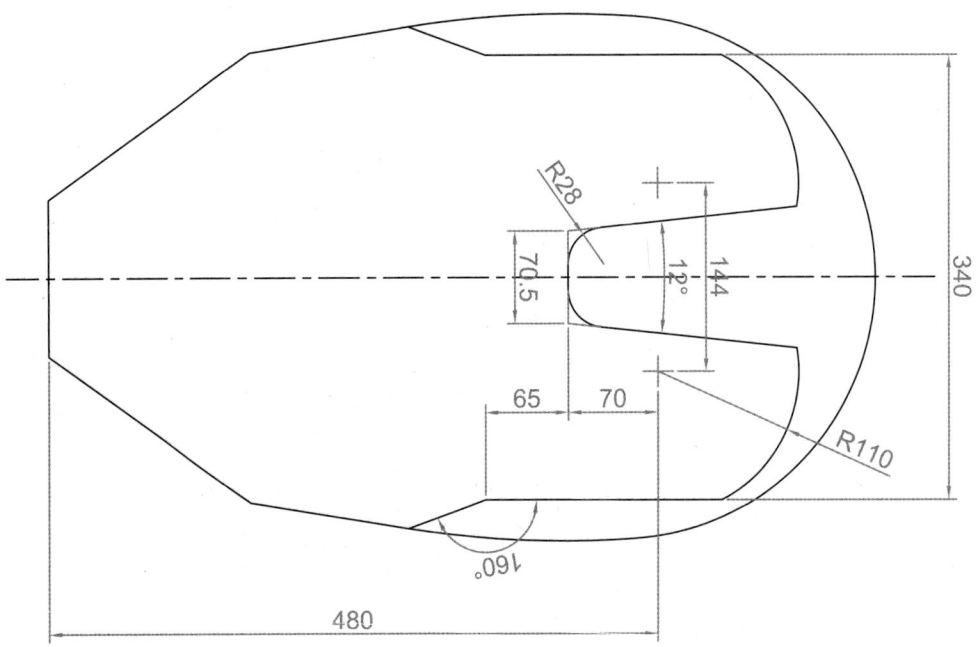

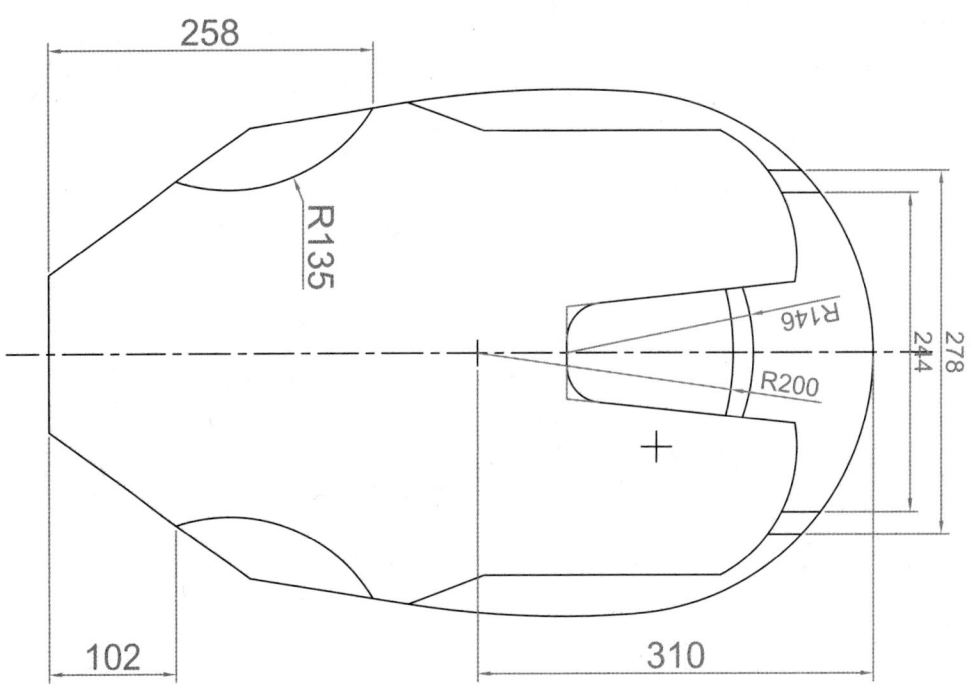

- 세부 작도하고 이용하여 완성하기

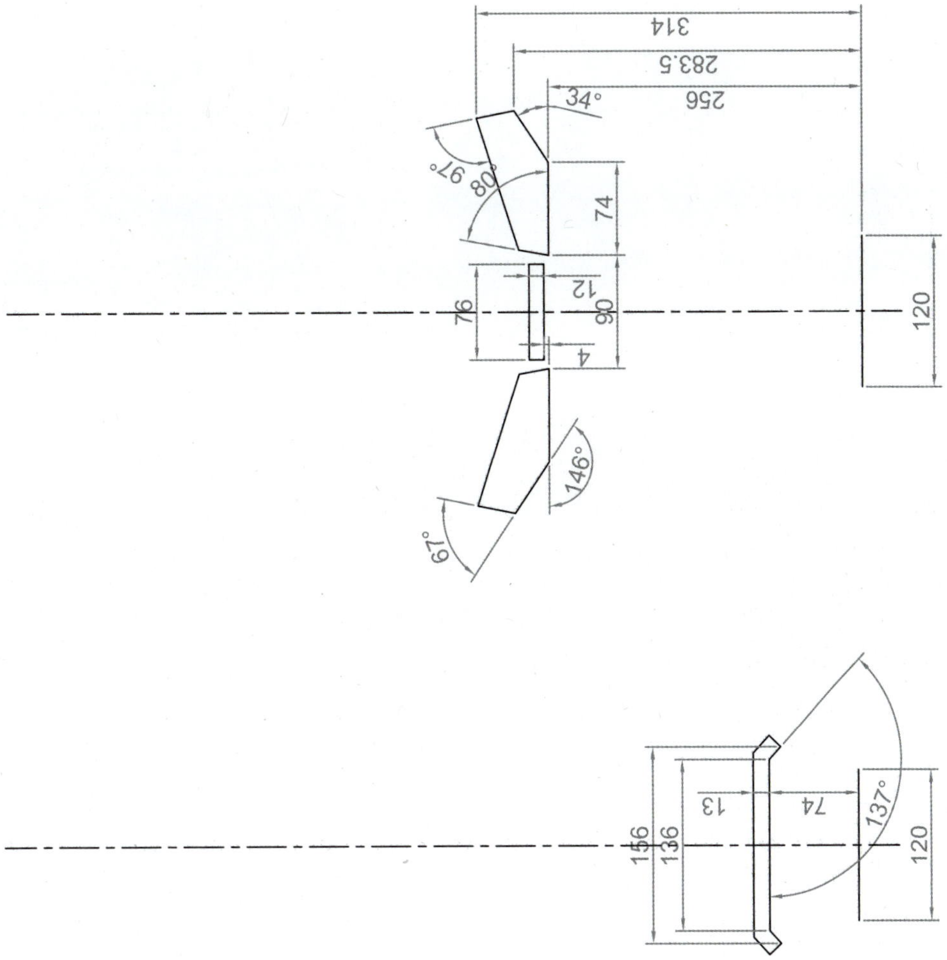

도면 관리 및 조회

CHAPTER 14

01 효율적인 도면 관리와 정확한 데이터 조회

01 효율적인 도면 관리와 정확한 데이터 조회

- **AUDIT, RECOVER, RECOVERALL, DRAWINGRECOVERY** 명령어를 활용하여 도면 오류를 분석하고 복구하는 방법을 익힌다.
- **DWGPROPS, STATUS, TIME, LIST, ID** 명령어를 사용하여 도면의 속성, 좌표, 시간 기록 등을 확인하고 활용할 수 있다.
- **MEASUREGEOM, QuickCalc, BOUNDARY, PURGE** 명령어를 활용하여 도면 내 형상 측정, 계산, 경계 작성, 불필요한 데이터 정리 등의 작업을 수행할 수 있다.

설계 및 제도 작업을 위한 강력한 도구로, 효율적인 도면 관리와 정확한 데이터 조회가 필수적입니다. 도면 작업이 지속되면서 파일 손상, 데이터 오류, 불필요한 정보 축적 등이 발생할 수 있으며, 이는 작업 속도 저하와 품질 저하로 이어질 수 있습니다. 관리 및 조회 기능을 적극 활용하면 작업의 정확성과 효율성을 높이고, 도면 품질을 유지하며, 원활한 협업 환경을 조성할 수 있어 최종적으로 생산성을 극대화할 수 있습니다.

도면 오류 분석과 복구

AUDIT 무결성 평가

단일행 문자 명령어를 사용하여 각 문자행이 이동, 형식 지정 또는 수정 가능한 독립 객체인 하나 이상의 문자행을 작성할 수 있습니다.

명령어 위치 및 호출 방법

메뉴	File 메뉴 → Drawing Utilities → Audit 명령어 클릭
리본	Manage 탭 → Cleanup 패널
명령 입력	명령창에 **AUDIT** 입력 후 `Enter`

기본 사용법

Command: **AUDIT**

Fix any errors detected? [Yes/No] <N>: → Y : 오류 자동 수정, N : 오류 확인만 수행

※ 도면 검사 후 오류가 발견되면 보고서로 표시

AUDIT 명령으로 검사 및 수정 가능한 항목으로는 잘못된 또는 손상된 오브젝트, 깨진 레이어 또는 블록 데이터, 오류가 있는 지오메트리(예 중복된 엔터티), Xref(외부 참조) 및 기타 관련 데이터 문제 등이 있습니다. AUDIT 명령의 활용 예는 다음과 같습니다.

- 도면이 예상보다 느리게 실행될 때
- 파일을 저장하거나 열 때 오류 메시지가 표시될 때
- 손상된 DWG 파일을 복구하기 전 점검할 때
- 파일 정리 및 최적화 작업을 할 때

■── RECOVER 복구

손상되었거나 문제가 있는 도면(DWG) 파일을 복구한 후 다시 열어주는 기능을 합니다. 복구할 수 있는 파일은 DWG, DWT 및 DWS 등입니다. DXF 파일에 대해 복구 작업을 수행하면 해당 파일만 열립니다.

명령어 위치 및 호출 방법

메뉴	File 메뉴 → Drawing Utilities → Recover 명령어 클릭
명령 입력	명령창에 **RECOVER** 입력 후 Enter

파일 선택 대화상자(표준 파일 선택 대화상자)에서 도면 파일 이름을 입력하거나 손상된 도면 파일을 선택합니다. 결과는 문자 윈도우에 표시됩니다.

RECOVER 명령의 활용 예는 다음과 같습니다.

- 오토캐드 실행 중 충돌 후 도면이 손상되었을 때
- 파일을 열 때 오류 메시지가 표시될 때
- 저장된 파일이 손상되어 정상적으로 열리지 않을 때

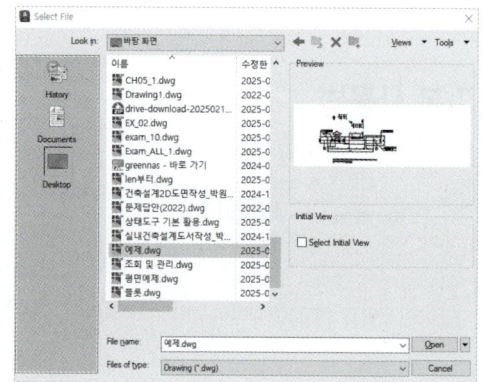

■ RECOVERALL 전체 복구

손상된 도면 파일(DWG)뿐만 아니라 해당 도면에 포함된 모든 외부 참조(Xref) 파일까지 함께 복구하는 기능을 합니다. DWG, DWT 및 DWS 파일을 복구 또는 검사합니다.

명령어 위치 및 호출 방법

메뉴	File 메뉴 → Drawing Utilities → Recover drawing and xref 명령어 클릭
명령 입력	명령창에 **RECOVERALL** 입력 후 Enter

RECOVERALL 명령을 실행하면 다음과 같은 경고창이 표시 됩니다. Recover the drawing file을 선택하면 파일 선택 대화상자(표준 파일 선택 대화상자)에서 도면 파일 이름을 입력하거나 손상된 도면 파일을 선택합니다. 선택한 도면 파일 및 내포된 모든 외부 참조를 포함하여 부착된 모든 외부 참조가 열리고 복구되고 재저장되고 닫힙니다.

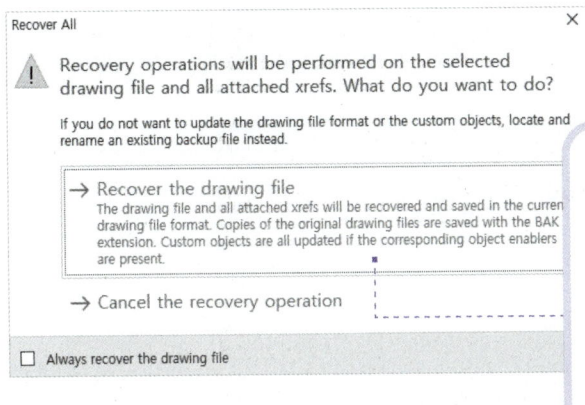

- 도면 파일은 현재 도면 파일 형식으로 저장됩니다.
- 원래 도면 파일의 사본은 BAK 파일로 저장됩니다.
- Object Enabler가 있으면 사용자 객체가 업데이트됩니다.

결과는 도면 복구 로그 윈도우에 표시됩니다.
선택된 각 도면 파일은 확장 또는 축소될 수 있는 도면 복구 로그를 포함합니다. 전체 로그는 클립보드에 복사 버튼을 사용하여 윈도우 클립보드로 복사할 수 있습니다.

FILEDIA가 0(영)으로 설정된 경우 RECOVER는 복구할 도면 파일의 이름을 입력하는 명령 프롬프트를 표시합니다. FILEDIA를 무시하고 파일 선택 대화상자를 표시하려면 프롬프트에서 ~(물결 기호)를 입력할 수 있습니다.

RECOVERALL 명령의 활용 예는 다음과 같습니다.

- Xref(외부 참조)가 포함된 도면이 손상되었을 때 한 번에 복구 가능
- 프로젝트 파일을 열 때 오류가 발생할 경우 전체 도면을 점검 및 복구
- 손상된 여러 개의 연관 도면을 일괄적으로 복구할 때 유용

DRAWINGRECOVERY 도면 복구

예기치 않은 종료(예 충격, 정전 등)로 인해 저장되지 않은 도면을 복구할 수 있도록 지원하는 도면 복구 관리자(Drawing Recovery Manager)를 실행합니다. 여러 가지 이유로 도면을 저장하지 못한 경우 캐드를 재실행하면 도면 복구 관리자가 나오고 파일 목록이 나옵니다. 직접 명령을 실행하여 나타낼 수도 있는데, 이 경우 백업 파일을 복구하거나 저장할 수 있습니다.

명령어 위치 및 호출 방법

메뉴	File 메뉴 → Drawing Utilities → Drawing Recovery Manager 명령어 클릭
명령 입력	명령창에 **DRAWINGRECOVERY** 입력 후 Enter

오토캐드가 비정상적으로 종료될 경우, 다음 실행 시 자동으로 복구 관리자 창이 표시됩니다. 자동 저장 파일(.sv$)과 백업 파일(.bak)을 활용하여 복구 가능하며, RECOVER 또는 RECOVERALL 명령어와 달리 자동 저장된 파일을 쉽게 찾을 수 있도록 편리한 UI를 제공합니다.

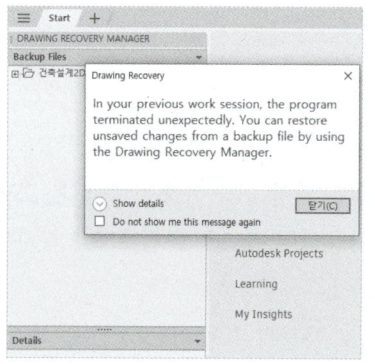

DRAWINGRECOVERY 명령의 활용 예는 다음과 같습니다.

- 예기치 않은 종료 후 저장하지 못한 파일 복구
- 최근 작업한 도면을 실수로 닫았을 때 복구 시도
- 자동 저장된 파일을 찾아 원하는 버전으로 되돌리기

MEASUREGEOM 형상 측정

선택한 객체 또는 연속 점의 거리, 반지름, 각도, 면적 및 체적을 측정하거나 동적으로 측정합니다.

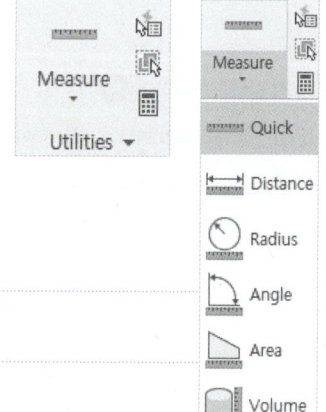

메뉴	Tools 메뉴 → Inquiry
리본	Home 탭 → Utilities 패널
명령 입력	명령창에 **MEASUREGEOM** 입력 후 Enter

Command: **MEASUREGEOM**

Move cursor or [Distance/Radius/Angle/ARea/Volume/Quick/Mode/eXit] <eXit>:
→ 옵션을 입력해 측정 대상 지정

※ MEASUREGEOM 명령의 각 옵션별 사용법에 대해 차례로 설명하겠습니다.

■—— **Distance** 거리

X, Y 및 Z 구성 요소를 따라 지정된 점 사이의 거리 및 UCS를 기준으로 한 각도를 측정합니다.

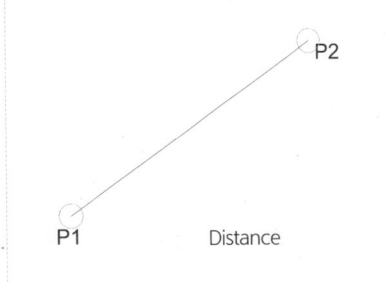

Command: **MEASUREGEOM**

Move cursor or [Distance/Radius/Angle/ARea/Volume/Quick/Mode/eXit] : **D**
→ 옵션 D 입력 후 ↵

Specify first point: → 위치점 P1 지정

Specify second point or [Multiple points]: → 위치점 P2 지정

Distance = 120.0000, Angle in XY Plane = 35, Angle from XY Plane = 0

Delta X = 98.2982, Delta Y = 68.8292, Delta Z = 0.0000 → 결과값 표시, ESC 완료

■—— **Radius** 반지름

지정한 호, 원 또는 폴리선 호의 반지름과 지름을 측정합니다.

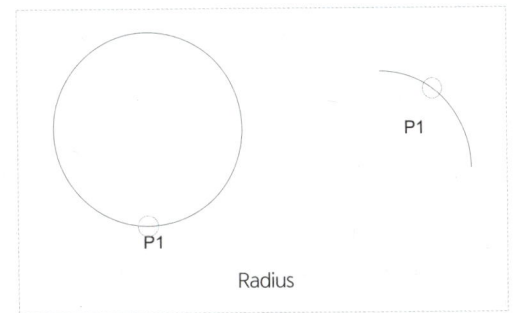

Command: **MEASUREGEOM**

Move cursor or [Distance/Radius/Angle/ARea/Volume/Quick/Mode/eXit] : **R**
→ 옵션 R 입력 후 ⏎

Select arc or circle: → 원호 객체 P1 선택

Radius = 45.0000

Diameter = 90.0000 → 결과값 표시, ESC 완료

■— Angle 각도

선택한 호, 원, 폴리선 세그먼트 및 선 객체와 연관된 각도를 측정합니다. 치수 기입 방식과 유사한 형태입니다.

Command: **MEASUREGEOM**

Move cursor or [Distance/Radius/Angle/ARea/Volume/Quick/Mode/eXit] : **A** → 옵션 A 입력 후 ⏎

Select arc, circle, line, or <Specify vertex>: → ⏎ 클릭 <Specify vertex> 실행

Specify angle vertex: → 위치점 P1 지정

Specify first angle endpoint: → 위치점 P2 지정

Specify second angle endpoint: → 위치점 P3 지정

Angle = 35° → 결과값 표시, ESC 완료

- **Vertex (정점)** : <Specify vertex> 정점으로 사용할 점 하나와 다른 두 점을 지정하여 형성된 예각을 측정
- **Arc (호)** : 호의 중심을 정점으로 사용하여 호의 두 끝점 사이에 형성된 각도를 측정
- **Circle (원)** : 원의 중심을 정점으로 사용하여 처음에 원을 선택한 점과 두 번째 점 사이에 형성된 예각을 측정
- **Line (선)** : 두 선 사이의 예각을 측정, 선이 교차할 필요는 없습니다.

■ Area 면적

객체 또는 정의된 영역의 면적과 둘레를 측정합니다.

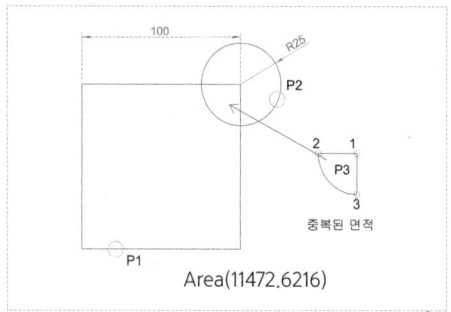

Command: **MEASUREGEOM**

Move cursor or [Distance/Radius/Angle/ARea/Volume/Quick/Mode/eXit] : **AR**
→ 옵션 AR 입력 후 ↵

Specify first corner point or [Object/Add area/Subtract area/eXit] <Object>: **A**
→ 면적 추가 옵션 A 입력 후 ↵   ┈┈ 두객체의 면적 계산

Specify first corner point or [Object/Subtract area/eXit]: **O**
→ 객체 옵션 O 입력 후 ↵

(ADD mode) Select objects: → P1 객체 지정

Area = 10000.0000, Perimeter = 400.0000

Total area = 10000.0000 → P1 결과값

(ADD mode) Select objects: → P2 객체 지정

Area = 1963.4954, Circumference = 157.0796

Total area = 11963.4954 → P2 결과값

(ADD mode) Select objects: → ↵ 클릭 후 상위 옵션으로 복귀

※ 중복된 면적 P3 빼기 객체스냅 필수

Specify first corner point or [Object/Subtract area/eXit]: **S** → 면적 빼기 옵션 S 입력 후 ↵

Specify first corner point or [Object/Add area/eXit]: → 위치점 1 지정

 (SUBTRACT mode)Specify next point or [Arc/Length/Undo]: → 위치점 2 지정

 (SUBTRACT mode)Specify next point or [Arc/Length/Undo]: **A**
→ Arc(호) 옵션 A 입력 후 ↵

Specify endpoint of arc (hold Ctrl to switch direction) or
[Angle/CEnter/CLose/Direction/Line/Radius/Second pt/Undo]: **CE**
→ 호의 중심자리 CE 옵션 입력 후 ↵

Specify center point of arc: → 위치점 1 지정

Specify endpoint of arc (hold Ctrl to switch direction) or [Angle/Length]:
→ 위치점 3 지정

Specify endpoint of arc (hold Ctrl to switch direction) or
[Angle/CEnter/CLose/Direction/Line/Radius/Second pt/Undo]: **L**
→ 직선 구간지정으로 Line 옵션 입력 후 ↵

(SUBTRACT mode)Specify next point or [Arc/Length/Undo/Total] <Total>:
→ 위치점 1 지정

(SUBTRACT mode)Specify next point or [Arc/Length/Undo/Total] <Total>:
→ ↵ 클릭 후 상위 옵션으로 복귀

Area = 490.8739, Perimeter = 89.2699

Total area = 11472.6216 → 결과값 표시, **ESC** 완료

- **Specify corner points (구석점 지정)** : 지정한 점에 의해 정의된 둘레와 면적을 계산합니다. 호, 길이 또는 명령 취소 옵션을 입력한 경우 폴리선 작성 옵션과 유사한 추가 옵션이 표시됩니다.
- **Add area (면적 추가)** : 추가 모드를 켜고, 영역을 정의할 때마다 면적의 합계가 구해지도록 합니다.
- **Subtract area (면적 빼기)** : 총 면적에서 지정한 면적을 뺍니다.

■── Volume 체적/부피

객체 또는 정의된 영역의 체적을 측정합니다. 높이 값이 필요하며 3D 객체에 주로 사용합니다.

■── Quick 신속

명령어 입력 또는 도구 사용 시 기본적으로 보여지는 형태입니다. 하위 옵션을 사용하기 보다는 해당 기능을 활용하는 부분이 더 유용합니다. 마우스를 객체 위와 객체 간에 이동할 때 도면 내에 치수, 거리 및 각도를 동적으로 표시합니다.

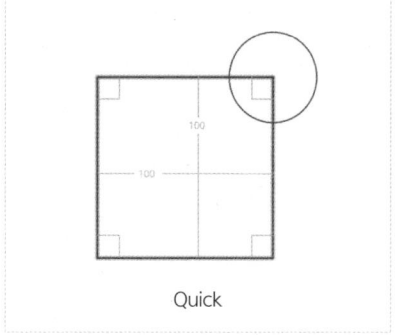

Quick

오렌지색 사각형은 정확하게 90도 각도를 나타냅니다. 공간 내부를 클릭하면 녹색으로 강조 표시되고 계산된 값이 명령 윈도우 및 동적 툴팁에 표시됩니다. Shift 키를 누른 채 클릭하여 여러 영역을 선택하면 누적 면적 및 둘레가 계산됩니다.

Shift 키를 누른 채 클릭하여 영역을 선택 취소할 수도 있습니다. 선택한 영역을 지우려면 마우스를 조금만 이동하면 됩니다.

※ UCS가 표준으로 설정되고 비주얼 스타일이 주로 2D 와이어프레임으로 설정된 평면도의 2D 형상에서 주로 작업하도록 설계되었습니다.

■ Mode 모드

이 명령이 항상 빠른 작업 옵션으로 기본 설정되는지 여부를 결정합니다. 그렇지 않으면 마지막으로 사용된 값이 기본값입니다.

```
Move cursor or [Distance/Radius/Angle/ARea/Volume/Quick/Mode/eXit] <eXit>: M
Always default to quick measure behavior? [Yes/No] <No>:
```

도면 속성 및 데이터 조회

■ DWGPROPS 파일 특성

Drawing Properties (도면 특성) 대화상자가 표시되어 현재 도면의 파일 특성을 설정하거나 표시합니다. 일반적인 정보와 키워드 및 사용자 특성을 작성하여 도면 파일과 함께 저장할 수 있습니다. 이러한 파일 특성은 바탕화면 또는 폴더 보기에서 액세스할 수 있어 도면 파일을 식별하는 데 도움이 됩니다.

메뉴	File 메뉴 → Drawing Properties 명령어 클릭
명령 입력	명령창에 **DWGPROPS** 입력 후 Enter

Drawing Properties (도면 특성) 대화상자는 다음과 같은 탭으로 구성되어 있습니다.

❶ **General (일반) 탭** : 운영 체제에서 파생되는 도면 파일에 대한 읽기 전용 정보를 표시합니다.

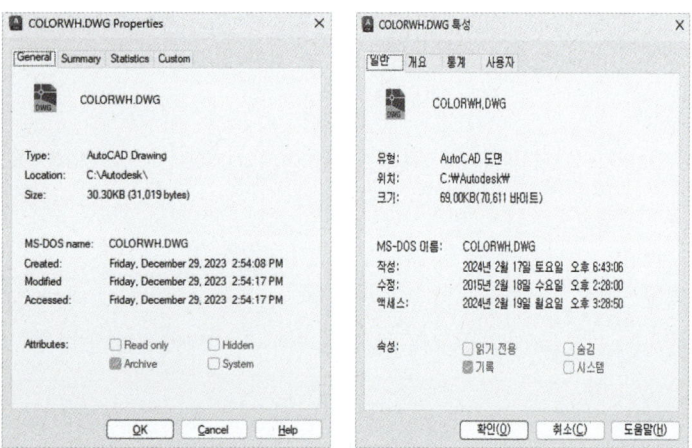

❷ **Summary (요약) 탭** : 모든 도면 파일에 키워드를 추가한 다음 DesignCenter를 사용하여 특정 키워드가 있는 도면 파일을 모두 검색할 수 있습니다.

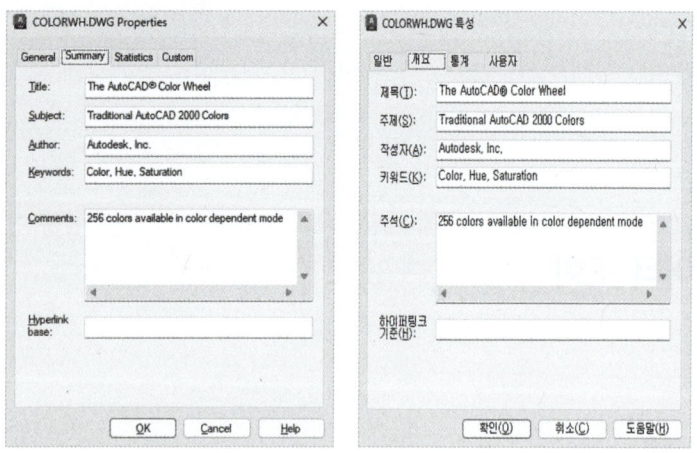

❸ **Statistics (통계) 탭** : 특정 기간에 작성 또는 수정한 도면을 검색할 수 있습니다.

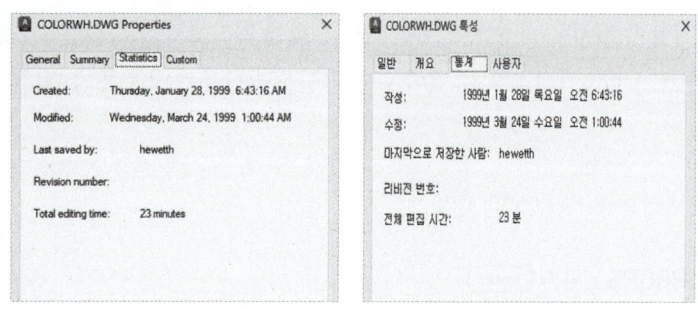

❹ **Custom (사용자) 탭** : Project라는 사용자 특성을 작성하여 실제 프로젝트 이름을 그 값으로 지정할 수 있습니다. 도면 그룹에 동일한 사용자 특성을 지정하려면, 도면 템플릿 파일에 사용자 특성을 작성합니다.

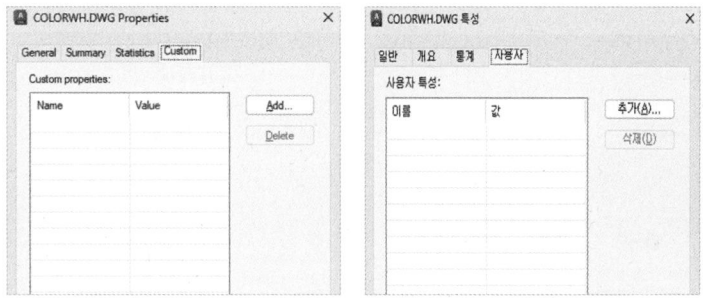

■── PURGE 소거

사용하지 않는 명명된 객체를 현재 도면에서 제거할 수 있습니다. 여기에는 블록 정의, 치수 스타일, 그룹, 도면층, 선종류 및 문자 스타일이 포함됩니다. 길이가 0인 형상, 빈 문자 객체 및 고립된 DGN 선 스타일 데이터도 제거될 수 있습니다.

메뉴	File 메뉴 → Drawing Utilities → Purge 명령어 클릭
리본	Manage 탭 → Cleanup 패널
명령 입력	명령창에 **PURGE** 입력 후 `Enter`

Purge (소거) 대화상자를 이용하여 블록 정의 및 도면층 등 사용되지 않은 항목을 도면에서 제거합니다. 소거할 수 있는 항목을 표시하고, 소거할 수 없는 객체를 도면에서 찾습니다.

▶ Purgeable Items 소거 가능한 항목

소거할 수 있는 현재 도면의 항목을 왼쪽의 트리 뷰 창에 나열합니다. 대화상자의 오른쪽에 있는 명명되지 않은 객체 소거 창 아래의 도면에서 추가 항목을 제거할 수 있습니다.

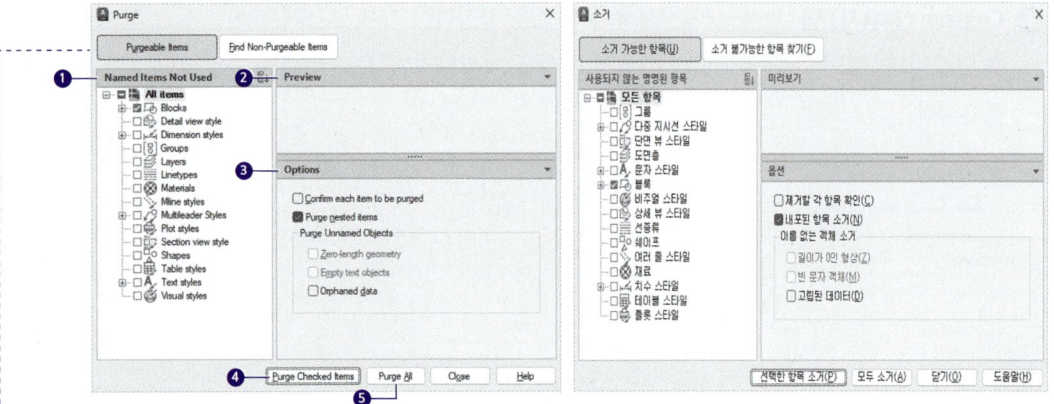

❶ Named Items Not Used (사용되지 않는 명명된 항목) : 현재 도면에서 사용되지 않으며 소거할 수 있는 명명된 객체를 나열합니다. 더하기 기호를 클릭하거나 객체 유형을 두 번 클릭하여 객체 유형의 항목을 나열할 수 있습니다. 해당 객체 유형의 모든 항목 또는 개별 항목을 선택할 수 있습니다. 내포된 항목 소거는 다음 옵션 중 하나를 선택할 때만 항목을 제거합니다.

- 트리 뷰의 모든 항목 또는 블록
- 모두 소거 버튼

❷ Preview (미리보기) : 항목의 이름을 클릭하여 트리 뷰에서 선택한 항목의 미리보기를 표시합니다.

❸ Options (옵션)

- **Confirm Each Item to Be Purged (제거할 각 항목 확인)** : 항목을 소거할 때 소거 확인 대화상자를 표시합니다.

- **Purge Nested Items (내포된 항목 소거)** : 도면에서 사용되지 않는 모든 명명된 객체가 사용되지 않는 다른 명명된 객체에 포함되어 있거나 참조되는 경우에도 이들 객체를 제거합니다.

- **Zero-length geometry (길이가 0인 형상)** : 선, 호, 원 및 폴리선을 포함하여 길이가 0인 형상을 삭제합니다.

- **Empty text objects (빈 문자 객체)** : 문자 없이 공백만 포함하는 여러 줄 문자 및 문자 객체를 삭제합니다.

- **Orphaned data (고립된 데이터)** : 도면 스캔을 수행하고 사용되지 않는 DGN 선 스타일 및 3D 솔리드 사용 내역 데이터를 제거합니다.

  ※ 이 옵션을 선택한 경우 사용되지 않는 DGN 선 스타일 데이터는 다음에 소거 대화상자가 열릴 때와 모두 소거 또는 선택 항목 소거를 클릭할 때 소거됩니다. 이 설정은 AutoCAD 세션 전체에서 유지됩니다. 모두 소거 또는 선택한 항목 소거를 클릭하면 3D 솔리드 사용 내역 데이터가 소거됩니다.

※ PURGE 명령은 블록 또는 잠긴 도면층에서 명명되지 않은 객체를 제거하지 않습니다.

④ Purge Checked Items (선택한 항목 소거) 버튼 : 현재 도면에서 선택한 항목을 제거합니다.

⑤ Purge All (모두 소거) 버튼 : 사용하지 않은 항목을 모두 소거합니다. 모든 소거 가능한 항목이 제거되는 경우, 다양한 항목 및 옵션이 회색으로 표시되고 대화상자의 왼쪽 하단에 메시지가 표시됩니다.

▶ Find Non-Purgeable Items 소거 불가능한 항목 찾기

소거할 수 없는 객체를 미리 보고 도면에서 해당 객체를 찾습니다.

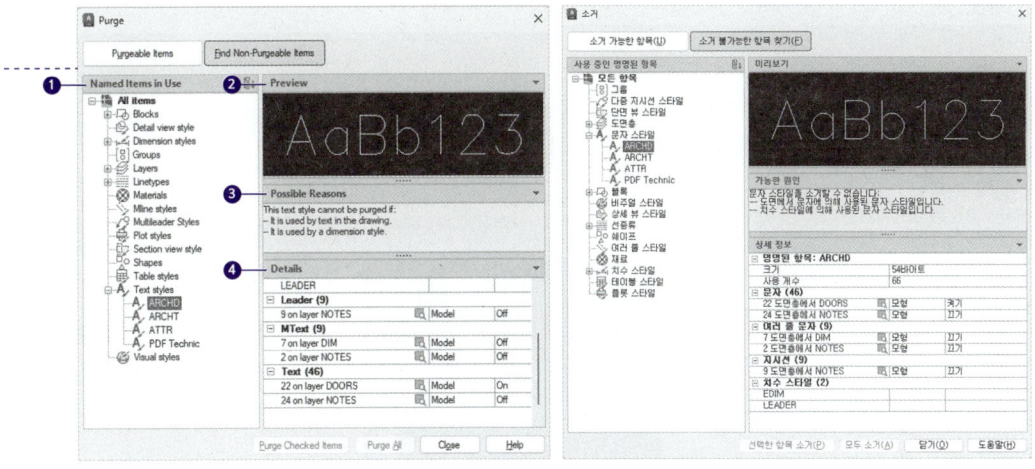

① Named Items In Use (사용 중인 명명된 항목) : 현재 도면에서 사용되며 소거할 수 없는 명명된 객체를 나열합니다. 이러한 객체의 대부분은 현재 도면에서 사용되고 있거나 제거할 수 없는 기본 항목입니다. 개별 명명된 객체를 선택할 때 항목을 소거할 수 없는 이유가 표시됩니다.

② Preview (미리보기) : 항목의 이름을 클릭하여 트리 뷰에서 선택한 항목의 미리보기를 표시합니다.

③ Possible Reasons (가능한 원인) : 선택한 항목을 소거할 수 없는 이유에 대한 정보를 표시합니다.

④ Details (상세 정보) : 객체의 크기, 위치 및 해당 객체의 총수에 대한 정보를 도면에서 표시합니다.

- **Select Objects (객체 선택)** : 소거 대화상자를 닫고 소거 불가능한 객체를 선택하고 해당 항목으로 줌 확대합니다.

■── QUICKCALC 빠른 계산기 바로가기 Ctrl + 8

대부분의 계산기와 달리 빠른 계산기는 표현식 빌더입니다. 융통성을 높이기 위해 사용자가 함수를 클릭해도 답을 바로 계산하지 않습니다. 대신, 쉽게 편집 가능한 표현식을 구성하고 구성이 끝나면 등호(=)를 클릭하거나 Enter 키를 누릅니다. 나중에 사용 내역 영역에서 표현식을 검색하여 수정한 다음 결과를 다시 계산할 수 있습니다.

메뉴	Tools 메뉴 → Palettes → QuickCalc 명령어 클릭
리본	Home 탭 → Utilities 패널
명령 입력	명령창에 **QUICKCALC** 입력 후 Enter

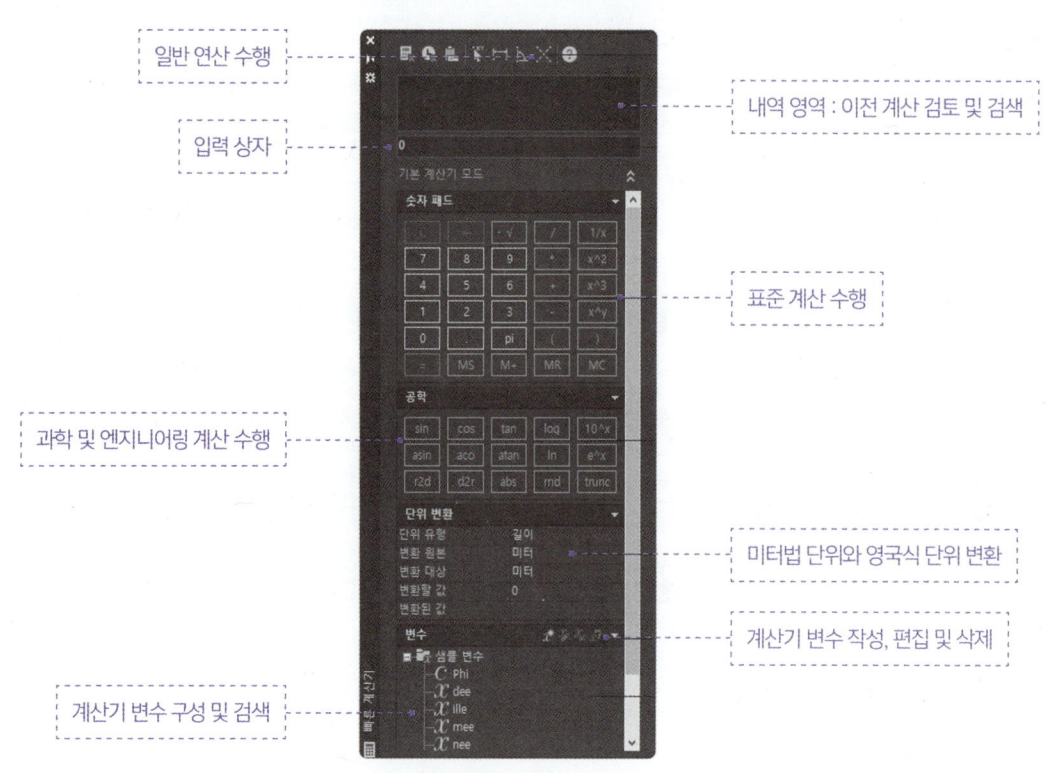

명령 프롬프트에서 **'QUICKCALC** 또는 **'QC**를 입력합니다. (작은 따옴표 입력 후 명령어)

또는 마우스 오른쪽 버튼을 클릭한 후 QuickCalc(빠른 계산기)를 선택합니다.

 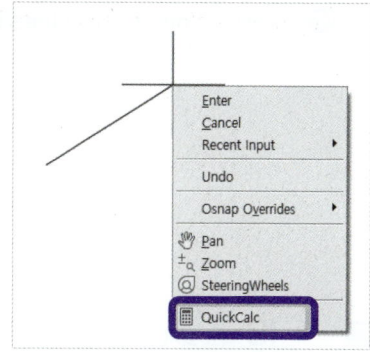

빠른 계산기를 사용하여 다음과 같은 작업을 할 수 있습니다.

- 수학 및 삼각법 계산을 수행합니다.
- 재계산을 위해 이전에 입력한 계산을 액세스하고 검토합니다.
- 계산기를 특성 팔레트와 함께 사용하여 객체 특성을 수정합니다.
- 측정 단위 변환
- 특정 객체와 관련된 기하학 계산을 수행합니다.
- 특성 팔레트와 명령 프롬프트에/에서 값과 표현식을 복사하고 붙여넣습니다.
- 혼합 수(분수)와 피트 및 인치 계산을 수행합니다.
- 계산기 변수를 정의하고, 저장하고, 사용합니다.
- CAL 명령에서 기하학적 함수를 사용합니다.

상단에 있는 일반 연산 수행을 위한 아이콘들은 다음과 같은 기능을 수행합니다.

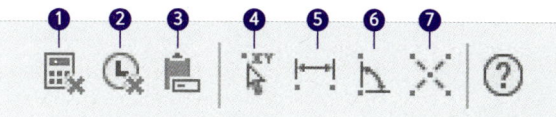

❶ **Clear** : 입력한 내용 삭제

❷ **Clear History** : 사용한 내역 전체 삭제

❸ **Paste Value to Command Line** : 입력 상자의 값을 명령행에 붙여넣기

❹ **Get Coordinates** : 도면의 한 점을 지정하면 좌표가 입력됨

❺ **Distance Between Two Points** : 도면의 두 점을 지정하면 거리가 입력됨

❻ **Angle of Line Defined by Two Points** : 도면의 두 점을 지정하면 각도가 입력됨

❼ **Intersection of Two Lines Defined by Four Points** : 도면의 네 점을 지정하면 교차하는 점이 입력됨

※ 객체의 점을 클릭하여 입력 시 대각선으로 입력

■ ID 좌표 표시

지정한 위치의 UCS 좌표값을 표시합니다. ID는 지정된 점의 X, Y 및 Z 값을 나열하고 지정된 점의 좌표를 최종점으로 저장합니다. 점을 요구하는 다음 프롬프트에서 **@**를 입력하여 최종점을 참조할 수 있습니다.

메뉴	Tools 메뉴 → Inquiry → Id Point 명령어 클릭
리본	Home 탭 → Utilities 패널
명령 입력	명령창에 **ID** 입력 후 Enter

```
Command: ID

Specify point:  → 위치점을 지정
X = 1905.2227    Y = 53.6372    Z = 0.0000  → 결과값 표시
```

■ LIST 특성 데이터

LIST를 사용하여 선택한 객체의 특성을 표시한 다음 텍스트 파일로 복사할 수 있습니다. 문자 윈도우는 객체 유형, 객체 도면층 및 현재 사용자 좌표계(UCS)를 기준으로 한 X, Y, Z 위치를 표시하며 객체가 모형 공간에 있는지 도면 공간에 있는지 여부를 표시합니다.

메뉴	Tools 메뉴 → Inquiry → List 명령어 클릭
리본	Home 탭 → Utilities 패널
명령 입력	명령창에 **LIST** 입력 후 `Enter`

Command: **LIST**

Select objects: 1 found → 객체 선택

Select objects: → 확인

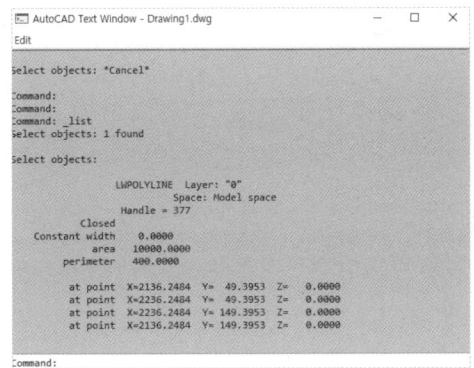 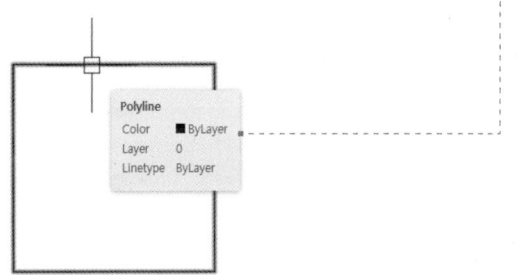

명령을 실행 하지 않아도 마우스를 객체 위에 가져가면(클릭이 아님) 기본적인 정보를 알 수 있습니다.

LIST 명령은 다음과 같은 정보를 보고합니다.

- 색상, 선종류 및 선가중치 및 투명도 정보 : 이러한 특성이 BYLAYER로 설정되어 있지 않을 경우

- 객체 두께 – 객체 두께가 0이 아닐 경우

- 고도(Z 좌표 정보)

- 돌출 방향(UCS 좌표) : 돌출 방향이 현재 UCS의 Z축(0,0,1)과 다를 경우

- 특정 객체 유형과 관련된 추가 정보 : 예를 들어 치수 구속조건 객체의 경우, LIST는 구속조건 유형(주석 또는 동적), 참조 유형(예 또는 아니오), 이름, 표현식 및 값을 표시합니다.

- Properties(특성) 대화상자에서도 확인할 수 있으며 List 명령과 차이점은 수정도 가능하다는 것입니다.

BOUNDARY 경계 작성

닫힌 영역으로부터 영역 또는 폴리선을 작성합니다. 지정한 내부 점이 주변 및 내부 객체를 사용하여 닫힌 폴리선 및 영역을 작성합니다. 고립 영역 탐지 옵션을 선택 취소하면 모든 닫힌 내부 객체는 무시됩니다.

메뉴	Draw 메뉴 → Boundary 명령어 클릭
리본	Home 탭 → Draw 패널
명령 입력	명령창에 **BOUNDARY** 입력 후 Enter

명령을 실행하면 Boundary Creation (경계 작성) 대화상자가 나옵니다. Pick Points(점 선택) 아이콘을 누르고 도면의 영역(닫힌)에 위치점을 클릭한 다음 OK(확인)하면 폴리선 특성을 가진 경계가 만들어집니다. 만들어진 경계를 LIST, MEASUREGEOM(Area 옵션) 명령을 이용해 면적과 둘레 길이를 확인할 수 있습니다.

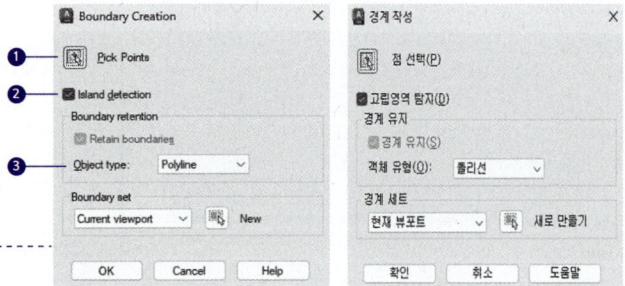

❶ **Pick Points (점 선택)** : 지정된 점을 기준으로 닫힌 영역을 구성하는 기존 객체로부터 경계를 결정합니다.

❷ **Island Detection (고립영역 탐지)** : BOUNDARY 명령이 선택점을 포함하는 객체 외에도 고립 영역이라는 모든 내부 닫힌 경계를 탐지하는지 여부를 조정합니다.

❸ **Object Type (객체 유형)** : 새 경계 객체의 유형을 조정합니다. BOUNDARY는 경계를 영역 또는 폴리선 객체로 작성합니다(일반적으로 사용). REGION 유형은 객체를 영역으로 변환한 후 합집합, 차집합 또는 교집합 연산을 사용하여 해당 영역을 복합 영역에 결합할 수 있습니다.

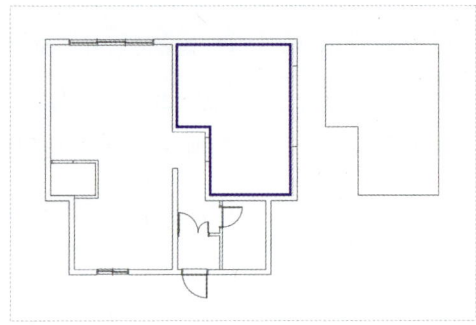

■ TIME 날짜 및 시간 통계

도면의 현재 시간, 작성, 최종 업데이트, 전체 편집 시간, 경과 타이머, 다음 자동 저장 등 날짜 및 시간 통계를 표시합니다.

메뉴	Tools 메뉴 → Inquiry → Time 명령어 클릭
명령 입력	명령창에 **TIME** 입력 후 Enter

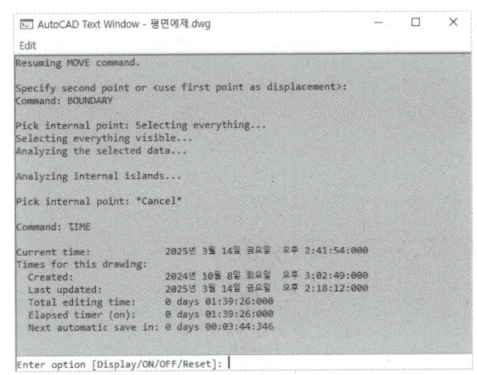

TIME 명령어의 옵션은 다음과 같습니다.

- **Display (화면표시)** : 업데이트된 시간과 함께 화면표시를 반복합니다.
- **ON (켜기)** : 사용자 경과 타이머가 꺼진 경우 시동합니다.
- **OFF (끄기)** : 사용자 경과 타이머를 중지합니다.
- **Reset (재설정)** : 사용자 경과 타이머를 0일 00:00:00.000로 다시 설정합니다.

TIME 명령을 사용하면 현재 도면에 대한 시간 관련 정보를 표시합니다.

❶ **Current time (현재 시간)** : 24시간 형식을 사용하여 현재 날짜와 시간을 표시합니다.

❷ **Created (작성)** : 현재 도면이 작성된 날짜와 시간을 표시합니다.

❸ **Last Updated (최종 업데이트)** : 현재 도면의 최신 업데이트 날짜와 시간을 표시합니다. 이 날짜와 시간은 초기에는 도면 작성 시간입니다. 도면 파일이 저장되기만 하면 시간은 수정됩니다.

❹ **Total Editing Time (전체 편집 시간)** : 현재 도면을 편집하는 데 걸린 시간을 표시합니다. 이 타이머는 프로그램에 의해 업데이트되며 다시 설정하거나 중지할 수 없습니다. 플로팅 시간은 전체 편집 시간에 포함되지 않습니다. 도면을 저장하지 않고 편집 세션을 종료하면 편집 세션에 사용된 시간이 누적 편집 시간에 추가되지 않습니다.

❺ **Elapsed Timer (경과 타이머)** : 프로그램이 실행 중인 동안 다른 타이머로 실행됩니다. 언제든지 켜고 끄거나 다시 설정할 수 있습니다.

❻ **Next Automatic Save In (다음 자동 저장)** : 다음 자동 저장 때까지 남은 시간을 나타냅니다. OPTIONS 명령 또는 SAVETIME 시스템 변수를 사용하여 시간 간격을 설정할 수 있습니다.

■ STATUS 도면 정보

현재 도면 및 오토캐드 환경을 분석하고, 성능이나 문제 해결에 필요한 정보를 빠르게 확인하는 데 유용한 명령어입니다.

메뉴	Tools 메뉴 → Inquiry → Status 명령어 클릭
명령 입력	명령창에 **STATUS** 입력 후 Enter

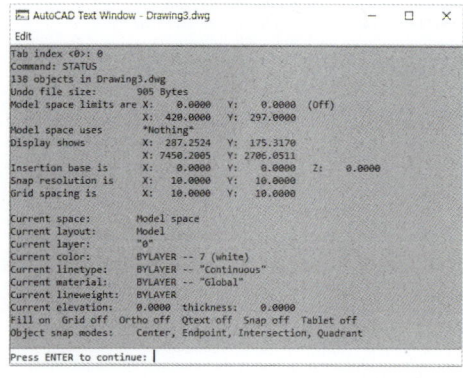

STATUS 명령으로 표시되는 정보는 다음과 같습니다.

- **도면 정보** : 현재 열려 있는 도면 이름, 파일 크기, 마지막 저장 시간 등
- **시스템 정보** : 사용 중인 오토캐드 버전, 설치 경로, 라이선스 정보 등
- **메모리 상태** : 가용 메모리, 사용 중인 메모리
- **그래픽 정보** : 현재 사용 중인 그래픽 카드, 디스플레이 해상도
- **환경 설정** : 현재 작업 단위, 좌표계(UCS), 스냅 설정 등

STATUS 명령의 활용 예는 다음과 같습니다.

- 오토캐드 실행 상태 및 성능 점검
- 파일 크기 및 저장 기록 확인
- 그래픽 카드 및 메모리 상태 확인하여 성능 최적화
- 문제 발생 시 시스템 정보를 확인하여 문제 해결에 활용

RENAME 이름바꾸기

도면층 및 치수 스타일과 같은 항목에 지정된 이름을 변경합니다.

메뉴	Format 메뉴 → Rename 명령어 클릭
명령 입력	명령창에 **RENAME** 입력 후 `Enter`

RENAME(이름바꾸기) 대화상자는 다음과 같이 구성되어 있습니다.

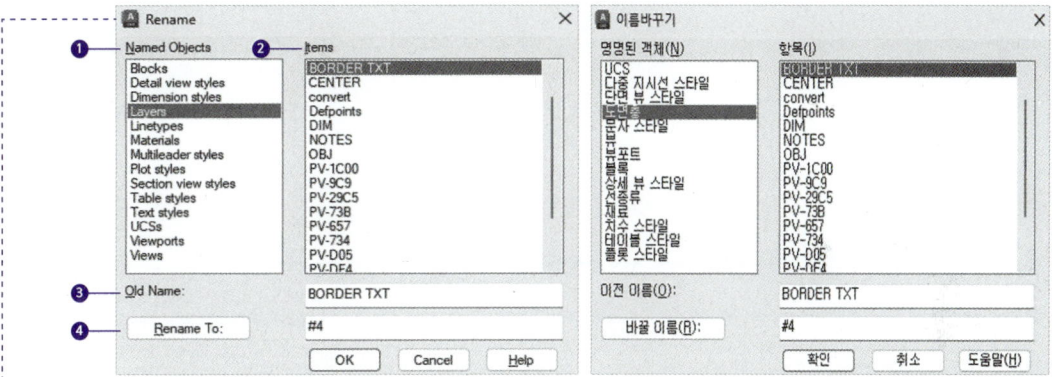

❶ **Named Objects (명명된 객체)** : 범주별로 명명된 객체를 도면에 나열합니다.

❷ **Items (항목)** : 명명된 객체에 지정된 유형의 항목을 표시합니다.

❸ **Old Name (이전 이름)** : 이름을 바꿀 항목을 지정합니다. 표준 와일드카드 문자를 사용하여 항목 그룹의 이름을 바꿀 수 있습니다. 도면층 0 및 CONTINUOUS 선종류와 같은 일부 표준 항목의 이름은 바꿀 수 없습니다.

❹ **Rename To (바꿀 이름)** : 항목의 새 이름을 지정합니다.

실습예제

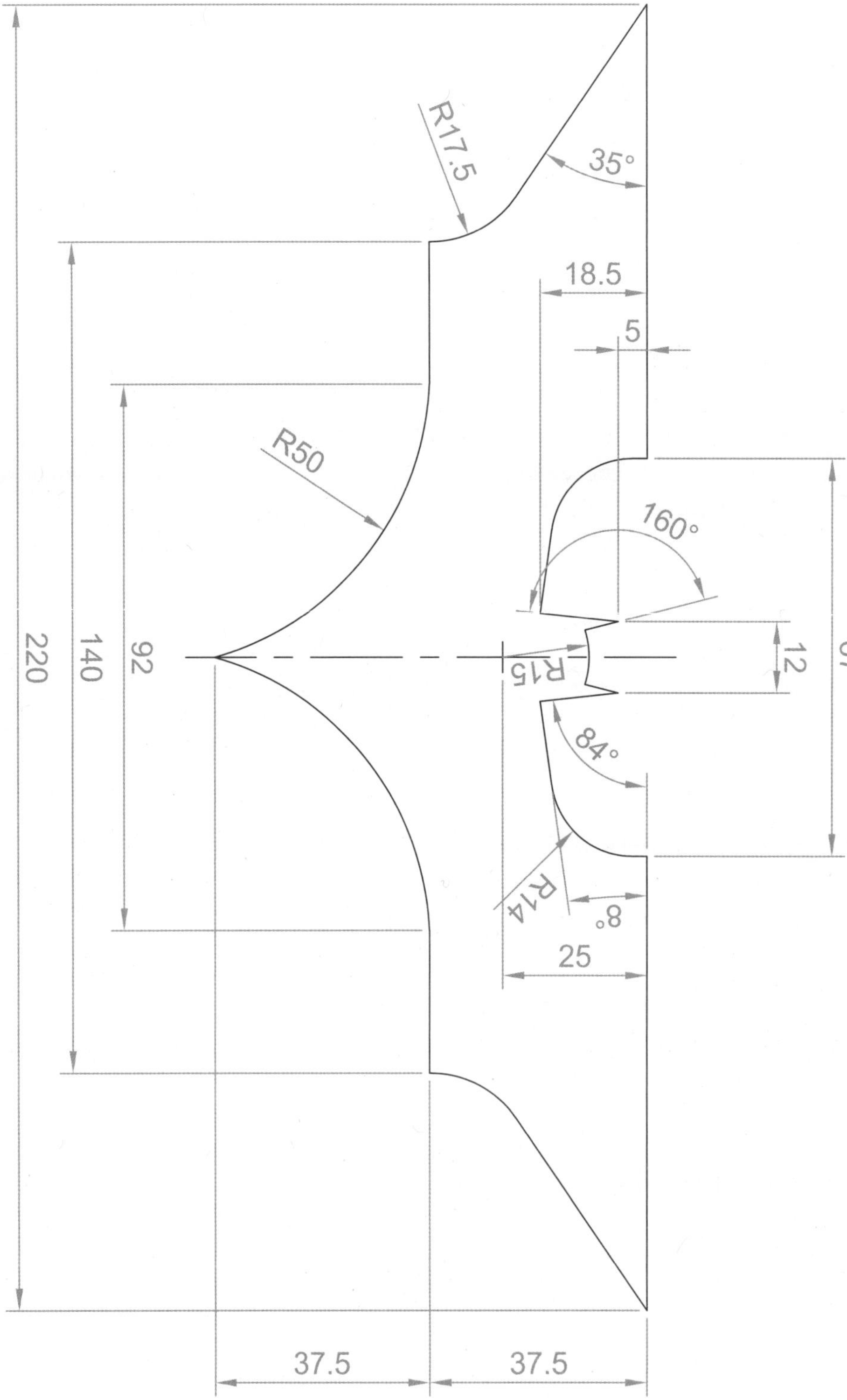

ANGLE SLIDE
주: 면 A&B parallel

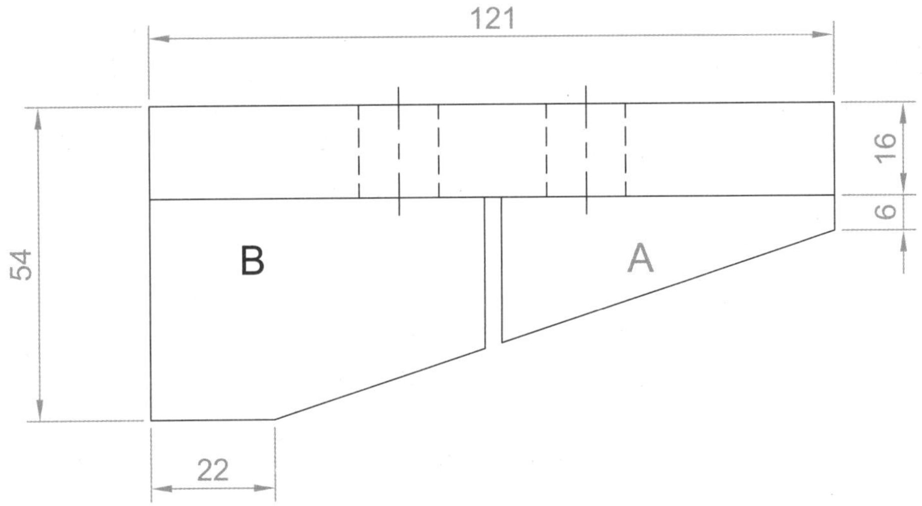

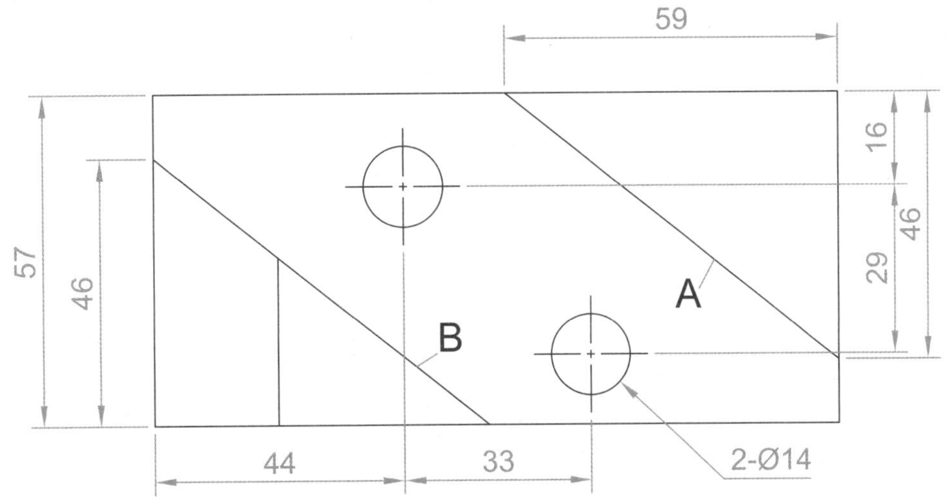

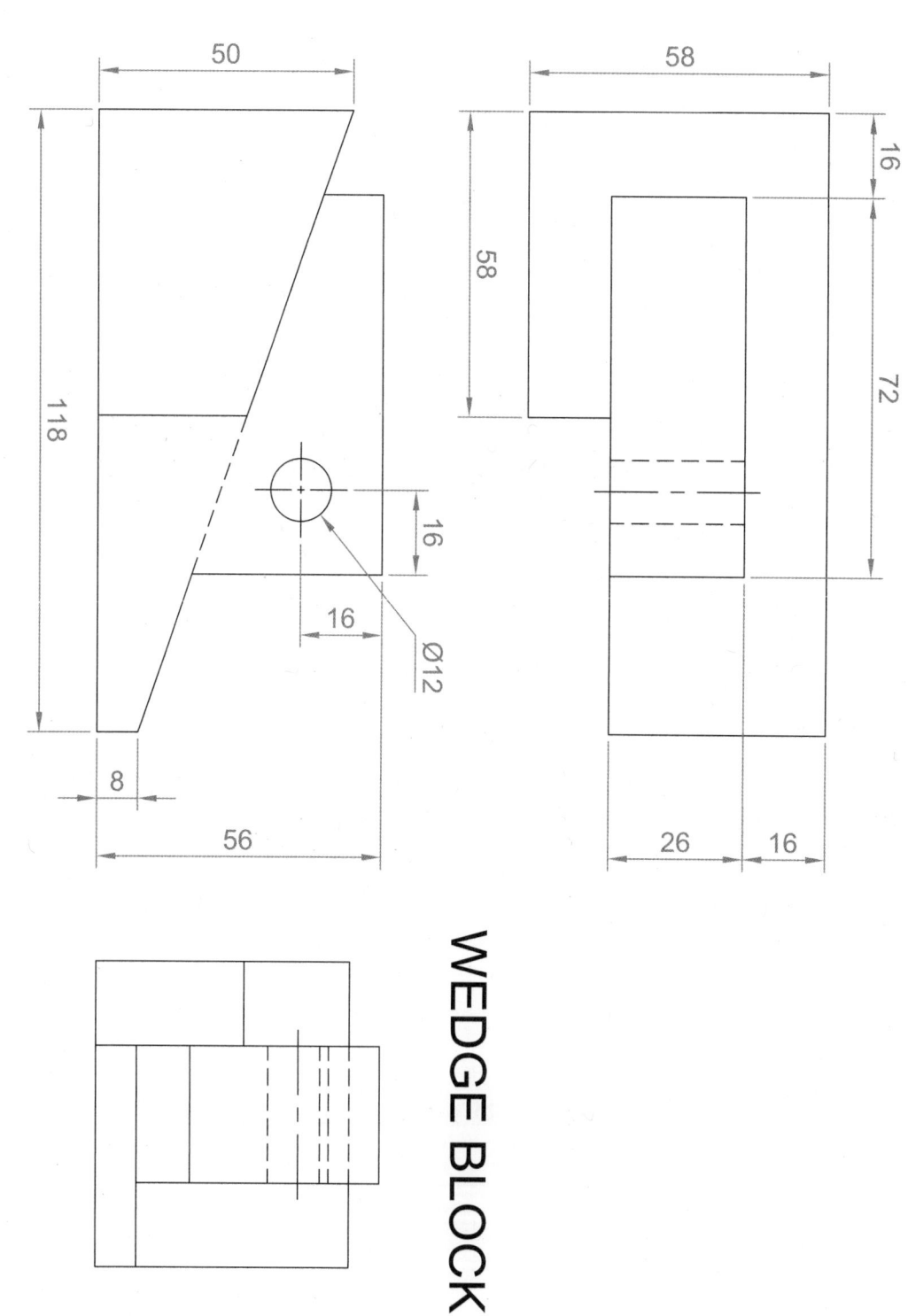